Der Gensd'armen-Markt

Laurenz Demps

Der Gensd'armen-Markt

Gesicht und Geschichte eines Berliner Platzes

Haude & Spener

CIP-Kurztitelaufnahme der Deutschen Bibliothek
Demps, Laurenz:
Der Gensd'armen-Markt : Gesicht u. Geschichte
e. Berliner Platzes / Laurenz Demps.
— Berlin : Haude u. Spener, 1988.
ISBN 3-7759-0305-4

Lizenzausgabe 1988 der Haude & Spenerschen
Verlagsbuchhandlung GmbH, Berlin (West)
mit freundlicher Genehmigung des Henschelverlages
Kunst und Gesellschaft, Berlin,
für die Bundesrepublik Deutschland, Berlin (West),
Österreich und die Schweiz.
© Henschelverlag Kunst und Gesellschaft, DDR — Berlin 1987
ISBN 3-7759-0305-4
Printed in the German Democratic Republic

Inhalt

Vorwort

Jedes Ereignis der Geschichte besitzt seinen Handlungsort, der durch eigenes Fluidum auf das Geschehen einwirkt und seine spezielle Qualität in den Ablauf der Prozesse einbringt. Diese fast banale Feststellung zeitigt für die regionale Forschung Konsequenzen. Fügt man die Ereignisse der Geschichte und Kultur, die sich an einem Ort abspielten, zu einem Ganzen zusammen, erzwingt das eine Betrachtungsweise, die dem Genius loci weit größeres Gewicht beimißt. Die Darlegung der äußeren (allgemein historischen) und inneren (durch die Qualität des Ortes gegebenen) Momente ist erforderlich, deren dialektische Einheit den besonderen Wert ausmacht.

Der heutige Platz der Akademie mit seiner fast dreihundertjährigen Geschichte bildet für Berlin einen Handlungsraum, an dem internationale, nationale und regionale Prozesse eine innige Verbindung eingegangen sind. Durch das Ausbreiten von bekanntem und unbekanntem dokumentarischem Material sollen die historischen Fäden in ihrer Verknüpfung geordnet werden. Es werden Spuren verfolgt, die belegen, daß dieser Platz seinen Rang dem Handeln der an ihm lebenden und wirkenden Menschen verdankt. Um ein vollständiges Bild von Tradition und Erbe des ehemaligen Gensd'armen-Marktes zu gewinnen, sind dabei nicht nur die Höhepunkte zu berücksichtigen, sondern ebenso die Zeiten des Niedergangs zu behandeln. Zugleich fällt ein Licht auf jene verhängnisvollen Prozesse, die diesen Ort im Jahre 1945 zu einem der trostlosesten Ruinenfelder in Berlin werden ließen.

Das Handeln der Menschen liegt hier offen zutage, man muß nur die Spuren zu lesen verstehen. Das heute Vorgefundene ist das Ergebnis von Planungen und Überlegungen, die nicht alle ausreiften. Von anderen aufgenommen und um eigene Gedanken, die selten in gewünschter Weise realisiert werden konnten, bereichert, hinterließen die fast 300 Jahre Geschichte einen Platz, dessen äußeres Erscheinungsbild in der Gegenwart, die sich an dem großen humanistischen Erbe orientiert, neu gewonnen wird.

Der in der Wiederherstellung befindliche Platz belegt, daß sich die Gesellschaft der DDR alles Wertvolle, Humanistische und Vorwärtsweisende der deutschen Geschichte zu eigen macht, es fortsetzt und vollendet.

Das Ergebnis dieses Prozesses durchdringt den Alltag der Menschen, wie auch das Vorgefundene aus dem Alltag kommt. Bleibt man konsequent an einem Ort, ordnet das — in vielen Fällen bisher kaum beachtete — Material neu und sucht nach den noch nicht behandelten Erscheinungen und Ereignissen des Lebens am heutigen Platz der Akademie, ist das Resultat frappierend. Der Ort war Teil einer nicht verwirklichten absolutistischen Stadtgestaltung und seit seinem Entstehen vom bürgerlichen Element geprägt, das für Berlin in den Häusern, dem Markt und dem Theater sein Zentrum fand. Zwischen 1790 und 1848 war hier der politische und geistige Mittelpunkt des sich mühsam emanzipierenden Bürgertums, dessen fortschrittliche Traditionen von der jungen Arbeiterbewegung aufgenommen wurden. In den Ereignissen dieser Jahre fußt der Ruf dieses Quartiers, der nachwirkte und Verfälschungen der lokalen Geschichte schwer machte.

Auch in der Niedergangsphase konnte die Bourgeoisie den Platz nicht aus der Geschichte entlassen oder sich der Wirkung des Ortes entziehen. Sie zerstörte ihn zunächst in seinem äußeren Ansehen, verfälschte dann seine Geschichte und verschuldete schließlich seine völlige Vernichtung. Seine Wiederbelebung mußte sich angesichts anderer Aufgaben langfristig vollziehen; am Beginn stand der historische Auftritt des Alexandrow-Ensembles am 18. August 1948 vor der Ruine des Deutschen Turms.

Für die vorliegende Arbeit, die die Entwicklung eines in vielen Werken zur Berlin-Geschichte behandelten Ortes zum Gegenstand hat, mußte ein intensives Quellenstudium betrieben werden. Dabei zeigte sich, daß trotz enormer Verluste an dokumentarischem Material durch den zweiten Weltkrieg zahlreiche neue Aspekte aus den Akten gewonnen werden konnten. Der Nutzen eines gründlichen Quellenstudiums auch über ein oft untersuchtes Thema ist somit erwiesen. Besonders wichtig war es, Querverbindungen nachzuspüren und sich von belanglosen Aktentiteln nicht irreführen zu lassen. Auch der Schritt, das reichlich vorhandene Bildmaterial neu zu ordnen und mit den aus der schriftlichen Überlieferung gezogenen Erkenntnissen zu konfrontieren, zeitigte gute Ergebnisse. So konnte bisher nicht Beachtetes — im Kleinen wie im Großen — erschlossen werden.

Dem Verlag ist zu danken, daß er den Vorstellungen des Autors betreffs der Bebilderung in großzügigster Weise nachkam, so daß viele Pläne, Stiche, Gemälde und so weiter aufgenommen werden konnten, die zum Teil seit Jahrzehnten oder überhaupt noch nicht veröffentlicht worden sind. Gleichwohl zwang der Umfang des Vorhandenen zur Beschränkung, manches Wichtige mußte wegfallen und wird an anderer Stelle zu würdigen sein. Dafür sollte möglichst viel Unbekanntes aufgearbeitet werden, um den Gesamtablauf der Geschichte des Platzes zu dokumentieren.

Zu danken ist dem Archiv der Hauptstadt der DDR, dessen Mitarbeiter den Wünschen des Autors stets aufgeschlossen waren. Ebenso dem Märkischen Museum, dessen reiche Bestände genutzt werden konnten. Auch andere Institutionen, wie das Kupferstichkabinett und die Sammlung der Zeichnungen der Staatlichen Museen zu Berlin, die Ratsbibliothek, Fachabteilung der Berliner Stadtbibliothek, sowie das Landesarchiv Berlin-West, stellten ihre Bestände großzügig zur Verfügung.

Besonderer Dank ist Herrn Peter P. Rohrlach abzustatten, der durch seine Hinweise zum Gelingen der Arbeit beitrug. Nicht zu vergessen Frau Flamm und Frau Bolz, die durch technische Hilfe ihre Kraft einsetzten.

**Verzeichnis der
historischen sowie
der gegenwärtigen
Straßennamen und
-bezeichnungen**

Achteck	Leipziger Platz
Dorotheenstraße (Letzte Straße)	Clara-Zetkin-Straße
Gensd'armen-Markt	Platz der Akademie
Jägerstraße	Otto-Nuschke-Straße
Kanonierstraße	Glinkastraße
Kirchstraße	Kochstraße
Königstraße	Rathausstraße
Markgrafenstraße	Wilhelm-Külz-Straße
Mittelstraße (in der Friedrichstadt)	siehe Taubenstraße
Rondell	Mehring-Platz
Schützenstraße	Reinhold-Huhn-Straße
Taubenstraße	Johannes-Dieckmann-Straße
Viereck	Pariser Platz
Wilhelmstraße	Otto-Grotewohl-Straße

Ein Kapitel Stadtplanung
des 17. Jahrhunderts

Das Territorium, auf dem im Stadtbezirk Berlin-Mitte der Platz der Akademie liegt, bildete im Mittelalter die Heide (in den Urkunden Merica, auch Myrica, genannt, beides entstanden aus Erica = Heide) von Cölln, jener Stadt, die, nicht weniger ehrwürdig als Berlin, sich diesem gegenüber am linken Ufer der Spree erhob — eingeschlossen durch zwei Flußarme, ist sie bis in die Gegenwart auf jedem Stadtplan mühelos zu erkennen. Obwohl die Heide zum Teil sumpfig war und obwohl nach dem Bau der kurfürstlichen Mühlen auf Höhe der heutigen Schleusenbrücke dieser Landstrich mehrmals überschwemmt wurde, entstanden hier am Ende des 15. Jahrhunderts drei Vorstädte.

Das Schloß des Landesherrn lag seit 1443 in Cölln, und die kurfürstlichen Beamten und Bediensteten, ebenso wie zahlreiche durch den Hof zu Reichtum gekommene Bürger, verfügten über das notwendige Geld zum Bau von Vorstadthäusern, kleinen Gärtnereien, Meiereien und Sommerhütten. Anders in Berlin, das zur gleichen Zeit einen fatalen Niedergang erlebte und fast eine Ackerbürgerstadt zu werden drohte. Abseits vom neuen Zentrum, dem kurfürstlichen Schloß, gelegen, wurde es im Norden von königlichen Ländereien und von den eigenen Ackerhufen eingeschlossen, die dazu noch nur über unbequeme Umwege zu erreichen waren. Durch die Merica dagegen ging der kürzere Weg zur Festung Spandau.

Die Entwicklung der Vorstädte vollzog sich kontinuierlich, weder vom Landesherrn noch von den kurfürstlichen Behörden besonders gefördert. Es war eine normale Stadterweiterung, wie sie zur gleichen Zeit fast alle Städte, die einer im wesentlichen normalen Entwicklung folgten, durchliefen.

Die bis zum Neubau der Leipziger Straße in den Jahren nach 1969 am ehemaligen Dönhoffplatz vorhandene kurze Kommandantenstraße (vormals Baurenstraße, da die Bauern durch sie auf die Felder fuhren) bezeichnete bereits im 16. Jahrhundert die Grenze zwischen Köpenicker und Gertrau-

Spuren

13

denvorstadt. Zum Spreebogen — von hier aus nach Osten — lag die Köpenicker Vorstadt, in Gegenrichtung sowie nach Norden zog sich die Gertraudenvorstadt hin. Nördlich davon, zwischen dem Spreearm und zahlreichen, längst nicht mehr vorhandenen Inseln westlich des Schlosses, lag der Werder (= Insel), Anfang des 17. Jahrhunderts auch schon bebaut.

Die uns interessierende Gertraudenvorstadt war die größte und bevölkerungsreichste. Auf ihr lag eine kurfürstliche Meierei, und sie grenzte im Westen an den Tiergarten, der sich etwa von der Höhe der heutigen Staatsbibliothek in gerader Linie bis zur Jägerstraße und dann in dieser Breite nach Westen zog. Zwischen Jägerstraße und Kronenstraße lagen westlich des hier behandelten Platzes die Wirtschaftsgebäude des Vorwerkes; dieses entstand aus einem Garten, den Kurfürst Johann Georg 1553 von dem Cöllner Bürger Tobias Spiegel kaufte und durch Hinzufügung weiterer Grundstücke bis zur heutigen Leipziger Straße ausdehnte. Kurfürstin Katharina, erste Frau Joachim Friedrichs, veranlaßte, daß ihre Bediensteten 1598 Ställe und Scheunen bauten und einen Viehhof anlegten. Gleichzeitig erneuerten sie ein Lust- und ein Tanzhaus. Zwischen Meierei und Tiergarten verlief der für den Hof kürzeste Weg nach Spandau, der Hauptfestung der Brandenburger, nach 1560 begonnen und möglicherweise im ersten Bauabschnitt 1567 abgeschlossen.

Der Rat der Stadt Cölln unterhielt eine Meierei auf diesem Gelände, und zahlreiche Bürger besaßen vor allem in der Gegend der heutigen Leipziger Straße Gärtnereien. Weiterhin lagen dort die Schießplätze der Berliner und Cöllner Schützengilde, so daß von einer umfänglichen vorstädtischen Besiedlung dieses Gebietes ausgegangen werden kann.

1604 gelangte die Meierei der Kurfürstin als Vorwerk zu dem neu angelegten Jägerhof in der nachmaligen Jägerstraße, dort, wo sich an der Ecke der Oberwallstraße heute eine Grünanlage befindet. Die Äcker nördlich des Tiergartens bis zur Spree kamen zu einem anderen Vorwerk nördlich des späteren Reichstags.

Der kurfürstliche Besitz, das heißt der Besitz, über den der Landesherr nach eigenem Gutdünken verfügen konnte, dehnte sich aus. Die Gegend um den heutigen Spittelmarkt war zwar in der Hand von Bürgern, aber mit feudalen Lasten belegt. Im Zusammenhang mit der Anlage des Jägerhofs wurde die Fläche des Tiergartens hinter der Meierei durch Hinzuschlagen von Bürgeräckern bis fast an die Leipziger Straße herangezogen und mit einem

Zaun versehen; 1611 ist seine Erneuerung nachweisbar. Innerhalb der Einhegung fanden Hetzjagden statt.

Die kontinuierliche Entwicklung unterbrach der Dreißigjährige Krieg, er hielt sie auf und machte die Fortsetzung unmöglich: Am 18. Januar 1641 ließ Oberst Dietrich von Kracht auf Befehl des kurfürstlichen Statthalters, des Grafen Adam von Schwarzenberg, alle Vorstädte bis auf den Werder niederbrennen und plündern. Es verbrannten 108 Häuser von Privatpersonen samt den genannten Vorwerken. Allein der Schaden der Bürger belief sich auf 42 869 Reichsthaler[1] — eine enorme Summe für die damalige Zeit, die zugleich belegt, in welchem Umfang das Gebiet bereits erschlossen war.

Zum Wiederaufbau fehlte den Bürgern die ökonomische Kraft; die Geländestücke blieben jahrelang ungenutzt. Kurfürst Friedrich Wilhelm setzte den eingeschlagenen Weg der Stadterweiterung mit absolutistischen Mitteln fort, da ausreichend Ansatzpunkte, erschlossenes Gebiet und Erfahrungen bei der Entwicklung des Geländes vorhanden waren.

Zunächst kam es aber zu einer Unterbrechung. Die Klagen über die Verluste des Niederbrennens waren groß und beschäftigten die kurfürstlichen Räte. Friedrich Wilhelm selbst ließ das in Frage kommende Gelände mit den Ruinen der Gertraudenvorstadt in seinen Tiergarten einbeziehen (1649) und zwischen 1657 und 1659 abermals mit einem Zaun versehen. Wild wurde ausgesetzt, zum Beispiel Hirsche aus Zossen, und da nicht genügend Gras wuchs, säte man im Gelände Hafer.

Der 1659 begonnene Bau der Festung Berlin, 1683 abgeschlossen, veränderte das Gebiet völlig. Die 1641 nicht zerstörten Teile des Friedrichswerder wurden in den begonnenen Festungsbau unter Zuschüttung einiger kleiner Spreearme einbezogen, und ein schmaler Streifen des Tiergartens, der am Spittelmarkt spitz auslief, wurde hinzugeschlagen. Am 19. November 1660 erhob ein kurfürstlicher Befehl dieses Gebiet in den Rang einer selbständigen Stadt (Abbildung 3).

Die Festungsmauern trennten die bisherigen — wenn auch zerstörten — Vorstädte samt dem Tiergarten rigoros von Berlin, Cölln und der neuen Stadt ab, das Gelände lag in einem toten Winkel.

1647 legte man vom Schloß aus über die Hundebrücke (da sich dort die Jäger mit der Meute sammelten; später Schloßbrücke und heute Marx-Engels-Brücke) bis direkt zum Tiergarten einen Zugang, der mit 2 000 Nuß- und Lindenbäumen in sechs Reihen bepflanzt wurde. 1660 kam ein Teil

Abb. 1 Blick auf Berlin von Westen,
unbekannter Künstler, um 1650—1660

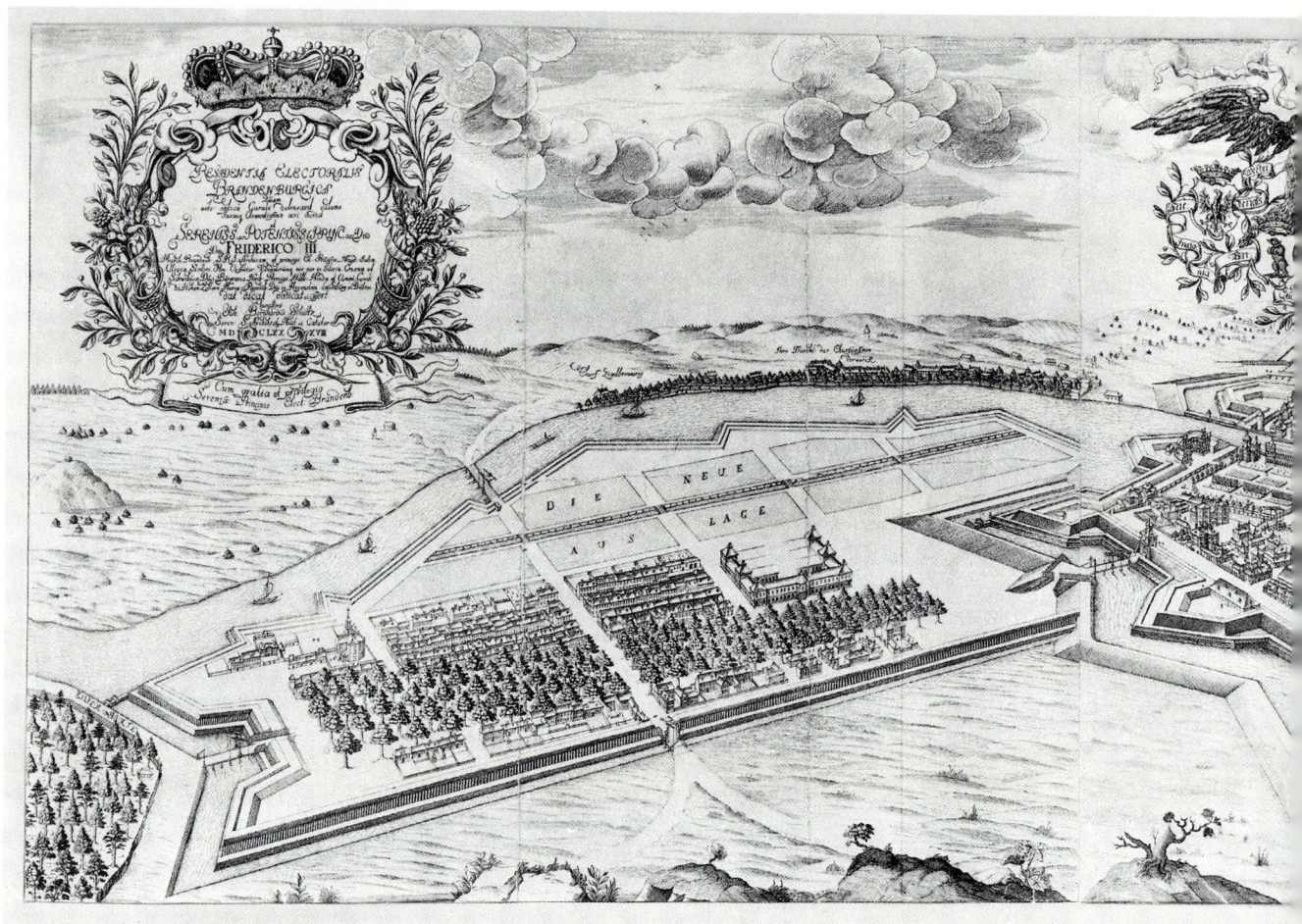

Abb. 2 a und b Berlin
aus der Vogelperspektive,
Johann Bernhard Schultz,
1688

dieser Allee — etwa bis zur Höhe der heutigen Schinkelschen Wache — zur neuen Stadt Friedrichswerder, der Rest lag außerhalb der Festung. Interessanterweise gehörte dieses Stück der »Linden« im fiskalischen Sinne lange Zeit nicht zu dieser Straße. Man merkt diesen Zustand auch heute noch an der Verengung östlich des Kastanienwäldchens — dieser Abschnitt hieß Platz vor dem Zeughaus (Abbildung 4).

Der Friedrichswerder als Stadt befand sich im Privatbesitz des Kurfürsten. Ebenso nutzte die Kurfürstin Dorothea die Äcker ihrer Meierei, da sie sandig waren und kaum Frucht trugen, um eine weitere neue Stadt anzulegen. Auf dem Gelände nördlich des damaligen Tiergartens, zwischen der heutigen Staatsbibliothek und der Kleinen Wallstraße (jetzt Schadowstraße),

18

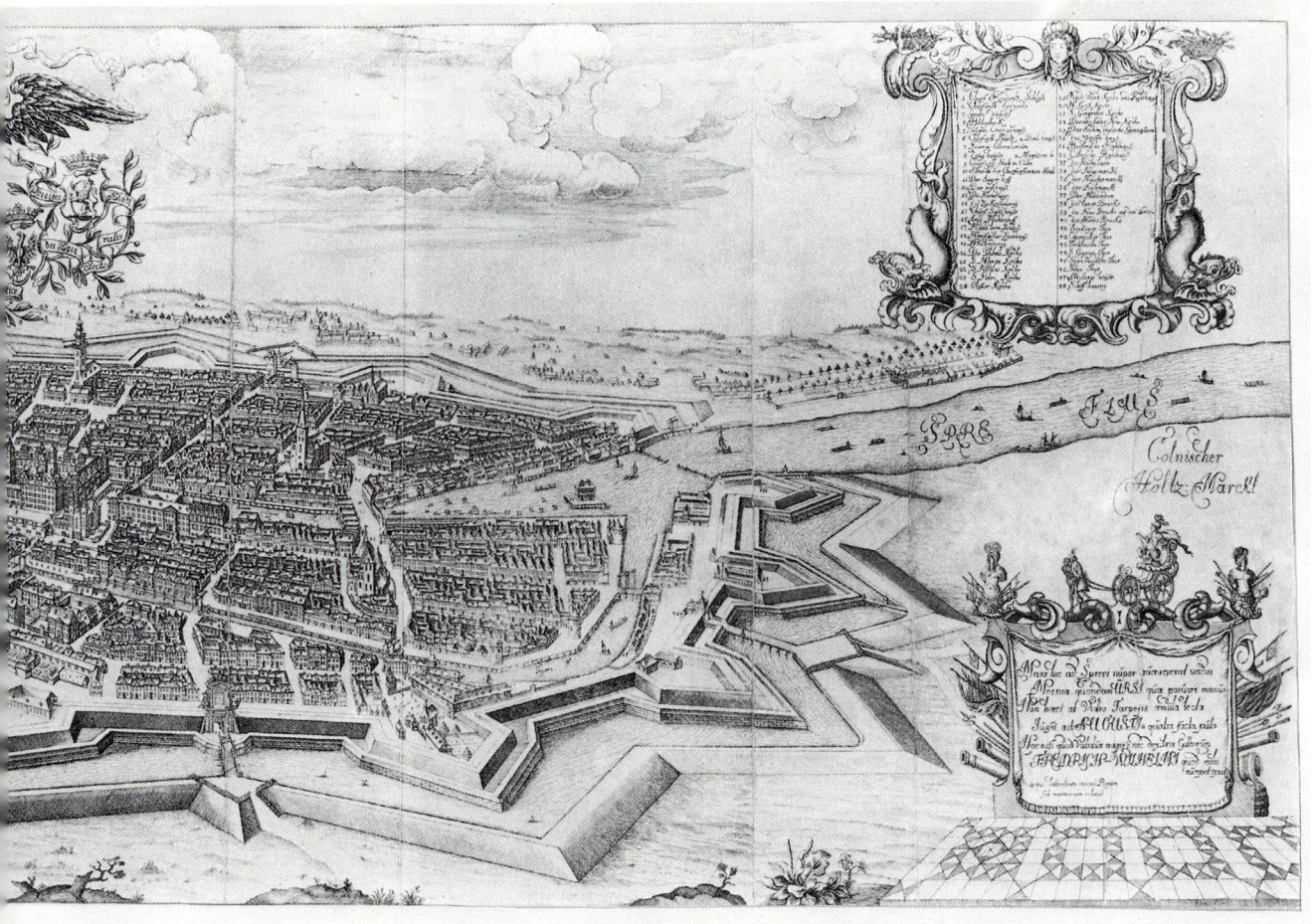

ließ die Kurfürstin durch Joachim Ernst Blesendorf, den Generalquartiermeister und Direktor aller Fortifikationen, 1673 eine Stadt planen und die Grundstücke abstecken. Der nördliche Teil der heutigen Straße Unter den Linden hieß Erste Straße, ihr folgte die Mittelstraße (diesen Namen trägt sie heute noch) und dann die Letzte Straße — später Dorotheenstraße, heute Clara-Zetkin-Straße.

Südlich der Ersten Straße erhob sich auf der ganzen Breite der Tiergarten, wie denn auch in zeitgenössischen Beschreibungen diese neue Stadt als mit der »Front nach dem Wald gemacht« bezeichnet wurde.[2]

1674 erhielt diese Gründung als Privatstadt der Kurfürstin ihr Privilegium und den Namen »Neu angelegte Vorstadt vor dem neuen Tor des Friedrichs-

Abb. 3 Ausschnitt
aus dem Plan
von N. La Vigne, 1685

Abb. 4 Der Platz am
Zeughaus,
kolorierter Kupferstich von
Georg Friedrich Schmidt,
vor 1740

werder«. Da sie beim Festungsbau noch nicht mit konzipiert worden war, aber in die Fortifikation mit einbegriffen werden sollte, zog man interimistisch entlang der heutigen Behrenstraße einen Graben und schüttete einen Wall auf, der vor der Wallstraße ein Hornwerk erhielt. Von diesem aus mündete der Graben in die Spree.

Daraus resultierten eine Abtrennung vom Tiergartengelände und eine Erweiterung der neuen Stadt. Die Südseite der Ersten Straße und die neue Kommunikation entlang des Grabens (Nordseite der Behrenstraße) gab man zur Bebauung frei, man steckte Grundstücke ab und wies Baustellen an. 1678 ist die Bezeichnung Friedrichstadt für dieses Gelände nachweisbar, später hieß sie dann die Kleine Friedrichstadt, bis sie gegen Ende des 17. Jahrhunderts zur neu benannten Dorotheenstadt geschlagen wurde.

Das Gelände des Tiergartens südlich des Walls und westlich der Festung lag im Schatten und war nur umständlich zu erreichen. Der Festungsbau hatte den Baumbestand eliminiert, der Tiergarten wurde daraufhin weiter nach Westen, vor die Dorotheenstadt, verlegt. Die Sandflächen auf der ehemaligen Gertraudenvorstadt und dem Vorwerk des Jägerhofs lagen wüst, lediglich im Gebiet des heutigen Spittelmarktes befanden sich Gärten und immer noch die Plätze der Schützengilde. Der Weg nach Spandau führte nicht mehr dort hindurch, er war mit dem Festungsbau verlegt worden und ging vom Spandauer Tor durch die heutige Oranienburger Straße. Im Süden des Geländes lag ein kleines Gotteshaus, eine Wallfahrtsstätte des Mittelalters, Jerusalemkirche genannt.

Die Festung öffnete sich nach Westen durch das prächtig angelegte Leipziger Tor in der Nähe des heutigen Spittelmarktes, und von da ging eine Lindenallee im ungefähren Verlauf der Leipziger Straße nach Westen. Die Dorotheenstadt besaß ein Tor im Süden, an der Kreuzung Friedrich- und Behrenstraße. Noch deutlich ist dies bis in die Gegenwart erkennbar, denn südlich des genannten Punktes wird die Friedrichstraße enger. Hier stand das Potsdamer Tor mit der Potsdamer Brücke, die 1738 letztmalig repariert und dann 1740 nach Zuschüttung des Wassergrabens und Abtragen des Walls beseitigt wurde. Über das uns interessierende Gelände zog sich ein Feldweg zwischen beiden Toren, der wegen des vielen Sandes »Verwehter Weg« hieß.

Das Gelände der späteren Friedrichstadt war, obwohl wüst und leer, nicht frei verfügbar. Feudale Besitzverhältnisse und Lasten des 16. Jahrhunderts blieben unberührt, der Platz reizte zu einer neuen Stadterweiterung, der dritten und wohl systematischsten.

Eine neue Stadt entsteht

Das Jahr 1688 gilt im allgemeinen als das Gründungsdatum der neu angelegten Stadt im Süden der Dorotheenstadt und im Westen des Friedrichswerder im Vorgelände der Festung. Bereits früher muß es Überlegungen zu diesem Schritt gegeben haben, das wird von der Mehrzahl der zeitgenössischen Autoren betont, ohne es näher zu belegen. Jede Stadterweiterung konnte damals nur in diese Richtung hin erfolgen, da einerseits die Wege nach Norden und Osten vom Zentrum — also vom Schloß — zu weit waren und das zur Verfügung stehende Gelände genutzt und feudal belastet war. Zwar lag auch das Friedrichstadt-Areal durch den Festungsbau in einem toten Winkel, aber unter allen Möglichkeiten rangierte es an erster Stelle.

Am 9. Mai starb in Potsdam Kurfürst Friedrich Wilhelm. Mittelbar spielt seine Familiengeschichte in das Geschehen um den hier zu betrachtenden Ort hinein. Er war zunächst mit Louise von Oranien (daher der Name Oranienburg) verheiratet. Dieser Ehe entstammten zwei Kinder, darunter der Kronprinz. Nach dem Tode der Kurfürstin 1667 heiratete Friedrich Wilhelm 1668 Dorothea von Holstein-Glücksburg, verwitwete Herzogin von Braunschweig-Lüneburg. Aus dieser Verbindung gingen dreizehn Kinder hervor, die alle den Markgrafen-Titel führten; darauf wird im Zusammenhang mit der Namensgebung der Straßen noch zurückzukommen sein.

Kronprinz Friedrich, der nun als Kurfürst Friedrich III. den Thron bestieg, hatte in den letzten Jahren der Regierung seines Vaters in Altlandsberg vor allem auf den Gütern des Grafen Schwerin leben müssen; auch diese Tatsache erlangte Bedeutung für den späteren Platz. Im August 1688 setzte der Kurfürst eine Kommission ein, die die Leitung aller Arbeiten zur Anlage einer neuen Stadt in die Hände zu nehmen hatte. Ihr gehörten der Obermarschall Joachim Ernst von Grumbkow, der Geheimrat Eberhard von Danckelmann, ab 1695 Premierminister, sowie die Baumeister Michael Mathias Smids und Johannes Arnold Nering an. Ihnen oblag zunächst, »... die Äcker und Wiesen, worauf die neue Friedrichstadt gebaut werden soll, so gut als möglich zu erhandeln«[3].

Smids war aus Breda oder Rotterdam gebürtig, Nering stammte aus Wesel. Beide schufen die planerische Grundlage für die Stadt, deren Ausarbeitung sich lange hinzog. Nach holländischem Vorbild, verwandt den Kolonialstädten in der »Neuen Welt«, und ohne Rücksicht auf bestehende feudal belastete Grundstücke versuchten sie, ihre Idee dem Gelände anzupassen.

Der Grundriß sah ein regelmäßiges System von rechtwinklig sich schneidenden Straßen vor. Die obere Grenze bildete die südliche Seite der Behrenstraße auf ihrer ganzen damaligen Länge. Nun mußte die Stadt der bestehenden Fortifikation angepaßt werden, die im Bogen nach Osten abschwenkte. Es galt, den Punkt zu bestimmen, wo sie sich an die Festungsanlagen wieder anschloß. Er fand sich auf der Höhe der Jerusalemer Straße und der dort stehenden Kirche an der Bastion 4. Zugleich mußte der Möglichkeit der Erweiterung der bestehenden Fortifikation Rechnung getragen werden, das hieß, die Stadt so anzulegen, daß sie mit einem neuen Festungsgürtel umgeben werden konnte. So entstand ein gekrümmter Abschluß von der Behrenstraße zum Endpunkt der Anlage im Süden. Unter Berücksichtigung der vorhandenen Bastionen 2 und 3, die sich in die neue Stadt hinein-schoben, sah der Grundriß fünf etwa gleichlange Straßen parallel zur Behrenstraße in Ost-West-Richtung vor, an die sich weitere vier Straßen anschlossen, die sich aber durch die Krümmung verkürzten. In Nord-Süd-Richtung liefen zwei lange sowie drei durch die Krümmung und die Bollwerke sich verkürzende Straßen (Abbildung 5).

Innerhalb dieses Netzes lagen siebzehn quadratische (zwei davon angeschnitten) und elf rechteckige Stadtquartiere sowie acht Quartiere, die durch die gekrümmte Straße abgeschnitten wurden. Drei dieser Gevierte konnten in der vorgelegten Planung nicht ausgeführt werden. In wenig geänderter Form läßt sich dieser Grundriß in jedem Stadtplan Berlins noch heute wiedererkennen.

Es entstand auf dem Papier eine moderne Stadt, die sich allen Forderungen und geländemäßigen Gegebenheiten anpaßte und — nach Fall der Festungsmauer — den Anschluß an die bestehenden Städte möglich machte. Vorhandene Wege wurden reguliert und zu Straßen begradigt, so die nach Potsdam führende Lindenallee, die dann 1706 Leipziger Straße genannt wurde. Südlich von ihr zogen sich die Regulierung und der Ankauf des Geländes sehr lange hin, denn es war nicht einfach, dieses Eigentum so ohne weiteres durch Kaufhandlung zu erwerben. Die Landstände widersprachen dem Aufkauf, dieser Umwandlungsprozeß mußte ganz einfach ihren Widerstand hervorrufen. Sie waren nicht gefragt worden, und die feudalen Lasten — obwohl von den Grundstücken genommen — mußten von den Landständen pauschal weiter getragen werden.

Im Januar 1692 ging ihr Protest so weit, daß verboten wurde, in dieser Gegend fernerhin Grundstücke abzustecken und auf der neuen Stadt weiter zu bauen. Der Kurfürst regulierte als absolutistischer Herrscher auf seine Art: Er verzichtete auf einen Teil der Einnahmen, versprach doch die Überführung des Bodens in städtische Verwaltung viel größere finanzielle Vorteile. Auf drei Quartiere — offensichtlich Quelle der Auseinandersetzungen, da hier die Schützenplätze lagen — verzichtete man zunächst; sie sind in der geplanten Form nicht ausgeführt worden. Durch sie zog sich die spätere Lindenstraße spitzwinklig nach Südwesten und bildete fiskalisch dann die östliche Grenze der neuen Stadt.

Im Juli 1692 konnten wiederum Baustellen angewiesen werden. Aus der Tatsache, daß alle Autoren des 18. Jahrhunderts darauf verweisen, bereits

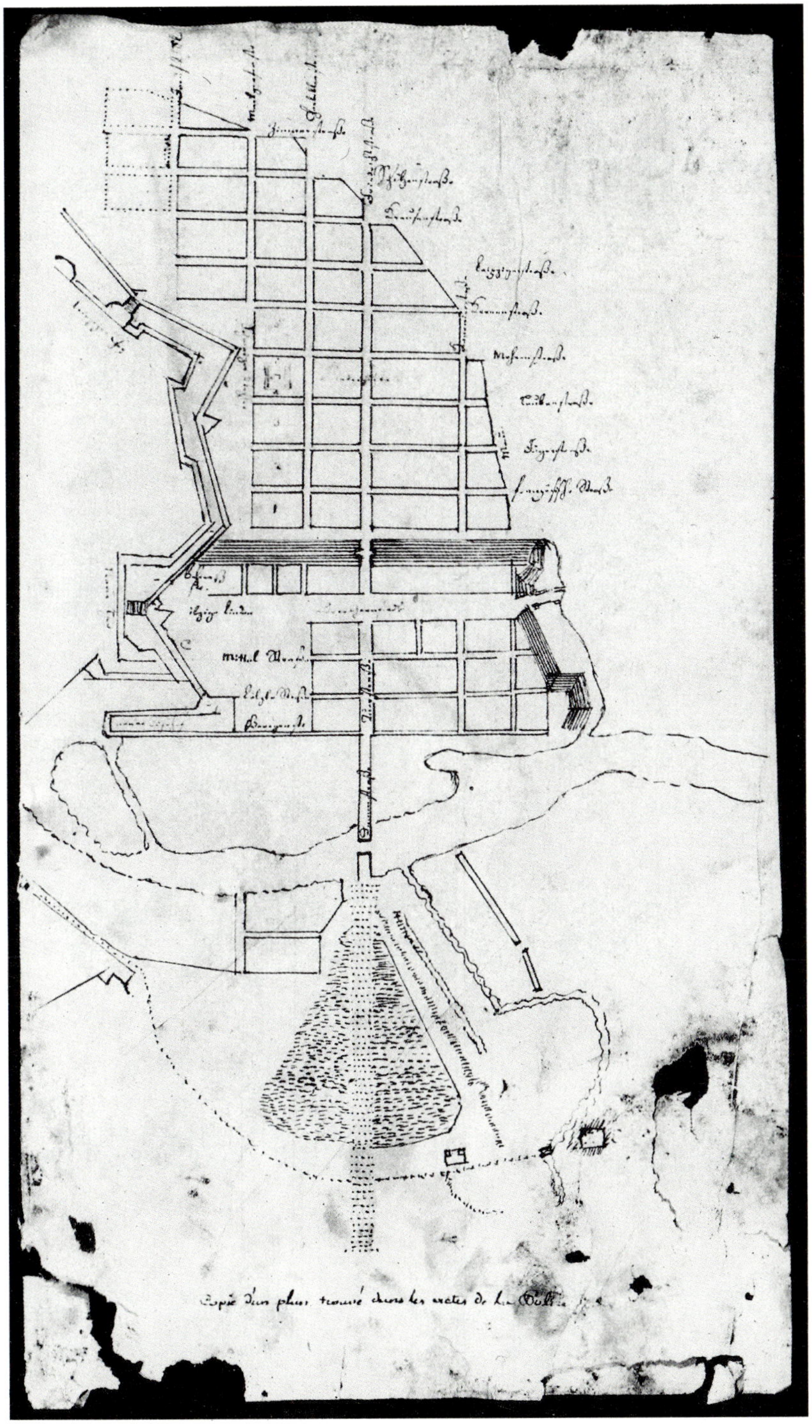

Abb. 5 Flüchtige Kopie
der Entwurfszeichnung (?) für die
Friedrichstadt, etwa 1695/96

Abb. 6 Berlin im Jahre 1698
mit Darstellung
der geplanten Erweiterung
der Festungsanlagen,
nach einer Kopie
des 19. Jahrhunderts

1688 sei mit dem Bau von Häusern begonnen worden, könnte geschlossen
werden, daß Planungsüberlegungen schon vor dem August 1688 bewegt
wurden. Hier hat man aber wohl eine der Übertreibungen zu argwöhnen, die
dem Drang nach Verherrlichung der Hohenzollern geschuldet ist. Jedenfalls
ist es möglich, daß damals Grundstücke vergeben wurden, und wir haben
den Platz zu bestimmen, an dem der Bau begann. Sofort verfügbar war nur
der Standort der eingangs erwähnten Meierei zwischen Jäger- und Kronenstraße, denn hier lag kurfürstliches Eigentum vor. Es gibt dazu eine interessante Belegstelle aus der Namensgebung der Straßen (1706). Nachweisbar
bis in die Mitte des 18. Jahrhunderts ist das Kuriosum, daß die Taubenstraße
auf dem Teil zwischen dem späteren Markt und der Festungsanlage Mittel-

straße genannt wurde; offensichtlich hieß sie vorher auf ihrer ganzen Länge
so. Und wenn wir die Anlage der Dorotheenstadt mit der Mittelstraße bedenken, kommt ein gewisser Sinn in die Namensgebung. Wir haben in dieser
Gegend die ersten Bauten auf der neuen Friedrichstadt zu vermuten.

1692/93 scheinen die Planungsarbeiten zu einem gewissen Ende gekommen zu sein. Nach ihnen gab es nur ein öffentliches Gebäude in der neuen
Stadt, die Jerusalemkirche, die seit 1671 dem Rat des Friedrichswerder un-
terstand. Es war eine kleine Kapelle, 1484 erstmals erwähnt, 1679 repariert,
aber als solche im Plan nicht ausgewiesen. Ansonsten waren keine Gemein-
schaftsbauten, das heißt Plätze für weitere Kirchen, ein Rathaus, ein Spital
oder ähnliches, vorgesehen. Offenbar haben sich die Autoren völlig auf die

Erwerbung der Grundstücke und die Anlage des Straßennetzes konzentriert; an eine städtebauliche Gestaltung war noch nicht gedacht.

Von Smids stammte die Grundidee, während Nerings Aufgabe darin bestand, die Straßen abzustecken und die Häuser zu entwerfen. Zwischen 1689 und 1691 hatte der Kurfürst mehrfach angewiesen, daß nur solche Häuser gebaut werden dürften, die Nering entworfen hatte, widrigenfalls sie abgerissen würden. 1695 starb Nering. Nachfolger wurde sein ehemaliger Assistent Heinrich Behr, dessen Mitarbeiter wiederum Martin Grünberg. Beide übernahmen das Amt von Nering, das nun angesichts der ständigen Erweiterung der Stadt immer mehr Arbeit mit sich brachte.

Am 19. April 1693 wurde das Privilegium »von den Bau-Finanz-Leuten zum Anbau der Städte« publiziert. Es sollte denjenigen helfen, die sich auf der Friedrichstadt niederließen. Sie bekamen die Grundstücke kostenlos, ebenso einen Teil der Baumaterialien. Weiterhin erhielten sie für eine Reihe von Jahren Steuerfreiheit und waren von Einquartierungen befreit.[4]

Der Plan der neuen Stadt sah für die Versorgung der Bürger keinen Markt vor. Ein solcher fand 1695 erstmals statt auf dem großen freien Gelände vor dem Leipziger Tor — der »Leipziger Thormarkt«. Der Platz, auf dem später der Gensd'armen-Markt entstehen sollte, hob sich in keiner Weise aus der Planung heraus, noch war das Gelände irgendwie betont. Nach 1695/96 gingen die Planungen einen Schritt weiter. Die bei der Aufstellung des Grundrisses mit beachtete Erweiterung der Festung, das heißt die vorgesehene Einschließung der neuen Stadt in erweiterte Festungsanlagen, gab einen wesentlichen Impuls für die städtebauliche Planung der Friedrichstadt. Entlang der gekrümmten Straße im Westen wurde die Errichtung von Bastionen und Ravelins vorgesehen. Diese Straße sollte der innere Umgang der Festungserweiterung werden, deshalb ihr Verlauf und ihr Name — Mauerstraße. Auf das Jahr 1698 wird ein Plan dieser Festungsanlagen datiert, dessen Original wahrscheinlich in den Wirren des letzten Krieges verlorengegangen ist (Abbildung 6). Er sah die Einbeziehung der Dorotheenstadt, der Friedrichstadt und eines Teils der Köpenicker Vorstadt in eine neue Festung vor. »9 gantze und 2 halbe Bollwerke, 7 Ravelinen, ein Graben und eine contrecarpe« sollten das Stadtgelände umgeben.[5] Die Kopie dieses Planes, die hier vorgelegt wird, zeigt die gedachte Anlage, die sich weit in unbebaute Gegend hineinzog und im Norden neues Gelände bis an die Spree einschloß. Zu erkennen sind zwei Bollwerke oberhalb der Doro-

Abb. 8 Silberne Schaumünze von Raimund Faltz auf Kurfürst Friedrich III., 1700

theenstadt, eins im Westen derselben und sechs um die Friedrichstadt; ferner ein halbes Bollwerk auf der heutigen Museumsinsel und ein weiteres halbes im Süden. Ein Ravelin sollte vor der Dorotheenstadt angelegt werden, fünf vor der Friedrichstadt und eins vor der Köpenicker Vorstadt.

Der Berlin-Historiker Bernhard Ludwig Caspar Beckmann verweist in seinem Manuskript von etwa 1760 auf diesen Plan: »Es ist aber damit nicht zu Stande gekommen, sondern alle diese Städte haben eine geraume Zeit bloß gelegen und sein nur mit der Landwehr und einem Anno 1706 verfertigten Landgraben, der oberhalb Berlin beim Oberbaum Brükke aus der Spree durch das gefilde in der ferne Vor diesen Städten vorbei und durch den Thiergarten viertelwegs von Charlottenburg in die Spree fällt …, umgeben gewesen.«[6] Dieser Graben ist auf dem Plan nicht verzeichnet.

Beckmann weist weiterhin auf eine »güldene Medaille« aus dem Jahre 1700 (Abbildungen 7, 8) hin, die ein plastisches Bild der damaligen Situation gibt. Deutlich sind der Verlauf der Spree und die bereits vorhandenen Festungsanlagen zu erkennen. Jede Stadt ist entschieden abgegrenzt, und ein Wappenschild trägt den jeweiligen Namen. Die Friedrichstadt ist in ihrem Planungsstadium genau fixiert, keines der Stadtquartiere ist besonders hervorgehoben. Am unteren Rand der Medaille, die die Datierung 1700 trägt und Überlegungen von 1698/99 darstellt, ist auch der Ansatz der Festungserweiterung noch erfaßt.

Der Mangel an städtebaulicher Gestaltung ist auffallend. Entweder gab es keinen Auftrag dazu, oder aber die genannten Architekten fühlten sich überfordert beziehungsweise wurden nicht für fähig gehalten. Möglich ist auch die Lesart, daß die Anlage von Wohnquartieren als wesentlich angesehen wurde und weitere Gedanken zunächst nicht angestellt werden konnten.

Das änderte sich nach 1698, und die Planung der Befestigung der neuen Städte bot die Möglichkeit dazu, denn nun konnte die Idee einer Anbindung der Friedrichstadt an die bestehenden Städte Raum gewinnen; die vorhandenen Festungsanlagen waren nach dem Neubau nicht mehr notwendig. 1698 trat aber auch ein namhafter Architekt in brandenburgische Dienste — der 1670 in Paris geborene Jean de Bodt.

Die Idee eines Zentrums

De Bodt war der Sohn des mecklenburgischen Adligen Andreas von Both, der seine Güter verkauft hatte, nach Paris gegangen war und dort eine französische Adlige geheiratet hatte. Da er nicht unvermögend war, konnte er Jean Privatunterricht bei dem bekannten Architekten Nicolas François Blondel erteilen lassen, der seit 1672 Direktor der Académie d'architecture war. Sein Schüler de Bodt gewann mit vierzehn Jahren bereits einen Architekturpreis. 1685 mußte er als Hugenotte emigrieren; er ging über Brüssel in die Niederlande und trat in den Dienste des Prinzen Wilhelm von Oranien. Er erhielt in jungen Jahren den Posten eines Kondukteurs für das Deichwesen. 1689 wurde der Prinz als William III. König von Großbritannien; de Bodt folgte ihm und nahm an seinen Kriegszügen teil.

Private Spannungen — er war mit einer Tochter des Königs verheiratet und ließ sich scheiden — beendeten seinen Aufenthalt am englischen Hofe. De Bodt ging 1698 als Inspektor aller Zivil- und Militärbauten und Leiter des gesamten kurfürstlichen Bauwesens nach Berlin. Kenntnisreich, von bedeutenden Architekten ausgebildet und über internationale Erfahrungen verfügend, brachte er zahlreiche neue Ideen in das Baugeschehen Berlins. Hier interessieren vor allem diejenigen, die die Friedrichstadt betreffen, auch weil sie bisher kaum Beachtung fanden.

Wer heute den günstigsten Platz sucht, um die Monumentalbauten auf dem ehemaligen Gensd'armen-Markt mit einem Blick zu erfassen, wird feststellen, daß er vor der einstigen Kurfürstenbrücke (jetzt Rathausbrücke),

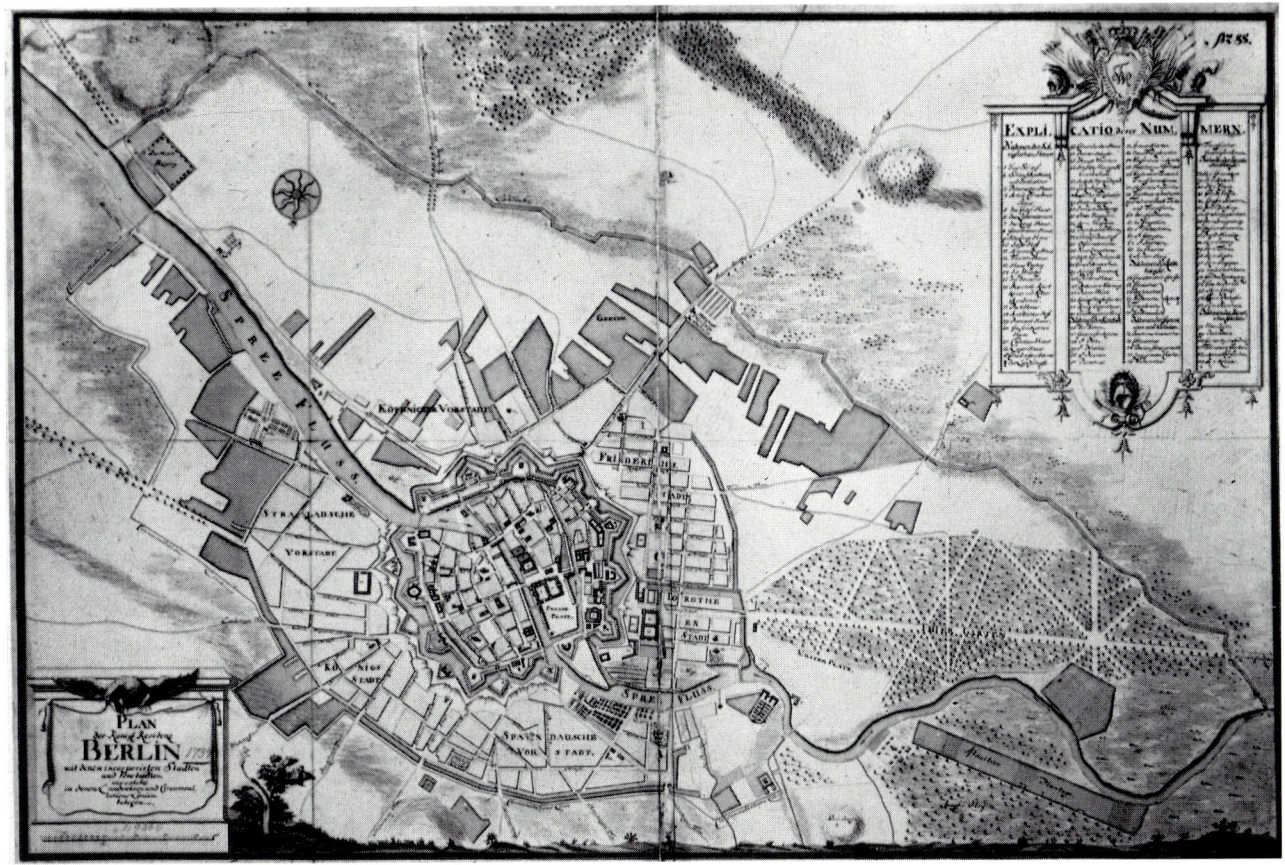

Abb. 9 Plan
von G. Dusableau, 1723,
gestochen von
Georg Paul Busch

zwischen dem Marstall und dem nicht mehr stehenden Schloß, liegt. Zunächst mag man es für Zufall halten, wenn beide Türme so gesehen werden, daß man perspektivisch in der Mitte steht. Von der städtebaulichen Situation gibt es keine Wiederholung; man kann die verschiedensten Standpunkte aufsuchen — eine derartige Perspektive findet sich nicht noch einmal. Nun sind die Turmbauten bekanntlich zwischen 1781 und 1785 errichtet — eine Tatsache, die einen den Gedanken, daß man hier ein städtebauliches Konzept vom Ende des 17. Jahrhunderts vor sich habe, sofort verwerfen läßt, denn zu klassizistischer Zeit bestand der Gensd'armen-Markt ja schon mehrere Jahrzehnte. Andererseits steht man an der Stelle, die nach absolutistischem Ideal das Schloß zum Mittelpunkt der Stadt machte. Man hat nach Spuren zu suchen, die eventuell ein zunächst zurückgestelltes und später abgewandelt ausgeführtes städtebauliches Konzept belegen können.

31

Abb. 10a und b Plan
für eine Erweiterung
der Festungsanlagen
im Süden Berlins, um 1710

Berlin und Cölln waren mittelalterliche Bürgerstädte mit den Märkten und den Rathäusern als wirtschaftliche und politische Zentren. Als die Hohenzollern nach der Niederringung der städtischen Freiheiten 1442 und 1447/48 ihre Burg errichteten, lag sie außerhalb, an der Peripherie, auf bisher nicht bebautem Gelände. Absolutistische Architektur hingegen stellte das Schloß des Herrschers als politischen Mittelpunkt des Staates in das Zentrum — in Berlin eine fast unmögliche Aufgabe angesichts der Raumsituation. Aber haben nicht Dorotheenstadt und Friedrichswerder die Resi-

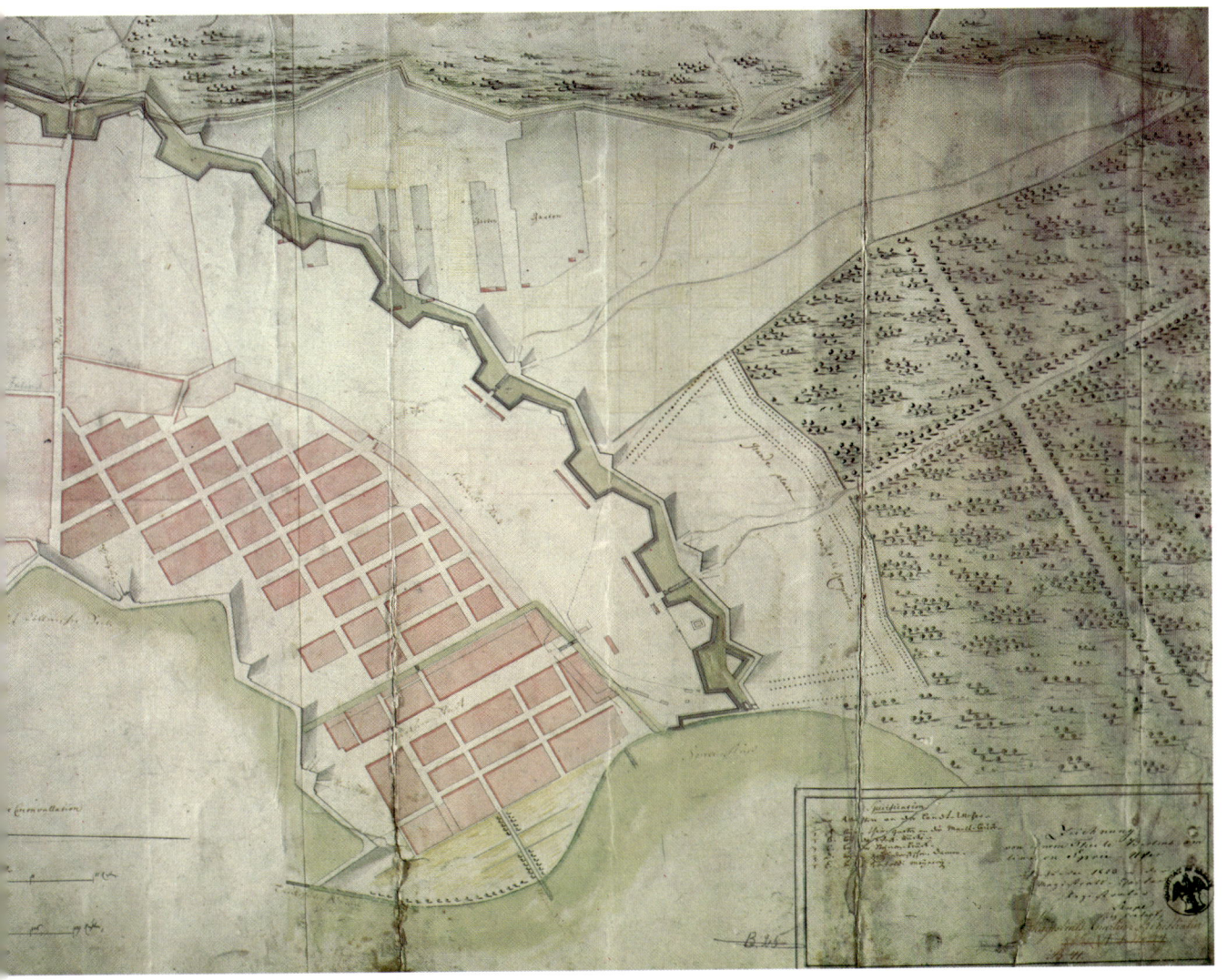

denz nach Westen erweitert und das Schloß mehr ins Zentrum verschoben? Hinzu kommt die neue Friedrichstadt. Der Plan von La Vigne (1685) belegt: Das Schloß gerät städtebaulich in eine andere Lage. Eine sich daraus ergebende mögliche räumliche Neuordnung der Stadt muß nach dem absolutistischen Ideal, das von französischen Vorbildern nachhaltig beeinflußt wurde, auf das Schloß bezogen werden. Auffällig an den Stadtplänen aus der ersten Hälfte des 18. Jahrhunderts ist die starke Betonung der heutigen Rathausstraße, die vom Ochsenplatz vor der Festung (heute Alexanderplatz) in gera-

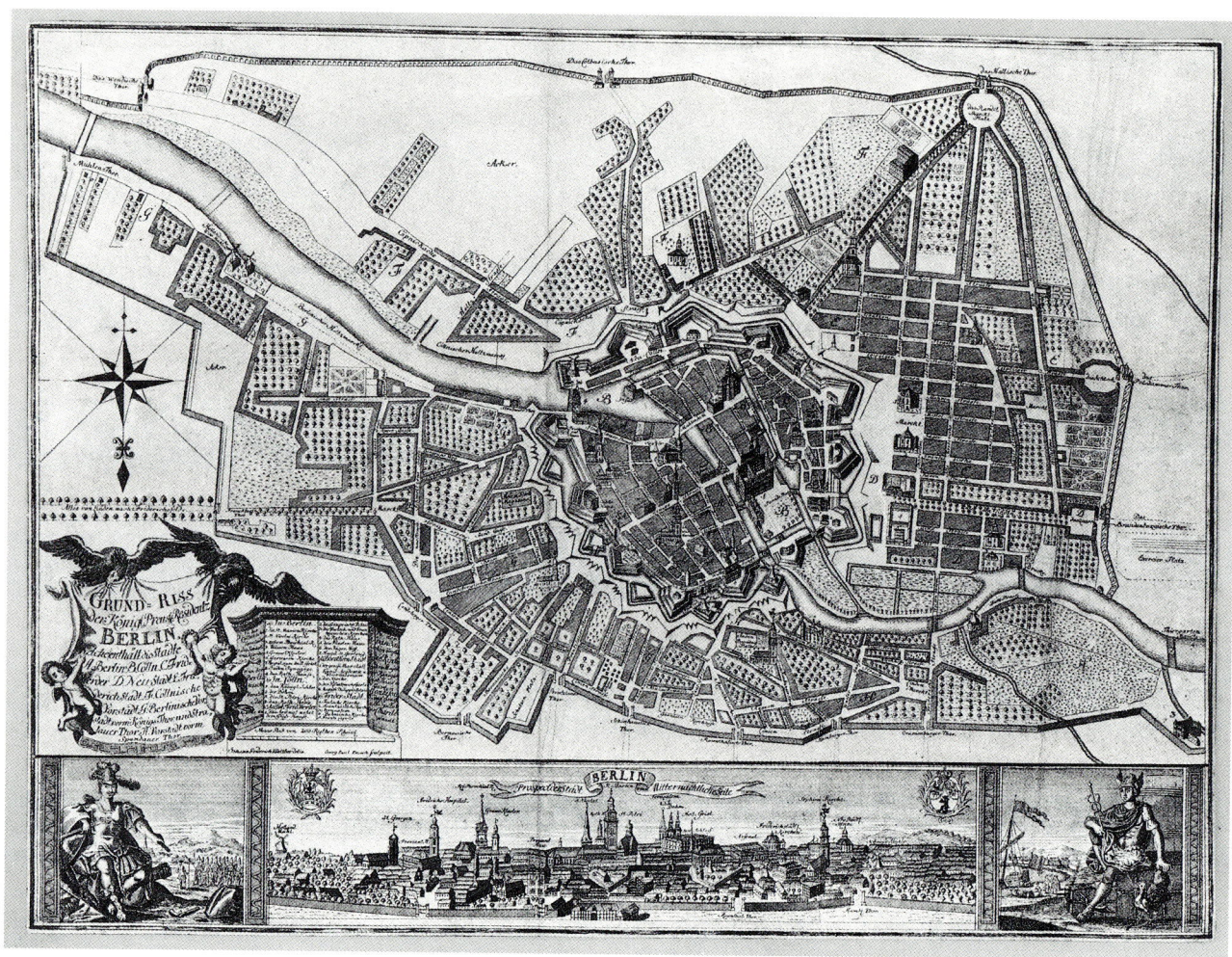

Abb. 11 Plan der Königlichen
Residenzstadt Berlin, 1737,
gezeichnet von
Johann Friderich Walther,
gestochen von
Georg Paul Busch

der Linie auf das Schloß und die erwähnte Brücke zuläuft. Freilich sind die Karten keine Meßtischblätter, sie zeigen die Straße in einer nie vorhanden gewesenen Breite und geben so idealisierte Vorstellungen wieder (Abbildungen 9, 11).

In dem Punkt – der Brücke, auf der bis zu seiner Demontage das weltberühmte Reiterstandbild des Kurfürsten Friedrich Wilhelm von Andreas Schlüter stand – könnte diese absolutistische Schloßachse ihr Zentrum gehabt haben, zumindest hätte man es in der Zeit um 1700 hierin durchaus sehen können. Angenommen, der Ort wäre also Mittelpunkt und Bezugspunkt absolutistischer Neuordnung der Städte gewesen, so müßte nun diese Achse nach Westen weiterlaufen beziehungsweise im Westen aufgenommen werden. Wir haben daher nach Anhalten zu suchen, die uns Belege für einen derartigen Gedanken liefern.

Der Literatur des 19. Jahrhunderts ist nur partiell zu trauen, sie dient sich oft genug den Hohenzollern an (das heißt: denen dieser Epoche). Quellen beziehungsweise aktenmäßige Belege sind zunächst nicht vorhanden. Einen ersten Hinweis bietet aber der Stadtplan. Wenn man auf maßstäblichen Karten die Entfernung zwischen Alexanderplatz und heutiger Rathausbrücke in gerader Linie verlängert, gelangt man auf den ehemaligen Gensd'armen-Markt, und zwar genau auf den Platz vor dem Schauspielhaus.

Fragen wir weiter nach Unbekanntem, weniger Beachtetem und teilweise auch Geschmähtem, da wir Absichten herausfinden möchten, die in dieser Form nicht Realität geworden sind! Da wären vor allem zwei Darstellungen eines Sammelwerkes — 1733 in Augsburg erschienen — zu untersuchen, dessen Autor Jean Baptiste Broebes ist, der seit 1696 Professor für Baukunst an der späteren Akademie der Künste in Berlin und zugleich ein vorzüglicher Kupferstecher war. Das 19. Jahrhundert zollte seinen technischen Fertigkeiten uneingeschränkt Lob, wies aber stets darauf hin, daß seine Stiche Dinge zeigten, die so nie ausgeführt wurden.

Trotzdem sind seine Arbeiten vorzügliche Quellen, man hat eben nur zu bedenken, daß Broebes eigene Vorstellungen einfließen ließ, um darzulegen, wie er es gemacht hätte. Dabei enthalten viele seiner Ansichten idealisierende Elemente, die den Vorstellungen des Absolutismus verpflichtet sind.

Betrachten wir zwei seiner Stiche, die Situationen am späteren Gensd'armen-Markt zeigen. Der eine erfuhr bereits von Friedrich Nicolai im Jahre 1786 schärfste Kritik. Das Blatt, dem der Ausschnitt (Abbildung 12) entstammt, führt die einzelnen Städte aus einer Vogelperspektive nach dem Beispiel des Plans von Johann Bernhard Schultz vor Augen, den dieser 1688 als Schaubild über die Dimensionen der Festung und damit zugleich als Beweis für die Größe des Kurfürsten Friedrich Wilhelm vorgelegt hatte. Broebes berücksichtigt aber inzwischen eingetretene Veränderungen. Die Datierung seiner Version muß aus der Wiedergabe des Berliner Schlosses gewonnen werden: Dieses befindet sich im Zustand vor Beginn des Schlüterschen Umbaus von 1698, allerdings sind der Münzturm und der geplante Neubau des Doms am Ort der mittelalterlichen Dominikanerkirche eingezeichnet. Deutlich ist auch die Betonung der einstigen Königstraße als Achse

35

erkennbar; verlängert man sie nach vorn über die Festungsanlagen hinaus, gelangt man zu einer Baugruppe auf dem Areal des heutigen Platzes der Akademie.

Das Blatt ist als die erste — wenn auch idealisierte — Darstellung einer städtebaulichen Lösung des späteren Gensd'armen-Marktes anzusprechen. Wir besitzen in ihm ein äußerst wichtiges Dokument zur Ausgestaltung der Friedrichstadt, vor allem aber die erste Idee einer räumlichen Ordnung für den Platz. Die Datierung 1698/99 ist ganz wesentlich: Die Planungsarbeiten für die Neuordnung der Residenz beginnen mit dem Umbau des Schlosses, und der Platz ist darin einbezogen. Der Stich weist ein Zentrum für die Friedrichstadt aus, und zwar gerade dort, wo die Achse enden müßte und wo sich dann der Gensd'armen-Markt erhob. Offensichtlich war diese Fläche noch nicht bebaut und stand für die Planungsüberlegungen zur Verfügung. Auf dem Gelände zwischen den Bastionen waren zunächst keine Baustellen abgesteckt worden, es war aus Gründen der Verteidigung ausgespart geblieben. Die Idee, die neue Stadt in eine erweiterte Festungsanlage einzubeziehen, wurde auf Grund militärischer Erwägungen gegenstandslos.

Der Stich zeigt am Platz eine Kirche mit kleiner Kuppel, ein Rathaus und ein Invalidenhaus. In der Umgebung sollten Palais und Gärten der Stiefbrüder des Kurfürsten Friedrich III., »des Markgrafen Philipps-Hof, des Markgrafen Albert-Hof und des Markgrafen Christian-Ludwig-Hof«, liegen.[7] Weiterhin ist deutlich die spärliche Bebauung zu erkennen, das Gelände — weitläufig angelegt — stand für fernere Planungen offen.

Der Autor setzte eine Kirche ins Zentrum der entstehenden Friedrichstadt. So gering die Information über ihre Kuppel auch ist — sie ähnelt einer um diese Zeit in England, im Greenwich Hospital, errichteten. Weiterhin muß auch auf das Invalidenhaus daneben verwiesen werden. Solche Einrichtungen baute man in der Mitte des 17. Jahrhunderts in verschiedenen europäischen Ländern, um die in den stehenden Heeren blessierten Soldaten, die als Bettler umherzogen, von der Straße zu holen. 1670 entstand eines am Stadtrand von Paris, 1681 eines in Chelsea in England, weitere waren geplant. Österreich folgte. Auch in Brandenburg-Preußen griff der Gedanke Raum, um das Ansehen des Militärs zu steigern und Mängel nicht zu offensichtlich werden zu lassen.

De Bodt hatte sich in England mit der Planung eines derartigen Invalidenhauses befaßt, er war auch der Architekt eines nach 1702 für Berlin vor

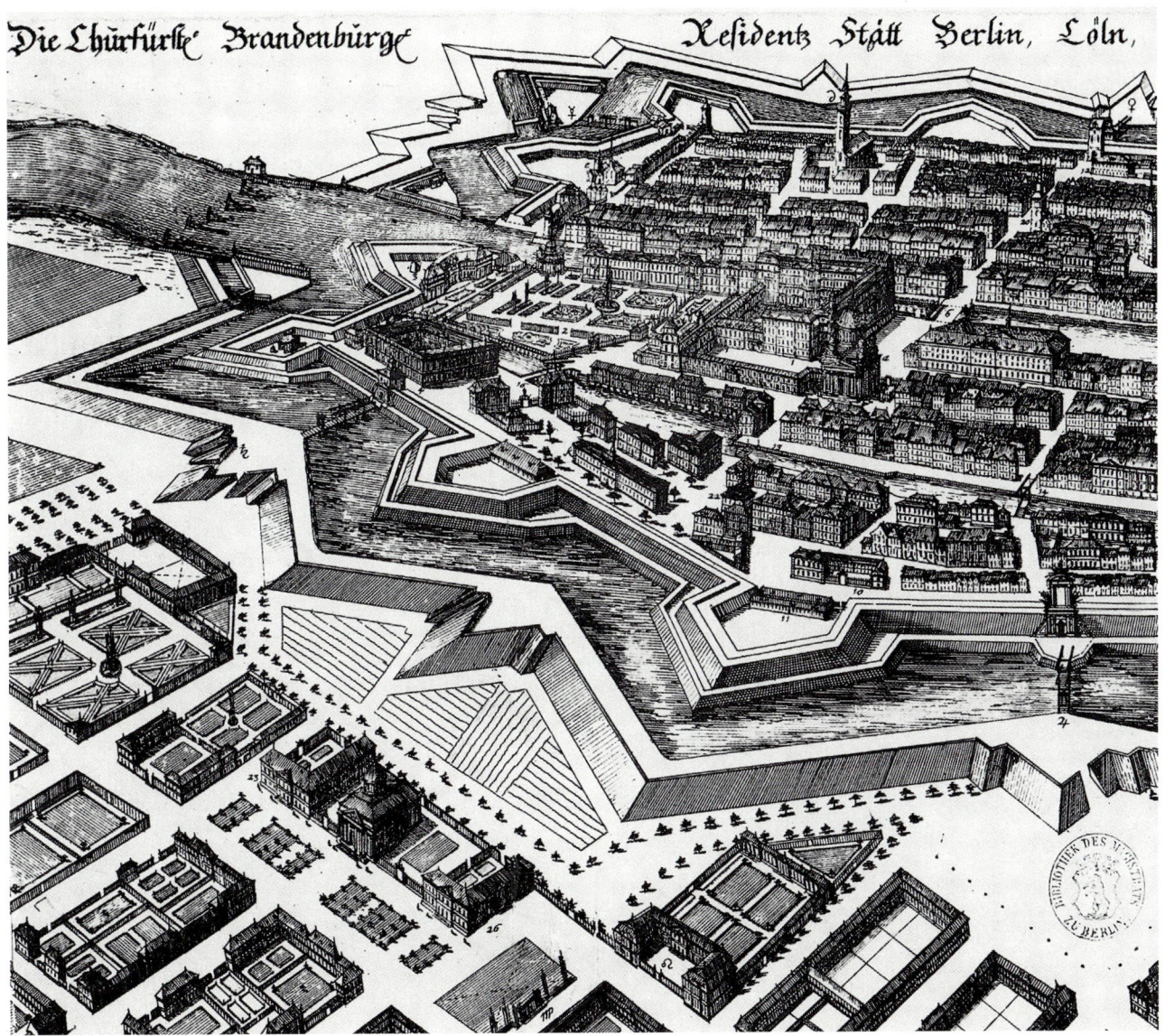

dem Prenzlauer Tor geplanten Invalidenhauses. Es liegt also nahe, ihn als denjenigen zu bezeichnen, der diese Idee in die preußische Residenz brachte und den Standort des Baus in der Friedrichstadt vorschlug. So dürfte er maßgebend die erste Planung für ein Zentrum der Friedrichstadt beeinflußt haben. Mit Broebes' Stich rückte der Platz in den Blick aller weiteren Planungsarbeiten.

Abb. 12 Ausschnitt aus der perspektivischen Idealplanung der Friedrichstadt von Jean Baptiste Broebes, um 1698/99 (Stich von 1733)

37

Doch der Plan wurde verworfen; das Blatt, das de Bodts Fähigkeiten als Stadtplaner belegt, blieb im Nachlaß Broebes' erhalten und wurde von seinen Erben publiziert. Der Neuankömmling nahm den modernen, aber trockenen Stadtgrundriß von Smids und Nering auf, suchte die entscheidende Stelle für eine städtebauliche Gestaltung im Zusammenhang der ganzen Residenz, die das Schloß ins Zentrum einer Achse zwischen dem heutigen Alexanderplatz und diesem neuen Endpunkt brachte. Die Blickrichtung des neuen Kernensembles der Friedrichstadt allerdings ging nach Westen, so daß die Achse nicht eigentlich aufgefangen werden konnte. Alle Bauten wiesen auf einen westlich davor gelegenen Platz. Das muß auch der Grund dafür gewesen sein, daß das Konzept nicht realisiert wurde, da es nicht konsequent genug absolutistischen Idealvorstellungen entsprach.

Diese Überlegungen hatten eine Konsequenz: Die ersten fünf Quartiere — von der späteren Behrenstraße bis zur Kronenstraße zwischen Charlottenstraße und Markgrafenstraße — blieben bei der Anweisung von Baustellen durch den Ingenieur Behr für längere Zeit ausgespart, um auf kurfürstlichen Befehl für die Gestaltungsmaßnahmen und öffentliche Bauten zur Verfügung zu stehen. Um 1700 erfolgte dann die Anweisung von Baustellen in der Französischen Straße und in der Mohrenstraße, so daß das Gelände um zwei Quartiere auf die spätere, bis heute erhaltene Platzgröße schrumpfte. Auf einem anonymen Plan (Abbildung 5) sind deshalb auch diese ersten fünf Quartiere mit einer Numerierung versehen.

Ein weiteres, sehr bekanntes und oft zitiertes Blatt von Broebes muß ebenfalls herangezogen werden (Abbildung 13). Es zeigt Planung und Neuordnung der Stadt nach dem Umbau des Schlosses und seiner Umgebung, wie sie unter Schlüters Oberleitung 1698 in Angriff genommen wurden. Für uns ist aber nicht so sehr der Vordergrund wesentlich. Wenig beachtet und eigentlich nur im Original beziehungsweise unter Vergrößerung zu sehen ist der Tiefenraum. Hinter dem geplanten Neubau des Doms, der die Achse markiert, erkennt man das Bebauungssystem der Friedrichstadt, deren Befestigungsanlage noch deutlich auszumachen ist. Etwas nach links verschoben sind auf dem Stich zwei Bauten zu sehen, die man als Kirchen ansprechen muß. Sie zeigen sich als zwei gleichartige Baumassen, nebeneinander gelegen, aber doch so, daß zwischen ihnen ein Straßenquartier frei bleibt. Broebes zeichnet hier für die Friedrichstadt ein Planungsstadium, wie es nach dem erwähnten Stich entstanden war. Wie weiter unten ausgeführt, muß die-

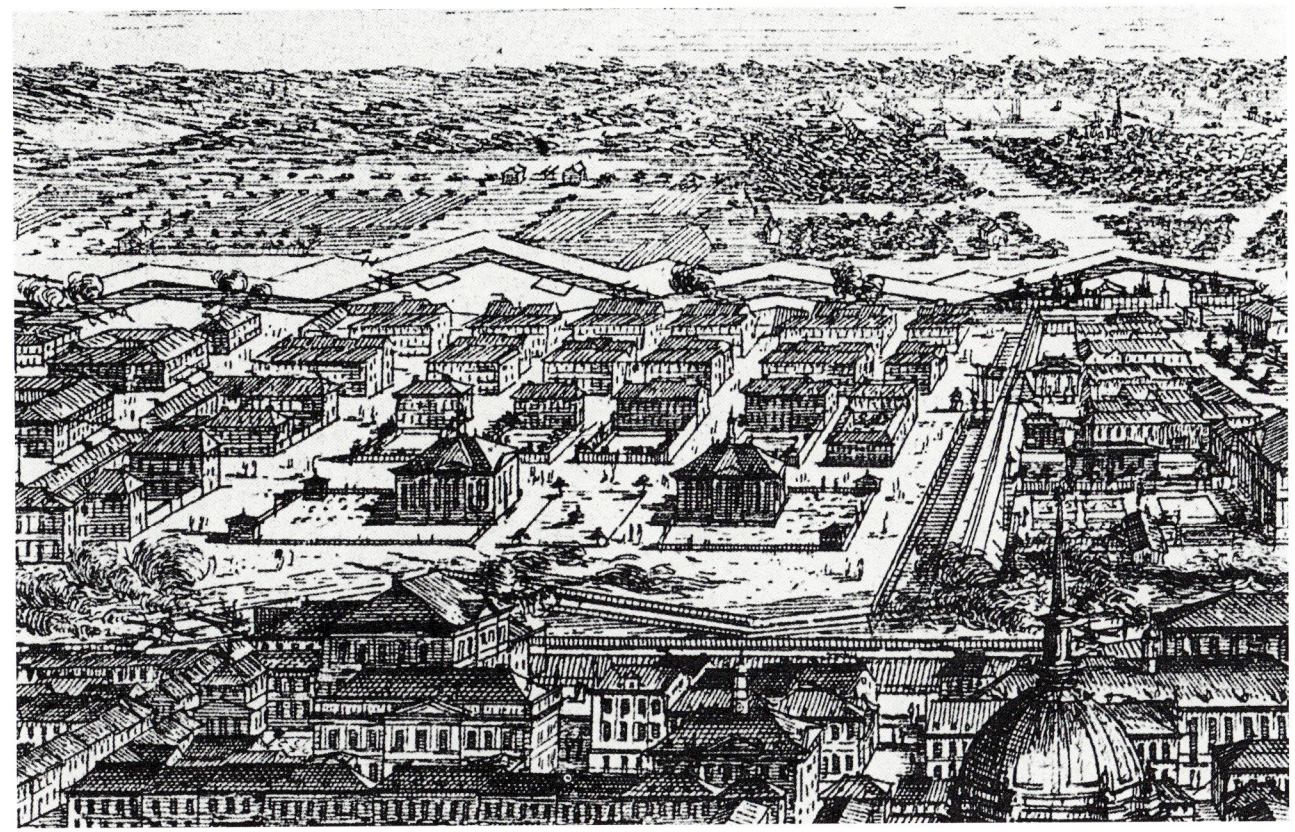

ser Planungsteil auf die Jahre 1700/01 datiert werden. Über die Frage, nach welcher Richtung die Hauptfronten der geplanten Kirchen gingen, können kaum Aussagen getroffen werden. Es ist aber anzunehmen, daß sie nach Westen gewandt sein sollten.

Zwei Momente werden für die ferneren Schritte wesentlich:

1. Es wird erstmalig zwischen 1698 und 1701 ein Zentrum für die neue Friedrichstadt konzipiert, und es werden auf ihm öffentliche Bauten zum Vorschlag gebracht — denn als solche muß man für diese Zeit Kirchen betrachten.

2. Da offensichtlich de Bodt derjenige Architekt war, der diese Planung wesentlich beeinflußt hat, transportiert er auf diese Weise architektonische Ideen aus anderen Ländern nach Berlin.

Bereits bei dem ersten behandelten Blatt tauchte auf der Kirche ein interessantes Türmchen auf, das sich bei dem Entwurf für die beiden Kirchen

Abb. 13 Ausschnitt aus einem Idealplan von Jean Baptiste Broebes mit einer Gestaltungsvorstellung für den späteren Marktplatz, um 1700 (Stich von 1733)

39

wiederholt. Dafür gab es ein Vorbild: die kleinen Kuppeltürmchen auf dem Naval Hospital in Greenwich (Großbritannien). Damit wurde der Gedanke, zwei gleiche Bauten an diesem Platz zu lokalisieren, erstmalig belegt und ein wesentlicher, die weitere Gestaltung entscheidender Gedanke geboren. Zugleich muß man darin den Beginn der Berliner Turmbautentradition sehen, die von de Bodt über Boumann (alter Dom am Lustgarten), Gontard (Kuppeltürme auf dem Gensd'armen-Markt), Hoffmann (Turm des Neuen Stadthauses) bis in unsere Tage zu Hermann Henselmann und seinen Türmen am Frankfurter Tor reicht.

Neue Pläne

Bis dahin war es ein langer Weg. Zunächst wurden die Vorstellungen nicht realisiert. Die Gründe dafür bedürfen der Untersuchung. Im Zusammenhang mit den Planungen zur Neuordnung Berlins und seiner Vorstädte zur absolutistischen Residenz tauchten andere Projekte auf, die für den Platz einen entscheidenden Einschnitt brachten. Der Schloßbau machte Fortschritte, und unter den Architekten begann eine kurze Phase einer ausufernden Planungseuphorie. Uns interessieren dabei nur die Projekte einer Stadterweiterung, da dadurch der spätere Platz auf der Friedrichstadt zum ersten Mal von der Peripherie näher an die historischen Stadtteile rückte.

Ansatzpunkt war die militärische Sicherung der königlichen Residenz. Was lag näher, als die Friedrichstadt in die 1683 fertiggestellte und durch die behandelte Planung von 1698 erweiterte Festung einzubeziehen, und zwar dergestalt, daß man die sich anbietende Möglichkeit nutzte und die Stadt beträchtlich ausdehnte? In Brandenburg-Preußen stellte das Militär die entscheidende Säule der Gesellschaft dar, und alle Überlegungen begannen zunächst im militärischen Bereich. In den Jahren bis 1708 erarbeitete eine Kommission unter Leitung von de Bodt, dessen zentrale Funktion dabei quellenmäßig belegt ist[8], einen Plan für einen Festungsneubau.

Die im Ergebnis dieser Arbeit aufgestellten Pläne werden in der Literatur nur kurz erwähnt, das heißt, lediglich einer hat Eingang in Übersichten gefunden; veröffentlicht ist darüber bisher nichts. Beckmann und Nicolai behandelten in ihren Arbeiten einen Totalplan dieser neuen Festung. Nicolai überliefert in seiner wertvollen »Beschreibung der Königlichen Residenzstädte Berlin und Potsdam«: »Es war noch, unter diesem Könige, um 1708 eine große Erweiterung der Festungswerke, welche de Bodt entworfen hatte, in Vorschlag. Es sollten nemlich, von der Spitze der Bastion rechter Hand

40

des Spandauerthors, welche ungefähr auf die jetzige Schönhauserstraße stößt, die Wälle fortgehen, hinter der Schönhauser Straße weg, quer durch die Garnisonskirchhöfe, noch vor das jetzige Rosenthaler und Hamburger Thor heraus, und am jetzigen Oranienburgerthore wieder herein, quer durch die Gegend des jetzigen Charitégebäudes bis an die Spree, in der Mitte des jetzigen Schiffbauerdamms. An dieser Stelle sollten zwey Thore sein, das neue Spandauerthor, vor dem jetzigen Rosenthalerthor, und das Dorotheen-thor, gerade wo jetzt das Oranienburgerthor steht. Jenseits der Spree, sollten die Festungswerke wieder anfangen, ohngefähr wo die jetzige Stadtmauer ist. Sie gingen noch etwas vor das jetzige Brandenburgerthor hinaus, lenkten aber, ungefehr durch die Linie, die man von dem Palaste I.K.H. der Prinzessin Amalia durch die Gegend der jetzigen böhmischen Kirche ziehen kann, wieder ein, gingen hinter der jetzigen Schützenstraße weg, und schlossen sich am Bastion jenseits der jetzigen Gertraudenbrücke, wieder an die vorherige Befestigung an. Diese Seite sollte drey Thore haben; das Thiergarten-thor, vor dem jetzigen Brandenburgischenthore, das Potsdamerthor, wo jetzt die Friedrichstraße von der Schützenstraße durchschnitten wird (und also dem projektierten Dorotheenthore gegenüber) und das Gertraudenthor, un-gefehr links der jetzigen Spitalbrücke. Durch diese neue Befestigung würde die damalige Friedrichstadt eingeschlossen worden seyn, und die Residenz würde von Seiten der Spandauervorstadt etwas seyn erweitert worden.«[9]

Soweit Nicolai, der auch deshalb so ausführlich zitiert werden mußte, da das genannte Plandokument nicht mehr zur Verfügung steht. Aber dafür ist ein anderer und für uns wichtiger Plan aufgetaucht, der noch nicht erwähnt wurde. Es handelt sich um eine nochmalige Erweiterung des Festungsbaus, die alle bisherigen Überlegungen übertrumpfte. Eine Quelle beziehungs-weise ein Hinweis in der Literatur auf ihn waren nicht zu ermitteln; eine kurze Notiz auf dem Plan besagt jedoch, daß er um 1823 beim Aufräumen im Rathaus aufgefunden wurde und seit der Zeit unbeachtet im Stadtarchiv gelegen hatte.

Er umfaßt das Gelände südlich der Spree und schließt die Friedrichstadt mit ein. Auf ihm ist eine Erweiterung der Festungsanlagen in unerhörten Di-mensionen ausgewiesen (Abbildung 10a und b); wäre die Planung verwirk-licht worden, so hätte das Berlin zu einer der größten Festungen der Zeit ge-macht. Etwa von der Höhe des heutigen Reichstags zieht sich der Kranz der Bastionen bis zum späteren Belle-Alliance-Platz und von dort im Bogen wieder bis an die Spree, die etwa auf Höhe der heutigen Michaelkirchbrücke erreicht wird. Wie sich die Anlagen nördlich des Flusses hinziehen sollten, kann leider nicht festgestellt werden, doch lassen sich die Dimensionen aus der Beschreibung Nicolais sowie aus dem hier vorgelegten Plan ermessen. Mit einbezogen in die Planung ist die Landwehr oder der Landwehrgraben, der in einigen Teilen militärisch neu gefaßt und mit Toren versehen werden sollte. Auf der südlichen Seite der Festung waren fünf Tore geplant, eines auf der Höhe des heutigen Brandenburger Tors, eines im Zuge der verlängerten Leipziger Straße, ein drittes am Zusammenstoß von Festungsanlagen und Landwehr in der verlängerten Friedrichstraße, ein viertes im Zuge der »Rücksdorfer« Chaussee und das fünfte in der Köpenicker Straße.

Dementsprechend besaß die Landwehr Tore in Verlängerung der von der Festung ausgehenden Straßen. Der Ring bestand aus achtzehn vollen Bastionen oder Bollwerken, zwei halben an dem jeweiligen Anstoß an die Spree mit je einem Ravelin. Bedenkt man, daß die von 1653 bis 1688 errichtete Festung um Berlin, Cölln und den Friedrichswerder dagegen nur aus dreizehn Bollwerken oder Bastionen bestand, werden die Ausmaße der Anlage deutlich, denn auf der nördlichen Spreeseite werden möglicherweise ebenso viele Bastionen vorgesehen gewesen sein. Die unrealistische und am Bedürfnis vorbei projektierte Befestigung hatte aber eine Langzeitwirkung: Das Gelände innerhalb der geplanten Mauern sowie das, auf dem sie errichtet werden sollten, wurde aus feudaler Belastung gelöst und unter Verantwortung des Gouverneurs von Berlin gestellt, so daß unter anderem das Köpenicker Feld — im 19. Jahrhundert als Luisenstadt bebaut — seither in die Stadt Berlin einbezogen war. Das innere Gelände der Festung ist in diesem Plan nicht ausgewiesen, Straßen sind nicht abgesteckt, Baustellen nicht angegeben. Genau stellt sich allerdings die bereits abgesteckte und im Aufbau befindliche Friedrichstadt dar, so daß ein gewisser Einblick für die weitere Entwicklung der Platzgestaltung gewonnen werden kann. Das Dokument besitzt auch deshalb großen Wert, weil wir aus dieser Zeit keine Stadtpläne besitzen. Der wohl gegen 1710 fixierte Plan belegt, daß das Straßengeviert zwischen den beiden Kirchen als nicht für die Bebauung angewiesen zu betrachten war. Während alle anderen Quartiere rötlich eingefärbt und fest umrissen gezeichnet worden sind, blieb diese Stelle frei — ein Beweis dafür, daß der Gedanke der Planung für den späteren Markt in ein weiteres Stadium getreten war.

»Preuße wird man nicht,
es sei denn aus Not!«

»Die Theurung geht durch das Land«, schrieb ein empörter Chronist über das Jahr 1698 in seinen Aufzeichnungen.[1] Bei Betrachtung der ausgebreiteten Überlegungen und Planungen, von Entwürfen und stadtgestalterischen Ideen und des Spekulierens in der Literatur, warum dieses oder jenes nicht ausgeführt wurde, darf man nicht vergessen: Alle Überlegungen entstehen in einer konkreten historischen Situation, der sie zu entsprechen versuchen. Andererseits blieb auch ihre Realisierung an die konkrete Situation gebunden, an die vorhandenen Möglichkeiten und bereitzustellenden Finanzmittel. Sie waren also nicht zeitlos, und ihre Realisierung scheiterte vor allem an objektiven Faktoren, weniger an subjektiven. Für die Geschichte des späteren Gensd'armen-Marktes werden zwei Momente bedeutsam:

1. Die objektive Situation, in der sich Brandenburg-Preußen seit 1698 befand — und dabei ist die Erwerbung der Königswürde (1701) für das Haus Hohenzollern mit in Betracht zu ziehen.

2. Die gesellschaftlichen Interessen, die gegeneinander wirkten und eine Realisierung der Projekte gar nicht oder nur eingeschränkt ermöglichten.

Seit dem Oktober 1700 gewitterte es im Westen Europas, der Spanische Erbfolgekrieg warf seine Schatten voraus. Der allerchristlichste König hatte sein Testament geändert, die Unteilbarkeit seiner Länder verfügt und den Prinzen Philipp von Anjou als seinen Nachfolger auserkoren. Dem vermochte der Kaiser nicht widerspruchslos zuzusehen, da er darin eine Gefährdung seiner Macht erkannte. Kurfürst Friedrich III. seinerseits wollte König werden, und dieser Konflikt bot ihm die Gelegenheit, dem Habsburger seine Dienste anzubieten, um im Tausch dafür die neue Würde zu erhalten. Er bekam sie 1701 für das Herzogtum Preußen, das nicht Teil des Heiligen Römischen Reiches Deutscher Nation war. Zugleich verpflichtete er sich gegen Zahlung von 150 000 Gulden Subsidien, dem Kaiser 8 000 Soldaten zu stellen. Am 15. Januar 1701 wurden das souveräne Herzogtum Preußen zum Königreich ausgerufen und Friedrich III. zum König Friedrich I. in

Preußen gekrönt. Das brachte auch für die brandenburgischen Erblande sowie für die Residenzstadt Berlin Veränderungen mit sich.

Im Norden drohte ein weiterer Konflikt. Karl XII. wollte die Vormachtstellung des Königreiches Schweden im Ostseeraum behalten und stürzte sein Land in kriegerische Unternehmungen. Er stieß auf den Widerstand Dänemarks, Polens und Rußlands. Jede militärische Aktion spielte sich an den Grenzen Brandenburg-Preußens ab. Eine Aufwertung des gesamten nordeuropäischen Raums im Kampf um das »Dominium maris Baltici« war die Folge. Es war eine Auseinandersetzung von allgemeinen europäischen Dimensionen, in der die großen Gegenspieler dieser Jahre — Frankreich und Österreich — ihre Parteigänger vorschickten.

Die ungleichmäßige ökonomische Entwicklung der Staaten des nördlichen und des mittleren Europa wirkte verschärfend. Im Westen setzten sich bereits frühkapitalistische Wirtschaftsformen durch, während im mittel- und osteuropäischen Raum die feudale Produktion sich nicht nur erhielt, sondern sogar einer erneuten Stabilisierung entgegensah. Die Ungleichmäßigkeit der ökonomischen Entwicklung führte in Westeuropa zu einem schnellen Anwachsen der Nachfrage nach Produkten der Land- und Waldwirtschaft aus Mittel- und Osteuropa. Das hatte eine enorme Steigerung des internationalen Austausches zur Folge, der über die Ostsee erfolgte. Die Beherrschung dieses Meeres war zu einer zentralen Frage geworden. Das politische Gewicht Brandenburg-Preußens als Parteigänger der großen Mächte nahm zu.[2] Planungen für eine Festung Berlin in den beschriebenen Dimensionen waren also weniger absolutistische Marotte, sondern entsprachen vielmehr dem Bestreben, in dieser Auseinandersetzung als realer Machtfaktor beteiligt zu sein; Festungsbauten unterschiedlicher Größenordnung entstanden in dieser Zeit an zahlreichen Plätzen Nordeuropas.[3]

Im Innern Preußens verwüstete dagegen die Vetternwirtschaft des »dreifachen Wehs« — des Reichsgrafen von Sayn-Wittgenstein, des Grafen Kolbe von Wartenberg und des Grafen von Wartensleben — das Land. Unter ihrer Ägide wurde der Hof in Berlin zum Tummelplatz von Günstlingen und Intriganten. Die Prunksucht des Königs und seine Liebhabereien kosteten Geld, das die drei Grafen »W.« beschaffen mußten, nicht ohne dabei zugleich für die eigenen Zwecke in die Kassen des Staates zu greifen. Sie holten hervor und preßten aus dem Volk heraus, was nur irgend möglich war.

Um 1710 wurden die Mißstände mehr als offenkundig. Russische, polnische und sächsische Truppen zogen ungehindert durch die Mark und nahmen sich, was ihnen gefiel. In den Jahren 1709 und 1710 griff die Pest von Polen her auf Ostpreußen, Hinterpommern und die östlichen Teile der Mark Brandenburg über. Allein in Ostpreußen fielen der Epidemie an 240 000 Menschen zum Opfer — ein Drittel der Bevölkerung.

Wenig Geld blieb für die barocken Bauten in Berlin, für die absolutistische Umgestaltung der Stadt. Was Prunksucht und Günstlingswirtschaft übrigließen, verbrauchte das Militär. Das wenige, was dann noch blieb, verschlang der Schloßbau.

Die Friedrichstadt bekam dies vor allem zu spüren, der Rückgang der Ansiedler verringerte die Einnahmen. Das Leben war bescheiden, ja spartanisch. Das drückte sich insbesondere in den Kirchenbauten aus, aber auch das Projekt für ein Rathaus ließ man fallen, da es — bedingt durch die Planungen zum erweiterten Festungsbau — starke Bestrebungen gab, die verschiedenen Städte unter eine gemeinsame Verwaltung zu stellen, was dann 1709 ohne Rücksicht auf bestehende Rechte auch geschah.

1695 standen etwa 300 Häuser auf der Friedrichstadt, und man kann von einer Bevölkerung von etwa 1 200 bis 1 500 Einwohnern ausgehen. Ihre Heimstätten lagen über das Gelände verstreut, von der Behrenstraße bis zum Ende der Ansiedlung. Die deutsch sprechenden Bürger mußten über das größtenteils unbebaute, sandige Land, in dem es keine gepflasterten Straßen gab, zur Ableistung ihrer von Glauben und König vorgeschriebenen religiösen Pflichten bis zur Jerusalemkirche gehen. Es fehlte ein zentraler Platz, eine Kirche, die in dieser Zeit den Mittelpunkt des gesellschaftlichen Lebens darstellte. Es fehlte ein Marktplatz, der der Kommunikation dienen konnte. Zum Einkauf mußten die Bewohner der Friedrichstadt die weiten Wege bis nach Berlin und Cölln machen.

Nach 1685 kamen Hugenotten in größerer Zahl nach Berlin; wenngleich sie sich zunächst nicht an diesem Ort niederließen, tauchte nach und nach auch dieser Bevölkerungskreis in der Friedrichstadt auf.

Wie kamen die Hugenotten nach Berlin?

Die Bezeichnung »Hugenotten« wird abgeleitet von »Huguenots«, einem Spottnamen für die französischen Protestanten. Offensichtlich steckt in ihm die verstümmelte Form von »Ignots, Iguenots — Eidgenossen«. Später wurde der Begriff »Hugenotten« allgemein auf die französischen Protestanten angewendet. Nach dem Beginn der Reformationszeit in Deutschland hatte diese Bewegung auch in Frankreich um sich gegriffen. Seit 1545 verbreitete sich unter Bürgertum und Handwerkern der Kalvinismus, jene von Johann Calvin begründete, von der Schweiz — besonders Genf — ausgehende Richtung des Protestantismus.

Viele Anhänger fand der Kalvinismus in Südwest- und Südfrankreich. Hier nahm ihn auch der Adel auf, um gegen den Absolutismus des Königs und für die Erweiterung seiner eigenen Rechte im religiösen Gewand zu kämpfen. Als Teile des Hochadels zu der neuen Richtung übergingen, kamen »parteipolitische« Inhalte in die religiösen Auseinandersetzungen zwischen Katholizismus und Protestantismus. Das gewaltsame Vorgehen der Katholiken, die von Spanien aus unterstützt wurden, führte 1562 zum Ausbruch der Hugenottenkriege. Die Hugenotten schlossen ein Bündnis mit der englischen Königin Elisabeth I.; mit ausländischer Hilfe führten sie drei Kriege, in deren Ergebnis es 1570 zu einem Vertrag kam, der den Protestanten außerhalb von Paris Amnestie und freie Religionsausübung gewährte.

Einer kurzen Phase der Annäherung folgte am 24. August 1572 die Bartholomäusnacht, in der etwa 22 000 Hugenotten auf königlichen Befehl ermordet wurden. Darauf bauten die Hugenotten um die Festungsstädte La Rochelle, Nîmes und Montauban ein praktisch selbständiges Staatswesen auf; da sie sich einer einheitlichen Entwicklung Frankreichs durch Betonung ständischer Lehren entgegenstemmten, prägte sich ein die Entfaltung des Landes hemmender, reaktionärer Grundzug zunehmend aus. Der Protestantismus hatte in Frankreich seinen Höhepunkt überschritten, das Aufwärtsstreben der Hugenottenpartei war vorüber. Aber in fünf weiteren Kriegen behauptete sie ihre Position. 1589 wurde mit Heinrich IV. ein Hugenotte König. Zwar nötigten ihn seine Gegenspieler, zum Katholizismus überzutreten, aber im Edikt von Nantes gewährte er im selben Jahr den Hugenotten freie Religionsausübung in fast allen Orten Frankreichs und sicherte ihre Sonderverfassung, mit der sie einen Staat im Staate darstellten.

Ihre politische und militärische Rolle trat immer mehr in den Hintergrund, und nach und nach verloren sie ihren Status. 1606 schloß Heinrich IV. sie aus Paris aus, gab ihnen aber gleichzeitig die Erlaubnis, sich zu Charenton, etwa drei Meilen von der Stadt entfernt, zu versammeln. Dieser Ort erlangte bald besondere Bedeutung, da die Hugenotten hier 1624 ihren »Temple« bauten, der Paris am nächsten gelegen war und in dem sie mehrfach Beratungen und Synoden abhielten.

1629 verloren die Hugenotten ihre militärischen Sonderrechte, nachdem sie in verschiedenen Kämpfen aller Festungen und Städte verlustig gegangen waren. Ihre politische Selbständigkeit und ihre Stellung als Partei im Staate war zugunsten der französischen Nationaleinheit vernichtet. Ihre freie Religionsausübung allerdings blieb zunächst ungefährdet. Erst seit 1675 erhoben sich die Verfolgungen von neuem. Mit Lockungen und Überredung, aber auch mit Gewalt versuchten königliche Beamte die Hugenotten zum Übertritt zum Katholizismus zu bewegen. Der Druck auf sie wurde immer größer, ihre Kirchen wurden niedergerissen, Soldaten und Mönche bedrängten sie und plünderten sie aus. Eine Fluchtbewegung begann, die nach Aufhebung des Edikts von Nantes am 23. Oktober 1685 ihren Höhepunkt erreichte. Gegen 200 000 Hugenotten verließen Frankreich und gingen vor allem in die Schweiz, in die Niederlande, nach England und in verschiedene deutsche Staaten. Überall nahm man sie gern auf, brachten sie doch handwerkliche Fähigkeiten und in gewissem Umfang auch Kapitalien in die Emigrationsländer. Brandenburg war eines unter ihnen, hier suchten 20 000 Flüchtlinge eine Bleibe. Nach Berlin gelangten sie in der Phase des Aufbaus der Friedrichstadt. Insbesondere in die Planungsarbeiten für deren Zentrum kam damit ein weiteres Moment hinzu, das — wenn auch nicht sofort — prägend wurde für weitere Entwicklungen.

Betrachten wir zunächst die Zahl der Hugenotten, die sich in Berlin niedergelassen haben. Wir besitzen für die uns interessierende Zeit sehr genaue Angaben darüber, wie viele in den einzelnen Städten der Residenz lebten:

	1698	1699	1700	1701	1703
Berlin	705	615	566	611	611
Cölln	1 640	1 604	1 604	1 510	1 617
Friedrichswerder	749	750	571	608	704
Dorotheenstadt	1 910	1 910	1 519	1 412	1 827
Friedrichstadt	763	803	1 067	1 427	930
	5 767	5 682	5 327	5 568	5 689[4]

Die Liste der Mitglieder der französischen Kolonie unterlag deutlichen Schwankungen, wohl hervorgerufen durch die eine oder andere Abwanderung wegen der nicht gerade günstigen Bedingungen, die die Hugenotten in Berlin vorfanden. Im Vergleich zum wesentlich besser erschlossenen Frankreich befand sich Preußens Hauptstadt mehr in rückständigen Verhältnissen. Zum anderen gab es offensichtlich auch Bewegungen im Zusammenhang mit der brandenburgischen Armee, denn viele Hugenotten dienten als Offiziere und Soldaten in ihr.

Die meisten Réfugiés lebten auf der Dorotheenstadt. Das noch zu behandelnde Hin und Her wegen des Baus einer französischen Kirche auf der Friedrichstadt hatte seine direkten Auswirkungen auf die Zahl der dort lebenden Hugenotten, die nach den strengen Regeln ihrer Konfession zu einer aktiven Religionsausübung verpflichtet waren und angesichts der Abgelegenheit der Stadt sowie der damit verbundenen weiten Wege sich lieber in anderen Quartieren niederließen. In der Erinnerung späterer Generationen und in der Verklärung des 19. Jahrhunderts wurden spürbare Überzeichnungen vorgenommen. Religiöse und nationale Momente werden betont, zugleich wird die Rolle der Hohenzollern in diesem Zusammenhang überbewertet, während soziale Momente völlig unbeachtet bleiben. Die hugenottischen Einwanderer entstammten verschiedenen sozialen Gruppen und Klassen und wurden dementsprechend in Brandenburg behandelt. Sie kamen auch zu unterschiedlichen Zeiten und unter ganz verschiedenen Bedingungen in das Land.

Die Verfolgung trieb einen Teil von ihnen schon sehr früh aus Frankreich, und diese Emigration fiel zusammen mit einer allgemeinen Wanderungsbewegung einer sozial besser gestellten Bevölkerungsgruppe, unabhängig vom Glaubensbekenntnis. Frankreich hatte unter den Auswirkungen des Dreißigjährigen Krieges kaum gelitten; im Gegenteil, es gehörte zu den Gewinnern, und in dem relativ ruhigen Land konnten sich bürgerliche Produktivkräfte ungestörter als im vom Krieg geschüttelten Deutschland entwickeln. Frankreich wurde zum fortgeschrittensten Land, das politisch, geistig und wirtschaftlich vorankam, während die Entwicklung in Deutschland stagnierte. Der Vorsprung war so groß, daß es für Franzosen reizvoll und gewinnversprechend war, ihre Kenntnisse in vielen Ländern Europas und insbesondere bei ihren östlichen Nachbarn so zu nutzen, daß sie — anders als in ihrer Heimat — die größeren Chancen ihrem sozialen Aufstieg dienstbar machen konnten. Ihre persönliche Stellung, ihr Vermögen sowie das gesellschaftliche Ansehen stiegen.

Religiöse Spannungen förderten derartige Schritte, und da Hugenotten in wirtschaftlicher Hinsicht die fortgeschrittensten Kreise in Frankreich reprä-

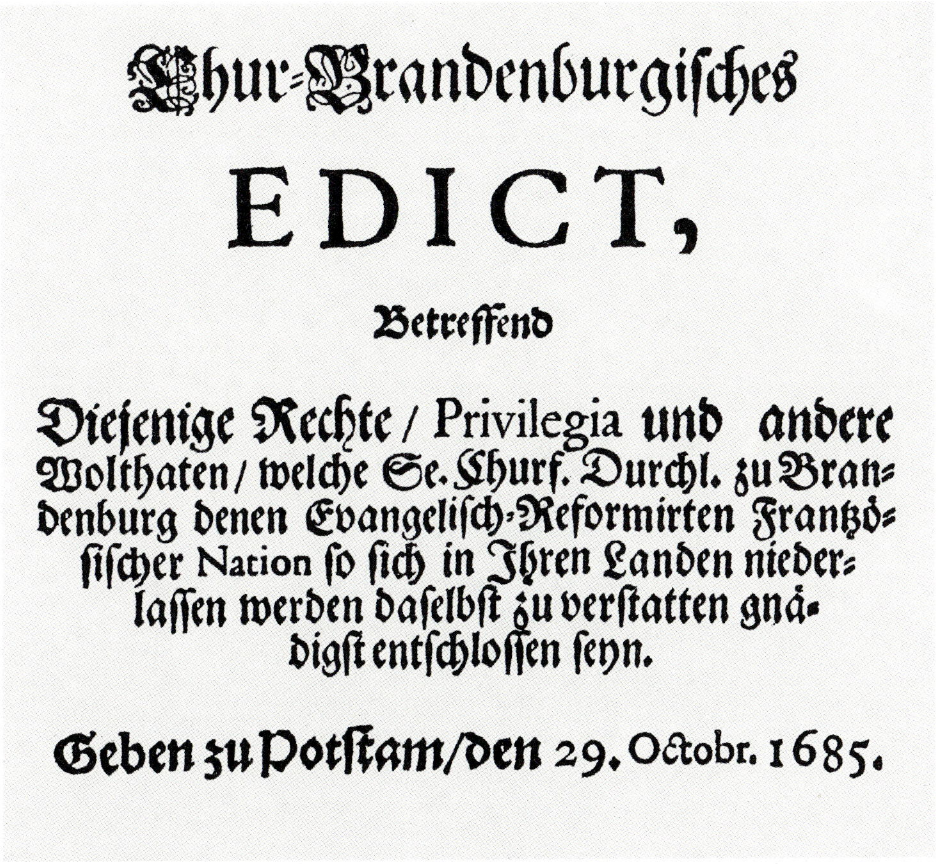

Abb. 14 Titelseite
des Edikts von Potsdam,
1685

**Chur-Brandenburgisches
EDICT,**

Betreffend

Diejenige Rechte / Privilegia und andere
Wolthaten / welche Se. Churf. Durchl. zu Brandenburg denen Evangelisch-Reformirten Frantzö-
sischer Nation so sich in Ihren Landen nieder-
laßen werden daselbst zu verstatten gnädigst entschloßen seyn.

Geben zu Potstam / den 29. Octobr. 1685.

sentierten, durften sie überall — besonders aber in den evangelischen Ländern — auf freundliche Aufnahme hoffen.

Und so kamen auch die ersten von ihnen nach Brandenburg. Es waren in
der Regel sogenannte Standespersonen, das heißt mehr oder weniger vermögende Hugenotten, die über bestimmte Spezialkenntnisse verfügten, die sie
in klingende Münze verwandeln wollten. Sie wanderten zu einer Zeit aus,
als sie zwar verfolgt und Pressionen ausgesetzt waren, aber den größten Teil
ihres Besitzstandes mitnehmen konnten und nicht flüchten mußten.

Einzelne brandenburgische Adlige sahen in der planmäßigen Herbeizie-
hung von Hugenotten eine Chance, ihre wirtschaftliche Ausgangsposition
durch Übernahme moderner Methoden der Landbebauung und handwerkli-
cher Produktion zu verbessern. Hier kommt einem Otto von Schwerin Bedeutung zu. Ihm gehörte die Herrschaft Alt-Landsberg mit der gleichnami-

gen Stadt. Unter dem Dreißigjährigen Krieg hatte dieser Landstrich sehr stark durch Pest, Abwanderung und Kriegsfolgen gelitten. Otto von Schwerin bemühte sich, Kolonisten aus vielen Teilen Deutschlands heranzuziehen und als Produzenten seßhaft zu machen. Sein Sohn gleichen Namens hielt sich 1666/67 in diplomatischer Mission in Paris auf. Er warb unter den Hugenotten für die Ansiedlung auf den Gütern seines Vaters. Wir begegnen deshalb in Alt-Landsberg um 1670 den ersten französischen Handwerkern, die aber kaum Entwicklungsmöglichkeiten fanden und deshalb 1671/72 nach Berlin zogen.[5]

Sie bildeten 1672 gemeinsam mit den dort bereits als Hofbeamte lebenden Hugenotten die erste französische Kirche der Stadt und konnten ihren Gottesdienst in der Schloßkapelle halten. Zu den Personen, die hier zu nennen wären, gehörten unter anderen die Kammerdiener Colombell und Henin, der Koch Palmier, der Waffenmeister Harnier sowie Capitain Bonfils, der Aufseher der Befestigungen.

Die Drangsalierungen in Frankreich trieben immer mehr Hugenotten — meist vermögende Standespersonen — nach Berlin; sie stellten die erste Welle der Réfugiés dar.

Die zweite folgte nach Aufhebung des Edikts von Nantes. Die Hugenotten sollten gezwungen werden, ihrem religiösen Bekenntnis abzuschwören. Ihre Gottesdienste, Zusammenkünfte und so weiter wurden verboten, die Priester wurden auf die Galeeren geschickt. Der französische König strebte bei der Verwirklichung seines absolutistischen Konzepts dem Prinzip »Eine Nation, eine Religion« nach. Die Hugenotten unterlagen Verfolgungen, grausamen Mordtaten und abscheulichen Drangsalierungen.

Kurfürst Friedrich Wilhelm, von seinen Räten bestärkt, sah in dieser Emigration eine große Chance für die Entwicklung seines Landes, um die Unterbevölkerung, wirtschaftliche Rückständigkeit und geringe Erschlossenheit zu überwinden. Das Edikt von Potsdam, am 8. November 1685 (nach dem heute gültigen Kalender) verkündet (Abbildung 14), versprach deshalb Emigranten aus Frankreich die vorteilhaftesten Bedingungen, rechtliche Gleichstellung, wirtschaftliche Vorteile, beste Ansiedlungsmöglichkeiten und freie religiöse Betätigung.

Damit deutet sich an, daß die Einwanderung der Hugenotten im Zusammenhang mit für Brandenburg größeren Prozessen zu sehen ist. Die geringe Bevölkerungsdichte und die mangelnde wirtschaftliche Erschließung, der

Bedarf an Produzenten sowie vor allem an Steuerzahlern und Soldaten entwickelten bei allen Hohenzollern des 17. und 18. Jahrhunderts geradezu einen »Menschenhunger«. Die objektive Situation des Landes und die Politik des Herrscherhauses, das sich auf die Armee stützte, erzwangen einen anderen Standpunkt als den der französischen Könige. Nicht die Devise »Eine Nation, ein Glaube« konnte Grundzug absolutistischer Politik in Preußen sein, diese mußte vielmehr, an den Gegebenheiten orientiert, in der Parole münden, die Friedrich II. später so formulierte: »Jeder soll nach seiner Façon selig werden.«

Ein derartiger Standpunkt brachte sozusagen als Zugabe günstigere Möglichkeiten der Beherrschung des Landes, denn die Überbetonung der Besonderheiten der einzelnen Konfessionen und ihre unterschiedliche Behandlung spitzten alle Auseinandersetzungen im religiösen Bereich unnötig zu, so daß soziale Momente und Komponenten dem scheinbar untergeordnet blieben.

Die zweite Welle der hugenottischen Einwanderung kam nach der Aufhebung des Edikts von Nantes und dem Erlaß des Edikts von Potsdam in Gang. Im September 1685 vermerkt das Protokollbuch der französischen Gemeinde, daß die »armen Réfugiés aus Frankreich Tag für Tag in großer Zahl ankommen«[6]. Im Gegensatz zur ersten Welle kamen nun Personen, die geflüchtet waren, die gerade das Notwendigste mitnehmen konnten, oft noch nicht einmal dies. Ihrer sozialen Zusammensetzung nach ging diese Einwanderungswelle durch alle Klassen und Schichten. In das am Rande der damaligen europäischen Welt gelegene Brandenburg gingen nur diejenigen von den 200 000 Flüchtlingen, die anderswo wenig Chancen eines Unterkommens fanden.

Beide Wellen sind in engem Zusammenhang mit der bereits vorher organisierten Einwanderung von fünfzig jüdischen Familien zu betrachten. 1670/71 kamen diese aus Österreich, insbesondere aus Wien, nachdem Kaiser Leopold I. befohlen hatte, daß in Wien und Niederösterreich keine Juden mehr leben durften. Kurfürst Friedrich Wilhelm nahm sie mit ihrem Kapital und ihren Erfahrungen im internationalen Geldgeschäft aus ähnlichen Gründen unter seinen persönlichen Schutz. Ihre Aufenthaltserlaubnis hing nur davon ab. Ebenso die der Franzosen; auch sie blieben zunächst auf das Herrscherhaus fixiert, waren sie doch in der Bereitstellung und Einhaltung der versprochenen Mittel und Privilegien von ihm abhängig, zumal sie in der Mark Brandenburg nicht sehr freundlich empfangen wurden.

Eine dritte Emigrationswelle folgte 1698 unter der Regierung des Kurfürsten Friedrich III. Er war von Otto von Schwerin in Alt-Landsberg erzogen worden und hatte dort praktische Kenntnisse über die wirtschaftliche Bedeutung der hugenottischen Einwanderung sammeln können. In einigen Ländern gab es Probleme bei der Aufnahme der Flüchtlinge, da es an den notwendigen Voraussetzungen für ihre massenweise Eingliederung fehlte. Wie Brandenburg zunächst kaum mehr als die tatsächlich eingewanderten 20 000 Hugenotten verkraften konnte, so gab es besondere Schwierigkeiten auch in der Schweiz. Hierhin hatten sich 13 000 Réfugiés gewandt, von denen allein im Kanton Bern 6 000 lebten. Als die dadurch hervorgerufenen Spannungen immer mehr zunahmen und ein Teil der Hugenotten von der Ausweisung bedroht war, wandten sich ihre Sprecher an die verschiedenen protestantischen Landesherren wegen der Aufnahme, so auch an Kurfürst Friedrich III. Alle Potentaten erklärten, daß die Möglichkeiten ihrer Länder erschöpft seien. Friedrich III. dagegen war bereit, Auswanderer aufzunehmen, ließ ihnen aber bedeuten, daß die für den Transport notwendigen Mittel von ihm nicht aufgebracht werden könnten.

Die Glaubensbrüder in ganz Europa veranstalteten eine Kollekte, die 75 981 Taler, 3 Groschen und einen halben Pfennig einbrachte.[7] Dieses Geld diente für die Bezahlung der Reise und des Transports der aus dem Kanton Bern ausgewiesenen Hugenotten. 3 000 von ihnen gingen nach Brandenburg, die meisten nach Berlin. Die ersten kamen im Juli 1698 dort an, und ihnen wurde Platz in der Friedrichstadt angewiesen. Die zeitgenössischen Quellen berichten, daß sie von »niedrigem Stand« waren, das heißt Handwerker und Manufakturarbeiter — Kräfte, auf die man in der Schweiz gern verzichtete, da ihre Zahl dort groß genug war.[8] In Brandenburg hingegen fehlten sie.

Die Tragweite der hugenottischen Einwanderung erwies sich langfristig. Die erste Welle ging sofort im brandenburgischen Staat auf — als Beamte und Soldaten; die mitgebrachten Kapitalien kamen unverzüglich zur Anlage. Die Masse der Réfugiés brachte wenig Ressourcen mit, und die mußten zum Aufbau einer neuen Existenz im unmittelbaren Sinne aufgebraucht werden. Sie verfügten aber über ein anderes, wesentlicheres Kapital, auch wenn es nicht gleich zur Anwendung kam: Erfahrungen in Handwerk und Manufaktur, Produktionserfahrungen, die damals zu den fortgeschrittensten in Europa gehörten. Hinzu kamen die Erfahrungen im Aufbau und Betrieb von

52

Manufakturen. Zwei Komponenten, die ihrer Zuwanderung überragendes Gewicht verliehen.

Wir besitzen für das Jahr 1700 eine genaue Aufstellung der Berufe derjenigen Hugenotten, die sich in der Friedrichstadt niederließen. Sie umfaßt alle damals ausgeübten modernen Handwerke und Manufakturbetätigungen: Wollkämmer und Spinner, Huf- und Waffenschmiede, Drechsler, Färber, Korbmacher (allein 90) und so weiter. Hier lag die Bedeutung, denn die Qualifikation der Einwanderer war besser und repräsentierte einen Stand der Entwicklung der Produktivkräfte, der von dem in Zunftfesseln verhafteten Handwerk in Berlin nicht erreicht wurde.

Mit den Hugenotten kamen andere, ebenso qualifizierte Personen, die keine gesonderten Gruppen bildeten und sofort in der Bevölkerung aufgingen — vor allem auch deshalb, weil ihre Muttersprache deutsch war und sie nicht auffielen. Gemeint sind die Kalvinisten aus der Schweiz — »die Schweitzer«, wie sie kurz genannt wurden. Über sie berichtet kaum ein Werk der Berlin-Geschichte, da sie sich gleich assimilierten. Sie müssen etwa in den Jahren 1690/91 gekommen sein, denn am 12. Mai 1691 ließ Kurfürst Friedrich III. kundtun, daß »die Schweitzer dieselben Rechte, Freiheiten und Privilegien erhalten sollten wie die Hugenotten«[9].

Und somit ergibt sich erstmalig eine konkrete Beziehung zum späteren Gensd'armen-Markt, denn diese »Schweitzer« bekamen ihre Wohnplätze in der Friedrichstadt und benötigten eine Kirche samt Friedhof.

Der Platz entsteht

Auch hier ist die Überlieferung neu zu ordnen. Wir wissen, daß in der Friedrichstadt nur die alte Jerusalemkapelle für den Gottesdienst zur Verfügung stand — einzig für den evangelischen Ritus. Nun waren die Unterschiede zum kalvinistischen Kult nicht derartig, daß gravierende Gegensätzlichkeiten bestanden, deshalb erhielt die Jerusalemkirche die Aufgabe, beiden Konfessionen zu dienen.

Beckmann, der schon mehrfach erwähnte Chronist, schrieb, daß auf die Vorhaltungen der Einwohner »... diese einen Platz mitten in der Stadt angewiesen [bekamen], da sie zur Sommerzeit unter einem barackten Verschlag ihren Gottesdienst halten konnten, wozu sie im Winter auch privat Häuser, namentlich das Sauwische ...«, nutzten. »Dies dauerte etliche Jahre, da inzwischen eine hohe Landesherrschaft und hochwohllöblicher Magistrat für ein christlich neues Gotteshaus sorge tragen.«[10] Allerdings lange ohne Ergeb-

53

nis, so daß man die damaligen Bewohner bewundern muß, die den Versprechungen vertrauten, die von der Landesherrschaft zur Einhaltung »christlicher Pflichten« auch mit Zwang getrieben wurden und sich dreizehn Jahre in Geduld übten, um den Voraussetzungen zu genügen, nicht bestraft zu werden (Abbildung 15).

Auf die »Schweitzer« nimmt Beckmann ebenfalls Bezug: »Inzwischen hatten sich von den aus der Schweiz eingekommenen auf der Friedrichstadt noch eine Gemeine von geringeren Standesleuten gesammelt ...«, so daß drei verschiedene Religionen hier wohnten — die Lutheraner, die Schweizer Kalvinisten und die französischen Hugenotten. Für sie mußten Kirchen und vor allem Friedhöfe geschaffen werden. »Hinter der Contrescarpe und dem verwehten Weg zwischen dem Neuen und Leipziger Thor«, so heißt es bei Beckmann, »lag der Gottesacker, auf welchem die auf der Friedrichstadt verstorbenen Einwohner beerdigt wurden.«[11] Und damit taucht der spätere Gensd'armen-Markt als ein Ort konkret in der Überlieferung auf. Der Friedhof hieß »Schweitzer Kirchhof«, und unter dieser Bezeichnung wird er in den vorliegenden Plänen geführt.

Wenn dieser Friedhof in den neunziger Jahren des 17. Jahrhunderts angelegt worden war, und nichts spricht dagegen, so charakterisiert das nur die Tatsache, daß die Planung für die Friedrichstadt noch wenig ausgeprägt war. Andererseits bedeutete eine derartige Festlegung in jener Zeit, daß hier in der Nähe eine Kirche zu errichten war. Nach damaliger Auffassung bildeten Friedhof und Kirche eine Einheit, Tote und Lebende gehörten zusammen. Zum anderen korrespondiert das dann mit den Überlegungen auf dem Stich von Broebes (Abbildung 12), gerade hierhin das Zentrum mit Kirche, Invalidenhaus und Rathaus zu legen.

Am 22. Mai 1699 bestimmte Kurfürst Friedrich III. zu diesem Platz: »Wir Friedrich III. pp. urkunden und fügen hiermit manigklich zu wissen, demnach die Prediger und Ältesten der hiesigen französischen Gemeine, bey Uns umb Anweisung und Schenkung eines Platzes zur Kirchen, anderer benöthigter Gebäuden auch Anrichtung eines Kirchhoffes, woselbst sie bei täglichem Zuwachs der Colonie ihre Todten beerdigen möchten, unterthänigst angehalten, auch zu solchem Ende von Ort und Quartier in der Friedrichstadt allhier, woselbst die hiesigen Schweitzer und andere Teutschen ihre Todten begraben, in Vorschlag gebracht, und Wir dann hierauf unseres Ingenieur Bähren mündlichen Bericht von Beschaffenheit selbiger Stelle, wor-

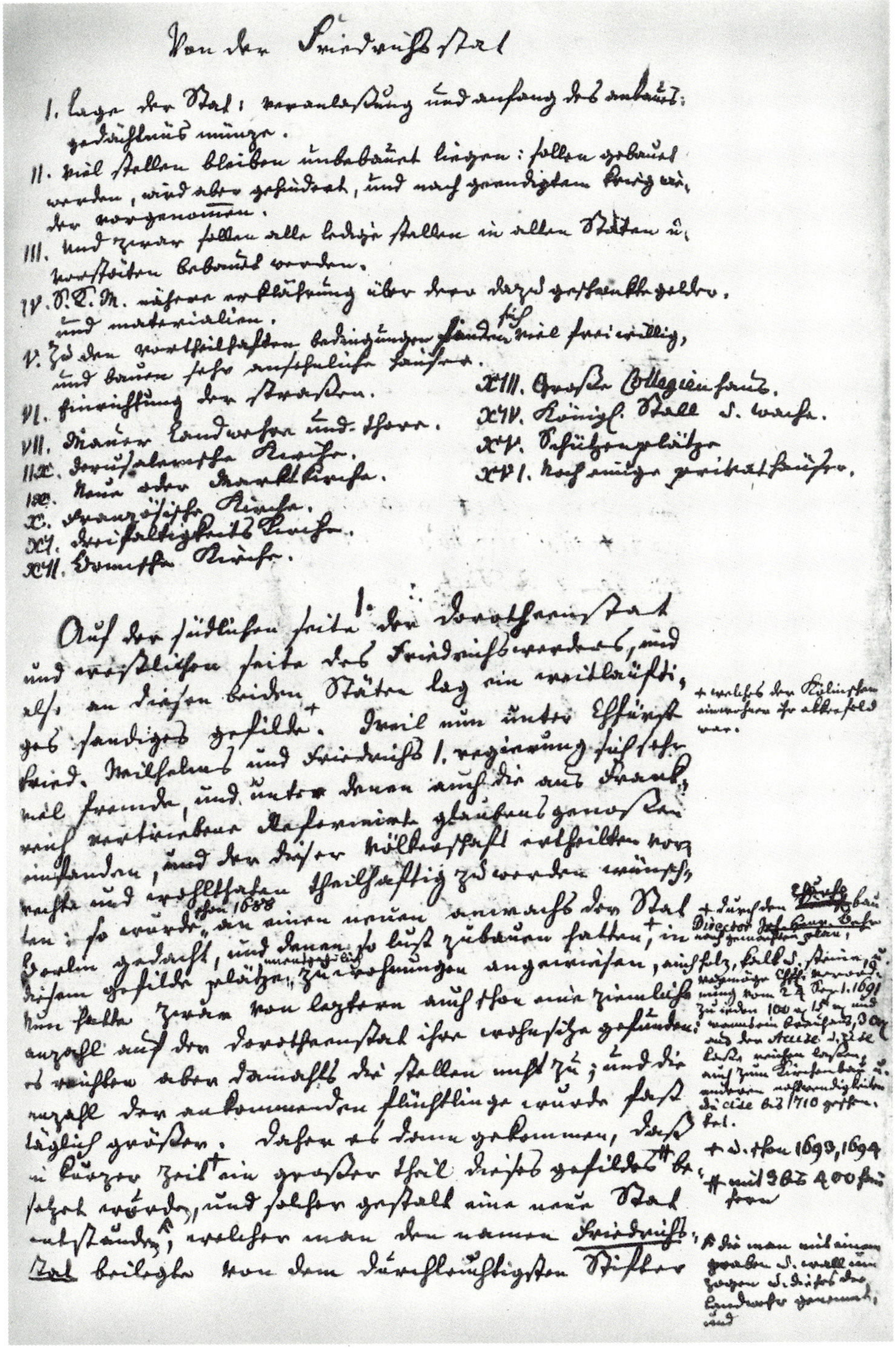

Abb. 15
»Von der Friedrichsstat«
Anfangsseite des Kapitels
aus dem Manuskript
von Bernhard Ludwig Caspar
Beckmann, um 1760

Abb. 16 Patent
des Kurfürsten Friedrich III.
vom 22. Mai 1699 mit der
Zuweisung eines Bauplatzes für
die Französische Kirche

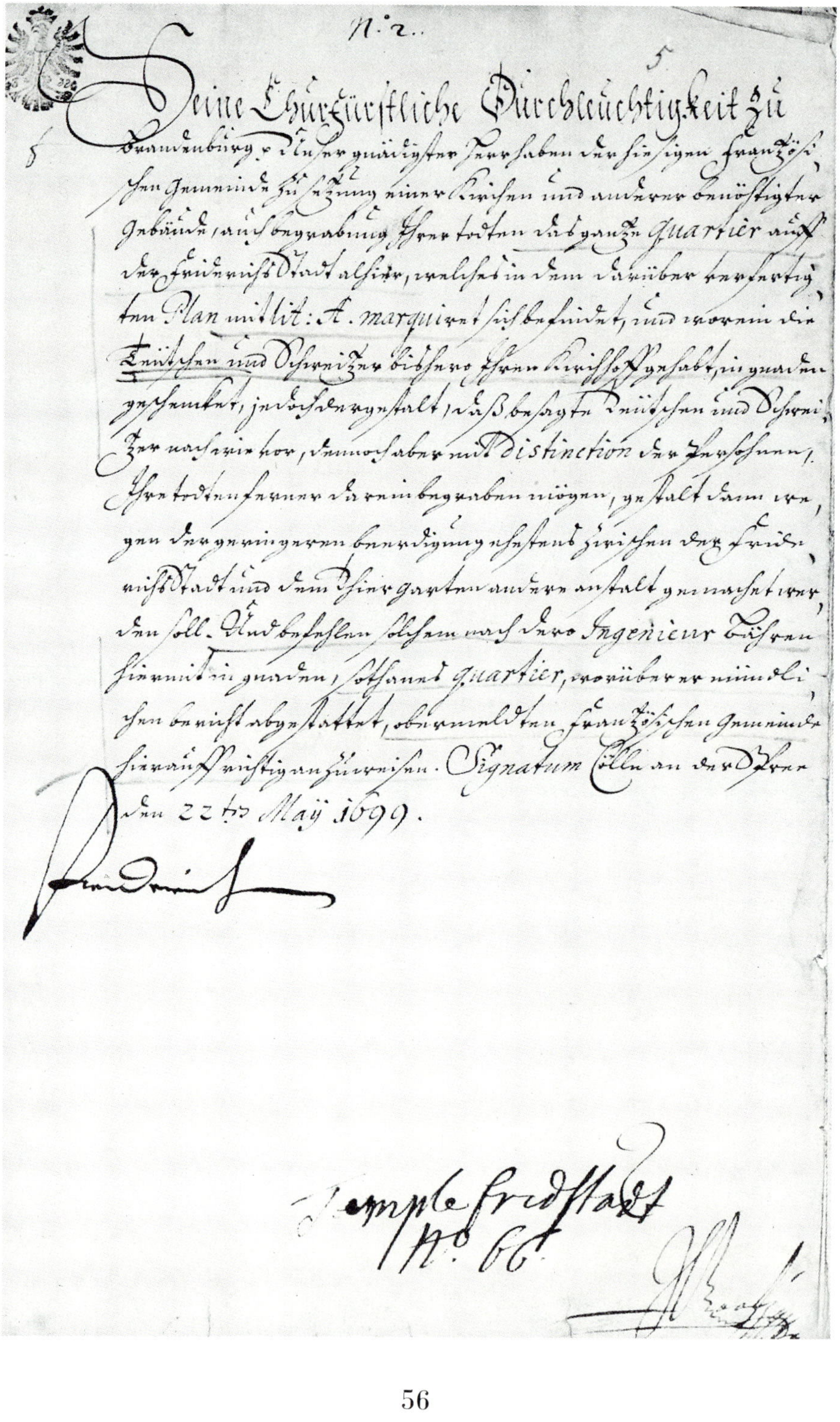

56

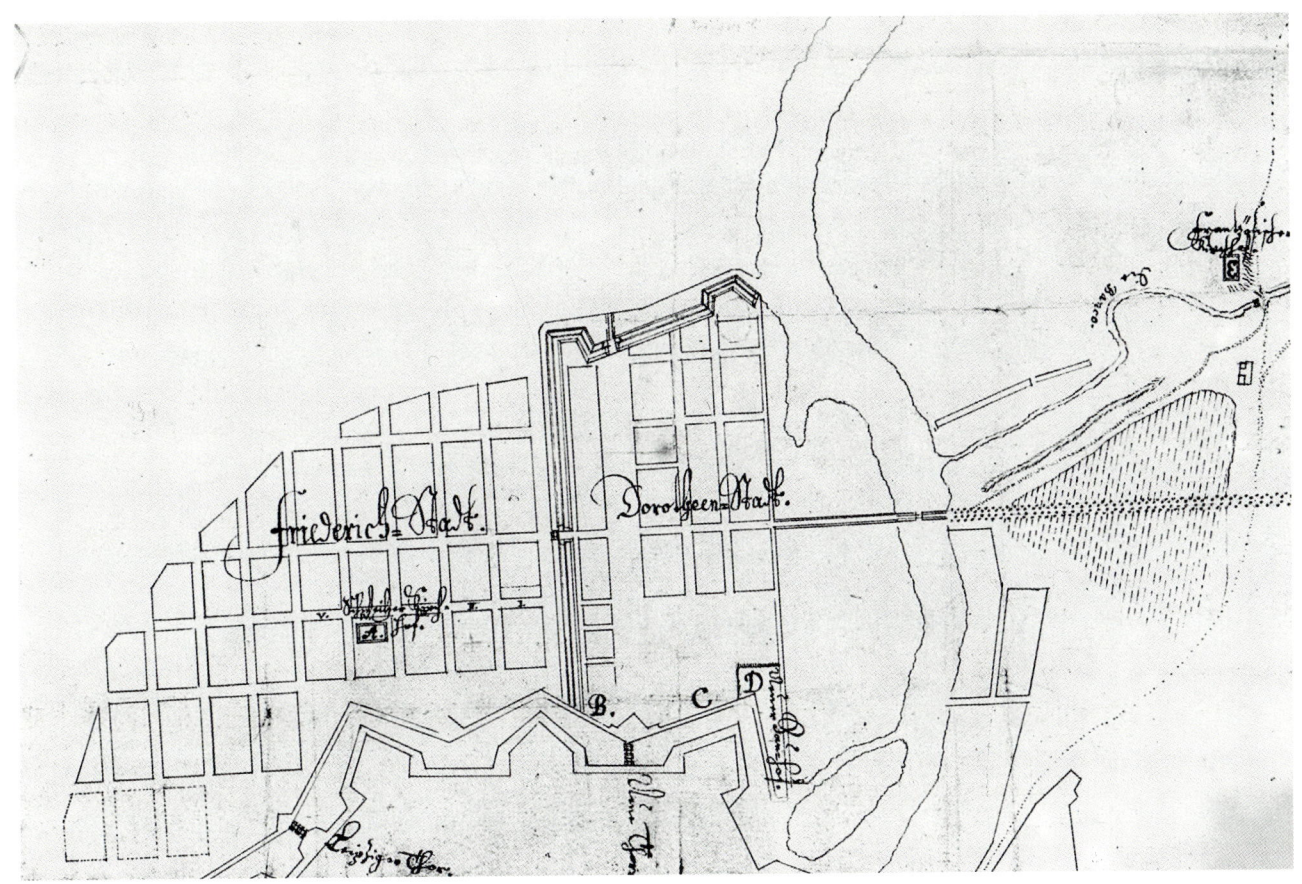

Abb. 17 Plan
der Friedrichstadt und
der Dorotheenstadt,
Zeichnung von
Johann Heinrich Behr
zu dem kurfürstlichen Patent
vom 22. Mai 1699

über derselbe auch einen hierbei befindlichen Plan verfertigt, vorhero einge-
zogen, daß Wir denn anhero obgedachter Prediger und Eltesten unter-
thänigstes und billigstes Suchen in Gnaden statt gegeben, und besagten Orth,
und ganzes Quartier worin der Schweitzer Kirchhoff heißt, belegen, … zu
Setzung einer Kirchen … schenken.« Zugleich bestimmte der Kurfürst, daß
der Friedhof der Hugenotten zwischen dem Tiergarten und der Friedrichstadt anzulegen sei und daß die »Teutschen und Schweitzer« auf der alten
Stelle weiter beerdigen sollten.[12]

Der erwähnte Plan von Johann Heinrich Behr (Abbildungen 16, 17)
zeigt, daß zu diesem Zeitpunkt die Einteilung einen Platz von fünf Quartieren aussparte und daß das vierte — der »Schweitzer Kirchhof« — den
Hugenotten als Bauplatz für eine Kirche vorbehalten blieb. Doch diesen Gedanken ließ man sogleich fallen, der spätere Platz wurde überdies kleiner.

57

Den Friedhof für die Toten der hugenottischen Gemeinde der Friedrichstadt vermerkt der Plan ebenfalls: Er befand sich weit außerhalb der Stadt, hinter der Brücke über die Panke — es ist der Platz in der Nähe der späteren Königlichen Eisengießerei in der Invalidenstraße.

Nach diesem kurfürstlichen Rescript stagnierte die Entwicklung, Entscheidungen über die Grundsteinlegung der angewiesenen Kirche waren nicht zu verzeichnen. Das korrespondiert mit den oben angeführten Planungsüberlegungen. Wir kennen das Datum nicht, an dem nun auch die »Schweitzer« und die anderen auf der Friedrichstadt Wohnenden einen eigenen Antrag auf einen Kirchenbau einbrachten. Wir kennen nur die Entscheidung des Kurfürsten, daß dieses Gotteshaus gerade an der Stelle stehen sollte, an der sich heute die Freifläche vor dem Schauspielhaus befindet.

Offensichtlich unter dem Einfluß der Planungsüberlegungen von de Bodt entscheidet der Kurfürst neu und für die Geschichte des späteren Gensd'armen-Marktes einschneidend. Am 27. April 1700 ergeht ein Rescript, das wegen seiner Bedeutung in vollem Wortlaut wiedergegeben werden soll: »Demnach Wir der teutschen als französischen Gemeine auf derselben unterthänigsten Ersuchen auf der Friedrichstadt allhier zwei Plätze zur Erbauung zweier Kirchen sammt dazu benöthigter Gebäuden, auch einen Kirchhoff ohnlängst in Gnaden anweisen lassen, nun aber nach reiflicher Überlegung befunden, daß der den Teutschen assignierte Platz fast in der Mitte zweyer Bollwerke liege, dahero das Thor, so Wir dermaleinst zwischen solchen Bollwerken legen zu lassen resolviret, fast gerade darauf zustoße, und also vor die Festung sowohl als vor das Ansehen der Friedrichstadt besser sey, wenn solcher Platz unbebaut und ledig gelassen würde, auch zu mehrer Regulität diene, wenn zwischen denen zur Erbauung gedachter Kirchen angewiesenen Plätzen ein ansehnlicher lediger Raum zu einem Marckt oder Sammelplatz frey bleiben möchte, daher Wir dann besagter teutschen Gemeine das nächst daran liegende Quartier zu bebauen gnädigst antragen lassen ... also befehlen Wir darauf in Gnaden beyden Gemeinen diese unsere gnädigste Willensmeynung hierauf allsofort bekannt zu machen, und denselben beyde Quartiere dergestalt anzuweisen, daß das von den teutschen okkupierte Quartier in der Mitte ledig gelassen, und die Teutschen dagegen den sogenannten Schweitzer-Kirchhoff, die Franzosen aber hingegen das nach der Dorotheenstadt zu liegende Quartier bebauen mögen.«[13]

Zugleich besitzen wir damit auch einen urkundlichen Beweis für die Ver-

DÉMOLITION
DU
TEMPLE DE CHARENTON.

Abb. 18 Zerstörung der Kirche
zu Charenton im Jahre 1685,
Kupferstich von
Sébastien I. Leclerc

änderung der Absichten und einen Beleg für die eingangs formulierte These. Für weitere Festlegungen war die Zeit noch nicht reif; man konnte das Tor nicht durchbrechen, denn die geplanten neuen Festungsanlagen bestanden nur auf dem Papier. Aber alle Möglichkeiten fernerer Entwicklung blieben bestehen, erhielten sogar ihre erste Ausformulierung.

Mit dieser Entscheidung nahm die Grundidee eines Platzes in der Friedrichstadt ihre bis in die Gegenwart bestehende Form an: zwei Kirchen auf gleich großen Quartieren und zwischen ihnen ein freier, regelmäßiger Raum. Zunächst hatte er aus militärischen Rücksichten unbebaut zu bleiben, bot aber zur späteren Ausgestaltung der Residenz und als künftiger Marktplatz der Friedrichstadt Ansatzpunkte. Damit verwirklichten sich die Idealvorstellungen beziehungsweise waren alle Momente weiterer Planung gegeben. Ihre Umsetzung hing vom Fall der alten Festungsanlage und dem Bau der neuen um die Friedrichstadt ab. Alle späteren Überlegungen gingen auf diese Entscheidung zurück.

Beides konnte so schnell nicht realisiert werden, da der Schloßbau immer mehr in den Mittelpunkt trat, aber Markierungen sollten mit den neuen Kirchen gesetzt werden. Dem Plan von Broebes (Abbildung 13) kann man entnehmen, daß zwei gleichartige Bauten errichtet werden sollten — so hatte es der Kurfürst am 27. April 1700 bestimmt. Das war aber nicht durchzuführen. Zwar konnte man den »Teutschen« einen derartigen Plan vorgeben, da sie das Terrain kostenlos erhielten und ebenso entscheidende Zuwendungen zum Bau, aber die Hugenotten hatten eigene Vorstellungen, mußten das Grundstück erwerben und die Kosten für den Bau selber tragen.

Zunächst war den Hugenotten 1699 das Quartier um den »Schweitzer-Kirchhoff« vom Kurfürsten geschenkt worden, doch kaum wähnten sie sich Herren dieses Platzes, meldete sich der Besitzer. Hier haben wir den Beweis, daß große Teile des Geländes bereits vor der Errichtung der Friedrichstadt in Privathand waren und sich die Verkaufs- und Ablösungsverhandlungen sehr lange hinzogen. Wohl oder übel hatten die Hugenotten für das Quartier in der Größe von 568½ Quadratruten 71 Taler und 1 Groschen zu zahlen.[14] Als sie dann nach dem 27. April 1700 auf das nördlich gelegene Geviert ziehen mußten, zahlten sie die gleiche Summe noch einmal an den anderen Besitzer. Ob sie den ersten Betrag zurückerhalten haben, läßt sich nicht feststellen. Offensichtlich wurde getauscht, und ein Mitglied der Französischen Kolonie übernahm wohl für diesen Betrag das Quartier, auf dem ursprünglich die Deutsche Kirche errichtet werden sollte.

Damit kam zugleich die freie Fläche zwischen den Kirchen, die für einen Markt oder Sammelplatz vorgesehen war, nachweislich in Privathand. Sie durfte nicht bebaut werden und belastete für lange Zeit den Besitzer, da er mit diesem Grundstück nichts anfangen konnte.

Unter diesen Bedingungen und bei der Festlegung, daß die Französische Kolonie die Kosten selbst zu bestreiten hatte, ließen sich Anweisungen zum Bau zweier gleicher Kirchen kaum durchsetzen. Die Hugenotten mußten mit sehr viel Geschick behandelt werden, denn noch betrachteten sie ihren Aufenthalt in der Emigration als zeitweilig. Der Gedanke an eine Rückkehr

nach Frankreich blieb bei ihnen noch lange lebendig. Wollte man sie halten, seßhaft machen und für die Entwicklung des Landes nutzen, durfte man sie — insbesondere in diesen diffizilen Bereichen — nicht zu sehr gängeln. Im übrigen war ihre Zahl noch gering, man wollte weitere werben und nach Brandenburg-Preußen ziehen.

Zum anderen entwickelten die Hugenotten für den Bau der neuen Kirche

Abb. 20 Ansicht
der Französischen Kirche,
Ausschnitt aus einer Fotografie
von F. Albert Schwartz,
um 1880

auf der Friedrichstadt eine brillante Idee, deren politische Tragweite sich innen- und außenpolitisch sehr gut darstellen ließ. Sie wollten in Berlin diejenige Kirche nachbauen, die aus zwei Gründen für sie in Frankreich von besonderer Bedeutung gewesen war:

1. Im Jahre 1606 erfolgte die Ausschließung der Hugenotten aus Paris; sie durften dort keine Kirche mehr besitzen. Charenton, drei Meilen entfernt, war der Ort, der der Hauptstadt am nächsten lag und an dem sie ihr religiöses Bekenntnis ablegen konnten. 1624 baute der Architekt Salomon de Brosse den »Temple«, der sich zu einem zentralen Versammlungsort der Hugenotten entwickelte. In ihm fand 1631 jene wichtige Synode statt, die

die Hauptthesen der Lutheraner für »irrtumsfrei« erklärte. In der Praxis bedeutete das, daß Hugenotten Protestanten in anderen Ländern heiraten, an deren Kult teilnehmen konnten und so weiter. Die Synode von Charenton schuf eine wesentliche Basis zu gegenseitiger Anerkennung der evangelischen Religionen, zugleich die entscheidende Voraussetzung der hugenottischen Emigration aus Frankreich.

2. 1685 rissen nach der Aufhebung des Edikts von Nantes aufgehetzte Katholiken, deren Hintermänner sehr genau die Bedeutung dieses Bauwerkes kannten, den »Temple« nieder. Seine Demolition stellte das Symbol der gewaltsamen Unterdrückung und Vertreibung dar (Abbildung 18).

Abb. 21 Das Innere
der Französischen Kirche,
Fotografie von
F. Albert Schwartz, um 1880

D.O.M. Sacrum. Ex decreto Friderici Primi Prussiae Regis et Electoris Brandenburgici hercy Templi Parochialis quod Reformati Berolinenses ex Gallia ob religionem exules proprus sumptibus aedificandum susceperunt, primum lapidem posuit.

Anno Christi MDCCI. Aprilis Friderici Tertii Electoratus XIV. regni I. reddant nova Saecula pacem ecclesiae. Cuius Templi, ut et castissimi divini cultus, atq afflictissimi populi tutelam Pius Rex et Elector successoribus mandavit.

Errichtete man dieses Gotteshaus an einem anderen Orte neu, war das eine programmatische Geste: Der Bau als ein Symbol für Glaubensfreiheit in Brandenburg-Preußen, als Symbol des Schutzes der Verfolgten und als neue Zentralkirche der Hugenotten — das mußte weitere Einwanderer anlocken und das Ansehen des Staats heben.

Der Architekt Jean Louis Cayart, Oberst und Festungsbauingenieur in brandenburgischen Diensten, Militär hugenottischer Herkunft, entwarf den Bau in verkleinerten Abmessungen nach dem Vorbild des »Temple« zu Charenton. Nach seinem Tode führte ihn sein Nachfolger Abraham Quesnay zu Ende. Es war ein schlichter Saal, aus militärischen Gründen (wegen der nahegelegenen Festung) dicht an der Jägerstraße und nicht inmitten des Quartiers gelegen (Abbildungen 19—21). Das Grundschema war oblong, der Altarraum befand sich gegenüber dem geplanten Turm, der über dem Eingang an der Jägerstraße aufgeführt werden sollte. Spartanisch und fast schmucklos im Innern, war der Bau von Süd nach Nord ausgerichtet, das Portal zum Platz gewendet.

Die Grundsteinlegung fand am 1. Juni 1701 statt (Abbildung 22), also zwei Jahre nach der ersten Entscheidung. Durch Geldsammlungen konnte das notwendige Kapital aufgebracht werden, einiges — weniges — an Baumaterialien gab der König. So Bauholz, »250 Wispel Kalck« und Mauersteine. Die Kirche und die ergänzenden Bauten kosteten 13 006 Taler, 17 Groschen und 6 Pfennige, die die Französische Kolonie überwiegend selbst aufbringen mußte. Am 1. März 1705 konnten die Einweihungsfeierlichkeiten abgehalten werden. Zur Kirche gehörten ein Küsterhaus an der Jägerstraße und eine Armenbäckerei an der Charlottenstraße/Ecke Französische Straße. Um den Bau lag der Friedhof der Gemeinde. Der Turm an der Jägerstraße, obwohl im Fundament und bis zur Höhe des Daches fest ausgemauert, blieb Fragment. Eine 1707 vorgebrachte Bitte zur weiteren Ausführung wurde abschlägig beschieden.[15]

Um eine Vorstellung zu geben, wie sich das Leben auf der Friedrichstadt außerhalb der Festung vollzog, sei auf einen Befehl vom 29. Juli 1705 verwiesen, der besagte, daß zu Beginn und am Schluß des Gottesdienstes der Französischen Gemeinde die Festungsbrücken herabgelassen werden müssen, um den Besuch der Kirche zu ermöglichen.

Der Bau der gegenüberliegenden Deutschen Kirche vollzog sich anders, noch problematischer. Sie wurde als eine Filiale der Jerusalemkirche für die

Abb. 23 Ansicht und Grundriß
der Planungsabsicht für die
Deutsche Kirche,
Stich von Jeremias Wolff,
ohne Datum (um 1705?)

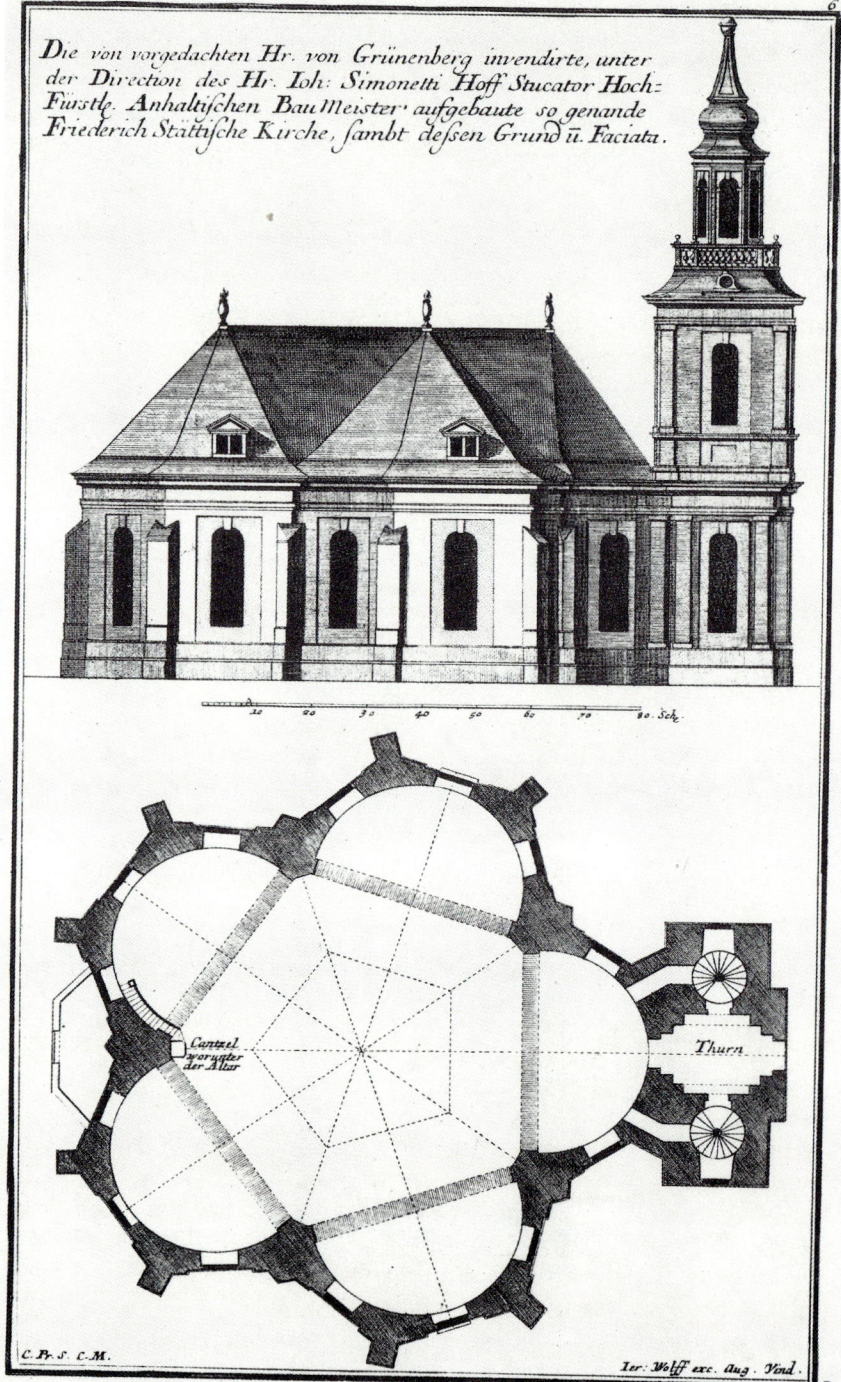

Abb. 24 Älteste überlieferte
Ansicht der Deutschen Kirche
von der Seitenleiste
des Prospekts von
Johann David Schleuen,
um 1740

gleichberechtigte Nutzung zweier evangelischer Glaubensrichtungen gebaut — zum einen für die reformierte und zum anderen für die lutherische
Gemeinde. Die Grundsteinlegung fand am 11. August 1701 statt. Der Entwurf
stammte von Martin Grünberg, dem mit Behr zusammen die Aufsicht über
die Bauten auf der Friedrichstadt übertragen worden war. Von der Planung
her dürfte der Stich (Abbildung 23) wohl den Entwurf der Kirche vorstellen.

Abb. 25 Ansicht der
Deutschen Kirche vor dem
Umbau von 1881/82,
Ausschnitt aus einer Fotografie
von F. Albert Schwartz

Grünberg plazierte den Bau in der Mitte des Quartiers und richtete ihn in üblicher Weise von West nach Ost aus. Der Turm kam im Westen an der Charlottenstraße zu stehen, wo sich auch der Haupteingang befand; der Altarraum lag im Osten. Damit wandte sich das Gebäude von einer möglichen repräsentativen Achse ab, nahm sie nicht auf. Die Gründe für einen derartigen Schritt können nicht festgestellt werden. Der Gedanke, daß dabei vielleicht eine Fortführung der Achse noch weiter nach Westen ins Auge gefaßt war, wird von den Planungen der Festungsanlagen nicht gestützt, denn dann müßte ein Tor in Verlängerung des Platzes in den Zeichnungen vorgesehen gewesen sein.

Der Grundriß lehnte sich eng an den der 1695 begonnenen Parochialkir-

che in der Klosterstraße an und bildete ein regelmäßiges, durch halbkreisförmige Exedren erweitertes Fünfeck. Von außen ergab das die Ansicht von halbsechseckigen Flügeln. Der Turm, bescheiden und dem des Vorbildes ähnlich, stand als Vorbau vor der Kirche (Abbildungen 24–26).

Die Realisierung lag in den Händen von Giovanni Simonetti, der schon die Leitung der Umbauarbeiten an der Jerusalemkirche innehatte. In der Schweiz geboren, erhielt er 1683 seine Bestallung als kurbrandenburgischer Hofstukkateur und war ein gefragter Mann bei der Ausführung von Kirchen und Schlössern. Eine besondere Merkwürdigkeit des Kirchenbaus stellte das Dach dar. Entsprechend der Grundform lief es als technisch beachtliche Konstruktion nach fünf Seiten aus, die Abbildungen zeigen das deutlich. Für

Abb. 26 Das Innere
der Deutschen Kirche,
Blick auf den Altar,
Fotografie von
F. Albert Schwartz, um 1880

69

Abb. 27 Erste Seite des Kontrakts mit Michael Kemmeter vom 10. März 1704 wegen der Aufsetzung des Dachs auf die Deutsche Kirche

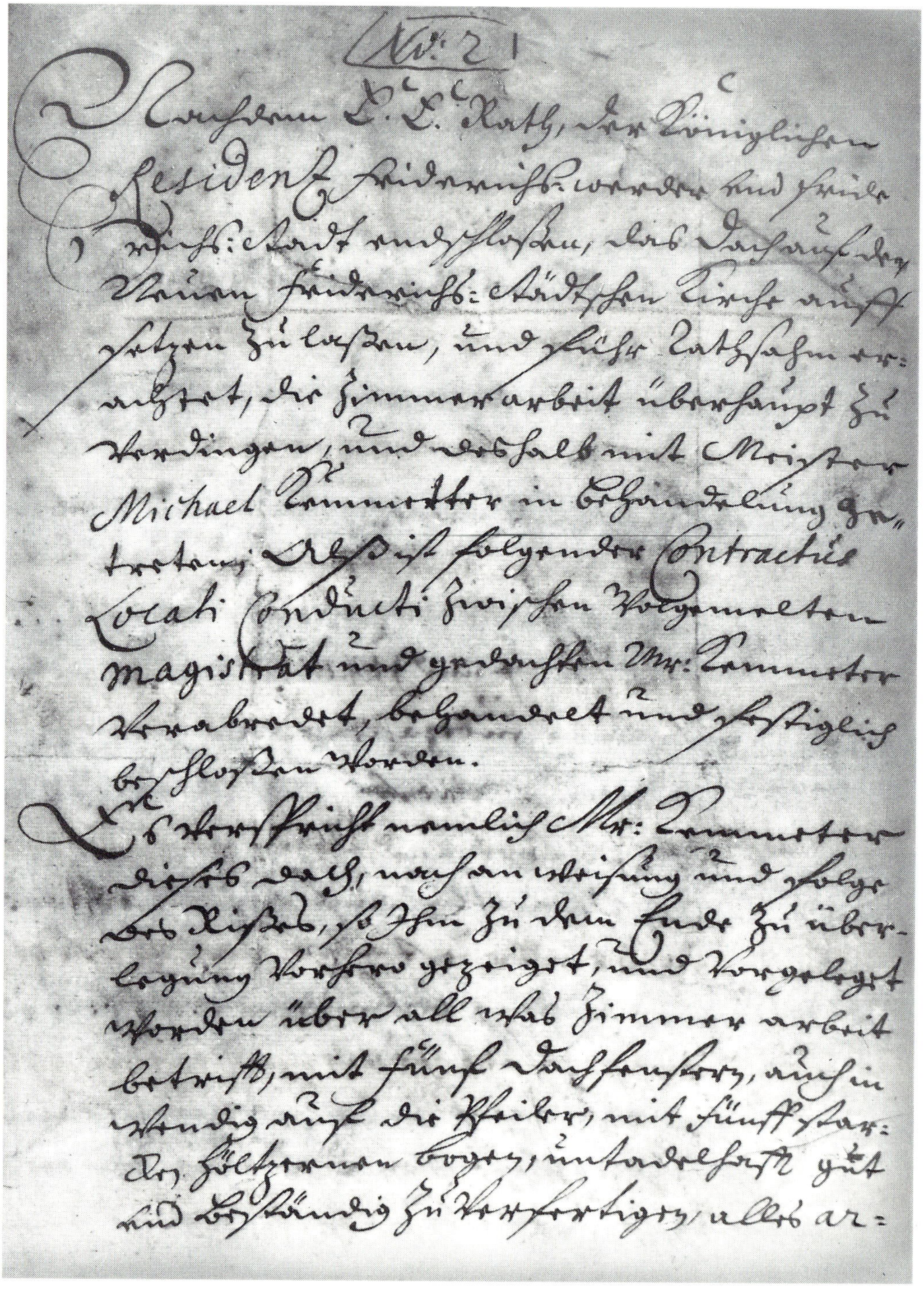

No: 2

Nachdem E. E. Rath, der Königlichen Residentz Friedrichs: werder und Friedrichs: Stadt entschlossen, das Dach auf der Neuen Friedrichs: Städtschen Kirche auf setzen zu lassen, und solches Rathsahm erachtet, die Zimmerarbeit überhaupt zu verdingen, und deshalb mit Meister Michael Kemmetter in Behandelung getreten; Als ist folgender Contractus Locati Conducti zwischen Vorgemelten Magistrat und gedachten Mr: Kemmeter veraberedet, behandelt und festiglich beschlossen worden.

Er verspricht nemlich Mr: Kemmeter dieses dach, nach anweisung und folge des Risses, so Ihm zu dem Ende zu überlegung vorhero gezeiget, und vorgeleget worden über all was Zimmer arbeit betrifft, mit fünf dachfenstern, auch in wendig auf die Pfeiler, mit fünff star: ken hölzernen bogen, untadelhafft gut und beständig zu verfertigen, alles ar:

die Errichtung dieses Daches verpflichtete der Rat von Friedrichswerder und Friedrichstadt den damals sehr bekannten und begehrten Zimmermeister Michael Kemmeter. Er stammte ebenfalls nicht aus Brandenburg, hatte aber bereits an Dach und Turm der Parochialkirche mitgewirkt. Am 10. März 1704 schlossen beide Seiten den Vertrag über den Dachbau ab. Kemmeter erhielt dafür 850 Taler (Abbildung 27).

Hier und an anderer Stelle wird auffällig, welche Rolle Ausländer und Zugewanderte in diesen Jahren spielten: Sie brachten ihr Wissen ein und konnten bemerkenswerte Entwicklungen beginnen, die Berlin bald zu einer nicht unbedeutenden Stadt am Beginn des 18. Jahrhunderts machten.

Der König hatte sich verpflichtet, weitgehende Unterstützung bei der Bauausführung zu geben, denn das Vorhaben gestaltete sich für die Gemeinde, die kaum über finanzielle Ressourcen verfügte, sehr kostspielig. Aus den Akten gewinnen wir ein Bild von den Umständen.

Das wohl älteste erhaltene Dokument, das den Kirchenbau berührt, stellt ein Schreiben des Bürgermeisters und des Rats von Friedrichswerder und Friedrichstadt — wahrscheinlich aus dem Jahre 1702 — an den König dar: »Ewre Königl. Majestät haben zum Behuff des Friedrichstädtischen Kirchenbaus … Baumaterial zugewiesen.« Nun bitten sie darum, daß ihnen die Transportkosten erlassen würden.[16]

Am 28. Juni 1702 schrieben dieselben: »Alldieweil Ewre Königl. Majestät zur erbauung der neuen Kirche auf der Friedrichstadt allergnädigst 100 Land-Prahm Kalckstein geschenkt … [so] bitten wir …, daß solche 100 Land-Prahme Zoll frey Passieren und darüber der Freyzettel ausgegeben werden soll und wir ersterben in Devotion.«[17]

Am 7. September 1702 wandten sich »Bürgermeister und Rath des Friedrichswerder« erneut an den König und verwiesen darauf, daß der »Hoff-Glas Schneider Martin Winter verstorben« sei und 2 000 Taler seinen Erben in Schlesien hinterlasse. Diese Summe sollte seinem Testament entsprechend außer Landes gehen. Daher bat man nun darum, dieses »Geld nicht an einen papistischen Ort [zu senden, sondern] allhier [zu] lassen und uns zur Erbauung unserer Friedrichstädtischen Kirche zu geben«[18].

Auch mit anderen Mitteln, Bitten und Erniedrigungen versuchten die Kirchenältesten und der Magistrat, Geld zu bekommen und den König an seine Versprechungen zu erinnern.

Versprechen des Königs, Haltung der Bürger

1705, wahrscheinlich im Zusammenhang mit dem geplanten Ausbau der Festung, wandte sich am 14. März der »Magistrat von Friedrichswerder und Friedrichstadt bittlich an Sr. Königliche Majestät allerunterthänigst, daß sie allergnädigst geruhen möchten, die Seite am Wall vom Neuen Thor bis zum Leipziger Thor zum Behufe des Friedrichstädischen Kirchen Baues«[19] der Friedrichstadt zuzuschlagen, also bei der in Aussicht genommenen Bebauung dieses Teils der neuen Stadt, der aus Gründen der Fortifikation bisher nicht mit Häusern versehen und auf dem noch keine Straßen abgesteckt waren, eine Entscheidung derart zu treffen, daß dieses Gelände — wegen der Einnahmen — der Friedrichstadt zugeschlagen werde.

Noch deutlicher wurde man — bei Wahrung der nötigen Formeln — in einem undatierten, aber wohl aus demselben Jahre stammenden Schreiben: Die Absicht der Bebauung des Geländestreifens war bekannt geworden, und so brachten Bürgermeister und Rat vor, »... daß der Wall hierselbst vom Leipziger Thor bis zum Neuen Thor mit Häuser verkleidet werde, Ewre Königl. Majestät auch allergnädigst nunmehr entschlossen, daß der Strich bebaut werden solle; so haben wir Gelegenheit nehmen wollen Ewre Königl. Majestät allerunterthänigst anzugehen und vorzustellen ..., daß wir durch den so weit aufgeführten Kirchen Bau auf der Friedrichstadt so tief in Schuld schon gerathen daß wir bey 6 000 Reichsthalern Capital aufnehmen müssen, und wir das Dach nun endlich aufbringen lassen wollen ...« Doch es borgt ihnen niemand, da sie nicht zurückzahlen können.

Deshalb kommen sie »allerunterthänigst« um die oben angegebenen Plätze ein und wagen es, »Ewre Königl. Majestät in Vorschlag zu bringen, ... daß Ewre Königl. Majestät allergnädigst geruhen möchten, zu Beförderung des Kirchen Baues und solche gehaltene Seite am Wall von einem Thor bis zum anderen allergnädigst allergnädigst conferiren und zuzuschreiben«[20]. Und dann kommt die Floskel: »Wir ersterben in allerunterthänigster Devotion.« In anderem Zusammenhang schrieben die Kirchenältesten an den Nachfolger des Königs, daß sie die »allerunterthänigsten Knechte seiner Majestät auf der Friedrichstadt« seien.

So spräche kein freies, selbständiges Bürgertum, so spräche keiner, der sich seines Wertes bewußt war, so sprachen jene, die auf Grund von Not und Verfolgung nach Preußen kamen. Geholt als Steuerzahler und Soldaten, als diejenigen, die das Gewerbe entwickeln sollten, lebten sie in Unsicherheit und sklavischer Abhängigkeit vom König, denn nur er schützte ihre Privilegien. Die Umwelt war ihnen feindlich, und die Altbürger der Stadt machten aus ihrer Ablehnung ihnen gegenüber kein Hehl. Die Neubürger waren in ihrer Masse arm und brauchten die versprochenen Materialien und die Privilegien, um sich eine Existenz aufzubauen.

Sie waren gekommen, hatten den Versprechungen getraut, und nun mußten sie um all und jedes betteln. Groß in Worten und kleinlich im Geben — so traten die preußischen Monarchen denen gegenüber, die ihnen Vertrauen schenkten. Wer will es dem Berliner verargen, daß er seit dieser Zeit durch die Jahrhunderte eine Skepsis bewahrt und ausgeprägt hat, gab er doch seinen Fleiß, seine Betriebsamkeit für Versprechen, von denen die andere Seite wußte, daß sie sie niemals halten konnte.

Am 4. Juni 1705 wollte der Magistrat von Friedrichswerder und Friedrichstadt »in Gnade ersterben«, wenn der König sein Versprechen hielte und das Geld, das er für den Kirchenbau zugesagt hatte, auch ja nur geben wollte. Schulden über Schulden mußte die Gemeinde machen, keiner lieh mehr etwas, und die Kirche wurde nicht fertig. Am 18. Februar 1713 wandte sich der Vorstand an den Magistrat, daß »... die Neue Kirche auf hiesiger Friedrichstadt in soweit zur perfection gekommen, daß der Gottesdienst in derselben, gleich in anderen Kirchen« — fünfundzwanzig Jahre nach Gründung der Stadt — »hat können gehalten werden. Weil aber der Thurm an dieser Kirche bißher noch nicht vollkömmlich angebauet, diese Kirche aber nicht in dem Stande, daß sie aus ihren Mitteln diesen Bau anfangen und

Abb. 28 Siegel
(etwa dreifach vergrößert)
der Deutschen Gemeinde
auf der Friedrichstadt,
um 1730

Abb. 29 Plan
der Festung Berlin
von G. Dusableau,
gestochen von
Georg Paul Busch, 1723,
Ausschnitt mit der
Friedrichstadt

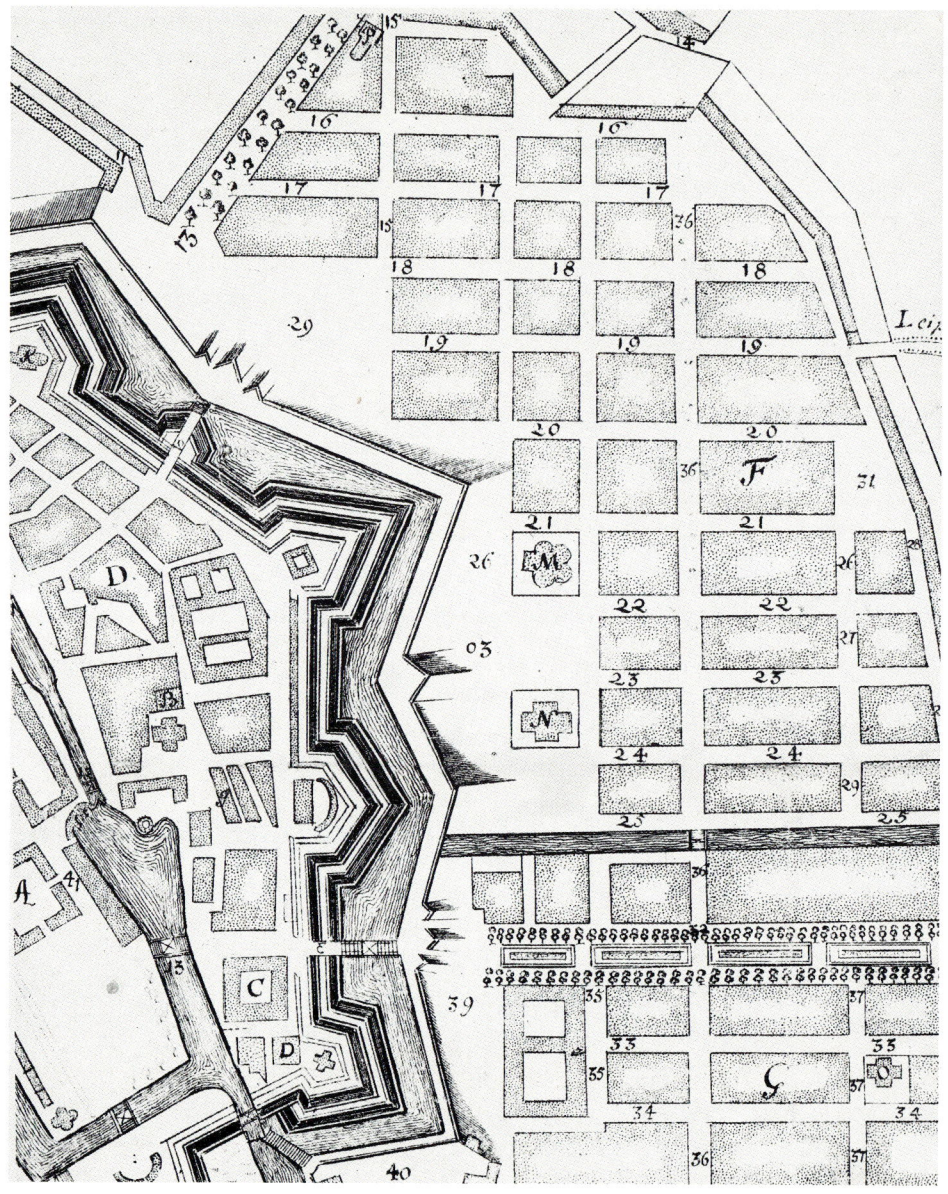

vollführen kann, [da] aber doch den Einwohnern der Friedrichstadt ... den
Glocken ein Thurm nöthig ist«, bitten sie um Kollekte beziehungsweise um
»Special Concession für den Bau des Thurms«.[21] Man forderte nichts Unbil-
liges, sondern Notwendiges. Ein Turm war ein Orientierungspunkt in einer
Stadt, deren Straßen keine Schilder trugen, deren Häuser gleich aussahen

74

und deren Wege nur mit Mühe zu passieren waren. Mit der Glocke wurden
die Stunden geschlagen, wurde die Zeit eingeteilt — dazumal etwas ebenso
Notwendiges wie Normales, besaß doch die Mehrzahl der Menschen keine
Uhr. Aber um alles mußte gebettelt werden. Der König nahm zwar von diesem Wunsch am 7. März 1713 noch Kenntnis, starb aber darüber hin.

Jahre vorher, am 13. Januar 1707, schrieb der Kirchenvorstand der Neuen Kirche an den König: »Ewre Königl. Majestät danken wir nochmals in allerunterthänigster Devotion gar höchlich, daß Sie zu erbauung unser Friedrichs-Stadts-Kirche 2000 Taler aus dero Schattull allergnädigst geschenkt haben. Wie wir nun intentionirt sein, solchen Bau in diesem Jahre zu völliger perfection, und Solenner Einrichtung zu bringen, wann uns aber Nexus (nachdem wir schon tieff in Schulden wegen dieses Baues stecken) suppeditiret wird. So hab Ewerer Königl. Majestät wir hiermit allerunterthänigst bittlich antworten wollen, Sie geruhe solcher allergnädigsten Donation zu folge, und daß solch Kirche einmal im Staatsgehalt werden möchte, allergnädigsten Befehl und Verordnung an den Hoffrath und Geheimen Cammeriereux von Stosch, zu ertheilen, daß er solche Zweytausend Rthlr. muß auszahlen und abfolgen lassen sollte.«[22]

Auf dem riesigen Gelände vor den Festungsanlagen verloren sich die kleinen Kirchen. Aus fortifikatorischen Gründen war ein sehr großer Raum von der Bebauung ausgespart. Er reichte von dem Wall an der Behrenstraße entlang der Markgrafenstraße bis zur Kronenstraße in gerader Linie und von da auf die Festungsanlagen zu nach Osten. Als der Wall in der Behrenstraße abgetragen und der Graben zugeschüttet wurde, ging dieses freie Gelände vor der Festung bis zur heutigen Universität. Da nahmen sich die beiden Kirchlein sehr bescheiden aus und konnten den Raum nicht beherrschen. Man empfand sie wegen der städtebaulich ungelösten Probleme als ärmlich, wollte sie — wenn möglich — abreißen, durch Neubauten ersetzen, verstecken oder sonstwie beseitigen. Das Bruchstückhafte der barocken Idee störte viele Architekten, so daß bis in unsere fünfziger Jahre der Wunsch nach Veränderung immer wieder laut wurde (Abbildungen 29, 30).

Auffällig bei beiden Bauten ist, daß die entworfenen Türme nicht ausgeführt werden. Die in der Literatur gelieferte Begründung scheint zunächst stichhaltig: Geldmangel hat noch manches Projekt scheitern lassen. Die Hugenotten jedoch hatten das notwenige Geld. Im Spiegel der Planung muß also mehr dahinterstecken. Türme von Kirchen bestimmen die Silhouette einer Stadt; doch hier hatte sich die Merkwürdigkeit ergeben, daß der eine Turm vor einem von Ost nach West orientierten Bau stehen, während der andere vor einem Bau in Nord-Süd-Richtung seinen Platz finden sollte. Von so unterschiedlicher Konzeption, störten beide die Symmetrie. Ein unbefriedigender Zustand, der weitere Überlegungen anregen mußte.

Die Friedrichstadt
oder: Menschen sind der Reichtum
des Staates

Der Grundsatz des preußischen Merkantilismus »Menschen sind der größte Reichtum« — fast eine Lebensregel Preußens — fußte auf einer Aussage des französischen Ministers Jean Baptiste Colbert: »Im selben Maße, als wir das Bargeld vermehren, erhöhen wir auch die Macht, Größe und Überfluß des Staates.«[1] Es kam darauf an, kontinuierliche Einnahmen zu sichern, um die Mittel für Armee, Hofhaltung und Bürokratie zur Verfügung zu haben.

Seine besondere, preußische Ausprägung bekam der Merkantilismus durch den Landtagsrezeß vom 26. Juli 1653, dem Aufstellung eines stehenden Heeres und die Änderung des Steuersystems folgten. Beides bedingte sich, ein Heer kostete Geld, das nur durch Steuern aufzubringen war. Das Militär brauchte Menschen als Soldaten und als Steuerzahler. Dem Adel wurde Steuerfreiheit gewährt, zahlen mußten vor allem die Bürger, und das löste — insbesondere für Berlin — nachhaltige Impulse aus. Die 1653 neu eingerichtete »Kontribution« gesellte sich zu den alten Abgaben »Bede« und »Schoß«. Die letzteren wurden von den Bürgern erhoben und auf die Grundstücke umgelegt. Hinzu kamen für Berlin zahlreiche Schulden aus dem Dreißigjährigen Krieg. Kaum jemand wollte Bürger werden, denn mit dem Erwerb des Bürgerrechts und dem Kauf des Grundstücks übernahm man zugleich die darauf liegenden anteiligen Schulden sowie den rückständigen Schoß und die Bede. Noch 1659, elf Jahre nach Beendigung des Dreißigjährigen Krieges, war in Berlin und Cölln beinahe ein Fünftel der Hausstellen wüst.

Nach drei gescheiterten Anläufen gelang es dem Kurfürsten, das mittelalterliche Steuersystem und die Kontribution teilweise durch eine neue Steuer abzulösen. Diese konnte auf Grund des Widerstands des Adels zunächst allein in Berlin und dann später nur in den Städten erhoben werden. Gemeint ist die Akzise, eine indirekte Verkaufs-, Tor-, Gewerbe- und Viehsteuer, die in den Städten jeder zu entrichten hatte. Es war eine unmerkliche Steuer, die auf allen Produkten des täglichen Bedarfs lag und anfangs gering gehalten blieb, aber da jeder essen mußte, sich kleidete, die Stadt betrat oder verließ, verkaufte und Gewerbe trieb, kamen bald große Beträge ein. 1667 erfolgte ihre Einsetzung in Berlin und bis 1684 in allen märkischen Städten.

1684 betrug die Einnahme aus Berlin bereits fast 60 000 Taler, bis 1706 stieg sie auf 176 880 Taler. Die Akzise trat an die Stelle der Kontribution. Aus ihr finanzierten die Könige einen erheblichen Teil der Kosten der preußischen Armee. So hatten die Kurfürsten und Könige ein großes Interesse an der Entwicklung der Städte, an der Zahl der Einwohner, der Gewerbetreibenden und Verbraucher, weil davon direkt die Höhe der Einnahmen für das Militär abhing. Hier entstand objektiv ein neuer Zusammenhang zwischen preußischer Militärmacht und bewußter Förderung der Städte und damit auch des Bürgertums. Die preußische Verwaltung entsprach dem nachhaltig. Noch existierten Berlin, Cölln, Dorotheenstadt, Friedrichswerder und Friedrichstadt als selbständige Kommunen auf engstem Raum nebeneinander. Sie besaßen unterschiedliche Verwaltungskörperschaften, unterschiedliche Vertretungen und einen unterschiedlichen rechtlichen Status. Die Zahl der Ausnahmeregelungen, verschiedenen Stellungen der Bewohner und das Beharren der alten Städte auf mittelalterlichen Gewohnheiten ließen eine einheitliche und moderne Administration nicht zu. Insbesondere die Steuerverwaltung wurde zu einem unübersichtlichen und komplizierten Mechanismus. Zwar erhielt die Friedrichstadt — entgegen der ursprünglichen Absicht — keine eigene Verwaltung, sondern eine gemeinsame mit dem Friedrichswerder, doch das änderte nur wenig. Es sollte vier Magistrate mit 12 Bürgermeistern und 51 Ratsherren geben, tatsächlich aber waren 1708 17 Bürgermeister und 48 Ratsherren im Amt.

1702 ging die Initiative von der preußischen Zentralverwaltung aus, die Städte zu »kombinieren«, und 1707 setzte der König eine Kommission ein, um alle Rechts- und Verfassungsfragen zu erledigen. Ehe aber die hauptsächlichsten Punkte erörtert werden konnten, erschien am 17. Januar 1709 das königliche Rescript zur »Combinirung aller Rathhäußlichen Collegien« (Abbildung 31), das die Vereinigung der Stadtgemeinden befahl. Willkürlich beseitigte der König ohne Anhörung der Betroffenen das bestehende und historisch gewachsene Recht der Städte. Er ließ es durch ein neues, modernes ersetzen, das die Zersplitterung der Verwaltung überwand. Gewiß ein Fortschritt, aber von oben dekretiert und nicht durch eine Entwicklung bürgerlicher Kräfte von unten getragen. Es stärkte nur die preußische Zentralgewalt,

Von Gottes gnaden, Friderich, König in
Preußen, Marggraff zu Brandenburg, des heyl.
Röm. Reichs Ertz Cämmerer und Churfürst, Sou-
verainer Printz von Uranien, Neufchatel
und Vallengin, zu Magdeburg, Cleve, Gülich,
Bergk, Stettin, Pommern, der Caßuben und
Wenden, zu Mecklenburg, auch in Schlesien zu
Croßen Hertzog.

Unsern gnädigsten Gruß zuvor, Liebe getreuen. Nachdem
Dir, wie euch bekant ist, die Combinirung
aller in unsern hiesigen Residentzien befindlichen Rathhäußlichen Collegiorum
durch gewiße darzu Verordnete Commissa-
rien vornehmen, und denen Vorschläge, mone-
ta und erinnerungen euch communici-
ren, auch uns hierauff daraus zu berichten nicht
durch allerunterthänigst vor treuem lest,
So haben wir nachrichtlicher deliberation
der Sachen resolviret und gehet Unsere
allergnädigste intention dahin, daß /:

Von nun an und hinführo in unsern hiesigen Residentzien: Berlin, Cölln, wie
auch Neuen, Dorotheen: und Friderichs

bürgerliches Bewußtsein konnte dadurch nicht gefördert, bürgerliche Positionen nicht gestärkt, sondern nur noch weiter deformiert werden.

Überblickt man das Aufkommen Berlins an der Akzise, so ist das Ergebnis frappierend, denn die Stadt bringt in einzelnen Jahren folgende indirekte Steuereinnahmen auf:

1684	60 000 Taler
1699	85 135 Taler
1706	176 000 Taler
1713	200 000 Taler
1720	182 000 Taler
1733	292 000 Taler
1737	277 000 Taler
1742	319 000 Taler
1787	915 000 Taler
1801	1 215 000 Taler[2]

Die volle Überführung dieser Einnahmen in den Militärhaushalt bindet indirekt die weitere Entwicklung der Stadt an das Militär. Vergrößert man die Zahl der Gewerbetreibenden und Verbraucher, so steigen die Einnahmen für die Armee. Auch wenn dies vergröbert ist, haben wir hier ein entscheidendes Motiv für die Stadterweiterungspolitik der Hohenzollern gegenüber Berlin zu suchen. Barockes Repräsentationsstreben allein — wie es die Literatur des 18. Jahrhunderts glaubhaft machen will — kann nur ein Motiv untergeordneter Bedeutung gewesen sein.

Die Akziseeinnahmen Berlins waren nicht unwesentlich für das preußische Budget. 1713 brachte die Stadt 4,9 % des Haushaltes oder etwa 9 % der Militärausgaben; 1742 4,6 % des Haushaltes oder etwa 6 % der Militärausgaben und 1786 6,3 % des Haushaltes oder etwa 9 % der Militärausgaben des preußischen Staates allein durch die Akzise auf.[3]

Vor diesem Hintergrund erklären sich die Bemühungen der preußischen Könige um den Ausbau ihrer Residenz viel nachhaltiger. Friedrich Wilhelm I. drückte dies unverhohlen aus, als er sagte, die Hugenotten seien nichts für das Land, sondern für die Stadt.[4] Es gibt ein entscheidendes Argument für diese These. Nach dem Tode Friedrichs I. veränderte sein Nachfolger die Politik gegenüber Berlin ganz drastisch. Er verjagte große Teile des Hofs und vertrieb viele Künstler, Wissenschaftler, Schauspieler und Hofschranzen. Der Generalkriegskommissar Friedrich Wilhelm von Grumbkow warnte ihn in einer Denkschrift mit dem Hinweis, das Akziseeinkommen Berlins betrage mehr als das aller übrigen preußischen Städte zusammen. Dem Rigorismus des neuen Königs gegenüber stach dieses Argument nicht. Aber als die Einnahmen sanken und damit die preußische Armee in ihrer Finanzierung gefährdet wurde, schloß sich auch Friedrich Wilhelm I. der Stadterweiterungspolitik auf. Wir werden sehen, welche Folgen das hatte.

Zusammengefaßt kann man wohl sagen, daß in der Akzisewertschätzung wesentliche Motive für die Erweiterung und Förderung der Entwicklung der einzelnen Stadtteile von Berlin liegen. Absolutistische Prunksucht allein kann keine Erklärung bringen, im Konzert vieler Gründe kommt in Preußen immer der Armee die entscheidende Rolle zu. Zugleich sei darauf verwiesen, daß aus dem Akziseeinkommen auch die vorzuschießenden Kosten der Stadtentwicklung entnommen wurden.

Dementsprechend wächst die Zahl der Häuser auf der Friedrichstadt in Abhängigkeit von diesem Bedürfnis. Der Steuerzahler als Persönlichkeit ist unwichtig, er interessiert nur als Verbraucher und Produzent. Deshalb entstanden alle notwendigen Einrichtungen zur Befriedigung der Lebensbedürfnisse so langsam — ihre Kosten schränkten das Akziseaufkommen ein.

Die erste Überlieferung bezüglich der Anzahl der Häuser auf der Friedrichstadt stammt von 1695 und spricht von etwa 300 bebauten Grundstükken.[5] Eine andere Quelle verweist darauf, daß etwa 500 Deutsche im Jahre 1698 auf der Friedrichstadt leben; zusammen mit den Hugenotten also etwa 1 300 Personen.[6]

1712, so vermerkt Beckmann, waren »hier und in der Königsstadt 380 Stellen wüst und so ertheilten seine Königliche Majestät am 14. Januar 1712 dem damaligen Gouverneur und Generalfeldmarschall, Grafen von Wartensleben, den Befehl, den Eigentümer solcher wüsten Stellen samt sonders anzudeuten« — das heißt: sie nachdrücklich aufzufordern — »mit dem Bau zu beginnen«[7]. Die Ablösung des Grafen, der Pommersche Krieg sowie der Tod des ersten preußischen Königs ließen den Befehl wirkungslos werden. Die dem Tode Friedrichs I. folgende Unsicherheit führte zur Unterbrechung jeder weiteren Bauaktivität. In Sorge blickten alle in die Zukunft, denn nur nach und nach bestätigte Friedrich Wilhelm I. die Privilegien für die Hugenotten und die anderen Zugewanderten.

Grumbkows Denkschrift zeitigte keine Folgen, die Einwohnerzahl sank, eine Abwanderungsbewegung begann. So bot zum Beispiel de Bodt bereits 1713 dem sächsischen Kurfürsten seine Dienste an und verließ 1728 Preußen. In Sachsen wirkte er dann bis zu seinem Tode 1745 bei vielen Bauten mit, so beim Schloß Moritzburg, der Festung Königstein und dem Umbau des Japanischen Palais in Dresden. Als General der Infanterie und stellvertretender Gouverneur von Dresden beendete er seine Karriere. Das war der Lebenslauf eines bekannten Mannes; viele andere gingen lautlos aus der Stadt, ohne eine Spur zu hinterlassen.

Die Einnahmen aus der Akzise in Berlin wurden geringer, und Friedrich Wilhelm I. mußte seine Politik gegenüber der Stadt ändern, wollte er nicht Gefährdungen für die sich enorm vergrößernde Armee heraufbeschwören.

Mit Datum vom 17.Februar 1721 besitzen wir aus einer Special-Visitation eine genaue Übersicht über die in der ganzen Stadt und in den Vorstädten stehenden Häuser:

	Häuser	Baustellen
Berlin	953	25
Cölln	653	20
Friedrichswerder	260	8
Dorotheenstadt	240	8
Friedrichstadt	650	46
Cöllnische Vorstadt	516	148
Königsviertel	245	—
Spandauerviertel	527	256
Stralowisches Viertel	268	27
	1556	471[8]

Die Übersicht ist in mehrfacher Hinsicht aufschlußreich: Zum ersten hatte sich die Friedrichstadt nunmehr zum drittgrößten Stadtteil gemausert, drauf und dran, Cölln zu überholen. Weiterhin ist bemerkenswert, daß weniger planmäßig angelegte Vorstädte und Viertel ebenfalls eine beachtliche Entwicklung durchlaufen haben und offensichtlich schneller vorankamen als die Friedrichstadt. Die Ursache lag wohl überwiegend in dem schlechten Anschluß dieses Stadtteils an die Kommunikation, an die Märkte und in dem vergleichsweise unbequemeren Leben dort, während die unmittelbar an Berlin und vor allem Cölln sich anlehnenden Viertel wesentlich günstigere Verkehrsbedingungen aufwiesen.

1721 mußte Friedrich Wilhelm I. seine Position ändern, er tat dies total und plötzlich sowie mit ungeheurer Schärfe. Am Beginn stand die genannte Special-Visitation, die einen Überblick über den Stand der Bautätigkeit gab.

Dann folgten Befehle, Verordnungen und Planungen, die für unseren Platz von wesentlicher Bedeutung waren. Zum einen wurde die Bautätigkeit reger, deren Spuren mannigfaltig am Gensd'armen-Markt zu erkennen sind, und vor allem veränderte sich die Situation des Platzes: Er geriet vom Rande der bebauten Fläche mehr in den Mittelpunkt der Stadt, rückte dem Zentrum näher.

Im Ergebnis der Special-Visitation ließ der König am 21. April 1721 verkünden: »Wir wollten gerne die Friedrich-Stadt je eher je lieber völlig ausgebaut sehen und seyn um solches zu befördern, geneigt, denjenigen, so allda bauen, sowohl die Materialien dazu zu schenken, als etwas Geld vorschießen zu lassen.«[9]

Zwei weitere Schritte folgten: Zum einen mußten alle Besitzer von Baustellen nach einer Verordnung vom 6. Mai auf dem Rathaus vor dem Major Christian Reinhold von Derschau erklären, ob sie bauen wollten oder nicht. Eine gewisse Förderung war zugesagt; sie erfolgte auf Drängen Derschaus, vom König nur zögernd und widerwillig verkündet. Am 23. Mai erfuhren die Bauwilligen, daß der Landesherr an sie 10 000 Taler verteilen lassen werde, ihnen Holz, Stein und Kalk unentgeltlich gebe und damit einverstanden sei, wenn die Häuser ebenerdig gebaut würden.[10]

Zum anderen setzte der König eine Baukommission ein, bestehend aus dem Offizier der Berliner Kommandantur von Derschau, dem zugleich die Leitung aller Bauvorhaben in Berlin übertragen wurde, dem Architekten Philipp Gerlach, dem die fachliche Beratung oblag, und dem Bürgermeister Koch. Sie hatten enge Verbindung zur Servis-(Einquartierungs-)Kommission zu halten, die für die Unterbringung der Soldaten der Berliner Garnison in Privathäusern, das heißt in den Wohnungen der Bürger, zuständig war. Kasernen gab es damals noch nicht, und jede Vergrößerung der Armee bedeutete zugleich einen Mehrbedarf an Bürgerquartieren; hier muß ein weiteres Moment des nun einsetzenden Ausbaus Berlins gesucht werden, der mit viel Willkür und Brutalität von seiten des Königs und der »Baucommission« vorangetrieben wurde. Es gibt Hinweise, daß Berlin so zu erweitern war, um etwa 30 000 Soldaten mit Familien und Ausrüstung unterzubringen.

Die Kommission erarbeitete Vorschläge zur Erweiterung der Residenz, die sich nach den um 1710 vorgelegten Plänen des Festungsausbaus richteten, da die Vorarbeiten zum Aufkauf des Geländes und zur Einordnung in die Stadt vorangetrieben worden waren. Offenbar benutzten sie alle vorliegenden Planungsskizzen und entwarfen ein Konzept, das die Hast verriet.

Die Kommission gab das logische und moderne innere Gestaltungsprinzip bei der Stadterweiterung auf und ließ — von der Kleinen Friedrichstadt ausgehend — drei Straßen auf einen Punkt zulaufen, den sie in der Verlängerung der Friedrichstraße an der alten Landwehr fand — dort, wo der Plan aus der Zeit um 1710 ein Tor gesetzt hatte. Von der Höhe des Platzes vor dem späteren Brandenburger Tor führten sie spitz die zweite Straße (Wilhelmstraße) auf diesen Punkt und als dritte die Lindenstraße, die seinerzeit die Vollendung der Friedrichstadt hinderte, da sie den Weg der Ackerbürger auf ihre Felder darstellte.

Das so gefundene Schema erweiterte man nach Westen bis auf die Höhe des Geländes, das in die Festungsplanung einbezogen war, ohne es abgegrenzt zu gestalten. Die spitz nach unten zusammenlaufenden Straßen erhielten nur in der heutigen Leipziger Straße eine Ost-West-Verbindung, alle anderen Quartiere waren groß, aber kaum miteinander verbunden; ein Zustand, der die spätere Stadtplanung erschwerte.

Neu war die Aufnahme von Plätzen, die von vornherein Gestaltungsprinzip wurden. Sie sollten als Marktplätze der Versorgung und als Übungs- und Paradeplätze für das Militär dienen: vor dem Brandenburger Tor das Viereck (Pariser Platz), am westlichen Ende der damaligen Potsdamer Straße das Achteck (Leipziger Platz), am südlichen Ende der Friedrichstraße das Rondell (Franz-Mehring-Platz). Weiterhin kamen als Markt hinzu der Wilhelmplatz (heute Thälmannplatz) und in der Folge durch Verlegung des Leipziger-Tor-Marktes der Dönhoffplatz (Abbildung 33).

Übersieht man die Planung, erkennt man Regelmäßigkeit und große Flächen, aber kaum logische Gestaltung eines Stadtgrundrisses entsprechend den Bedürfnissen der Bürger. Eine Konsequenz für den leeren Platz an den Kirchen wäre logisch, war aber in dem Planungsmodell nicht enthalten.

Im Spiegel eines bisher nicht beachteten und hier mit freundlicher Genehmigung der Ratsbibliothek erstmals veröffentlichten Planes zeigen sich Differenzierungen, die auf einen längeren Zeitraum der Planung und Realisierung weisen. Es handelte sich offensichtlich nicht um einen einmaligen Akt der Stadtplanung. Bedauerlicherweise hat die Berlin-Forschung des

Abb. 32 Plan
der neuangelegten
Friedrichstadt
von G. D. Müller,
1733

85

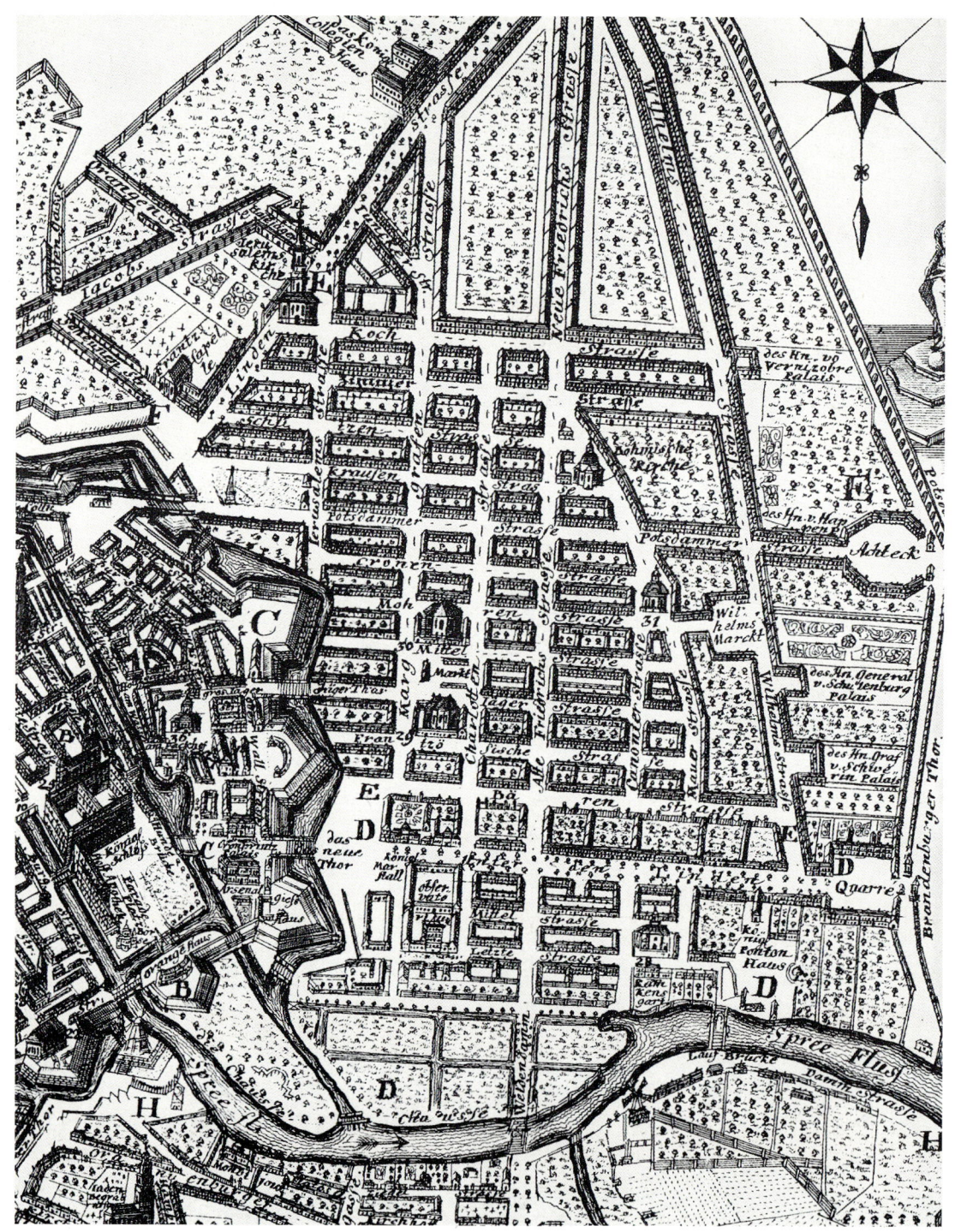

19. Jahrhunderts aus Liebedienerei oder mangelnder Einsicht König Friedrich Wilhelm I. als Landesherrn eine konsequente Gestaltungsabsicht unterstellt und damit das tatsächliche Geschehen verzerrt. In der Folge entstand zwar die Erweiterung der Friedrichstadt wie beschrieben, aber es muß um die Anlage der Stadtquartiere zahlreiche Auseinandersetzungen und nur ein schrittweises Herangehen gegeben haben. Die im Inferno des zweiten Weltkrieges vernichteten Akten wurden nicht oder nicht eindringlich genug befragt, so daß wir auf Vermutungen angewiesen sind, die allerdings durch den Plan als wichtige zeitgenössische Quelle getragen werden.

Ein G. D. Müller fertigte 1733 einen »Plan von der vergrösserten Fridrichstat«, der wahrscheinlich den Zustand der Entwicklung am Ende des Jahres 1732 oder Anfang 1733 aufzeigt (Abbildung 32). Wofür, für wen,

Abb. 33 Ausschnitt
mit der Erweiterung der
Friedrichstadt
aus dem Plan
der königlichen Residenz
von Johann David Schleuen,
um 1740

Abb. 34 Prospekt von
Johann David Schleuen,
um 1740

weshalb und in welchem Auftrag das Dokument entstand, konnte nicht ermittelt werden. Wichtig bleibt, daß diese Quelle zeitgenössisch und als real anzusehen ist. Sie zeigt, daß bis dato Lindenstraße und Friedrichstraße abgesteckt und in Richtung auf das »Rondell« durchgeplant waren. Dabei schmiegte sich die »Vergrösserte Fridrichstat« an die Kleine Friedrichstadt an. Ein um 1700 neu errichtetes Tor am Ausgang der Leipziger Straße/ Kreuzung Mauerstraße stand noch. Über diesen Punkt hinaus war eine Erweiterung nach Westen nicht in Angriff genommen worden. Die dritte auf das »Rondell« zulaufende Straße bestand noch nicht, und der Plan bietet keinerlei Hinweis auf ihre Anlage. Dafür zog sich vom zweiten Potsdamer (Friedrichs-)Tor parallel zur Friedrichstraße eine Kommunikation — aus welchen Gründen auch immer in diesem Plan farbig gestaltet — entlang. Deutlich ist die unerschlossene Fläche der neuen Stadtquartiere zu erkennen, die keine Ost-West-Verbindung hatten.

Offensichtlich markiert die erste Etappe der Stadterweiterung in diesem Gebiet die Grenze des Bedarfs an neuen Hausstellen. Man ging darüber nicht hinaus, da weitere Überlegungen Ansiedler voraussetzten, die es zu diesem Zeitpunkt nicht gab. Mit großer Wahrscheinlichkeit überschritt man erst nach 1733 den in diesem Plan festgehaltenen Zustand, und da dies eine Erweiterung über den tatsächlichen Bedarf war, erforderte das bei der niedrigen Zahl der Bauwilligen einen viel höheren Einsatz des Staates. Das erklärt den oftmals zitierten Rigorismus des Königs: Er konnte in diesen Stadtteil zwar keine Ansiedler bringen lassen, da es keine gab; aber die Beamten und Hofschranzen vermochte er sehr wohl zu zwingen, hier zu bauen. Wenn man unter diesem Aspekt die Literatur neu befragt, stellt man fest, daß die publizierten Beispiele für die Willkür des Landesherrn beim Aufbau der Stadt sich fast ausschließlich auf die Jahre nach 1734 sowie auf den Bereich beziehen, der zum Zeitpunkt der Anfertigung des zitierten Plans (Abbildung 32) noch nicht abgesteckt war.

Erst nach 1734, so belegen es die Dokumente, gingen die Planungen weiter nach Westen; Pariser und Leipziger Platz erhielten ihre Konturen, und die Wilhelmstraße wurde abgesteckt. Damit wird deutlich, warum die letztere als Quartier der Hofbeamten, des Adels und der Bediensteten ausgeführt wurde. Ihre repräsentativen Bauten, die die andere soziale Schichtung und in Abhängigkeit davon die andere Qualität der Architektur anschaulich machen, erhoben sich vor allem nach 1737.

PATENT.

Daß die

Fremden,

So auf der

Friderichstadt

hiesiger Residentzien

anbauen/

Die hierin benannten Freyheiten

genießen sollen.

De Dato Berlin/ den 29. Octobris 1732.

_____

BERLIN,

Gedruckt bey dem Königl. Preußischen Hof-Buchdrucker,
Daniel Andreas Rüdiger.

Mnach Seine Königliche Majestät in Preußen, rc. Unser allergnädigster Herr, zu Beförderung des Anbaues auf der Friderich = Stadt denen Neu = Anbauenden gewisse Materialien und baares Geld aus besonderer Gnade bißhero geschencket, der Bau auch dadurch ziemlich pous-

poussiret worden; Dennoch aber einige Uebelgesinnete sich gefunden, welche ausgesprenget, als wann diese Materialien und pro Cent-Gelder nicht geschencket, sondern von Sr. Königl. Majestät nur als ein Vorschuß gereichet, und von Deroselben daher die erste Hypothec auf denen Häusern reserviret würde: Als haben höchstgedachte Se. Königl. Majestät hierdurch allergnädigst declariren wollen, daß Sie die Douceurs an Bau=Materialien und pro Cent-Geldern denen Friderich = Städtschen Neu-Anbauenden nicht als einen Vorschuß, wofür Sie Sich eine Hypothec reserviren, sondern als ein wahres Geschenck zum Anbau reichen lassen, auch von denen Eigenthümern nicht das Geringste davon zurück fordern, sondern denenselben, wann sie solche zum Bau würcklich anwenden, die Häu-

Häuser erb= und eigenthümlich zu nutzen und zu veräußern die Freyheit lassen wollen. Zu mehrer Versicherung haben höchstgedachte Se. Königl. Majestät solches durch den öffentlichen Druck zu jedermanns Wissenschafft hiermit bekant machen wollen. Uhrkundlich unter Sr. Königlichen Majestät höchsteigenhändigen Unterschrift und beygedrucktem Königlichen Insiegel. Gegeben zu Berlin, den 24ten Julii 1725.

Fr. Wilhelm.

F. W. v. Grumbkow. E. B. v. Creutz. C. v. Katsch. F. v. Görne. I. H. v. Fuchs.

Abb. 35 a bis d Patent Friedrich Wilhelms I. vom 24. Juli 1725 mit der Ausschreibung der Privilegien für Neusiedler auf der Friedrichstadt

Zwischen 1721 und etwa 1735 entstand dieser neue Stadtgrundriß, der die Erweiterung der Friedrichstadt darstellte. Nun folgten Aufforderungen an Bauwillige und eine organisierte Politik zur Ansiedlung. Jährlich gab es Generalvisitationen über den Bauvorgang, so am 20. September 1723 durch den Wachtmeister Johann Daniel Rockensüß, der 199 leere Stellen, 17 Seiten- und 76 Hinterhäuser als in Angriff zu nehmen meldete.[11] Der Spezialbefehl zur Visitation vom Januar 1725 ergab dann bereits

»719 bewohnte Häuser
149 wüste Stellen
26 Neu-Anbauende
85 Brau-Häuser
114 Branntwein-Blasen«.[12]

Zum ersten Mal erhalten wir eine genaue Angabe über die Zahl der Einwohner, die 1726 schon 12 144 Personen betrug. Die Aufstellung für 1725 umfaßte im wesentlichen wohl die Kleine Friedrichstadt, denn nur sehr langsam und durch die Planungsarbeiten auch noch nicht voll abgesichert wuchs die Bebauung über sie hinaus.

Bereits vorher (1721) hatte Friedrich Wilhelm I. ein Edikt verkünden lassen, daß er zum Aufbau der »... ledigen Baustellen auf der Friedrichstadt 10 000 Taler verteilen lassen und Holz, Steine und Kalck unentgeltlich zur Verfügung stellen wolle«. Er stimmte sogar zu, daß die Häuser auch ebenerdig gebaut werden dürften.[13]

Am 24. Juli 1725 — offensichtlich nach Abschluß der Planungsarbeiten — erging das Patent, »Das Se. Königl. Majestät Die Bau-Materialien — Und pro Cent-Gelder, So Sie denen Neu-Anbauenden Auf der Friedrich-Stadt reichen lassen, Denenselben allergnädigst schencken«.

Um laut gewordenen Gerüchten über die doppelzüngige Politik des Monarchen zu begegnen — die Bauwilligen hatten ihre eigenen Erfahrungen gemacht oder die Berichte der länger Ansässigen gehört —, war der Landesherr gezwungen, erklären zu lassen: »Demnach Seine Königliche Majestät in Preussen, ... Unser allergnädigster Herr, zu Beförderung des Anbaues auf der Friderich-Stadt denen Neu-Anbauenden gewisse Materialien und baares Geld aus besonderer Gnade bißhero geschencket, der Bau auch dadurch ziemlich poussiret worden; Dennoch aber einige Übelgesinnte sich gefun-

den, welche ausgesprenget, als wann diese Materialien und pro Cent-Gelder nicht geschencket, sondern von Sr. Königl. Majestät nur als ein Vorschuß gereichet, und von Deroselben daher die erste Hypothec auf denen Häusern reserviret würde.«

Offensichtlich gab es derartige Überlegungen in der preußischen Verwaltung, deren Bekanntwerden sofort zum Baustopp führte. Der König mußte sich deshalb — wenn auch widerwillig — bequemen zu erklären, daß er »die Douceurs an Bau-Materialien und pro Cent-Geldern denen Friderich-Städtschen Neu-Anbauenden ... als ein wahres Geschenck zum Anbau reichen lassen, auch von denen Eigenthümern nicht das Geringste davon zurück fordern« lassen wolle (Abbildung 35 a bis d).

Das Mißtrauen blieb. In der Zeit von 1721 bis 1730 wurden trotz aller Aufforderungen und Geschenke nur 272 Häuser neu gebaut. 1730 dann 60 und

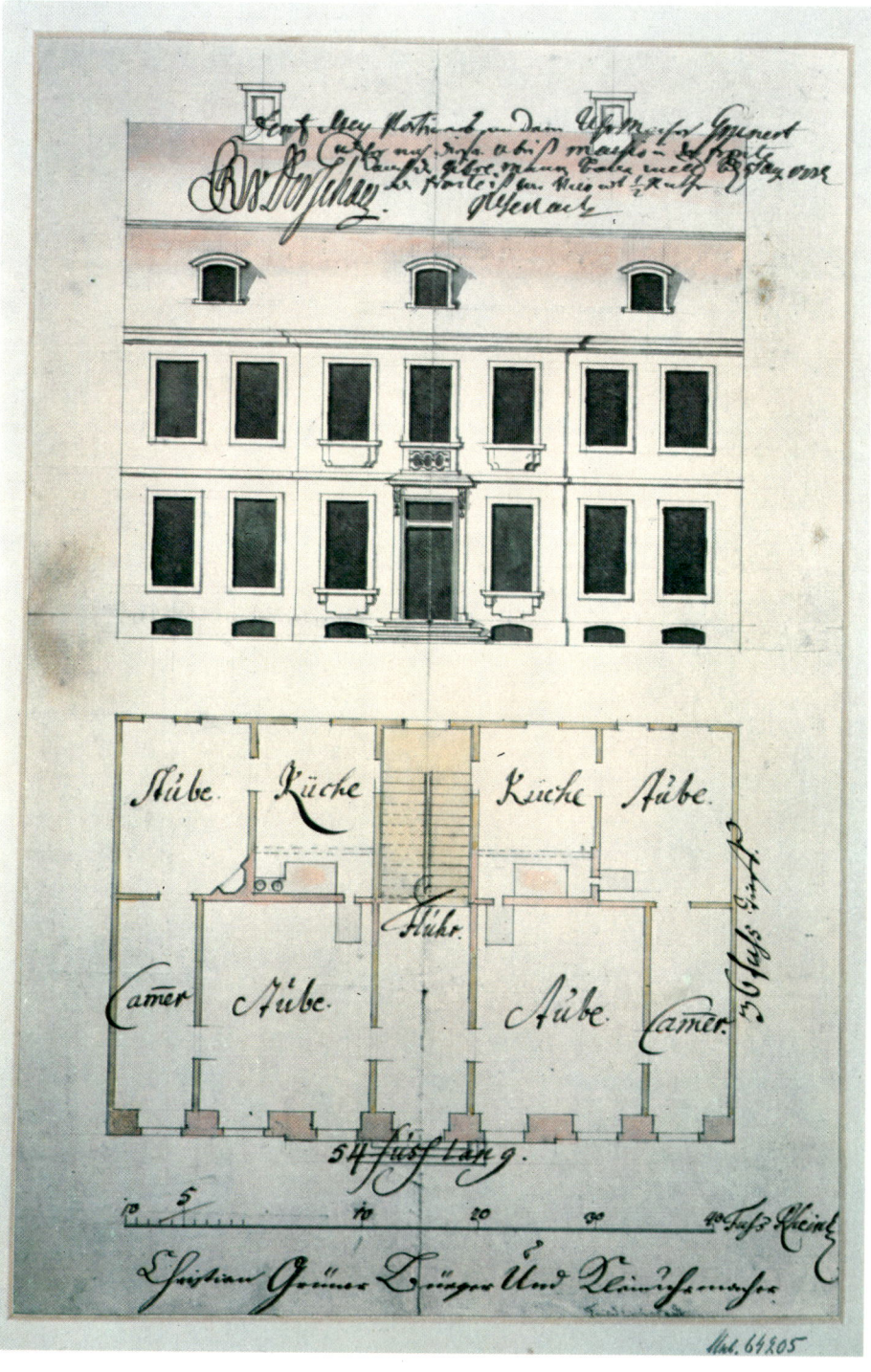

Abb. 37 »Dentur« für das Haus des Uhrmachermeisters Grüner in der Mauerstraße, Zeichnung von Philipp Gerlach, 1732

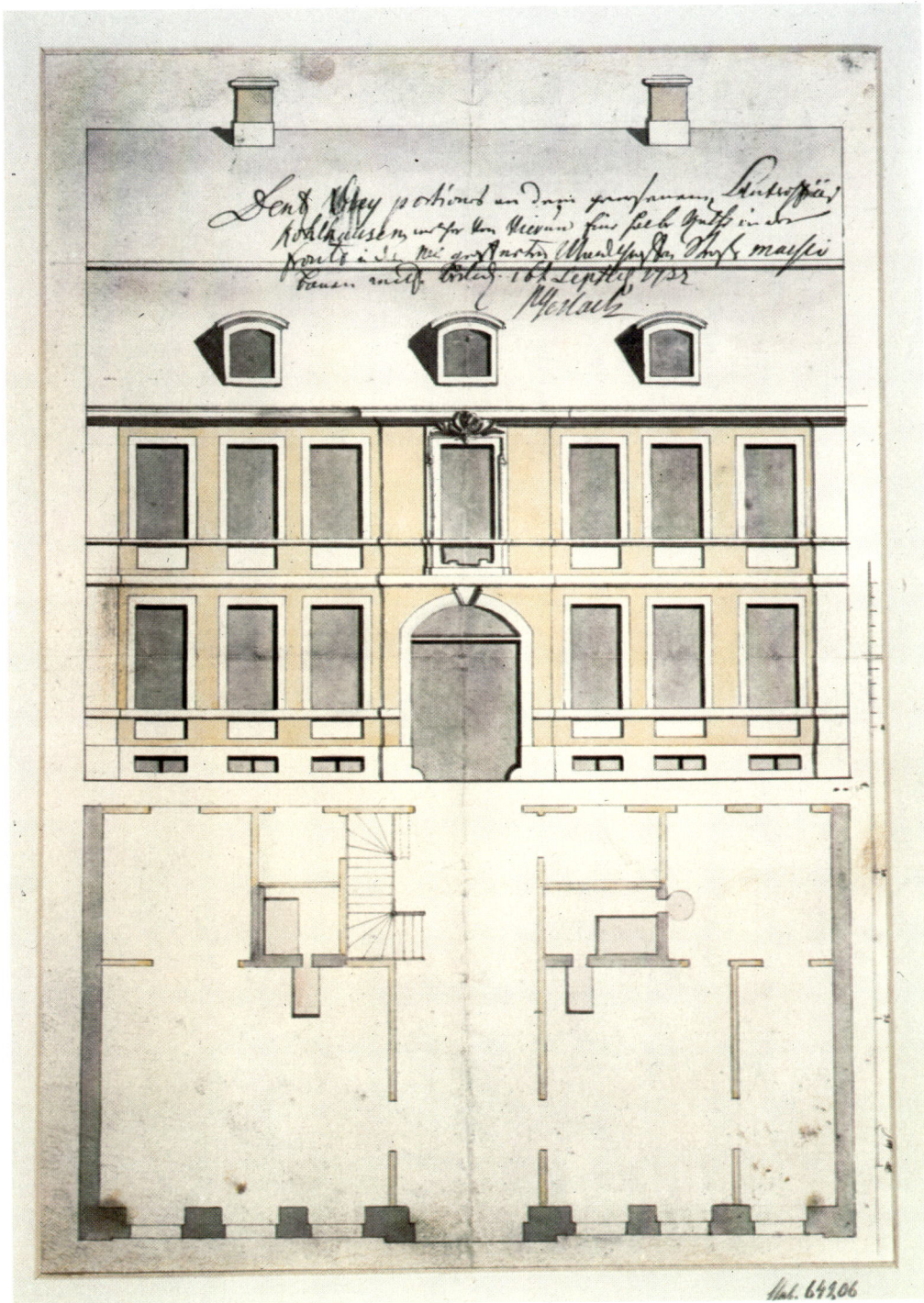

Abb. 38 »Dentur« für
das Haus
des Kohlhausen,
Zeichnung von
Philipp Gerlach, 1732

93

Abb. 39 Königlicher Befehl vom 6. September 1770 mit der Erneuerung des Befehls vom 1. Mai 1726 über die Genehmigungspflicht für Neubauten

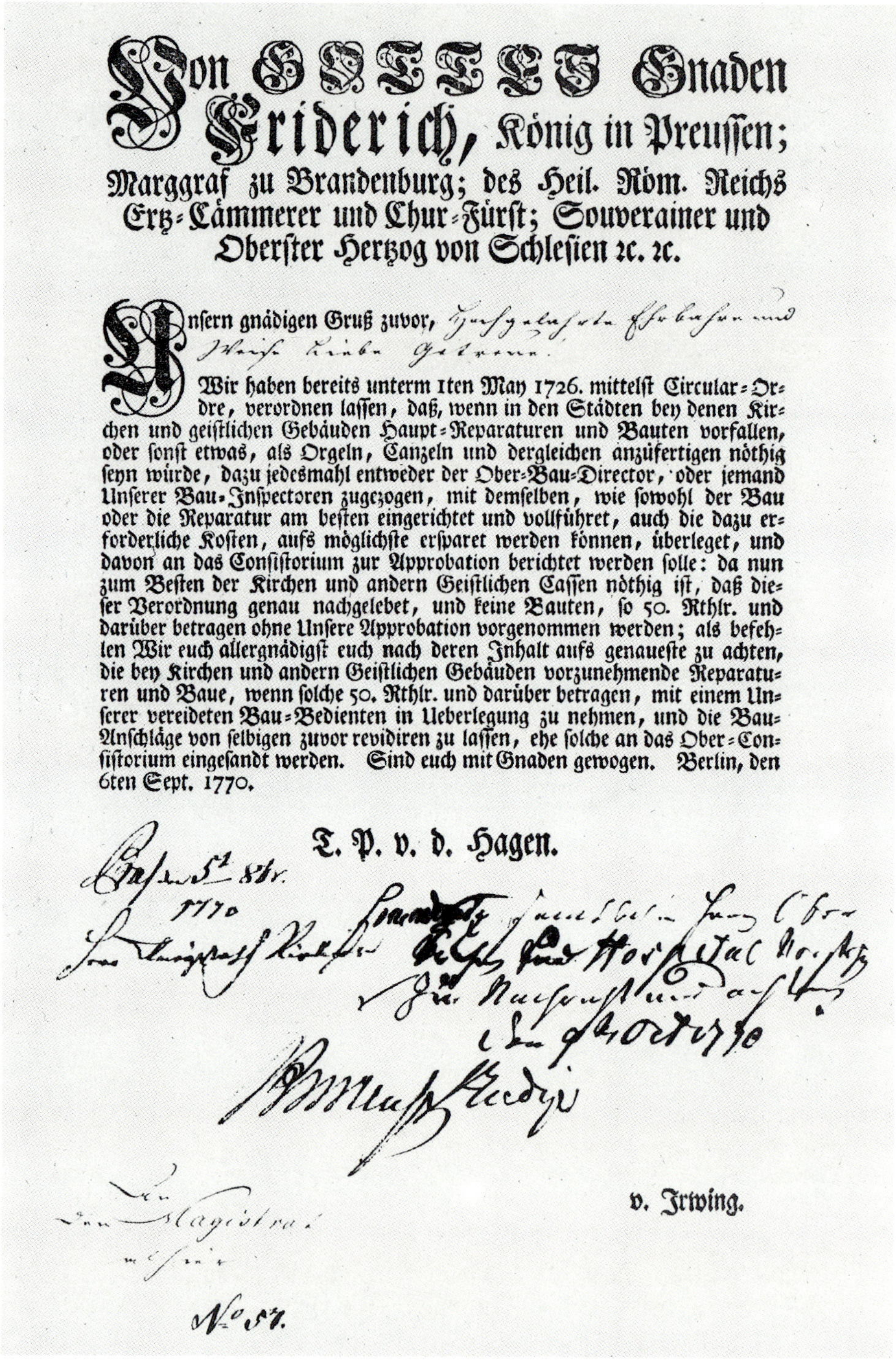

Von GOTTES Gnaden Friderich, König in Preussen; Marggraf zu Brandenburg; des Heil. Röm. Reichs Ertz-Cämmerer und Chur-Fürst; Souverainer und Oberster Hertzog von Schlesien ꝛc. ꝛc.

Unsern gnädigen Gruß zuvor,

Wir haben bereits unterm 1ten May 1726. mittelst Circular-Ordre, verordnen lassen, daß, wenn in den Städten bey denen Kirchen und geistlichen Gebäuden Haupt-Reparaturen und Bauten vorfallen, oder sonst etwas, als Orgeln, Canzeln und dergleichen anzufertigen nöthig seyn würde, dazu jedesmahl entweder der Ober-Bau-Director, oder jemand Unserer Bau-Inspectoren zugezogen, mit demselben, wie sowohl der Bau oder die Reparatur am besten eingerichtet und vollführet, auch die dazu erforderliche Kosten, aufs möglichste ersparet werden können, überleget, und davon an das Consistorium zur Approbation berichtet werden solle: da nun zum Besten der Kirchen und andern Geistlichen Cassen nöthig ist, daß dieser Verordnung genau nachgelebet, und keine Bauten, so 50. Rthlr. und darüber betragen ohne Unsere Approbation vorgenommen werden; als befehlen Wir euch allergnädigst euch nach deren Inhalt aufs genaueste zu achten, die bey Kirchen und andern Geistlichen Gebäuden vorzunehmende Reparaturen und Baue, wenn solche 50. Rthlr. und darüber betragen, mit einem Unserer vereideten Bau-Bedienten in Ueberlegung zu nehmen, und die Bau-Anschläge von selbigen zuvor revidiren zu lassen, ehe solche an das Ober-Consistorium eingesandt werden. Sind euch mit Gnaden gewogen. Berlin, den 6ten Sept. 1770.

T. P. v. d. Hagen.

v. Irwing.

1731 95 Häuser. Damit kam die Bebauung der nach 1688 abgesteckten Fläche zum Stillstand, nur wenige gingen in die neu abgesteckten Straßen.

Ebenfalls 1725, am 23. Februar, war bestimmt worden, daß dem, der »bis Ostern nicht anfange zu bauen, die Stelle genommen und die Quadratruthe zu 2 Thalern verkauft werde. Jeder der aber bauen wolle, erhalte pro Stelle à 3 Ruthen en Fronte 1 Schock Mittel-Bau-Holtz, 4 Stück Säge-Blöcke oder starck Bauholtz, 4 Land Prahmen Kalck-Steine, 30 Wispel Kalck und 42 Thaler bar Geld.«[14]

Am 22. April 1725 forderte man die Bauwilligen auf, die Risse einzureichen zur Begutachtung (Abbildung 39).[15] Alle Häuser mußten nach einheitlichem Plan errichtet werden. Die Leitung dieser Tätigkeit lag in den Händen von Gerlach, und es sind (trotz großer Verluste) zahlreiche Ansichten dieser Häuser und ihre Grundrisse auf uns gekommen (Abbildungen 36—38). Sie waren streng und bescheiden, sparsam im Dekor und zum größten Teil zweigeschossig, in der Regel mit sieben Fensterachsen, Torweg oder Tür — im Gesamtbild ein hohes Maß an Regelmäßigkeit, fast Gleichförmigkeit.

Aber nur langsam ging es voran, viel zu langsam für den König. Am 29. Oktober 1732 erließ er wiederum ein »Patent, Daß die Fremden, So auf der Friderichstadt hiesiger Residentzien anbauen, Die hierin benannten Freyheiten geniessen sollen«. Interessanterweise richtete es sich an »die Fremden« als Zielgruppe, es ging um das Heranziehen bisher nicht in Berlin Wohnender. Nach der üblichen Einleitungsformel heißt es: »... Thun kund und fügen hiermit zu wissen, wie Wir allergnädigst resolviret, die Friedrichstadt in hiesigen Residentzien noch mehr zu erweitern und anbauen zu lassen, auch zum Nutzen und Commodität der daselbst befindlichen Einwohner allerhand im gemeinen Leben nöthige Handwercker und Professions-Verwandte aus der Fremde dahin zu ziehen, und zu Erreichung Unserer hierunter habenden Intention, allen denen, so sich auf der Friedrichstadt anbauen und possessioniret machen wollen, nachstehende Beneficia und Freyheiten würcklich angedeyen zu lassen ...« (Abbildung 41a bis d).

Zugleich erfolgte zum wiederholten Male die Zusage, daß die Besitzer über ihre Grundstücke frei verfügen könnten.[16] Der Umfang der überlassenen Baumaterialien wurde erneut spezifiziert: »... auf eine Portion von 1½ Ruthe in der Fronte Dreyßig Wispel Kalck, Acht Stück starck Bauholtz, Fünf und viertzig Stück mittel Bauholtz, Vier Land-Prahme Kalck-Steine, und Acht und viertzig Thlr. 8. Gr. baares Geld«[17].

Obwohl für die Bauwilligen damit immer noch ein hohes Maß an Eigenleistung und -finanzierung verbunden war, brachte die Verdoppelung größeren Anreiz. Die Kosten für einen derartigen Bau — hier das Predigerwitwenhaus der Friedrichswerderschen Gemeinde von 1772 — waren bedeutend. Das Haus enthielt »vier Stuben, 4 Cammern und 2 Dachstuben« und kostete:

	Taler	Groschen	Pfennige
Materialien	852	6	
Maurer-Arbeiten	314	2	6
andere Arbeiten	495	8	
Tischler-Arbeiten	166	1	
Schlosser-Arbeiten	116	1	
Glaser	58		
Klempner	21		
Staffeur-Maler-Arbeiten	29		
Töpfer-Arbeiten	120		
Stuccateur-Arbeit	23	4	
Summe	2 194	22	6[18]

Eine hohe Summe für die damalige Zeit, auch wenn man bedenkt, daß dieses Haus nach dem gleichen Vorbild wie in den dreißiger und vierziger Jahren, aber wohl mit etwas höheren Kosten errichtet wurde.

Da waren die Gratis-Materialien und die Unterstützungsgelder in der angezeigten Höhe notwendig, um den Bau überhaupt zu beginnen.

Nun aber schritt der Ausbau langsam voran. Nachweislich wurden pro Jahr errichtet:

1732	58 Häuser
1733	152 Häuser
1734	99 Häuser
1735	82 Häuser
1736	83 Häuser
1737	84 Häuser

1737 sollen 1 682 Häuser in diesem Stadtviertel gestanden haben. Von den Neubauten dieses Jahres wurden 35 von böhmischen Einwanderern und 11 von Hugenotten errichtet.

Abb. 40 »Die versteinerte
Kabinettsordre« — Darstellung
der Planungsabsicht
des Architekten, anonym,
um 1730

Abb. 41 a bis d Patent
König Friedrich Wilhelms I.
vom 29. Oktober 1732
mit der Aufzählung der
»Freyheiten« für Neusiedler
auf der Friedrichstadt

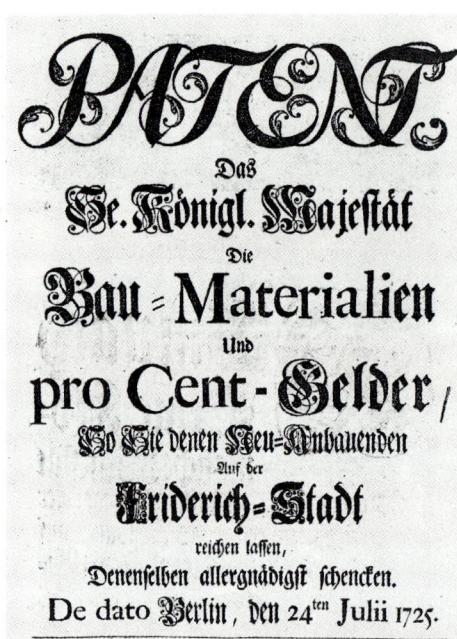

PATENT.

Das Se. Königl. Majestät Die

Bau = Materialien

Und

pro Cent = Gelder,

So Sie denen Neu=Anbauenden
Auf der

Friderich=Stadt

reichen lassen,
Denenselben allergnädigst schencken.
De dato Berlin, den 24ten Julii 1725.

BERLIN,
Gedruckt bey des Königlichen Preußischen Hoff=Buchdruckers
Gotthard Schlechtigers Wittwe.

WIr Friderich Wilhelm, von Gottes Gnaden, König in Preussen/ Marggraf zu Brandenburg/ des Heil. Römisch. Reichs Ertz=Cämmerer und Churfürst/ Souverainer Printz von Oranien/ Neufchatel und Vallangin, in Geldern/ zu Magdeburg/ Cleve/ Jülich/ Berge/ Stettin/ Pommern/ der Cassuben und Wenden/ zu Mecklenburg/ auch in Schlesien zu Crossen Hertzog/ Burggraf zu Nürnberg/ Fürst zu Halberstadt/ Minden/ Camin/ Wenden/ Schwerin/ Ratzeburg/ Ost=Friesland und Meurs/ Graf zu Hohenzollern/ Ruppin/ der Marck/ Ravensberg/ Hohenstein/ Tecklenburg/ Lingen/ Schwerin/ Bühren und Lehrdam/ Herr zu Ravenstein/ der Lande Rostock/ Stargard/ Lauenburg/ Bütow/ Arlay und Breda re. re. Thun kund und fügen hiermit zu wissen/ wie Wir allergnädigst resolviret/ die Friedrichstadt in hiesigen Residentzien noch mehr zu erweitern und anbauen zu lassen/ auch zum Nutzen
und

und Commodität der daselbst befindlichen Einwohner allerhand im gemeinen Leben nöthige Handwercker und Professions=Verwandte aus der Fremde dahin zu ziehen/ und zu Erreichung Unserer hierunter habenden Intention, allen denen/ so sich auf der Friedrichstadt anbauen und possessioniret machen wollen/ nachstehende Beneficia und Freyheiten würcklich angedeyen zu lassen:

1.) Freyes Bürger= und Meister=Recht.
2.) Fünffjährige Exemtion von Servis, Einquartierung und bürgerlichen Oneribus.
3.) Transport=Kosten von jeder Meile Acht Gr.
4.) Den Gesellen nach gefertigtem modernen Meister=Stück freyes Meister=Recht.
5.) Denen/ welche anbauen wollen/ auf eine Portion von 1½ Ruthe in der Fronte Dreyßig Wispel Kalck/ Acht Stück starck Bauholtz/ Fünf und viertzig Stück mittel Bauholtz/ Vier Land=Prahme Kalck=Steine/ und Acht und viertzig Thlr. 8. Gr. baares Geld.
6.) Sollen die Neuanbauenden ihre Häuser erb= und eigenthümlich besitzen/ und wollen Wir von diesen ihnen zu reichenden Douceurs und Bau=Materialien nicht das geringste zurück fordern/ sondern ihnen/ wann sie solche zum Bau würcklich anwenden/ die Häuser nach ihrem Gefallen zu verkauffen die Freyheit lassen; wie dann auch

7.) Einer

7.) Einer jeden anhero ziehenden Familie zu ihrem bessern Etablissement auf zwey Jahre/ jährlich Funfzehen Thlr. zur Haus=Miethe ausgezahlet werden sollen.

Wir haben also diese Unsere allergnädigste Willens=Meinung hiermit jedermänniglich bekannt machen wollen/ und haben sich diejenigen/ so anhero zu ziehen und auf der Friedrichstadt zu bauen willens sind/ bey der von Uns hierzu allergnädigst verordneten Commission zu melden/ und sich zu versichern/ daß ihnen alle hierin versprochene Douceurs und Freyheiten unfehlbar angedeyen/ und sie solche würcklich zu geniessen haben sollen.

Uhrkundlich haben Wir dieses Patent höchsteigenhändig unterschrieben/ und mit Unserm Königlichen Insiegel bedrucken lassen. So geschehen und gegeben zu Berlin/ den 29. Octobr. 1732.

Fr. Wilhelm.

F. W. v. Grumbkow. J. v. Görne. A. O. v. Viereck. F. W. v. Viebahn. F. W. v. Happe.

Dann verlangsamte sich das Tempo immer mehr, der Rigorismus des Königs — »Er hat Geld, Er kann bauen« — überzog das Konzept. 1740 standen fast 1 000 Wohnungen leer, wohl einmalig in der Geschichte Berlins. Nur mit der Stadterweiterung, dem Bauen allein, ließ sich das Ziel nicht erreichen. Die Menschen, die nach Berlin kamen, brauchten auch Arbeit und Gelegenheit zum Geldverdienen, sie brauchten Möglichkeiten zum Einkaufen, Schulen, Hospitäler und ein gesellschaftliches Zentrum. Alles dies bot die Friedrichstadt nicht in notwendigem oder gar ausreichendem Maße.

Folgen

Die Wohnhäuser der Friedrichstadt und damit auch die um den Gensd'armen-Markt errichtete man nach einheitlichem Konzept. Es ist darauf verwiesen worden, daß die Baubehörden die Grundrisse und Fassadenzeichnungen lieferten beziehungsweise prüften und so absolutistische Vorstellungen von der äußeren Gestaltung der Stadt und des Platzes durchsetzten. Ein hohes Maß an Einheitlichkeit im Äußeren, aber auch gemeinsame Prinzipien der inneren Aufteilung bekamen das Leben gestaltenden Charakter. Beides berührt eine für Berlin wesentliche Frage, die des »Zur-Miete-Wohnens«.

Bis weit in das 17. Jahrhundert besaß der Bürger sein Haus, in dem er wohnte, arbeitete und sein Vieh zur eigenen Versorgung hielt. Alle, die bei ihm in Brot standen, erhielten in diesem Haus »Kost und Logis«, das heißt, sie waren dort untergebracht und bekamen Schlafstelle und Platz am gemeinsamen Mittagstisch.

Die absolutistischen Stadterweiterungen veränderten — auch als Widerspiegelung tatsächlicher ökonomischer Gegebenheiten — diesen Zustand und griffen formend in ihn ein. Wollte man große und repräsentative Häuser haben, in denen möglichst viele Menschen unterzubringen waren, mußte man die Veränderung der Lebensprinzipien in Kauf nehmen. Überblickt man das Geschehen des 18. Jahrhunderts auf der Friedrichstadt, so zeigen sich deutlich drei Wellen des äußeren und inneren Häuserbaus, die sehr genau eine Entwicklung nachvollziehen. Auch wenn sich in der dritten eine Besonderheit für den Platz abzeichnete, fußte sie doch in erheblichem Maße auf vorhergehenden Entscheidungen.

Zunächst ist folgendes auffällig: 1725 wohnten 12 144 Menschen auf der Friedrichstadt, und zwar in 719 Häusern, das heißt, pro Haus entfielen etwa 17 Personen. So große Familien in der Dichte kann es nicht gegeben haben. Weiterhin wissen wir, daß 1724 8 496 Angehörige der Französischen Kolonie auf der Friedrichstadt lebten, von denen 169 Hausbesitzer waren. Auf einen von ihnen kamen also etwa 51 Angehörige der Kolonie. Auch wenn man davon ausgeht, daß die Familien größer waren als heute und daß ein nicht geringer Teil — insbesondere der Hugenotten — in mildtätigen Anstalten, Waisenhäusern etc. leben mußte, kann das nur eine partielle Erklärung sein. Es ist vielmehr davon auszugehen, daß in der Friedrichstadt das Gros der Häuser für mehrere Familien gebaut wurde, sie also Mietshäuser waren; so haben wir hier einen der Ansatzpunkte des »Zur-Miete-Wohnens« für Berlin als einer von vornherein geplanten Erscheinung zu suchen. Bereits 1710 waren drei Fünftel aller Bewohner Mieter.

Die Grundstücke besaßen anfänglich eine Breite von 30 bis 55 Rheinischen Fuß (ein Fuß = 31,385 cm). Wir müssen demnach von einer Frontlänge zwischen 9,40 m und 17,30 m ausgehen. Grundstücksbreiten von kaum 10 m waren am späteren Gensd'armen-Markt bis in das 20. Jahrhundert nachweisbar. Das Doppelgrundstück Mohrenstraße 29/30 von knapp 19 m Breite wurde 1797 auf Antrag des Tischlermeisters Koch zusammengeschrieben; in anderen Fällen wird dies schon eher geschehen sein.

Unternimmt man den Versuch, eine gewisse, natürlich grobe Systematik in den Häuserbau der Friedrichstadt und damit auch um den Gensd'armen-Markt zu bringen, so ergibt sich nach den Akten und den vorgelegten Plänen folgende — wenn auch vereinfachte — Gliederung:

1. Anfänglich wies man den Bauwilligen auf der Friedrichstadt kleine Grundstücke zu, die größtenteils eine ansehnliche Tiefe hatten. Der vorgelegte Ausschnitt aus dem Plan von 1738 zeigt in schematisierter Andeutung die Bebauungssituation der Friedrichstadt, und wir können beispielsweise im Bereich der Mittelstraße ebenerdige Häuser erkennen, die, auf unterschiedlicher Grundstücksbreite errichtet, jeweils eine zentral gelegene Durchfahrt besitzen. Offensichtlich haben wir hier den ersten Bautyp in der Friedrichstadt, von Nering entworfen, vor uns. Ebenso verhält es sich mit den Zweigeschossern, die etwa nach dem gleichen Schema entstanden. Nach älteren Fotografien des 19. Jahrhunderts kann man ihr Aussehen — trotz möglicher Veränderungen — rekonstruieren (Abbildungen 42, 43). Auf einem derartigen Foto erhebt sich neben der Weinstube von Lutter & Wegner ein kleines, niedriges Haus von fünf Achsen mit breitem Torweg. Anstelle der Läden hat man sich je ein oder zwei Fenster zu denken, um so einen Zeugen der ersten Wohnbebauung um 1700 zu gewinnen.

Abb. 42 Typisches Wohnhaus
der Zeit um 1740,
Französische Straße,
Ausschnitt aus einer Fotografie
von F. Albert Schwartz,
um 1880

101

Diese Häuser dienten ursprünglich einer Familie zugleich als Wohn- und Gewerbestätte. Das dahinter liegende Grundstück bot für die berufliche Tätigkeit genügend Raum, überdies wurde es gärtnerisch genutzt. Die Mehrzahl dieser Gebäude mag wohl nicht sehr solide gebaut gewesen sein, vermutlich erforderten die steigende Zahl der Bewohner und die Ausdehnung der Arbeitsräume auch sehr bald ihre Veränderung.

2. Nach der Erweiterung der Friedrichstadt in Richtung Süden und Westen erfolgte eine erste intensivere Nutzung der bereits nach 1688 bebauten Grundstücke. Hierzu legte entsprechend königlicher Anordnung Gerlach die Bauzeichnungen vor. Da in dieser Art sehr viel und sehr lange gebaut wurde, konnten genügend Beispiele aus den Akten ermittelt und auf alten Fotos gezeigt werden. Natürlich wurde die größere Zahl von Häusern nach den Bauzeichnungen auf der erweiterten Friedrichstadt erstellt, aber auch im nun älteren Teil erfolgten die Neubauten nach diesem Muster. Dabei mußte von veränderten Grundstücksgrenzen ausgegangen werden, da die Bauten wesentlich größer waren. Eine erste Welle von Besitzveränderungen ging damit einher. Vorgestellt werden drei Zeichnungen:

a) für »Christian Grüner, Bürger und Kleinuhrmacher«, der als Sohn eines Berliner Bürgers in der Mauerstraße 1732 neu baute (Abbildung 37);

b) für Kohlhausen, der als Eximierter das Berliner Bürgerrecht nicht zu erwerben brauchte, ebenfalls von 1732 (Abbildung 38), sowie

c) der Aufriß der Fassade für das Predigerwitwenhaus der Friedrichswerderschen Gemeinde aus dem Jahre 1772 (Abbildung 36).

Alle Häuser, unabhängig von ihrer Nutzung, zeigen mehrere gemeinsame Merkmale:

— sie haben sieben Fensterachsen mit Hauseingang oder Torweg;

— sie sind zweigeschossig;

— von vornherein sind sie für mehrere Familien, das heißt für die Vermietung an zweite, dritte und vierte durch den Hauseigentümer beziehungsweise zur mehrfachen Nutzung durch den Hauseigentümer ausgelegt.

Verweilen wir bei dem Haus des »Bürgers und Kleinuhrmachers Christian Grüner«. Es ist 54 Fuß — etwa 16,95 m — breit und 36 Fuß — etwa 11,30 m — tief. Die Grundfläche des Geschosses beträgt rund 191 m². Der Plan weist deutlich im Erdgeschoß zwei abgeschlossene Wohnungen aus, für das Stockwerk hat man von einer ähnlichen Einteilung auszugehen — also war das Haus von vornherein zur Vermietung vorgesehen. Neben dem Ei-

gentümer existieren folglich noch mindestens drei weitere Mietparteien. Für das Erdgeschoß maß — im Idealfall — die Wohnung für eine von ihnen, bei einer Einrichtung von Küche, zwei Stuben und einer Kammer, rund 22 mal 36 Fuß (etwa 80 m²) — eine ansehnliche Fläche für eine abgeschlossene Wohnung. Allerdings gilt es zu beachten, daß sie zugleich Gewerberaum war, daß in ihr auch die Soldaten logierten und daß sie — im Unterschied zu heute — nicht allein dem Wohnen an sich diente; dabei ist die Weitervermietung einzelner Räume noch nicht einmal berücksichtigt. Diese Struktur muß man im weiteren bedenken, denn es konnten unter diesen Bedingungen zwar Wohnbedürfnisse befriedigt werden, auf Grund der Mehrfachfunktion jedoch nur eingeschränkt.

Diese Charakterisierung bedeutete den Beginn einer grundlegenden Wandlung der Lebensgewohnheiten, fast eine Revolution im bisherigen Wohnen überhaupt: die Anfänge des »Zur-Miete-Wohnens« in Berlin (das es freilich in anderen großen Städten auch gab).

Nicht erst im 19. Jahrhundert unter veränderten kapitalistischen Bedingungen entstand der lange Zeit prägende Zusammenhang zwischen Vermieter und Mieter, sondern bereits unter den sich entwickelnden bürgerlichen Verhältnissen. Preußische Beamte förderten also nicht nur das Gewerbe, sondern als Nebenprodukt entstand das »Zur-Miete-Wohnen«, diktiert von den Bedürfnissen der Armee — Unterbringung der Soldaten — und absolutistischen Maßnahmen der Stadterweiterung. Preußische Maximen brachten dabei Eigenarten mit sich, die nahtlos in das obrigkeitsstaatliche Denken des 19. Jahrhunderts paßten: der Hausbesitzer — Staatsmacht en miniature.

Abgeschlossene Wohnungen — die »eigenen vier Wände«, wie man später sagte — waren entstanden und bildeten eine nicht zu unterschätzende Einnahmequelle der Hausbesitzer unter den neuen Einwohnern der Friedrichstadt. Der Vorteil separater Wohnungen war in den mittelalterlichen Quartieren Berlins und Cöllns, deren alte Bausubstanz sich nur schwerlich den neuen Bedingungen anpassen ließ, keineswegs geboten. In einer Eingabe ihrer Stadtverordneten vom 15. Dezember 1728 über die verschiedenen wirtschaftlichen Benachteiligungen gegenüber der Friedrichstadt hieß es daher: »Das großer Schaden für Berlin und Cölln durch Brauen und Branntwein-Brennen und den Wollarbeiter, von denen auch die Miethes-Nahrung, da selbst so starck sich befinden, daß solche, in Berlin und Cölln, mit der Friedrich-Stadt nicht zu vergleichen, entsteht.«[19] Sie beschwerten sich zwar deswegen und wegen anderer wirtschaftlicher Nachteile durch die Friedrichstadt, konnten sich dem aber nicht in den Weg stellen.

Das war die neue Form der Stadterweiterung, und die Könige, getrieben von den Wünschen nach höheren Akziseeinnahmen und nach der repräsentativen Ausgestaltung ihrer Residenz, förderten indirekt noch eine andere, moderne Entwicklung. Sie dehnten die Quartiere nicht mehr in die Umgebung aus, sondern — mittels der Mehrgeschossigkeit — in die Höhe. Damit folgten sie einem Zug der Zeit, beschreibt doch der Schweizer Ulrich Braeker in seinen heute sehr bekannten Erinnerungen über seine Soldatenzeit in Preußen, daß in Berlin die Häuser dreigeschossig »wie in den Reichsstädten« stehen.[20]

3. Diesem In-die-Höhe-Bauen war die königliche Bautaxe von 1755 verpflichtet. Der erwähnte Bedarf nach mehr Akziseeinnahmen und der Wunsch nach Repräsentation einer in der Breite nicht vorhandenen Wohlhabenheit ließen unter der einseitigen Förderung Friedrichs II. neue Wohnhäuser entstehen. Sie gingen im Durchschnitt von einer Breite von 48 Fuß — etwa 15 m — und einer Tiefe von 36 Fuß — etwa 11,30 m — aus und enthielten sechs Wohnungen. Die im Erdgeschoß besaßen eine Grundfläche von 20×36 Fuß — also etwa 6,30 m $\times$ 11,30 m. Die damit staatlich vorgegebene Wohnungsgröße von etwas mehr als 71 m^2 wurde Standard. Wir können Häuser dieser Art am Gensd'armen-Markt in der Mohrenstraße und in der Markgrafenstraße nachweisen. Das typische Bild der Fassade entstand durch fünf Fensterachsen und die Tür beziehungsweise Toreinfahrt. Ansichten derartiger Häuser sind in Aufnahmen des 19. Jahrhunderts, insbesondere des Hofphotographen F. Albert Schwartz, an den verschiedenen Stellen der Friedrichstadt nachweisbar.

Die Bautaxe brachte noch andere Entscheidungen. Sie entstand, um die Preise für das Bauen niedrig zu halten, das heißt, es sollte der mit Beginn der fünfziger Jahre einsetzenden Konjunktur bei der Errichtung von Häusern mit staatlichen Mitteln begegnet werden, um nicht eine Steigerung der Kosten folgen zu lassen. Alles hatte möglichst billig und nach den Preisen für die Arbeitskraft von vor zwanzig oder dreißig Jahren abgegolten zu werden. Bereits um 1730—1740 verlangte es einige Kunst von den Handwerkern, ihre Abrechnung nach diesen Festpreisen auszurichten. Da sie so nicht auf ihr Geld kamen, verwendeten sie billiges Material, schlechtes Holz und insbesondere die wohlfeilsten, also wenig dauerhaften Ziegelsteine.

Die Bautaxe von 1755 bestimmte normativ den Mindestverbrauch an Material für die vorgestellten Häuser, die Lohnkosten etc. Nach ihnen rechneten die Handwerker ab, und die Bauherren konnten überprüfen, ob Leistung und gefordertes Geld übereinstimmten. Trotz festgelegter Preise war die Errichtung eines Hauses in den vorgegebenen Größen ein Wagnis. Das »massive Gebäude«, also in Mauerwerk ausgeführt (Abbildung 44), kostete 5 984 Taler und das »höltzern Gebäude« 2 432 Taler (Abbildung 45).

Abb. 44 »Dessein von einen
Massiven Gebäude«,
Anlage 1 zur Bautaxe von 1755,
Stich von
Georg Friedrich Schmidt

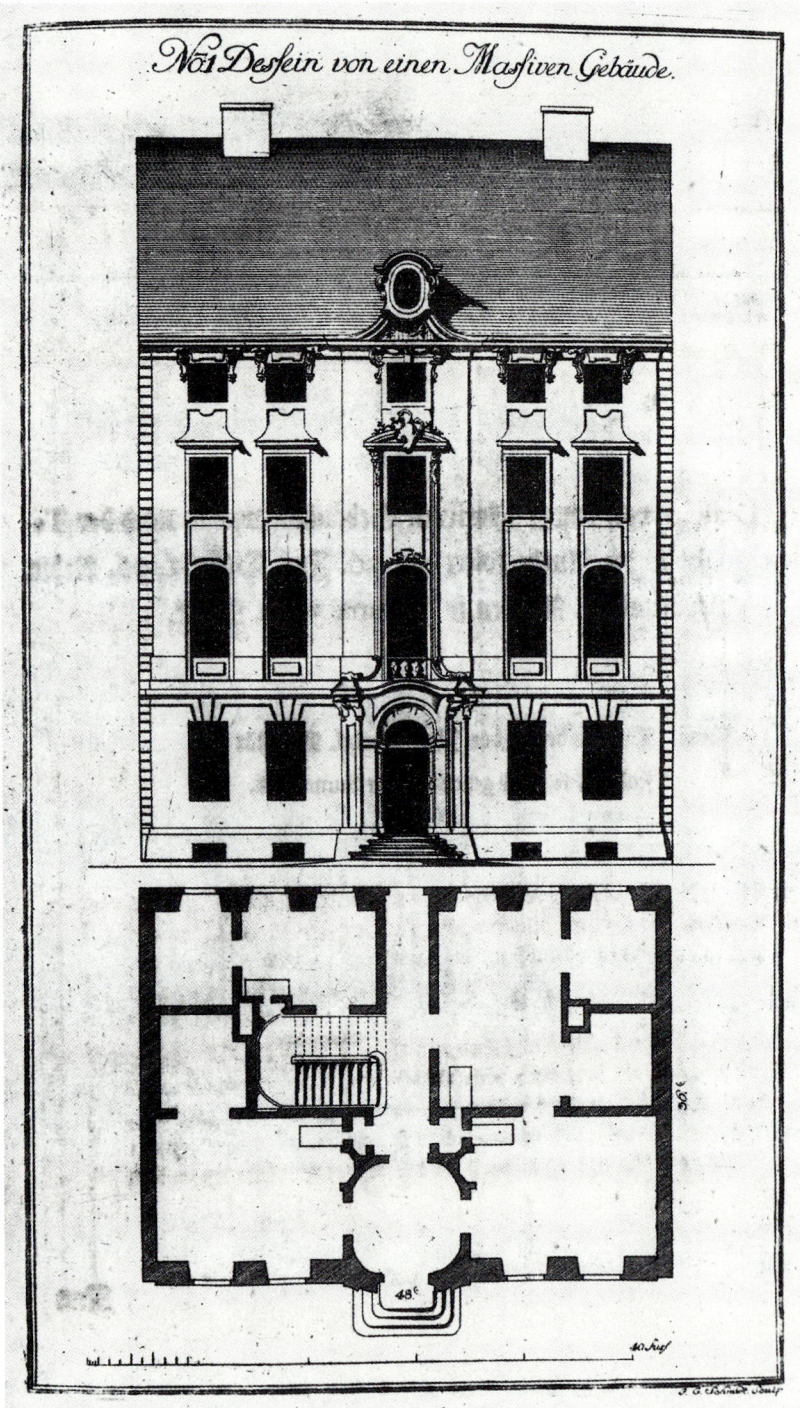

No: 2 Dessein von einen höltzern
Gebäude

Abb. 45 »Dessein von einen
höltzern Gebäude«,
Anlage 2 zur Bautaxe von 1755,
Stich von
Georg Friedrich Schmidt

Entsprechend diesem Schema und Grundtyp entstanden in der Folge viele Häuser der Friedrichstadt, am Gensd'armen-Markt vor allem in der Mohrenstraße, aber auch in der Markgrafenstraße.

Dieser dritten Bauwelle folgte mit den königlichen Immediatbauten ab 1770 eine vierte, die für den Platz und seine Gestaltung entscheidend wurde. Der Gedanke äußerer absolutistischer Machtentfaltung und architektonischen Gepränges steigerte die Entwicklungstendenzen. Es gab in Berlin nur wenige Bürger, die zu diesem Zeitpunkt über die notwendigen Geldmittel verfügten und bereit zu deren Einsatz waren, um den Schritt weiter vom vier- oder sechsparteiigen zum »Massen«-Wohnhaus zu gehen. Den Vermögenden schien das keine lohnende Anlage, und den Grundstücksbesitzern fehlte das Geld. Hier griff Friedrich II. ein. Er legte Grundstücke kraft königlicher Gewalt zusammen, entschädigte Mitbewerber und ließ neue Häuser auf Staatskosten errichten. Nicht etwa, um den Gedanken des Mietshauses an sich zu fördern, sondern vor allem, um damit den absolutistischen Vorstellungen von königlicher Machtrepräsentation zu entsprechen. Was dabei herauskam, war ein Massenmietswohnhaus, da niemand in der Lage war, Häuser dieser Größe allein zu bewohnen. Friedrich II. ließ von seinen besten Architekten an städtebaulich bevorzugten Orten Häuser errichten und schenkte sie den Vorbesitzern, allein um nach den drei Kriegen, die er geführt hatte, seine Macht und wirtschaftliche Potenz in der Art zu zeigen, daß jeder, der seine Residenz besuchte, an den wichtigen Stellen des inneren Verkehrs Leistungsfähigkeit auch in Architektur umgemünzt sah. Es waren ansehnliche Häuser, die so entstanden. Nicolai vermerkt für 1769—1773 die Zahl von 149 Mietshäusern mit vornehmer und schöner Fassade.

Hegemann hat diesen Zusammenhang bereits 1930 in seinem Werk »Das steinerne Berlin« aufgezeigt. In der Zustandsbeschreibung muß man ihm zustimmen, aber nicht in seinen Schlußfolgerungen. Da er jeden sozialen Zusammenhang negiert, ist ihm das »Zur-Miete-Wohnen« überhaupt suspekt. Doch der Umstand, daß man eine Wohnung mietet, macht keineswegs das Wesen des Problems aus. Dies lag und liegt angesichts des explosiven Bevölkerungswachstums in den Großstädten, der Entwicklung der Gesellschaft, nicht darin, ob, sondern nur von wem man seine Wohnung mietet. Es geht also um die Frage, ob hoher Profit Ziel des Wohnungsbaus ist oder ob einem gesellschaftlichen Bedürfnis mit sozial gerechten Maßnahmen entsprochen wird.

Der Friedrichstädtische Markt

Eine handgeschriebene Berliner Zeitung vom 17. April 1717 berichtete, daß eine königliche Order ergangen sei, nach der »keine Kirchhöfe mehr in der Stadt seyn und die Toten forthin außer der Stadt sollen begraben werden …«[1] Die Empörung darüber war groß, zumal der Bogen überspannt wurde, denn man riß die Toten — obwohl erst vor kurzem beerdigt — aus den Gräbern und warf sie »in ein großes Loch an der Kirchen« (gemeint ist die Petrikirche in Cölln).

Eine den Forderungen der Hygiene geschuldete Entscheidung, die scharfen Protest hervorrief und der zunächst keine weiteren Schritte folgten. Aber gerade diese Festlegung sollte fast ein Jahrzehnt später Bedeutung für die Gestaltung des Gensd'armen-Marktes bekommen.

Lange Zeit hören wir nichts von der wüsten Stelle, die Planungseuphorie vom Anfang des 18. Jahrhunderts hatte einen Torso hinterlassen, einen leeren Platz inmitten der Friedrichstadt, an dem zwei kleine Kirchen, von Friedhöfen umgeben, die Weite des unbebauten Geländes besonders kraß zutage treten ließen (Abbildung 46).

Eng mit der Geschichte des Platzes verbunden war das Régiment Gensd'armes, dessen Bezeichnung auf französische Vorbilder zurückging. Hommes d'armes oder Gens d'armes hießen die Adligen, die in der Leibgarde der Könige dienten. Karl VII. errichtete 1445 aus ihnen eine erste stehende militärische Truppe von 15 Kompanien zu je 100 gepanzerten Reitern. Diese bildeten bis zur Französischen Revolution die eigentliche schwere Reiterei. Sie hatten für den Schutz des Monarchen und für die Sicherung seiner Unterbringung zu sorgen, nahmen also spezielle Aufgaben wahr und stellten — wegen der Herkunft der Offiziere — unter den Soldaten eine auserwählte Truppe, eine Garde, dar.

Nach Brandenburg-Preußen kam die Idee der Aufstellung eines Régiment Gensd'armes mit den Hugenotten. Damit wird ein wenig behandelter Zu-

Das Régiment Gensd'armes

109

Abb. 46 Ausschnitt
aus einem Stadtplan von 1737

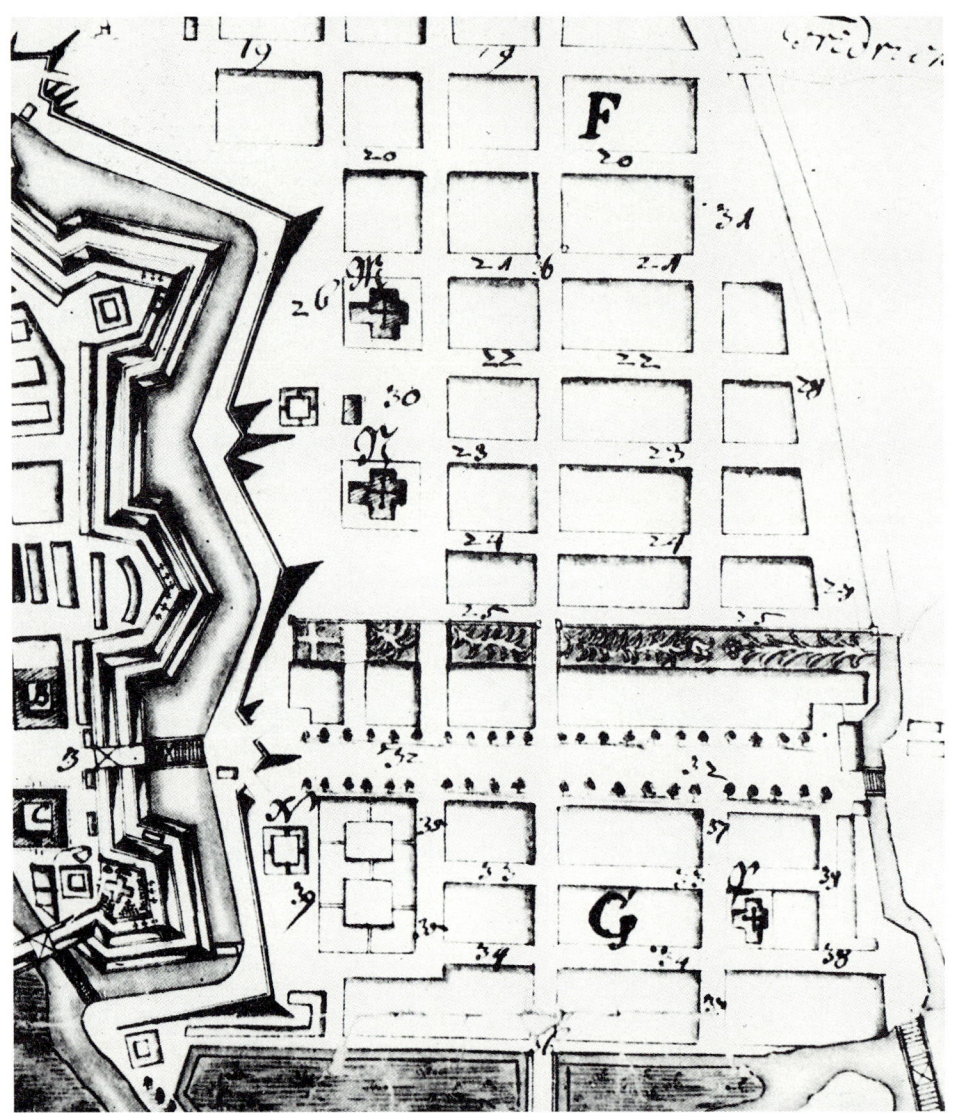

sammenhang zwischen dieser Emigration und dem preußischen Militär berührt. Im November 1687 formierte man aus den zahlreichen Offizieren und Adligen, die sich unter den Réfugiés (»Flüchtlinge«, so nannte man die Hugenotten) befanden, zwei Kompanien Grands Mousquetairs in einer Stärke von 220 Mann. Kommandeur der Truppe wurde der französische Marschall Friedrich Armand Graf Schönberg. Er lebte in Berlin und baute sein Haus auf der Straße Unter den Linden — heute, nach verschiedenen Umbauten zum Kronprinzenpalais, »Gästehaus Unter den Linden«. Als der Kaiser gegen den Dienstübertritt Schönbergs protestierte, da man in Wien befürchten mußte, daß die preußische Armee mit einem derartig talentierten Militär mehr Schlagkraft gewönne, wurde Schönberg 1688 nach England beurlaubt; er fiel in der Schlacht am Fluß Boyne in Irland am 10. Juli 1690.

Im August 1688 trat eine dritte oder »teutsche Kompagnie« Grands Mousquetairs mit 65 Soldaten zu der Truppe. Aus ihnen entstand am 10. Dezember 1691 die Eskadron Gensd'armes. Kommandeur der neuen Einheit wurde der spätere Feldmarschall Dubislav Gneomar von Natzmer. 1698 kamen die Gensd'armes nach Berlin in Garnison und bezogen Unterkunft im Marstallgebäude Unter den Linden, auf dem Gelände der heutigen Staatsbibliothek. Als dieses Gebäude zum Teil der Preußischen Akademie der Wissenschaften zugesprochen worden war, mußten die Gensd'armes nach vielen Auseinandersetzungen widerwillig weichen.

Man wies ihnen einen neuen Platz zu: auf dem aus militärischen Gründen nicht zur Bebauung freigegebenen Gelände zwischen Jägerstraße und Taubenstraße. Das Regiment ist also sehr früh als Faktor in den Gestaltungsüberlegungen an diesem Ort nachweisbar und bestimmte durch seinen Dienstbetrieb das Gesicht des Platzes.

Die Gensd'armes hielten sich zunächst kaum in Berlin auf. 1693 ist ihre Stärke mit 136 Offizieren und Soldaten angegeben, 1695 standen sie in holländischen Diensten. 1709 vermietete der König die Truppe wiederum, sie stand in Flandern mit einer Stärke zwischen 100 und 120 Mann. Es ist anzunehmen, daß die Gensd'armes etwa ab 1710 ihr Quartier an dem Platz fanden, der später im Volksmund ihren Namen trug.

Die Offiziere nahmen Wohnung in der Friedrichstadt, die Soldaten kamen in Bürgerlogis, für die Pferde und für ihre umfangreiche Montur war möglicherweise ab 1708/09 ein mittelgroßer Stall in primitiver Bauweise hochgezogen worden. Er ist auf vielen Darstellungen der Stadt aus diesen Jahren auszumachen, ohne daß er in den Bildlegenden einen besonderen Hinweis erhält: ebenerdig die Stallungen, im Obergeschoß Lagerraum für Stroh, Heu und Sonstiges sowie die Kammer (Abbildungen 47—49).

Mit dem Regierungsantritt Friedrich Wilhelms I. wurden die Gensd'armes zu einem Regiment, das 1727 eine Stärke von 690, 1731 von 774 und 1739 von 790 Mann, davon 660 Reiter, besaß. Zur Unterbringung reichten die vorhandenen Anlagen nicht aus.

Abb. 47 Ansicht des
Gensd'armen-Stalls und der
Kirchen um 1730,
Ausschnitt aus dem Stich von
Johann Christoph Haffner

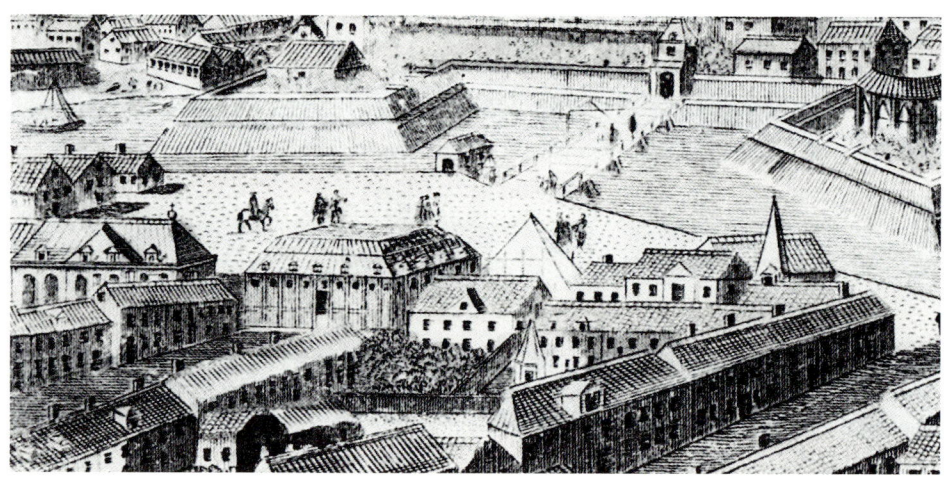

Abb. 48 Ansicht des
Gensd'armen-Stalls und der
Kirchen um 1730,
anonym,
Ausschnitt aus einem Stich,
verlegt bei Jacques Chereau,
Paris

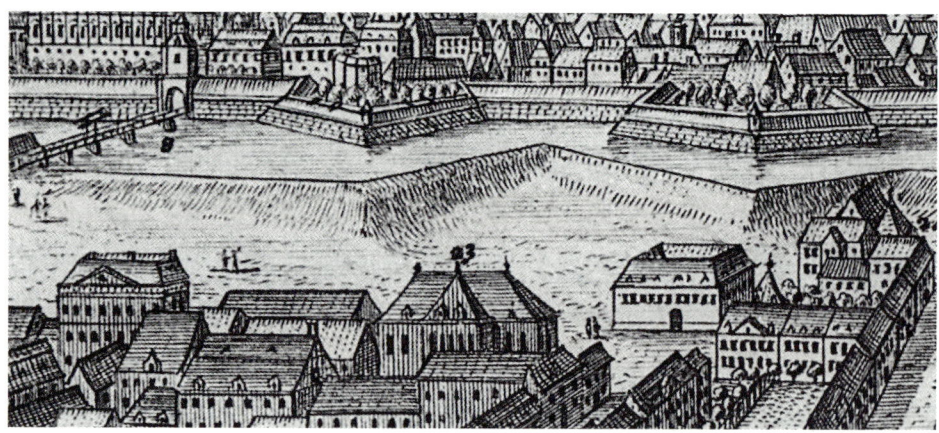

Abb. 49 Ansicht des
Gensd'armen-Stalls und der
Kirchen um 1730,
Ausschnitt
aus dem Kupferstich
von
Johann Christian Leopold
nach einer Zeichnung von
Friedrich Bernhard Werner

Der Herbst 1727 brachte Bewegung in die Entwicklung. Die Erweiterung der Friedrichstadt nach 1721 schlug sich in besonderer Weise nieder. Am 31. Oktober 1725 schrieb der Magistrat im Auftrag der Friedrichswerderschen Gemeinde an den König: »... dem Herrn Bau Director Gerlachen ist dahero so befohlen worden, einen Platz auf der Friedrich Stadt ausfindig zu machen welcher uns zum Kirch-Hoffe angewiesen werden könnte, es hat sich aber eine Stelle, als diejenige gefunden, welche zwischen der Teutschen und Französischen Kirche gelegen ...« Aus dem Kontext ergibt sich, daß die Friedrichswerdersche Gemeinde einen neuen Friedhof benötigte und auf diesen freien Platz spekulierte, da er in der Nähe ihrer Kirche lag. In dem Magistratsschreiben war eine Zustandsschilderung des Platzes sowie seiner Besitzverhältnisse enthalten. Daraus geht hervor, daß er sich im Ergebnis eines im Jahre 1700 vollzogenen Bodentausches in Privathand befand. Die »Huff- und Waffenschmiedin« Elisabeth Juelerin, Witwe Korbin, die zur Französischen Kolonie gehörte, wurde genannt. »Ob nun wohl«, heißt es weiter, »diese Frau die angezeigte Stelle welche bloß in einem puren weitläufigen Sandgelände besteht nicht gebrauchen kann, viel weniger im Stande ist, solche zu bebauen, auch dieselbe über 30 Jahre wußte unbrauchbar und unbebaut liegen lassen, so will sie doch itzo ... 500 Rhtlr. dafür prätendiert« haben.[2]

Daraus entwickelte sich ein lebhafter Schriftverkehr über das weitere Schicksal des Platzes. Am 29. November wies der König an: »Wir befehlen nun hiermit in Gnaden, gedachter Witwe Korbin zu disponieren daß sie die Stelle questionis gegen 500 Rhtlr. abtrete ...« Wenn sie dazu nicht bereit wäre, so solle man ihr für »die wüste Stelle« durchaus mehr bieten.[3] Im Dezember meldeten ein Beauftragter Gerlachs und auch der Magistrat, daß die Frau nicht bereit war, diesen Preis zu akzeptieren. Der Beamte der »Bau-Direction« schrieb, daß sie »diese Stelle zum Kirch-Hoffe nicht anders, als gegen 800 Rhtlr. überlassen. Wenn dann aber bekannt wird, daß auf solchen Fällen da das Publiciert ... [daß die Friedrichstadt weiter bebaut wird — d. Vf.], ... ein besserer Nutzen befördert wird.« Weniger umständlich: Die Witwe spekulierte mit dem Boden. Jahrelang hatte er brachgelegen, und nun kamen die Interessenten, doch die Besitzerin hoffte auf einen noch höheren Preis, falls die Friedrichstadt weiter bebaut werden würde. Die Vertreter des Magistrats meldeten, daß die Witwe Korbin »sich erklärt, daß sie 700 überhaupt oder für jede Quadrat Ruthe 1 Rhtlr. verlange. Worauff dieselben

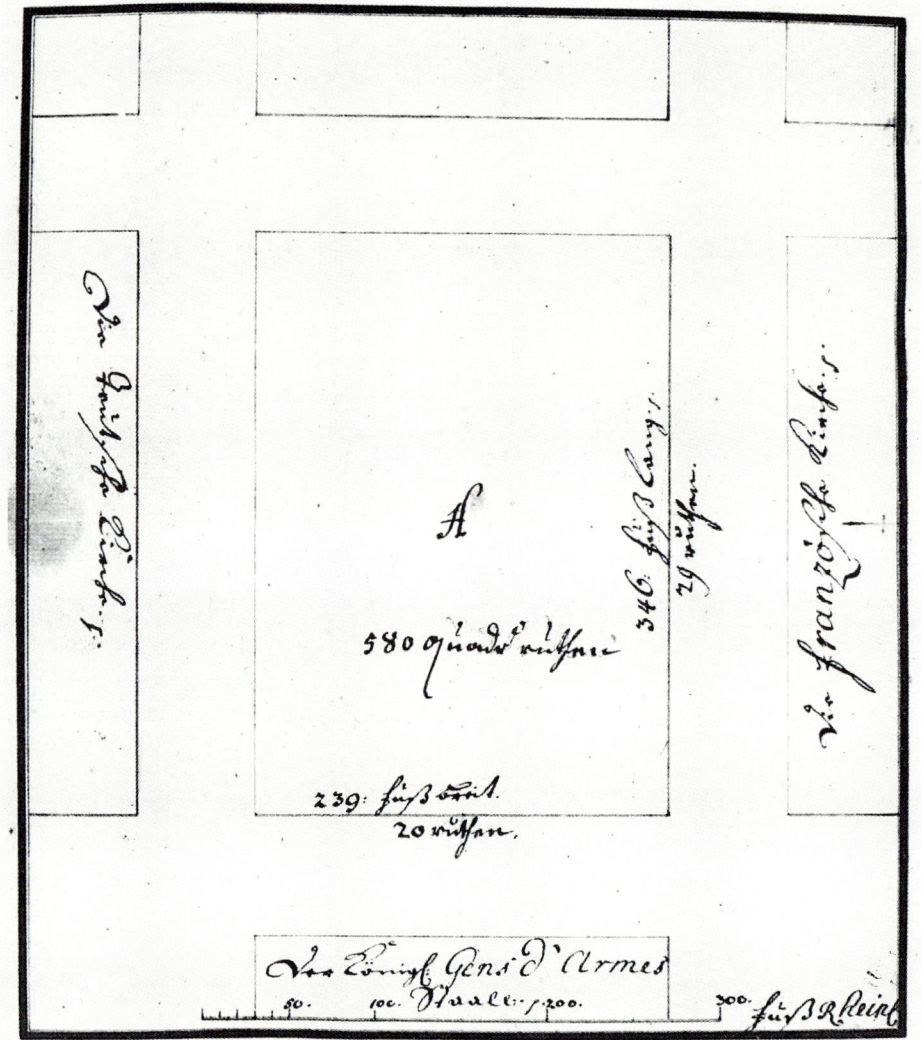

600 Rhtlr. aber auch von ihr nicht angenommen werden.«[4] Der Magistrat machte jedoch bald Bedenken gegen die Anlage eines Friedhofs geltend und lenkte die Aufmerksamkeit darauf, daß diese Stelle wegen der »davor gelegenen Gensd'armen Stalles und Magazins nicht ohne Gefahr bebaut werden kann« (Abbildung 50).

Am 19. Februar 1726 wenden sich die Deutsche und die Französische Gemeinde in separaten — doch inhaltlich gleichen — Schreiben mit ihrem Protest gegen die Anlage des Friedhofs an den König. Da sie die Mentalität

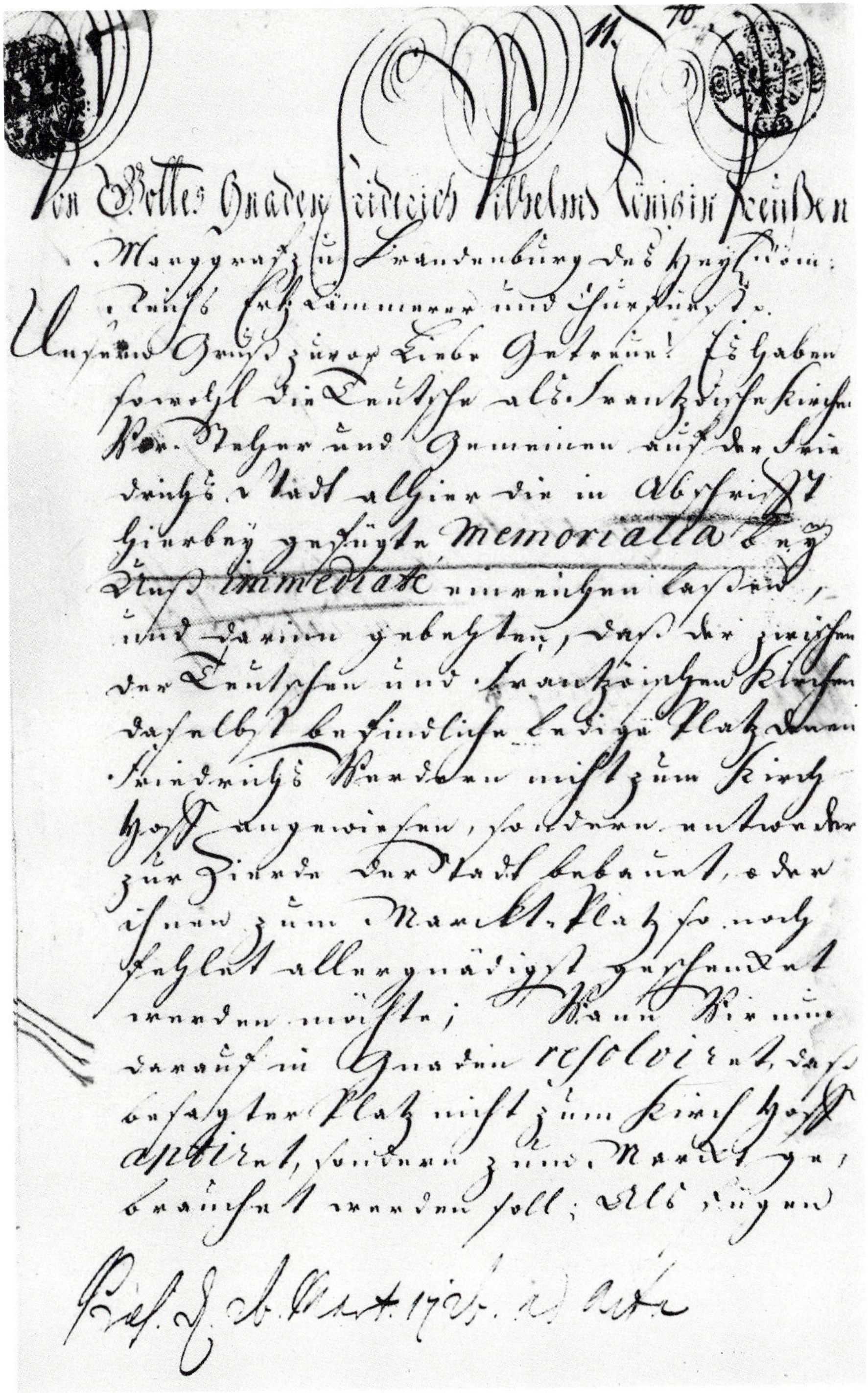

Abb. 51 Königliches Rescript
vom 14. März 1726 (erste Seite),
das verbietet,
daß der Platz Friedhof wird

Friedrich Wilhelms I. kannten, betonten sie zunächst den militärischen Gesichtspunkt, daß nämlich bei einer Bebauung »die Reiter nicht mehr aus den Kasernen kommen«. Danach folgten moralische Argumente, daß, »wenn 3 große Kirch-Höffe in gerader Linie in benanndten Straßen gleich im Anfang der Stadt sollten liegen; ja dies sehr schädlich und gefahrvoll seyn würde, indem selbige in Finstern … dem liederlichen Gesindel Gelegenheit geben, ihre Schandt-Tadten darauf auszuüben …« Und erst dann kommt man zur Sache: »… bedarf unsere durch Gottes Segen und Ew. Königl. Majestät hohe Gnade … so erbaute Stadt einen Marckt-Platz«. Da dies eine zu knappe Beantragung war, verweisen beide Gemeinden — hier wird aus dem Schreiben der Deutschen zitiert — darauf, daß »der Platz gleich bey dem Anfang derselben [der Friedrichstadt — d. Vf.] destiniret worden; denn da man bereits denselben zum Kirch-Platz hatte eingehegt, so ist darauf allergnädigst von dem hochseligen König beliebet worden, daß der Platz zum Marckt bleiben, und die Kirche auf dem Quarthir wo sie itzo stehet, sollte erbaut werden, weil jener die beste communication mit dem Neuen und Leipziger Thor hat …«[5]

Damit der König nun nicht ungehalten über die Ungehörigkeit werde, unterschreiben sie mit »Ewer Königl. Majestät allerunterthänigste Knechte und Unterthanen auf der Friedrichstadt«. Wir erfahren aus diesem Protest nur eine Bestätigung der bereits dargelegten Bestimmung des Platzes. Da die Kirchenvorsteher offensichtlich ihre Akten zu Hilfe genommen hatten, mußte der König dies ebenfalls tun. Bereits am 14. März 1726 wies er den Magistrat an: »Wann Wir nun darauf in Gnaden resolviret, daß besagter Platz nicht zum Kirch Hoff aptiret, sondern zum Marckt gebrauchet werden soll; Als fügen Wir solchen kündlich in Gnaden zu wissen und habt ihr hierunter ferner das nöthige zu verfügen« (Abbildung 51). Das Schreiben wiederholt inhaltlich eine Formel des kurfürstlichen Rescripts vom 27. April 1700, daß der Platz »entweder zur Zierde der Stadt bebauet oder … zum Marckt-Platz so noch fehlet« Verwendung finden soll.[6] Damit war der Gedanke vom Anfang des Jahrhunderts wieder aufgenommen.

Von nun an bleiben der Platz und seine Gestaltung für längere Zeit Gegenstand von Überlegungen. Zunächst war der Magistrat gehalten, ein Projekt für die Anlage eines Marktes vorzulegen und Vorschläge zu machen, wie die Marktordnung der Residenz zu verändern wäre. Die Projektzeichnung dafür hat sich ermitteln lassen und müßte in der Zeit zwischen dem

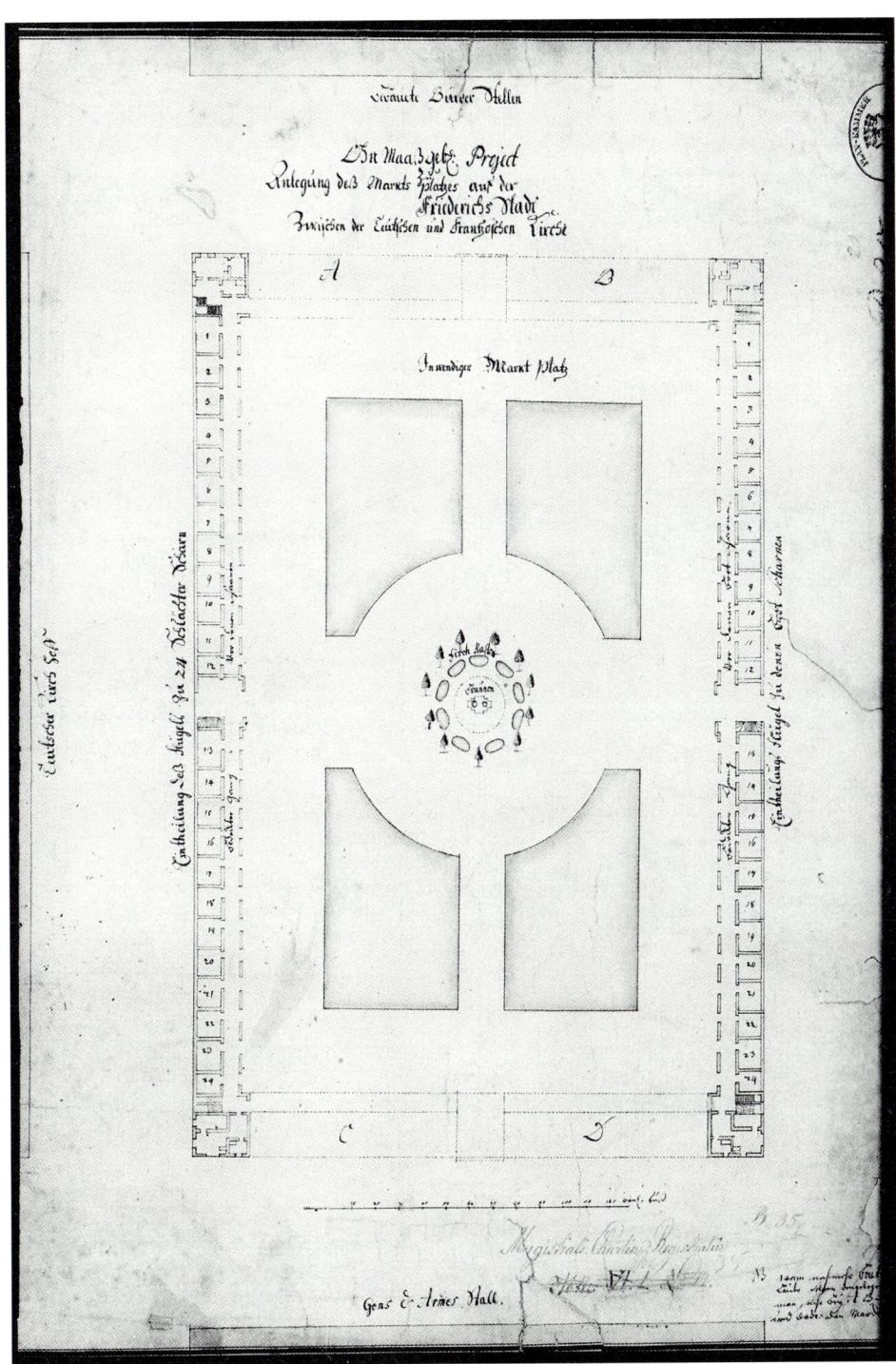

Abb. 52 Projektzeichnung
für die Anlage eines Marktes
zwischen der Deutschen
und der Französischen Kirche,
etwa 1727

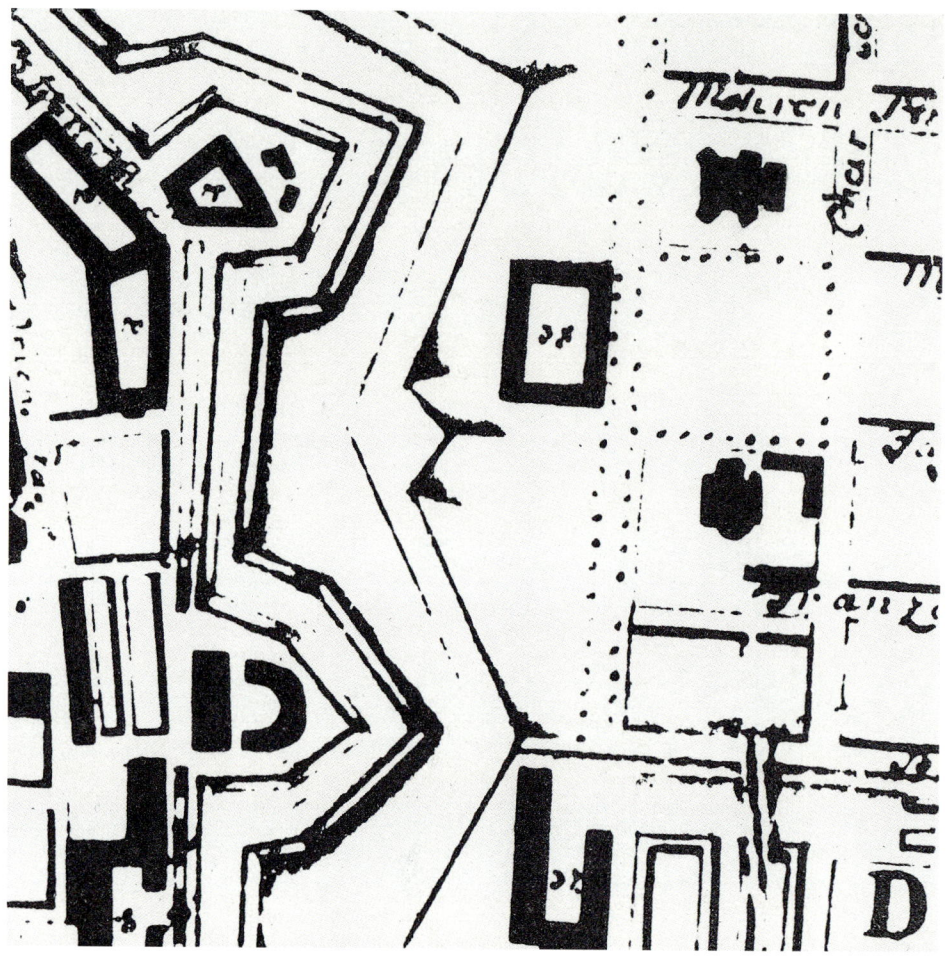

Abb. 53 Ausschnitt aus einem
Stadtplan von 1723 (Abb. 9)
mit dem Marktplatz
(38 — Gensd'armen-Stall)

März 1726 und der Eröffnung des Marktes am 1. Januar 1729 vorgelegt
worden sein. Mit großer Wahrscheinlichkeit ist sie auf das Jahr 1727 zu da-
tieren (Abbildung 52). Das Projekt verzeichnet gegenüber dem geplanten
Markt in der Jägerstraße noch die Gensd'armes-Ställe (Abbildung 53); es
wirft ein anderes Licht auf die Geschichte des Platzes, als bisher dargestellt.
Hier beginnt sich eine erste Gestaltung und städtebauliche Ordnung des gesamten Geländes abzuzeichnen. Links und rechts inmitten der Freifläche
zwischen den beiden Kirchhöfen sollen jeweils zweimal 12 Scharren, also
Verkaufsstände, für Schlächter und Bäcker entstehen. Es handelte sich dabei
um feste und offensichtlich gemauerte Stände, deren nicht sehr tiefe Fundamente zum Teil bei Wiederaufbaumaßnahmen 1982 beobachtet werden

konnten. Mit den Buchstaben A, B, C und D könnten Verkaufsstände be-
zeichnet worden sein, die keine feste Installation beanspruchten — etwa für
Gemüse und anderes. Dazwischen sind eine gärtnerische Gestaltung durch
Rabatten und neun Bottiche als Verkaufsstände für frische Fische ausgewiesen. Als Krönung ist für die Mitte des Platzes ein Brunnen vorgeschlagen.
Das entsprach einem damals entstandenen Gedanken, auf Märkten Brunnen aufzustellen, um für Reinlichkeit und Sauberkeit der Stadt zu sorgen.
Die Verwirklichung der Brunnenprojekte für die gesamte Stadt sollte
100 000 Taler kosten. Ob der Plan so im Ganzen zur Ausführung kam, läßt
sich gegenwärtig nicht feststellen. Die Lebensqualität für die Bewohner der
Friedrichstadt verbesserte sich mit dem Markt, er war ein wichtiger Anreiz
zur Umsatz- und Akzisesteigerung, aber zugleich für die Ansiedlung weiterer Bürger.

Hinweise auf Baulichkeiten, die nach diesem Plan ausgeführt werden
konnten, bleiben gering. Der Plan von 1738 verzeichnet im Zuge der Jäger-
und der Taubenstraße etwa über die halbe Länge gehende Scharren sowie
ein quergestelltes Scharrengebäude im Verlauf der Markgrafenstraße. Nach
der Charlottenstraße blieb der Platz offen. Er konnte so auch als Paradeplatz
und Sammelraum für das Régiment Gensd'armes genutzt werden. Von der
Ausführung eines Brunnens sind keine Nachrichten überliefert. Nicolai no-
tiert für das Jahr 1735: »Der König war auch willens, die Friedrichstadt mit
Springbrunnen zu versehen. Er ließ 1735 von Dietrichs verschiedene Zeichnungen machen, genehmigte dieselben und befahl, die zur Ausführung nöthigen Anschläge zu machen. Da diese sich aber über 100 000 Taler beliefen, so wollte sie keiner der damaligen Minister dem König geben. So geriet
dieses gemeinnützige Vorhaben ins Vergessen.«[7] Die Kosten waren zu hoch,
und so ist anzunehmen, daß auch der Vorschlag eines Brunnens auf dem
Marktplatz ohne Ergebnis blieb.

Am 1. Januar 1729 wurde der neue Markt eröffnet. Es war ein Wochen-
markt, auf dem am Mittwoch und Sonnabend die Bewohner ihre Einkäufe
erledigen konnten. Zugleich befahl der König die Verlegung von »Jahres-
märkten«. Dagegen protestierten die Stadtverordneten von Berlin und Cölln
in der erwähnten Eingabe vom 15. Dezember 1728. Wegen verminderter
Einnahmen hätten sie erheblichen Schaden, müßten aber die gleichen Kosten wie vorher tragen und büßten obendrein nun auch noch die Marktge-
bühren ein.[8]

Die Einrichtung des Marktes, dem zunächst offiziell kein Name verliehen wurde, der im allgemeinen Sprachgebrauch und auf Plänen aber der »Neue Markt«, »Mittel-Markt« — nach der Mittelstraße — und schließlich »Friedrichstädtischer Lindenmarkt« hieß, zog weitere Schritte nach sich. Die Festung des 17. Jahrhunderts verlor von Jahr zu Jahr mehr an Bedeutung. Die Stadterweiterungen hatten das Gemeinwesen enorm vergrößert, immer näher rückten die Häuser der Vorstädte an die Fortifikationen heran. Auch als Sicherung gegen das Entweichen der gepreßten Soldaten bot die Anlage keine Gewähr mehr; die Regimenter standen nur noch zum Teil innerhalb der Festungswälle. Von 1734 bis 1736 ließ Friedrich Wilhelm I. um die ganze Stadt einschließlich der Vorstädte, um sie vom Lande abzugrenzen und die Desertion der Soldaten zu verhindern, eine Circumvalloationslinie, eine Mauer, ziehen. Damit im Zusammenhang gab man die Festung auf. Nun konnte in Anlehnung an das fünfunddreißig Jahre zurückliegende Projekt in Verlängerung der geplanten Achse der Platz an die Stadt angebunden werden.

Sosehr der folgende Schritt den Schluß nahelegen könnte, daß man derartigen Gedanken nachging — der Verlauf der Überlegungen war ein anderer und wurde nur partiell von diesem alten Konzept getragen. Allerdings konnte man die bereits geschaffenen Tatsachen nicht mehr beseitigen, so daß der Torso nicht ausgeführter Ideen zu einer zentralen Achse bis in die Gegenwart besteht. Man hatte nämlich um 1700 innerhalb der Festung bis auf die Begrenzung der Wälle zu die Jägerstraße ab der Oberwallstraße so angelegt, daß sie nicht in das rechtwinklige Straßennetz der Friedrichstadt paßte — sie verlief schräg nach Südwesten. Verlängert man heute diese Linie, stößt sie genau auf das Zentrum des Platzes, in die Mitte des Schauspielhauses. Hierin ist ein Relikt der ursprünglichen Planung zu vermuten. Jeder kann diesen Gedanken auf den vorgelegten historischen Plänen, aber auch auf gegenwärtigen, nachvollziehen. Beim Durchbruch der Wälle gab man diese Idee auf, konnte aber die Bebauungssituation nicht ändern, da die Grundstücke auf diesem Teil der Straße in ihren Grenzen nach dem alten Konzept abgesteckt waren.

Am Beginn weiterer Veränderungen stand das Régiment Gensd'armes, ein anderer Ausgangspunkt. Seine Stärke wuchs von 98 Mann im Jahre 1712 auf 774 Mann im Jahre 1731; eine nochmalige Vergrößerung war in Aussicht genommen. Das Stallgebäude reichte dafür nicht aus, es war auch alt

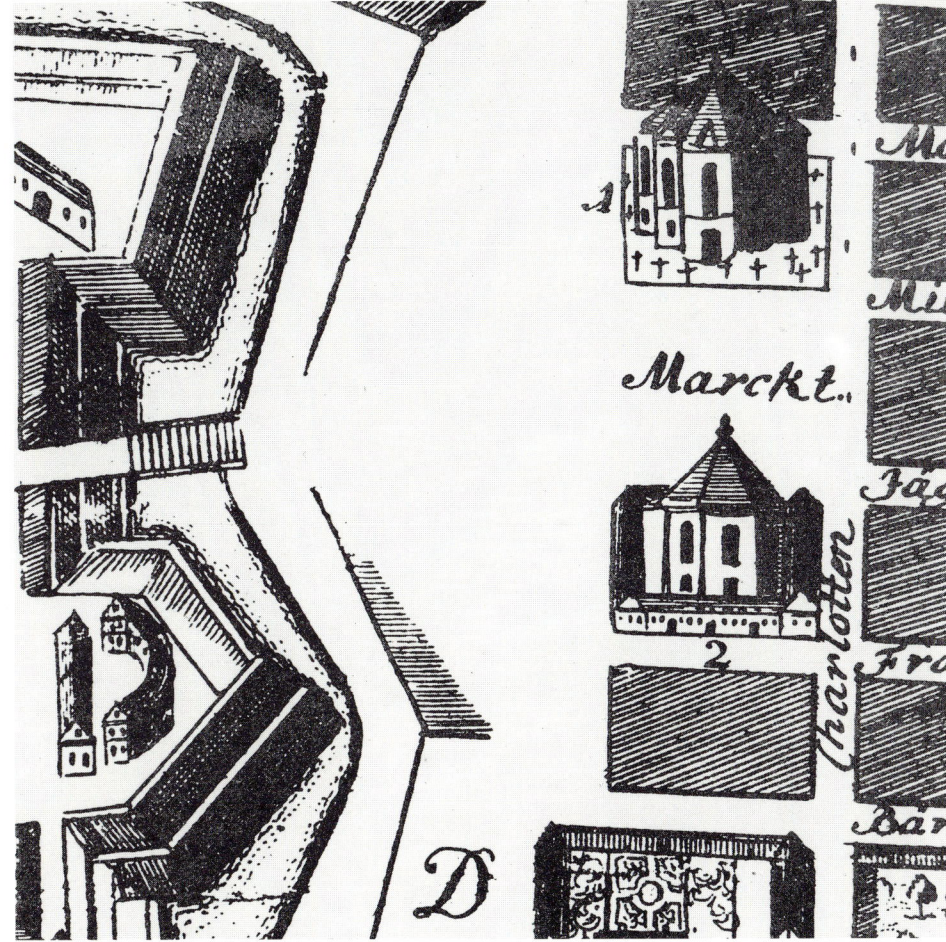

Abb. 54 Situation
am Marktplatz nach dem
Durchbruch
der Festungswälle, Ausschnitt
aus einem Stadtplan (Abb. 11)
von 1737

und baufällig. Wenn dieser Bau verschwand, konnte, ausgehend von der Stelle, wo zuvor die Wälle endeten, eine Verbindung zum Markt geschaffen werden. Hier konnte man die Straße neu abstecken, und so knickt sie bis in die Gegenwart genau an der Stelle ab, wo einst die Befestigung endete, und nimmt das rechtwinklige Schema der Friedrichstadt an der Markgrafenstraße auf.

1735 fielen die Festungswälle — der direkte Zugang zum Markt war geschaffen (Abbildung 54). Daraus folgte eine Veränderung der innerstädtischen Verkehrsbeziehungen. Der Ausgang nach Westen vom Schloß aus vollzog sich nun über die Jägerbrücke, die Jägerstraße, am Markt nach links in die Markgrafenstraße einbiegend und ihr bis zur Lindenstraße folgend;

121

von da ging es dann über das Rondell in die Teltower Landstraße. Eine verunglückte Lösung im Vergleich zum ursprünglichen Plan, aber der Platz rückte enger an das Zentrum Berlins.

Der für die Jägerstraße charakteristische Knick schuf innerhalb der Straße eine neue Sichtbeziehung, deren Höhepunkt die Ecke zum Platz bildete, die deshalb einen besonders repräsentativen Bau erhielt, der seine Schauseite nicht zum Markt, sondern zur Jägerstraße richtete. Das entsprang der inneren Logik der angedeuteten Verkehrsbeziehungen.

Der Architekt, der mit der Fertigstellung des Entwurfs und der Bauausführung betraut wurde, war Konrad Wiesend. Er hatte am Entwurf zur Kirche in Buch mitgearbeitet, hielt sich aber nur kurz in Berlin auf. Als Bauinspektor der Kriegs- und Domänenkammer beeinflußte er spürbar die Arbeiten des Architekten Friedrich Wilhelm Ditrichs, dessen Palais auf der Friedrichstadt ebenso wie das Ephraimsche Palais am Mühlendamm zu den schönsten Barockbauten Berlins zählt. Im Gegensatz zu dem erwähnten Gerlach, dessen Bauten für eine strenge Auffassung standen, die holländischfranzösische Einflüsse einerseits und das Erbe Schlüters andererseits verarbeitete, zeigten sich in den Arbeiten Wiesends starke süddeutsche Einflüsse. So auch bei diesem Bau an der Jägerstraße (Abbildungen 55—62).

Von ihm konnte eine sehr frühe Zeichnung, möglicherweise sogar die Entwurfszeichnung, in einer Kopie ermittelt werden, die die prächtige An-

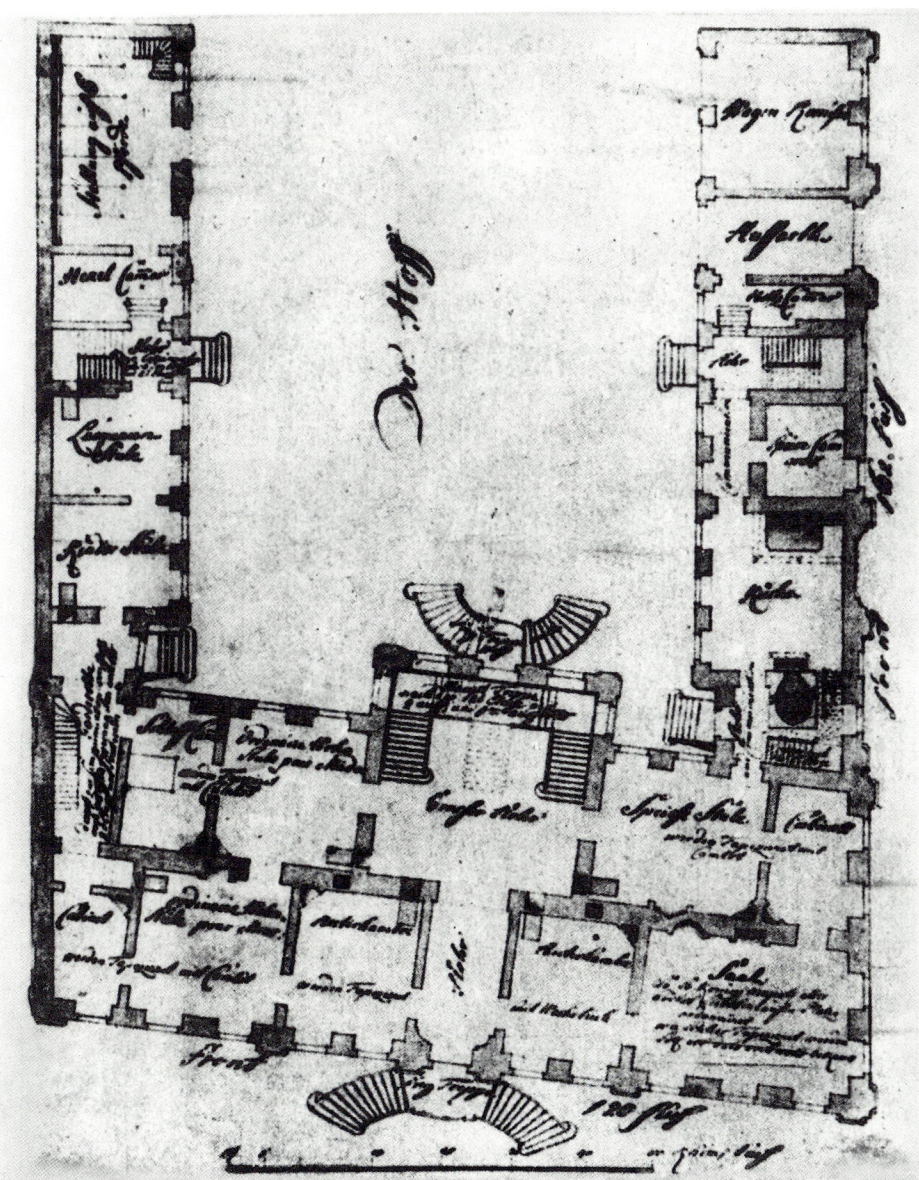

Abb. 56 Erdgeschoß-Grundriß des Domestikenhauses mit eingetragener Nutzung, um 1735

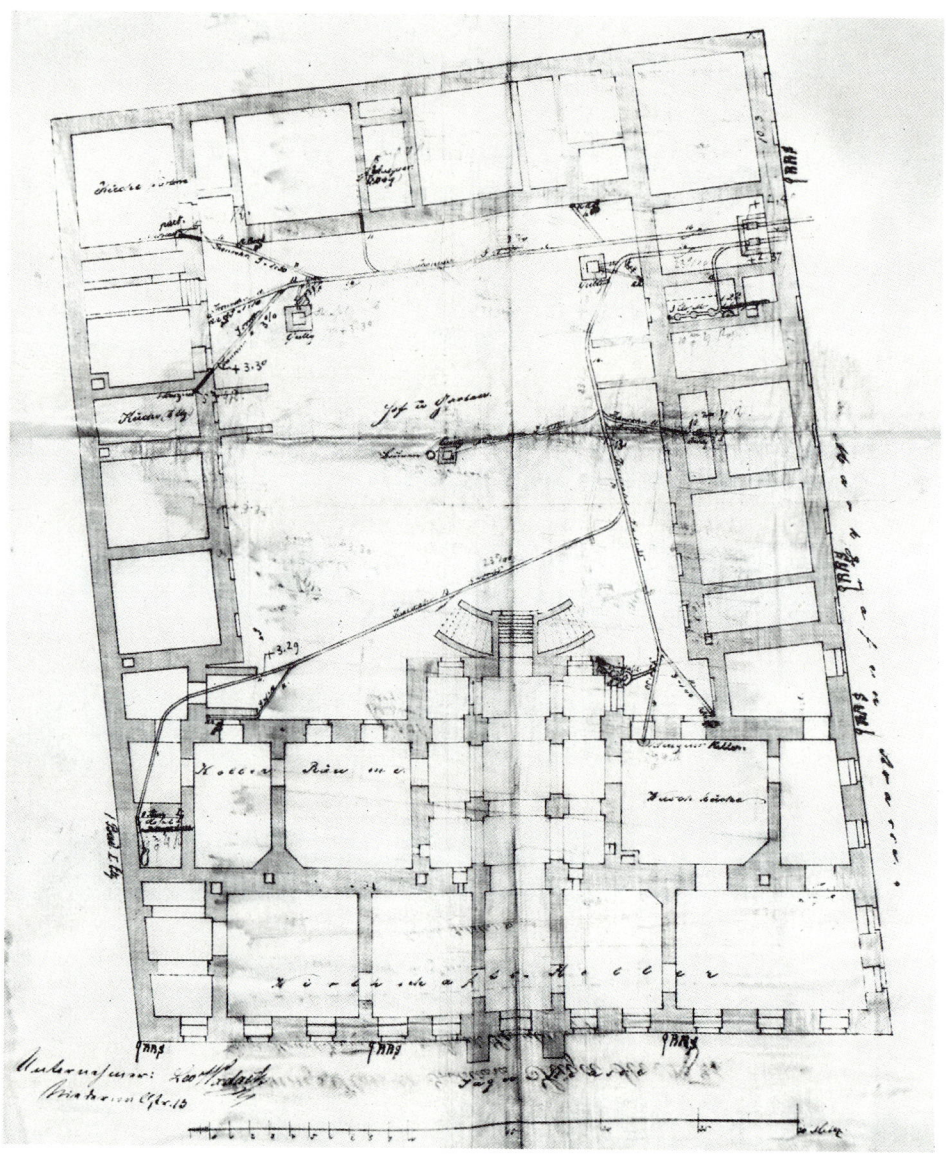

sicht zeigt. Deutlich sind an diesem elfachsigen Kopfbau, der fast den Charakter eines kleinen Schloßgebäudes besitzt, die Leichtigkeit und der Schwung der Linien zu erkennen. Der Mittelteil war mit zweiläufiger geschwungener Freitreppe, plastischen Fensterbekrönungen und Attika besonders reich geschmückt. Die letztere trug vier Figuren und zwei Vasen und gab so der Fassade einen vertikalen Zug, der ihr Leichtigkeit verlieh. Das

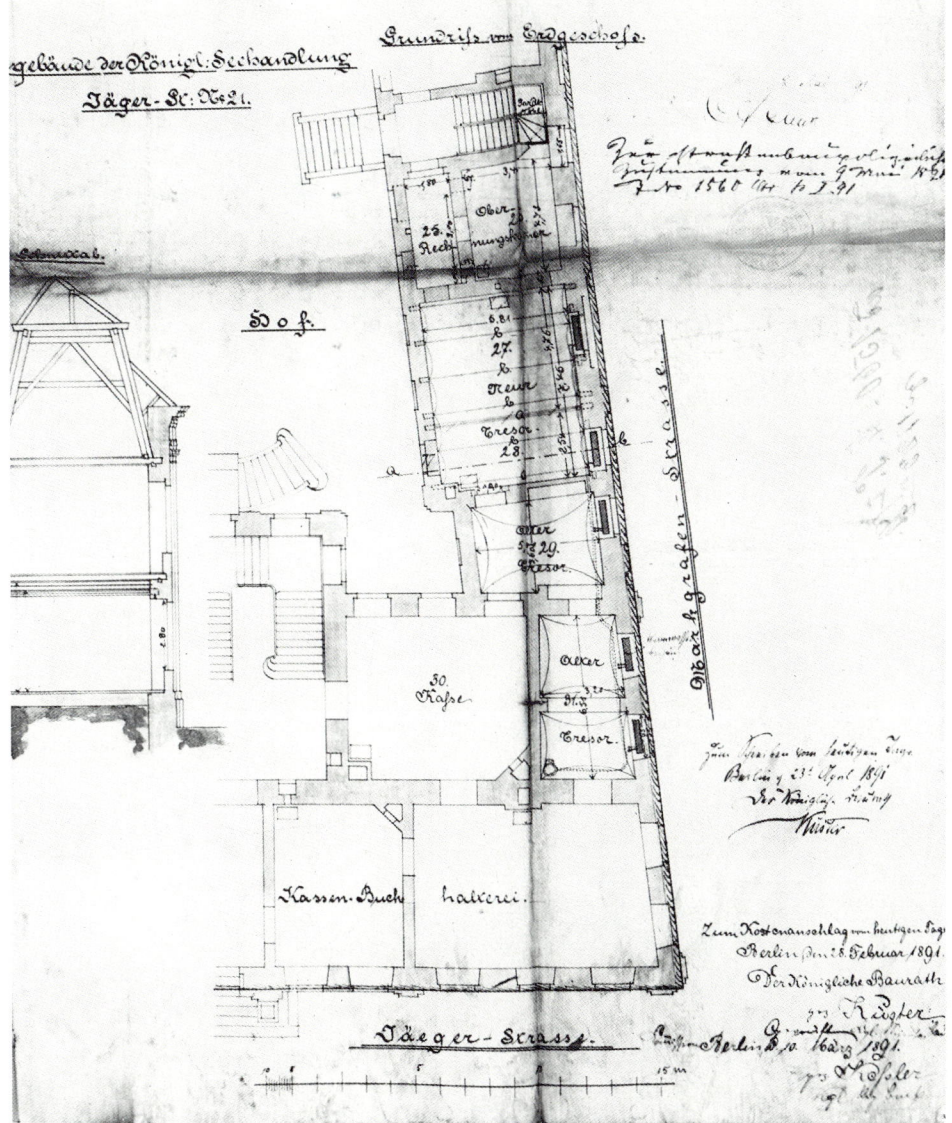

Abb. 58 Aufbau der Fassade
und des Dachs sowie
Teilgrundriß
des Erdgeschosses der
Seehandlung, 1891

Wappenschild in der Attikazone, um das sich nach unten fallende Blumengewinde ranken, blieb leer.

In der Markgrafenstraße zog sich das Gebäude in dreizehn Achsen hin und zeigte keine betonte Schauseite, sondern demonstrierte reine Zweckmäßigkeit. Mit den zwei Portalen wirkte es an dieser Front karg. Insgesamt paßte es nicht so recht zu der Nüchternheit dieser Zeit — es war der erste re-

125

Abb. 59 Flur
des Haupteingangs
der Seehandlung
von der Jägerstraße,
im Hintergrund der Hof,
Meßbild, um 1900

präsentative Bau am Marktplatz, gedacht als Domestikenhaus, das heißt als Quartier für königliche Beamte und Bedienstete der Hofhaltung. Auf einer Grundrißzeichnung ist die Nutzung der einzelnen Räume vermerkt. Die Freitreppe wiederholte sich an der Hofseite, die einen geschlossenen, dem der Außenfassade ähnlichen Eindruck hinterläßt.

1740 schenkte Friedrich Wilhelm I. das Haus samt »Ameublement« dem

Abb. 60 Ansicht der Fassade
der Seehandlung
in der Jägerstraße,
Meßbild, um 1900

Geheimen Kriegsrat von Eckart. Nachdem dieser als Schwindler entlarvt worden war, kassierte der König die Schenkung und überwies das Gebäude dem Staatsminister August Friedrich von Boden. 1786 gehörte es einem Kaufmann Karl Hesse, in seinen Räumen war seit 1777 die am 14. Oktober 1772 gegründete Preußische Seehandlung untergebracht.

Der Bau des Hauses wurde 1735 begonnen, zu diesem Zeitpunkt fielen

Abb. 61 Ansicht
der Seehandlung, Meßbild,
um 1900

die Ställe der Gensd'armes unter der Spitzhacke. Offen blieb, wo man die Pferde unterzubringen gedachte. Das Regiment lag bei den Bürgern der Friedrichstadt in Quartier, es war in die »teutsche« Kirche eingepfarrt, und auf deren Friedhof wurden auch seine Toten bestattet. Aus naheliegenden Gründen mußte das Regiment in der Nachbarschaft des Marktes, das heißt seiner Quartiere, bleiben.

Auf Befehl Friedrich Wilhelms I. errichtete man 1733 um den Friedhof der Französischen Kirche die Ställe des Régiment Gensd'armes neu und legte dann das alte Gebäude nieder, an dessen Platz danach der Bau des schon erwähnten Eckhauses begann. Gleichzeitig damit wurde auch die Wache des Regiments an die Französische Kirche, nördlich vom Eingang in der Jägerstraße, verlegt. Der so gewonnene Platz in den neuen Ställen reichte

Abb. 62 Ansicht der Fassade
der Seehandlung
in der Markgrafenstraße,
Fotografie von
F. Albert Schwartz, um 1900

nicht aus, zumal zwischen ihnen und dem Gotteshaus der Friedhof fernerhin bestand (Abbildung 63).

Es bot sich für eine Erweiterung der Ställe nur der Friedhof um die Neue oder Deutsche Kirche an. Am 24. September 1735 schrieben Präsident, Bürgermeister und Rat von Berlin an den Kirchenvorstand: »Weil nunmehro der Platz zum Kirchhoffe vor dem Halleschen Thore abgestochen und denen Kirchenvorstehern angewiesen, so wird solches der Friedrichstädtischen Gemeine von der Cantzel bekannt zu machen seyn, damit sonderlich die Armen ihre Leichen vor das Thor bringen können; denn der Kirchhoff in der Stadt wird mit Todten anjetzo gar zu sehr angefüllet, da wöchentlich an 50 Leichen darauff begraben werden.«[9]

Die Gemeinde protestierte, da es »insbesondere auch sehr sauer wird und

129

Abb. 63 Die Ställe
um die Französische Kirche,
Ausschnitt
aus einem Stadtplan (Abb. 11)
von 1737

Abb. 64 Die Ställe
um die Deutsche Kirche,
um 1740

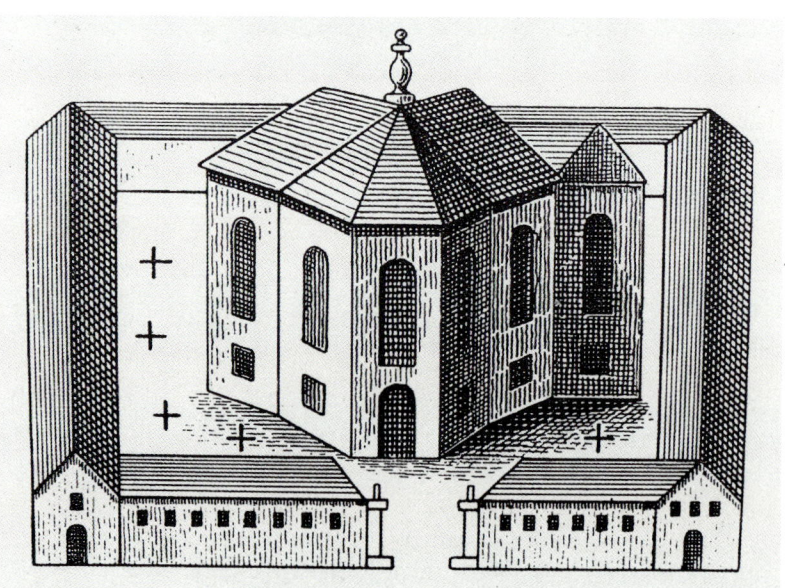

beschwerlich ist, die Todten von dem oberen Theil der Friedrichs Stadt als der Bären [Behrenstraße] und anderen weit davon entlegenen Strassen vor der Neu Stadt an so weit zu Grabe zu bringen und zur Erde zu bestättigen«. Auch war es kümmerlich, da der Kirchhof »so sehr niedrig liegt und wann 2 bis 3 Fuß tief gegraben wird, die Todten ins Wasser zu liegen kommen und mit Erde nicht genugsahm bedeckt werden können«[10].

Der Protest nützte wenig, hatten doch die Vorsteher selbst um eine neue Begräbnisstätte nachgesucht. Allerdings blieb der Friedhof um die Kirche zunächst bestehen, nur die Armen kamen vor das Hallesche Tor. Als dann im Winter auf das Jahr 1738 der Holzzaun gestohlen und verfeuert worden war, bat die Gemeinde darum, daß man ihr aus den Materialien der abgebrochenen Ställe Steine für eine neue Mauer überlasse. Sie wandte sich deshalb an die Militärbehörden, die jedoch befahlen, den Friedhof zu schließen und aufzulassen. Auf dem Gelände entstand ein weiterer Stall für das Régiment Gensd'armes. Keine Beschwerde half, die Bewohner der Friedrichstadt hatten sich in das Unvermeidliche zu fügen (Abbildung 64).

Zu Recht wird dieser skandalöse Schritt in der Literatur nachhaltig gebrandmarkt, selbst die hohenzollerntreuen Historiker des 19. Jahrhunderts konnten ihre Empörung — wenn auch vorsichtig geäußert — nicht verhellen. Da dieser Vorgang so gar nicht in das von der Hohenzollernlegende verbreitete Bild vom »gütigen und gestrengen Landesvater« paßte, wurde er auch kaum untersucht. Denkbar ist, daß bei diesem Schritt eine weiterreichende Gestaltungsabsicht mitspielte. Beide Kirchen bildeten ungleiche Baukörper, sie konnten nicht umgebaut werden, da Geld fehlte. Für den großen, ungegliederten Platz waren sie zu klein, sie verloren sich geradezu in ihm. Hinter den neuen Ställen konnten sie versteckt, der Platz konnte gestaltet werden. Stallgebäude und die Anlage des Marktes ergaben zusammen ein neues, wenn auch bescheidenes, in den Augen eines Soldaten immerhin ansehnliches Bild. Die Konturen des Geländes wurden enger und straffer gefaßt (Abbildungen 65, 66).

Wir haben bei der Wertung dieses Fakts zu beachten, daß die Bebauung der Friedrichstadt — die Pläne weisen es aus — sehr niedrig war. Erdgeschoß und Obergeschoß lagen unter langen, sich über einen ganzen Straßenabschnitt entlangziehenden Dächern — Gleichförmigkeit als Maxime. Auch die Ställe entsprachen diesem Bild: hohes Erdgeschoß mit niedrigem Obergeschoß zur Unterbringung von Streu und Hafer.

Abb. 65 Ausschnitt aus dem Stadtplan von Johann David Schleuen, um 1740, mit dem Marktplatz

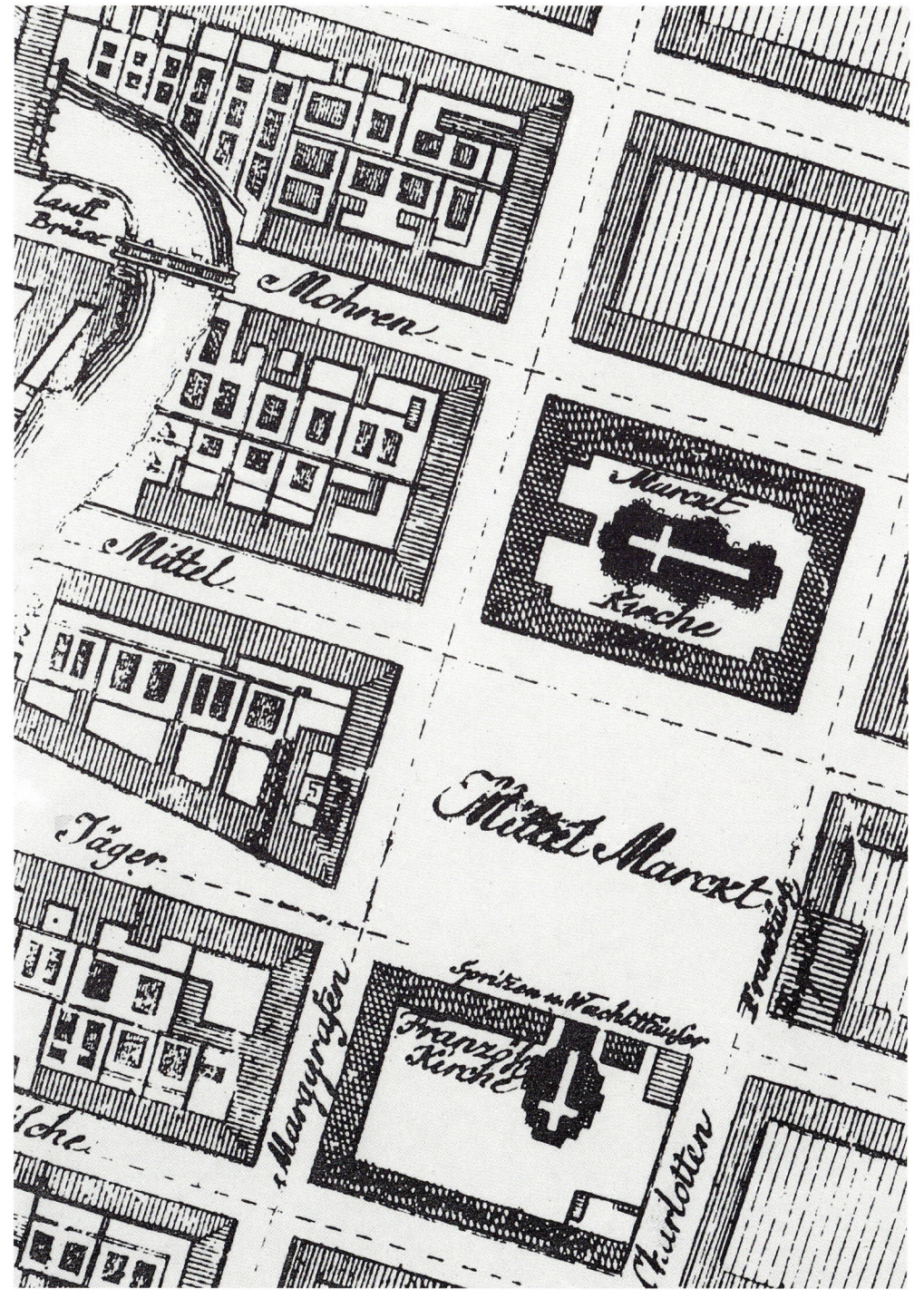

Abb. 66 Ausschnitt
aus dem Stadtplan
Samuel von Schmettaus
von 1748

Zwar bildete die ganze Anlage nun eine Einheit, das Vorgehen aber war brutal und wenig pietätvoll — Ausdruck der militärischen Politik Friedrich Wilhelms I., der den Platz erstmals nach den von ihm geheiligten Grundsätzen gestalten ließ.

Lebensbedingungen Die Anlage der Ställe um die Kirchen charakterisierte den Alltag, das Leben der Menschen auf der Friedrichstadt. Das Dasein in diesem Gemeinwesen war schwer, ja hart; es gab wenig, was es erleichtern oder erträglich machen konnte. Jedes Haus hatte seinen Brunnen für die Wasserversorgung, der Abtritt lag auf dem Hof neben dem Stall, in dem außer Pferden auch Hausvieh gehalten wurde. Die Straßen waren zwar gerade und abgesteckt, aber ohne festes Pflaster, die Bürgersteige zum Teil aus Holz, um einigermaßen trockenen Fußes über den Straßenkot zu kommen. Abwechslung im grauen Alltag boten die wenigen Lokale, falls man Geld dafür aufbringen konnte. Den höchsten Genuß stellte ein Krug Bier nach dem Essen am Sonntag dar. Alles blieb sparsam, bescheiden und karg.

Bezeichnend für das Leben in der Friedrichstadt war die Frage der öffentlichen Uhren. Eine Uhr war ein Luxusartikel, dessen Besitz bereits von bescheidenem Wohlstand kündete. Dabei gab es in der gesamten Stadt keine öffentliche Uhr, nach der man seine Zeit hätte einteilen können.

Am 9. Mai 1755 wendeten sich die Vorsteher der Neuen Kirche in einem Promemoria »an einen hochedlen Magistrat« mit der Beschwerde, daß »... seit einiger Zeit, die Bürger auf der Friedrich Stadt, so auf der Seite, der Friedrich Städtischen neuen Kirche wohnen, darüber oft geklagt haben, daß sie in Ermangelung einer Uhr, in ihren Geschäften« Schwierigkeiten gehabt hätten. Der Vorstand hätte nun »nach Besichtigung des Kirchenbaus« festgestellt, daß eine Uhr »ganz füglich eingebaut werden« könnte.[11] Der Uhrmacher Leopold fertigte einen Entwurf mit dem umständlichen Titel: »Verzeichnis einer neuen Uhr auf der neuen Kirche auf der Friedrich Stadt, und was dazu erforderlich werde, damit selbige auf das Accurateste gehe, richtig viertel und Stunden Schlagen und auf 2 Uhrentafel richtig weisen möge«. Der Anschlag belief sich auf 350 Taler.[12] Bezeichnenderweise erfolgte — inmitten des Siebenjährigen Krieges — noch nicht einmal eine Antwort.

Ein treffliches Beispiel für den Umgang des preußischen Königs mit seinen Untertanen, für seine Auffassung von deren Leben und für die Verletzung religiöser Gefühle gab Friedrich II. mit seinem Befehl für die Anlegung von Montierungskammern — zugleich aber auch ein Exempel dafür, wie Preußen regiert wurde und welche Rolle die bei Friedrich II. so gerühmte philosophische Vernunft im alltäglichen Leben spielte.

Am 30. Dezember 1750 teilte der Vorstand, genauer das »Ministeri[um] der jerusalemer und neuen Kirche« dem Magistrat mit, daß Offiziere des »hochl. Kalksteinischen und hochl. Schwerinschen Regiments unsere Kirchen sich öffnen ließen, um die Dächer zu besichtigen, um darauf Zeug-Kammern anzulegen«. Man bittet — natürlich »unterthänigst« — um Auskunft.[13] Am 18. Januar 1751 ergeht dann ein Edikt des Königs mit dem folgenden Wortlaut: »... Damit die allhier in Garnison stehenden Regimenter mit ihren Mundierungs-Cammern denen Bürgerlichen Häusern nicht beschwerlich fallen, auch bey entstehender Feuers-Gefahr deshalb mehrere Sicherheit haben mögen, ist von Uns aus höchst eigener Erwägung allergnädigst resolvirt worden, daß denselben hinführo solche Mundierungs-Cammern auf denen Böden der hiesigen Kirchen ...« angelegt werden sollen. »Wir haben sogleich declarirt, daß diejenigen Kirchen welche zur Anlegung dieser Mundierungs-Cammern auf ihren Böden die erforderlichen Kosten selbst hergeben wollen, von diesen Regimentern die diese Cammern erhalten, die Interessen des darauf verwendeten Capitals, oder auch eine jährliche Bezahlung bekommen, dagegen Kirchen aber, welche die Kosten nicht tragen, sondern sie denen Regimentern überlassen wollen, keine Interessen oder Miethe prätendiren, sondern den Regimentern den Gebrauch derer Böden unentgeltlich gestatten sollen.«[14]

Dann folgt die Aufstellung, welches Regiment welchen Kirchenboden bekommen soll:
— »Dem Forcadeschen Regiment der Boden von der St. Georg-Kirche in der Königs-Vorstadt
— dem Gräflich Hackschen der Boden des sogenannten Grauen Klosters,
— dem Meyrinckschen der Boden derer Nicolai und Marien Kirche,
— dem Bogislav Schwerinschen der Boden der teutschen Kirche auf dem Friedrichswerder,
— dem Markgräflichen Carlschen der Boden derer Getrauds- und Neustädtischen Kirche,
— dem Kalcksteinschen der Boden der Jerusalems-Kirche und
— denen Gensd'armes der Boden von der neuen Kirche auf der Friedrichsstadt.«

Nicht aufgeführt war der Boden der Französischen Kirche, den ebenfalls das Régiment Gensd'armes erhalten sollte.

Die Weisung schließt: »So haben Wir euch als Patrono Unsere höchste Intention zur Nachricht und Achtung … gnädigst bekannt machen, zugleich auch anbefehlen wollen, mit denen Predigern und Vertretern besagter Kirchen, welchen Wir bereits Anweisung und Räumung derer Boden aufgegeben haben, zu überlegen, ob es denen Kirchen zuträglicher seyn werde, die Kosten zur Anlegung derer Mundierungs-Cammern zu übernehmen, oder solche denen der Regimenter zu überlassen …«

Die Wertung eines derartigen Schrittes ist eindeutig: Das Militär, der größte Kostenfaktor des preußischen Staates, beherrschte das ganze Leben. Die Bürger mußten die Soldaten in ihren Häusern beköstigen, wer kein Militär aufnahm oder sich freikaufte, bezahlte ein Servis-Geld für die Kosten der Unterbringung. Auf den Friedhöfen der beiden Gemeinden der Friedrichstadt standen die Ställe des Régiment Gensd'armes, und nun sollten die Böden der Kirchen auch noch genutzt werden. Wie ein Krebsgeschwür beherrschte das Militär das Leben und breitete sich immer mehr aus. Über nichts konnte der Bürger verfügen, wenn es seine Forderungen anmeldete; sachlichen Argumenten lieh man nicht das Ohr.

Das Militär benahm sich wie in einem besetzten Land, und der Bürger hatte ihm gegenüber kein Recht.

Am 14. Januar bereits unterbreitete der Magistrat seine Stellungnahme und führte aus, daß »unsere Kirchen … nicht auf ihre Kosten den angewiesenen Regimentern die Böden zu Zeugkammern nicht verfertigen lassen [können], denn sie haben Schulden«.

Zum anderen entstehen den Kirchen nur Kosten, da alles, »was auf dem Boden sich befindet, gut und schadlos zu bewahren«, das heißt, anderenorts unterzubringen, ist.[15] Zwei Momente, deren Vortrag nicht gefahrlos war, obwohl der Magistrat sich aus königlichen Beamten zusammensetzte. Zugleich teilte der Magistrat mit, daß »der Boden der neuen Kirche gefährlich« sei, »sintemal er nur aus Brettern und Hölzern besteht … Wenn die Gensd'armes ihre Sachen, also Sattel, Küraß, große Zelte etc. etc. hinauftragen, sie selbst wegen der drückenden Last durchfallen, auch wohl das gesamte höltzerne Gewölbe einbrechen, und auch wohl in der Kirche sich befindliche Christen totgeschlagen werden können. Dieser Kirch-Boden ist also von dem Regiment Gensd'armes selbst als untauglich dazu befunden worden.«[16] Weiterhin macht der Magistrat darauf aufmerksam, daß bereits aus diesem Grunde der »Zentral-Thurm« — also einer der kleinen Holztürme über dem Dach der Deutschen Kirche — mit großen Kosten beseitigt werden mußte. Überdies brauchte eine derartige Kammer Fenster und eine breite Treppe für den Verkehr, die nicht vorhanden wären, Kosten würden auftreten, die die Kirche nicht übernehmen könne.

Sachliche Gründe, aber von Bürgern vorgetragen — das mußte einen Militär stutzig machen. Es dauerte seine Zeit, und ein neues Edikt des Königs folgte. Am 12. Oktober 1753 schrieb Friedrich II.: »Es hat der General-Lieutnant von Katzler besage copylichen Anschluß, Anregung gethan«, daß »von den Patrons … Schwierigkeiten wollten gemacht werden«. So »habt Ihr denn neuen Befehle wegen Einrichtung des Bodens der neuen Kirche auf der Friedrichs-Stadt ein unterthänigsten Genügen zu thun und Vorstand und Prediger sofort ernstlich anzuweisen, bey der von Uns allerhöchst Selbst gemachten Verfügung keine Schwierigkeiten in den Weg zu legen …«[17]

Davor lag folgender Brief des General-Lieutenant Nikolaus Andreas von Katzler, der schrieb, daß »… meinen Unterhabenden Regiment Gensd'armes zu Behuff der Mundierungs-Cammern den Boden auf denen beyden Kirchen der Friedrichs-Stadt, so innerhalb der Gensd'armes Ställe belegen sind, allergnädigst zugewiesen wurden. Wenn ich nun seit mehr als 2 Jahren mit den Patroni und Vorstehern derer beyder Kirchen wegen Einrichtung gedachter Boden noch bisher nicht in Richtigkeit kommen können und nur deshalb viele Schwierigkeit gemacht wird …«[18]

Bereits am 27. Oktober teilte der Vorstand mit, daß der Boden der Neuen Kirche nicht versagt werde, »wohl aber in aller Bescheidenheit die Gefährlichkeit, zum theil auch Untauglichkeit der Sache« eröffnet worden sei: Der »Boden der neuen Kirche ist gefährlich, weil er aus einem bloß hölzernen Gewölbe besteht. Der Kommandeur des Regiments Oberst von Holtzendorf hat selbst den Boden in Augenschein genommen, und den Grund unserer Aussage für richtig befunden …«[19]

Doch logische Argumente von Zivilisten zählten für einen Militär nicht: Am 3. Dezember 1753 teilte Katzler mit, daß er sich an das Geheime États- und Kriegs-Ministerium gewandt habe, um die Beschaffenheit des Bodens »von beyden Kirchen« gutachterlich untersuchen zu lassen. Und so wurde eine umfängliche Kommission zusammengestellt, der der Kriegs- und Domänenrat Christian Friedrich Feldmann, Zimmer- und Maurermeister Johann

Büring sowie der Maurermeister Neumann und der Baumeister Schmidt angehörten. Oberst Georg Ernst von Holtzendorf hatte dieser Kommission geschrieben, daß er den Gedanken »… in der frantzösischen Kirche bey so beredethen Umständen des Bodens zur Einrichtung einer Mundierungs-Cammer billig begraben muß, jedoch den inneren Raum des Eingangs zur Kirche, von der Seite des Marckt-Platzes angenommen, welche zum Thurm angelegt und auch aus starcken Mauern besteht, auch gar Connexion mit dem Gewölbe hatt, dergestalt, das daselbst gantz füglich zwey Mundierungs-Cammern ohne den geringsten Risico angelegt werden können«.[20] Was, schließlich, hatte Vorrang: der Eingang zu einer Kirche oder eine Bekleidungskammer für Soldaten?

Am 20. November gab Feldmann sein Gutachten ab: »Auf Verlangen des Herrn Obersten und Commandeure des hochl. Regiments Gensd'armes Herrn von Holtzendorf Hochwohlgeb.: habe ich über den Verbund der Dächer, auf der Frantzösischen und Teutschen Kirche, auf der Friedrichs-Stadt mein Gutachten dahin abgeben wollen: 1. Was die Frantzösische Kirche anlangt, ist es wahr, daß eine terrible große Last, auf den schwachen Säulen ruht, und derjenige Architekt sich schon viel unterfangen hat, dergleichen Verband darauf zu setzen, und es zum anderen ist, daß die Säulen A nach den Profil, wie der Hoff-Zimmer-Meister Büring in seinem Gutachten vom 28. September 1753 gedacht, sich bereits krumm gezogen haben, so verlieren sie allerdings dadurch sehr viel von ihrer force zum Tragen, mithin ist dieses gantze Werck eine gefährliche Sache, und höchst nöthig, daß die frantzösische Colonie auf Hülfe Bedacht sey, sonst bey einem stattfindenden Sturm-Wind, wenn die Last der Lufft zugleich auf diese Seite drücken sollte, allero die Beugung der Säulen ist, gar leicht ein Eindruck geschehen könnte.«[21] Ergebnis: keine Kammer auf der Französischen Kirche, ausgenommen im Turm; dazu aber die Auflage, das Dach zu erneuern.

Die erwähnten Ställe brachten nicht nur Unannehmlichkeiten und Entfernung des Friedhofs, sondern belästigten die Bewohner der Stadt und schränkten ihr Leben ein. Beschwerden, natürlich voller Devotion — man ist in Preußen —, werden vorgebracht. Am 4. Dezember 1769 wandte sich der Kirchenvorstand an den Magistrat: »Einem Hoch Edlen Magistrat haben wir schuldigst anzuzeigen sollen, daß wegen dem reiten, der Gensd'armes, mit ihren Ställen, um die Friedrichs-Städtische Neue Kirche die Eingänge zur Kirche so voll Unreinigkeit, das niemand ohne Verdruß dadurch kommen

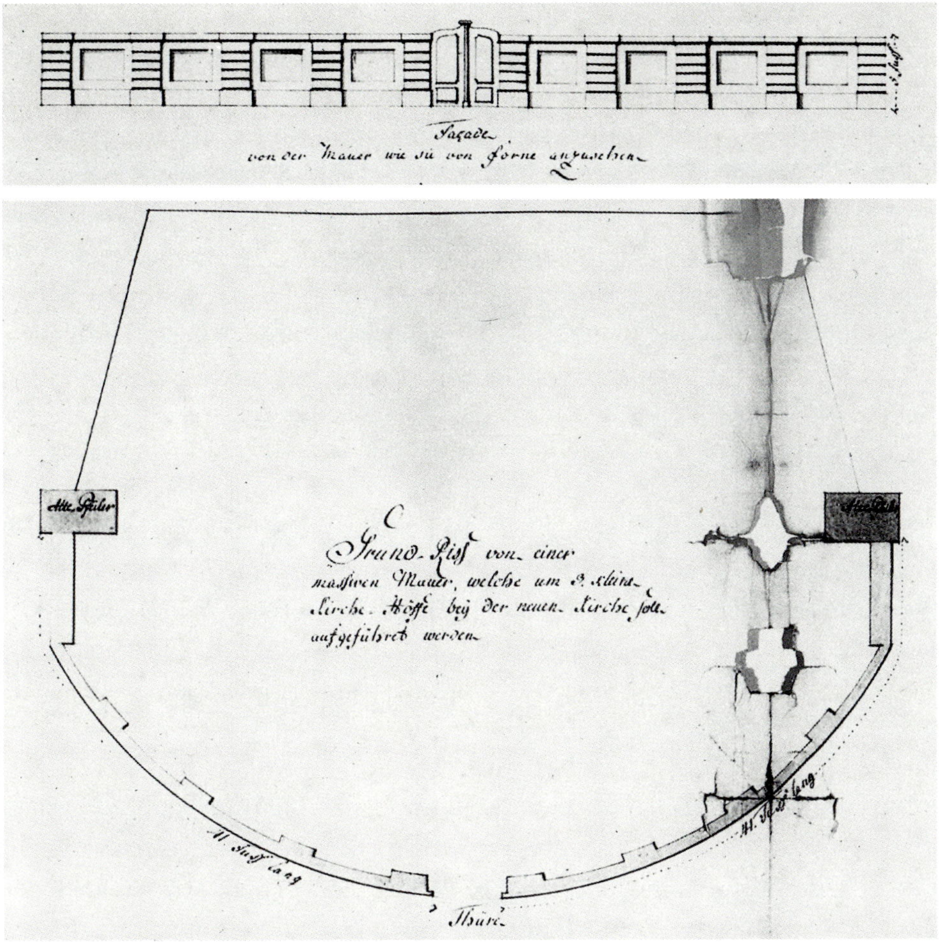

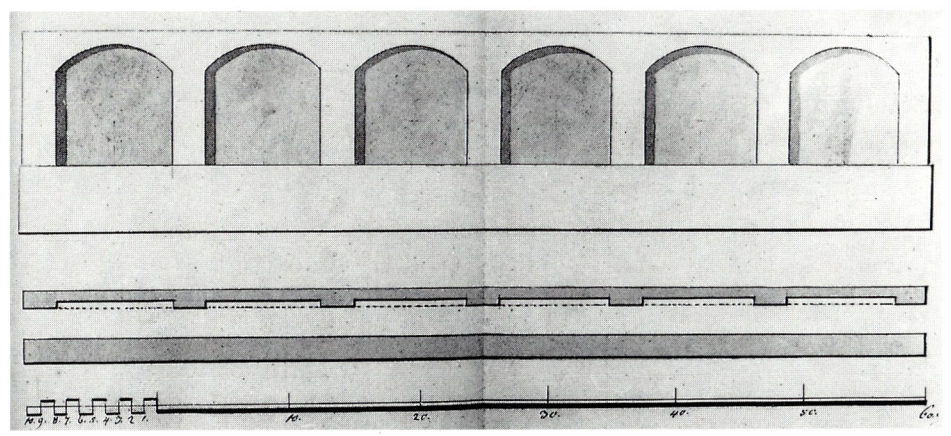

Façade
von der Mauer wie sie von förne anzusehen

Grund-Riß von einer
massiven Mauer, welche um d. stein-
kirche Höffe bey der neuen kirche soll
aufgeführet werden.

Abb. 67a und b
und Grundriß
Außenansicht
der massiven Mauer
zwischen dem Kirchhof
und den Ställen
um die Deutsche Kirche,
1767

Abb. 68 Ansicht der Mauer
(Abb. 67) von innen, 1767

139

kann …« Weiter heißt es: »… daß Euer Edler Magistrat, die Hohe Gnade haben möchte, mal, als solcher Patron Unserer Kirchen bey dem Excellenz General-Major von Friesemarck … Ein Vor Wort, einlegen wollen, daß um vorgedachter Kirche, das reiten eingestellt werden möchte …«[22]

Am 7. Dezember, also wenige Tage danach, stellt der Vorstand einen Antrag auf »Pflasterung derer Zugänge zu der Neuen Kirche auf der Friedrichs-Stadt bey denen Gensd'armes-Ställen« mit der Begründung: »Es ist allerdings nöthig, daß die Zugänge zu einer Neuen Kirche bequemer und für die Fußgänger practicabler werden.« Gleichzeitig solle »dem hochlöblichen Regiment Gensd'armes heute aber, wohl eine schriftliche Vorstellung des Reitens auf dem Kirchhoffe selber« gemacht werden. Zwar wisse man, »die Gensd'armes können … nicht de jure sondern nur [per Ordre]« bewegt werden, aber »um die Kirche sind sie mit ihrem Reiten lästig«.[23]

Der Vorstand unterbreitete gleichzeitig einen Vorschlag, der dann auch ausgeführt wurde. Es kam zur Anlage von drei gepflasterten Gängen durch die Ställe, um einigermaßen trockenen Fußes zur Kirche zu gelangen: einer vom Markt, einer von der Mohren- und einer von der Charlottenstraße, jeweils 3 1/4 Fuß breit. Das ist ein Beleg dafür, daß die Kirche planerisch genau in der Mitte des Karrees lag. Die Gemeinde mußte 63 Taler dafür verausgaben, und die Ställe, Ursache des Ärgernisses, blieben bestehen.[24]

Offensichtlich nahmen aber die Ställe und der Verkehrsraum zum Herausholen der Pferde nicht den gesamten Platz um die Kirche ein, das heißt, ein Teil des aufgelassenen Friedhofes mußte in der Jurisdiktion der Gemeinde verblieben sein. Aus den Quellen ergibt sich, daß dieser Raum mit einem Holzzaun, im Bogen um die Kirche geführt, abgeschlagen war. Auch dieser Zaun war ständige Quelle des Ärgernisses. Die Gensd'armes banden ihre Pferde beim Putzen daran fest, beschädigten ihn und nahmen das Holz zum Heizen. Bitten um Abhilfe, Beschwerden und in aller Form vorgebrachte Anträge auf Erstattung der Kosten halfen nicht, führten zu keiner Veränderung des Zustands.

Bereits 1760 gab es geharnischte Beschwerden deswegen, und der Kirchenvorstand bat die »Herren Offiziere«, daß sie den Reitern »solches untersagen« sollten.[25] Am 12. Juni 1765 versuchte der Magistrat, an den Gouverneur von Berlin heranzutreten – ohne Erfolg.[26] Am 28. September 1767 zeigte die Gemeinde an, »daß die hölzern Stacket um die Neue Kirche wegen Baufälligkeit nicht mehr stehen kann«, da die »Soldaten immer wieder

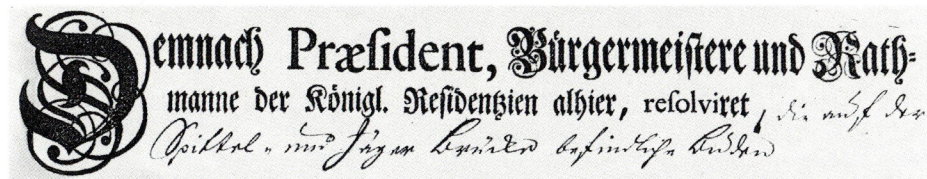

Demnach Præsident, Bürgermeistere und Rath-manne der Königl. Residentzien alhier, resolviret, *[handwritten]*

auf gewiffe Jahre, als von *[handwritten]* in Arrende auszuthun, und zu folchem Ende gewöhnlicher maffen den Meistbietenden zu offeriren; als wird folches hiermit öffentlich bekannt gemachet, und können der oder diejenige, welche zu folcher Arrende Beliebung tragen, sich den *24 ten Oct.* *7 ten Nov.* und *21 ten Nov.* früh um 10. Uhr, alhier vor der Raths-Stube anmelden, die Conditiones vernehmen, der Licitation beywohnen, nach gefallen darauf bieten, und erwärtigen ~~können~~, daß mit den Meistbietenden, bey Stellung hinläng-licher Caution, auf gewiffe Jahre ein Contract gefchloffen werden foll.   Die benöthig-ten Nachrichten ~~und~~ ———————— können in der Cämmerey nachgefehen werden.
Berlin, den *15 ten Oct: 1750.*

Præsident, Bürgermeistere und Rath alhier.

Abb. 69 Öffentliche Aufforderung des Magistrats zur Anmietung von Buden auf der Jägerbrücke, 1750

Pferde« anbinden. Man schlug vor, keine Reparatur mehr vornehmen zu las-sen, sondern »daß eine Mauer den Kirchhoff umziehen möchte«.[27] Der Mau-rermeister Galischer lieferte eine Zeichnung und einen Kostenanschlag über 621 Taler und 12 Groschen. Die Mauer wurde ausgeführt — die Kosten trug die Gemeinde (Abbildungen 67 a und b, 68).

Wen wundert da der Brief des Einwohners der Friedrichstadt Gottlieb Winckler vom 12. Mai 1750 an den König: »Ich habe mich bereits vor 6 Jahren aus Sachsen nebst Frau und Kindern, nach dero damaligen aller-höchsten Edict als Colonist und Gold und Silber-Draht-Zieher nach Berlin begeben, obschon mir zur selbigen Zeit versprochen wurde, daß mir es nie-mals an hinlänglicher Arbeit manquiren sollte.« Bisher habe er »gleich ande-ren Colonisten noch nicht das geringste Beneficium genossen«. Winckler wollte eine Bude auf der Jägerbrücke — oder, wie es damals hieß, »Bou-tique« — zum Handel. Wie er bewarb sich auch der »Soldat Zimmer vom Haakschen Regiment«, der die Bude erblich erhielt.[28] Diese Buden auf der 1735 errichteten Jägerbrücke, die die unmittelbare Verbindung zwischen den alten Stadtteilen des Zentrums und der Friedrichstadt herstellte, lagen verkehrsmäßig günstig, trotzdem gab es Schwierigkeiten bei ihrer Vermie-tung (Abbildung 69). Der Rat der Stadt wollte das Mietgeld immer wieder erhöhen, aber dann blieben die Bewerber aus, da sich der Handel unter diesen Umständen nicht lohnte. Auf der Brücke gab es 24 Boutiquen aus Holz. 1787, nach der Ausführung der Brücke in Stein, entstanden »massive Läden« als unentbehrliche Versorgungseinrichtungen. Im I. Quartal 1750 hatten folgende Personen die Buden gemietet:

»Bude Nr. 1 und 2 Stellmacher Kley
3 Kleider und Möbelhändler Weste
4 Branntweinschenck Kegler
5 und 6 Händler Chevallier
7 und 8 Händler Heitmann
9 Hökerin Stoßer
10 und 11 Hökerin Abel
12 Bildhauer Hubert
13 Glaßhändler Ziehm
14 Kleiderhändler Giebel
15 Händler Bolicke sen.
16 Witwe Giebeln
17 Bolicke jun.
18 Händler Ditrich
19 Mentzel
20 Victualienhändlerin Muffen
21 Schuhflicker Lausch
22 Schuhflicker Mielow
23 und 24 Geheimer Justizrath Müller« [29]

Reichtümer gab es in dieser Zeit kaum zu erwerben, aber man versuchte, sich einzurichten, so schwierig es auch war. Selbst die Ställe ertrug man, und der schlagfertige, bissige Berliner Humor machte aus der Neuen Kirche die »wohlbestallte Kirche«.

Der Markt erhielt offiziell keinen Namen, und da er von Straßen umgeben war, die alle einen Namen trugen, erschien dies auch nicht notwendig. Umgangssprachlich bildeten sich die verschiedensten Bezeichnungen heraus, die vom Friedrichstädtischen Markt zum Mittel-Markt und Neuen Markt reichten; die Bezeichnung Gensd'armen-Markt suchen wir darunter vergeblich.

Knobelsdorff,
Bourdet und vor allem
Gontard

Nach 1740 erfolgte ein nächster Schritt, der Voraussetzungen für eine wirkungsvolle Platzgestaltung schaffen sollte. Nachweisbar seit 1736 befaßte sich Kronprinz Friedrich gemeinsam mit dem genialen Architekten Georg Wenzeslaus von Knobelsdorff mit Planungen für das künftige Baugeschehen in Berlin. Im Vordergrund stand die Idee der Bereicherung des Stadtbildes durch den Neubau eines Königsschlosses, das mit einer umgebenden Baugruppe zum Mittelpunkt der Residenz ausgestaltet werden sollte.

Als Standort dieses Komplexes erkor der Kronprinz einen Punkt in der Straße Unter der den Linden, dessen geringe Bebauung einer großzügigen Planung viele Möglichkeiten bot. Das Gelände lag vor der ehemaligen Festung und ließ sich ohne Komplikationen nach verschiedenen Seiten hin erweitern. Eine derartige Idee hatte die Konsequenz, daß die mittelalterlich gewachsenen Städte völlig in den Hintergrund treten mußten, während die späteren Gründungen geformt werden konnten. Das auserwählte Terrain besaß, da es, wie die zeitgenössischen Stadtpläne belegen, kaum bebaut war, eine unmittelbare Verbindung zum Friedrichstädtischen Markt, nur unterbrochen durch einige Gebäude wie etwa das Markgräflich Schwedtsche Palais Unter den Linden.

Nach dem Regierungsantritt Friedrichs II. im Jahre 1740 brachte Knobelsdorff die Pläne zu Papier und legte dem König darüber eine Zeichnung vor (Abbildung 72). Um ein großes Forum, an dem nördlich der Linden der Neubau eines königlichen Schlosses vorgesehen war, gruppierte Knobelsdorff südlich das zu errichtende Gebäude der Akademie der Wissenschaften und ein Opernhaus. Gleichsam Kunst und Wissenschaft als zentrale Anliegen des preußischen Staates darstellend, ergab die Planung als Folge eine Neuordnung der Friedrichstadt. Unter dem Aspekt der weiteren Gestaltung des Friedrichstädtischen Marktes deuteten sich Konsequenzen an, die zwar noch nicht in Zeichnungen ausgeführt sind, aber zwingend in Angriff zu nehmen gewesen wären.

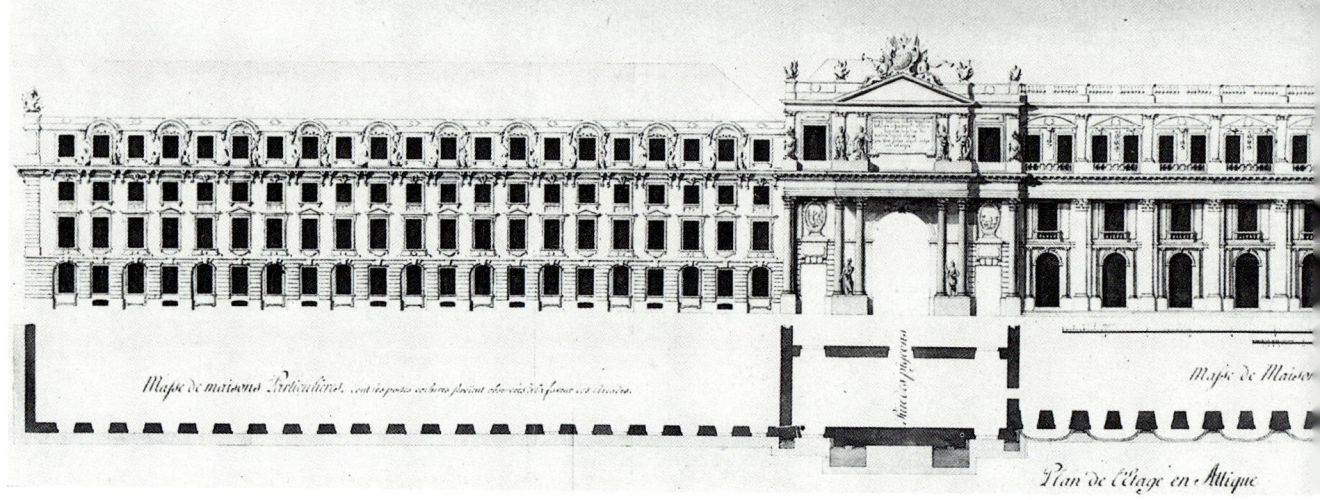

Abb. 70 a und b
Entwurfszeichnung von
Robert Bartholomé Bourdet
für die Neugestaltung
des Gensd'armen-Marktes,
Längsseiten, 1774

Den innerstädtischen Verkehrsbeziehungen folgend, zielte die Hauptachse des Schlosses nach Süden auf die Markgrafenstraße, das heißt, der
Plan orientierte sich an der Gegebenheit der Hauptausfallwege aus Berlin
nach Westen und Süden. Die Straße Unter den Linden, zum Tiergarten füh-
rend, bot diese Möglichkeit nicht. Auch wenn wir nicht wissen, inwieweit die
Konsequenzen einer derartigen Planung beachtet und bearbeitet worden
sind − der Friedrichstädtische Lindenmarkt rückte objektiv in sie ein.

Plätze galten im 18. Jahrhundert, insbesondere in den sehr geregelt und
genormt angelegten Städten, als Höhepunkte. Sie gaben der ganzen Stadt in
den Augen der damaligen Architekten Gesicht und Farbe, und ihre Anlage
geschah besonders durchdacht, um bestimmte Punkte, Sichtachsen und das
Zentrum hervortreten zu lassen.

Der Friedrichstädtische Markt als Hauptmarkierung der Ausfall- oder
Eingangsstraße hätte ein derartiger Höhepunkt werden können.

Friedrich II. veränderte willkürlich diese städtebaulich glückliche Planung
und gab sie dann ganz auf. Geldmangel, hervorgerufen durch Ausgaben für
die Bedürfnisse der Armee und für die Kriege, aber auch die Hinwendung
nach Potsdam als dem bevorzugten Aufenthalt des Königs, ließen den Plan
über den Bau des Opernhauses nicht hinauskommen; nur in veränderten
räumlichen Dimensionen gelangte die Idee des Forums − verkleinert − zur
Ausführung. Dabei fiel der Markt ganz heraus; er bekam zunächst keine Gestalt, blieb aber als Aufgabe offensichtlich im Bewußtsein der Architekten.

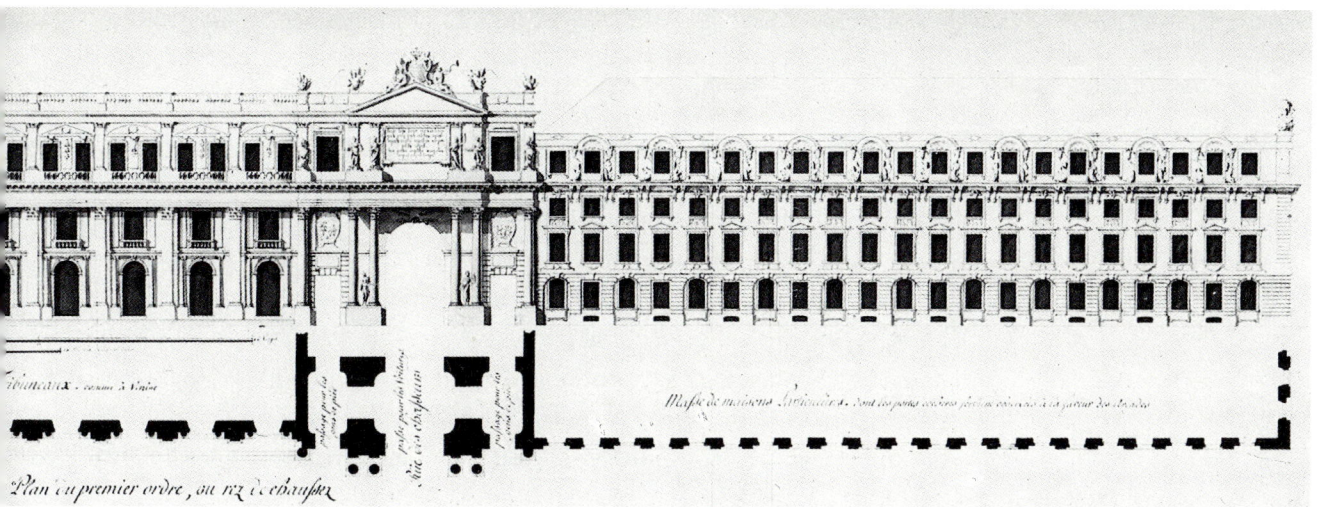

Bis 1773 änderte nichts das Bild des Marktes; als dann aber die Ställe der Gensd'armes baufällig geworden waren, mußte man auf eine neue Lösung sinnen. Während der Regierung Friedrichs II. war um 1750 — unterbrochen durch den Siebenjährigen Krieg — ein aufwendiges Kasernenbauprogramm in Angriff genommen worden. Nach und nach wurden die Soldaten aus den Bürgerquartieren in diese Gebäude verlegt. Das hatte Vorteile, müssen doch die Wurzeln dieses Vorgehens in der ständigen Kontrolle der Soldaten, der

Abb. 71 Entwurfszeichnung von Robert Bartholomé Bourdet für die Neugestaltung des Gensd'armen-Marktes, Schmalseiten zwischen Charlotten- und Markgrafen- straße, zentral eingelagert die Kirchen-Neubauten, 1774

145

Verhinderung von Desertion, der besseren Zusammenfassung und Ausbildung sowie der weiteren Disziplinierung gesucht werden. Um 1773 konnte vor der Weidendammer Brücke, stadtauswärts rechts, ein großer Kasernenkomplex in Nutzung genommen werden; hierher zogen mit vielen anderen auch die Gensd'armes. Die alten Ställe verfielen teilweise dem Abriß, und die ganze Misere der mangelnden Platzgestaltung trat wieder offen zutage.

Die Abwendung Friedrichs II. von Berlin brachte der Stadt nicht nur Nachteile. Der Monarch fühlte sich als begnadeter Architekt und machte Knobelsdorff die schöpferische Tätigkeit schwer. Ebenso ging es anderen, die das ausführen mußten, was der König für richtig hielt und skizzenmäßig entworfen hatte. Potsdam trug das immerhin einige schöne Fassaden ein; die dahinter gelegenen Wohnungen konnten den Bedürfnissen der Bürger allerdings nur unzulänglich angepaßt werden. Oftmals lagen zum Beispiel die Fenster bereits kurz über dem Fußboden.

Um Berlin kümmerte sich der König wenig, die Architekten hier entwickelten selbständig Ideen, die sie reifen lassen konnten. Sie fühlten sich dem strengen Reglement des Bauens durch Friedrich II. weniger verpflichtet beziehungsweise konnten — obwohl sie diesem in Potsdam ebenso unterworfen waren — in Berlin frei tätig werden. Hier vollzog sich langsam der Übergang vom Zopfstil mit seinen zierlichen Allüren des Rokoko zur Wiederaufnahme der strengen Formen der Antike. So entstand in den Anfängen ein Übergangsstil, der klassische Gestaltung erstrebte, ohne sich vom Rokoko völlig lösen zu können. Für diese Periode ist oft die Bezeichnung »Berliner Frühklassizismus« verwendet worden. Es ist die Zeit, in der sich der eigentliche Berliner Stil entwickelte. Als erstes Bauwerk dieser Art müssen die 1780 errichteten Königskolonnaden, die früher am Alexanderplatz standen, betrachtet werden. Diese Architektur verlor mit der fortschreitenden Entwicklung immer mehr das Spielerische des Rokoko und mündete schließlich im strengen Klassizismus eines Karl Friedrich Schinkel.

Am Anfang der Gestaltung des Friedrichstädtischen Marktes stand ein Entwurf des weitgehend unbekannten Architekten Robert Bartholomé Bourdet. In Paris geboren, kam er über Holland nach Berlin und erhielt 1766 den Posten eines »General-Inspektors der Häfen, Deiche, Domänen und Schleusen«. Unter dem Vorwurf der Inaktivität wurde er 1777 bei Weiterzahlung des Gehalts vom Dienst suspendiert. 1773, als die Ställe des Régiment Gensd'armes teilweise beseitigt waren, begann unter den Architekten

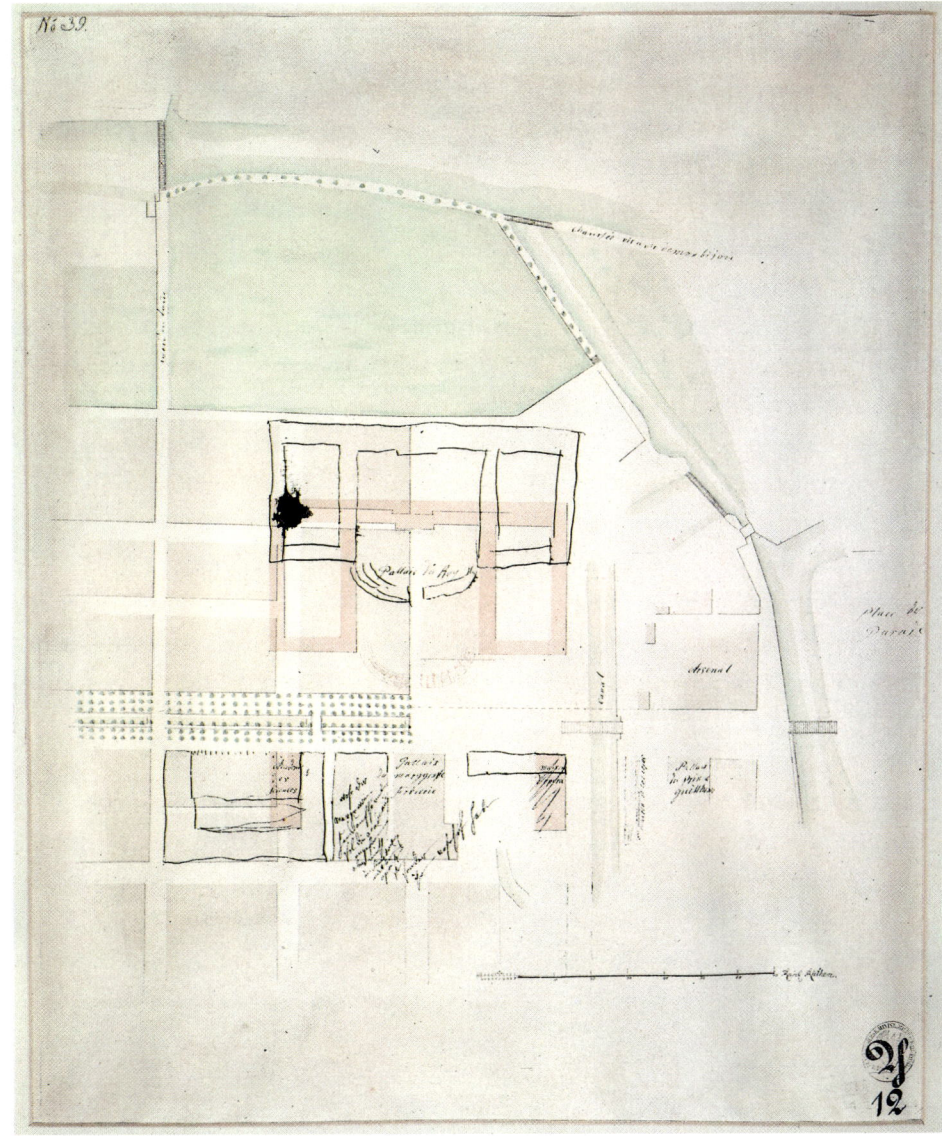

Abb. 72 Entwurf
für das Friedrichsforum von
Georg Wenzeslaus
von Knobelsdorff
mit Änderungen Friedrichs II.,
1741

in Berlin die Diskussion über die Nutzung dieses Geländes. Der Markt, eben noch auf das mittlere Quartier beschränkt und eingefaßt, erlangte seine enormen, ungestalteten Dimensionen zurück. 1774 reichte deshalb Bourdet unaufgefordert seinen Entwurf für eine neue Platzgestaltung ein — es war der reifste und einzig ausgearbeitete in dieser Zeit.

Bourdet ging von einer Platzgröße von 315 × 155 m aus. Auf Grund der

Tatsache, daß das Gelände von vier Straßen eingefaßt und von zwei durchschnitten wurde, schlug er an jeweils zwei gleichlangen Seiten eine spiegelbildliche Bebauung vor. Zwischen Mohrenstraße und Französischer Straße sollte sich ein Baukörper erstrecken, der die den Platz querende Tauben- und Jägerstraße mittels großer Tore überspannte. Damit ergab sich die Möglichkeit einer einheitlichen Front. Zwischen Mohren- und Taubenstraße sowie zwischen Jäger- und Französischer Straße konzipierte Bourdet einundzwanzigachsige Flügelbauten von gleichem Aussehen. Architrav und Sims der geplanten Torbauten zogen sich durch. Zwischen den Toren sollte ein monumentales Gebäude von elf Achsen Frontlänge eine Steigerung der Baumassen zum Mittelpunkt ermöglichen (Abbildungen 70a und b).

In der Mitte der Schmalseiten — also in der Französischen und in der Mohrenstraße — setzte Bourdet in die Straßenfront die beiden Kirchenbauten vom Platz. Er nahm den Gedanken der gleichgestalteten Kirchen damit wieder auf, formte sie aber an der anderen Stelle neu (Abbildung 71). Die Flügel der Schmalseiten entsprachen denen der Längsfronten. So war für alle Schauwände eine gegen ihre Mitte sich erhebende, geschlossene Umrißlinie herausgearbeitet, die dem Platz einen bedeutenden und durchaus einzigen Charakter gegeben hätte. Die Schmalseiten zeigten eine steil ansteigende Silhouette, die Längsseiten eine flachere.

Bourdet nahm den Markusplatz in Venedig zum Vorbild, um unter offenem Himmel einen Festplatz für die Residenz zu schaffen, der prunkvoll und feierlich zugleich sein sollte. Die Triumphbogenarchitektur der Torbauten wie der Kirchen hätte diesem Platz eine repräsentative Wirkung wie sonst keinem in Berlin verliehen. Der ganze Plan atmete französische Baugesinnung, obwohl er schon den Geist des beginnenden Klassizismus spüren läßt. Ein monumentaler Architekturplatz solcher Größenordnung war der Kern jeder französischen Stadterweiterung im Absolutismus gewesen, die in räumlicher Gliederung und in ihrem Rhythmus bei aller Regelmäßigkeit Höhepunkte prunkvoller Darstellung der Macht des Königtums zu sein hatten.

Bourdet wollte nach dem siegreich beendeten Siebenjährigen Krieg Friedrich II. eine repräsentative Ausgestaltung der Hauptstadt suggerieren; seine Auffassung, verhaftet im Denken der Hochblüte des Absolutismus, nahm die strenge Sachlichkeit der Renaissance in den Fassaden und die Überfülle des barocken Dekors auf, ohne die sich entwickelnden neuen Stilelemente auszuschließen. Das vorgelegte Ergebnis war ganz dem Streben dieses Königs

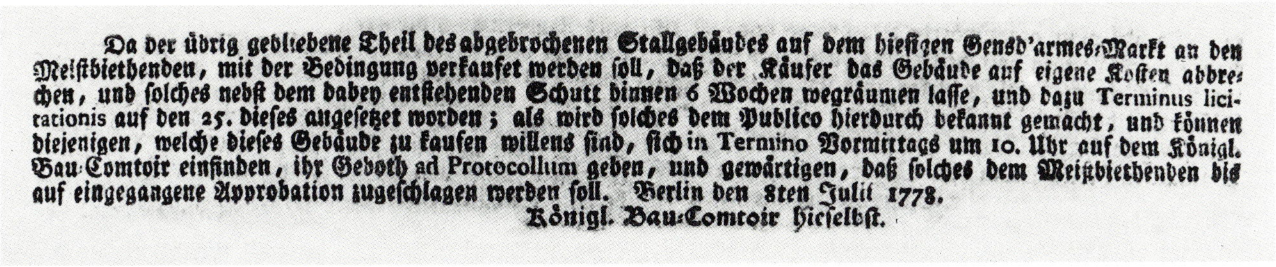

Da der übrig gebliebene Theil des abgebrochenen Stallgebäudes auf dem hiesigen Gensd'armes-Markt an den Meistbiethenden, mit der Bedingung verkaufet werden soll, daß der Käufer das Gebäude auf eigene Kosten abbrechen, und solches nebst dem dabey entstehenden Schutt binnen 6 Wochen wegräumen lasse, und dazu Terminus licitationis auf den 25. dieses angesetzet worden; als wird solches dem Publico hierdurch bekannt gemacht, und können diejenigen, welche dieses Gebäude zu kaufen willens sind, sich in Termino Vormittags um 10. Uhr auf dem Königl. Bau-Comtoir einfinden, ihr Geboth ad Protocollum geben, und gewärtigen, daß solches dem Meistbiethenden bis auf eingegangene Approbation zugeschlagen werden soll. Berlin den 8ten Julii 1778.

Königl. Bau-Comtoir hieselbst.

Abb. 73 Zeitungsnotiz vom 23. Juli 1778 betreffend den Verkauf von Abrißmaterialien der Ställe des Régiment Gensd'armes

verpflichtet, der wenigstens in den Fassaden der Hauptstadt Prachtstücke der Architektur als Ausdruck gewonnener Macht darstellen wollte. Für die dreistöckigen Komplexe war eine Nutzung als Verwaltungsgebäude »applicables aux tribunaux comme à Venise«, wie es hieß, oder in Form von Mietwohnungen vorgeschlagen. Ungelöst blieben die Anschlüsse an den Punkten, wo Schmal- und Längsseiten aufeinanderstießen, sowie das eigentliche Marktgelände.

Die Verwirklichung des Entwurfs hätte die Möglichkeiten des preußischen Staates überstiegen — nicht nur wegen der zu errichtenden Bauten, sondern auch wegen der Erwerbung der Grundstücke und der damit verbundenen Eingriffe in die Besitzrechte, der Abänderung gegebener Zusagen und Privilegien. So wurde diese Idee zwar zu den Akten gelegt, hatte aber insofern nachhaltigen Einfluß, als der bisher vernachlässigte Friedrichstädtische Markt in weitere Überlegungen zur Ausgestaltung der königlichen Residenz nicht nur einbezogen, sondern zu einem zentralen Objekt derselben wurde.

Aus einer Berliner Zeitung vom 23. Juli 1778 erfahren wir, daß die Reste des abgebrochenen Stallgebäudes auf dem Gensd'armen-Markt öffentlich dem Meistbietenden für die endgültige Beseitigung zum Kauf angeboten wurden (Abbildung 73). Zweierlei erscheint wichtig:

Erstens: Von der Auflassung der Ställe im Jahre 1773 bis zum Juli 1778 lag ein Teil des alten Gebäudes in Trümmern.

Zweitens: Zu diesem Zeitpunkt begannen offensichtlich die Planungen zur repräsentativen Platzgestaltung Formen anzunehmen.

Es ist auffällig, daß bisher keine aus den Akten schöpfende Geschichte der nun folgenden Baumaßnahmen vorliegt; nach dem Verlust der Akten infolge des zweiten Weltkrieges ist diese wohl auch kaum noch zu rekonstruieren. Deshalb wird die angeführte unscheinbare Notiz so bedeutungsvoll. Der

Sommer 1778 muß als wesentliches Datum für die Entscheidung über die endgültige Platzgestaltung angenommen werden.

Bereits 1774 wurden aus dem aus Kostengründen abgelehnten Bourdetschen Projekt Konsequenzen gezogen. Der Architekt Georg Christian Unger, von Geburt ebenfalls kein Preuße, erhielt den Auftrag, einen Entwurf für ein Französisches Komödienhaus vorzulegen. Noch im selben Jahr führte Georg Friedrich Boumann — Boumann der Jüngere genannt — diesen Bau aus. Er stand mit der Schmalseite zur Markgrafenstraße, nicht genau in der Mitte des Platzes, sondern etwas zur Jägerstraße gerückt. Die Ursache dafür kann nicht untersucht werden, da die Akten fehlen. Die von Unger entworfene, fast schmucklose Eingangsfassade mit einem von vier ionischen Pilastern getragenen Giebel und der geschwungenen Freitreppe direkt an der Markgrafenstraße war stilvoll und zurückhaltend (Abbildung 74) und erinnerte entfernt an die Lindenoper. Die Längsfronten zogen sich parallel zur Jäger- und Taubenstraße hin. Das Theater war größer, als es den Anschein hatte, und faßte — nach unterschiedlichen Beschreibungen — zwischen 1 000 und 1 200 Personen. Die Längswände bildeten kaum einen städtebaulichen Akzent auf dem Markt, aber drei Momente waren entscheidend für die weitere Platzgestaltung:

1. Der Bau öffnete sich nach Osten, das heißt der Stadt mit ihrem Zentrum, dem Schloß, zu.

2. Mit seinem Erscheinen begann eine städtebaulich eindrucksvolle Lösung ihren Anfang zu nehmen.

3. Das für den Platz charakteristische Ensemble von zwei Kirchenbauten und einem Theater nahm Formen an. Die Grundsituation der weiteren Entwicklung erhielt ihre erste Ausprägung.

Überblickt man bis zu diesem Punkt die Chronik des Ortes, so hat es fast neunzig Jahre gedauert, bis ein Konzept für die Gestaltung dieses großen Raumes entstanden war, das sich als tragfähig bis in die Gegenwart erwiesen hat. Bis zu seiner Formung mußten freilich noch Jahre vergehen. Doch bei aller anzubringenden Kritik: Derartige wertvolle und bedeutende Ensembles entstehen nicht in einem Wurf, sie sind Ergebnis der schöpferischen Tätigkeit vieler Generationen. Erst aus dem Zusammenspiel und aus dem Komponieren der Arbeiten vieler Architekten geht durch Zusammenwachsen und Bewahrung des Erbes ein Zustand hervor, der prägend in die Zukunft wirkt.

RIDENTUR
ET
CORIGUNTUR MORES.

Abb. 74
Zeichnung Georg
Christian Ungers
für den Kopfbau
des Französischen
Komödienhauses
auf dem
Gensd'armen-Markt,
vor 1774

Monumentalisierung

Wir kennen nicht den genauen Fortgang, können ihn nur rekonstruieren. Die unter den Architekten des 18. Jahrhunderts anhaltende Diskussion darüber, wie man den ungeformten Raum nutzen sollte, brachte entsprechend dem Gestaltungsgefühl in den kommenden Jahren ein städtebauliches Ensemble von unbestreitbarer Größe hervor, das mit Recht den schönsten Plätzen Berlins zugerechnet wird; einige bezeichneten den Gensd'armen-Markt später sogar als den »schönsten Platz Europas«. Die letztere Wertung erscheint uns heute übertrieben, wohingegen wir, ohne den Vorwurf des Lokalpatriotismus zu riskieren, an der anderen Behauptung gewiß festhalten dürfen.

Ein erster Entwurf für einen Turmbau in Berlin stammte von Broebes und war wohl als Idealansicht für die um 1700 geplante Domkirche gedacht. In seiner akademischen Art legte der Autor seine Auffassung über die Gestaltung eines derartigen Bauwerkes dar (Abbildung 75). Bemerkenswert ist

Abb. 75 Entwurf von Jean Baptiste Broebes für einen Dom in Berlin (Ausschnitt), um 1700 (Stich von 1733)

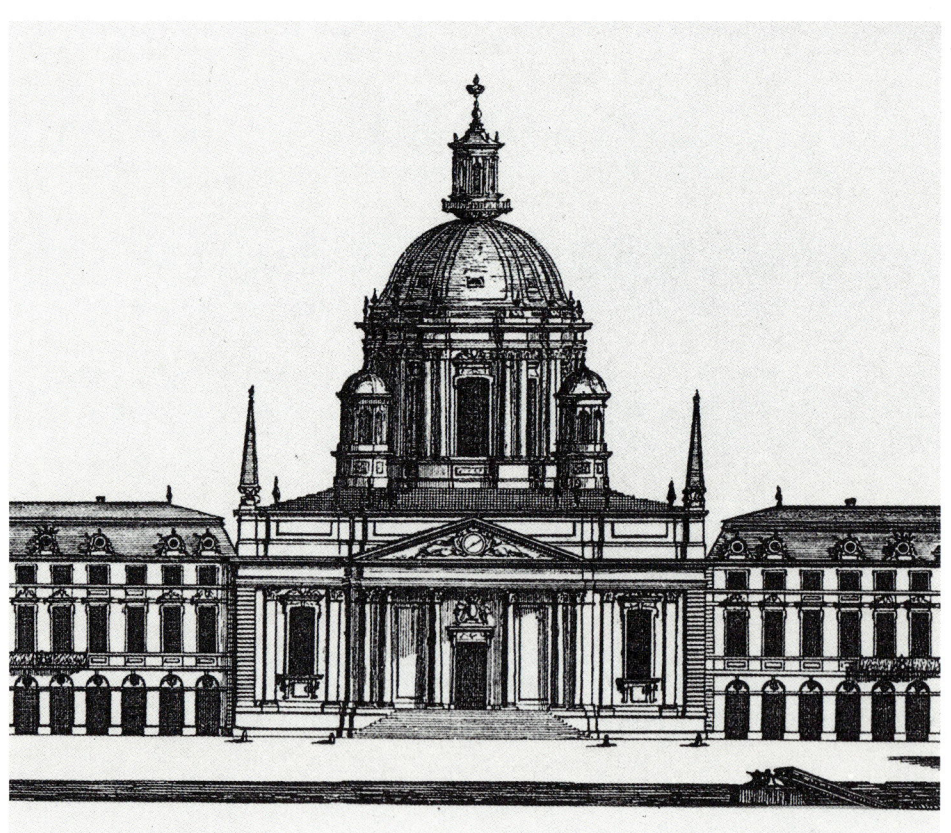

der hochaufragende, breit angelegte Kuppelturm. Diese Gedanken hatten keine bauliche Konsequenz, wirkten aber auf die folgenden Generationen. Nachweisbar ist das im Falle Knobelsdorffs, der sich mit diesem Vorschlag beschäftigte und zwei Skizzen danach für den Neubau eines Doms in Berlin hinterließ. 1747, nachdem der alte Dom (ehemalige Dominikanerkirche) wegen Baufälligkeit abgetragen werden mußte, begann gleichzeitig die Errichtung eines neuen an anderer Stelle (an der Ostseite des Lustgartens). Der Entwurf hierzu, der angeblich eigenhändigen Skizzen Friedrichs II. folgte, rührt von Boumann d. Ä. her. Die Grundsteinlegung fand am 8. Oktober 1747 statt, 1750 feierte man die Einweihung. Der nüchterne Grundriß und die nicht sehr geglückte Ausbildung des Äußeren riefen mehrfach Kritik hervor. Aber er besaß eine Kuppel, die von einer Gruppe allegorischer Figuren bekränzt war. Eine Uhr gehörte ebenfalls zur Ausstattung (Abbildung 76). Deutlich ist der Einfluß der Broebesschen Idealkirche zu spüren.

Abb. 76
Der Dom im Lustgarten,
Stich von
Johann Friedrich Schleuen,
um 1750

Die Kuppel als Gestaltungselement rückte damit in den Mittelpunkt der Aufmerksamkeit der Architekten.

Nach dem Siebenjährigen Krieg begann in Potsdam die Erneuerung des 1722 von Friedrich Wilhelm I. gegründeten Militärwaisenhauses.* Die Ausführung oblag Carl von Gontard, der den Bau 1771—1778 errichtete. Dieser Architekt entstammte einer französischen Familie, war aber erst nach einer gründlichen Ausbildung in Paris und in Holland und nach einer Dienstzeit am Bayreuthischen Hofe 1764 nach Preußen gekommen. Bei Dienstantritt erfolgte die Beförderung Gontards zum Ingenieur-Hauptmann mit der Aufgabe, die Aufsicht über den königlichen Bauhof zu übernehmen. Wegen angeblicher Unstimmigkeiten in den Abrechnungen war er von Dezember 1774 bis Januar 1775 in Haft. 1779 zog Gontard als Leiter der königlichen Immediatbau-Kommission nach Berlin. Diese Körperschaft leitete die staatlichen Bauten in der Residenzstadt — ein weiteres Indiz für den Übergang von theoretischen Überlegungen zu praktischen Schritten der Formung des Marktplatzes. Bis dahin hatte Gontard an zahlreichen Bauten in Potsdam mitgewirkt, am Neuen Palais, an den Communs sowie am Antiken- und am Freundschaftstempel in Sanssouci. Als wichtig für die weitere Gestaltung des Platzes in Berlin erwiesen sich der Entwurf und die Ausführung des Potsdamer Militärwaisenhauses, dessen Treppenturm eine glanzvolle Dominante repräsentativer Baugesinnung war. Er gilt im allgemeinen als Vorläufer oder Vorstufe der Türme auf dem Gensd'armen-Markt. Seine Errichtung hatte wohl wesentlichen Einfluß auf die Entscheidung Friedrichs II., Gontard auch die neue Aufgabe in Berlin zu übertragen. Ein weiteres Moment kommt hinzu: In der Literatur wird immer wieder darauf hingewiesen, daß die beiden Türme nachhaltig von den Kirchen Maria di Montesanto und Maria dei Miracoli auf der Piazza del Popolo in Rom inspiriert sind oder ihnen sogar nachgebildet wurden. Hier sind mehrere Einsprüche anzumelden.

Zum einen war die städtebauliche Situation der etwa hundert Jahre früher gebauten Kirchen eine völlig andere, und zum zweiten entsprach der Marktplatz in Berlin nicht der Funktion der Piazza del Popolo in Rom. Vielmehr ist nach dem Vergleich (Abbildung 77) davon auszugehen, daß in Preußen ein umfangreiches Werk mit Ansichten der Stadt Rom bekannt geworden war, das 1763 unter dem Titel »Les plus beaux édifices de Rome moderne« erschien. Auf Seite 29 legte der Verfasser eine entsprechende Abbildung vor. Es handelt sich — wie man deutlich sieht — um gleichgestaltige Kirchen,

aber mit anderen Dimensionen und anderem Aussehen. Die Bestärkung des Gedankens, der für Berlin eigentlich eine Wiederaufnahme früherer Überlegungen darstellte, spielte hier hinein. Mehr als eine Anregung entnahm man diesem Stich aber wohl nicht.

Gontard stand vor einer schwierigen Aufgabe, mußte er doch eine Lösung vorschlagen, die zugleich eine architektonische Einbindung der alten Kirchen — jede für sich ein Zentralbau — bedeutete. Hinzu kam das Komödienhaus, nach dem sich alle Überlegungen auszurichten hatten. Besonders erschwerend war, daß die Kirchen innerhalb der Quartiere unterschiedlich plaziert waren und zur Markgrafenstraße hin nicht in einer Flucht lagen. Doch sollte die Platzsymmetrie erreicht werden, und dafür bot die Variante mit zwei gleichen Türmen ausreichend Bewegungsfreiheit.

Abb. 77
Die Piazza del Popolo,
Radierung
von Francesco Piranesi,
um 1780

155

Abb. 78 Erster Entwurf oder
Vorentwurf für die Turmbauten
auf dem Gensd'armen-Markt,
um 1779

Abb. 79 Vom König am
23. Januar 1780 approbierter
Entwurf für die Turmbauten

Die unter den 15t Januar 1780. allergnädigst approbirte Facade zu zwey neue Thürme.

Die Idee des Architekten weist sein Können und seine Fähigkeiten aus. Er preßte den Turm an der Deutschen Kirche in diesen Bau nahezu hinein und legte zwischen die Französische Kirche und den dortigen Turm einen Zwischenbau. Abgesehen davon, daß der Turm an der Französischen Kirche nicht auf den Mittelpunkt des Quartiers zu liegen kam, gelang es Gontard auch nicht, eine gerade Front zwischen beiden Bauten einzurichten. Seine Meisterschaft zeigt sich jedoch darin, daß diese Unzulänglichkeiten optisch kaum ins Gewicht fallen. Das Komödienhaus auf dem Markt band er durch die Festlegung der Höhe der Sockel und Portiken der »Dome« auf die gleichen Größenverhältnisse ein.

Die Planungsidee fußte zunächst wieder auf Broebes, allerdings unter Einbeziehung der Erfahrungen beim Bau des Treppenturmes am Militärwaisenhaus. Die Entwicklung läßt sich durch Aufrisse, insbesondere des Deutschen Turms, bis in die Einzelheiten verfolgen. Offensichtlich 1779 legte Gontard einen ersten Entwurf vor, der deutlich die Bezugspunkte zu älteren Vorstellungen ausweist (Abbildung 78). Der Turm lagert hier breit über einem Sockel und zeigt wenig von der Leichtigkeit des Potsdamer Vorläufers — der Vorschlag verfiel der Ablehnung. Vom Januar 1780 datiert ein weiterer Entwurf (Abbildung 79), der vom König »approbiert« wurde. Die Zeichnung zeigt die Leichtigkeit der Gliederung der gewaltigen Baumassen und kommt den ausgeführten Bauten sehr nahe. Die Umrißzeichnung diente nach der erfolgten Genehmigung zur Ausführung der Bauten am 23. Januar 1780 dann zur Ausfertigung aller Bauzeichnungen, deren Reste im Nachlaß Gontards, der im Märkischen Museum aufbewahrt wurde, leider den Bomben zum Opfer fielen. In der Literatur des 19. Jahrhunderts wird auf sie verwiesen, aber sie wurden nicht veröffentlicht, so daß ein Vergleich zu den weiteren Planungsschritten nicht möglich ist.

Zur Namensgebung

An dieser Stelle sind einige Erklärungen zur Namensgebung angebracht. Das betrifft einmal die Bezeichnung Gensd'armen-Markt und zum anderen die Begriffsbildung Französischer und Deutscher Dom.

In den wenigen erhaltenen Akten trifft man bis gegen 1800 den Namen Gensd'armen-Markt kaum an, die Bezeichnung war vielmehr »Friedrichstädtischer Markt«. In der Zeitungsnotiz von 1778 lesen wir zum ersten Mal vom »Gensd'armen«-Markt. Eine aktenmäßige Absicherung des Namens konnte nicht aufgefunden werden, vermutlich hat eine offizielle Benennung auch nie stattgefunden. Aus dem skizzierten Weg der Entwicklung des Platz-gedankens ergibt sich eine Schlußfolgerung: Eine Namensgebung war nicht nötig. Alle Platzwände traten zu den Straßen, die sich ja mit ihrem Namen auch über den Platz hinweg fortsetzten. »Friedrichstädtischer Markt« war eine Ortsbezeichnung in dem Sinne, als es sich um den Markt in der Fried-richstadt handelte. Ebenso wurde der Name Gensd'armen-Markt nicht ver-liehen, er entstand im Laufe der Zeit, und zwar erst nachdem das Régiment Gensd'armes bereits verlegt worden war, es ist also auch hier nur eine Orts-bezeichnung zu vermuten. Belegt wird dies durch die verblüffende Tatsache, daß es nie ein Straßenschild »Gensd'armen-Markt« gegeben hat, denn wo hätte es stehen sollen: Man hätte dafür Straßenbezeichnungen aufheben müssen.

Ähnlich verhält es sich mit den Bezeichnungen Deutscher und Französi-scher Dom, denn auch sie beruhen nicht auf einer offiziellen Namensge-bung. In den Akten wird immer schlicht von Turmbauten gesprochen, das »Dom« wurde offenbar von den Berlinern spontan darauf angewendet, obendrein fälschlich, denn dieser Begriff ist im deutschen Sprachgebrauch eindeutig besetzt: Damit wird die Hauptkirche eines Sprengels bezeichnet, die Sitz eines Bischofs oder eines Domkirchen-Kollegiums ist. Das trifft für keinen der beiden Türme zu, die ja nicht einmal Kirchen waren.

Nicolai bringt uns auf die entscheidende Spur in seiner Beschreibung der Bauten: »Das ganze Thurmgebäude besteht aus drei Theilen: 1) dem un-teren großen Viereck, dessen hintere Seite mit der Kirche verbunden ist, und dessen drey übrige Seiten mit Vorsprüngen und Säulenlauben, jede von 6 korinthischen Säulen, geziert sind … 2) der Dom, 56 Fuß im Durch-schnitt; er besteht aus 12 freystehenden korinthischen Säulen, nebst dement-sprechenden Wandpfeilern … 3) die Kuppel, von Holz mit Kupfer gedeckt, grün angestrichen, und mit goldenen Rosetten geziert …«[1]

Hier haben wir eine Erklärung: Das ganze Gebäude hieß »der Turm«, und nur ein Teil von ihm war der »Dom«. Diese letztere Bezeichnung kam erst am Ende des 18. Jahrhunderts auf und lehnte sich an das französische »dôme« für »Kuppelkirche« an. Deutscher oder Französischer »Dom« meint also nur »Kuppelkirchen«, aber da es gar keine Kirchen sind, ist diese Namensgebung jedenfalls widersprüchlich, abgesehen davon, daß sie sich eigentlich nur auf die Säulentrommel mit der Kuppel bezieht; mit einem Wort: Die Bezeichnung Türme trifft exakter.

Aus einem am 17. Oktober 1779 in Potsdam ausgefertigten Schreiben erfahren wir, daß die Vorbereitungen für die umfänglichen Baumaßnahmen weit vorangeschritten gewesen sein müssen. »Es entspricht«, so heißt es dort, »vollkommen den Absichten des Königs, daß die französische Kirche der Friedrichstadt zu Berlin für die Gebäude und den Kirchhof, die selbige zur Verschönerung dieses Viertel der Residenz abgetreten hat, entschädigt werde, und Sr. Majestät hat in Folge des Ansuchens des Konsistoriums vom 14. sogleich befohlen, daß das Innere des Thurms, den Höchstdieselbe errichten und der Kirche anfügen lassen, dazu eingerichtet werde, und zur Beerdigung ihrer Todten bestimmt Sr. Majestät in der sandigen Gegend beim Invalidenhaus eine Stelle, die noch mit einer Mauer umgeben werden soll. Die erstere Ordre ist der Direktion der Königlichen Bauten zu Berlin, die andere dem Gouvernement zugegangen, wohin das Konsistorium sich in dieser Angelegenheit zu wenden hat.«[2]

Am 27. April 1780 lud Gontard die Vorsteher der Deutschen Kirche in seine Wohnung zu einer Besichtigung der Baupläne ein (Abbildung 80). Eine Kontaktaufnahme und Besprechung machte sich notwendig, da das Hineinpressen des Turms in die Deutsche Kirche mit zahlreichen Veränderungen des bisherigen Baus verbunden war. Zwei häßliche Pfeiler, die im Inneren zu sehen waren, gaben dem Turm nach dieser Seite die entsprechende Absicherung. Damit gingen aber die Sakristei und einige Grabgewölbe verloren. Über das erste konnte man sich schnell einigen, man versprach der Gemeinde eine neue Sakristei im Unterbau des Turms. Die Verlegung der Katakomben gestaltete sich komplizierter: Die Vermietung derselben war eine wichtige Einnahmequelle der ohnehin nicht reichen Gemeinde, Verlust an Raum bedeutete also hier finanzielle Einbuße.

Pflichtschuldigst legten die Kirchenvorsteher Gontards Brief dem Magistrat vor und berichteten: »... haben wir anzeigen wollen, daß auf Einladung des Herrn Hauptmann von Gontard eine Zusammenkunft stattgefunden hatte. Sie war am 1. May ... in der Sacristey der Neuen Kirche. Bauinspektor Becherer legte Zeichnungen des Neuen Thurms nebst der Collonade die um den Neuen Thurm gelegt werden soll aus.«[3] Die Kirchenvorsteher »wollen Zeichnungen kaufen, um sie dem Magistrat vorzulegen«, und fragen gleichzeitig an, »ob unter Thurm und Collonade Gewölbe angelegt wird«. Sie haben zum anderen in Erfahrung gebracht, daß dies keinesfalls auf des Königs Kosten geschehen werde.

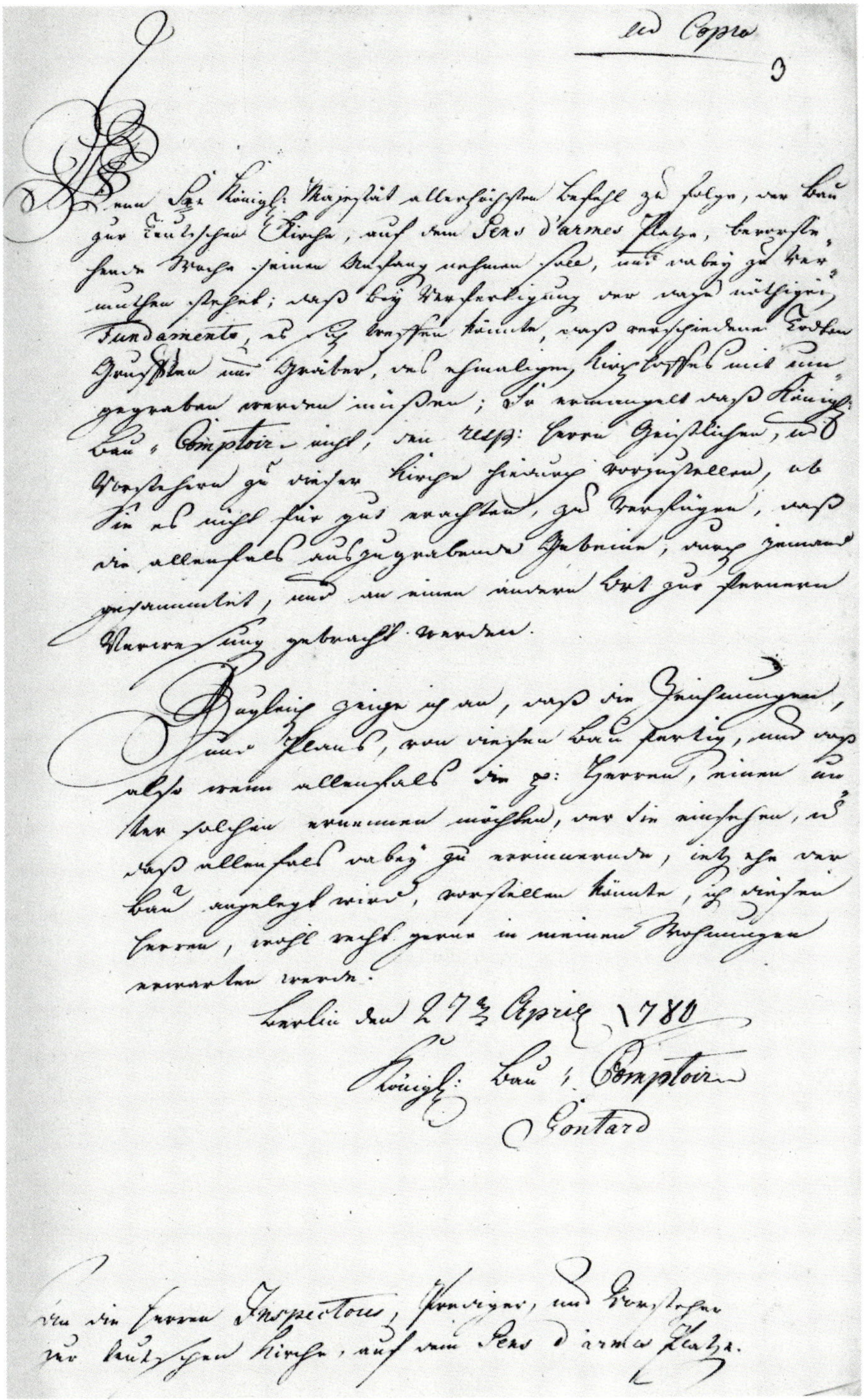
Denen Sr Königl: Majestät allerhöchstem Befehl zu folgen, der Bau zur Deutschen Kirche, auf dem Gens d'armes Platze, bereits künftigen Woche seinen Anfang nehmen soll, und dabey zu vermuthen stehet; daß bey Verfertigung der dazu nöthigen Fundamente, es sich treffen könnte, daß verschiedene Todten Gerippe und Gräber, des ehemaligen Kirchhofs mit ausgegraben werden müssen; So ermangelt das Königl: Bau-Comptoir nicht, den resp: Herrn Geistlichen, und Vorstehern zu dieser Kirche hierdurch vorzustellen, ob Sie es nicht für gut erachten, zu Verfügen, daß die allenfalls auszugrabende Gebeine, ganz zusammen gesammlet, und an einem andern Ort zur ferneren Beerdigung gebracht werden.

Zugleich zeige ich an, daß die Zeichnungen, zum Thurm, von diesem Bau fertig, und daß also wenn allenfalls die resp: Herren, einen an der solchen ernennen möchten, der sie einsehen, und das allenfalls dabey zu erinnernde, insofern der Bau angelegt wird, vorstellen könnte, ich diesen Herrn, wohl recht gerne in meiner Wohnungen erwarten werde.

Berlin den 27ten April 1780

Königl: Bau-Comptoir
Gontard

An die Herren Inspectores, Prediger, und Vorsteher der deutschen Kirche, auf dem Gens d'armes Platze.

Abb. 80 Schreiben Carl von Gontards vom 27. April 1780 an die Vorsteher der Deutschen Kirche mit der Aufforderung, die Entwürfe zum Turmbau zu besichtigen

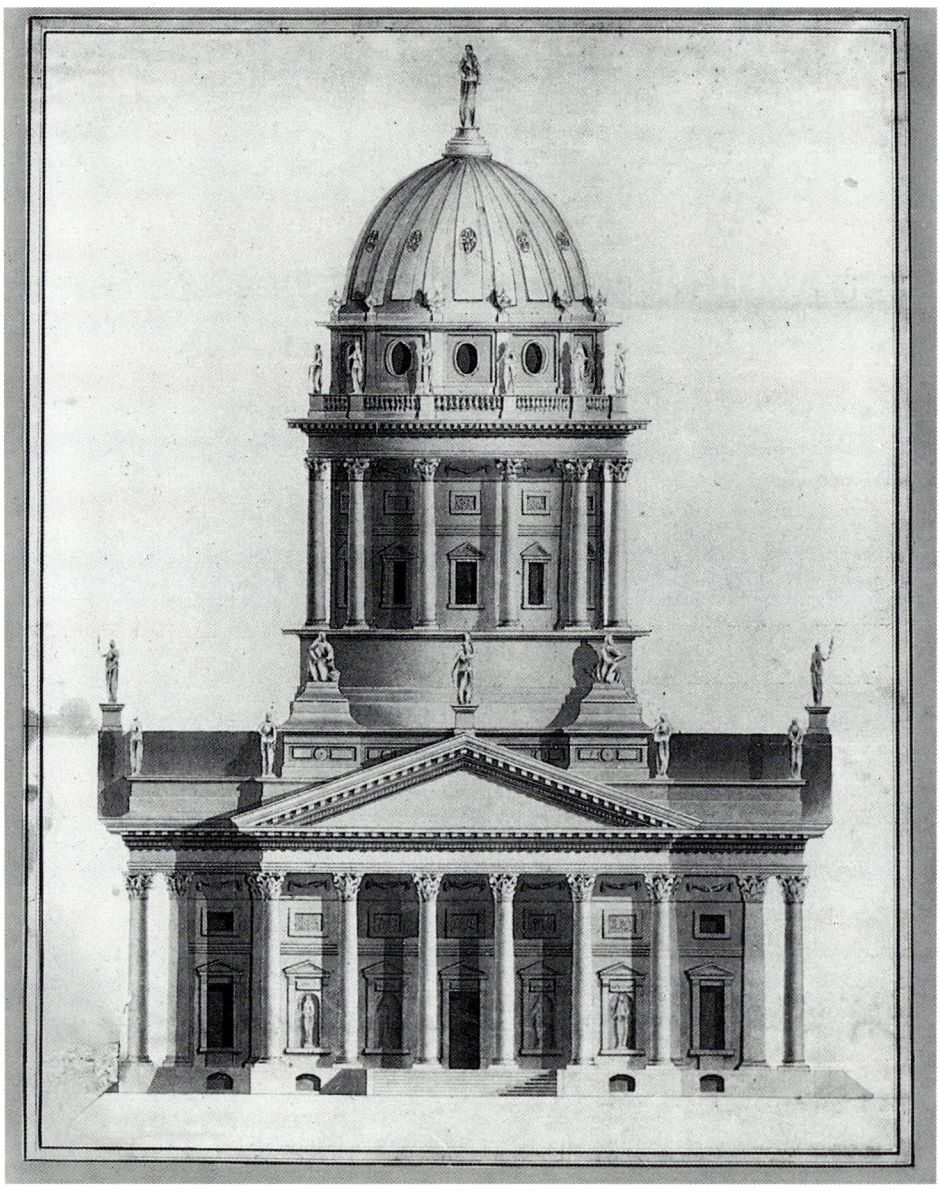

Im Detail läßt sich nicht mehr feststellen, welche Zeichnungen der Bauinspektor Friedrich Becherer (Abbildung 81) vorlegte. Bekannt ist, daß Gontard nach dem Januar 1780 an den Plänen weitergearbeitet hat. Aus dem
Jahre 1781 konnte eine bisher nicht veröffentlichte Zeichnung ermittelt werden (Abbildung 82), die eine Entwicklung des Turmbaugedankens aufzeigt.

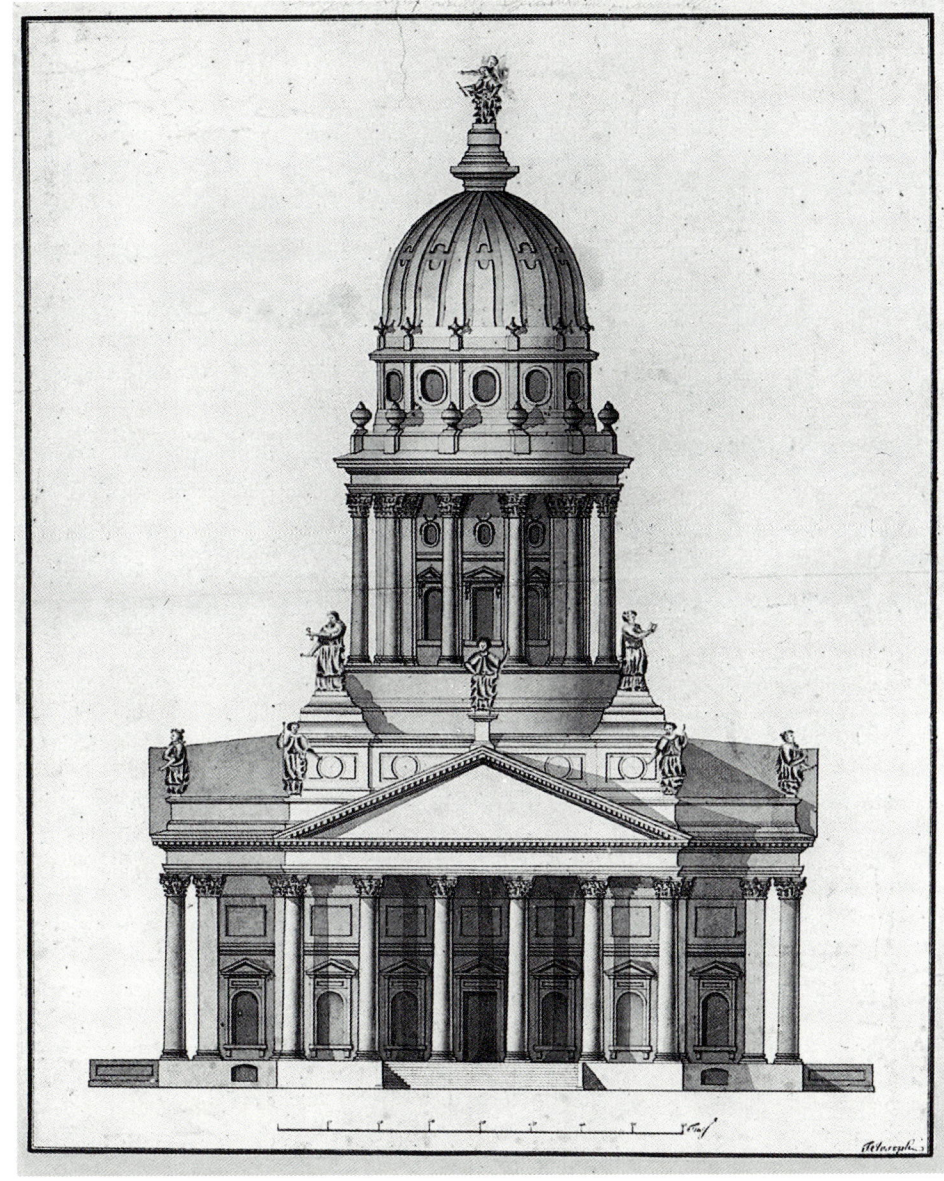

Abb. 82 Zeichnung
von F. Josephi (?) für den
geplanten Turm,
angefertigt nach dem Einsturz
des Deutschen Turms,
möglicherweise
Rekonstruktion (?) der Absicht

Der Turm ist hier schlanker, graziler, deutlich zu erkennen an der Säulentrommel, deren Interkolumnien nun nur noch den Blick auf drei Fensteröff-
nungen — gegenüber fünf beim genehmigten Entwurf — gestatten. Die Figuren auf der Balustrade fielen weg, an ihre Stelle traten Vasen. Die Dächer
über den Portiken zeigen eine Firstneigung, die gefälliger in die Baumasse

des Turms überleitet. Die Kuppel wurde insgesamt steiler, sie wirkt hier wesentlich ausgereifter.

Wie sich aus den Quellen ergibt, spielte Becherer beim Turmbau eine bedeutendere Rolle, als bisher angenommen. Der Bauinspektor, über den wenig bekannt ist, soll nach landläufiger Meinung erst ab Oktober 1781 die Ausführung übernommen haben. Nach dem Bericht der Kirchenvorsteher führte er aber bereits 1780 die Verhandlungen, und die Akten zeigen, daß er eine Vielzahl der mit dem Bau im Zusammenhang stehenden Probleme selbständig, ohne Beratung mit Gontard, entschied. Seine Stellung als Kondukteur kann nicht ohne Einfluß auf die Gestaltung der Bauten geblieben sein, obwohl dies nach Verlust der Akten Spekulation bleiben muß.

Auf die Anfrage der Kirchenvorsteher antwortet der Magistrat, daß die »Cassa Templi ... kein Geld für Gewölbe hat«.[4] Hierum entsteht ein Hin und Her, dessen pekuniäre Hintergründe weiter oben schon erörtert wurden. Friedrich Becherer verhandelte mit dem Kirchenvorstand, der am 23. Juni 1780 den Antrag stellte, 600 Taler zu bewilligen, um »bei dem gegenwärtigen Bau des Thurms und der Collonade im gesamten Umfang 18 Gewölbe« anzulegen.[5]

Je mehr sich die Gemeinde in den Bau hineindachte, um so größer wurde das Unbehagen ob der Folgen. Am 22. Juni 1780 machten die Vorsteher darauf aufmerksam: »Ferner würde dem Bau Comptoir oder dem Herrn Captain von Gontard wohl vorzustellen sein, wie durch Erbauung des Thurms und der Collonade 3 Fenster verschlossen werden, [so] daß das Licht der Cantzel ganz genommen wird.« Am 22. Mai hatte es schon geheißen: »... da auch durch den Bau des Thurms die Sacristey hat abgebrochen werden müssen, so haben wir den Herrn Geheimen Finanzrath Rode gütigst gebeten, auf Kosten des Königl. Ober Bau Comptoirs in der Kirche ein Behältnis von Bretter abzuschlagen ...«[6]

Noch vor Grundsteinlegung war entschieden worden, daß der gesamte Bau der Türme »ungewölbt« bleiben sollte, das heißt, daß keine Begräbnisstellen vorgesehen waren, daß die Gemeinde ihren Bretterverschlag bekommen und daß nach Abschluß der Bauarbeiten eine neue Sakristei im Turmgebäude eingerichtet werden sollte. Für die verlorengegangenen Begräbnisplätze an der Ostseite der Kirche erhält die Gemeinde eine auf »königliche Kosten vorgenommene Einwölbung des Turmstumpfs des alten Baus auf der Westseite« (vom Anfang des 18. Jahrhunderts; Abbildung 83).

Plan.

Des Thurms zur Neuen Kirche auf der Friedrich.
Stadt. A. das neue Gewölbe unter dem Thurm.
B.B die beyden alten Gewölben. C. die Kirche.

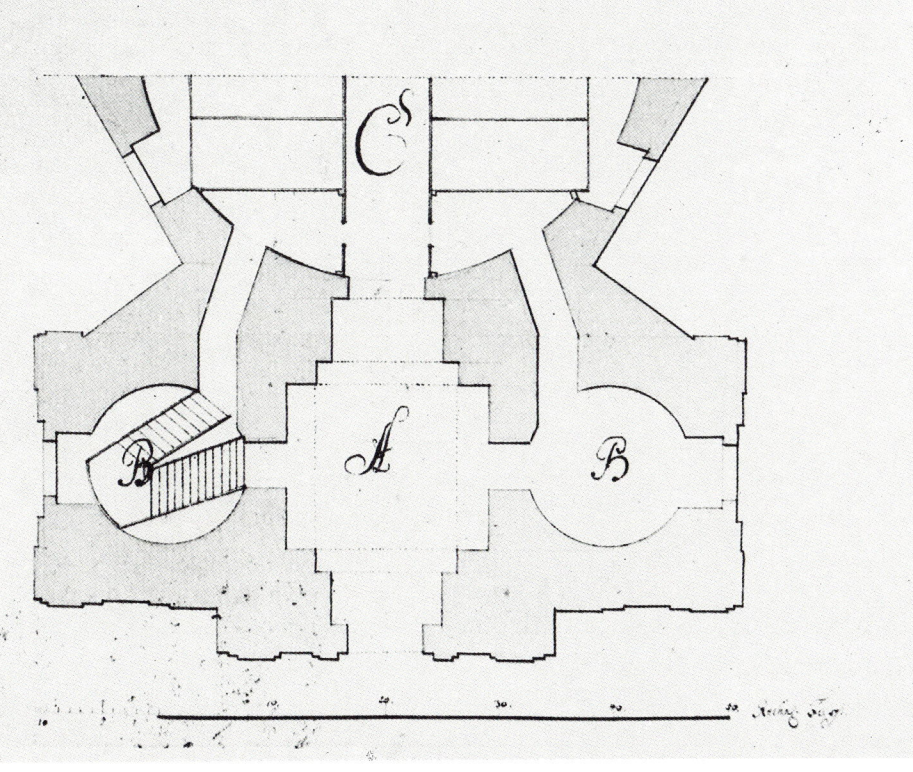

Abb. 83 Grundrißzeichnung für
die Anlage neuer Grabgewölbe
im alten, nicht zu Ende
gebauten Westturm
der Deutschen Kirche, 1780

165

Abb. 84 a und b Vorlage
für die Anfertigung
einer Grundsteinplatte
für den Deutschen Turm,
1780

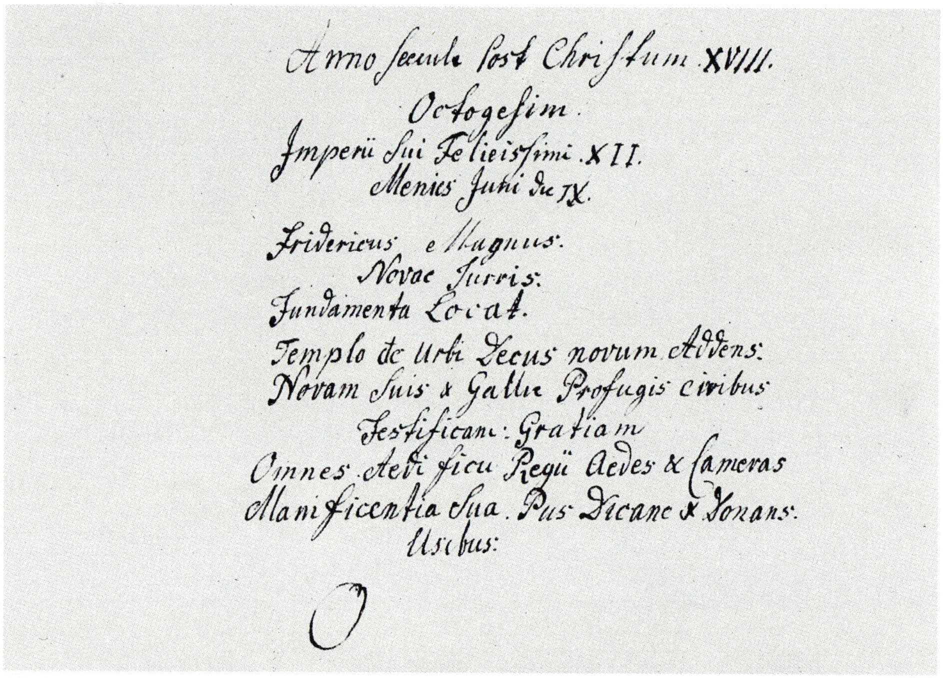

Anno seculi post Christum XVIII.
Octogesim.
Imperii sui Felicissimi XII.
Mensis Junii die IX.

Fridericus e Magnus.
Novae Turris.
Fundamenta Locat.
Templo de Urbi Decus novum Addens:
Novam Suis & Galliae Profugis civibus
Testificam: Gratiam
Omnes aedificii Regii Aedes & Cameras
Magnificentia Sua. Pius Dicane & Sonans.
Usibus:

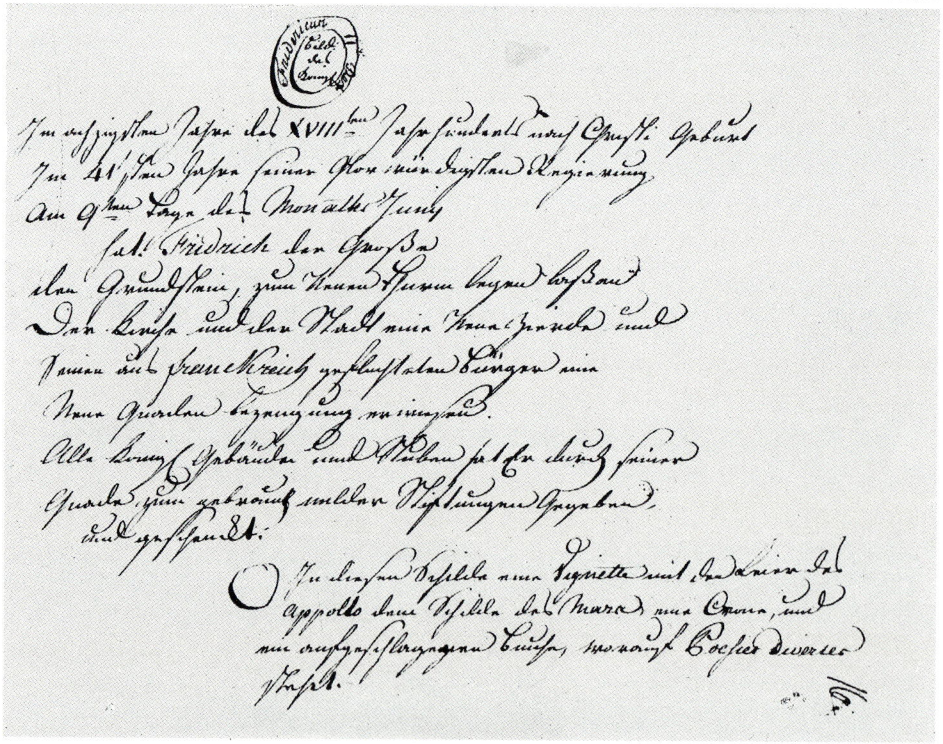

Im achtzigsten Jahre des XVIIIten Jahrhunderts nach Christi Geburt
Im 41ten Jahre seiner Glor=reichen dreyssten Regierung
Am 9ten Tage des Monaths Juny

hat! Friedrich der Grosse
den Grundstein, zum Neuen Thurm legen lassen.
Der Kirche und der Stadt eine neue Zierde und
denen aus Frankreich geflüchteten Bürgern eine
neue Gnaden Bezeugung zu erzeigen.
Alle dem Königl. Gebäude und Altbau soll er durch seine
Gnade, zum gebrauch und zur Stiftungen Gegeben,
und geschenkt.
Im linken Siegel eine Vignette mit dem einen des
Appollo dem Siegel des Mars, eine Crone, und
ein aufgeschlagenem Buche, woraufs Poetes diverses
Jahre.

166

Die Zusammenkunft zwischen Becherer und den Vorstehern hatte am 1. Mai stattgefunden, kurz darauf begannen die Ausschachtungsarbeiten. Als Datum der Grundsteinlegung wird allgemein der 27. Mai angegeben. Dem steht entgegen, daß am 13. Juni 1780 beim Magistrat ein Antrag einging, in dem es heißt: »Wie wir in Erfahrung gebracht, so ist die französische Gemeinde gewillt, bey der Erbauung des Thurms an ihrer Kirche auf der Friedrichstadt einen Grundstein legen zu lassen.« Dies wollen die Kirchenvorsteher der Deutschen Gemeinde auch tun und reichen den Text (lateinisch und deutsch) einer bereits gravierten Platte für den Grundstein ein (Abbildungen 84a und b). Darin ist festgehalten, daß Friedrich II. »... am 9ten Tage des Monaths Juny ... den Grundstein, zum Neuen Thurm [hat] legen laßen. Der Kirche und der Stadt eine Neue Zierde und Seinen aus Franckreich geflüchteten Bürgern eine Neue Gnadenbezeugung ...« Da die nachträgliche Grundsteinlegung bevorstand und die Platte versenkt werden sollte, aber noch nicht bezahlt war, schrieben die Vorsteher mit der Bitte um Übernahme der Kosten durch den Magistrat mit Hinweis auf die Aktivität der Hugenotten und auf den Monarchen, »... ob [der König] uns deutschen nicht übel andenke möge, das wir Seiner uns gezeigten Gnade mit keinem Dank ... [entgegentreten wollen]«[7]. Der 27. Mai wäre demnach nur als Datum des Beginns der Ausschachtungsarbeiten festzuhalten.

Der Text der Grundsteinplatte für den Französischen Turm konnte nicht ermittelt werden. Allerdings ließen die Hugenotten eine Münze auf die Grundsteinlegung prägen, die auf der einen Seite die Apotheose Friedrichs II. zeigt und auf der anderen ein relativ genaues Bild des Stadtquartiers vor Baubeginn bietet. Wir erkennen deutlich die Französische Kirche, rechts von ihr die Reste des Stalls des Régiment Gensd'armes, links das kleine Küsterhaus; davor liegen Schuttreste und Bauholz. In der unteren rechten Ecke werden, angeschnitten, die einfachen Scharren auf dem Markt eben noch erfaßt. Rechts im Hintergrund, in seiner Höhe übertrieben, ist der 1774 begonnene Bau der Bibliothek — im Volksmund »Kommode« genannt — deutlich an der geschwungenen Rückfront zu erkennen. Wir sehen auch die Randbebauung des Platzes mit zweigeschossigen Wohngebäuden. Die Medaille stellt ein wertvolles Dokument dar, das die Bescheidenheit der Gestaltung dieses Platzes belegt (Abbildung 85).

Auch bezüglich des Französischen Turms sind wir aus den Akten nicht genau unterrichtet. Für die Hugenotten ergab sich das besondere Problem,

daß der Grund und Boden, auf dem sich der Turm erheben sollte, ihr Eigentum war und noch genutzt wurde. Selbstherrlich verlegte man ihren Friedhof in die Chausseestraße vor die Stadt, wo ihnen ein Platz angewiesen wurde, den sie kaufen mußten, während der gemeindeeigene Grund und Boden für die Errichtung eines Staatsbaus herhalten mußte. Allerdings einigte man sich in der Form, daß der aufzuführende Bau »für alle Zeiten« den Hugenotten zur Nutzung übertragen war.

Die Realisierung beider Türme vollzog sich gleichzeitig, und man kam rasch voran. Aber schon bald zeigten sich Risse am Französischen Turm. Am 28. Juli 1781 dann, man war gerade bis zur Höhe des Gesimses unterhalb der Säulentrommel gekommen, stürzte in den Morgenstunden der Bau des Deutschen Turms mit Getöse ein.

Mangelhafte Gründung infolge einer Fehleinschätzung des Baugrunds und zu schwache Anlage des Tambour-Mauerwerks sind neben nachlässiger

Abb. 86 Kupferstich
von Johann Georg Rosenberg
mit dem eingestürzten
Deutschen Turm, 1781

Ausführung wohl schuld daran gewesen. Die eigentliche Ursache dürfte aber in der Idee zu suchen sein, den Turm graziler zu machen. Beide künftigen Wahrzeichen Berlins wiesen ja die gleiche Merkwürdigkeit auf: Sie waren nicht als Funktions-, sondern als reine Schmuckbauten geplant, die einem Platz ein repräsentatives Gesicht geben sollten. Einzig der Unterbau bot Raum für eine Nutzung, doch erhoben sich die Türme nicht erst in Firsthöhe der Dächer, sondern reichten mit den Tambourschäften bis in die Fundamente hinunter. Diese Konstruktion führte dazu, daß der Raum im Unterbau fast völlig aufgezehrt wurde, es sei denn, die Schäfte erhielten in ihrem Unterteil dünneres Mauerwerk. Gontard hatte dieses aber so schwach berechnet, daß es den Druck der Säulentrommel nicht tragen konnte und der Bau zusammenstürzte. Das war für Berlin ein großes Vorkommnis, von dem uns mehrere Darstellungen in allen Details Auskunft geben. Sie liefern auch wertvolle Informationen über das Baugeschehen am Gensd'armen-Markt

Abb. 87 Zeichnung von
Christian Gottfried Matthes
mit dem eingestürzten
Deutschen Turm, 1781

(Abbildungen 86—88). Aus allen können wir den Umfang der Schäden erse-
hen: Die Säulentrommel gab an der zum Platz gerichteten Seite nach und
stürzte bis fast zum Erdboden hin ein — ein Beweis dafür, daß die Unter-
konstruktion des Tambours zu schwach war. Wir erkennen die ungefähre
Höhe, bis zu der der Bau ausgeführt war: bis zum Ansatz der Trommel.
Gleichzeitig gestatten uns die Abbildungen einen Blick in das Innere mit den
massiv im Raum stehenden Substruktionen des Tambours.

Auf den Stichen erkennen wir links Teile der Wohnbebauung, vor allem
ein angeschnittenes Haus, das in die Umgestaltungsprojekte mit einbezogen
war. Ebenso markiert sich im Durchblick zwischen Komödienhaus und
Deutscher Kirche ein dreigeschossiges Gebäude, das Ammonsche Haus, später Hôtel de Brandebourg. Das alles ist ein deutlicher Hinweis darauf, daß
gleichzeitig mit den Türmen auch neue stattliche Häuser am Platz errichtet
wurden. Auf sie wird später einzugehen sein. Hier zeigt sich aber schon
recht gut, wie und auf welche Sichtachsen die Platzgestaltung hin kompo-
niert wurde. Auf den Abbildungen 87 und 88 ist rechts gerade noch die

170

Fassadenecke des Französischen Komödienhauses von Johann Boumann zu sehen; wir erkennen die Freitreppe, vor der Bauholz lagert, und Details der Eingangssituation.

Fassadenecke des Französischen Komödienhauses von Johann Boumann zu sehen; wir erkennen die Freitreppe, vor der Bauholz lagert, und Details der Eingangssituation.

Der Einsturz hatte Konsequenzen: Gontard verlor seine überragende Stellung als Leiter aller königlichen Bauten in Berlin, auch von der weiteren Tätigkeit am Gensd'armen-Markt wurde er suspendiert. Seinen Platz nahm Georg Christian Unger ein, der ebenfalls aus Bayreuth stammte und ein Schüler Gontards war. 1781, möglicherweise erst nach der Turmkatastrophe, kam er aus Potsdam, wo er etliche Bürgerhäuser, das Belvedere auf dem Klausberg, die Gewehrfabrik und zahlreiche andere Gebäude errichtet hatte, nach Berlin und erhielt maßgebliche Positionen, vor allem die Oberbauleitung am Gensd'armen-Markt. Gleichwohl war Gontards Sturz nicht so tief, wie immer angenommen wurde, wennschon ihm für längere Zeit die Grundlage für jede weitere eigene Tätigkeit entzogen war.

Unger hielt sich an die vom König genehmigten Gontardschen Entwürfe und legte einzig die statischen Elemente neu aus: Die Mauern des Tambours

Abb. 88 Stich von Christian Gottfried Matthes mit dem eingestürzten Deutschen Turm, 1781

171

und alle Glieder, die ihm die nötige Stütze geben, wurden verbreitert und verstärkt. Das Äußere erlitt kaum Veränderungen, genaugenommen sogar nur die über den Portiken breit lagernden Teile. Die auf der oberen Balustrade vorgesehenen Figuren entfielen, dafür wurden Statuen in die mit Fenstern alternierenden Nischen des Turmkörpers eingestellt. Im Innern verschoben die zur Verbesserung der Statik getroffenen Maßnahmen die Raumverhältnisse weiter zuungunsten der Nutzbarkeit.

Das Figurenprogramm der Bauten richtete sich nach den religiösen Vorstellungen der damaligen Zeit. Die Entwürfe für die Friese und Basreliefs

Abb. 89 Zeichnung
von Bernhard Rode für den
heiligen Jeremias
auf dem Ostportikus
des Französichen Turms,
um 1781

Abb. 90 Zeichnung von Bernhard Rode für den Giebel an der Nordseite des Deutschen Turms, um 1781

(Abbildung 90) entstammten beim Deutschen Turm der Feder von Bernhard Rode, einem sehr geschickten Maler, dessen Arbeiten in vielen Berliner Kirchen noch heute zu sehen sind. Für die Gestaltung des Französischen Turms lieferte teilweise der geniale Daniel Chodowiecki die Vorgaben. Beide Künstler reichten ihre Zeichnungen ein, die dann von Bildhauern und Stukkateuren ausgeführt wurden.

Der Platz erhielt endlich ein geschlossenes äußeres Bild: zwei gewaltige Turmbauten, verbunden durch das Komödienhaus und umgeben von immer zahlreicher werdenden, auf die Höhe der »Dome« abgestimmten Wohngebäuden. Damit war dem Platz eine repräsentative Gestaltung gegeben, ein tragfähiges architektonisches Programm umgesetzt. Das Turmpaar stellte mit seiner Höhe von 78 m fortan eine städtebauliche Dominante dar und bedeutete einen Glanzpunkt der Berliner Architektur (Abbildungen 91, 92).

Das Innere war weniger zu loben. Spätere Zeichnungen stellen die prekäre räumliche Situation eindringlich vor Augen (Abbildung 93). Aus dem 19. Jahrhundert sind zahlreiche sehr genaue Aufmaße von Architekturteilen, vom Flachrelief der Allegorie der Ewigkeit in einem der Blendfelder oberhalb der Apostelfiguren am Turmschaft der Deutschen Kirche sowie von der Konstruktion der Kuppel überliefert (Abbildungen 94—99).

Bekrönt wurden beide Türme durch vergoldete Figuren. Ihre Entstehung sowie das ideologische Gesamtprogramm jedes der Bauwerke sind noch zu wenig aufgearbeitet. Auf der Spitze des Französischen Turms erhebt sich das Sinnbild der »Triumphierenden Religion« — die Wahl ließe sich wohl mit der Verfolgung der Hugenotten in Frankreich durch die katholische Kirche leicht erklären. Auf dem Deutschen Turm erhielt die »Triumphierende Tugend« ihren Platz — die Interpretation als Selbstdarstellung der

173

Abb. 91 Französischer Turm
und Kirche, Meßbild, 1882

obsiegenden preußischen Tugenden wäre wohl nicht ganz abwegig, erschien doch bereits vor der Fertigstellung des Baus in Berlin eine Beschreibung des Figurenprogramms, die derartige Schlüsse nahelegt, So werden als Tugenden am Deutschen Turm beschrieben: die Treue, die Mildtätigkeit, die Freundschaft, die Klugheit, die Standhaftigkeit, die Demut, die Keuschheit, die Mäßigkeit, die Liebe, der Glaube, die Hoffnung und die Geduld — allesamt Eigenschaften, wie sie der Preußenkönig von seinen Untertanen verlangte. Am Französischen Turm sind einige dieser Tugenden ebenfalls dargestellt, darüber hinaus aber noch andere (Abbildungen 100, 101).

Abb. 92 Der Deutsche Turm,
um 1900

Der Bauablauf zwischen 1781 und 1785 läßt sich nur ganz allgemein darstellen. Zunächst mußte der Schutt am Deutschen Turm beseitigt werden,
dann trug man beide Baukörper der Türme weitgehend ab, ohne jedoch den
Unterbau oder die Kolonnade dabei anzutasten.

    Die Katastrophe am 21. Juli 1781 hatte auch die Deutsche Kirche in Mit-
leidenschaft gezogen. Insbesondere waren große Teile des Dachs und des
hölzernen Gewölbes zerschlagen. Bei der Reparatur der Schäden tauchten
neue auf, die man gleich mit in Ordnung bringen lassen wollte. Anträge an
den Magistrat wurden gestellt, doch hatte der kein Geld. Becherer, nun mit

Einzelheiten

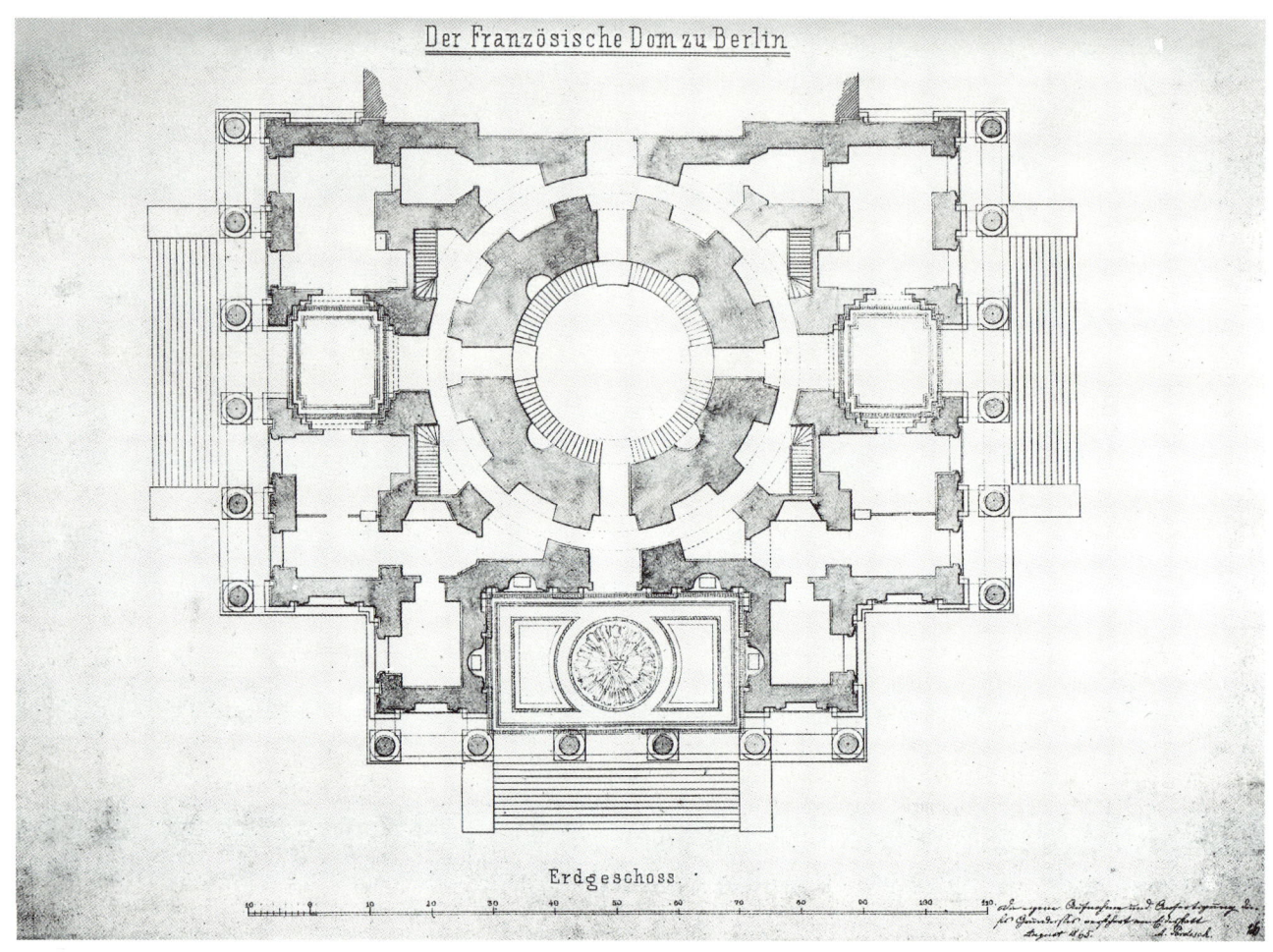

Der Französische Dom zu Berlin

Erdgeschoss.

Abb. 93
Der Französische Turm,
Erdgeschoß-Aufnahme
von A. Perdisch, 1865

der Ausführung des Baus betraut, kam den Kirchenvorstehern entgegen. Er übernahm die Kosten auf die königliche Kasse, bat sich aber dafür ein Grabgewölbe aus. Er hatte nach Gontards Verabschiedung freie Hand. Sein Anteil muß, wie schon erwähnt, wesentlich größer gewesen sein, als bisher angenommen. Über Details korrespondierte er sogar mit dem König, dem er den Vorschlag unterbreitete, zur Erhöhung der statischen Festigkeit nun doch Gewölbe unter dem Turm anzulegen und ihm dort eine Grabstätte zuzuweisen. Am 27. September 1781 lehnte der König ab. Ob Becherers Wunsch damit zusammenhing, daß der bedeutende Architekt Knobelsdorff und der nicht minder berühmte Hofmaler Antoine Pesne bereits in den Gewölben der Deutschen Kirche begraben worden waren, ist nicht bekannt.

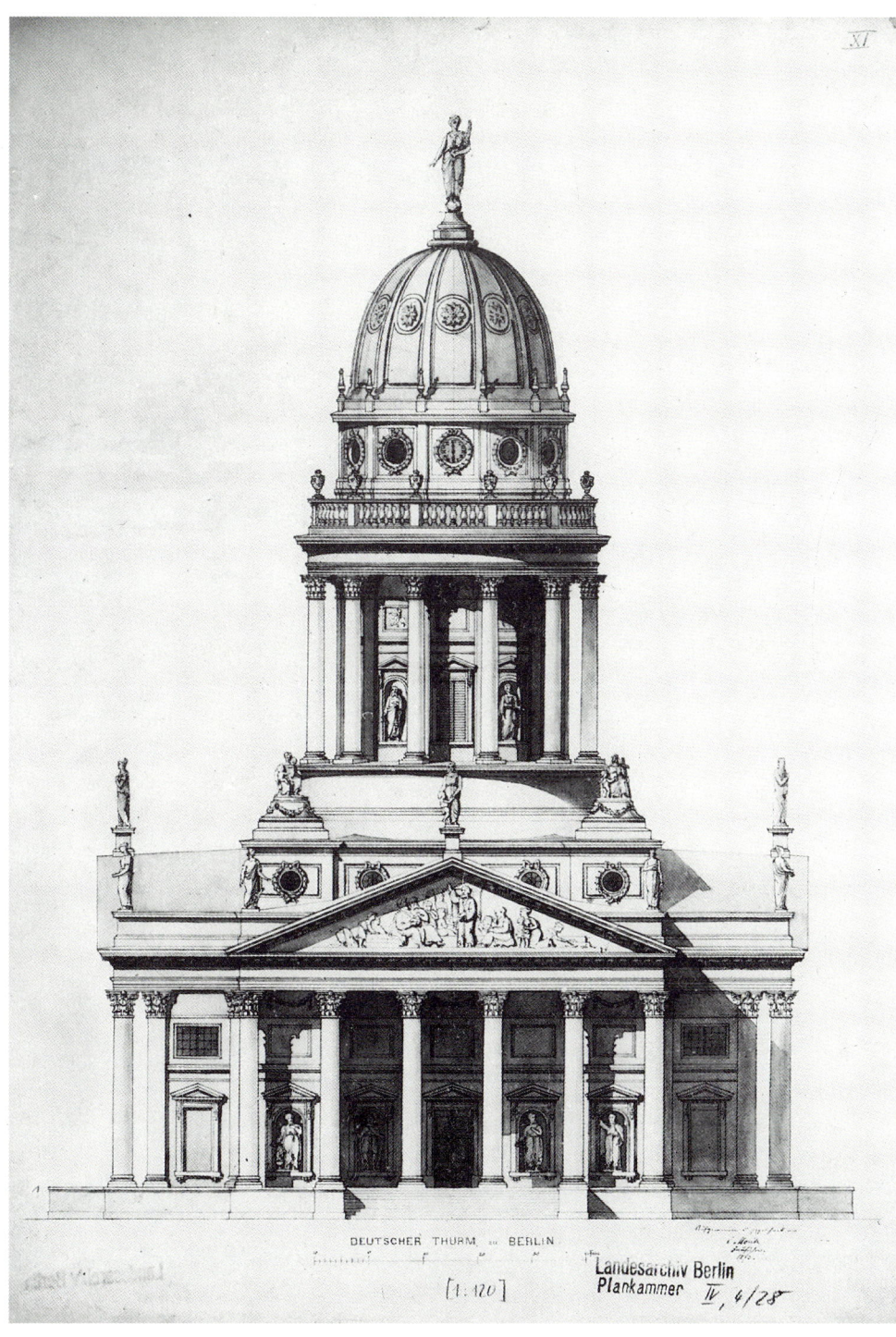

DEUTSCHER THURM zu BERLIN

[1:120]

Landesarchiv Berlin
Plankammer IV, 6/28

Abb. 94
Der Deutsche Turm,
Ansicht, aufgenommen
von C. Moritz, 1870

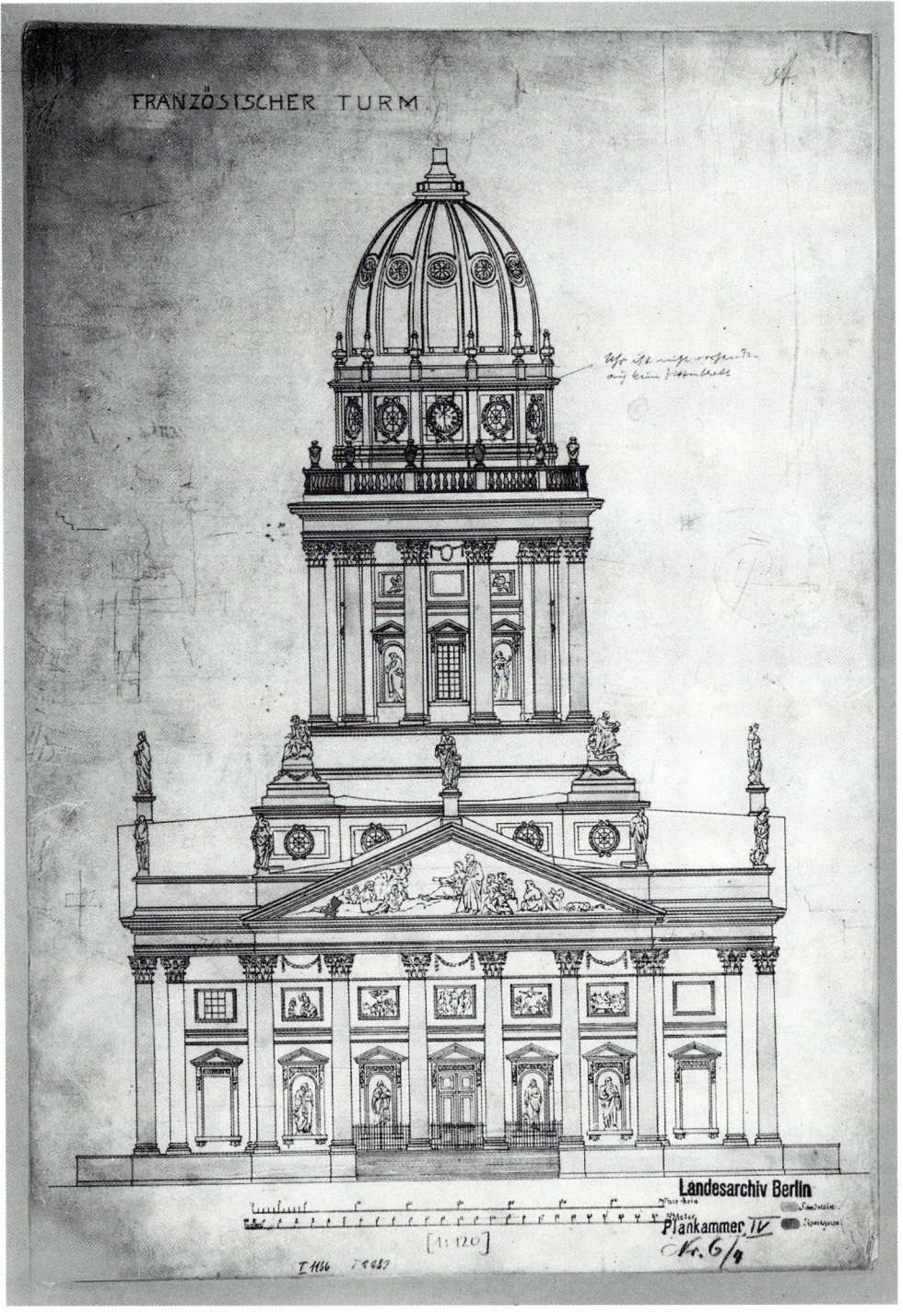

178

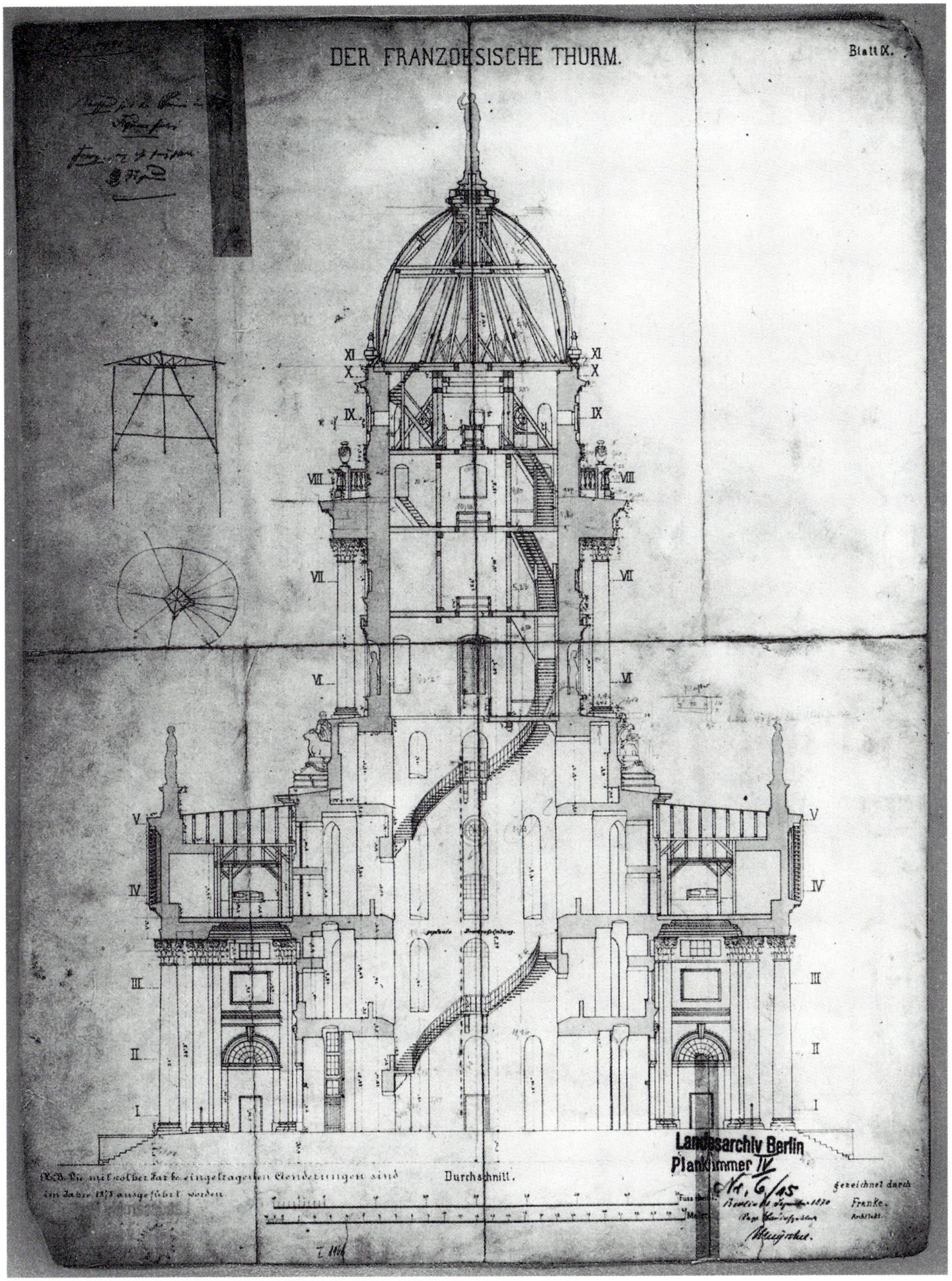

DER FRANZOESISCHE THURM.

Blatt X.

Durchschnitt.

Abb. 96 Der Französische Turm im Schnitt, Aufmaßzeichnung von Franke, 1870

179

Abb. 97 Entwurfszeichnung
für die Allegorie der Ewigkeit
am Deutschen Turm,
um 1781

Abb. 98
Allegorie der Ewigkeit
am Deutschen Turm,
aufgenommen 1865

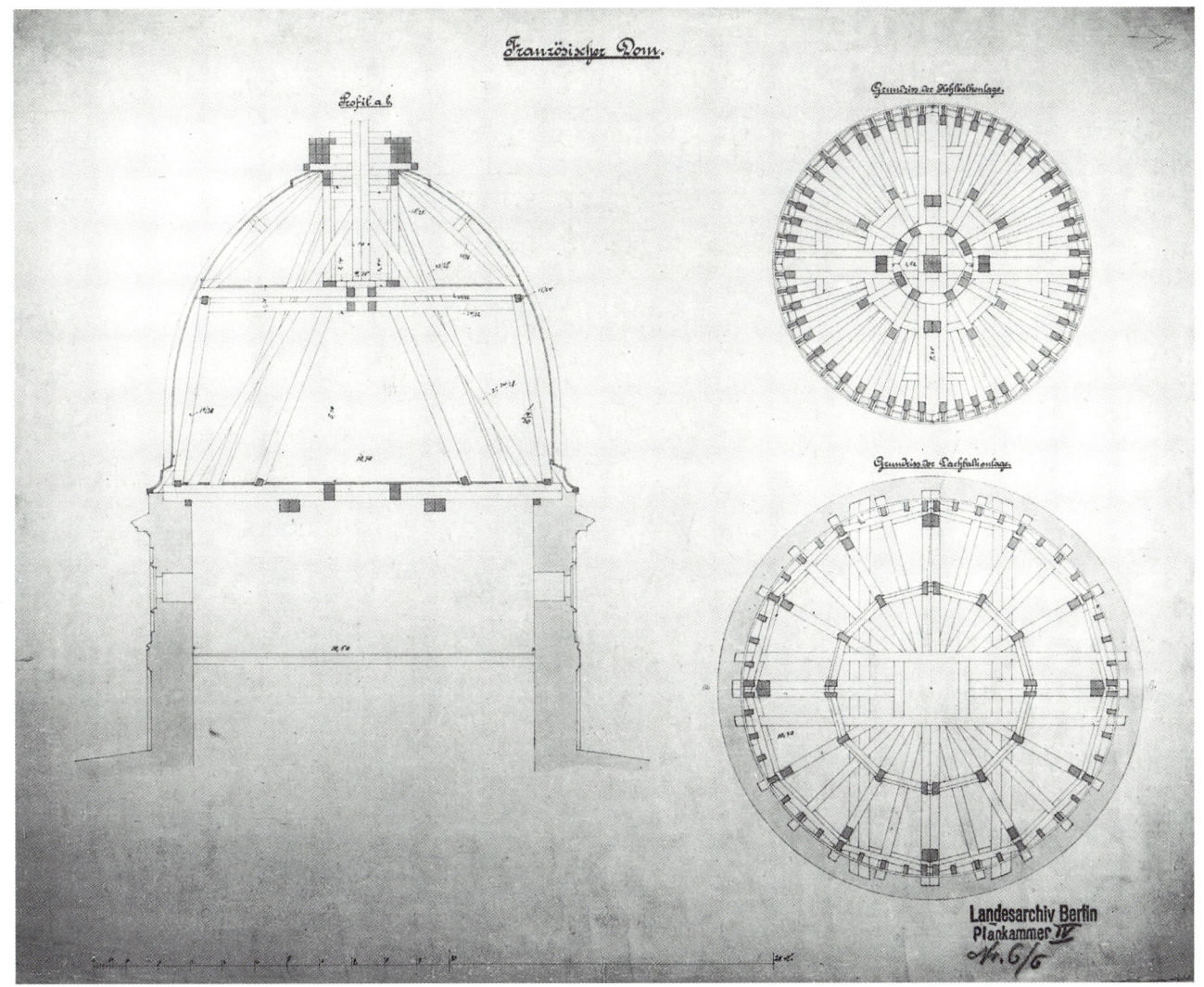

Der Vorstand der Gemeinde meldete am 4. Dezember 1781, daß die Kirche wieder benutzbar sei. Aus der Aufstellung sind auch Rückschlüsse zu ziehen auf das Baugeschehen zwischen 1701 und 1708. Die Rahmen der Fenster waren zum Teil verfault, man forderte daher neue. Das gesamte Interieur — Chöre, Pfeiler und Stühle — war grau gestrichen, jetzt wünschte man Weiß. Überdies mußten Tür und Windfänge zur Reparatur. Auch diese Kosten übernahm Becherer auf die Rechnung des Bau-Comptoir.

Gleichzeitig baten die Kirchenvorsteher darum, »Douceur« austeilen zu

Abb. 99 Schnitt und
Grundrisse
der inneren Konstruktion
der Kuppel des
Französischen Turms

181

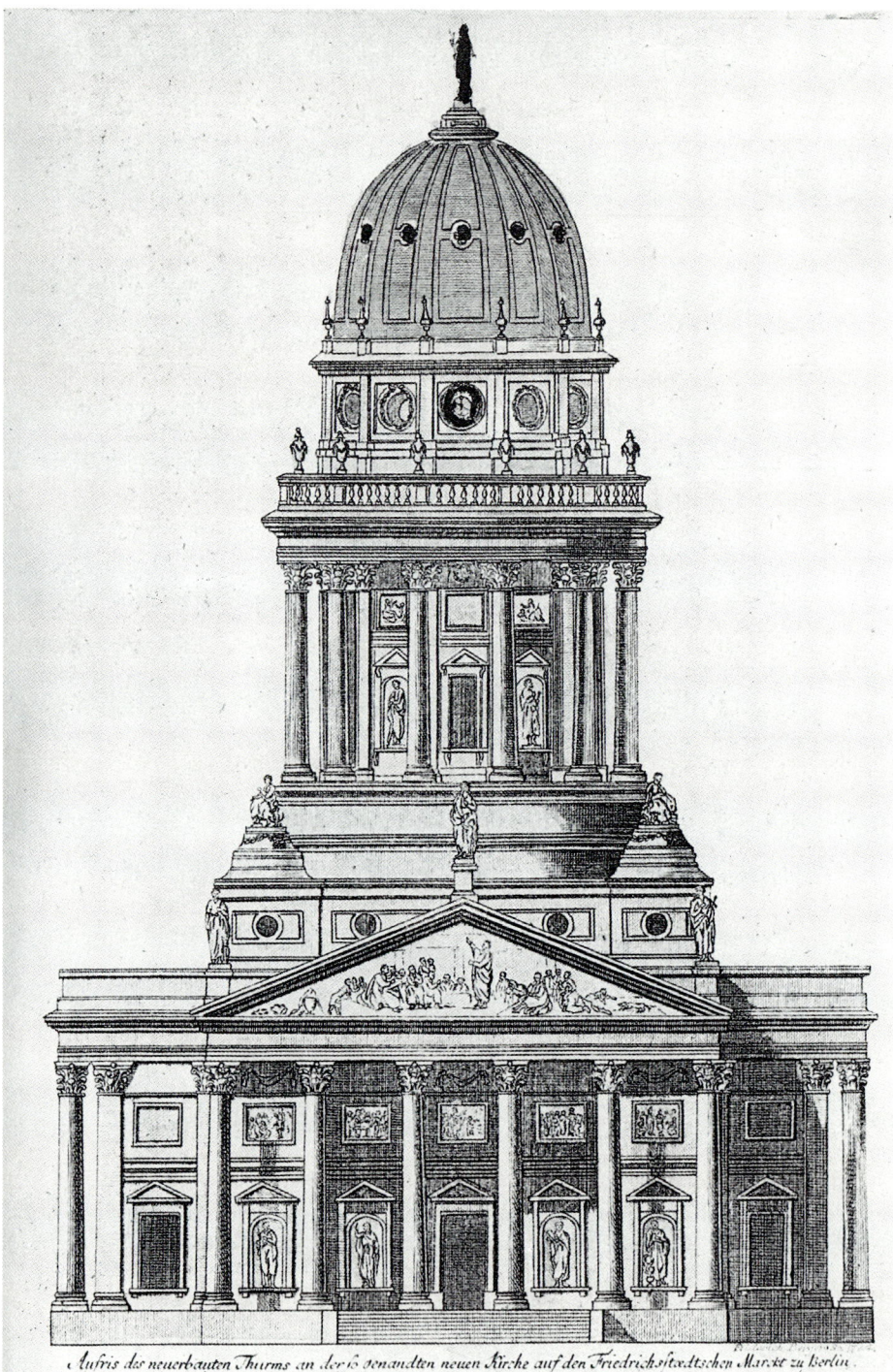

Aufris des neuerbauten Thurms an der so genandten neuen Kirche auf den Friedrichsstædtschen Marckt zu Berlin.

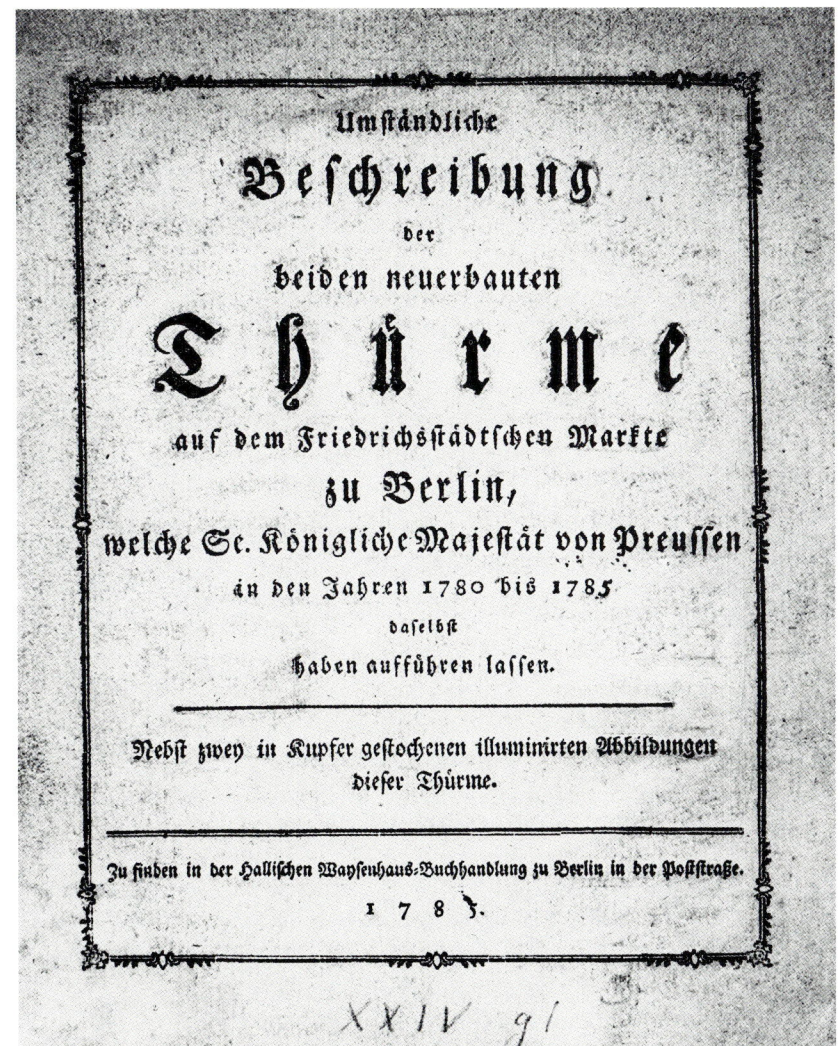

Umständliche

Beschreibung

der

beiden neuerbauten

Thürme

auf dem Friedrichstädtschen Markte

zu Berlin,

welche Se. Königliche Majestät von Preussen

in den Jahren 1780 bis 1785

daselbst

haben aufführen lassen.

Nebst zwey in Kupfer gestochenen illuminirten Abbildungen
dieser Thürme.

Zu finden in der Hallischen Waysenhaus-Buchhandlung zu Berlin in der Poststraße.

1 7 8 5.

XXIV g/

dürfen, und zwar insgesamt 100 Taler, davon 20 an den Kondukteur, je 20 an zwei Bauhandwerker und je 10 an vier Arbeiter, da »diese Leute sich sehr zum Besten der Kirche gewandt, alle Unordnungen verhindert, und den Nutzen der Kirche so viel sie gekonnt beobachtet«.[8] Der Antrag auf eine Prämie — modern ausgedrückt — wurde abgelehnt.

Am 23. August 1785 wandten sich die Arbeiter, die den Auftrag hatten, die Figur auf die Kuppel zu setzen, an den Magistrat, um den Termin zu melden und den Wunsch, einen feierlichen Abschluß ihres Werks vorzuneh-

Abb. 102a und b Brief der
Zimmer- und Maurermeister
am Deutschen Turmbau
vom 23. August 1785 an den
Magistrat

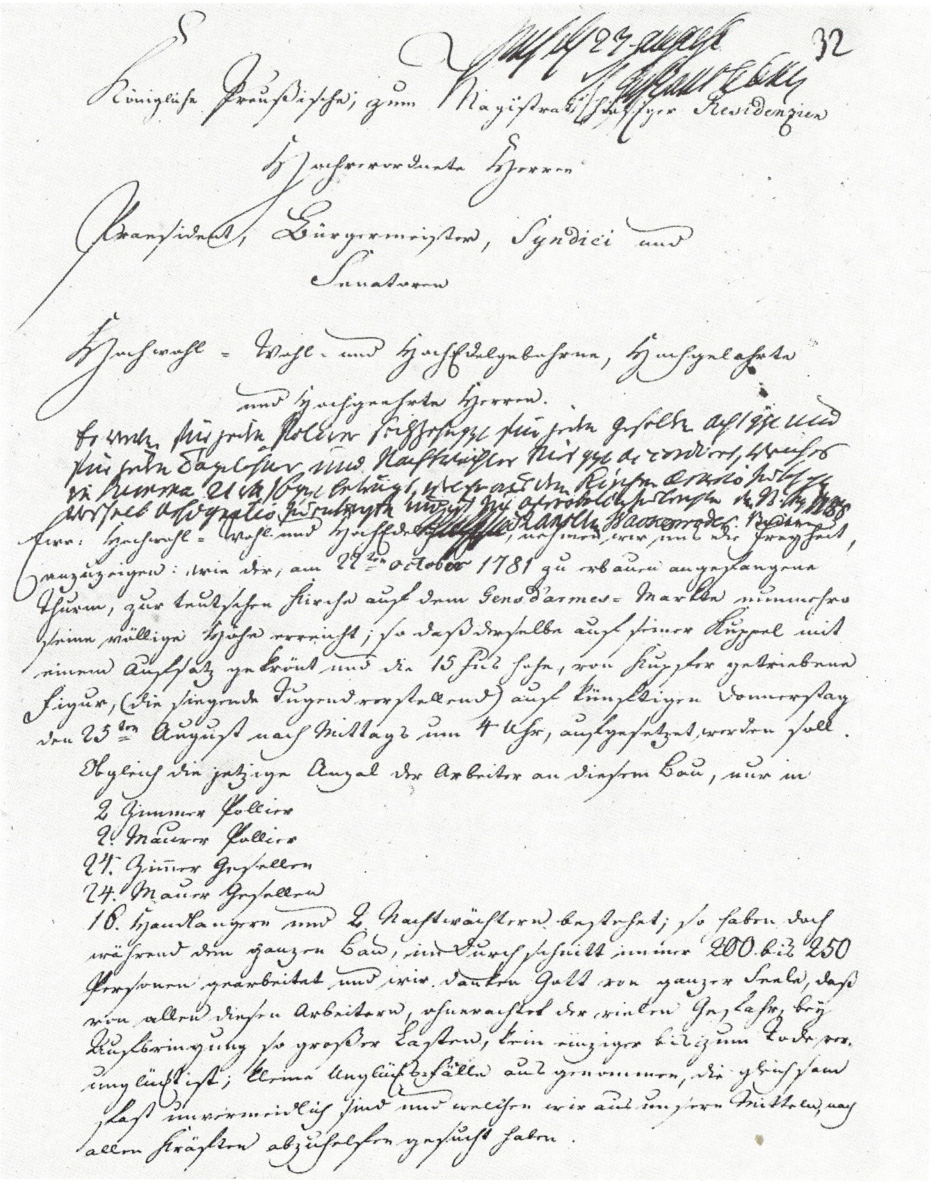

men. Eine Einweihung oder dergleichen war von Staats wegen nicht geplant; deshalb richteten die Arbeiter ein Schreiben an den »Magistrat hiesiger Residenzien«. Dieser mußte ihrer Forderung entsprechen, und unter seiner Teilnahme vollzog sich am 25. August 1785 das Aufziehen der Figur auf den Deutschen Turm.

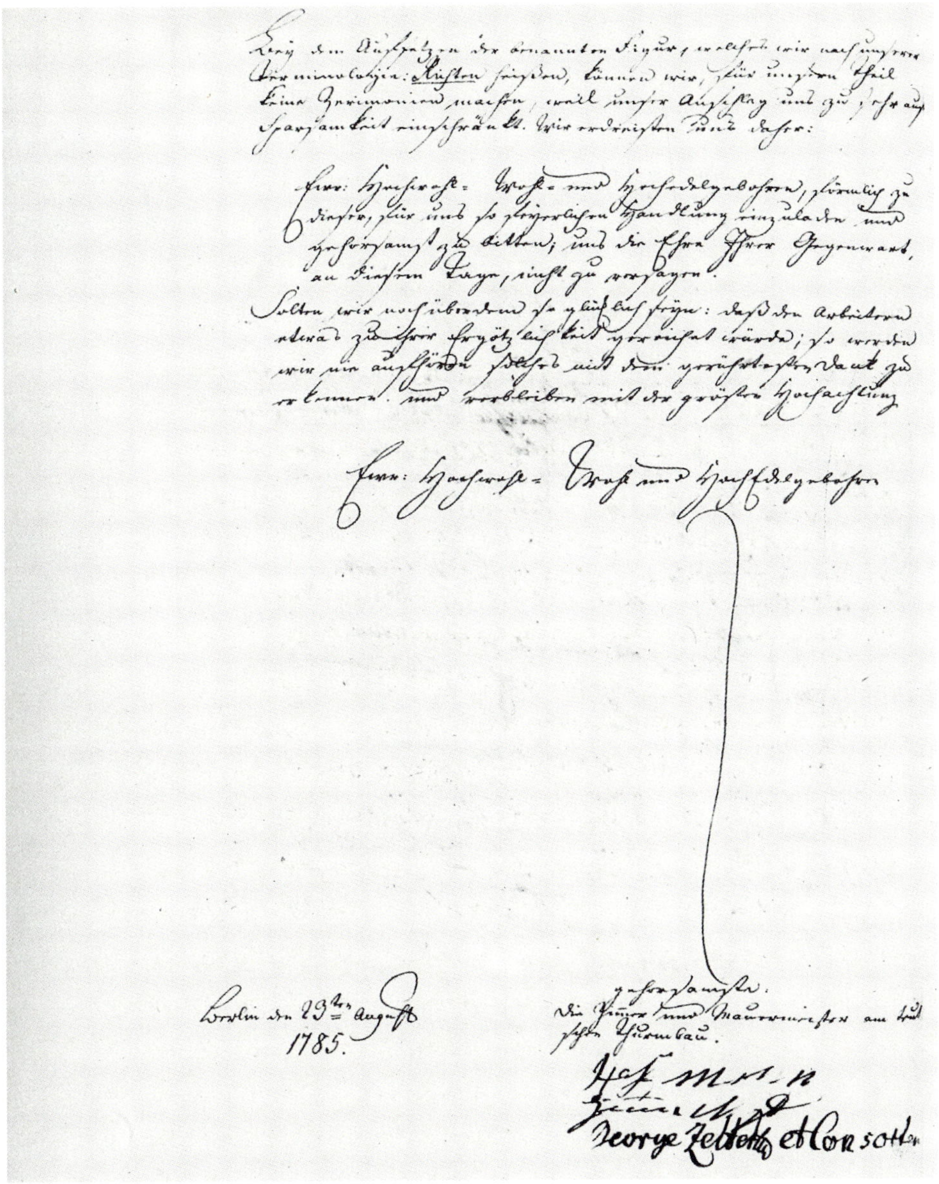

Berlin den 23ten August
1785.

George Zelter et Consorten

Der Brief, unterschrieben von den Zimmer- und Maurermeistern, ist eines der wenigen Dokumente, die Arbeiter im 18. Jahrhundert voller Stolz auf ihr Werk abgefaßt haben, in dem sie über sich und ihre Leistungen berichten (Abbildungen 102 a und b). Wir erfahren daraus, daß der Bau am 22. Oktober 1781 neu begonnen wurde. (Aus anderen Quellen ist zu entnehmen, daß dabei auch eine erneute Grundsteinlegung vorgenommen wurde.) Vier Jahre hatte diese zweite Phase also gedauert, und der Bericht sagt aus, daß jeweils 200 bis 250 Personen am Bau gearbeitet hatten. Im August 1785 waren es noch zwei Zimmer-Poliere, zwei Maurer-Poliere, 24 Zimmer-Gesellen, 24 Maurer-Gesellen, 16 Handlanger und zwei Nachtwächter — niemand von ihnen wird vergessen. Nicht ohne Genugtuung stellen sie fest, daß keiner der Arbeiter beim »Aufbringen so großer Lasten« tödlich verunglückt war, daß keine Unglücksfälle — »ausgenommen, die gleichsam fast unvermeidlich sind«[9] — vorgekommen waren. — Soviel zu diesem Zeugnis erwachenden Selbstbewußtseins der langsam entstehenden Arbeiterklasse, bedeutungsvoll auch deshalb, da wir in diesen Jahren nur sehr wenig über jene erfahren, die die großartigen Bauleistungen mit ihren Händen schufen.

Der Bau war abgeschlossen, aber kleine Auseinandersetzungen zogen sich weiter hin. Die Deutsche Kirche verlangte Ersatz für die dem Turm geopferte Sakristei. Erst 1786 schlug das Bau-Comptoir die Einrichtung einer neuen Sakristei im Deutschen Turm vor, und zwar zu gemeinsamer Nutzung beider in der Kirche vertretenen Religionsrichtungen. Die Bauzeichnung (Abbildung 103) verrät im Detail etwas von der geringen Nutzbarkeit insbesondere des Deutschen Turms, fiel hier doch noch mehr Raum weg als beim Französischen. Der Bretterverschlag in der Kirche war baufällig geworden, der angewiesene Platz im Turm aber paßte auch nicht, da er nur über zahlreiche Treppen zu erreichen war. Der Gemeindevorstand entschied sich für die Beibehaltung der »Interimssacristey« und bat um eine angemessene Gestaltung derselben. Am 8. November 1787 war sie fertig; die Abrechnung wies Kosten von 104 Talern und 8 Groschen aus, die das Bau-Comptoir übernahm.[10] Die Zimmer im Turmbau überließ man dem Königlichen Armendirektorium, das alle Räume im Unterbau bezog und dort bis weit in das 19. Jahrhundert seinen Sitz hatte: eine keineswegs adäquate Nutzung.

Die Umgebung ließ ebenfalls zu wünschen übrig, die Plätze um die Kirche blieben ungestaltet. Die durch den Bau des Komödienhauses teilweise verdrängten Händler auf dem Markt wichen auf den Platz um die Deutsche Kirche aus, um Abstellmöglichkeiten für Pferd und Wagen zu haben. Anwohner lagerten Bauholz und belästigten die Besucher. Der Raum um die Bauten blieb zunächst auch ungepflastert. Als 1787 die Pflasterung der Umgebung der Turmbauten befohlen wurde, fürchteten die Hugenotten wie die Deutschen zu Recht die langsame Ausdehnung des Marktes und das Übergreifen des Hökerbetriebes auf die Bereiche, die ihnen gehörten und die sie anders zu nutzen gedachten. Am 22. Dezember 1787 baten beide Gemeinden deshalb, um die Pflasterung Holzpfähle aufstellen zu lassen. Am 7. Januar 1788 fragten sie bei der »Königlichen Hochlöblichen Ober Hoff Bauamts Direction ergebenst« an, ob sie das tun dürften. Diese Behörde verwies sie an General Wichard von Möllendorf, den Gouverneur von Berlin, der »dazu nichts zu bemerken« hatte, was nichts anderes hieß, als daß man die Erlaubnis dazu hätte, aber keine finanzielle Unterstützung bekäme.[11]

Nachdem im vorgeschlagenen Sinne verfahren worden war, hatte der Platz sein charakteristisches Bild, das sich nahezu hundert Jahre erhielt und auf allen Darstellungen so begegnet. Bemerkenswert ist, daß der Marktplatz damit auf das Quartier zwischen den Turmbauten begrenzt blieb: eine Einschränkung, die in anderem Zusammenhang wichtig wird — der eigentliche Gensd'armen-Markt erstreckte sich nur von Dom zu Dom.

187

So war zwischen 1780 und 1785 in der Friedrichstadt auf einem bisher vernachlässigten Marktplatz ein Kleinod der Berliner Architektur entstanden. In den Formen des spätbarocken Klassizismus errichtet, stellten die Kuppeltürme, obwohl nur Dekorationen mit sehr geringer Nutzungsmöglichkeit, einen Höhepunkt des Städtebaus in der Residenz dar, so daß der Platz in der Wertschätzung an einer der vordersten Stellen rangierte.

Das Komödienhaus verdeckte weitgehend den Markt, und die Randbebauung — einheitlich und abgeschlossen — rundete das Konzept in seinen äußeren Formen ab. Obwohl damit die endgültige Platzgestaltung noch nicht gefunden war, mußte sich das folgende nach diesen Prämissen richten. Im strengen architektonischen Sinne wurde das Ergebnis immer als unbefriedigend empfunden — diese Stellungnahme zieht sich durch die Literatur. Es fallen Bezeichnungen wie »Unikum« und »städtebauliche Halbheit«. Das bezieht sich in erster Linie auf das ungelöste Verhältnis zwischen den Kirchen und den Turmbauten, denn die einen, die man schamhaft hinter den Baumassen versteckte, mußten als Anhängsel der anderen erscheinen. Da man sich nicht entschließen konnte, die alten bescheidenen Kirchen in das Neubauprogramm mit einzubeziehen, mußten Unzulänglichkeiten in der Platzgestaltung und bei der Stellung der Turmbauten entstehen. Die Kolonnaden galten wegen der Substruktionen der Kuppeltürme als verbaut; so recht konnten sich die folgenden Architektengenerationen an dem Ergebnis nicht freuen. Die Berliner freilich machten sich um derartige Skrupel kein Kopfzerbrechen, sie nahmen die Türme an und schlossen sie in den festen Bestand dessen ein, was zu ihrer Stadt gehörte. Im übrigen waren ja in der Tat wesentliche Entscheidungen gefallen:

1. Die architektonischen Attrappen — wie sie in der Fachkritik genannt wurden — bestimmten von nun an den Schwerpunkt aller weiteren Gestaltung, die sich immer auf diese Bauten beziehen, sie nicht nur einbeziehen, sondern von ihnen ausgehen mußte.

2. Erstmals war eine eindeutige Ausrichtung des Platzes geschaffen worden: Entsprechend den Verkehrswegen legte man die Öffnung endgültig nach Osten fest. Damit ergaben sich ein Schwerpunkt weiterer Stadtgestaltung, die Aufnahme der Architekturen Berlins durch einen städtebaulichen Höhepunkt und die Überleitung in andere Quartiere. Das Ergebnis diente absolutistischen Zwecken, erst die Entwicklung danach brachte bürgerliche Elemente ein und veränderte das Konzept in glücklicher Form.

Randbebauung

Im allgemeinen reduziert sich die Schilderung der Baugeschichte des Gensd'armen-Marktes auf die Behandlung des Ensembles inmitten des Platzes. Hin und wieder ist noch vermerkt, daß zusammen mit den beiden Türmen auch neue Häuser um den Platz errichtet wurden und daß diese ebenfalls von Gontard und Unger stammten. Das ist nicht verwunderlich, standen doch diese Gebäude bereits nicht mehr, als man die Bedeutung des einmaligen Architekturensembles voll begriff.

Friedrich II. vernachlässigte zugunsten Potsdams die Hauptstadt seines Landes. Berlins Bürger waren ihm suspekt, weil widersetzlich, sie versuchten sich in Dinge zu mischen, die einen braven preußischen Untertanen nichts anzugehen hatten. Außerdem war ihm die Residenz zu groß, zuwenig ansehnlich, doch die Realisierung ehrgeiziger Baupläne stieß hier auf Schwierigkeiten, die vor allem Geld kosteten. Nach dem Siebenjährigen Krieg mußten aber aus objektiven Gründen verschiedene Maßnahmen getroffen werden, denn der Verfall, insbesondere in den neu angelegten Stadtteilen, war unübersehbar. Die Häuser hatte man flüchtig errichtet, zum Teil waren sie verbraucht und verwohnt, Mittel für ihre Pflege waren kaum vorhanden. Einstürze der aus minderwertigem Material nachlässig aufgeführten Bauten kamen immer wieder vor. Bittschriften um Beihilfen waren an der Tagesordnung. Finanzmittel für Neubauten mit repräsentativem Charakter waren nur bei wenigen Bewohnern vorhanden, und wenn man bereit war zu bauen, dann bescheiden, den eigenen Kräften entsprechend.

1769 ließ Friedrich II. einige Bauten auf seine Kosten errichten, um wenigstens an den Schauseiten der Residenz dem weiteren Verfall gegenzusteuern; das geschah vorzüglich in der Königstraße auf dem Weg von Osten zum Schloß. Dabei mußten Hausstellen zusammengelegt werden, um ansehnliche Lösungen erst möglich zu machen, denn auf den schmalen mittelalterlichen Grundstücken konnte kein Architekt dreigeschossige Gebäude errichten. Hier mußte mit Gewalt vorgegangen und viel Geld eingesetzt werden.

189

Die preußische Politik hatte Gewerbe und Bürgertum indirekt gefördert, um die Armee zu unterhalten; für sie wurden die gewonnenen Finanzmittel verausgabt. Bürgerliche Kräfte konnten sich zwar entwickeln, doch sehr bescheiden und in ihrer Masse ohne große finanzielle Kraft. Die Armee zerfraß den Staat, weil ihr alles geopfert wurde. Ganz anders in Österreich oder Sachsen, die immer in Nöte gerieten, wenn es darum ging, eine Armee aufzustellen, obwohl sie ökonomisch bedeutender und finanziell stärker waren. Aber trotz Absolutismus und Verschwendungssucht, insbesondere der sächsischen Kurfürsten, blieb dem Bürger ein größerer Spielraum, innerhalb dessen er seine wirtschaftlichen Kräfte entfalten konnte. Das drückte sich dort auch in den von dieser Schicht errichteten Bauten aus.

Wollten die preußischen Könige aus Gründen der Optik, der absolutistischen Repräsentation und des Ausweises gewonnener Stärke in Werken der Architektur mithalten, mußte der Staat direkt wirksam werden und Aufgaben übernehmen, die in anderen Ländern ein selbstbewußtes und wirtschaftlich konsolidiertes Bürgertum trug. In Preußen setzte sich auch die Erkenntnis, daß das Zentrum des Königreiches einer besonderen Betonung bedurfte, auf Grund militärischer Erwägungen durch.

Strategisch war Berlin schon dadurch geschützt, weil es sich in nicht so leicht zu überwindenden Entfernungen von den Grenzen befand. Daraus folgte eine Bevorzugung in wirtschaftlicher Hinsicht. Der preußische Zentralismus fand so seine nachhaltige Ausprägung. Nicht die Gegenden, in denen historisch Produktivkräfte gewachsen waren und noch wuchsen, erhielten Förderung, sondern Industrien wurden nach Berlin verpflanzt und dort entwickelt, um die Versorgung der Armee mit Produkten zu gewährleisten. Der Raum Berlin war militärisch einfach zu sichern. Hier entstanden Manufakturen neu, und bereits vorhandene baute man aus. Ökonomische Experimente — wie die Anpflanzung von Maulbeerbäumen, um eine eigene Seidenindustrie zu begründen — gehörten dazu. Die Leistungsfähigkeit des Zentrums war eine Frage von eminenter Bedeutung, und der langsame Übergang zu kapitalistischen Formen der Produktion in den Berliner Manufakturen trug nicht unwesentlich zum Fortschritt in diesem Bereich bei.

Den Prinzipien des preußischen Zentralismus entsprechend erfolgte der Ausbau der Stadt, um Produzenten anzulocken und um den Wohlstand auch in neuen Bauten zu manifestieren. Diese Aktivitäten wurden aber nicht von einem starken Bürgertum getragen, denn nur wenige kamen in den Genuß der Gewinne aus den Manufakturen. Daher mußten Mittel des Staates eingesetzt werden, um etwas vorzugeben und vorzutäuschen. In diesem Bemühen verfuhr Friedrich II. bis zu einem gewissen Grade großzügig, um auch beruhigend auf soziale Spannungen in Berlin einwirken zu können. Nicolai vermerkt mit Akribie, wieviel Geld zwischen 1780 und 1785 für Bauten investiert wurde. Wennschon seine Quellen nicht zu überprüfen sind, darf man ihnen wohl trauen. Die Summe beläuft sich auf 1 140 300 Reichstaler, die sich so auf die einzelnen Jahre aufgliedern:

1780	97 800
1781	203 700
1782	202 800
1783	200 000
1784	200 000
1785	236 000
	1 140 300[1]

Vor Errichtung der Turmbauten stieß die Ausfahrt vom Schloß in Richtung Westen auf den ungestalteten Markt. Eine Veränderung hier forderte zugleich auch Maßnahmen in der Umgebung des Platzes. Seine Fronten, die deutlich in das Blickfeld der Ein- und Ausfahrenden traten, waren ebenso bescheiden und verfallen wie Straßenzüge an beliebigen anderen Stellen Berlins. Wollte Friedrich II. einen architektonischen Höhepunkt schaffen, mußte er die Randbebauung wenigstens in den Sichtachsen neu gestalten. Platzbebauung und Randbebauung müssen als Einheit begriffen werden; löst man eins vom andern, wird der Sinn dessen, was sich als absolutistische Idee offenbart, nicht erschlossen.

Zwar beginnt — wie wir sehen werden — die Errichtung neuer Häuser an den Platzwänden bereits vor der der beiden Turmbauten, trotzdem stellt beides eine Einheit dar. Nicolai vermerkt in seiner wiederholt herangezogenen Arbeit, daß zwischen 1777 und 1785 insgesamt zwanzig Häuser am Platz (Markt) auf »königliche Kosten« aufgeführt wurden. Sie sind bisher nicht bestimmt worden, da man sie ihrem Werte nach nicht als Gegenstand kunsthistorischer Betrachtung ansehen mochte. Die Akten gingen verloren, und so kann auch hier keine genaue Darlegung erfolgen; immerhin ließ sich aus den Grundbüchern Berlins zum Teil wertvolles Material gewinnen, das eine Einordnung ermöglicht.

Als erstes Haus dieser Neubauphase konnte jenes auf dem Grundstück Mohrenstraße 28 ermittelt werden. In den Grundbuchakten ist festgehalten: »Ein Wohnhaus mit einem Seitengebäude rechter Hand, Hof, Brunnen, Garten und Lusthaus ... Dieses Haus ist auf Sr. Königl. Majestät Kosten in den vorherigen Grenzen neu und ansehnlich erbaut und dem damaligen Besitzer Seidenfabrikanten Zinnemann darüber der Cabinettsordre vom 13ten April 1771 gemäß, von einem Hochedlen Magistrat hierselbst ein Schenkungs- und Eigenthumsbrief unterm 16. Juli 1778 ausgefertigt und erteilt worden, so dem 26. Oktober graduiert und eingetragen ist.«[2]

Als Architekt könnte, wie sich aus den weiteren Bezügen der Grundbuchakte ergibt, Gontard in Frage kommen. Da sich aber weder Bauunterlagen noch irgendeine Abbildung des Hauses fanden, bleibt die Zuordnung letzten Endes fraglich.

Die Arbeiten zur Veränderung des Erscheinungsbildes des Platzes begannen demnach an der Randbebauung — vor Inangriffnahme der Turmprojekte — und standen wohl vor allem mit dem Bau des Komödienhauses in Verbindung. Man kann daraus schließen, daß ein Schritt zur Veränderung des Aussehens den nächsten mit einer gewissen Konsequenz nach sich zog und daß der Bau der Türme den Höhepunkt und Abschluß darstellte.

Die Schenkungsbriefe für die Bauten konnten durch den Magistrat erst ausgestellt werden, wenn diese bezugsfertig zur Verfügung standen. Es ist hervorhebenswert, daß das Haus Mohrenstraße 28 eingetragen wurde als eines, das »in den vorherigen Grenzen« zur Ausführung kam — man hätte das nicht in den Akten vermerkt, wenn es die Regel gewesen wäre. Das Grundstück war schmal — es maß knapp 12 m —, so daß kein breiter und repräsentativer Bau errichtet werden konnte. Das Datum des Juli 1778 korrespondiert übrigens mit dem der erwähnten Zeitungsanzeige, daß die Reste der Pferdeställe auf Abbruch zu verkaufen wären.

Die in dem Grundakten-Eintrag genannte Verfügung des Königs — »Cabinettsordre an den Berlinischen Stadtmagistrat ... De Dato Potsdam den 13. April 1771« — bestimmte: »Nachdem Sr. Königl. Majestät in Preußen etc. Unser allergnädigster Herr, alle diejenigen Berlinischen Bürger-Häuser, welche Allerhöchst Dieselbe auf Dero Kosten neu aufbauen lassen, denen Eigenthümern der Baustellen dahin Erb- und eigenthümlich allergnädigst zu schenken resolviert haben, daß Sie solche als ihr wahres wohlerworbenes Eigenthum haben, besitzen und genießen, und damit überall nach Gefallen

schalten und walten mögen, auch selbige wegen derer auf den Wieder-Aufbau verwandte Kosten niemals in Anspruch genommen, noch von ihnen die allergeringste Wiedererstattung gefordert werden soll; also machen Allerhöchst Dieselbe Dero Berlinischen Stadt Magistrat solches zur allerunterthänigsten Achtung hiermit bekannt, und authorisieren und befehlen demselben zugleich, sotanen Bürgern vom Allerhöchst Deroselben wegen der Schenckungs-Briefe unter seiner Unterschrift und … Stadt-Insiegel auszufertigen und denen Eigenthümern auszuliefern, auch selbige diese Sr. Königl. Majestät Allerhöchste Gnade sofort kund thun zu lassen …«[3]

Auf den ersten Blick ein großzügiges Privilegium, das aber für die Betroffenen eine andere Äußerung Friedrichs II. nicht vergessen machte — um 1768 ließ er nämlich verlauten: »Da die unruhigen querulierenden Einwohner von Berlin meine Gnade zu sehr mißbrauchen und sie mir sogar mit Un-

193

dank belohnen und sie mit Verdruß verbittern, so habe ich beschlossen, für sie nicht mehr bauen zu lassen, und dieser Beschluß soll Ihnen bekannt gemacht werden.«[4] Im Angesicht der Omnipotenz des preußischen Königs konnten die Berliner gegenüber allen Weisungen, die sie betrafen, nur mißtrauisch bleiben, mußten sie abwägen, was sich daraus an ungünstigen Momenten für ihr Leben möglicherweise ergab. Von den Königen wurden immer und immer wieder gleichlautende Versprechen abgelegt, aber nicht gehalten. Wenn weitreichende Absichten gestört wurden, brachen sie ihre Zusagen und erneuerten die Versprechen danach, als ob nichts geschehen

wäre. So wiederum am 11. September 1776 in einem »General-Donations
und Bestätigungs-Patent über alle, während seiner Königl. Majestät Regierung, an Dero Vasallen geschenckte Grundstücke und Geldsummen« mit
folgender, fast beschwörend klingenden Erklärung: »Wir Friedrich von Gottes Gnaden, König von Preußen etc. etc. Urkunden und erklären hierdurch:
Nachdem Wir, während Unserer von Gott gesegneten Regierung nach Unser
immer gehegten Landesväterlichen Gesinnung, Huld und Gnade, theils ganzen Provinzen, Städten und Communen, theils einzelnen Vasallen, zu ihrer
Aufhelfung aus erlittenen Unglücksfällen, ferner zu Etablissiment, Verbesse-

Abb. 106 Blick vom
Französischen Turm nach
Westen II,
Fotografie von
F. Albert Schwartz, 1865

Abb. 107 Blick vom
Französischen Turm auf die
Kreuzung Charlottenstraße/
Französische Straße, Fotografie
von F. Albert Schwartz, 1865

rung ihrer Güter, Einrichtung und Fortsetzung nützlicher Fabriquen und
überhaupt zur Beförderung ihrer Geschicklichkeit ...«[5] Es folgt dann die sowohl von Friedrich I., Friedrich Wilhelm I. und auch von diesem regierenden
König Friedrich II. bestätigte Festlegung, daß die neuen Besitzer alles »erb-
und eigenthümlich« haben sollten und niemals von ihnen eine wie auch immer geartete Gegenleistung gefordert werde. Da solche Formeln so oft wiederholt wurden, muß es wohl Grund dafür gegeben haben, daß die vorherigen Versprechungen den Bürgern unglaubwürdig geworden waren.

Wie ein roter Faden zieht sich durch die Geschichte der Friedrichstadt: Die dorthin gekommenen Menschen hatten Versprechungen getraut und gebaut. Teilweise war ihnen auch kein anderer Weg geblieben, da sie zu dieser Zeit einzig die Möglichkeit sahen, nach Preußen zu gehen. Ihr Vertrauen in diesen Staat wurde von den Königen mißbraucht, die ihr Wort brachen oder jene, die sich nicht hin und her schieben lassen wollten, als »Räsonierer« und »Undankbare« beschimpften.

Willkürlich verfügten die Behörden über durch Privilegien geschütztes Ei-

Abb. 109 Blick
vom Französischen Turm
nach Süden,
Fotografie von
F. Albert Schwartz, 1865

gentum. Im Auftrag des Königs brachen die Beamten gegebene Zusagen; die Besitzer von Grundstücken wurden umgesetzt, mußten an anderer Stelle neu anfangen. Für die geplanten neuen Häuser am Gensd'armen-Markt waren, um bestimmte Gestaltungsprinzipien einzuhalten, Fassadenbreiten vorgesehen, die zum Zusammenlegen von Grundstücken zwangen. So konnte jeweils nur einer der Eigner bleiben, während der zweite oder dritte an anderem Platze von vorn beginnen mußte. Aber auch der eine war nur scheinbar der Nutznießer, denn er hatte nun ein großes Haus, doch fanden sich zunächst kaum Personen, die bei ihm gegen Entgelt wohnen konnten und wollten. Ein Blick in die Zeitungsanzeigen dieser Jahre, die leerstehende Wohnungen zur Vermietung anboten, belegt dies. Zwar besserten sich die Verhältnisse durch die Zunahme der Bevölkerung allmählich, aber daraus konnte erst die folgende Generation Vorteil ziehen. Am Anfang hatte außer dem König keiner etwas davon: Neue Baustellen und neue Häuser waren überflüssig, es gab keinen Bedarf daran, aber an den Kosten hatte man schwer genug zu tragen. Im Spiegel dieser Umstände ist die Berliner Redensart verständlich: »Man spricht nur über Dinge, die man nicht hat!«

Die Realisierung der Turmpläne veränderte, wie gesagt, mit einer gewissen Zwangsläufigkeit das Programm der Ausführung der Platzwände, denn ihre Gestaltung vollzog sich in Abhängigkeit von den Bauten auf dem Markt. Bourdets Entwurf hatte Ideen vorgegeben, die nicht verwirklicht werden konnten. Gontard nahm den Vorschlag einer repräsentativen Ausbildung der Platzwände auf, modifizierte ihn aber entsprechend den Grundstücksbreiten, bei teilweiser Vergrößerung der Grundstücke. Mit allerlei dadurch entstandenen gestalterischen Schwierigkeiten kämpfend, entschied er sich für den Neubau von dreigeschossigen Häusern. Dabei ließ sich zwar — unter Anerkennung der besonderen Forderungen, die die Sichtachsen stellten, und der vorhandenen Bebauung — keine einheitliche Traufhöhe erreichen, aber die weitgehend in etwa gleicher Höhe und in einer gewissen Einheitlichkeit entworfenen Fassaden machten den Platz in Korrespondenz zu den Gebäuden auf dem Markt doch zu einem der schönsten architektonischen Ensembles Berlins. Die Randbebauung stellte die »Dome« und das Komödienhaus in den ihnen gebührenden Rahmen, sie war gleichsam gedacht als eine zurückhaltendere, vornehme Fassung für einen Edelstein. In der Harmonie der Bauten auf dem Platz mit denen zu seinen Seiten bestand der besondere Reiz, bestand die Einmaligkeit der Gesamtkomposition. Das gleichzeitige Miteinanderwirken gab dem Ensemble seinen Wert, die auf die Turmbauten abgestimmte Fassadenhöhe — durch das Komödienhaus vorgegeben — machte seine Monumentalität aus. Als die Randbebauung späterhin Stück für Stück der Spitzhacke zum Opfer fiel und ersetzt wurde durch im Wesen nicht auf die Baukörper des Platzes abgestimmte Geschäftshäuser, ging ein entscheidender Teil der Gesamtwirkung für immer verloren.

In der Periode nach 1780 verfuhren Gontard und Unger nach einem ein-

Die Häuser

heitlichen Konzept, aber nicht nach einer einheitlichen Konzeption bei der Platzbebauung. Dieses Konzept bezog sich insbesondere auf die Gestaltung der Ecken und der Sichtachsen, um dem Betrachter, der Berlin betrat oder verließ, besondere, prunkvolle Schauseiten zu bieten. Insgesamt konnte das nicht zu einem befriedigenden Ende geführt werden, einige wichtige Punkte — wie zum Beispiel die Ecke Mohrenstraße/Markgrafenstraße — blieben, möglicherweise aus Zeitgründen, ausgespart.

Einen ungefähren Eindruck von der Gesamtwirkung dieser Komposition kann man aus den Bildern des Hofphotographen Ferdinand Albert Schwartz gewinnen; er hielt sie 1865, vor der ersten Zerstörungswelle, vom Französischen Turm aus in mehreren Aufnahmen in einer Rundsicht für die Nachwelt fest. Seine Bilder stellen ein einzigartiges fotografiegeschichtliches Dokument von hohem Rang dar. Schwartz, der sich in besonderem Maße seiner Heimatstadt verpflichtet fühlte, hat in seiner vornehmen, konservativen Art von verschiedenen Standpunkten auf dem Französischen Turm aus die einzelnen Seiten des Platzes zu erfassen gesucht. Der grandiosen Idee des Vedutisten Eduard Gaertner folgend, der vom Dach der Friedrichswerderschen Kirche aus das Panorama des biedermeierlichen Berlin in sechs Teilen gemalt hatte, unternahm Schwartz dreißig Jahre später mit dem neuen Medium den großartigen Versuch, das Bild dieser einmaligen Schöpfung vieler Architektengenerationen in sechs Fotografien zu überliefern. Nicht alle Arbeiten kommen heutigem Standard nahe, eine Rekonstruktion der Absicht zeigt aber das Verständnis von Schwartz für diesen Platz und seine Entwicklung (Abbildungen 104—109). Wir sehen vor uns ein relativ geschlossenes Ensemble, das sich wegen seiner Größe in der Totalität von der Kamera nicht erfassen läßt. Immerhin werden vom Standort des Fotografen aus die Beziehungen zwischen den Architekturen sichtbar, auch wenn man davon ausgehen muß, daß der Platz nicht bis zu einem möglichen Ende gestaltet worden ist. Die Versuche Gontards und Ungers, Harmonie und Geschlossenheit der Gesamterscheinung zu erreichen und zugleich Einheitlichkeit anzustreben, werden deutlich. Repräsentative Zeugen vorangegangener Bauperioden blieben stehen und fügten sich in das Bild ein (zum Beispiel die Seehandlung). Andere paßte man an (etwa das Französische Waisenhaus). Maßgebend für alle Schritte der Realisierung blieb: Der Hauptzugang nach Berlin oder der Weg aus der Stadt heraus führte — ganz anders als heute — mitten über diesen Platz: Die Französische Straße endete

blind, war nicht zum Schloßplatz hin durchgebrochen, und die Straße Unter den Linden besaß für Berlin noch keine Bedeutung als Verkehrsmagistrale.

Die Einzelheiten der Entwicklung des Bauplans sind wegen der unergiebigen Aktenlage nicht nachvollziehbar. In einer Kabinettsordre vom 10. Mai 1779 legte Friedrich II. fest: »Nachdem auf Sr. Königliche Majestät Befehl mit den Bauten zu Berlin wieder der Anfang gemacht werden soll, und dem Herrn Hauptmann von Gontard nach der allergnädigsten Cabinettsordre vom Juni 1779 die Direktion derselben übertragen worden, also ist solches dem königlichem Baucomptoir bekannt gemacht und den Herrn Bauinspektoren in species aufgegeben alles dasjenige, was in Ausübung derer diesjährigen approbierten Bauten besage deren Anschläge und sonst vorkommenden Umstände von gedachtem Herrn Hauptmann verfüget werden würde, auf

Abb. 110 Ansicht des Französischen Waisenhauses nach dem Umbau, Fotografie von F. Albert Schwartz, 1874

das pünklichste zu befolgen ...« Weiter heißt es dann unter Hinweis auf den uns interessierenden Komplex: »Von den auszuführenden Bauten übernehmen Herr Oberbaurath Boumann die 5 Bürgerhäuser in der Leipzigerstraße, ausser den Comptoirgeschäften zur besonderen Aufsicht. Von den übrigen Bauten sind a) die vier Bürgerhäuser, b) das Waisenhaus auf dem Gensd'armenmarkte, c) das Hospital und die Armenbäckerei in der Oranienburgerstraße dem Herrn Bauinspektor Scheffler unterstellt ...«[6]

Eindeutig zu klären war nicht, ob die »vier Bürgerhäuser« auf Baulichkeiten am Markt zu beziehen sind, auszuschließen ist das zumindest nicht. Das Dokument steht wahrscheinlich im engen Zusammenhang mit den auszuführenden Turmbauten. Möglicherweise befiehlt die hier erwähnte, nicht wieder aufgefundene Kabinettsordre vom Juni 1779 Gontard die Turmbauten, während mit dem zitierten Schreiben die Randbebauung begonnen wird. Folgt man diesem Gedanken, so hätte das für den Gesamtkomplex eine zeitliche Logik. Jedenfalls befiehlt Friedrich II. erneut das Bauen in Berlin, und das muß sich in mehrfacher Weise auf den Gensd'armen-Markt beziehen. Verschiedenen Hinweisen gilt es nachzugehen:

1. Gontard erhält die Oberleitung für die in der Folge in Berlin zu errichtenden Gebäude, deren Ausführung in anderen Händen lag. Er kam wohl vor allem wegen der Turmbauten nach Berlin.

2. Boumann leitete unter der Direktion von Gontard das Baucomptoir und für einige Häuser die Bauausführung. Es ist anzunehmen, daß diese Häuser von Gontard entworfen, dann aber von Boumann beziehungsweise Scheffler in der Ausführung durchgearbeitet worden sind. Ein Verfahren, das, wiederholt angewandt, eine eindeutige Zuordnung der Objekte erschwert.

3. Bei der Bewertung haben wir die wenig beachtete Tatsache anzumerken: Gontard war 1768 beim König in Ungnade gefallen; seitdem berieten der Souverän und sein Architekt die Bauten nicht mehr miteinander, sondern verkehrten nur über Mittelspersonen. Eine von ihnen war in Potsdam der erwähnte Unger, in Berlin zunächst Boumann. Die menschliche Größe Gontards ist zu bewundern. Er ertrug den Despotismus seines Auftraggebers, hatte mit ihm keinen Kontakt sowie keine Diskussion über die vorgelegten Entwürfe und konnte trotzdem — oder vielleicht gerade deshalb —, da sein Stil vom König bevorzugt wurde, reife Beweise seines Könnens geben. Sie machten in den Augen des 19. Jahrhunderts — vor allem bezogen auf die Türme des Gensd'armen-Marktes — einen Großteil des architektonischen

Abb. 111 Entwurfszeichnung
Carl von Gontards für die
spätere Weinhandlung
Lutter & Wegner, um 1780

Ruhms Friedrichs II. aus. Möglicherweise wurde Gontard damit leichter fertig, da er eine derartige Behandlung mit anderen talentierten Personen teilen mußte, und vielleicht gelang ihm einiges, vor allem in Berlin, darum besser.

4. Das neue Baugeschehen am Gensd'armen-Markt begann mit dem Französischen Waisenhaus — eine Feststellung, die mit Blick auf die »Dome« Bedeutung erhält, denn sie unterstreicht die angestrebte Einheitlichkeit zwischen Turmbauten und Platzwänden.

Die Aktenlage gestattet nicht, vollends Licht ins Dunkel zu bringen, vor allem lassen sich der geplante Umfang der Maßnahmen sowie die Frage ihrer Beendigung nicht klären: Wurde die Realisierung durch den Tod Friedrichs II. im Jahre 1786 abgebrochen, oder gab es bereits vorher Gründe, die zur Einstellung führten? Bekannt ist, daß die Umgestaltung nur langsam vorankam; nach den Angaben von Friedrich Nicolai wurden zwanzig Häuser am Markt neu oder umgebaut.

Abb. 112 Ansicht
der Weinhandlung
Lutter & Wegner,
Fotografie von
F. Albert Schwartz, um 1880

Das Französische Waisenhaus, 1725 errichtet, besaß ursprünglich nur ein Obergeschoß; es erhielt jetzt ein weiteres Stockwerk und eine veränderte beziehungsweise angepaßte Fassade. Wohl mit dem Fortschreiten der Entwurfsarbeiten für die Türme begannen weiterreichende Überlegungen zur Gestaltung der Hausfassaden. Für den Gensd'armen-Markt ist bis auf wenige

Abb. 113 Fassade
der Weinhandlung
Lutter & Wegner,
Meßbild, um 1910

Ausnahmen festzustellen, daß die neu zu bauenden Häuser auf Grundstükken entstanden, die entweder schon vorher zusammengelegt worden waren oder für diesen Zweck vergrößert wurden.

Relativ gut nachzuvollziehen ist das Geschehen auf dem heutigen Grundstück Französische Straße 40/41 an der Ecke zur ehemaligen Markgrafen-

Abb. 114 Entwurfszeichnung
Carl von Gontards für
das Haus Markgrafenstraße 46
(Salzkontor), um 1780

straße. Bereits die bis zur Gegenwart gültige Doppelnumerierung weist auf eine Zusammenlegung von Grundstücken hin. »Der Gärtner Jacques«, so heißt es in einer Notiz der Grundbuchakte aus dem Jahre 1727, und »seine Ehefrau verkauften… dem Doctor Medicinae Assessori des Ober Collegii Medici Bartholomy Pascal einen 10 Ruthen tiefen und 4½ Ruthen breiten in der französischen Straße belegenen Gartenplatz für 225 Reichsthaler, und es hat der Käufer auf dem Platz ein Haus erbauen lassen, dergestalt, daß dieses Grundstück nachher aus Haus, Hof und Garten bestand.« Aus dem Kontext kann man entnehmen, daß dieser Besitzwechsel am 13. Oktober 1725 statt-gefunden haben muß. Möglicherweise war das erwähnte Anwesen aber an der Markgrafenstraße gelegen, da angesichts der geringen Grundstücksbreite in der Französischen Straße anders ein geglückter Hausbau gar nicht vor-stellbar ist. Weiter erfahren wir: »Am 23. Mai 1727 verkaufte der Doctor

206

Bartholomy Pascal dieses Grundstück dem Prediger der französischen Gemeinde Abraham Dumont für 1 200 Reichsthaler welches laut Quittung vom 20. Juli 1730 vermerkt worden.« Ein Vergleich mit den vorgelegten Plänen zeigt, daß diese Gegend 1723 noch nicht bebaut war: Offensichtlich lag hier die Gärtnerei des erwähnten Jacques, der einen Teil des Grundstücks verkaufte. Die Beschreibung deutet auf das Eckgrundstück, das in der Französischen Straße nicht ganz 17 m maß. Danach erwarben »Prediger Abraham Dumont und dessen Ehefrau Charlotte geb. Plante ... von dem Pantomimen Capitain Lambelus Derp und dessen Ehefrau Sophie Charlotte geb. von Mingroi einen in der Französischen Straße gelegenen Platz von 66 Fuß in der Breite und mit einer 18 Fuß tiefen Mauer, welche zwischen dem obigen Haus und dem Garten des Majors von Bouvrange liegt, für 200 Thaler ... Auf dem Platze hat der Prediger Dumont Remisen und Stallungen erbauen

207

Abb. 116 Fassadenzeichnung
für einen Immediatbau
(in der Markgrafenstraße?)
von Johann Boumann,
um 1780

lassen.« Das Grundstück zog sich nun fast 47 m in die Französische Straße hinein. 1736 werden »alle Grundstücke zusammengefaßt und dem Prediger Dumont für 6 000 Thaler judiciert«.[7]

Am »24. Januar 1759 kaufte der Ober-Konsistorial Rath und französische Prediger Antoine Achard das Grundstück mit Bebauung für 6 700 Thaler«. Nach seinem Tode war seine Witwe Alleinerbin. Sie hinterließ, als sie am 21. Januar 1781 starb, Häuser und Grundstücke einer »milden Stiftung«, die »auf ewige Zeiten« aus den »Einkünften beider Häuser zum Besten notdürftiger Personen und Familien« bestehen sollte. Die Notiz läßt den Schluß zu, daß mindestens zwei Häuser bestanden haben müssen — das ältere wahrscheinlich in der Markgrafenstraße und ein weiteres in der Französischen Straße. Die Grundbuchakte vermerkt aber nichts darüber. Diese Stiftung wurde von der Französischen Kolonie verwaltet, die die Einkünfte nach Abzug der Unkosten an die Berliner Armendirektion überwies. Für unsere Betrachtung erhält folgende Eintragung in den Akten Bedeutung: »Nachdem des Königs Majestät das eine der beiden Häuser, nämlich das in der französischen Straße in seinen Grenzen und Mauern neu hat aufbauen lassen, hat der Magistrat hiesiger Residenz unterm 20ten April 1784 in Gefolge

der Kabinettsordre v. 13ten April 1771 der Besitzerin den Schenkungsbrief gefertigt.«

In dieser beschriebenen Form stand der Komplex bis 1865. Wir besitzen eine Fotografie (Abbildungen 104, 122), die den Neubau von 1784 — wenn auch ohne die aus anderen Quellen bekannte Figurengruppe auf der Attika — sowie den älteren Bau aus den Jahren nach 1720 in der Markgrafenstraße zeigt. Ein Teil des Grundstücks gehörte also zum Monumentalisierungsprojekt des Marktplatzes. Da Gontard um die fragliche Zeit bereits in noch tiefere Ungnade gefallen war und Berlin 1781 verlassen hatte, kann man eigentlich nur Unger als Architekten vermuten. Die zwei Grundstücke gehören zusammen, was auch die in der Gegenwart stehende Bebauung belegt. Das Projekt von 1784 bezog nur das eine Haus mit ein, das in direkter Front und Sicht zum Markt hin lag — ein Beweis für das skizzierte Konzept bei der Platzgestaltung.

Die Abbildung zeigt den Neubau in einer dreizehnachsigen Fassade von klarer Gliederung, er zählte zu den prächtigsten und schönsten der Platzumrandung. Der Mittelteil war in besonderer Weise betont, aus der Fassade herausgehoben und mit vier Figuren auf der Attika bekrönt. In der Markgra-

Abb. 117 Fassadenzeichnung
der Lotteriedirektion,
um 1800

Abb. 118
Die Lotteriedirektion
vor dem Umbau,
Meßbild, 1886

fenstraße besaß er nur drei Achsen. Gleichfalls zu sehen ist auch das zur
»milden Stiftung der Witwe Achard geb. Horguelin« gehörende ältere Gebäude, das mit seinen elf Achsen zu den von dem Architekten Gerlach in
der Friedrichstadt entworfenen gerechnet werden muß.

Das Haus diente zunächst als Koloniegebäude, das heißt als administra-
tives Zentrum der Französischen Kolonie, die auf Grund der gegebenen Privilegien über eigene Verwaltungsbehörden, Gericht und so weiter verfügte —
ein Zustand, der bis zu der Stein-Hardenbergschen Städtereform von 1808
beibehalten werden konnte.

Abb. 119
Die Lotteriedirektion
nach Renovierung und
Umbau,
Meßbild, um 1908

Es wäre nun möglich, ähnliche Entwicklungen auch bei anderen Grundstücken am Gensd'armen-Markt nachzuzeichnen, doch soll hier nur auf einige markante Punkte eingegangen werden. Nach den bereits erwähnten Angaben von Friedrich Nicolai sind in der Zeit von 1777 bis 1785 nach Ungers
Zeichnungen dreizehn und nach Gontards Zeichnungen sieben Gebäude
der Randbebauung errichtet worden. Bei diesen zwanzig Häusern muß es
sich nicht unbedingt um Neubauten gehandelt haben. Aus den Eintragungen
in die Grundakten läßt sich dazu einiges ermitteln, ohne daß allerdings der
Baumeister oder Architekt angegeben wäre.

211

Abb. 120 und 121
Ansichten der
Markgrafenstraße, Fotografien
von F. Albert Schwartz,
um 1880

Ein Versuch der Auflösung und Zuordnung nach den sekundären Quellen sowie mit Hilfe des Stilvergleichs ist gegenwärtig noch ein Wagnis und birgt bestimmte Gefahren in sich, trotzdem soll er unternommen werden. Bei den Objekten, die im Entwurf von Gontard stammen, konnten quellenmäßige Belege oder Hinweise gewonnen und in einigen Fällen sogar die Bauzeichnungen ermittelt werden; dies wird dann jeweils vermerkt:

Gontard können zugeordnet werden:

1. Das Französische Waisenhaus, Charlottenstraße 55 — 1725 erbaut, 1779 in der Fassade überarbeitet, 1907 abgerissen (Abbildung 110).

2. Weinhandlung Lutter & Wegner, Charlottenstraße 49 — um 1780 erbaut, im zweiten Weltkrieg zerstört; Entwurfszeichnung vorhanden (Abbildungen 111—113).

212

3. Schuldenverwaltung, zeitweise auch Salzkontor, Markgrafenstraße 37 —
1890 beseitigt; Entwurfszeichnung vorhanden (Abbildungen 114, 115).

4. Die Lotteriedirektion, zeitweise auch Verwaltungsgericht, Markgrafenstraße 39 — um 1780 als Privathaus gebaut; seit etwa 1800 in Staatsbesitz
(Zeichnung aus dieser Zeit vorhanden), im zweiten Weltkrieg zerstört (Abbildungen 117—119).

5. Scheibles Hotel, Markgrafenstraße 41 — um 1780 erbaut, 1883/84 abgerissen; eine 1939 noch vorhandene Zeichnung, durch die die Autorschaft
Gontards nachgewiesen werden konnte, war nicht mehr zu ermitteln (Abbildungen 120, 121).

6. Wohnhaus Zum weißen Schwan, Markgrafenstraße 44 — 1783 fertiggestellt, 1891 abgetragen, wobei der Grundstein gesichert werden konnte, in

Abb. 122 Ansicht der
Stiftung Achard, Fotografie
von F. Albert Schwartz,
um 1865

dem Gontard als Architekt benannt ist; die Grundsteinplatte — einst im Märkischen Museum aufbewahrt — muß als Kriegsverlust betrachtet werden.

7. Wohnhaus Mohrenstraße 28 — um 1778 erbaut, um 1893 abgerissen.

Demnach konzentrierte sich die Tätigkeit Gontards bei der Randbebauung vor allem auf die Markgrafenstraße, die den Turmbauten gegenüberlag. Damit liegt die Vermutung nahe, daß man die besonders repräsentativen Fassaden in den Sichtachsen zuerst zu gestalten suchte.

Unger könnten dann folgende Objekte zugeordnet werden:

1. Achardsche Stiftung, Französische Straße 40/41 — um 1784 gebaut, 1865 abgetragen (Abbildung 122).

2. Wohnhaus Unger, Französische Straße 42 — um 1782 errichtet, 1872/73 umgebaut und 1889 abgebrochen (Abbildungen 122, 130).

3. Wohnhaus Französische Straße 43 — um 1784 möglicherweise umgebaut, tief eingreifende Umbauten erfolgten 1829 und 1867 (siehe Seiten 346, 348—350), 1909 abgerissen (Abbildungen 128, 130, 134).

Abb. 123
Hôtel de Brandebourg
oder Ammonsches Haus,
Fotografie von
F. Albert Schwartz, um 1880

Abb. 124 Blick in die
Mohrenstraße mit dem
Hôtel de Brandebourg,
Zeichnung von
Ernst R. Müller
von Sondermühlen

Abb. 125 Der Deutsche Turm,
unbekannter Künstler,
um 1785

4. Wohnhaus Französische Straße 44 — 1767 errichtet, 1783/84 Fassade überarbeitet, 1909 abgerissen (Abbildungen 127, 129, 130, 134).

5. Das Ammonsche Haus, von Nicolai als das prächtigste am ganzen Markt bezeichnet, Charlottenstraße 59 — um 1781 errichtet, später Hôtel de Brandebourg, um 1890 abgerissen (Abbildungen 123, 124).

6. Wohnhaus Charlottenstraße 58 — um 1778 errichtet, im zweiten Weltkrieg zerstört (Abbildung 131).

7. Wohnhaus Charlottenstraße 57 — um 1778 errichtet, um 1880 abgerissen (Abbildung 131).

8. Wohnhaus Charlottenstraße 56, späteres Wohnhaus von E. T. A. Hoffmann — um 1782 errichtet, 1874 abgerissen (Abbildungen 125, 126).

Bei diesem Bau ist zumindest ein sehr starker Einfluß Gontards zu vermuten. Eine Darstellung war bisher nicht nachgewiesen, was allgemein bedauert wurde, da dieses Haus, in dem E. T. A. Hoffmann eine Wohnung

Abb. 126 Ausschnitt aus dem Gemälde (Abb. 125) mit dem Haus Charlottenstraße 56, dem Wohnhaus von E. T. A. Hoffmann

Abb. 127 Ansicht des Hauses
Französische Straße 44,
Ausschnitt aus der Radierung
(Abb. 130)

Abb. 128 Ansicht des Hauses
Französische Straße 43,
Ausschnitt aus der Radierung
(Abb. 130)

Abb. 129 Zeichnung des
einstigen Portals vor dem
Umbau des Hauses
Französische Straße 44

Abb. 130 Die Französische
Straße, Radierung von
Friedrich A. Calau und
Friedrich August Schmidt,
um 1820

beim Geheimen Oberbaurat von Alten abgemietet hatte, für die Literaturgeschichte Berlins besondere Bedeutung besaß.

9. Conditorey Stehely, Charlottenstraße 53 — keine Datierung möglich,
1884/85 abgetragen (Abbildungen 105, 106).

10. Wohnhaus Charlottenstraße 50 — um 1782 errichtet oder umgebaut,
1883 abgerissen (Abbildung 106).

11. Wohnhaus Mohrenstraße 24 — keine aktenmäßig gesicherte Datierung
möglich (Abbildung 133).

12. Wohnhaus Markgrafenstraße 45 — keine Datierung möglich, 1848 in
der Fassade verändert, 1905 abgerissen (Abbildung 135).

13. Ein nicht näher zu bestimmendes Haus in der Markgrafenstraße.

Ungers Tätigkeit erstreckte sich demnach vor allem auf die dem Platz abgewandte Seite in der Charlottenstraße und auf die Schmalseite an der Französischen Straße. Überwiegend wurden diese Häuser auch später errichtet.

Abb. 131 Die Charlottenstraße,
Radierung von
Friedrich A. Calau und
Friedrich August Schmidt,
um 1820

Vergegenwärtigt man sich die Bebauungssituation in dem Augenblick, als das Französische Komödienhaus noch vorhanden ist, stellt man fest, daß die repräsentativsten Gebäude in den neu gebildeten Sichtachsen standen. Das waren vor allem die Eckgebäude Französische Straße 40/41 sowie Charlottenstraße 56—59, die letzteren zwischen Theaterbau und Deutschem Turm voll in den Gesichtskreis tretend. Die prächtigste Schauseite erhob sich in der Markgrafenstraße. Die anderen Häuser waren bescheidener gestaltet und entstanden im wesentlichen in den alten Grundstücksgrenzen. Die vorgenommene Zuordnung kann nur als ein erster Versuch angesehen werden, der zwar in vielem gesichert, bei einigen Objekten gegenwärtig aber nur Vermutung ohne aktenmäßigen Beleg ist (Abbildungen 130—132).

Eine Reihe von Häusern vorheriger Bauperioden blieb stehen, zum Teil weil sie nicht in den Sichtachsen lagen, zum Teil aber wohl auch bedingt durch die Einstellung der Arbeiten am Gensd'armen-Markt um 1785. Ein

Abb. 132 Die Mohrenstraße
zwischen Markgrafen- und
Charlottenstraße,
Radierung von
Friedrich August Schmidt,
um 1820

Objekt, das an der Schauseite, in der Markgrafenstraße, stand, wird immer
wieder in die Projekte des Platzumbaus einbezogen, obwohl hier dafür kein
konkreter Beleg angeführt werden kann: das Haus Markgrafenstraße 40 zwischen der Lotteriedirektion und Scheibles Hotel. Es wird im allgemeinen
dem Architekten Johann Boumann, auch Boumann d. Ä. genannt, zugesprochen; sein Sohn, der Geheime Oberfinanzrat Michael Philipp Daniel Boumann, wohnte 1799 nachweislich darin. Da seine Arbeiten oftmals entweder
seinem Vater oder seinem Bruder Georg Friedrich zugeschrieben wurden,
wäre denkbar, daß dieses repräsentative Haus entweder von Boumann d. Ä.
vor 1776 oder von seinem Sohn Michael nach 1786 errichtet worden ist
(Abbildung 140) – in beiden Fällen würde es nicht zu den von Gontard
und Unger zu verantwortenden Objekten an diesem Marktplatz gehören.

1785 kam das Baugeschehen zum Erliegen. »Dome«, Komödienhaus und
Platzfassaden boten einen geschlossenen Eindruck und stellten die bemer-

Abb. 133 Ansicht des Hauses
Mohrenstraße 24,
Ausschnitt aus einer Fotografie
von F. Albert Schwartz, 1865

Abb. 134 Ansicht des Hauses
Französische Straße 44,
Meßbild, vor 1909

Abb. 135 Ansicht des Hauses
Markgrafenstraße 45,
Weinhandlung Raehmel,
Fotografie von
F. Albert Schwartz,
um 1890

Abb. 136
Der Gensd'armen-Markt
zur Zeit Friedrichs II.,
unbekannter Künstler

Abb. 137
Der Gensd'armen-Markt
mit dem Französischen Turm,
Carl Traugott Fechhelm,
um 1788

Abb. 138
Der Gensd'armen-Markt
mit dem Französischen
Komödienhaus,
Carl Traugott Fechhelm,
1788

kenswerteste architektonische Leistung am Ende des 18. Jahrhunderts in Berlin dar. Sieht man von der nicht gelösten Blickachse an der Kreuzung Markgrafenstraße/Mohrenstraße ab, war der Platz mit vornehmen dreigeschossigen Palastfassaden erstmals einheitlich gefaßt und nach einem durchgängigen Konzept gestaltet (Abbildungen 139, 141). Die beiden Turmbauten waren wie die Platzwände als Pracht- und Schaustücke gedacht, ohne daß auf die Bedürfnisse der Hausbewohner oder auf die Nutzbarkeit der prächtigen Kuppeltürme Rücksicht genommen worden wäre. Überblickt man die Baugeschichte Berlins, so kann mit vollem Recht behauptet werden, daß das Gensd'armen-Markt-Ensemble die einzige in sich geschlossene stadtgestalterische Arbeit seit Andreas Schlüter war. Obwohl auch an anderen Stellen viel gebaut worden ist: Die Neufassung dieses Platzes muß als eine kraftvolle städtebauliche Leistung vor allem Gontards für Berlin angesehen werden, die einzige, die in dieser an Plänen und Ideen so reichen Zeit wirklich bis zu einem gewissen Ende geführt wurde und einen bis dahin vernachlässigten zentralen Platz neu ordnete (Abbildungen 136—138).

225

Abb. 139 Mohrenstraße/Ecke
Markgrafenstraße,
Ausschnitt aus einer Fotografie
von F. Albert Schwartz,
um 1865

Abb. 140 Ansicht des Hauses
Markgrafenstraße 40,
Meßbild, um 1910

Abb. 141 Charlottenstraße/
Ecke Mohrenstraße,
Meßbild, 1906

Abb. 142 Treppenaufgang
im Haus
Charlottenstraße/Ecke
Mohrenstraße,
Meßbild, 1906

Die Erklärung für dieses grandiose Unternehmen ergibt sich letztlich aus der Gestaltung der innerstädtischen Verkehrsbeziehungen, insbesondere aus der Tatsache, daß der Hauptausfallweg nach Potsdam über diesen Platz zur Teltower Chaussee führte. Als 1792 dann die Chaussee nach Potsdam über Charlottenburg eröffnet wurde, bekamen die Verkehrswege von Berlin aus und in die Stadt eine andere Richtung: Die Magistrale nach Westen verlief nun durch die Straße Unter den Linden, statt wie bisher über den Gensd'armen-Markt. Der Nachfolger Friedrichs II., Friedrich Wilhelm II. (seit 1786 König), stellte sich in manchen Fragen zunächst gegen die Ideen seines königlichen Onkels, grenzte sich mehr als deutlich ab und entzog vielem, was sein Vorgänger begonnen hatte, die Grundlage. So auch dem Platz, der als aufwendig gestaltetes Architekturstück zwischen dem Eingang zur Stadt und dem Schloß der Vermittlung preußischer Größe durch die Baukunst hätte dienen sollen. Der Gensd'armen-Markt lag nun nicht mehr an einer Verkehrsachse höchster Ordnung, ein Moment, das für die weitere Geschichte des Platzes entscheidende Bedeutung erlangte. Einerseits führte die abseitige Lage dazu, daß der Hof und die Hofbeamten ihr Interesse an diesem Platz verloren: »Gensd'armen-Markt« war keine Adresse mehr für den Adel, der sich viel lieber »Unter den Linden« und in der Wilhelmstraße niederließ, wo er Haltung zeigen konnte, wo er gesehen wurde.

Andererseits sorgten die zwischen 1780 und 1785 errichteten Turmbauten dafür, daß der Platz und seine Gestaltung nicht mehr aus dem öffentlichen Interesse gerieten, daß hier immer wieder angeknüpft werden mußte und wurde. Subjektive Ablehnung eines Königs gegenüber Maßnahmen seines Vorgängers konnte objektiv nur von kurzer Dauer sein, denn die Leistungen am Gensd'armen-Markt vermochte auch der Wille eines Monarchen nicht ungeschehen zu machen. Aber als entscheidende Folge ist doch zu verzeichnen, daß in den auf »königliche Kosten« erbauten Mietshäusern (Abbildung 142) das bürgerliche Element beständig mehr Fuß fassen konnte. Die Immediatbauten bewohnten Berliner Bürger, Handwerker und kleinere Beamte. Unter den Glasern, Buchhaltern, Gelbgießern, Schneidern, Musikern, Sattlern, Leichenbestattern und so weiter, die hier 1799 nachweislich zur Miete wohnten, ragten einzig der Finanzrat Boumann, die Architekten Langhans und Unger sowie der Graf Chamisso als hochgestellte Personen heraus. Das bürgerliche Element, in der Friedrichstadt immer stark vertreten, ergriff Besitz von diesem Platz, und langsam fand es hier sein Zentrum.

Das Nationaltheater

Man kann es schon als typisch für den Gensd'armen-Markt bezeichnen, daß das Fertiggestellte die Phantasie der Architekten auf den Plan rief, die mit weiteren Ideen zur Umgestaltung des Platzes hervortraten: große Namen und große Projekte, die sich der Herausforderung des Ensembles stellten. Die Ursache dafür mag wohl darin gelegen haben, daß er zu jeder Zeit eine zu umfassende Aufgabe gewesen war, daß die Möglichkeiten zu einer endgültigen, geschlossenen Gestaltung jeweils zu gering gewesen waren. Stets blieben Wünsche offen. Zum anderen wies jede bedeutendere platzgestalterische Lösung auf die Mängel der bereits errichteten Architekturen als eine Aufgabe für die Nachkommenden hin. Von seiner Anlage her war der Gensd'armen-Markt objektiv so beschaffen, daß er sein endgültiges Gesicht nur durch die Arbeit mehrerer Architektengenerationen gewinnen konnte.

Nach der Fixierung des städtebaulichen Höhepunktes auf das rechte und linke Quartier durch den Bau der beiden Türme konnte sich die weitere Entwicklung einzig noch auf das mittlere Geviert, den eigentlichen Markt, beziehen. Das geschah in gewisser Nichtachtung gegenüber der Nutzung des Platzes, andererseits aber auch im Zusammenhang mit dem Gewimmel des Markttreibens, das den Raum mit Leben füllte, ihn zu einem lebendigen Organismus werden ließ.

Das Französische Komödienhaus erfüllte seine Aufgabe nicht. 1778 stand es, seiner Funktion entkleidet, leer, war eine Architekturattrappe geworden. Zeitweise ließ sich eine Pfropfenmanufaktur darin nieder, aber da diese das Innere nicht angreifen durfte, nützte es auch als Produktionsstätte wenig und stand erneut leer.

1775 war Carl Theophil Doebbelin von Hamburg nach Berlin zurückgekehrt. Mit glücklicher Hand versuchte er dem von Friedrich II. verachteten deutschsprachigen Theater eine Heimstatt zu schaffen. Die Situation hatte sich verändert, neue Kräfte regten sich. Langsam strebte das Berliner Bürgertum empor; es war in bescheidenem Umfang wohlhabend geworden und verlegte einen Teil seiner Aktivitäten auf die Aneignung der Werke der Literatur, die Pflege künstlerischer Neigungen. So nahm es begierig auch die veröffentlichten Ergebnisse der englischen Reisen zur weiteren Erkundung der Welt zur Kenntnis. Die Berliner Aufklärung, mit Namen wie Moses Mendelssohn, Friedrich Nicolai, Gotthold Ephraim Lessing und Friedrich Gedike verbunden, faßte Fuß im sich entwickelnden lokalen Bürgertum, das gleichzeitig größtenteils darauf verzichtete, politische Forderungen zu stellen. Der Krise des Absolutismus begegnete man nicht mit politischen Auseinandersetzungen, sondern man versuchte, mehr auf dem Weg der Reform eine Veränderung der gesellschaftlichen Verhältnisse zu erreichen.

Deshalb fanden Doebbelins Bemühungen einen reichen Niederschlag. Gemeinsam mit seinen Schauspielern, wie dem Ehepaar Unzelmann und Fleck, eroberte er das Publikum. Sie brachten die bürgerliche Dramatik auf die Bühne: Shakespeares und Schillers Stücke (1783 »Die Räuber«, später »Wallenstein«), Lessings »Nathan der Weise«. Auf einem Hinterhof in der Behrenstraße hatte diese private Truppe zunächst ihr Domizil in einem unzulänglichen kleinen Saal — doch das tat ihrem Erfolg keinerlei Abbruch.

Der Neubau
Der neue König änderte, vor allem aus persönlicher Ablehnung gegenüber seinem Vorgänger, in unwesentlichen Bereichen die öffentliche Politik. Er versuchte, einige der »Lieblingskinder« seines Onkels durch das genaue Gegenteil zu ersetzen: Hatte jener das deutschsprachige Theater abgelehnt, verhöhnt, das französische dagegen bevorzugt, förderte dieser zunächst das deutsche Theater. Diese Spielerei kam den Bestrebungen des Bürgertums entgegen, das darin eine Stärkung seiner Position sah.

Unmittelbar nach dem Tode Friedrichs II. gaben die preußischen Staatsbehörden das verwahrloste und leerstehende Komödienhaus auf dem Gensd'armen-Markt an die Doebbelinsche Compagnie zur Nutzung. Die königliche Ordre, die dazu notwendig war, hatte folgenden Wortlaut: »Se. Königliche Majestät haben dem general-privilegierten Direktor der deutschen Bühne, Herrn Doebbelin, das ehemalige französische, von nun an Nationaltheater, mit allen den darin befindlichen Dekorationen und Maschinen, auch der dabei vorhandenen Garderobe, nebst 5 000 Thlr. jährlichen Gehalts [Zuschusses], außer der öffentlichen Einnahme, allergnädigst zu ertheilen geruht, auch ihm erlaubt, die Komparsenkleider bei Stücken, wo solche nöthig, aus dem Königlichen Opernhaus zu leihen.«[1]

Eine gründliche Renovierung folgte, und am 5. Dezember 1786 eröffnete das in den Rang eines »Königlichen Nationaltheaters« erhobene Haus seine Pforten. Damit war für Berlin die erste Einrichtung geschaffen, die der Verbreitung bürgerlichen Gedankengutes mittels des Schauspiels diente. 1796 übernahm August Wilhelm Iffland die Direktion, und damit begann eine Glanzzeit Berliner Theaterlebens.

Das Jahr 1786 bildete den entscheidenden Einschnitt für die weitere Entwicklung. Mit diesem Datum hatte sich das Theater als Institution am Gensd'armen-Markt endgültig etabliert, und mit Iffland sollte es die bis dahin ergebnisreichste Periode seiner Existenz erleben. Allerdings machten sich bald die Fesseln des nach absolutistischem Geschmack errichteten Ko-

Abb. 143 Entwurf zum Zuschauerraum des geplanten Nationaltheaters von Friedrich Gilly, um 1799

mödienhauses für das bürgerliche Schauspiel bemerkbar: Der Bau wurde zu eng. Die Unzulänglichkeiten erforderten eine Veränderung von Grund auf. Friedrich Gilly hinterließ eine Anzahl von Entwürfen für einen Neubau des Theaters. Wir wissen nicht, ob er einen Auftrag dafür hatte oder ob er sich der Herausforderung stellte, die der noch immer nicht endgültig ausgeformte Platz für produktive Architekten bedeuten mußte. Alle Entwürfe entstanden 1798 unter dem starken Eindruck einer Studienreise Gillys nach Paris. Als Sechsundzwanzigjähriger hatte er die durch die Französische Revolution beflügelte Architekturentwicklung studiert und begeistert in sich aufgenommen. Auf ihn wirkten die Zollhäuser in Paris, die Claude Nicolas Ledoux gebaut hatte, besonders nach, und er versuchte ihre städtebauliche Ordnung auf den Platz in Berlin zu übertragen. Die Skizzen, die den endgültigen Entwurf der Außenansicht des Theaters zeigen, geben zugleich die Möglichkeit, Gillys Gedanken einer neuartigen städtebaulichen Konzeption für den Gensd'armen-Markt zu studieren. Er plazierte den Bau in der Achse der beiden Kirchen; die Kuppeln der Türme, die in eine unmittelbare Beziehung zum Theater gebracht waren, wollte er abtragen und die Säulentrommeln in veränderter Form neu errichten — sie erscheinen auf der Skizze breiter und verkürzt (Abbildungen 143, 144).

Gillys Plänen war keine Realisierung beschieden, seine Projekte wirkten aber nach und besaßen großen Einfluß auf die schaffende Architektengeneration. Die Nachfolger nahmen Gedanken aus seinen Entwürfen auf — insbesondere den, einen Theaterbau quergelagert zu den Kirchen zu errichten. Diese geniale Idee formte Carl Gotthard Langhans aus, dem der Neubau schließlich übertragen worden war. Er legte 1798 zwei Skizzen vor, die Varianten für den Standort enthielten. Die erste brachte wenig Neues, denn sie fügte sich der Bedingung, das Theater möglichst billig zu erstellen. Langhans schlug einen Neubau um das alte Komödienhaus herum vor, so daß Alt- und Neubau ständig miteinander verbunden blieben. Das stehende Gebäude hätte während der Arbeiten weiter benutzt und an die nach und nach fertigzustellenden Teile problemlos angeschlossen werden können. Entsprechend dem Vorgefundenen wären dabei wiederum nur Kompromisse erzwungen worden. Der Bedarf an Raum und die wenig glückliche Stellung des Altbaus hätten verlangt, die südliche Front direkt an die Taubenstraße zu schieben, während die nördliche Front keinen Anschluß an die Jägerstraße gefunden hätte. Der Markt wäre ganz beträchtlich eingeschränkt und

Abb. 144 Entwurf
eines Nationaltheaters auf
dem Gensd'armen-Markt
von Friedrich Gilly,
um 1799

der Platz uneinheitlich in verschiedene ungestaltete Räume aufgespalten
worden. Obwohl wir nur die Grundrisse kennen (Abbildung 145), können
wir behaupten, daß diese Lösung nicht den entscheidenden Prämissen, die
durch die Turmbauten gegeben waren, entsprach.

Die zweite Variante sah einen separaten Neubau vor, Langhans rückte
ihn — entsprechend Gillys Idee — an die Rückfront des Marktplatzes, quergelagert in Nord-Süd-Richtung, um so zwischen den Kirchen und Türmen in
einem Dreieck eine städtebaulich glückliche Dominante zu finden. Dieser
Vorschlag trug zwei weiteren Bedingungen bestens Rechnung: Der Markt
blieb erhalten, und da das neue Gebäude unmittelbar hinter der Rückfront
des Komödienhauses zu stehen kam, konnte dieses bis zur Eröffnung des
Ersatzbaus voll genutzt werden (Abbildung 146).

Der Plan hatte bisher wenig beachtete Konsequenzen. Am 27. Januar

233

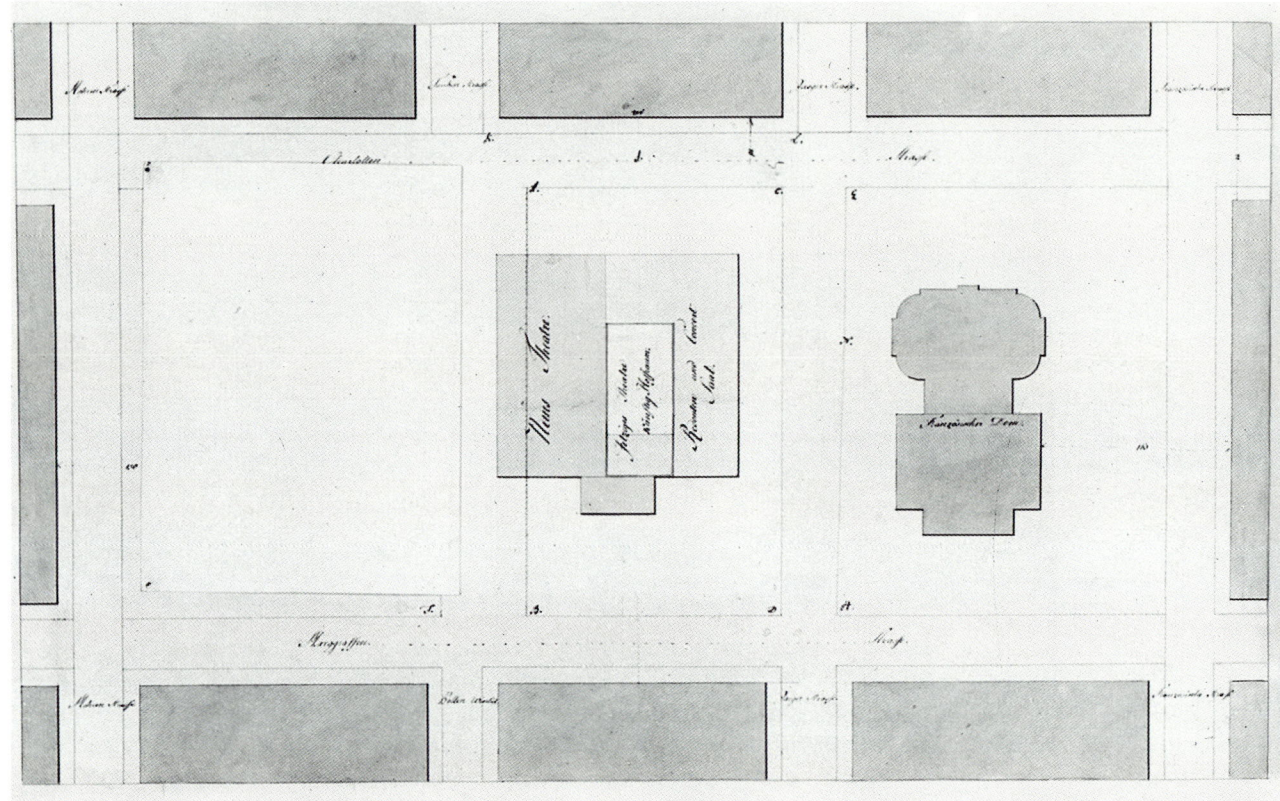

Abb. 145 Variante 1 für den
Standort des Nationaltheaters
von Carl Gotthard Langhans,
1798

1800 wandte sich der Kirchenvorstand der Neuen oder Deutschen Gemeinde beschwerdeführend an den Magistrat und an das Polizei-Direktorium, da der Neubau einen Teil des Marktes verdrängte. Die Nutzung des
dritten, mittleren Quartiers machte eine grundlegende Änderung bisheriger
Entscheidungen über den Marktplatz notwendig. Die Vorsteher schrieben —
und damit haben wir auch das ungefähre Datum des Arbeitsbeginns am
Langhans-Bau des Nationaltheaters: »Seit einigen Tagen sind die auf dem
Gensd'armen-Markt sitzenden Fischer, wegen Erbauung des neuen Commö-
dienhauses translociert [und zwar auf das Gelände um die Neue Kirche],
dem Vernehmen nach von den Herrn Policey-Inspektoren und Policey-Mei-
stern wahrscheinlich mit Vorwissen hochlöbl. Policey-Direktion.« Ihnen sei
der »Kirchhof angewiesen« und bereits »mit sämtlichen Gerätschaften« angenommen worden. »Im Jahre 1788 wurde der Platz von Einem hochlöbl.
Gouvernement hiesiger Residenzien, laut Rescript vom 23ten Februar, der

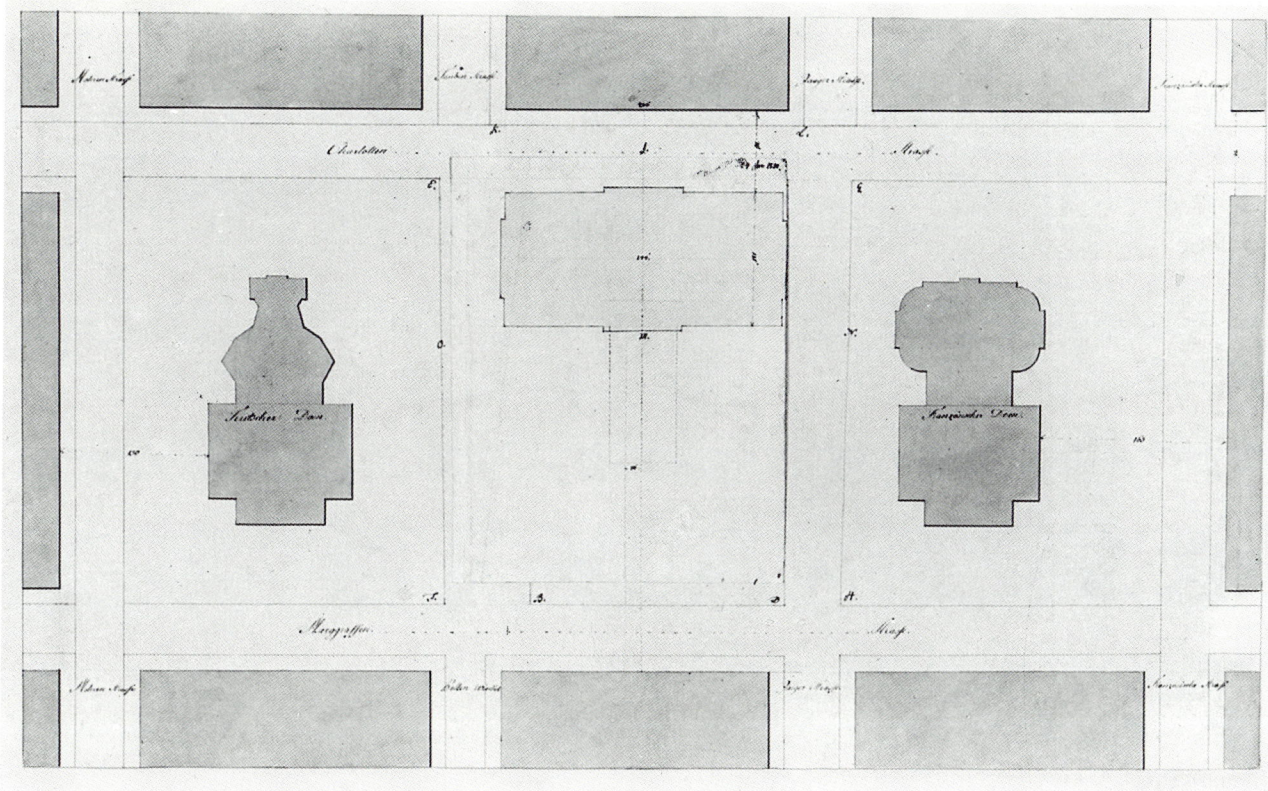

neuen Kirche zugesprochen und abgemessen, auch erlaubt diesen Platz, nach den damals angewiesenen Grenzen, so wie den, in der Gegend belegenen Platz der französischen Kirche, mit hölzernen Pfählen einzufassen.«[2] Der Vorstand macht weiterhin darauf aufmerksam, daß der Platz seit dieser Zeit auch genutzt wurde — wie aus den Akten ermittelt werden konnte, als Vorbereitungsplatz zum Herrichten von Bauholz. Damit hatte die Kirchengemeinde über eine ergiebige Einnahmequelle verfügt, die nun verlorenzugehen drohte, worauf ebenfalls verwiesen wird: »Die neue Kirche hat durch den Ausbau des neuen Thurms schon beträchtlich gelitten, theils durch Verbauung des Lichts, theils durch Wegnahme der Sacristey, die französische Kirche dagegen ausdrücklich gewonnen.« Deshalb wird vorgeschlagen, den Markt auf den Raum um die Französische Kirche auszuweiten. Der Markt diente der Versorgung der Bevölkerung, und man hätte dafür bei den gegebenen Verhältnissen so schnell keinen Ersatz zu schaffen vermocht. Zwar

Abb. 146 Variante 2 für den Standort des Nationaltheaters von Carl Gotthard Langhans, 1798

National Theater zu Berlin.
1800.

Abb. 147 Vorderansicht
des Nationaltheaters von
Carl Gotthard Langhans,
Zeichnung von
Carl Ferdinand Langhans,
1800

antwortete das Polizei-Direktorium am 20. Februar 1800, daß die Fischer nicht dorthin kommen sollten, sondern »in der Mohrenstraße auf einen neu zu pflasternden Platz«, aber der Markt dehnte sich zwangsläufig aus, da eine ständig wachsende Zahl von Einwohnern versorgt werden mußte.

Von der Übergangslösung, hervorgerufen durch den Neubau, kam es über interimistische Festlegungen zur Ausdehnung des Marktes auf das Gelände um die Neue Kirche. Als entscheidend muß hierfür das Jahr 1800 angesehen werden; für die Hugenotten folgte das gleiche — nach langen Auseinandersetzungen und Rechtsstreitigkeiten — 1839, so daß der Markt schrittweise die Grenzen des mittleren Quartiers verließ. In dieser Periode setzte sich auch die Bezeichnung Gensd'armen-Markt immer mehr durch, obwohl es keine offizielle Benennung oder Namensverleihung gab beziehungsweise sich nicht nachweisen läßt.

Carl Gotthard Langhans konnte den Bau in der relativ kurzen Frist von zwei Jahren beenden. Am 31. Dezember 1801 spielte man noch im alten, am 1. Januar 1802 dann im neuen Gebäude. Das Boumannsche Komödienhaus

National Theater zu Berlin.
1800.

von 1774 fiel unter der Spitzhacke; eine Figur davon hat sich bis in die Gegenwart erhalten.

Das neue Schauspielhaus bildete ein Rechteck, das den hinteren Streifen des Platzes an der Charlottenstraße einnahm. Der Haupteingang — eine wichtige Festlegung zur Platzgestaltung, die die durch Gontard vorgegebene Orientierung aufnahm — lag nach Osten, ein wirklicher Platz entstand. Die Räume des Neubaus reihten sich aber in Nord-Süd-Richtung, so daß der Besucher nicht unmittelbar in das Theater trat. Im Obergeschoß befand sich nördlich der ovale Konzertsaal mit einer von Säulen getragenen Galerie; ihm folgte, getrennt durch einen breiten Gang, das ebenfalls ovale oder elliptisch geformte Auditorium; danach die Bühne. Ganz an der Südseite lag das Kulissenmagazin. Der Zuschauerraum faßte mit seinen vier Rängen 2 000 Besucher. Die Verschiebung der beiden Haupträume — Konzertsaal und Theatersaal — in die Hauptachse erfolgte aus repräsentativen Gründen. Man benötigte für die Königsloge einen Aufgang mit Treppenflur, der sich anders nicht unterbringen ließ. Vor dem Theater erhob sich platzseitig eine

Abb. 148 Seitenansicht des Nationaltheaters von Carl Gotthard Langhans, Zeichnung von Carl Ferdinand Langhans, 1800

Allgemeine Historie
der Reisen zu Wasser und Lande;
oder
Sammlung
aller
Reisebeschreibungen,

welche bis iho
in verschiedenen Sprachen von allen Völkern herausgegeben worden,
und einen vollständigen Begriff von der neuern Erdbeschreibung
und Geschichte machen;
Worinnen der wirkliche Zustand aller Nationen vorgestellet, und das
Merkwürdigste, Nützlichste und Wahrhaftigste in
Europa, Asia, Africa und America,
in Ansehung ihrer verschiedenen Reiche und Länder; deren Lage, Größe, Grenzen,
Eintheilungen, Himmelsgegenden, Erdreichs, Früchte, Thiere, Flüsse, Seen, Gebürge,
großen und kleinen Städte, Häfen, Gebäude,
u. s. w.
wie auch der Sitten und Gebräuche, der Einwohner, ihrer Religion, Regierungsart,
Künste und Wissenschaften, Handlung und Manufacturen,
enthalten ist;
Mit nöthigen Landkarten
nach den neuesten und richtigsten astronomischen Wahrnehmungen und mancherley
Abbildungen der Städte, Küsten, Aussichten, Thiere, Gewächse, Kleidungen,
und anderer dergleichen Merkwürdigkeiten, versehen;
Durch eine Gesellschaft gelehrter Männer im Englischen zusammen getragen,
und aus demselben ins Deutsche übersetzet.
Erster Band.
Mit Königl. Poln. und Churf. Sächs. allergnädigster Freyheit.

Leipzig, bey Arkstee und Merkus. 1747.

Vorhalle mit sechs ionischen Säulen, an den anderen Fronten standen entsprechend je vier ionische Wandsäulen, zwischen denen die Eingänge lagen.

Bei der Eröffnung war das Äußere noch nicht fertiggestellt, es fehlte der
plastische Schmuck, so daß erst im Oktober 1803 der Bau als beendet gemeldet werden konnte (Abbildungen 147, 148, 151—153).

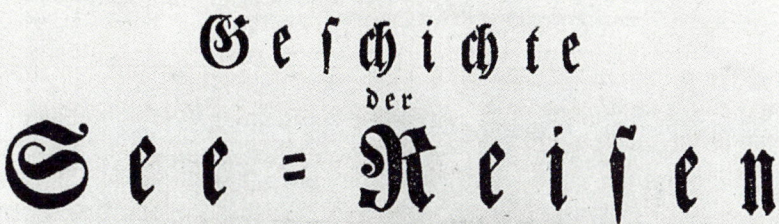

Abb. 150 Titelblatt der
»Geschichte
der See-Reisen …«,
Berlin 1774

Geschichte

der

See = Reisen

und

Entdeckungen im Süd = Meer

welche

auf Befehl Sr. Großbrittannischen Majestät

unternommen, und von

Commodore Byron ‖ Capitain Carteret
Capitain Wallis ‖ und **Capitain Coock**

im Dolphin, der Swallow, und dem Endeavour

nach einander ausgeführet worden sind;

aus den Tagebüchern der verschiedenen Befehlshaber und den Handschriften

Joseph Banks Esq.

in drey Bänden verfaßt von

Dr. Johann Hawkesworth.

Mit des Herrn Verfaßers Genehmhaltung aus dem Englischen übersetzt

von

Johann Friedrich Schiller.

Erster Band.

Mit vielen schön gezeichneten und sauber gestochenen Kupfern und einer Menge von See- und
Land-Charten, von ganz neu entdeckten oder bisher sehr mangelhaft
bekannt gewesenen Ländern, erläutert.

Mit Kön. Preuß. Churf. Brandenb. und Churf. Sächs. allergnädigsten Privilegien.

Berlin,

bey A. Haude und J. C. Spener. 1774.

gedruckt bey Christian Sigismund Spener.

Eine Merkwürdigkeit zeichnete das Dach aus: Eine gewaltige schwerfäl-
lige Konstruktion lastete auf dem Baukörper, so daß er bei seiner geringen
Höhe seltsam gedrückt und unbeholfen aussah. Doch gerade dieses oft ge-
schmähte Detail ist ideengeschichtlich interessant und beachtenswert.

Im Zuge der Aufklärung setzte sich in einem Teil des reformwilligen

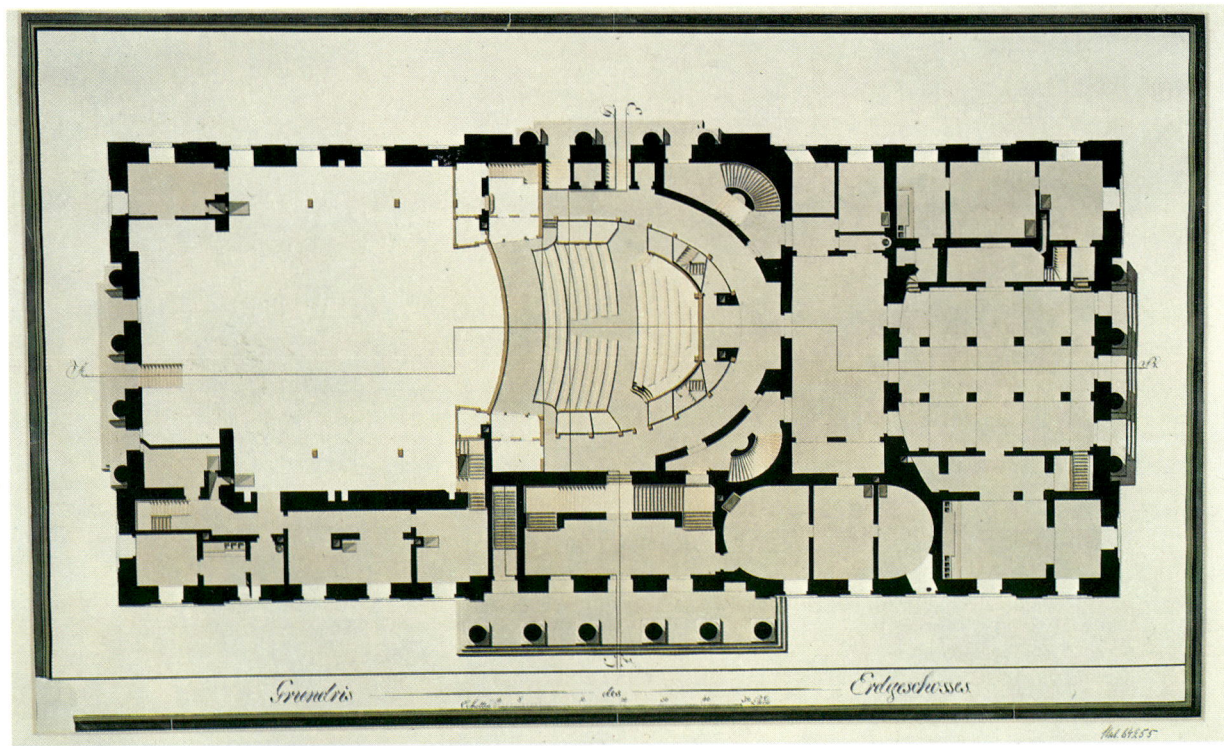

Grundriß des Erdgeschosses

Abb. 151—153
Erdgeschoß-Grundriß,
Längsschnitt und
Querschnitte
des Nationaltheaters von
Carl Gotthard Langhans,
Zeichnungen von
Carl Ferdinand Langhans,
1800

Adels, der begriffen hatte, daß das absolutistische System in der bisherigen Form nicht mehr lange lebensfähig war, eine scheinbar weltoffene Richtung der Kritik an den unhaltbaren Zuständen durch. Es war keine bürgerliche Kritik, die das absolutistische System als solches beseitigen und an seine Stelle eine neue Gesellschaft setzen wollte, sondern sie richtete sich gegen Auswüchse, Überzogenheiten und Ungereimtheiten des preußischen Absolutismus. Ein Vorstoß also, der auf eine Reform um des Erhalts des Ganzen willen zielte.

Zum anderen kam durch die bürgerliche Aufklärung Gedankengut über das Leben von Völkern aus anderen eben entdeckten und erforschten Teilen der Welt in die zaghafte geistig-politische Auseinandersetzung. Berlin und sein Bürgertum beteiligten sich zwar nicht direkt an diesen Erforschungen, rezipierten aber ihre Ergebnisse um so gründlicher. Begonnen hatte es mit einer einundzwanzigbändigen Ausgabe einer »Allgemeinen Historie der Reisen zu Wasser und zu Lande; oder Sammlung aller Reisebeschreibungen«, die zwischen 1747 und 1774 im Verlag Heinrich Merkus in Leipzig er-

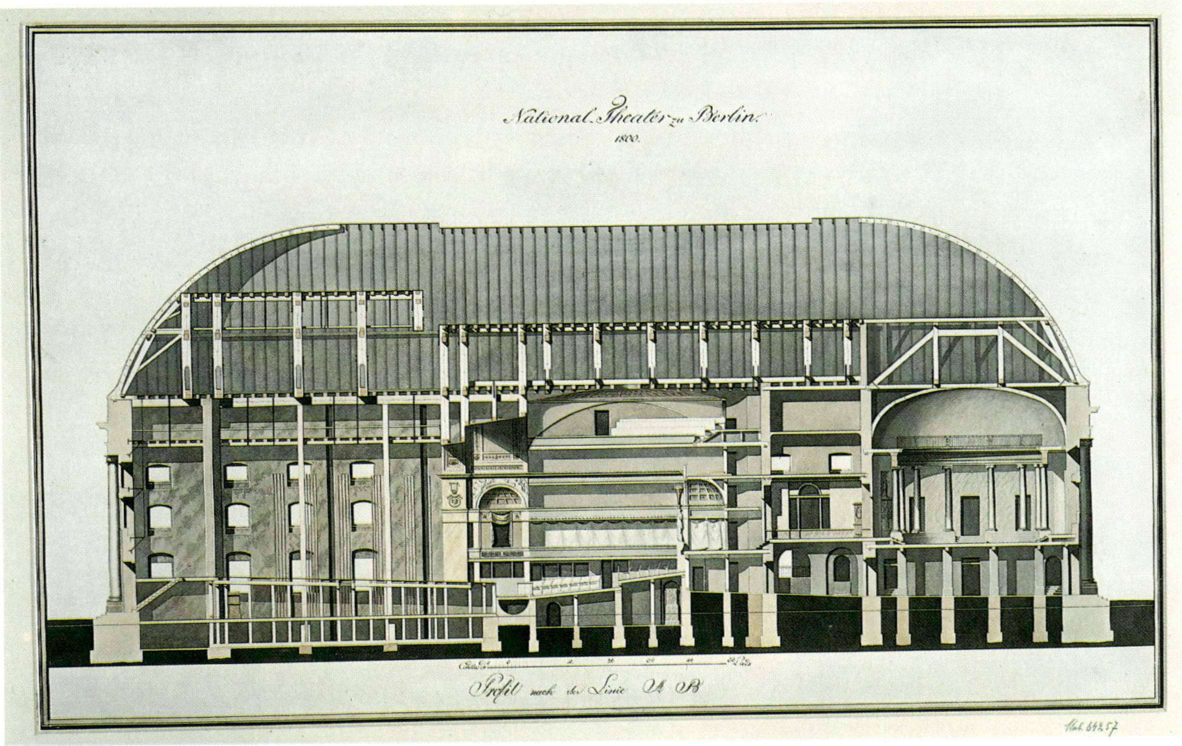

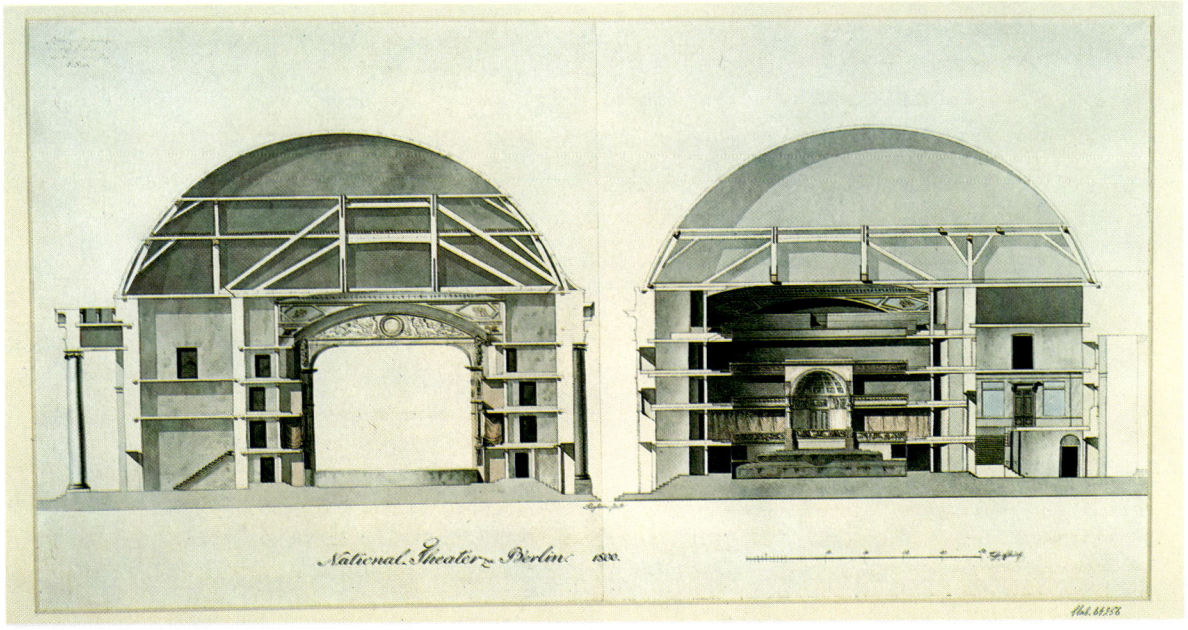

National Theater zu Berlin.
1800.

Profil nach der Linie A B.

National Theater zu Berlin. 1800.

schien (Abbildung 149). Zunächst als Übersetzung französischer Vorbilder, dann englischer, mündete sie in eine gründliche Bearbeitung aller bis dahin gemachten Entdeckungsreisen durch den Verlag selbst. Neben der Geschichte der Expeditionen, zahlreichen Karten und Abbildungen enthielt die Edition auch eine Beschreibung der Sitten und Gebräuche der Völker.

Diesem Unternehmen folgte ein weiteres: die von John Hawkesworth verfaßte »Geschichte der See-Reisen und Entdeckungen im Süd-Meer«, aus dem Englischen übersetzt von Johann Friedrich Schiller (Abbildung 150). Sie erschien ab 1774 in mehreren Bänden in Berlin im Verlag Haude und Spener. Weitere Publikationen schlossen sich an, bis 1783 die Seereisen von Johann Reinhold Forster durch seinen Sohn Johann Georg in Berlin veröffentlicht wurden (Abbildung 154).

Insbesondere die Schilderungen der Cookschen Seereisen hinterließen mit ihren Ausführungen über Sitten und Gebräuche der Südseevölker nachhaltigen Eindruck. Die dort beschriebenen Badehäuser (Abbildung 155) als Teil eines Reinigungskults nahm man auf, um ein Leben in Freiheit, Brüderlichkeit, Gewaltlosigkeit und idealisierten freimaurerischen Vorstellungen zu propagieren. Das blieb weder auf den Adel noch auf König Friedrich Wilhelm ohne Einfluß. Der letztere ließ von Langhans in den Jahren 1789/90 ein sogenanntes O-tahitisches Haus entwerfen und im Park des Schlosses Charlottenburg bauen (Abbildung 156).

Langhans war dazu besonders geeignet, da er eine Vorliebe für komplizierte Dachkonstruktionen hatte. Das O-tahitische Haus verlangte ein zur Mitte aufsteigendes Dach mit einer Plattform, auf der dann ein zweites Dach errichtet wurde. Die Ecken mußten dabei gebogen ausgebildet werden und die Plattform in einer Ellipse münden.

Betrachtet man nun das Dach des Langhansschen Schauspielhauses in den Entwurfszeichnungen, so drängt sich der Gedanke an das O-tahitische Haus geradezu auf — es fehlte nur die zweite Überbauung, und man hätte die Konturen eines derartigen Hauses vor sich. Das Dach stieg von den Seiten in gebogener Form zur Mitte an und bildete oben eine große Plattform. Dieser Entwurf konnte aber nicht so realisiert werden, da der Bodenraum für den Fundus des Theaters genutzt werden sollte. Als dann die Entscheidung fiel, auch den Fundus des Opernhauses hierher zu verlagern, erhöhte Langhans der Not gehorchend das Dach, das nun zu schwer und drückend auf dem Baukörper lag.

Johann Reinhold Forster's

der Rechte, Medicin und Weltweisheit Doctor, Professor der
Naturgeschichte zu Halle. Mitglieds der Rußisch-Kaiserl. Akademie zu
St. Petersburg, der Societäten der Wissenschaften, der Antiq. ꝛc.
zu London, zu Madrit ꝛc. ꝛc.

Bemerkungen

über Gegenstände der physischen Erdbeschreibung,
Naturgeschichte und sittlichen Philosophie

auf seiner

Reise um die Welt

gesammlet.

Uebersetzt und mit Anmerkungen vermehrt
von dessen Sohn und Reisegefährten

Georg Forster,

Professor am Carolino zu Cassel.

Mit Landcharten.

Berlin

bey Haude und Spener.
1783.

Abb. 155 »O-tahitisches Haus«
aus der »Geschichte
der See-Reisen ...«

Wegen der entstandenen eigenartigen Silhouette nannten die Berliner den
Bau scherzhaft »Koffer«. Tatsächlich erinnerte die nach oben rund auf eine
Plattform zulaufende Dachgestalt an einen Koffer der damaligen Zeit; die
eigentliche Absicht war so durch den Zwang zur Erhöhung des Bodenraums
völlig in den Hintergrund gedrängt.

In der Zeit des Stilumbruchs in der Berliner Architektur erfuhr der Bau
mannigfaltige, zumeist negative Kritik. Man hielt ihn schlichtweg für eine
Unmöglichkeit, störte sich an dem gerundeten Dach, vermißte den feierli-

Abb. 156 Entwurf für ein
»O-tahitisches Haus«
(Angelhaus, sogenanntes
Korbhaus) von
Carl Gotthard Langhans für
den Schloßpark
Charlottenburg, 1789/90

chen Gestus. Zu wenig wurde honoriert, daß Langhans eine wirkliche Platz-
bildung im Auge gehabt hatte. Das Theater sollte nach ihm weniger als auto-
nomer Baukörper, sondern mehr als ein Bindeglied zwischen den
beherrschenden Turmkomplexen fungieren — das muß man sich klarma-
chen, um den Langhansschen Gedanken zu verstehen. Das Theater ragte
mit seiner östlichen Front bis an die Turmbauten mit ihrem starken Vertikal-
zug in den Platz hinein (Abbildung 157). Langhans schuf, seiner Gestaltungsabsicht für den Platz folgend, ein horizontales Gegengewicht zur Ver-

mittlung zwischen beiden »Domen« (Schinkel hat später den Horizontal- und Vertikal-Kontrast der Baukörper — wenn auch in entschieden beeindruckenderer Form — aufgenommen). Langhans mußte die Turmbauten als Dominanten anerkennen, und er beließ ihnen mit der reichen Plastizität ihrer profilierten Architektur auch die tragende Rolle bei der Formung des Platzbildes. Folglich hielt er sich in der Fassadengestaltung seines Theaterbaus zurück, vielleicht zu sehr; eine gewisse Differenzierung trat eigentlich nur innerhalb der Fensterachsen in dem Wechsel von rechteckigen und halbkreisförmigen Öffnungen zutage. Besonders betont wurde der Portikus mit seinen sechs Säulen, der das Motiv der Turmunterbauten wiederholte, allerdings in bescheideneren Formen.

Die innere Funktionsfähigkeit des Theatergebäudes war nicht garantiert. Wollte man es betreten, lag der günstigste Eingang von der Jägerstraße her; hier befanden sich auch tatsächlich das Entrée für den Hof und der Zugang zum Konzertsaal, doch die anderen Räume waren nur über eine Flucht von Treppen erreichbar. So bot sich das Innere dem Besucher verwirrend unübersichtlich und teilweise dunkel dar.

Offizierskrawalle Dieser Bau bildete nach 1804/05 den Schauplatz für die unrühmlichen Theaterskandale, in denen sich insbesondere jüngere Berliner Garnisonoffiziere hervortaten. Es war eine Zeit des Umbruchs, Romantiker und Aufklärer stritten auf der Bühne und in ihren Werken miteinander; dabei sahen sich die Aufklärer heftigen Verfolgungen sowohl von der Zensur als auch von den Romantikern ausgesetzt. Hinter dieser Polemik in der Literatur verbarg sich der Konflikt in der sozialen Sphäre, wo Veränderungen objektiv notwendig geworden waren, der Kampf darum aber politisch nicht ausgetragen werden konnte. Iffland leitete sein Theater bürgerlich — mit allen Einschränkungen zwar, die in dieser Zeit galten —, doch auch er wollte Anerkennung von Hof und König. Ein Vorwurf ist ihm daraus nicht zu machen.

Als Aufklärer hatte er seine hauptsächlichsten Widersacher in den Reihen der Romantiker, die in mystischer Verklärung die Antwort auf den schwelenden sozialen Konflikt sahen. Zwischen Aufklärern und Romantikern standen die Offiziere der Berliner Garnison, die das Theater als den Ort verstanden, an dem sie in Gesellschaft erfolgreich »Figur machen« konnten. Das Nationaltheater und sein Publikum waren ihnen zu bürgerlich, der Streit zwischen Romantikern und Aufklärern geistig zu hoch. Doch der Untergang des bor-

nierten, dummdreisten, nur das Militär und seinen hohlen Ehrenkodex ken-
nenden Offizierskorps friderizianischer Prägung stand auf der Tagesordnung. Dagegen wehrten die Offiziere sich und trugen ihren Protest gegen das
aufkommende bürgerliche Element, die in ihre Rechte tretende neue aufstrebende Klasse eben im Nationaltheater aus. Der Ort war klug gewählt, hierher ging das Volk, das Bürgertum. Es war nicht die Hofoper Unter den Linden, in der ihnen niemand den Rang streitig machte. Diese Umstände
belegen, welche Bedeutung der Gensd'armen-Markt und das Theater für das
aufstrebende bürgerliche Element erlangt hatten. Am Ende verspürte das
der »Vortrupp« der zum Untergang verurteilten Offizierskaste eher als das
Bürgertum. Einer dieser Skandale ereignete sich im Sommer 1806. Theodor
Fontane hat ihn in seiner Novelle »Schach von Wuthenow« verarbeitet.

Abb. 157
Der Gensd'armen-Markt
mit dem Nationaltheater,
Aquatintaradierung von
Friedrich A. Calau,
Johann Daniel Laurens und
Carl Friedrich Thiele,
nach 1800

Iffland, möglicherweise von dem Wunsch getrieben, eine königliche Auszeichnung zu erhalten, gewann den Romantiker Zacharias Werner dafür, ein Luther-Drama (»Weihe der Kraft«) zu schreiben. Es ging dem Theaterprinzipal nicht um das Thema, sondern um die Rolle des Reformators, die er zu spielen beabsichtigte, um beim Königshaus Eindruck zu machen.

Dieses menschlich verständliche Streben nach Ruhm übte sich aber an

Abb. 158 Umbauentwurf
von Karl Friedrich Schinkel
zum Nationaltheater, 1813

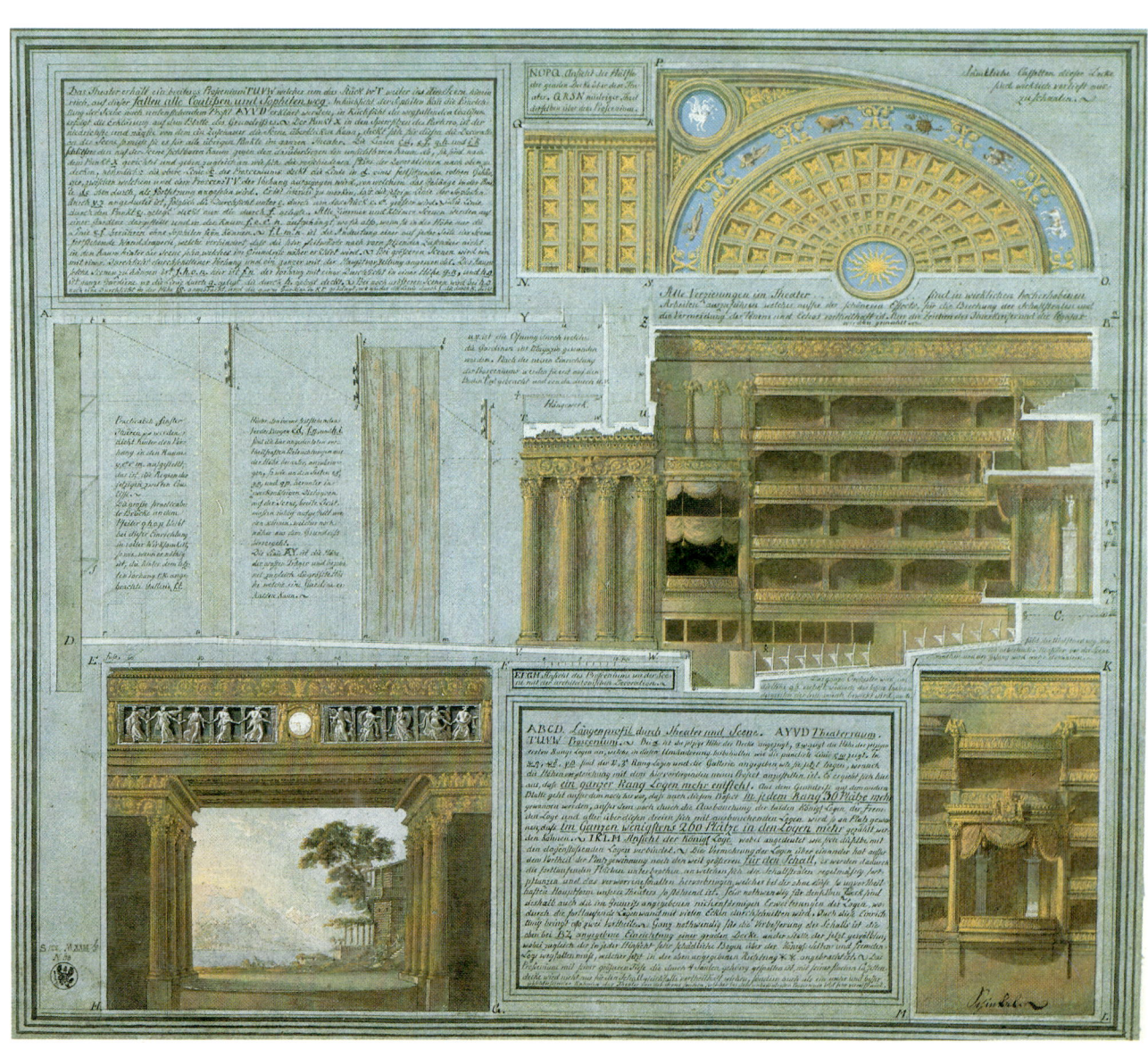

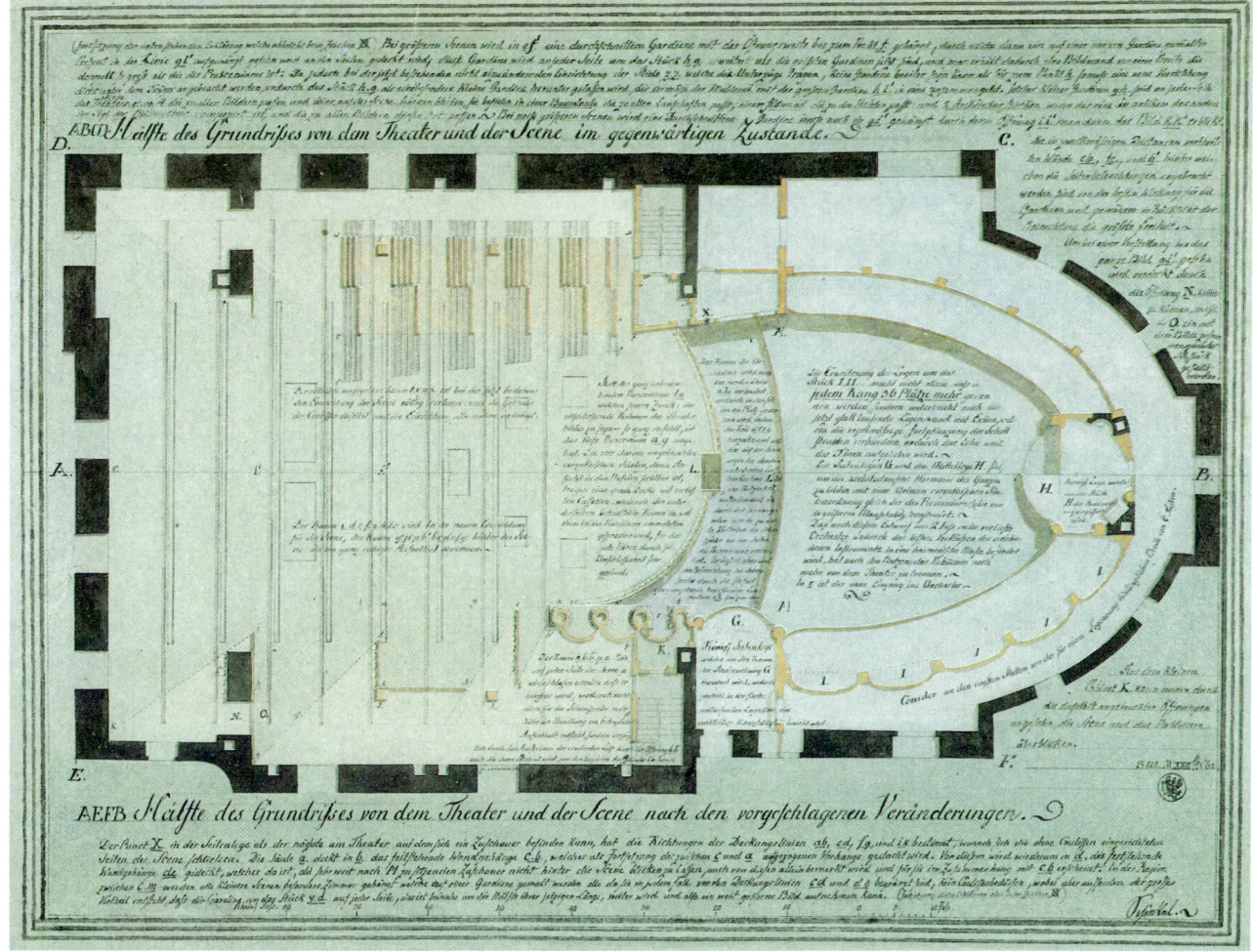

Abb. 159 Gegenüberstellung des bestehenden Zustandes (oben) und der vorgeschlagenen Veränderungen im Nationaltheater von Karl Friedrich Schinkel, 1813

einem untauglichen Objekt. Bereits vor der Aufführung entbrannte der Streit, ob Luther als Begründer der preußischen Staatsreligion — jedenfalls sah man ihn so — auf die Bühne gestellt werden dürfe. Zwar ging es nicht um die historische Person, aber war es nicht pietätlos, eine für den preußischen Staat und die Staatsreligion derartig wichtige Figur von einem katholischen Autor in das Rampenlicht ziehen zu lassen? Für uns heute eine nur Verständnislosigkeit hervorrufende Frage. Iffland sah das Problem wohl auch und verstand es, sich geschickt gegen jede mögliche Kritik abzuschirmen, indem er das Ehrfurchtgebietende des Gegenstandes hervorhob. Die Gemüter kamen in Bewegung, konnten ihrem Unmut aber wenig Luft machen. Iffland bot staatliche Machtmittel auf, mobilisierte die Zensur und ließ zum Beispiel bei der Premiere Polizei auf den Zuschauerraum mit dem Auftrag verteilen, jeden zu arretieren, der Unruhe stiftete. Ebenso ging er gegen die Presse vor, um jede Schmälerung seines Erfolgs zu verhindern[3] — eine typisch preußische Kabale am Ende der Ära des versteinerten Regimes. Auf der Welle des Protestes ritten die Offiziere, die eigentlich gar nicht verstanden, worum es ging. Sie fühlten den Unmut und sahen eine Chance, sich dahinter in das Licht der Öffentlichkeit zu begeben. Der ewig gleiche Gamaschendienst, die immer mehr abbröckelnde Fassade ihres Junkertums angesichts der ständig lauter werdenden Forderungen bürgerlicher Repräsentanz gegenüber den durch nichts gerechtfertigten Privilegien dieses nutzlos gewordenen Adels sowie jugendliche Ungezügeltheit, gesteigert auf Grund von Privilegierung, Abstammung und dümmlichem Adelsstolz, gaben während einer langweiligen Wachstunde Offizieren des Régiment Gensd'armes einen tolldreisten Gedanken ein: Es wurde ein großangelegtes Spektakel beschlossen, das in geschmackloser Weise eine Parodie des Werner-Stückes mit folgendem Inhalt bieten sollte: In Wittenberg wird ein Nonnenkloster aufgelöst. Die Person, die diesen Auftrag zu vollziehen hat, weist die ehemaligen Nonnen an: »Geht in die Welt und wirket!« Die frommen Schwestern — bis auf eine, die spätere Frau Luthers — gehen nach Berlin und treten bei Madame Etschern, einer damals stadtbekannten Kupplerin, in einen neuen Wirkungskreis ein. Luther hört davon, kommt mit seiner Frau nach Berlin, um diese Anstalt zu besuchen. Gemeinsam unternimmt er mit Madame Etschern eine Schlittenfahrt, die die Offiziere nun stellten. Auf einem großen mit Rädern versehenen Schlitten gruppierten sie sich als die handelnden Figuren. Jeder Beteiligte hatte vier bis sechs Vorreiter beizubringen, die die Szene mit Fackeln beleuchten und Polizisten abwehren sollten. So zog man von den »Linden« aus durch die Stadt. Die Absicht des Unternehmens wurde von den Passanten erkannt; Polizisten und Husaren, die bemüht waren, der Posse zu wehren, konnten beiseite geschoben werden, und so zog die Maskerade mehr als eine Stunde durch die belebten Straßen.[4]

Später hat man versucht, ästhetische oder moralische Motive geltend zu machen, aber es war nicht mehr als eine Zote, ein dummdreister Offiziersspaß, dazu angetan, der Prahlsucht zu dienen und bürgerliche Lebensweise herauszufordern. Damit reihte sich die derbe Kasinoaffäre nur indirekt in die geistigen Auseinandersetzungen der Zeit ein und belegt, in welchen For-

Abb. 160
Panorama von Palermo,
Kupferstich von
Karl Friedrich Schinkel,
1808 (?)

men einige Vertreter des nutzlos gewordenen Adels ihre »Führungsrolle«
darzustellen beliebten. Wegen der milden Bestrafung folgten weitere Provo-
kationen dieser Art, die auch nach der Niederlage des preußischen Staates
in den Schlachten bei Jena und Auerstedt anhielten. Allerdings wurden sie
durch Krieg und Besetzung kurz unterbrochen; die französische Obrigkeit
duldete derartigen Aufruhr nicht. Kaum waren aber die fremden Truppen
abgezogen, meldeten sich die Offiziere wieder und versuchten, ihrem Anspruch auf die Vorherrschaft im geistigen Leben — so wie sie es verstanden — erneut durch von ihnen inszenierte Skandale im Nationaltheater
Nachdruck zu verleihen: nun aber auch mit einer eindeutigen Spitze gegen
die preußischen Reformen, deren Ziele sie nicht verstanden.

Am 21. November 1810 hatte das Singspiel »Die Schweizer Familie« im Nationaltheater Premiere, die die Offiziere auf ihre Weise zu nutzen gedachten. Zwar gab es in der Berliner Öffentlichkeit eine Auseinandersetzung um eine der Sängerinnen, die aber bedeutungslos war. Der Versuch, Aufsehen zu erregen, scheiterte zunächst, da das Publikum Zufriedenheit mit der Leistung der Sängerin äußerte und der Polizeipräsident Justus von Gruner selbst der Premiere beiwohnte, um durch seine Gegenwart für Ruhe zu sorgen. Diese zweifache Niederlage stachelte die Offizierskamarilla besonders an. Die junkerlichen Heißsporne sannen auf Rache, da sie allergisch auf Einschränkungen ihrer durch Geburt erworbenen Vorrechte reagierten. Zwar hatte niemand diese Privilegien im Theater direkt angegriffen, aber die Öffentlichkeit in Berlin verhielt sich nach den Niederlagen im Krieg gegen das revolutionäre Frankreich anders gegenüber den Offizieren, sah in ihrem Tun eine Attacke auf Iffland und spürte die eigentliche Zielstellung außerhalb künstlerischer Fragen. Als dann am 26. November 1810 die zweite Aufführung stattfand, in der die Offiziere im wahrsten Sinne des Wortes mit ihren Säbeln auf ihre Vorrechte pochten, bot Iffland seinen Rücktritt an.[5] Der Skandal wurde manifest und war nicht zu vertuschen, die Vorgesetzten, die über die Angelegenheit großzügig hinweggehen wollten, mußten eine Königliche Untersuchungskommission dulden. Zweiundzwanzig Offiziere erhielten eine Vorladung zum Verhör, in dem keiner sich über künstlerische Fragen äußerte oder grundsätzliche Parteinahme für die Romantiker erkennen ließ. Sie wehrten sich nur gegen den Vorwurf der Verschwörung und sprachen sich gegen die Sängerin aus. Es verlief alles im Sande, aber die Skandale, verursacht durch das Aufbegehren einer Adelsfronde gegen die Ansätze bürgerlicher Umgestaltung, hörten auf. Die preußischen Reformen wirkten auf der Grundlage partiell geänderter gesellschaftlicher Verhältnisse auch auf die Normen des Theaterlebens beziehungsweise paßten sie diesen an. Für den Offiziersmob war im Nationaltheater kein Platz mehr.

Als indirekte Folge der Krawalle, wenn auch nicht von ihnen hervorgerufen, muß die verstärkte Beobachtung des Berliner Theaterlebens durch den Hof angesehen werden. Die Königliche Oper Unter den Linden und das Nationaltheater am Gensd'armen-Markt kamen enger in dessen Bannkreis, erhielten im Juni 1811 eine gemeinsame Direktion unter Iffland, der nun ein Hofamt bekleidete. Seit diesem Zeitpunkt heißt das Nationaltheater Schauspielhaus, um bereits in der Namensbildung eine Abgrenzung zur Linden-

Abb. 161 Sternenhalle im
Palast der Königin der Nacht,
Dekoration von
Karl Friedrich Schinkel für
Mozarts »Zauberflöte«, 1815

Oper auszudrücken, ohne aus dem Schauspielhaus ein ausschließliches Sprechtheater zu machen.

Die verbesserten finanziellen Verhältnisse ließen das Theater in Berlin aufblühen. Die Stadt entwickelte sich zu einem Zentrum der Hochromantik, die Auseinandersetzungen um die gegensätzlichen Positionen traten vor allem literarisch hervor, und das Schauspielhaus war eines der Zentren. Die Romantiker nahmen Partei für die Unabhängigkeit und Freiheit der Nation und versuchten positive Gemeinschaftsbeziehungen durch die Überwindung von Individualismus und Subjektivismus zu propagieren. Immer entschiedener lehnten sie die kapitalistischen Verhältnisse ab. Sie kritisierten die Zerstörung der menschlichen Beziehungen, befehdeten heftig den Verlust

253

menschlicher Würde und machten ihre negative Einstellung gegenüber den individualistisch handelnden Ausbeutern deutlich. Sie reagierten auf die sich verändernden gesellschaftlichen Verhältnisse mit der Orientierung auf ein patriarchalisch-idyllisches Gemeinschaftsideal, das sich an die überwundene Ständeordnung des Feudalismus anlehnte. Sie reflektierten den Verlust der Ideale und Illusionen der bürgerlichen Aufstiegsepoche und beschrieben die mit der kapitalistischen Entwicklung sich zuspitzenden Gegensätze. Ihre Antwort belegte tiefe weltanschauliche Widersprüche; die Propagierung eines mittelalterlichen Idealzustandes, der so nie existiert hatte, offenbarte die unlösbare Problematik des Künstlers in der kapitalistischen Gesellschaft.

**Pläne
für einen Umbau und
Bühnenbilder**

Ob gefragt oder ungefragt, am 11. Dezember 1813 sandte der bereits sehr geschätzte und bekannte Architekt Karl Friedrich Schinkel Entwürfe zur Veränderung der inneren Gestalt des Berliner Nationaltheaters ein (Abbildungen 158, 159). Der äußere Anlaß zur künstlerischen Auseinandersetzung fand sich in der Diskussion über eine Theaterreform, die sich vor allem an dem Langhans-Bau entzündete. Iffland nahm die Papiere, bestehend aus zwei Blatt detaillierter Zeichnungen mit ausführlichen Randbemerkungen, entgegen. Schinkel orientierte sich an dem vorhandenen Gebäude, gegen dessen städtebauliche Einordnung er nichts einzuwenden hatte. Zum einen war diese im Jahre 1813 kaum zu ändern, und zum anderen erkannte er wohl, daß der Standort gut gewählt war. Schinkel wandte sich vorrangig gegen die innere Ordnung, gegen den überholten, im wesentlichen noch dem absolutistischen Theater verhafteten Gestus des Baus. Seine Hauptkritik richtete sich gegen die aufwendige althergebrachte Kulissenbühne, die er vereinfachen wollte, um dem Geist des Theaters, den er bürgerlich verstand, besser zu dienen. Er ordnete bewußt die innere Gestaltung des Theaters dem eigentlichen Zweck als Institution zur Darbietung der Kunst, zur Erziehung und zur Erbauung unter. Damit wandte er sich gegen die spätfeudalen Absichten, im Theater den Ort der Unterhaltung und repräsentativen Selbstdarstellung zu sehen. Kernpunkt seiner theaterreformerischen Überlegungen mußte zwangsläufig die Szene werden. Schinkel schwebte ein übersichtlich gestalteter Bühnenraum vor, auf dem die Handlung des Stückes den Mittelpunkt des Theaters darstellen sollte. Dekorationen hatten nach seinen Überlegungen lediglich den Zweck, Hintergrund zu bilden. Gleichzeitig wollte er die starre Trennung zwischen Auditorium und Bühne überwinden, indem er das Proszenium in den Zuschauerraum zog. Davon erhoffte er sich auch die Lösung akustischer Fragen, denn die Wölbung der Vorbühne sowie die Plazierung des Orchesters in einem davor versenkten Graben konnten die Tonqualität wesentlich verbessern. Der wie ein Amphitheater ansteigende Zuschauerraum stellte sich bei Schinkel als ein Kreissegment dar. So überwand er das Barocktheater mit seiner illusionistischen Szene und der ständischen Gliederung des Parketts und einer Vielzahl von Logen. Das war bürgerliche Architektur, die die spätfeudalen Gedanken entschieden über Bord warf, indem sie die Bühne zum Mittelpunkt machte und dieser einen demokratisch aufgebauten Zuschauerraum zuordnete. Andere hatten ähnliches bereits geäußert, aber keiner ging so umfassend und konsequent vor.[6]

Dieses Konzept entstand in einer gewissen Hochstimmung als Widerspiegelung von Gedanken einer Umwälzung in Preußen, wie sie nach dem großen inneren Reformwerk eines Heinrich Friedrich Karl Reichsfreiherrn vom und zum Stein bei zahlreichen aufstrebenden bürgerlichen Kräften bestanden. Schinkel setzte sie konsequent für das Theater um. Der Widerstreit der feudalen und der bürgerlichen Elemente, die in diesen Jahren miteinander rangen, aber auch ihre spätere Verknüpfung ließen derartige Gedanken von vornherein als zu weitreichend erscheinen, sie beeinflußten aber nachhaltig die architektonische Entwicklung der Theater in Preußen. Man nahm diese Pläne zur Kenntnis, doch ihre hohe Zielstellung wie auch die Tatsache, daß 1813 die finanziellen Mittel zu gering waren, ließen sie nur im Stadium von Ideen bleiben. Langfristig hatten sie allerdings eine entscheidende Wirkung; Schinkel kam in Verbindung mit dem Nationaltheater und leistete als Schöpfer von Bühnendekorationen Hervorragendes. Diese Tätigkeit geht im allgemeinen in Betrachtungen seines Lebenswerkes unter, wird oft damit erklärt, daß Schinkel solche Arbeit nur übernahm, weil in den Jahren des nationalen Unabhängigkeitskrieges gegen die napoleonische Fremdherrschaft Geld und Muße fehlten, um großartige Bauleistungen zu vollbringen.

Bereits 1802 trat Schinkel mit einer Bühnendekoration für das Stück »Iphigenie in Aulis« auf der Akademieausstellung hervor. Ab 1807 folgten für die Weihnachtsausstellungen zahlreiche Rundbilder — eine charakteristische Form der Unterhaltung, besonders aber der Volksbelehrung in Berlin, bot sie doch den breiten Massen Gelegenheit, Städte und Gegenden anderer Länder kennenzulernen. Vor allem das Panorama von Palermo (1808) war diesem pädagogischen Gedanken verpflichtet. 1813 bewarb Schinkel sich bei Iffland um die vakant gewordene Stelle eines Dekorationsmalers. Materielle Not kann ihn dazu nicht veranlaßt haben, denn seit 1810 war er mit einem Jahresgehalt von 1 200 Talern fest angestellt. Ihm ging es in diesen Arbeiten um vergnügliche Unterhaltung und Belehrung. Durch Vermittlung von Bildung wollte er zur Hebung moralischer Werte beitragen. Die Belehrung über historische Ereignisse und fremde Kulturkreise entsprang dem Wunsch, der bürgerlichen Bildung dienlich zu sein.

Diese Panoramen besaßen einen für die damalige Zeit enormen Umfang, die Ansicht von Palermo maß beispielsweise 4,5 × 27 m. Schinkel arbeitete mehrere Wochen an dem Bild und zeigte es in einem hölzernen Rundbau an der Hedwigskirche. Später übernahm Carl Wilhelm Gropius die Ausstellung in einem speziell dafür errichteten Gebäude am Alexanderplatz (Panoramastraße). Keines der großen Panoramen hat sich erhalten, allein Vorzeichnungen beziehungsweise spätere Stiche vermitteln noch einen ungefähren Eindruck von diesen Werken (Abbildung 160).

Folge dieser Tätigkeit, die durchaus bereits Elemente der Bühnendekoration enthält, waren die Arbeiten Schinkels für die Ausstattung von Opern und Schauspielen: Bis 1828 entstanden für vierzig Bühnenwerke über hundert Dekorationsentwürfe sowohl für die Königliche Oper als auch für das Nationaltheater (Schauspielhaus). Den glanzvollen Höhepunkt bilden die Entwürfe für die Premiere von Wolfgang Amadeus Mozarts »Zauberflöte« am 18. Januar 1816 anläßlich des Krönungs- und Friedensfestes im Opernhaus Unter den Linden. Insbesondere in der berühmten Dekoration für die »Sternenhalle im Palast der Königin der Nacht« (Abbildung 161) traten Schinkels Auffassungen von der Bühne klar hervor.

Am 3. August 1816 hatte dann in dem nun als Schauspielhaus bezeichneten Langhans-Bau die Oper »Undine« ihre Uraufführung. Das Libretto stammte von Friedrich Baron de la Motte Fouqué, die Musik von Ernst Theodor Wolfgang (erst später: Amadeus) Hoffmann, der wohl vielseitigsten Künstlerpersönlichkeit der deutschen Spätromantik. Die Textvorlage war stark an die mittelalterliche Lyrik angelehnt, und die Musik Hoffmanns stand völlig in der Nachfolge Mozarts, den er besonders verehrte. Schinkels Bühnenbild gab der erfolgreichen Oper den richtigen Rahmen. Zwei dieser Männer prägten später in besonderer Weise das Bild vom Gensd'armen-Markt — Schinkel durch seine Bauten, Hoffmann durch sein gesamtes vielfältiges Wirken, hatte er doch direkt hinter dem Schauspielhaus seine Woh-

Abb. 162 In Kühleborns
Wasserpalast, Dekoration von
Karl Friedrich Schinkel
für E. T. A. Hoffmanns Oper
»Undine«, 1816

Abb. 163 Platz
in der Reichsstadt, Dekoration
von Karl Friedrich Schinkel
für E. T. A. Hoffmanns Oper
»Undine«, 1816

nung. Für die dreiaktige Oper benötigte man acht verschiedene Dekorationen, sieben von ihnen entwarf Schinkel. Sie waren das Ergebnis enger Zusammenarbeit mit dem Komponisten E. T. A. Hoffmann und zählten bereits zu ihrer Entstehungszeit zu den bedeutendsten Leistungen auf diesem Gebiet Schinkelscher Tätigkeit. Die Betrachter wurden von dem Reichtum der Ausstattungen angezogen (Abbildungen 162, 163), sie sahen den Zweck, »das Romantische der Dichtung zu heben«, voll erfüllt.[7]

Für die Landschaftsszenen hielt sich Schinkel an die Werke niederländischer Maler des 17. Jahrhunderts, insbesondere an solche des Jacob Isaaksz. van Ruisdael. Graf Brühl — seit 1815 Nachfolger Ifflands — widmete dem Kostüm besondere Aufmerksamkeit und ließ dieses ebenfalls nach Gemäldevorbildern anfertigen, so daß eine einmalige Geschlossenheit von Dekoration und Ausstattung erreicht wurde, die nachhaltig auf das Berliner Theaterleben wirkte. Der Erfolg der Oper war glänzend, sie begründete Hoffmanns Ruf als Musiker und ließ Schinkels Bedeutung für das Theater in Berlin erkennbar werden — ein Moment, das insbesondere bei Brühl weiterwirkte und das wohl letztlich dazu geführt hat, daß der Bau des neuen Schauspielhauses am Gensd'armen-Markt Schinkel übertragen wurde.

Erste Folgen für die Kirchen

Wir hatten schon darauf hingewiesen, daß die insgesamt unbefriedigende Überlieferung der Akten aus der Zeit vor 1815 erhebliche Schwierigkeiten bei der detaillierten Untersuchung auch der Geschichte des Gensd'armen-Marktes verursacht. Oftmals kann man nur aus späteren Notizen oder zufällig erhaltenen Zeichnungen, die wegen ihres dekorativen Charakters bei der Aktenvernichtung zurückgehalten wurden, auf Vorhaben schließen, deren eigentlicher Hintergrund verlorengegangen ist. Wie Torsi liegen derartige Blätter in den Sammlungen, und niemand kann mehr weiterführend Auskünfte zu ihnen erteilen.

Im Vorangegangenen ist mehrfach der Versuch unternommen worden, auch bruchstückhafte Überlieferung neu zu ordnen. Es wird jedem aufmerksamen Betrachter auffallen, daß nach dem Bau der beiden Türme die Literatur schweigt, so als wären von nun an das nördliche und das südliche Quartier aus der ferneren Gestaltung des Platzes und aus seiner Geschichte entlassen worden. Dabei mußte eine Nutzung der Türme mit den beschriebenen eingeschränkten Möglichkeiten gefunden werden. Das war für den einen Fall relativ leicht: Dankbar übernahm die Französische Gemeinde den

Bau zur »ewigen Nutzung«, verbesserten sich dadurch doch die Bedingungen zur Abwicklung der Amtsgeschäfte.

Anders bei dem Pendant: Die Deutsche Gemeinde bildete mit der Jerusalemkirche eine Parochie, brauchte also keinen weiteren Platz. Sie lehnte eine Verwendung der Räume, die sich aus dem Einbau der Sakristei ergeben konnte, sogar ab. Durch eine Kabinettsordre vom 28. September 1787 erfahren wir: »Seine Königliche Majestät bewilligen hiermit dem Armen-Directorium zu Berlin in dem Neuen Dohm an der deutschen Kirche auf dem Gensd'armenmarkt die demselben bereits von der Ober-Hof-Bau Amt Direction angewiesenen Zimmer zu ihren Sessionen, Registratur, Casse und übrigen Dienst-Gebrauch, auch zu ihren Officianten Wohnungen gebrauchen zu können ...«[8] Eine profane Nutzung der Räumlichkeiten hinter den großartigen Architekturen, die ihrer Wirkung im Stadtbild nicht entsprach.

Zum anderen fielen den Betrachtern nun die zu bescheidenen Kirchen hinter den Türmen erst recht ins Auge. Sie wirkten klein und häßlich, erinnerten an ärmliche Zeiten und konnten die große Wirkung der »Dome« nicht weitertragen. Im Gegenteil, sie unterbrachen sie. Von nun an richtete sich der Wunsch nach Veränderung der Ansicht des Platzes für längere Zeit auf die Kirchen, die man in Einklang mit den Türmen bringen und diese dabei zugleich noch reicher gestalten wollte. Die Sammlungen des Märkischen Museums bewahren eine Ansicht des Deutschen Turms, datiert vom 6. Februar 1813 und bezeichnet mit J. Fr. Kluges (Abbildung 164) — ein Blatt, das sich nicht einordnen läßt. Auffällig ist, daß es von derselben Hand und vom selben Tag eine Zeichnung des Langhansschen Theaterhauses gibt.

Insbesondere bei der Zeichnung des Deutschen Turms wird deutlich, daß es sich um einen Entwurf für Veränderungen handelt. In der Attikazone fehlen die Balustrade und der Vasenkranz. An ihre Stelle traten Figuren, die auf dem Entwurf klar ausgebildet sind. Man erkennt in der Ikonographie christliche Symbole, ohne daß das Programm gegenwärtig weiter entschlüsselt werden könnte. Weiterhin fehlen darüber die kleinen Kupferpylonen am Fuße der Kuppel, an ihre Stelle traten Vasen, die abweichend von dem bisherigen Vasenkranz gestaltet wurden. Zusammen mit der Tuschzeichnung vom Nationaltheater legt das einen Verdacht nahe, dem nachzugehen ist.

Es wäre vorstellbar, daß man 1812 den Gedanken erwog, eine weitere Umgestaltung — wenn auch nur im Detail — der Baulichkeiten des Gensd'armen-Marktes vorzunehmen. Diese könnte sich insbesondere auf die Beseitigung der beiden Kirchenbauten bezogen haben, in dem Sinne, daß ein Umbau der Türme für religiöse Zwecke bei gleichzeitigem Abriß der alten Kirchen erfolgt wäre. Ein Indiz dafür könnte das Figurenprogramm liefern. Gestützt wird eine solche Vermutung durch einige Bemerkungen in den Akten sowie durch die Planungen Schinkels für die innere Umgestaltung des Theaterbaus vom 11. Dezember 1813, die möglicherweise in einem größeren Zusammenhang standen. Aus einer Notiz von 1839 — allerdings ohne Datumsangabe — geht hervor, daß es vor einem Schinkelschen Plan zur Veränderung der Kirchenbauten schon Überlegungen gab, die kleinen Kirchen abzutragen und die dann frei stehenden Westfassaden entsprechend den Ostfassaden zu gestalten. Wir erfahren, »... daß die von den Grundmauern der Thürme umschlossenen Räume 31 Fuß im Durchmesser oder den 4ten Theil der Rotunde im Museums Gebäude enthalten und nicht erweitert, auch nicht erhellt werden können, wenn die Thürme nicht angehoben werden sollen«. Zugleich wird auf später (1818) geplante Neubauten Bezug genommen, die den einzigen Weg der Veränderung böten, da alle anderen nicht gangbar gewesen seien.[9]

Bereits 1808 hatte sich der Vorstand der Neuen oder Deutschen Kirche an den Magistrat gewandt und mitgeteilt, »daß durch die von dem Königl. Französischen im Nov. in der Neuen Kirche auf dem Gensd'armenmarkt geschlagene Einstallung von Pferden ... das Pflaster darin gänzlich zerstört worden [ist], daß daher im Novemb. vorigen Jahres eine gänzlich neue Pflasterung und Dielung der Gänge« geschlagen werden mußte.[10] Die Kosten von 127 Talern, 8 Groschen und 10 Pfennigen waren kaum die Ursache für anschließende Überlegungen, sondern mehr die Tatsache, daß der Bau verbraucht war und einer gründlichen Überholung bedurfte. Diese war wohl der Anlaß, ersten Planungen Raum zu geben, die darin gipfelten, die Kirchen abzureißen, die Türme zu überarbeiten und sie für den Gottesdienst einzurichten. Die Realisierung mußte schon an der Statik der Türme scheitern, ohne deren Veränderung im Inneren kein Raum gewonnen werden konnte. Dem König blieb nichts übrig, als sich zu fügen.[11]

Ärger um eine Uhr

Der Deutsche Turm erhielt eine Uhr. Dadurch war dem Wunsch der Bewohner der Friedrichstadt entsprochen, die nun die Möglichkeit hatten, ihre Zeit besser einzuteilen. Aber sogleich tauchten die Pobleme auf: Die Uhr wurde auf Kosten des Königs von dem Uhrmachermeister Kleemeyer gebaut, der

Abb. 164 Deutscher Turm
mit verändertem
Figurenprogramm,
Zeichnung von J. F. Kluges,
datiert 6. Februar 1813

sie auch unterhielt und aufzog; dafür bekam er jährlich 24 Taler und 16 Groschen. Das ging so lange gut, als am Turm gebaut wurde. Aus einer Notiz vom 4. Dezember 1786 erfahren wir, daß der »Thurm noch nicht gänzlich aufgebaut und derselbe noch nicht übergeben worden ist«[12]. Deshalb bezog Kleemeyer sein Salär vom Ober-Hof-Bau-Amt. Als sich im November 1787 der Vorstand der Neuen Kirche an das Amt wandte, weil eine Reparatur der Uhr vonnöten sei und Kleemeyer seit längerem kein Geld für das Aufziehen erhalten habe, antworteten Boumann und Unger, daß »... das Ober-Hof-Bau-Amt nur einzig und allein den neuen Aufbau der Gebäude, nach den von Allerhöchst Seiner Königlichen Majestät alljährlich selbst zu ertheilenden Befehle zu besorgen hat, und auch nur besorgen könne ...«; für das Aufziehen und die Reparatur der Uhr sei kein Geld in den Kassen vorhanden, da solche Ausgaben nicht vorgesehen waren.

Wer sollte nun zahlen? Die Bürger wollten schon, da sie den Vorteil hatten; sie waren aber nicht Eigentümer und Nutzer des Gebäudes. So bemühte sich der Kirchenvorstand beim Königlichen Oberkonsistorium, das die Bezahlung jedoch ablehnte und an den König verwies. Dieser befahl am 3. April 1788, daß die »Tempel-Kasse« — also die Kirchenkasse — die Kosten für den Unterhalt und anfallende Reparaturen zu tragen habe. Das wiederum wollten die Vorsteher nicht, denn der Bau war königlich, und nun solle der Landesherr auch dafür aufkommen. Besonders nach der ersten großen Reparatur im Mai 1794 spitzte sich der Konflikt zu, aber es half nichts: Die Gemeinde — nicht der Magistrat — hatte die Kosten zu übernehmen. Als man auf den Ausweg verfiel, das Armen-Direktorium als Nutzer des Gebäudes zur Mitfinanzierung heranzuziehen, verweigerte sich dieses mit dem Hinweis, daß die Uhr zum Besten der Bewohner und der Kirche angebracht worden sei, für das Direktorium hingegen keinerlei Nutzen habe.[13]

Zur Unterhaltung kam die Pflege der zwei Glocken hinzu, und als 1851 der Glockenstuhl und die Treppe zu ihm baufällig wurden, reichte es der Kirchengemeinde. Am 16. Juni 1868 erklärte sie, jetzt nicht mehr die Kosten tragen zu wollen.[14] Nun endlich erklärte die Königliche Ministerial-Bau-Kommission, daß sie die Aufwendungen für Unterhalt und Pflege aus dem Staatshaushalt erstatten wolle.[15] Sie tat sogar ein übriges: Nach der Reparatur des Glockenstuhls kam eine dritte Glocke auf den Turm, »der Gemeinde zur Erbauung, unserer Stadt zur Zierde«[16]. Uhr und Glocken fielen am 23. November 1943 dem zweiten Weltkrieg zum Opfer.

Das Schauspielhaus

Am 29. Juli 1817 erschreckte die Bewohner der Friedrichstadt Feueralarm: Das Nationaltheater stand in hellen Flammen. Das Feuer war durch Unachtsamkeit in den Werkstätten unter dem Dach ausgebrochen, und in kurzer Zeit brannte der ganze Bau. Nur mit dem Einsatz aller zur Verfügung stehenden Mittel gelang es, die Ausbreitung des Brandes auf die Häuser und auf die Baulichkeiten des Platzes zu verhindern.

Es verbrannten die Kostüme, Magazine und Kulissen auf dem Boden und das Dach selbst. Es rächte sich, daß der gesamte Bodenraum genutzt wurde und mit brennbaren Materialien vollgestopft war. Zusammen mit dem Holz des Daches bot das Magazin dem Feuer reiche Nahrung. Die Dachkonstruktion stürzte brennend nach unten in das Theater und hinterließ eine öde Trümmerwüste, in der nur die nackten Mauern aufrecht standen. Vom Feuer nicht angegriffen waren die sechs ionischen Säulen des Portikus.

Dank den intensiven Bemühungen der Bewohner der umliegenden Häuser blieb der Brand auf das Nationaltheater beschränkt. Sehr bald regte sich der Wunsch, den Bau wiederherzustellen oder einen neuen aufzuführen. In der Folge erhielt Karl Friedrich Schinkel, Mitarbeiter der Königlichen Baudeputation, den Auftrag, seinen grandiosen Neubau zu errichten, der die Gestaltung des Gensd'armen-Marktes abschloß. Die Literatur über Schinkel und das Schauspielhaus ist reich, und es sind im wesentlichen alle Punkte aufgearbeitet, die mit diesem Bauvorhaben in Verbindung standen.

Iffland war 1815 gestorben; als sein Nachfolger wurde — wie schon angemerkt — Graf Carl von Brühl eingesetzt. Wie sein Vorgänger, der diese Funktion seit 1811 innehatte, vereinigte er in seiner Person die Leitung der königlichen Theater, also des Opernhauses Unter den Linden und des Schauspielhauses. Iffland führte den Titel »Generaldirektor der Königlichen Schauspiele«. Sein Nachfolger, kunstsinnig und theaterfreudig, kam nicht aus der Welt des Theaters, er nannte sich »Generalintendant«. Bereits diese Begriffsbildung, dem militärischen Sprachgebrauch entlehnt, betonte den

Unterschied zwischen den königlichen Bühnen und den privaten. Zwar ist die Bezeichnung später allgemein gültig geworden, und die verantwortlichen Positionen in allen Spielstätten werden heute mit Intendanten besetzt, aber zur Zeit ihrer Entstehung markiert diese Bezeichnung doch, daß damit auch für das Theater die Zeit der Reformen im Sinne einer bürgerlichen Umgestaltung beendet war.

Brühl berichtete dem König in Karlsbad über den Brand und seine möglichen Ursachen. Zugleich ersuchte er darum, »... Pläne und Anschläge zu einem neuen Gebäude von mehreren bedeutenden vielleicht auch auswärtigen Künstlern, besonders aber auch dem Geheimen Oberbaurat Schinkel einfordern zu dürfen«[1].

Karl Friedrich Schinkel war am 15. Mai 1810 als Ober-Bau-Assessor bei der technischen Ober-Bau-Deputation, der Nachfolgerin des Königlichen Ober-Hofbauamtes, eingetreten. Sie war für alle Staatsbauten und Bauten des Königlichen Hofes zuständig und wirkte insbesondere bei den großen Bauten in Berlin. 1817 wurde sie dem »Ministerium des Handels, des Gewerbes und des gesamten Bauwesens« eingegliedert, dem der Minister Ludwig Friedrich Victor Hans Graf von Bülow vorstand. Dieser war als Finanzminister im Jahre 1817 mit der Idee hervorgetreten, den Haushalt durch Einsparungen im militärischen Bereich zu entlasten. Bülow verlor seinen Posten, blieb aber Minister für das neue Ressort. Diese Episode beleuchtet den erreichten Stand und den Charakter der preußischen Reformen, die nachhaltig auch auf die Möglichkeiten Schinkels bei der Realisierung seiner Ideen in bezug auf das Schauspielhaus wirkten.

Preußen hatte sich partiell verändert. Die Reformen leiteten, trotz Halbheiten und Unvollkommenheiten, im agrarischen, gewerblichen, administrativen und militärischen Bereich die bürgerliche Umwälzung ein, die sich im Verlauf des 19. Jahrhunderts in mehreren Etappen vollzog. Die bürgerliche Revolution in Preußen hatte begonnen, es war aber eine »Revolution von oben«. Nach 1815 war zunächst ein Rückschlag zu verzeichnen, eine Reaktionsperiode setzte ein, während der das Ziel verfolgt wurde, die Errungenschaften bürgerlicher Umgestaltung zurückzudrängen beziehungsweise zu verhindern, daß diese weiter vorangetrieben werden konnte.

Auf dem gesamten europäischen Kontinent vollzog sich vorübergehend die politische Restauration der Adelsmacht. Preußen spielte dabei zunehmend eine Rolle. Friedrich Wilhelm III. (seit 1797 König) machte aus dem preußischen Staat — wie Friedrich Engels es nannte — eine »vorwiegend bürokratische Militärmonarchie«. Der aufkommende Widerstreit der Ideen und Ansprüche schlug sich auch in den großen Architekturen nieder, die Schinkel nach 1815 schuf. Das Bürgertum maß der Bildung bei der Formierung des Volkes zu einer Nation große Bedeutung zu. Theater galten als wichtige Bildungsinstitute, und dementsprechend mußte dem Neubau eines Theaters objektiv ein hoher Rang zuerkannt werden. Auf der anderen Seite griff die politische Reaktion in der Phase der Restauration selbst den Bildungsgedanken auf und stellte ihn in den Dienst der eigenen Repräsentation, der eigenen Ziele. Diese Widersprüchlichkeit mußte Ergebnisse bei der Gestaltung der zu errichtenden Bauten zeitigen. Einerseits waren die insbesondere von Schinkel vorgenommenen Rückgriffe auf die antiken Architekturformen Ausdruck einer bürgerlichen Bildungsidee, sah doch das Bürgertum in Europa in der Philosophie, Dichtung und Kultur einen Anknüpfungspunkt für die Ausprägung der eigenen Identität. Andererseits boten die klassischen Architekturformen fürstlicher Selbstverherrlichung und der Darstellung eines erneuerten Machtanspruches alle Möglichkeiten.[2] Ein Neubau am Gensd'armen-Markt rückte den Platz stärker, als alle bisher behandelten Schritte es getan hatten, in eine zentrale Stellung, in den Mittelpunkt schwelender politischer, aber abgeleitet davon auch künstlerischer Auseinandersetzungen. Noch bevor eine Entscheidung über den Wiederaufbau getroffen werden konnte, meldete sich Carl Ferdinand Langhans, der Sohn von Carl Gotthard Langhans, am 10. August 1817 beim König. Er war bei der Errichtung des alten Hauses beteiligt gewesen und hatte sich in Wien dem Studium des Theaterbaus gewidmet. Eine Entscheidung über seine Projekte wurde zunächst vertagt, da noch keine Möglichkeit zur Realisierung gesehen wurde; später kam man nicht auf sie zurück.

Brühl selbst hatte empfohlen, einen Wiederaufbau unter Nutzung vorhandener Mauern, der Fundamente und der sechs unzerstörten Portikussäulen vorzunehmen. Gerade der Gedanke, diese teuren Spolien wiederzuverwenden, überzeugte den König. Preußen trug an den Folgen des Krieges, und der Staat verfügte nur über geringe Finanzmittel. Langfristig mußten Schulden abgetragen werden, und für aufwendiges Bauen gab es kein Geld. Auch dahinter verbarg sich die langwierige Auseinandersetzung zwischen Adel und aufstrebendem Bürgertum. König Friedrich Wilhelm III. hatte dem Volk, um es für den Kampf gegen Napoleon weiter zu mobilisieren, die Aus-

arbeitung und Einsetzung einer Verfassung gelobt — doch er kam darauf
nicht wieder zurück. Eine Kabinettsordre vom 22. Mai 1815 versprach zwar
die Neubelebung der Provinzialstände (wo sie nicht mehr bestanden, sollten
sie sogar wieder hergestellt werden), und aus diesen sollte durch Wahl die
allgemeine Landesrepräsentation hervorgehen. Damit hatte die Krone in bin-
dender Form ihr Wort verpfändet, dem Land nach beendetem Kriege eine
Volksvertretung zu geben.

Wollte der König Schulden abbauen beziehungsweise neue Kredite oder
Anleihen aufnehmen, mußte er die Budgetberatung unter öffentliche Kontrolle stellen, die die Provinzialstände vorzunehmen hatten. Sie einmal ein-
zuberufen bedeutete — nach der Kabinettsordre vom 22. Mai 1815 — zugleich auch die Einlösung des Versprechens bezüglich einer Verfassung.
Damit wären aber bürgerliche Kräfte stärker zum Tragen gekommen, und
die politische Reaktion wäre zumindest eingedämmt worden. Daher

266

schränkte der König lieber den Etat ein und ließ eine berüchtigt werdende Sparsamkeit in allen Positionen walten, nur um neue Kreditaufnahmen, deren weitreichende Wirkungen zu fürchten waren, zu vermeiden.

Auch Schinkel hatte die Folgen zu tragen, denn er war, wie andere, gehalten, bei sämtlichen Bauten so sparsam zu sein, daß es schon an Knauserei grenzte. Jeder Plan zum Wiederaufbau des Theaters mußte also die möglichst weitgehende Verwendung aller nur irgend brauchbaren Teile einschließen. Daher rührten der Vorschlag Brühls und der Zwang für Schinkel, Fundamente und Mauern des Vorgängerbaus zu nutzen.

Am 19. November 1817 erging der königliche Erlaß zum Wiederaufbau des Hauses an Brühl. Dabei schrieb der König die Verkleinerung des Zuschauerraums sowie die erweiterte Einrichtung des Konzertsaals vor. Brühl wandte sich am 13. Januar 1818 an Schinkel mit genauen Vorgaben und Hinweisen, die sich auch auf den Wunsch den Königs bezogen, ein »harmo-

Abb. 167 Drei Grundrisse
des Schauspielhauses,
von unten: Erdgeschoß,
erstes und zweites Geschoß,
1818

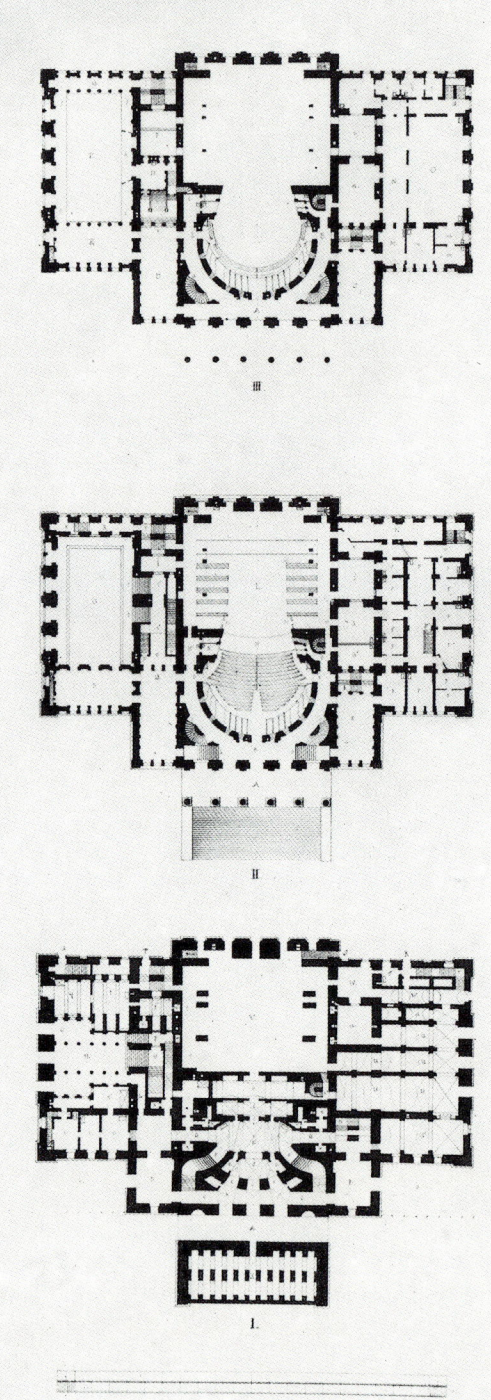

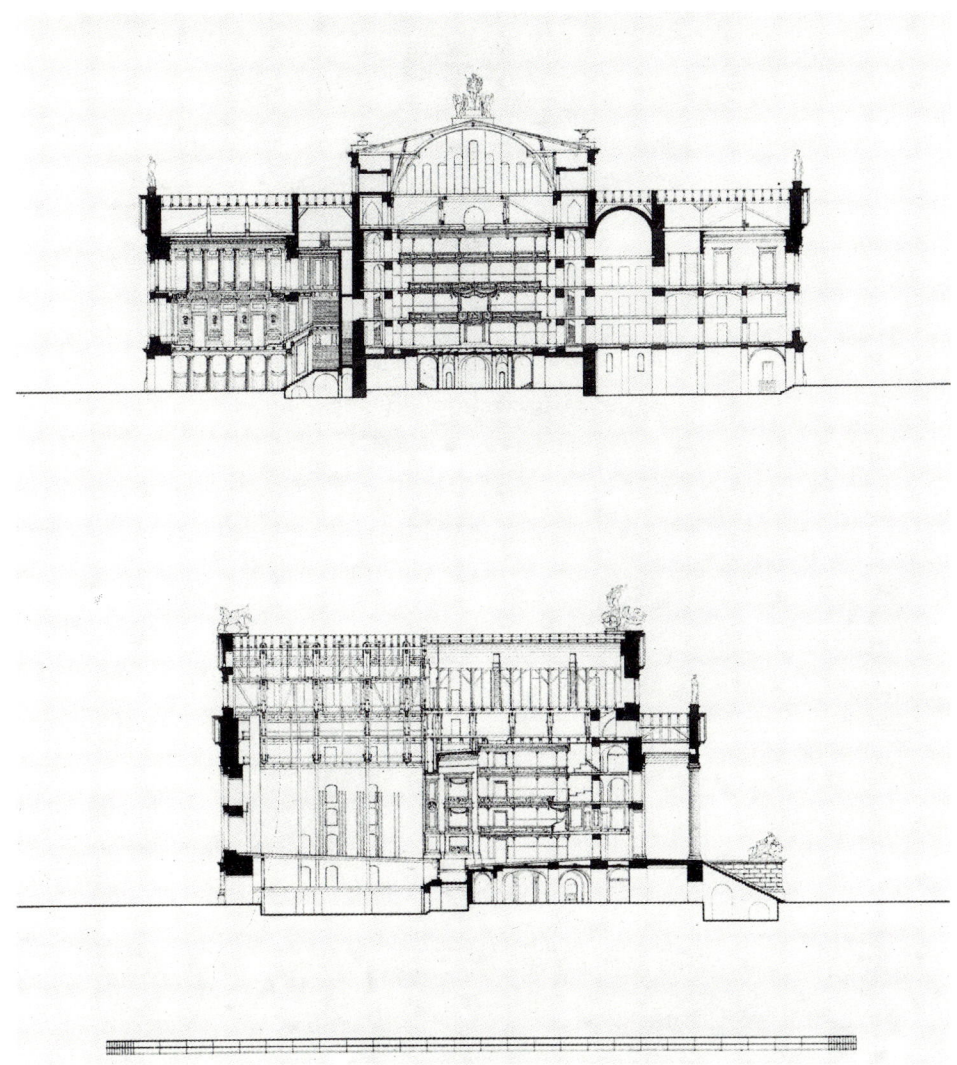

Abb. 168 Längs- und
Querschnitt durch das
Schauspielhaus, 1818

nisches Äußeres« herzustellen. Selbst in der Architektur ambitioniert, versuchte Brühl sogleich durch eigene Ideen auf die Gestaltung des Baus, seine Funktion und Konzeption Einfluß zu nehmen. Schinkel erkannte die Absicht und forderte in seinem Antwortschreiben grundsätzliche Angaben des Königs zur Nutzung und zur Platzzahl, außerdem den ausdrücklichen Auftrag zur Projektierung an ihn. Der Kompetenzstreit zwischen Schinkel und Brühl verzögerte die weitere Arbeit, bis der letztere nachgab und Schinkel am 2. April 1818 den gewünschten endgültigen Auftrag des Königs erhielt.

269

Abb. 169 Ansicht
des Schauspielhauses von
Nordwesten,
bezeichnet »Schinkel 1818«

Am 28. April legte Schinkel fünf Blätter mit einem kurzen Erläuterungs-
schreiben vor; bereits am 30. April wurden sie gebilligt, und der Auftrag zur
Ausführung wurde erteilt. Selbigentags ging die entsprechende Ordre an den
Grafen Brühl.

Die ersten Entwürfe sind in der reichen Literatur über Schinkel und das
Schauspielhaus nicht ausgewiesen, es ist aber anzunehmen, daß es jene sind,
die der Baumeister selbst für die Veröffentlichung in seiner »Sammlung
architektonischer Entwürfe« vorgesehen hat (Abbildungen 165—170). »Un-
erläßlich ist es …, daß der Charakter des Gebäudes sich von außen voll-
kommen ausspreche und das Theater von außen durchaus für ein Theater
gehalten werden kann«[3] — diese Prämisse Schinkels verdeutlicht die Auffassung von der Sichtbarmachung der Wesensbestimmung eines Bauwerkes,
von seinem »Charakter«. Damit war zwar der architektonische Grundge-
danke geklärt, doch machten sich Einschränkungen bemerkbar. Zum größeren Teil muß die Errichtung des Schauspielhauses als Neubau, zum geringe-

Abb. 170 Aufriß der Platzfront
des Schauspielhauses,
bezeichnet »Schinkel 1818«

ren als Wiederaufbau verstanden werden. Leider waren die gesellschaftlichen Verhältnisse in Preußen nicht so, daß Schinkel mit seinem formulierten
Anspruch von der Ablesbarkeit der inneren Funktion am Äußeren zum Vorläufer des Funktionalismus des 20. Jahrhunderts werden konnte. In der Realität mußte er sich zu manchen Zugeständnissen bereit finden, die aber den
Wert der von ihm geschaffenen Architektur nicht aufhoben.

Schinkels Konzeption ging von der funktionellen Dreiteilung des Gebäudes aus, die von außen sichtbar sein sollte: Theater, Konzertsaal und Funk-
tionsblock. Grundlage hatte nach dem Auftrag der rechteckige Korpus des
alten Nationaltheaters zu sein, da Mauern und Fundamente erneut zu verwenden waren. Dieser zeichnet sich durch seine quergelagerte Massenbil-
dung deutlich bis in die Gegenwart ab. Schinkel mußte die von Langhans
vorgegebene städtebauliche Einordnung übernehmen und erkannte sie als
vorbildlich an, wobei er genial die baulichen und funktionellen Mängel des
alten Baus überwand. Mit der Aufnahme des rechteckigen Blocks folgte

271

Abb. 171a und b
Grundsteinplatte
für das Schauspielhaus,
4. Juli 1818

Schinkel der einmal gewonnenen Platzsymmetrie und veränderte Sichten nicht. Das eigentliche Theater, Zuschauerraum und Bühne, brachte er in einem zweiten Block unter, der sich quer zur Richtung des alten Baus über diesen hinaus erhebt. Der Kern der Anlage gibt sich deutlich zu erkennen. Die Höhe dieses zweiten Blocks wurde vom Bühnenhaus vorgegeben, das, anders als im Nationaltheater, über einen Schnürboden verfügte. So durchdringen sich zwei Quader, die einander bedingen und zugleich gegenseitig aufheben, da die jeweils überstehenden Teile in der Vorderansicht als Anbauten erscheinen: dabei dominiert die Masse des Bühnenhauses eindeutig.

Eine der schwierigsten Aufgaben löste Schinkel genial: Es war der erklärte Wunsch des Königs, die unzerstörten sechs ionischen Säulen am Bau

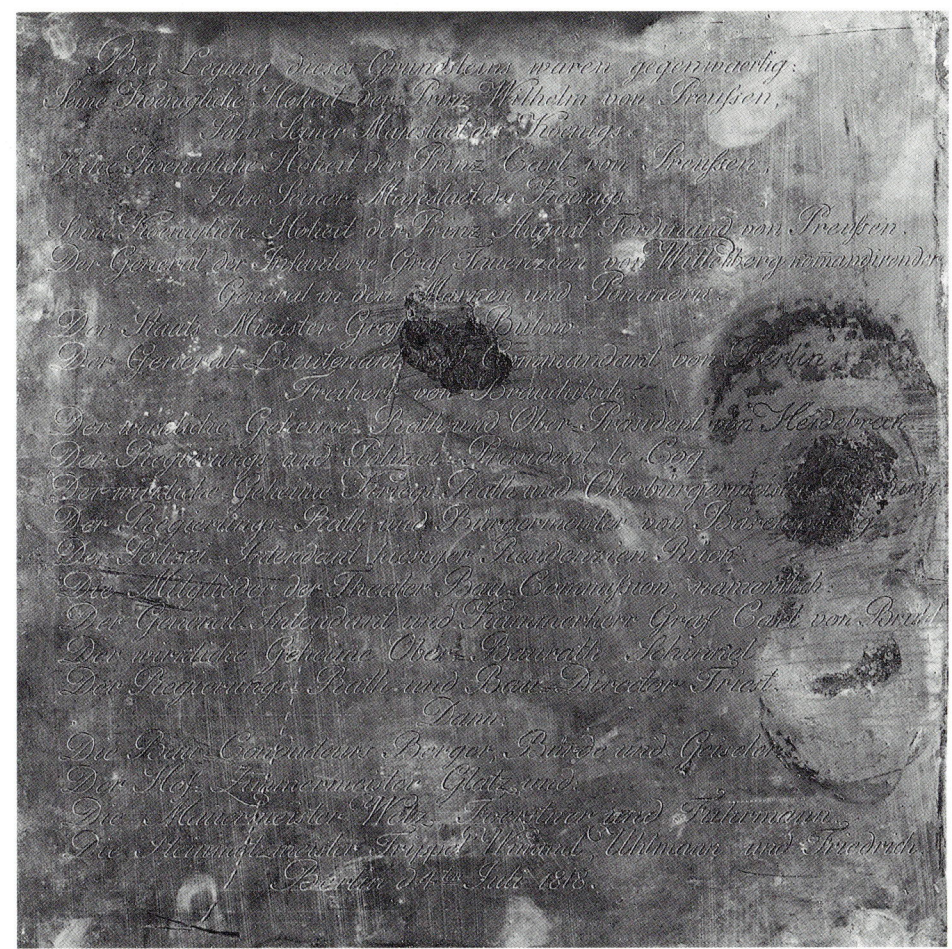

wieder verwendet zu sehen. Schinkel ließ sie kannelieren und gestaltete mit ihnen auf der Freitreppe einen Portikus, über dessen Tympanon er den Hauptgiebel plazierte. Beide wiederholen sich, allerdings ohne Figurenschmuck, an der Rückfront in der Charlottenstraße. So erhielt der Bau seine west-östliche Orientierung, die von den beiden Giebelfeldern an der Jäger- und Taubenstraße nicht aufgehoben wird, da diese von der Schauseite — also vom Platz her — nicht zur Wirkung kommen.

Deutlich können vom heutigen Bau noch die Konturen des alten Nationaltheaters abgelesen werden, die angewiesene weitestgehende Wiederverwendung der Mauern spiegelt sich im Äußeren wider. An der Charlottenstraße stoßen die Seitenbauten direkt und nur wenig zurückgesetzt an das Bühnenhaus, an der Platzfront werden sie mit dem Mitteltrakt durch zwei mit der Portikusrückwand fluchtende Zwischenbauten verbunden — Schinkel nannte sie Türme. Ihre Breite ergab sich aus dem Raum zwischen der Rückwand des ehemaligen Zuschauerraums und der Längswand des ehemaligen Konzertsaals. Den neuen Konzertsaal ordnete Schinkel in den Südflügel ein, er hatte die Breite des Vorgängers, lag aber auf der anderen Seite. Im Nordflügel waren die für den Theaterbetrieb notwendigen Räume untergebracht.

Die großartige Fassade hält den ganzen Bau zusammen. Sie ruht auf einem Sockel und besitzt mit ihrem Fenstersystem sowie mit ihren großen und kleinen Pilastern, die das gesamte Gebäude umziehen, eine ausgewogene, strenge Gliederung. Die Merkwürdigkeit besteht in der Freitreppe, die sich einladend zum Platz öffnet, um — im Unterschied zu dem gar nicht aufwendigen Entrée der Staatsoper Unter den Linden — anzudeuten, daß das Haus und seine Aufführungen allen offenstünden. Hier zeigen sich die demokratischen Vorstellungen von der erzieherischen Rolle der Institution Theater im krassen Gegensatz zur feudal geprägten Eingangssituation der Oper. Zugleich wird aber auch auf das Illusionäre in der Realisierung derartiger Gedanken hingewiesen. Das Sockelgeschoß nahm die Eingangshallen zum Theater und zum Konzertsaal auf, das Vestibül des letzteren lag sogar unmittelbar unter diesem. Die große Freitreppe führte lediglich in die Logenumgänge, sie diente nicht — wie zu vermuten — als Haupteingang. Zwar hatte Schinkel hier selbst drei Türen angeordnet, die sich, gemessen an der Gesamtfläche der Fassade, relativ bescheiden ausnahmen, aber sie wurden kaum und später gar nicht mehr genutzt. Die große, sich demokratisch darstellende Treppe führte in ein Nichts. Die genial gestaltete Architektur von Portikus und Freitreppe erwies sich in dem historischen Schinkel-Bau als reine Attrappe. Auch die Fensteranordnung spiegelte nicht die innere Funktion des Gebäudes wider. Aus Sparsamkeitsgründen entstand es in Ziegelmauerwerk statt aus Werkstein, so daß sich Schinkel selbst bei der Realisierung des Baus widersprechen mußte. Die Tektonik der Fassade war perfekt, aber sie ging über diese nicht hinaus. Trotzdem muß das Ergebnis als klassisch bezeichnet werden, da Schinkel aus dem Vorgefundenen und ihm Vorgeschriebenen ein Werk konzipierte, das klassizistisches Gedankengut, künstlerische Meisterschaft und Fähigkeit zum Schöpfertum repräsentiert.

Mit diesem Bau wurde der Platz neu organisiert. Die gegenseitige Zuordnung von Schauspielhaus und Türmen öffnete sich eindeutig nach Osten.

Als kritische Punkte blieben die Kirchen, denn sie waren entgegengesetzt zentriert und zwangen einen großen Teil der Nutzung des Platzes — als Widerspiegelung der wechselvollen Baugeschichte — in die andere Richtung. Nur daraus erklärt sich der beständig wiederholte Gedanke, die »Dome« enger mit den Sakralbauten zu verbinden, um die nach Osten sich öffnenden Säulenhallen der Türme als Eingänge für die Kirchen zu gestalten.

Abb. 172 Entwurf
zum Zuschauerraum des
Schauspielhauses
von Karl Friedrich Schinkel,
1818

275

Am 14. Mai 1818 erging eine königliche Kabinettssordre an den Staatskanzler Karl August Fürst von Hardenberg mit folgendem Wortlaut: »Durch die unter dem 30ten d. M an den General-Intendanten der Schauspiele Grafen von Brühl erlaßene Cabinets-Ordre habe ich bereits den von ihm vorgelegten Plan zum Aufbau des Schauspielhauses genehmigt und demselben die baldige Vorlegung des möglichst zu ermäßigenden Anschlages aufgegeben. Zur Ausführung der Sache soll eine besondere Theater Bau Commission, bestehend aus den g. Grafen von Brühl, dem Geheimen Ober Bau Rath Schinkel und dem Regierungs- und Bau Rath Triest gebildet werden, welche die Geschäfte und alles anordnet, was solches befördern kann. Die zu treffenden Maasregeln müssen von diesen drei Mitgliedern gemeinschaftlich berathen, und die Verfügungen von ihnen sämtlich unterschrieben werden. Nur diejenigen Anordnungen, welche sich auf die Architectur des Baus, namentlich auf die innere und äußere Verzierung des Gebäudes beziehen, bleiben ausschließlich dem g. Schinkel überlaßen, der den Plan entworfen hat. Um die auf diesen Gegenstand Bezug habenden Zahlungen gehörig übersehen zu können, muß eine Theater Bau Casse errichtet werden, deren Führung der Rendant der Theater Casse füglich mit übernehmen kann. Zur Bestreitung der notwendigsten Zahlungen bewillige Ich vorläufig die Summe von 50 000 Thalern, welche vorschußweise auf die Haupt Casse des Schatz Ministerii anzuweisen sind. Hiernach sollen sie das Weitere verfügen.«[4]

Brühl war in seine Schranken gewiesen, Schinkel allein behielt die Ausführung des genehmigten Baus, während die Beaufsichtigung aller anderen Tätigkeiten der Theaterbaukommission oblag. Eine insgesamt wohl notwendige, für Schinkel aber mit allerhand Kleinkram verbundene Regelung, denn gegenüber Brühl mußte er ständig auf seine Rechte pochen, um unliebsame Konsequenzen für sein Werk zu vermeiden.

Noch vor der Vorlage der Zeichnungen am 24. April 1818 hatte Brühl mehrfach versucht, Schinkel von der Bauausführung zu verdrängen, um dann über einen Vertreter größeren Einfluß auf die entscheidende Phase der Realisierung nehmen zu können. Am 14. April erhält der Minister Graf Bülow die Information, daß der General-Intendant der Königlichen Schauspiele am 10. des Monats nachgesucht habe, dem »Bau-Inspektor Professor Schloetzer die Erlaubnis zur Hilfeleistung beim jetzt bevorstehenden Wiederaufbau des Königlichen Schauspielhauses zu erteilen«[5]. Am gleichen Tag ergeht von der Ober-Bau-Deputation die Mitteilung, daß die leitenden Her-

ren »ganz ergebenst … erwidern, daß wir uns zu unserem Bedauern, außer
Stande sehen, dem Bau-Inspektor Professor Schloetzer die Erlaubnis zur
Hülfeleistung beim Wiederaufbau des Königlichen Schauspielhauses zu ertheilen. — Ein Bau von dieser Wichtigkeit, nimmt wenn dessen technische
Ausführung und somit die Verantwortlichkeit dem Baumeister obliegen soll
die ganze Thätigkeit des letzteren in Anspruch und erlaubt ihm nicht auch
noch andere Geschäfte mit Fleiß und Sorgfalt fortzusetzen.«[6] Mit dem Hinweis, daß Schloetzer Militärbauten und die Bauten des verstorbenen Ober-
bauraths Horn zu übernehmen habe, wird der Antrag Brühls verworfen; der
Minister tritt der Entscheidung bei.

Abb. 173 Blick in den
Zuschauerraum des
Schauspielhauses von der
Bühne, 1821

277

Damit war eine Möglichkeit des Grafen Brühl, hinter dem Rücken Schinkels in die Baugeschäfte hineinwirken zu können, entfallen. Schinkel muß davon erfahren und Graf Bülow das Seine getan haben, um dem König davon Bericht zu geben. Das erklärt die Passage in der Kabinettsordre vom 14. Mai 1818, daß die Theaterbaukommission zwar für den Bau verantwortlich, die innere und äußere Architektur aber allein Schinkels Sache sei.

Mit der offiziellen Grundsteinlegung am 4. Juli 1818 begannen die Bauarbeiten (Abbildungen 171a und b). Am 18. September berichtete die Königliche Immediat-Theater-Bau-Kommission über die Erweiterung der Bauanschläge für den Bau und teilte mit, daß die Zeichnungen noch nicht endgültig fertig seien, sie erführen eine detaillierte Beurteilung.[7] Im Oktober 1818 konnten sie dann vorgelegt werden. Dabei handelte es sich um etwa achtzig bis ins Detail gehende Zeichnungen sowie die dazugehörigen Kostenanschläge, die insgesamt eine Summe von 748 952 Talern und 22 Groschen auswiesen. Der König genehmigte am 31. Dezember die Zeichnungen und die geplante Summe. Der Bau war unterdes vorangeschritten, denn zu diesem Zeitpunkt stand bereits der mittlere Theatertrakt im Rohbau, und das Dach konnte gerichtet werden. Gleichzeitig deutete sich aber an, daß die genehmigte Bausumme erhöht werden mußte.

Für den 23. März 1819 verzeichnen die Akten einen Unfall. Am Abend dieses Tages neigte sich eine Mauer, stürzte ein und verletzte mehrere Arbeiter. Graf Bülow befahl strengste Untersuchung durch eine von ihm eingesetzte Sachverständigenkommission. Diese kam zu dem Ergebnis: »Selbst die Allerhöchste ausdrückliche Bestimmung, die alten Frontmauern so weit als möglich zu nutzen, konnte nicht in Erfüllung gehen, und es mußte die … Wegnahme der alten Mauern an der Vorder-Fronte, und an den Giebeln schon früh geschehen, und die selbst noch stehenden Mauern in der Charlotten-Straße, deren Veränderung erst jetzt beginnt, sollten soweit abgebrochen werden, als es die Sicherheit erfordert.«[8] In dieser Feststellung lag eine deutliche Kritik. Nach dem Brand hatte eine von Brühl eingesetzte Kommission das alte Mauerwerk untersucht und über seine Wiederverwendung befunden. Daraufhin hatte Brühl den sparsamen König von einer relativ wenig Kosten verursachenden Wiederherstellung des Gebäudes überzeugen können. Schinkel mußte seinen Bauplan so einrichten, daß möglichst viel altes Mauerwerk zur Verwendung kam, verschiedene Abstriche an den von ihm vertretenen Prinzipien der Theaterreform waren die Folge. Bei der Ausfüh-

rung zeigte sich, daß die Altsubstanz, sieht man von den Fundamenten ab, wenig brauchbar war. Der Unfall mußte nun Konsequenzen zeitigen. Deshalb protestierte Brühl am 25. März heftig gegen die Kommission, da er deren Entscheidungen als einen Eingriff in seine Rechte ansah.[9]

Der König reagierte auf den Bericht, und da neuerliche Unfälle oder mangelnde Sicherheit des Theaters zu befürchten waren, setzte er mit Kabinettsordre vom 24. März eine weitere Kommission ein und befahl die »Untersuchung bei dem noch stehenden alten Mauerwerk aufs sorgfältigste anzustellen um danach bestimmen zu können, ob dasselbe die projectierten Veränderungen ohne alle Gefahr für die Bauleute und ohne die mindeste Besorgnis für die Schauspieler und die Zuschauer erleiden kann ...«[10]

Vierzehn nahmhafte Architekten und Künstler sowie erfahrene Maurermeister traten am 4. April zusammen, um »1. an den neuen Mauern, die auf
alten Fundamenten stehen, 2. an den bestehenden alten Mauern, 3. an denjenigen Mauern, die noch teilweise zum Abbruche bestimmt sind, 4. an den
neuen Mauern, die mit den alten in Verbindung stehen«[11], Untersuchungen
vorzunehmen. Alle erhoben Kritik an der Wiederverwendung des alten
Mauerwerks, entlasteten Schinkel von jeder möglichen Schuld und kamen
zu dem Ergebnis, daß die »Mehrheit des alten Mauerwerks« beseitigt worden sei. Nur die Fundamente (so konnte auch während der Rekonstruktions-
arbeiten 1982/83 festgestellt werden) waren voll genutzt, sonst sei »wenig
vom alten Bau« noch vorhanden. Schließlich »bleiben die alten Mauern zur

Abb. 176 Oberer Foyersaal
im Schauspielhaus, Meßbild,
Zustand 1935

Benutzung des neuen Baues übrig, welche jedoch im Verhältnis zum ganzen
Bau einen geringen Theil desselben ausmachten«. Wir erfahren, welche
Teile genutzt wurden: »1. die beiden Giebelmauern, 2. zwei kleine Stücke zu
beiden Seiten der Vorderfront gegen den Platz und 3. die Hinterfront nach
der Charlottenstraße, mit Ausschluß der in der Mitte befindlichen«[12]. Alle
seien »sehr weit nach unten abgetragen« und stünden nur noch 15 Fuß über
dem Fundament (also etwa 4,70 m).

Der Zwang zur Verwendung des alten Mauerwerks führte kaum zu Einsparungen, eher zu höheren Kosten, schränkte aber andererseits Schinkels
Gestaltungsmöglichkeiten erheblich ein. So logisch und bestechend zunächst
der Gedanke gewesen sein mag und welche Kostenersparnis man sich auch

ausrechnete, in der Praxis erwies er sich als Fehlschlag. (Hier sei an eine alte Berliner Redensart erinnert: »Sparen kann nur der, der Geld dazu hat!«)

Die Akten vermelden keine weiteren Vorfälle am Bau, der insgesamt zügig voranschritt. Aber die Kosten stiegen. Am 11. März 1820 mußte Schinkel sich rechtfertigen; er tat dies nicht mit dem Hinweis auf die unnötig entstandenen Kosten auf Grund der vom König verfügten Verwendung der Mauern des alten Baus, sondern auf zusätzliche kostspielige Positionen und Entwurfsänderungen, wie beispielsweise massive Treppenanlagen, Zinkdächer, moderne Bühnentechnik und so weiter.[13] Trotzdem hielten die Behörden Schinkel ständig zu Einsparungen an. Am 4. Oktober 1822 präsentierte er die Endabrechnung. Sie belief sich

zum rohen Bau	auf	468 952 Taler	22 Groschen	9 Pfennige
zum Ausbau	auf	280 730 Taler	3 Groschen	6 Pfennige
zu den Malerarbeiten				
des Rohbaus	auf	53 710 Taler	11 Groschen	10 Pfennige
extraordinäre Ausgaben	auf	10 000 Taler		
Kosten in Summa		813 393 Taler	14 Groschen	1 Pfennige

Weiterhin weist die Abrechnung, ohne zu belegen, wie es dazu kam, diese Position aus: »Sämtliche Kosten in Summe 860 641 Taler, 14 Groschen und 11½ Pfennige«. Davon setzte man 7 441 Taler, 8 Groschen und 6 Pfennige für den Verkauf der Abbruchmaterialien ab.[14] Insgesamt eine eher bescheidene Summe angesichts der Wirkung des Bauwerks. Vergessen wir aber nicht, welch geringe Löhne der Arbeiter dabei nur zu Buche schlugen!

1820 war der innere Ausbau fertiggestellt, und die Werke der Bildhauerei und Malerei fanden ihren Platz. Auch hier wirkte Schinkel beispielhaft. Er ordnete den gesamten Schmuck dem Prinzip der Zweckmäßigkeit unter und gestaltete ihn so, daß nach der besten Wahl des Ortes, der besten Wahl der Verzierung und der besten Bearbeitung der Verzierung zu verfahren sei. Er konzipierte die bildnerische und malerische Ausschmückung des Hauses, ließ den ausführenden Künstlern aber freie Hand, um deren eigenes Können voll zur Wirkung zu bringen.

Das Äußere ist dem Theater der Alten verpflichtet, es nimmt die antike Mythologie wieder auf. Schinkel huldigt Apollon als dem göttlichen Patron der schönen Künste und dem Herrn der Musen sowie Bacchus, aus dessen

Kult das antike Theater ja hervorgegangen war. Für die plastischen Arbeiten gewann er Christian Daniel Rauch und Christian Friedrich Tieck. Rauch modellierte den Feuerwagen des Apollon auf dem oberen Hauptfrontgiebel und entwarf für die Rückfront einen schreitenden Greifen. Als Tieck 1819 von einem Aufenthalt in Carrara nach Berlin zurückkehrte, änderte man das Figurenprogramm: Apollon erhielt statt eines Viergespanns zwei Greifen als Zugtiere, und auf die Rückseite kam Pegasus, das Flügelroß.

Das obere Giebelfeld des Haupttraktes gestaltete Tieck als Huldigung an den geflügelten Eros, den allbezwingenden Gott der Liebe, auch der Liebe zur Kunst, der die Triebkraft der Erkenntnis symbolisieren soll. Eros steht mit einem Bogen vor einem Steinthron in der Mitte. Zu beiden Seiten folgen

Psyche mit tragischer und komischer Maske sowie dem Apollon geheiligte Schwäne und Schlangen. Das darunter liegende Tympanon gestaltete Schinkel frei nach dem des Tempels der Minerva Polias auf der Akropolis zu Athen. Es erzählt die Geschichte der Niobe, deren tragisches Schicksal in diesen Jahren besondere Anteilnahme erfuhr. Als Mutter von vierzehn Kindern behauptete sie sich stolz gegenüber Leto, der Mutter Apollons, und wurde — weil sie sich den Göttern verglich — mit dem Tode aller Kinder gestraft, da Apollon jeglichen Übermut streng ahndete. Auf dem Hauptgiebel stehen die Musen Melpomene (für die Tragödie), Polyhymnia (Poesie) und Thalia (Komödie), ebenfalls von Tieck entworfen. Der nördliche Giebel zeigt den Triumphzug des Bacchus und der Ariadne, von Kentauren und Satyrn umgeben. Das südliche Tympanon ist geschmückt mit der Darstellung der Befreiung der Eurydike aus der Unterwelt durch die Musik des Orpheus. Auf den nördlichen Giebelecken stehen die Musen Klio (Geschichte), Kalliope (Epos) und Euterpe (Lyrische Dichtkunst), auf den südlichen folgen die Musen Urania (Astronomie), Terpsichore (Tanzkunst) und Erato (Liebesdichtung). Alle Figuren entstanden nach den Entwürfen von Tieck. Damit ist auch der moderne Begriff des »Musentempels« geklärt, der heute oftmals ohne genaue Kenntnis seiner Herkunft und seiner Bedeutung verwandt wird. Alle Musen und Apollon stehen auf dem Schauspielhaus, ihnen ist das Gebäude gewidmet, das »Tempel der Musen« sein soll. Für die Treppenwangen konzipierte Schinkel nach antikem Vorbild metallene Feuerbecken, die aber nicht zur Aufstellung kamen. Erst nach seinem Tode setzte man, nach einem Vorschlag des Bildhauers Christian Daniel Rauch, des Malers Peter von Cornelius sowie des Architekten und Schinkel-Schülers August Stüler, die noch heute vorhandenen musizierenden Amoretten auf Löwe beziehungsweise Panther an ihren Platz. Die Modelle schuf wiederum Tieck, sie waren seine letzte Arbeit.

Im Inneren dominierte die malerische Ausgestaltung vor der bildnerischen. Auch hier gelang es Schinkel, ausgezeichnete Künstler zu gewinnen. Den Zuschauerraum beherrschte in vornehmer Einfachheit und Eleganz weißer Schleiflack mit zarter Goldgliederung (Abbildungen 152, 153, 172, 173). Nur zwei Medaillons links und rechts der Bühne von Tieck, Bacchus und Apollon darstellend, geben plastischen Schmuck. Die Gliederung des Raumes überwand die alte Logenordnung. Der Deckenplafond zeigte in Medaillons nochmals die Musen, der Plafond des Proszeniums ein Bacchanal.

Deutlich werden diese Beziehungen durch eine von Schinkel stammende Darstellung der Bühne und ihrer Dekoration zum Eröffnungsprolog. Sie zeigt die Gliederung des Raums, und der Vorhang macht eine weitere wichtige Überlegung Schinkels anschaulich (Abbildung 174): Die Betrachter blickten auf den Gensd'armen-Markt mit dem Schauspielhaus. Auf diesem Vorhang legte Schinkel seine Vorstellung von der klassizistischen Ordnung des Platzes dar: Er säumte diesen mit streng gefaßten Baumreihen, die sowohl im Vorder- als im Hintergrund außerhalb des Marktes, also in den bestehenden Häuserzeilen, lagen. Eine durchführbare Ordnung, die das Zentrum des Platzes mit dem neuen Schauspielhaus besonders betonte, es hervorhob und in eine geglückte Korrespondenz zu den Türmen brachte.

Den Konzertsaal sowie die angrenzenden Räumlichkeiten führte Schinkel besonders prächtig aus. Ihre Gestaltung war ein Höhepunkt der Innenraumdekoration. Auch hier überwogen Darstellungen aus dem Sagenkreis um Apollon. Eine besondere Merkwürdigkeit bestand in den Bildnisbüsten deutscher Dichter und bekannter Theaterleute, so der marmornen Sitzstatue Ifflands, die einen Glanzpunkt vaterländischer Gesinnung darstellte, da Schinkel sie gemeinsam mit der griechischen Mythologie und mit ihr als Einheit sah (Abbildungen 175—183). Gerade der Verlust dieser Büsten als Dokument bürgerlicher Traditionsbildung muß für Berlin als sehr schmerzlich angesehen werden.

»So schmückt sittlich nun geweihten Saal,
Und fühlt Euch groß im herrlichen Lokal,
Denn Euretwegen hat der Architekt
mit hohem Geist so edlen Raum bezweckt,
das Ebenmaß bedächtig abgezollt,
daß Ihr Euch selbst geregelt fühlen sollt.«

Die Einweihung

Das sind Worte aus dem Prolog zur Eröffnung des Schauspielhauses, die von keinem Geringeren als Johann Wolfgang Goethe stammen. Angesprochen wurden alle Besucher, gelobt wurde der Architekt und hervorgehoben seine Rolle als Erzieher der Allgemeinheit. Es geht um bürgerliches Gedankengut, um das demokratische Verständnis der sich entfaltenden neuen Klasse — nicht um eine Huldigung an den König.

Abb. 178 und 179
Konzertsaal
im Schauspielhaus,
Meßbilder,
Zustand 1935

Das Schauspielhaus wurde mit zwei prächtigen Feiern eröffnet: die Konzert- und Festsäle mit einem Subskriptionsball zum Beginn der Berliner Ballsaison des Winters in Anwesenheit des gesamten Hofes am 10. Februar 1821, das Theater am 26. Mai 1821 mit Goethes »Iphigenie auf Tauris« — auch hier ein antikes Thema. Graf Brühl, mit dem Klassiker aus Weimar befreundet, hatte diesen gebeten, einen Inaugurations-Prolog zu schreiben, und ihn zur Premiere seines Stückes sowie der Eröffnung des Hauses nach Ber-

lin eingeladen. Der Dichter lehnte aus gesundheitlichen Gründen ab, aber
aus Verbundenheit mit Brühl und »um dem werthen Berlin ein Zeichen meiner Teilnahme an bedeutenden Epochen seiner Zustände zu geben« hat er
die gewünschten Verse »gleichsam aus dem Stegreif erfunden«.[15] Carl Friedrich Zelter, Maurermeister und Leiter der Berliner Singakademie, unterrich-
tete Goethe laufend über die Entwicklung in der preußischen Hauptstadt,
und so kam es, daß dieser den Architekten des Theaters schätzte und ihn in

Abb. 180 Galerie
des
Konzertsaals im
Schauspielhaus,
Meßbild,
Zustand 1935

dem Prolog mit den Worten bedachte: »Verwandte Kunst, sie hat mich über-
troffen.« Als Goethe später ein Blatt von Brühl aus Schinkels Sammlung der
architektonischen Entwürfe bekam, fand er das darauf dargestellte Schauspielhaus »höchst vollkommen«.

Diszipliniert huldigte am Schluß der Vorstellung das Auditorium dem König, verlangte aber dann emphatisch Schinkel zu sehen, um ihm für den
herrlichen Bau zu danken — doch bescheiden hatte dieser vor Ende der

Aufführung das Haus verlassen. So gestalteten unter der Leitung Brühls die Künstler, Professoren und Studenten, das Publikum und die Berliner Bevölkerung Schinkel eine Nachtmusik vor seiner Wohnung Unter den Linden. Ein Bau war vollendet, der wesentlich Schinkels Ruhm als Architekt bis in die Gegenwart trägt — vergessen alle Probleme und Sorgen, derer der Chronist aber als eines Teils des damaligen Lebens zu gedenken hat.

Eine bisher nicht beachtete Episode beim Bau des Schauspielhauses wirft ein bezeichnendes Licht auf die damaligen sozialen Zustände. Beim Königlichen Oberhofbauamt (später Baudeputation) stand seit 1794, zunächst als Soldat, ein Aufseher namens Schindler in Lohn und Brot. Eines Tages im Jahre 1820 wurde er entlassen, da er eine Weile nicht zur Arbeit erschienen war. Es stellte sich heraus, daß er, alleinstehend, krank zu Hause gelegen hatte. Als es ihm wieder besser ging, erschien er und bat, erneut beschäftigt zu werden; dies wurde ihm jedoch mit dem Hinweis auf sein unentschuldigtes längeres Fernbleiben abgeschlagen.[16]

Schindler wandte sich nun an die Regierung Berlin (eine nur kurze Zeit bestehende Behörde) und verwies darauf, daß er neunundsiebzig Jahre alt sei und dreiundvierzig Jahre als Soldat im ehemaligen Regiment der Rudorffschen Husaren gedient habe. Im August 1804 hatte er bei Entlassung den Invalidenschein erhalten, der die staatlichen Behörden verpflichtete, ihn einzustellen, das heißt zu versorgen. Nun habe er sechzehn Jahre beim Oberhofbauamt als Nachtwächter gearbeitet, zuletzt am Schauspielhaus. In den neunundfünfzig Jahren im Dienste des preußischen Staates habe er sich allerlei gesundheitliche Schäden zugezogen, darunter im Winter 1820 einen Frostschaden im Fuß, so daß er zu Hause bleiben mußte. Seine Entlassung treffe ihn hart, da er keinerlei anderen Verdienst oder Versorgung habe. Schindler äußert kein Wort des Protestes, keine Klage, sondern nur die Bitte, ihm wieder die Möglichkeit zu geben, Geld für die Bestreitung des Lebensunterhalts zu verdienen. Um es noch einmal zu unterstreichen: Dieser Bauaufseher war als junger Bursche 1761 in die preußische Armee eingetreten; es ist anzunehmen, daß er als Soldat den Siebenjährigen Krieg (1756—1762) noch mitgemacht hat. Nach dreiundvierzig Dienstjahren beim Militär hatte man für ihn nur den Posten eines Nachtwächters übrig, und im hohen Alter mußte er noch arbeiten, um sein Auskommen zu haben, da er keinerlei Ruhegeld oder Pension bezog; er war ausgelaugt, alt und krank,

Abb. 181 Längsschnitt des
Konzertsaals
im Schauspielhaus
von Karl Friedrich Schinkel

lebte am Rande der Gesellschaft: Das war der Lohn, den der preußische
Staat jenen bescherte, die ihm dienten. Schindlers Unglück war es, so alt geworden zu sein. Die Militärbehörden verlangten seine Wiedereinstellung,
und Schinkel selbst mußte sich mit diesem Vorgang befassen, als ob er persönlich Schuld an dieser Misere trage, als ob der von ihm geleitete Bau eine
Versorgungseinrichtung für Veteranen darstellte. Schinkel zögerte, schob die
Entscheidung hinaus, um schließlich am 9. Januar 1821 die Wiedereinstellung mit der Begründung abzulehnen: »..., weil er bei seinem hohen Alter
die Arbeit nicht geistig übersehen konnte, dadurch Entwendungen aller Art
entstanden sind, die zuletzt dem Bau-Fonds schon nachtheilig geworden waren«[17]. Das Argument der Belastung des Baufonds überzeugte, aber trotzdem konnte Schindler nicht versorgt werden. Die Militärbehörden schoben
nun den Fall der Regierung Berlin zu und forderten von dort entweder Einstellung oder Versorgung. Am 20. Februar 1821 teilte diese nach Aufzählung

Abb. 182 Aufriß der
Längswand des Konzertsaals
im Schauspielhaus
von Karl Friedrich Schinkel

der Jahre, die Schindler dem preußischen Staat gedient hatte, mit: »Wenn er
schon hierdurch alle Berücksichtigung verdient, so müssen wir doch, da
keine Mittel zu Gebote stehen … Einem hohen Ministerium anheim stellen …, [für ihn zu sorgen].«[18] Das Ende des Vorgangs war nicht zu ermitteln, aber es ist anzunehmen, daß es Schindler nicht günstig war; möglicherweise hat nur sein Tod die Fortsetzung des Streits verhindert.

Schlaglichtartig werden Konturen der preußischen Gesellschaft sichtbar,
die den einfachen Menschen nach Ableistung seiner Schuldigkeit wegwarf,
sich nicht mehr um ihn kümmerte. Schinkel wird als Architekt mit derartigen Vorgängen belastet, und man erhofft sich im Detail durch Abschieben
des Problems auf ihn eine Lösung, die die Gesellschaft schuldig geblieben
war. Aufschlußreich für die Verhältnisse in Berlin ist der Hinweis Schinkels
auf die »Entwendungen aller Art, … die dem Bau-Fonds schon nachtheilig
geworden waren«, die Schindler nicht hatte verhindern können.

**Erneute Konsequenzen
für die Kirchen**

Die letztlich doch noch nicht ausgereifte Gestaltung des Gensd'armen-Marktes mit der Hauptöffnung nach Osten und den wegen der dort gelegenen beiden Kirchen stärker frequentierten Nebenöffnungen nach Westen ließ auch Schinkel an eine weitere städtebauliche Durcharbeitung des Platzes denken. Nach den Prinzipien klassizistischer Stadtbildung durfte dieser architektonisch unbefriedigende Zustand nicht unverändert bleiben. Man konnte und wollte nicht akzeptieren, daß er das Ergebnis eines längeren historischen Prozesses war, und suchte deshalb nach Möglichkeiten, ihn stadtgestaltend zu überwinden.

1818 begann eine erneute Diskussion darüber; sie fußte zunächst darauf, daß 1813 die Möglichkeit des Einbaus von Kirchen in den Türmen verworfen werden mußte. Schinkel nahm diesen Gedanken wieder auf und wollte die Türme als großartige Eingangssituation für Kirchenneubauten nutzen, das heißt die Architekturen Gontards als herausragende Punkte für dahinter neu zu errichtende Langhäuser umfunktionieren. Damit wäre die Gestaltung des Platzes in einer eindeutigen Ausrichtung nach Osten endgültig festgelegt gewesen. Es fällt auf, daß Schinkels Entwürfe für die Kirchenneubauten in der überaus reichen Literatur kaum behandelt werden, eigentlich sind sie nur als Projekte erwähnt. Er selbst hatte die alten Gotteshäuser als »geschmacklos« charakterisiert. In der Errichtung zweier identischer neuer Kirchen sah er eine konsequente Verwirklichung der von Gontard begonnenen spiegelbildlichen Architekturen auf dem nördlichen und südlichen Platzteil. Er schlug Langhäuser mit jeweils neun Fensterachsen vor, deren Gestaltung sich an denen der Türme orientierte. Zunächst ging er sogar so weit, an die Giebelseiten in der Charlottenstraße Säulenhallen anzufügen, die gleichfalls Wiederholungen der Gontardschen Vorbilder gewesen wären.

Am 3. Juni 1818 lagen die etwas trockenen Pläne Schinkels vor (Abbildungen 184, 185). Bezeichnenderweise befaßten sie sich fast ausschließlich mit der Deutschen Kirche, die Französische tastete man zunächst nicht einmal in den Überlegungen an. Es kam zu einigem Hin und Her wegen der Bauten. Die Königliche Bau-Deputation erklärte zwar, daß sie das »Projekt zur Rezension erhalten, welches der neuen deutschen Kirche auf dem Gensd'armenmarkt eine bessere innere Form« verleihen soll,[19] gab diese Rezension aber nicht ab.

Am 19. September 1818 erhielt Graf von Bülow die Nachricht, daß kein Geld da sei, um einen Plan aufzustellen, das heißt, die Bauten bis zu einem Kostenanschlag weiter zu bearbeiten. Schinkel selbst machte seinen Einfluß geltend und übergab einen Auftrag Bülows, die Kosten durchzurechnen, an den Bauinspektor Wilhelm Berger. Dieser — er war Schinkels Schwager — legte am 31. Januar 1819 einen groben Kostenvoranschlag für eine Kirche vor, der sich allein für die Maurerarbeiten — ohne den Sandsteinportikus — auf 41 063 Taler, 25 Groschen und 5 Pfennige belief. Unter Einschluß der Sandsteinarbeiten kam Berger für beide Bauten auf 125 917 Taler[20] — Kosten, die dazu zwangen, das Projekt zu vertagen.

Am 27. Februar 1819 lieferte Berger einen »Erläuterungsbericht zu dem

Abb. 184 Projekt zum
Neubau der Kirchen von
Karl Friedrich Schinkel, 1818,
Seitenansicht und Grundriß,
gezeichnet von
Wilhelm Berger, 1819

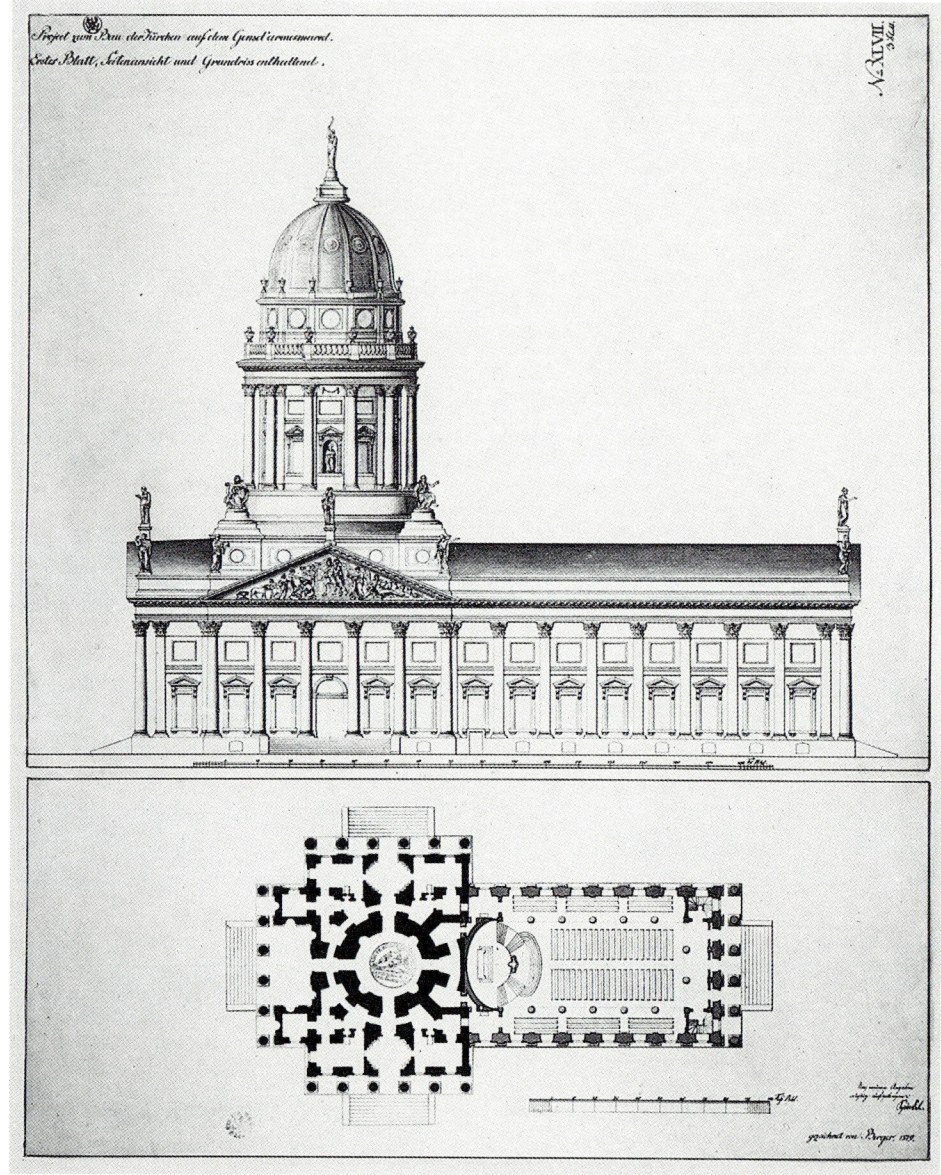

Projekt und dem Anschlage zum Bau der neuen Kirchen auf dem Gensd'armenmarkt«. Dieses wenig beachtete Dokument gibt wesentliche Aufschlüsse
und erklärt, warum letztlich die vorhandenen Kirchen nicht in der von
Schinkel vorgeschlagenen Form verändert wurden. Es heißt dort: »Der vorliegende Plan ist von mir nach Vorschrift einer Königl. Hochlöbl. Regierung

294

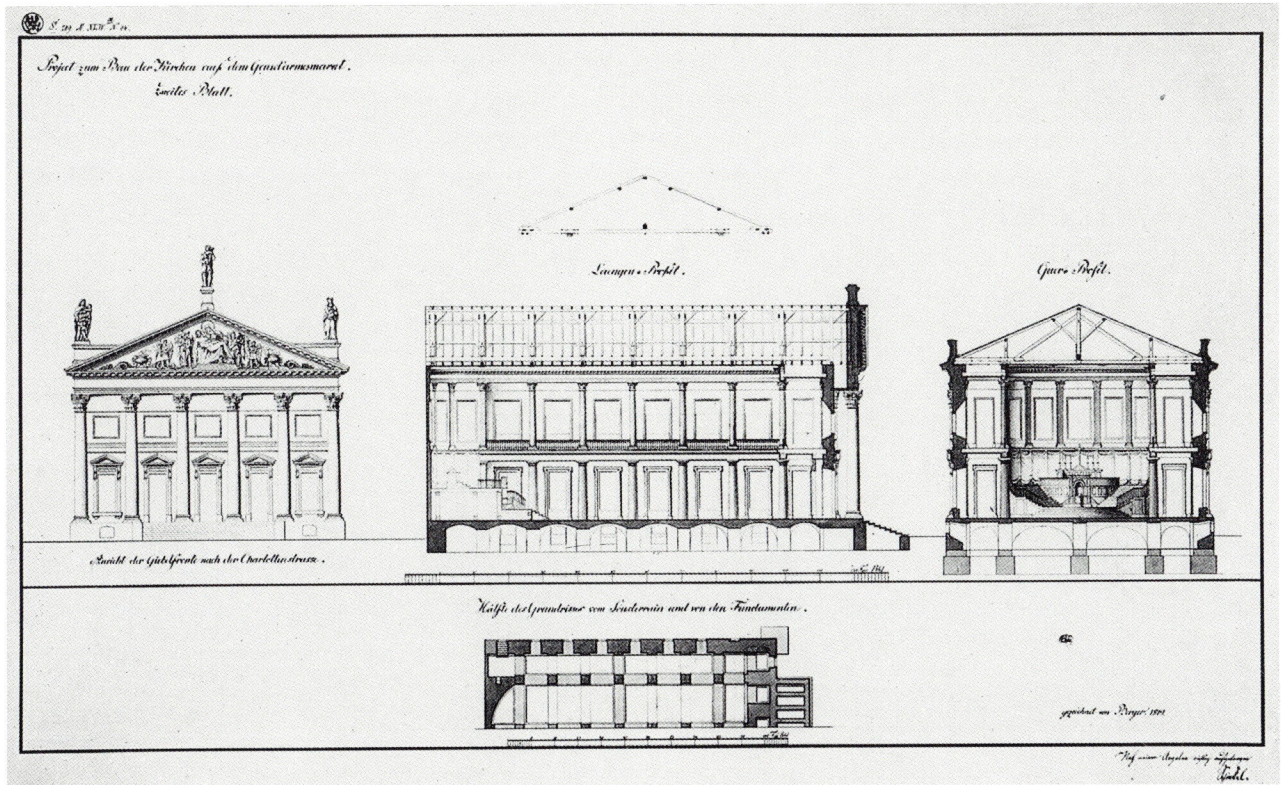

in allen Bestimmungen des Herrn Geheimen-Ober-Bau-Rathes Schinkel bearbeitet worden, wobei der von der Königl. Ober Bau Deputation gelieferte
Plan zur Grundlage diente. Es fand sich, daß die in dem letztgenannten
Plane angenommene Lage der Kirche von 9 Fenstern, in dem sich der Giebel zu sehr der Charlottenstraße näherte, den Platz und die freie Aussicht
auf denselben ... verbaut haben würde, weshalb in diesem Punkt von dem
ersten Plane abgesehen, und nur eine Länge von 8 Fenstern zugewählt worden ist; dagegen wurde die Stellung der sechs freistehenden Säulen, ganz in
der Art wie bei den 3 den Thurm umgebenden Giebeln, auch an diesen
neuen Giebel mehr hinzugefügt um die vollkommene Übereinstimmung im
Äußeren zu vollenden. Die im vorliegenden Plane festgelegte Lage der Kirchen überschreitet die Lage der alten Kirchen nur um 16 Fuß, wogegen aber
die jetzige Französische Kirche um 60 Fuß breiter als die neu projectierte
welche letztere nach der Richtung der Französischen und Jägerstraße von
30 Fuß weiter als gegenwärtig zurückgehen würde, wodurch der Platz durch

Abb. 185 Projekt zum
Neubau der Kirchen von
Karl Friedrich Schinkel, 1818,
Ansicht, Schnitte und
Grundriß, gezeichnet von
Wilhelm Berger, 1819

die größere Entfernung der Kirchen vom Schauspielhause eine bedeutende Verbesserung erhielte.«[21] Berger kommt zu dem Ergebnis, daß das bestehende Mißverhältnis zwar überwunden worden wäre, die Realisierung aber »zur vollkommenen Verbauung dieses, denn in seiner Art einzigen Platzes«[22] geführt haben würde. Was sich wie ein Lob anhört, war ein gepfefferter Tadel des Bauinspektors für den gefeierten Schinkel, der die Lage der Türme auf dem nördlichen und südlichen Quartier nicht beachtet hatte. Wir hatten gehört, daß die Position der nach 1700 entstandenen Kirchen Gontards gesamtes Geschick erforderte, jene optische Täuschung zu vollbringen, die »Dome« im Mittelpunkt der Geviere liegend erscheinen zu lassen. Dazu mußte er den Deutschen Turm in die Kirche hineinpressen und zwischen dem Französischen Turm und der Kirche einen Vermittlungstrakt anlegen. Schinkel war diesem Trick erlegen, was mehr als verwunderlich ist. Auf der Grundlage seines Entwurfs war keine Symmetrie herstellbar, zumal die Französische Kirche sehr eng am Schauspielhaus stand. Bergers diesbezügliche Bemerkung ist der Kernsatz der Kritik, die Schinkel — und das spricht für seine Größe — nicht nur schriftlich anerkannte, sondern auch voll akzeptierte. Der meisterhafte optische Trick Gontards wäre zutage getreten, der Verlust größer gewesen als der Gewinn.

Schinkel nahm die Meinung Bergers widerspruchslos an und kam selbst auf die Projekte nicht mehr zurück. Er fertigte noch eine nicht überlieferte Skizze für eine Kirche ohne Portikus, beugte sich aber dem von ihm mit unterschriebenen salomonischen Urteil der Oberbaudeputation — »wenn der Bau erst aber in ein Paar Jahren zur Ausführung kommen soll, so würden vielleicht günstigere Umstände eintreten, welche zur Veränderung der Kunst beitragen«[23]. Das Projekt insgesamt freilich blieb in der Diskussion. Die Grundidee übernahm Schinkel dann für seine ebenfalls nicht ausgeführten, aber wesentlich glücklicheren Entwürfe für die Gertraudenkirche auf dem Spittelmarkt.

Das Leben
am Gensd'armen-Markt

Die Einweihung des Schauspielhauses stellte in dem Zeitabschnitt zwischen 1815 und 1848 vielleicht *den* Höhepunkt in den Annalen des Gensd'armen-Marktes dar. Überblickt man die Gesamtgeschichte des Platzes und forscht nach den Gründen, die zu seinem Ruf führten, so findet man sie alle in diesen Jahren konzentriert, insbesondere zwischen 1815 und 1830. Das Werk vieler vorangegangener Generationen hatte diesen Höhepunkt vorbereitet und ermöglicht. Nach 1830 wurde das Bild bewahrt und um neue wesentliche, wenn auch kaum behandelte Züge bereichert. Nach 1890 begann der Untergang in dem Rigorismus der Bau- und Bodenspekulanten, deren Werk die Bomben des zweiten Weltkrieges schließlich »vollenden« sollten.

Seinen Ruf gewann der Platz vor allem in den Jahren nach 1815, und dafür waren vier Punkte maßgebend:

1. die Menschen, die auf dem Platz lebten, wirkten und ihn prägten,
2. das Schauspielhaus,
3. das Café Stehely und
4. die Weinstuben von Lutter & Wegner.

Nicht allem kann nachgegangen werden, deshalb mag das folgende stellvertretend für vieles andere — untersucht oder auch nicht — stehen.

Die Menschen am Platz

Der große Marktplatz diente der Versorgung der anwohnenden Berliner, die ihn durch Handel und Geschäft täglich mit pulsierendem Leben erfüllten — einem Leben voller Sorge, voller Erwerbssinn und durchwoben von politischen Gedanken. Die Mietshäuser beherbergten Bürger, die nicht zur Stadtarmut zählten, aber ebensowenig »im Reichtum schwammen«: Handwerksmeister, Staatsbeamte bis hinauf zum mittleren Dienst, Angehörige der Universität und der Akademie, Schauspieler und so weiter. Zum Bild des Platzes gehörten kleine Läden und nach und nach entstehende Lokale, die den Menschen Möglichkeiten zur Kommunikation und zum Disput boten. Im einzelnen hatte dieses Dasein gewiß wenig Sensationelles, in der Summe aber durchaus. Es war ein kleinbürgerliches Leben — aber zu einer Zeit, als das Kleinbürgertum noch Kraft zu demokratischen Zielen und Träumen besaß und noch nicht in Selbstzufriedenheit erstickt war. Mit einem Wort: Der Platz war ein Ort, an dem die langsam sich entfaltende Klasse der Bourgeoisie und das mit ihr entstehende und noch durch tausend Fäden mit ihr verbundene Proletariat ihre Heimat hatten.

»Die Brautwahl«
und »Des Vetters
Eckfenster«

Berlin wurde Gegenstand der Literatur, und zwar das Berlin der einfachen Leute. Ihr Leben — mit allen Höhen und Tiefen — hob ein Autor, der am Gensd'armen-Markt wohnte, als darstellenswert in den Rang der Weltliteratur empor: Es war das Verdienst E. T. A. Hoffmanns, der, am 24. Januar 1776 in Königsberg geboren, eine der vielseitigsten Persönlichkeiten der deutschen Spätromantik war. Als Sohn eines Juristen studierte er dortselbst die Rechte und trat — ebenfalls vorgezeichnet durch seinen Vater — in den preußischen Staatsdienst. Obwohl er sich sehr stark zu künstlerischer Tätigkeit getrieben fühlte, zog er dieser eine sichere Beamtenlaufbahn vor. 1802 kam er als Rat an das Obergericht im damaligen Posen und stieß sich an den versteinerten Zuständen. Während eines Maskenballs erregten gelungene Karikaturen der lokalen Gesellschaftsspitzen von seiner Hand öffentliches Aufsehen. Daraufhin reichte der kommandierende General eine Beschwerde ein, und es folgte die Verbannung des Urhebers in das Provinznest Plozk.

Diese Strafversetzung dauerte aber nicht viel länger als ein Jahr, dann kam der begabte Jurist in die große Welt zurück, und zwar nach Warschau, das damals zu Preußen gehörte. Von dort vertrieb ihn der Krieg: 1806 durch die Franzosen befreit, wurde Warschau Hauptstadt eines neu von Napoleon gebildeten Großherzogtums. Das nach dem Frieden von Tilsit verkleinerte Preußen konnte die Menge der brotlos gewordenen Beamten nicht unterbringen. Hoffmann vermochte sich dank seinem musikalischen Talent über Wasser zu halten. Er ging nach Bamberg und trat die Stelle des Kapellmeisters am dortigen Theater an. Nach dem Konkurs des Unternehmens schlug er sich als Lehrer mit Musikstunden durch, schrieb auch gelegentlich für Zeitungen. Im Sommer 1810 erstand das Theater unter einer anderen Leitung neu. Hoffmann kehrte zurück, diesmal als Direktionsgehilfe; später war er Bühnenmaler und hatte sich schließlich im Theaterbereich eine scheinbar gesicherte Existenz aufgebaut, die aber schon bald wieder verlorenging, da der Direktor sein Amt niederlegte. Seit die Ereignisse von 1806

Hoffmann das Ende seiner Karriere als mittlerer Staatsbeamter gebracht hatten, mußte er sieben Jahre lang bittere Enttäuschungen und Demütigungen in der sozialen Stellung des Künstlers kennenlernen. Die Diskrepanz zwischen engagiertem Künstlertum und der geistigen Enge der bürgerlichen Umwelt drängte Hoffmann, der sich zum Musiker berufen fühlte, mehr und mehr zu einer schriftlichen Fixierung seiner oft exentrisch sich äußernden Opposition.

Am 21. April 1813 verließ er Bamberg, um eine ihm versprochene Dirigentenstelle bei einer Operngesellschaft in Dresden zu übernehmen. Als zwischen Dresden und Leipzig wandernder Musikdirektor geriet er im Mai 1813 zwischen die Fronten der zum Frühjahrsfeldzug aufmarschierenden Armeen. Die Zeit war wenig dazu angetan, einem Musiker eine neue Existenz zu ermöglichen. Zwar stellten sich literarische Erfolge ein, aber die finanziellen Verhältnisse besserten sich dadurch nicht.

So ersuchte Hoffmann am 20. August 1814 beim preußischen Justizministerium um Wiedereinstellung in den Staatsdienst. Mit dem Schritt »in den Kerker zurück« hoffte er aus der mißlichen materiellen Lage befreit zu werden. Seinem Begehren wurde im September 1814 unter der Bedingung stattgegeben, zunächst eine Probezeit — er arbeitete unentgeltlich bis zum 17. Januar 1815 — abzuleisten. Erst am 1. Mai 1816 erhielt er endgültig eine Anstellung als Kammergerichtsrat beim Kammergericht in Berlin.

Der als Musiker und Schriftsteller bereits weit bekannte E. T. A. Hoffmann traf am 26. September 1815 in Berlin ein und nahm Wohnung beim Geheimen Oberbaurat Martin von Alten am Gensd'armen-Markt. Der darauf folgende Teil seines Lebens soll hier etwas ausführlicher geschildert werden. Der »Gespenster-Hoffmann«, wie ihn eine wenig verständnisvolle Richtung der Literaturbetrachtung bezeichnet und damit abqualifiziert hat, richtete sein Leben an diesem Platz ein. Dutzende von Geschichten und Anekdoten berichten von seinen tatsächlichen oder angeblichen Eskapaden bei Lutter & Wegner und in anderen Lokalen am Ort. Wichtiger waren aber wohl die Gespräche, die im Freundeskreis, insbesondere mit Ludwig Devrient, dem genialen Mimen des Schauspielhauses, geführt wurden. Das Theater bildete den entscheidenden Betätigungsort Hoffmanns außerhalb der Dienststunden; hier sei vor allem an seine Oper »Undine« erinnert. Neben Wohnung, Schauspielhaus, Lutter & Wegner muß dem Kammergericht in der Lindenstraße als Arbeitsstätte Beachtung geschenkt werden. Erst nach 1945 konnte seine Tätigkeit dort genauer untersucht und gewürdigt werden. Hoffmann erweist sich danach als ein kenntnisreicher und arbeitsamer Jurist mit einem keinerlei tagespolitischen Erwägungen sich beugenden Rechtssinn. Als Untersuchungsrichter, der während der Demagogenverfolgung Friedrich Ludwig Jahn von Staats wegen nachzuspüren hatte, war er mehr Verteidiger als Ankläger. Er wehrte sich einfallsreich und im Bewußtsein solider Gesetzeskenntnis gegen die beschränkende Wirklichkeit des preußischen Staates.

Erst bei Wertung dieser zwei Seiten seiner Persönlichkeit wird das dichterische Werk Hoffmanns voll verständlich. Er bekannte sich bewußt zu seiner Tätigkeit als Beamter, auch dann, wenn sie ihm eine Pein war. Sein ganzes Wesen war künstlerisch, er mußte die Dinge, die er sah und unter denen er litt, schöpferisch verarbeiten. Genaugenommen durfte er das als Beamter nicht, aber gerade daraus erklärt sich die Besonderheit seiner Erzählweise. Hoffmann konnte nicht offen kritisieren, gesellschaftliche Mißstände beim Namen nennen. Aus dieser Spannung erklären sich sein oftmals grotesker Stil und seine »schizophrene« Erzählweise, das Doppelgängertum und die immer wieder benutzten Verwandlungseffekte. Er verband Spuk- und Traumhaftes mit einem ausgeprägten Wirklichkeitssinn und leitete damit zum bürgerlichen Realismus in der Literatur über.

Visionäres löst er ironisch auf, so auch in seiner Erzählung »Die Brautwahl«. In ihr beschreibt er detailliert ortstypische Schauplätze und nimmt Ereignisse der Berliner Geschichte als spukhafte Geschehnisse auf. Insbesondere der Münzmeister Lippold, als »Alleinschuldiger« an der Mißwirtschaft des Kurfürsten Joachim II. und wegen seiner jüdischen Herkunft hingerichtet, sowie der Buchdrucker und Alchimist Leonard Thurneysser zum Thurn treiben eine Geschichte voran, die ein satirisch getöntes Bild des zeitgenössischen Berlin mit seiner kleinbürgerlichen Enge zeichnet. Es beginnt mit dem Geheimen Kanzleisekretär Tusmann und seinem Weg aus einem Kaffeehaus, »wo er ... jeden Abend ein paar Stunden zuzubringen pflegte«.

»In allem, was er tat, war der Geheime Kanzleisekretär pünktlich und genau. Er hatte sich daran gewöhnt, gerade während es auf den Türmen der Marien- und Nikolaikirche elf Uhr schlug, mit dem Rock- und Stiefelausziehen fertig zu sein, so daß er, in die geräumigen Pantoffeln gefahren, mit dem letzten dröhnenden Glockenschlage sich die Nachtmütze über die Ohren zog.«

Mit bissigem Humor endete auch die Geschichte um die Brautwahl: Es gewann — wie nicht anders zu erwarten — der junge Goldschmiedegeselle

Edmund, der aber dann nach Rom geht, so daß der »Briefwechsel mit Albertinen« »immer seltener und kälter« wird. Ironisch löst Hoffmann alles auf: »Ledig bleibt Albertine auf keinen Fall, dazu ist sie viel zu hübsch, viel zu reich … Vielleicht heiratet [sie] gar den Referendarius, wenn er einen guten Posten erschwungen …«

1822 schreibt Hoffmann seine im Zusammenhang mit dem Platz bedeutungsvolle Erzählung »Des Vetters Eckfenster«. Es ist eine Doppelgängergeschichte, in der der Erzähler — Hoffmann — seinen Vetter besucht, der, krank, nur noch das Vergnügen hat, auf das Treiben des Marktes zu schauen und sich dabei Geschichten zu überlegen. Der Vetter ist ebenfalls Hoffmann selbst, dessen »unbesiegbare[r] Hang zur Schriftstellerei … schwarzes Unheil über [den] armen Vetter gebracht« hat. Eigenes Schicksal, kurz beschrieben, denn Hoffmann war als Schriftsteller wegen seiner versteckten Anspielungen mehr als einmal angefeindet und starb — nach schwerem Krankenlager — vor dem Beginn eines Untersuchungsverfahrens gegen ihn.

Abb. 186 Spottblatt von E. T. A. Hoffmann auf den Gensd'armen-Markt, 1818

Aber »die schwerste Krankheit vermochte nicht den raschen Rädergang der Phantasie zu hemmen, der in seinem Innern fortarbeitete, stets Neues und Neues erzeugend. So kam es, daß er mir allerlei anmutige Geschichten erzählte, die er, des mannigfachen Wehs, das er duldete, unerachtet, ersonnen. Aber den Weg, den der Gedanke verfolgen mußte, um auf dem Papier gestaltet zu erscheinen, hatte der böse Dämon der Krankheit versperrt. Sowie mein Vetter etwas aufschreiben wollte, versagten ihm nicht allein die Finger den Dienst, sondern der Gedanke selbst war verstoben und verflogen.«

Eindringliche Darstellung der eigenen Lebenssituation — gar nicht so sehr verschlüsselt. Hoffmanns Phantasie arbeitete, aber der Zwang des Dienstes war dazu angetan, alle künstlerischen Gedanken zu vertreiben. Bedient wird der Vetter von einem alten, grämlichen Invaliden, der auf der Flöte preußische Militärmärsche spielt. Doch immerhin der Blick aus dem Fenster: Wie wir wissen, aus dem Fenster im zweiten Stock des Hauses Charlottenstraße/ Ecke Taubenstraße (Abbildung 126). Hoffmann beschreibt das Haus, das er bewohnte: »Es ist nötig zu sagen, daß mein Vetter ziemlich hoch in kleinen niedrigen Zimmern wohnt. Das ist nun Schriftsteller- und Dichtersitte. Was tut die niedrige Stubendecke? Die Phantasie fliegt empor und baut sich ein hohes, lustiges Gewölbe bis in den blauen glänzenden Himmel. So ist des Dichters enges Gemach, wie jener zwischen vier Mauern eingeschlossene, zehn Fuß im Geviert große Garten, zwar nicht breit und lang, hat aber stets eine schöne Höhe. Dabei liegt aber meines Vetters Logis in dem schönsten Teile der Hauptstadt, nämlich auf dem großen Markte, der von Prachtbauten umschlossen ist, und in dessen Mitte das kolossal und genial erdachte Theatergebäude prangt. Es ist ein Eckhaus, das mein Vetter bewohnt, und aus dem Fenster eines kleinen Kabinetts übersieht er mit einem Blick das ganze Panorama des grandiosen Platzes.«

Wir besitzen von 1816 aus der Feder Hoffmanns ein Blatt, in dem er sich und seine Lebenssituation karikierend festgehalten hat: Aufgenommen ist die gesamte Umgebung seiner Wohnung, beginnend mit ihr selbst — alles sehr humoristisch und voll bitterer Satire (Abbildung 186). Sein Vermieter, der Geheime Oberbaurat von Alten, tritt uns mit einem Zollstock entgegen und entwirft eine Mausefalle im Stil einer gotischen Kirche. Das »Schlafcabinett« des Dichters wird durch zwei Betten mit ruhenden Personen bezeichnet. Hoffmann selbst blickt aus dem Fenster seiner Arbeitsstube, pfeiferauchend, mit ihm der Schauspieler Devrient. Beide sehen auf die Straße und

Abb. 187 Panorama
des Gensd'armen-Markts von
Carl Georg Enslen, um 1835

in die Fenster des gegenüberliegenden Theaters. Graf Brühl empfängt gerade im »Directions-Zimmer« im habit de cœur vier dienernde Dichter. Im Musikzimmer steht der Dirigent Weber auf einem Berg Beefsteaks, links ein Glas Chambertin und rechts ein Glas Médoc, in beiden Armen Schüsseln, in denen wohl Eßbares zu vermuten ist. Ihnen schaut verwundert der Kapellmeister Kreisler, also Hoffmann, zu, der sich in dieser Position in seinen schriftstellerischen Arbeiten beschrieb. Im Chorzimmer eine Versammlung von Köpfen mit weit aufgesperrten Mündern.

Auf dem Markt sind dargestellt: Gemüseweiber, eine Rose, ein großes »Magazin abgezogener Walzer«, Epimendes, Vertrauter der Götter, im griechischen Kostüm, Armida (eine Zauberin aus Tassos »Befreitem Jerusalem«) mit Dolch und Becher, ein Strauß, ein Löwe, ein Soldat, ein Hund, ein Nemo, Schlemihl, ein Klecks, Ludwig Tieck, Clemens von Brentano, ein Vogel im Fluge, Doctor Dappertutto, ein Glas extra feiner Rum, der Student Anselmus — zum Teil Figuren des Tagesgesprächs, dem Zeitgenossen in der Karikatur verständlich, heute nicht mehr oder nur noch partiell zu enträtseln. Das Ganze ein Phantasiestück in »Callots Manier«.

Sorgfältig verzeichnet Hoffmann die Weinstuben, so eine Restauration in der Charlottenstraße, die später als »Café Stehely« weltberühmt wurde, die Weinhandlung Moretti und so weiter. Eine Weinhandlung in der Markgrafenstraße hob er durch einen extralangen Speisezettel hervor. Lutter & Wegner bezeichnet er besonders und zeigt offensichtlich sich und Devrient. Es ist ein lebendiges Bild des Platzes, den er den »schönsten Teil der Hauptstadt« genannt hat. Der Spott ist bissig, wo er treffen soll, aber voller Sympathie für das bunte Leben am Gensd'armen-Markt.

Davon spricht auch Hoffmanns Erzählung. Der Platz ist ihm »eine einzige, dicht zusammengedrängte Volksmasse, so daß man glauben mußte, ein dazwischen geworfener Apfel könnte niemals zur Erde gelangen« (Abbildung 187). Dem Vetter aber ist er noch mehr, es ist nicht der »Anblick eines scheckichten, sinnverwirrenden Gewühls des in bedeutungsloser Tätigkeit bewegten Volkes …, mir entwickelt sich daraus die mannigfachste Szenerie des bürgerlichen Lebens …« Und nun schildert der Vetter den Alltag auf dem Markt, skizziert Charaktere aus Beobachtungen voller Sympathie für das Volk, entwirft ein Bild des Daseins mit Höhen und Tiefen.

Zum Schluß resümiert er die Geschichte dieses Marktes mit viel Gespür für die einfachen Menschen. Damit erreicht Hoffmann eine Höhe der Darstellung des bürgerlichen Realismus, der so selbstverständlich für das Preußen und Berlin dieser Jahre nicht war. »Dieser Witz ist wirklich einer, aber recht aus der stinkenden Grube der tiefsten Depravation. — Die Witzwörter der Berliner Obstweiber u. a. waren sonst weltberühmt, und man tat ihnen sogar die Ehre an, sie Shakespearisch zu nennen, unerachtet bei näherer Beleuchtung ihre Energie und Originalität nur vorzüglich in der schamlosen Frechheit bestand, womit sie den niederträchtigsten Schmutz als bekannte Schüssel auftischten. — Sonst war der Markt der Tummelplatz des Zanks, der Prügeleien, des Betrugs, des Diebstahls, und keine honette Frau durfte es wagen, ihren Einkauf selbst besorgen zu wollen, ohne sich der größten Unbill auszusetzen. Denn nicht allein, daß das Hökervolk gegen sich selbst und alle Welt zu Felde zog, so gingen noch Menschen ausdrücklich darauf aus, Unruhe zu erregen, um dabei im trüben zu fischen, wie z. B. das aus allen Ecken und Enden der Welt zusammengeworbene Gesindel, welches damals in den Regimentern steckte. Sieh, lieber Vetter, wie jetzt dagegen der Markt das anmutige Bild der Wohlbehaglichkeit und des sittlichen Friedens darbietet. Ich weiß, enthusiastische Rigoristen, hyperpatriotische Aszetiker eifern grimmig dagegen, diesen vermehrten äußeren Anstand des Volkes, indem sie meinen, daß mit dieser Abgeschliffenheit der Sitte auch das Volkstümliche abgeschliffen werde und verloren gehe. Ich … bin der festen, innigsten Überzeugung, daß ein Volk, das sowohl den Einheimischen als den Fremden nicht mit Grobheit oder höhnischer Verachtung, sondern mit höflicher Sitte behandelt, dadurch unmöglich seinen Charakter einbüßen kann.«

Schlüsselworte des Verständnisses Hoffmanns für das Volk und dabei Aussagen über die Hebung des geistigen und moralischen Niveaus desselben durch glättende Erziehung. Realistische und zugespitzte Schilderung vergangener Zeitläufte des Lebens am Platz, die er aus anderem Munde vernommen haben mag, verbunden mit der Gegenüberstellung der »Hebung des geistigen und moralischen Zustandes« im Ergebnis der preußischen Reformen. Mag man ihm uneingeschränkt dankbar dafür sein, daß Aussagen über das vergangene Leben gewonnen wurden, so muß man doch auch den Verdacht aussprechen, daß der Wunsch, wie es zu seiner Gegenwart hätte sein sollen, ihm zu stark die Feder geführt.

Die durch die Reformen eingeleiteten Veränderungen haben viel bewirkt und die bedrückende Last des in den preußischen Regimentern vorhanden gewesenen »Gesindels«, wie sie in Erinnerungen von Berlinern geschildert wird, von deren Schultern genommen. Nicht beseitigt aber waren die sozialen Ursachen, die derartige Kreaturen nach Preußen in die Armee gezogen hatten. Zwar hatte sich manches gebessert, darunter wohl das allgemeine Lebensniveau der Bewohner der Friedrichstadt, aber Hoffmanns warmherzige Zustandsbeschreibung des Volkes war in weiten Bereichen bei aller wohlmeinenden Parteinahme doch zu sehr biedermeierliche Illusion.

Die Daseinsform am Gensd'armen-Markt hatte sich verändert — soweit will man Hoffmann gern folgen, doch die Gründe dafür dürften wohl weniger die von ihm beschriebenen sein als vielmehr die Tatsache, daß die ärmeren Schichten an den Rand der Stadt in die dort entstehenden bescheideneren Viertel abwandern mußten. Die Pauvreté in der Friedrichstadt war nicht mehr so auffällig, und das lag weniger an der klugen Politik des preußischen Königs zur Hebung des allgemeinen Lebensstandards als an der Schaffung billiger Wohnquartiere in Gestalt der ersten Mietskasernen im Norden in der Oranienburger und im Osten in der Stralauer Vorstadt. Der Gensd'armen-Markt profitierte davon, da sich hier nun ein biedermeierlich geprägtes Leben der »Wohlbehaglichkeit und des sittlichen Friedens« kleinbürgerlicher Schichten breitmachen konnte.

Hoffmann hebt die Wirkung seiner Schilderung selbst auf, wenn er den Vetter am Schluß essen läßt und das Mahl so beschreibt: »Die aufgetragenen Speisen bestanden in einem mäßigen, mit Fleischbrühe gefüllten Suppenteller, einem in Salz aufrechtgestellten, weichgesottenen Ei und einer halben Mundsemmel.« Über alles stellte Hoffmann das Horazwort als Motto: »Et sic male nunc, non olim sic erit!« (»Steht es auch jetzt schlecht, einmal wird es nicht mehr so sein!«)

Andere bekannte Schriftsteller lebten in dieser Zeit ebenfalls am Gensd'armen-Markt, so Ludwig Tieck und Joseph von Eichendorff (letzterer von 1850 bis 1855 im Hause Charlottenstraße 52), aber keiner hat den Platz so erlebt, mitgeprägt und in seinen Werken so meisterhaft verarbeitet.

Das Theater als Mittelpunkt

Brühl als Generalintendant sah wie viele Intellektuelle seiner Zeit im Theater eine Bildungsanstalt. Nach der Lehrzeit am Goetheschen Theater in Weimar plante er im Sinne der Aufklärung die Aufwertung der Oper, die historische Ableitung der Kostüme und Dekorationen sowie entsprechend der Aufführung ein wechselnd zusammengestelltes Ensemble. Protagonisten waren unter ihm der als Freund Hoffmanns bereits erwähnte Devrient, der noch am alten Nationaltheater als Franz Moor am 1. April 1815 erstmals in Berlin auf der Bühne gestanden hatte, Auguste Düring (später Stich, dann Crelinger) sowie das Ehepaar Amalie und Pius Alexander Wolff.

Devrient, Hoffmann ähnlich und verwandt, brillierte durch die Verkörperung der literarischen Bösewichter und die überzeugende Ausleuchtung schwieriger Charaktere im Schauspiel. Seine vielfältigen Gestaltungsmöglichkeiten und ungewöhnlich reichen Ausdrucksmittel prädestinierten ihn dazu, Bizarres, Grauenhaftes und gleichzeitig Tragikomisches darzustellen. In solchen Rollen zeigte er Außergewöhnliches, so daß seine Leistungen legendär und von Generation zu Generation weitergetragen wurden.

Das Ehepaar Wolff ging ebenfalls aus der Weimarer Schule hervor; beide waren, entgegen den in Berlin vorherrschenden naturalistischen und realistischen Prinzipien, von Goethe dazu erzogen worden, das Theater als ein herausragendes Kunstwerk zu formen. Sprache und alle bekannten Bühnenmittel galten als Hilfselemente für die Umsetzung dieser Idee. Die Wolffs hatten es anfänglich schwer beim Berliner Publikum, überzeugten aber dann durch ihre beständige Leistung, und nach und nach prägten sie entscheidend die Ausbildung der Institution »Spielleiter«; sie gehörten zu den ersten Regisseuren an den deutschen Theatern.

Unvorstellbar für uns ist der Reichtum des Spielplans. Er war an die wesentliche Voraussetzung gebunden, daß in einer Zeit ohne Fernsehen und Radio das Theater nahezu die einzige Abwechslung bot. Das Bürgertum konnte breiten Schichten entscheidende Bildungserlebnisse allein über diese Institution sehr schnell vermitteln. Daraus erklärten sich der hohe Rang und der entscheidende Einfluß des Theaters in den geistigen, moralischen und schließlich auch politischen Auseinandersetzungen dieser Jahre. Allerdings zielte es nur auf eine relativ kleine Gruppe der Berliner Bevölkerung, eben auf das Bürgertum, auf Handwerker, kleine Gewerbetreibende und so weiter. Es entsprach dem zunehmenden Interesse an Bildung und Wissenschaft und stellte die einzige öffentliche Institution dar, die vom Anspruch, von der Idee allen offenstand und in der verdeckte Kritik zeitweise erlaubt war.

Bei einer täglichen Arbeitszeit von zehn bis zwölf Stunden, die damals das Normale war, konnte das Theater die Masse der Bevölkerung nicht erreichen. Eine Ausnahme bildete vielleicht der Sonntag, wenn die Vorstellungen um 18.00 Uhr begannen, so daß eine gewisse Möglichkeit für breite Kreise zum Besuch des Theaters bestand. Das Haus faßte pro Vorstellung 1 100 Personen; spielte man ein Stück nur zehn Mal, konnte es von 11 000 Personen gesehen werden: Bei einer Einwohnerzahl von etwa 250 000 (1825) waren das immerhin knapp fünf Prozent der Bevölkerung — eine enorme Wirkung, die sich aber objektiv nicht weiter steigern ließ. Deshalb war die Intendanz gezwungen, möglichst viele Stücke herauszubringen; fast jeden Abend der Woche stand ein anderes auf dem Spielplan, und sechzig bis siebzig Premieren pro Jahr waren durchaus üblich. Monatlich gab es fünf bis sieben Neuinszenierungen, bei einer Probenzeit von nur zwei bis drei Wochen.

In den Jahren bis etwa 1830 bildete das Theater sowohl den Ort höfischer Repräsentation als auch den Treffpunkt des bürgerlichen Publikums gebildeter Kreise, die in ihm eine Art vergrößerten Salon sahen. Hinzu kam die politische Auseinandersetzung um den nach dem antinapoleonischen Unabhängigkeitskrieg einzuschlagenden Weg, der bürgerliche Kräfte freisetzte, die voller Hoffnung auf die Einlösung des gegebenen Verfassungsversprechens warteten, nicht kämpften. Zum anderen drosselte die feudale Reaktion das politische Leben beispielsweise mit den Karlsbader Beschlüssen von 1819, sie orientierte auf eine Reglementierung und Unterdrückung der bürgerlichen Opposition, um die feudale Restauration zu ermöglichen. Das Stichwort Demagogenverfolgung beschreibt den Zustand.

Das Theater stellte am Anfang der zwanziger Jahre eine Art letzter Zuflucht vor der Reaktion dar. Das erklärt den Reichtum künstlerischen Lebens. Schließlich mußte aber auch die Bühne zurückstecken, denn die Verkündung demokratischer und letztlich revolutionärer Gedanken, wie sie sich zum Ende des Dezenniums ausprägten, war schier unmöglich. Das Schauspielhaus — Königliches Hoftheater — konnte und durfte diese Funktion nicht übernehmen.

So war es dem Schauspielhaus nur wenige Jahre vergönnt, an der Spitze der geistigen Auseinandersetzungen in Berlin zu stehen. Aber diese Spanne reichte aus, um seinen Ruf legendär werden zu lassen.

Hardenberg soll Brühl folgende Maxime für die Arbeit gestellt haben: »Machen Sie das beste Theater in Deutschland, und danach sagen Sie mir, was es kostet!«[1] Den Zweifel am Wahrheitsgehalt einmal hintangestellt, bleibt es doch eine rührende Anekdote, denn der von feudaler Reaktion geprägte Geist der Zeit ließ einem Hoftheater keine Möglichkeit, eine solche Weisung auch in den politischen Bereich voranzutragen.

Das spielte deutlich in die Auseinandersetzung um die Etablierung des romantischen deutschen Musiktheaters hinein. Sie war in Berlin mit zwei Namen und dem Schauspielhaus verbunden: zum einen mit dem Italiener Gasparo Spontini, der seinen Wohnsitz am Gensd'armen-Markt in der Markgrafenstraße nahm. 1819 verpflichtete ihn Friedrich Wilhelm III. als Generalmusikdirektor der Königlichen Schauspiele; er war der erste in Preußen überhaupt. Damit war eine Entscheidung zugunsten der italienischen Oper gefallen, die zum größten Teil auch vom Publikum getragen wurde. E. T. A. Hoffmann beispielsweise sprach sich für Spontini und damit gegen den zweiten Bewerber Carl Maria von Weber aus. Brühl seinerseits wollte Weber auf dem Posten des Generalmusikdirektors wissen und betrieb dessen Ernennung. Am 18. Juni 1821 hatte Webers Oper »Der Freischütz« unter seiner eigenen Stabführung Premiere (Abbildung 188). Das Publikum, insbesondere das Volk, war begeistert und summte die Melodien der Oper, die von allen Drehorgeln klangen. Insbesondere das Lied vom Jungfernkranz hatte es den Berlinern angetan. Heinrich Heine, in diesen Jahren in Berlin und ebenfalls mit dem Leben am Gensd'armen-Markt verbunden, behauptete ironisch zugespitzt, daß er in diesen Tagen nur flüchten mußte, denn alle summten oder sangen das Lied, auch die »unschuldigen Kinder«, die auf der Straße spielten. »Die Tochter von Zelter«, so Heine, »geht mit

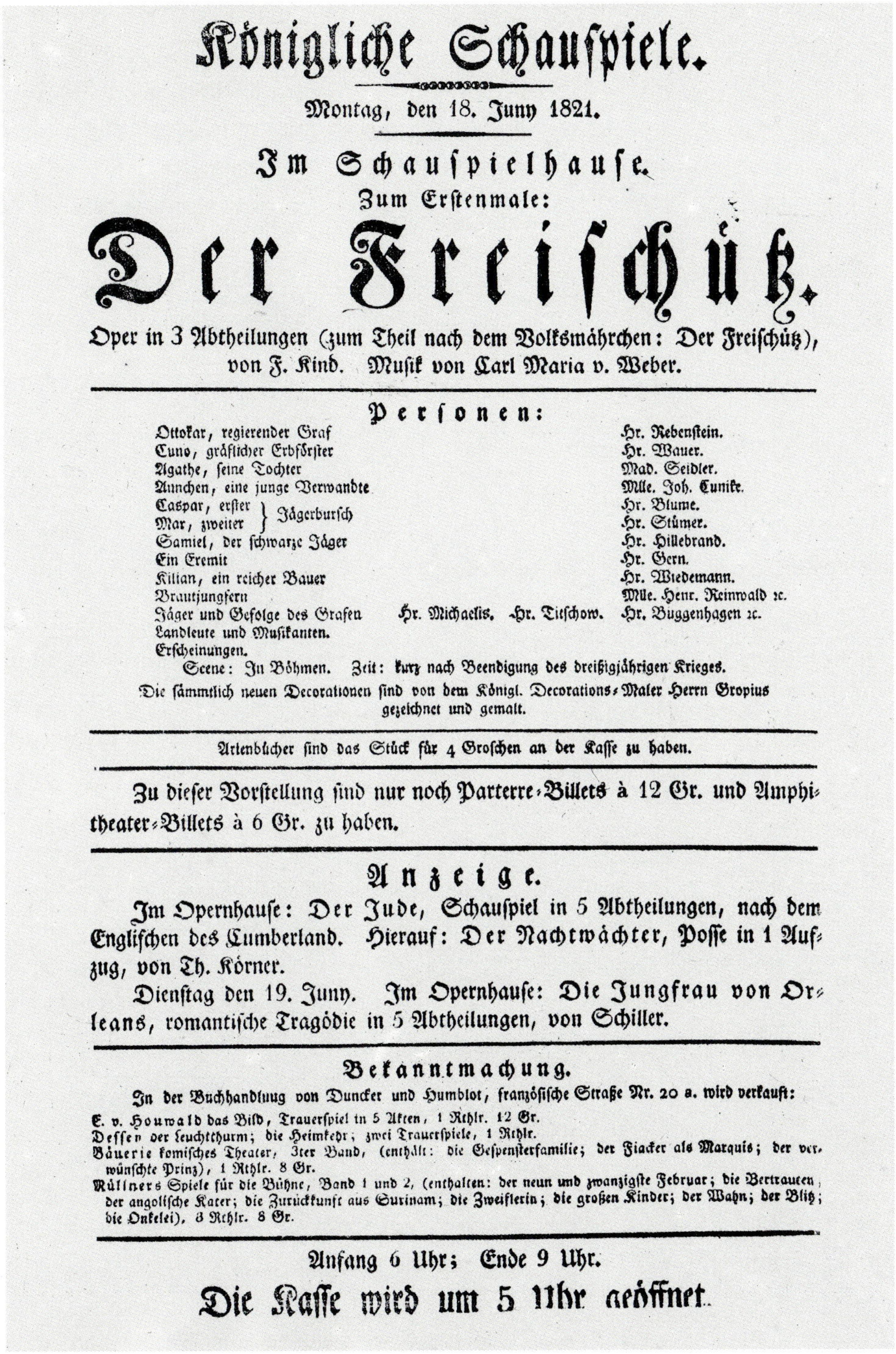

Abb. 188 Premierenzettel
für den »Freischütz«
von Carl Maria von Weber,
1821

Königliche Schauspiele.

Montag, den 18. Juny 1821.

Im Schauspielhause.

Zum Erstenmale:

Der Freischütz.

Oper in 3 Abtheilungen (zum Theil nach dem Volksmährchen: Der Freischütz),
von F. Kind. Musik von Carl Maria v. Weber.

Personen:

Ottokar, regierender Graf	Hr. Rebenstein.
Cuno, gräflicher Erbförster	Hr. Wauer.
Agathe, seine Tochter	Mad. Seidler.
Aunchen, eine junge Verwandte	Mlle. Joh. Eunike.
Caspar, erster } Jägerbursch	Hr. Blume.
Max, zweiter	Hr. Stümer.
Samiel, der schwarze Jäger	Hr. Hillebrand.
Ein Eremit	Hr. Gern.
Kilian, ein reicher Bauer	Hr. Wiedemann.
Brautjungfern	Mlle. Henr. Reinwald xc.
Jäger und Gefolge des Grafen Hr. Michaelis, Hr. Titschow.	Hr. Buggenhagen xc.
Landleute und Musikanten.	
Erscheinungen.	

Scene: In Böhmen. Zeit: kurz nach Beendigung des dreißigjährigen Krieges.
Die sämmtlich neuen Decorationen sind von dem Königl. Decorations-Maler Herrn Gropius
gezeichnet und gemalt.

Artenbücher sind das Stück für 4 Groschen an der Kasse zu haben.

Zu dieser Vorstellung sind nur noch Parterre-Billets à 12 Gr. und Amphi-
theater-Billets à 6 Gr. zu haben.

Anzeige.

Im Opernhause: Der Jude, Schauspiel in 5 Abtheilungen, nach dem
Englischen des Cumberland. Hierauf: Der Nachtwächter, Posse in 1 Auf-
zug, von Th. Körner.

Dienstag den 19. Juny. Im Opernhause: Die Jungfrau von Or-
leans, romantische Tragödie in 5 Abtheilungen, von Schiller.

Bekanntmachung.

In der Buchhandlung von Duncker und Humblot, französische Straße Nr. 20 a. wird verkauft:

E. v. Houwald das Bild, Trauerspiel in 5 Akten, 1 Rthlr. 12 Gr.
Dessen der Leuchtthurm; die Heimkehr, zwei Trauerspiele, 1 Rthlr.
Bäuerle komisches Theater, 3ter Band, (enthält: die Gespensterfamilie; der Fiacker als Marquis; der ver-
wünschte Prinz), 1 Rthlr. 8 Gr.
Müllners Spiele für die Bühne, Band 1 und 2, (enthalten: der neun und zwanzigste Februar; die Vertrauten;
der angolische Kater; die Zurückkunft aus Surinam; die Zweiflerin; die großen Kinder; der Wahn; der Blitz;
die Onkelei). 3 Rthlr. 8 Gr.

Anfang 6 Uhr; Ende 9 Uhr.

Die Kasse wird um 5 Uhr geöffnet.

dem Lied vom Jungfernkranz schlafen und steht mit dem Jägerchor auf.«
Die breiten Schichten ergriffen Partei für Weber, obwohl das Theaterpubli-
kum die italienische und französische Oper bevorzugte. Es kam zu unliebsa-
men Auseinandersetzungen vor der Wohnung Spontinis. Schließlich aber
mußte Weber die Stadt verlassen, er ging nach Dresden zurück. Damit verlor das Berliner Musikleben eine Persönlichkeit, die entscheidend hätte
wirksam werden können.

Der Hof nahm am Anfang der zwanziger Jahre wenig Einfluß auf das
Repertoire. Der König wünschte zu seiner Unterhaltung Possen und Lust-
spiele, und solange das Haus diese bot, blieb seine Einwirkung zunächst gering. Das änderte sich zum Ende des Dezenniums. Als am 26. Juli 1828
Heinrich von Kleists Schauspiel »Prinz Friedrich von Homburg« in einer ge-
milderten und gereinigten Bühnenfassung Premiere hatte, schritt der Hof
ein. Das Stück konnte nur zweimal wiederholt werden und wurde dann auf
Ihrer Majestät Wunsch abgesetzt, also verboten, um »staatsgefährdende
Mißverständnisse« zu vermeiden. Man begriff den Wink, der sich an der
preußischen Theaterzensurverordnung, der »Zirkularverfügung des Ministers des Innern vom 16. März 1820«, orientierte und von den Intendanten
die Einhaltung der obrigkeitlichen Maßstäbe von Sicherheit, Ordnung, Religion und Sittlichkeit verlangte; ebensowenig durfte etwas Despektierliches
über das Königshaus im Theater verlauten.

Das »Café Stehely« Das Theater verlor zunehmend seine Funktion als Ort politischer Meinungs-
bildung. Die Zahl derer, die angesprochen werden konnten, war zwar groß,
doch durften in der Zeit der Demagogenverfolgung keine stärkeren Impulse
für eine bürgerliche Umgestaltung von einem Hoftheater erwartet werden.
Der Kreis aber, der, konsequent revolutionär-demokratisch orientiert, auf
eine Umwälzung der Verhältnisse in Preußen hinarbeitete, blieb bestehen,
prägte sich aus und erweiterte sich. Eine neue Wirkungsstätte wurde gesucht. Man fand sie am Gensd'armen-Markt in unmittelbarer Nähe des
Schauspielhauses. An der Ecke Charlotten- und Jägerstraße ließ sich am
12. August 1820 der Conditeur Johann Stehely, aus dem Engadin stam-
mend, nieder. Es war eine gewisse Modeerscheinung, daß Schweizer Kondi-
toren, wegen des von ihnen verfertigten Zuckerwerks besonders beliebt,
auch in Berlin Einzug hielten. Zunächst war an diesem Schritt nichts Bedeu-
tendes. Stehely kündigte seine Geschäftseröffnung in der »Vossischen Zei-

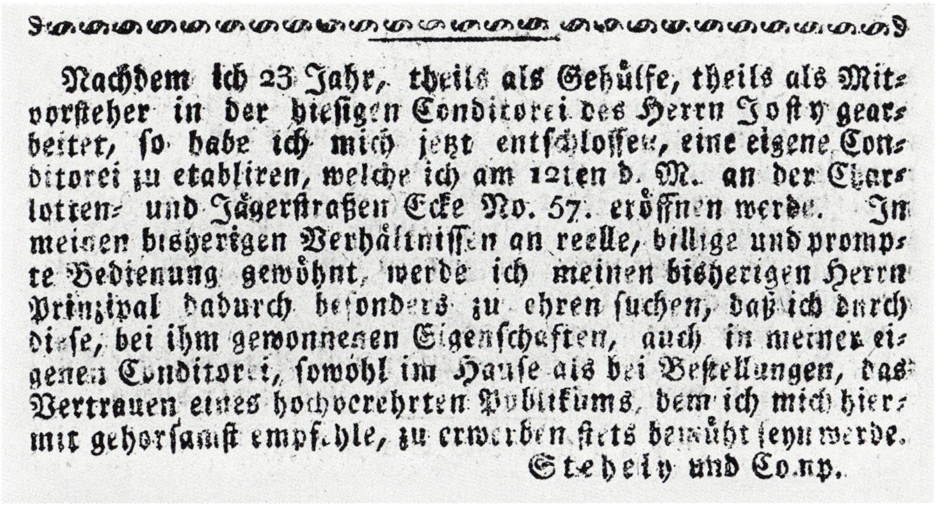

Nachdem ich 23 Jahr, theils als Gehülfe, theils als Mitvorsteher in der hiesigen Conditorei des Herrn Josty gearbeitet, so habe ich mich jetzt entschlossen, eine eigene Conditorei zu etabliren, welche ich am 12ten d. M. an der Charlotten- und Jägerstraßen Ecke No. 57. eröffnen werde. In meinen bisherigen Verhältnissen an reelle, billige und prompte Bedienung gewöhnt, werde ich meinen bisherigen Herrn Prinzipal dadurch besonders zu ehren suchen, daß ich durch diese, bei ihm gewonnenen Eigenschaften, auch in meiner eigenen Conditorei, sowohl im Hause als bei Bestellungen, das Vertrauen eines hochverehrten Publikums, dem ich mich hiermit gehorsamst empfehle, zu erwerben stets bemüht seyn werde.

Stehely und Comp.

Abb. 189 Notiz aus der »Vossischen Zeitung« vom 12. August 1820 über die Eröffnung der Konditorei Stehely

tung« vom 12. August 1820 (Abbildung 189) an und forderte damit das Publikum zum Besuch auf. Standort und Zeitpunkt waren günstig gewählt. Das Café befand sich gleich hinter dem Theater, konnte also von den dort Tätigen und von den Besuchern ohne größere Wege aufgesucht werden. Zum anderen lag der Eröffnungstermin der Konditorei in enger zeitlicher Nähe zu dem des Schauspielhauses; ein einkalkulierter, glücklicher Umstand.

Die ersten Besucher kamen dann auch aus dem Kreis der Schauspieler, Chorsänger und so weiter, und es war für Jahre zunächst eine Konditorei mit dieser speziellen Färbung. Der Umschwung im politischen Leben in Preußen durch die Demagogenverfolgung, der Verlust an orientierender Substanz im Theater einerseits sowie die zunehmende Ausprägung eines konsequent revolutionären Demokratismus in progressiven Kreisen des Bürgertums andererseits ließen einem Einfall Stehelys — der freilich in der Luft lag — besonderes Gewicht zukommen: Der geschäftstüchtige Konditor abonnierte — wie andere seiner Berufskollegen auch — eine Vielzahl politischer Zeitungen und Zeitschriften. Er wählte aber geschickter aus und orientierte sich überwiegend auf die fortschrittlichen Zeitungen, insbesondere auf die des Auslands, legte sie bei sich aus, so daß der Cafégast zugleich Zeitungsleser war. Langsam setzte eine solche Verschiebung ein, daß die Besucher schließlich wegen der ausliegenden Zeitungen kamen.

Das Publikum der Konditorei veränderte sich. Stehely als Republikaner zielte auf die Gewinnung des oppositionellen Kleinbürgertums, der Studen-

ten, Journalisten und der bürgerlichen Intelligenz. Lesecafés und Zeitungs-
konditoreien wurden allgemein bevorzugte Treffpunkte dieser Kreise (Abbildung 190). Die Ursache dafür lag vor allem im Wandel der politischen
Situation, hatte aber auch eine ökonomische Seite. Das Abonnement einer
Zeitung, zumal einer ausländischen, war teuer. Die um 1830 wegen ihrer
konsequent demokratischen Tendenz besonders bevorzugte »Augsburger
Allgemeine Zeitung« etwa kostete pro Jahr 16 Taler, eine Zeitung aus Paris
32 Reichstaler — jede also ein kleines Vermögen, das kaum jemand aufzubringen vermochte, zumal man, um die europäische Politik verfolgen zu
können, mehrere der Blätter zugleich aufmerksam lesen mußte, da der Be-
richtsraum damals überwiegend regional begrenzt war.

In einer Lesekonditorei erhielt man die Zeitungen gratis zu Kaffee und
Zuckerwerk. Weiterhin ließ der rührige Stehely die Jahrgänge aufbinden
und stellte sie zum Nachschlagen zur Verfügung — ein weiterer Anziehungs-
punkt. Freilich konnte er sich nur an die oben beschriebenen Kreise wenden, denn das Zeitunglesen, vor allem der außerpreußischen und ausländischen Gazetten, kostete viel Zeit, die jene Berliner, die dem täglichen
Broterwerb nachzugehen hatten, nicht aufbringen konnten, von notwendigen
Fremdsprachenkenntnissen einmal ganz abgesehen. Die staatlichen Behörden gewährten dieses Ventil, einesteils, weil man diese Kräfte an einem
solchen Ort konzentriert unter besserer Kontrolle halten konnte, und zum
anderen, weil dieser Zirkel naturgemäß gegenüber der wachsenden
Bevölkerung klein bleiben mußte, weil eine Lesekonditorei die Massen nicht
erreichen konnte. Stehely genügte der Interessentenkreis aber durchaus, um
das Unternehmen finanziell zu tragen.

Insgesamt gab es zehn dieser Konditoreien in Berlin. Die bequeme Lage
am Schauspielhaus, die Nähe zur Universität sowie zum Gensd'armen-
Markt, dem wohl größten Zentrum der Ausprägung kleinbürgerlich-demo-
kratischen Lebens, trugen in der Zeit der Konstituierung der Bourgeoisie als
Klasse der Conditorei Stehely den Ruf ein, ein Mittelpunkt des geistigen Lebens, »eine Wetterfahne des politischen Windes in der Residenz« zu sein.

Das Café befand sich zunächst in dem beschriebenen Eckhaus. Stehely
machte in seiner Zeitungsnotiz darauf aufmerksam, daß sich sein Etablissement an der erwähnten Ecke befinde, und gab die Adresse Jägerstraße 57
an. Das kompliziert eine genaue Beschreibung der Lage des Lokals und vor
allem der Eingangssituation — ein Umstand, der viele merkwürdige Kaprio-

Abb. 190 Berliner Lesekonditorei,
Gustav Taubert, 1832

Abb. 191 Ansicht der
Jägerstraße in Richtung auf
den Gensd'armen-Markt,
Fotografie von
F. Albert Schwartz, 1865

len in der Literatur hervorbrachte. Das Eckhaus hatte zu dieser Zeit die Grundstücksbezeichnung Jägerstraße 57 — zusätzlicher Ausweis dafür, daß die Ost-West-Richtung der Straßenführung und -numerierung einst einem anderen Konzept folgte.

Wir besitzen eine Fotografie aus dem Jahre 1865 (Abbildung 191), die eine im wesentlichen unveränderte Bebauungssituation dieses Straßenteils zeigt. Nach neueren Forschungen kann sich das Entrée möglicherweise im Nachbarhaus in der Jägerstraße befunden haben, so daß sich dadurch einige — hier im Detail nicht auszuführende, weil umständliche und verwirrende — Beschreibungen erklären, denn es wird angemerkt, daß das Café Stehely neben der »Apotheke zum König Salomo« lag, die nun allerdings seit den vierziger Jahren des 19. Jahrhunderts im Eckhaus Nr. 57 ihren Sitz hatte. Alle Beschreibungen des Lokals kranken daran, daß sie mehr nach dem Hörensagen berichten, statt Ergebnis eigenen Erlebens beziehungsweise gründlicher Recherchen zu sein.

Nach den Akten hatte Stehely sein Lokal in der Jägerstraße 57, was durch die Aussage der Adreßbücher erhärtet wird. Am 23. August 1827 kaufte der »hiesige Bürger und Conditeur Stehely« das Gebäude Charlottenstraße 9 (später 36, heute Grundstück Charlottenstraße 53) für 2 000 Friedrichsdor und 24 000 Taler Courant.[2] Er verlegte nun seine Konditorei an diese Stelle, ohne die alte aufzugeben, das heißt, er durchbrach die Brandmauern und richtete das Lokal in zwei Häusern ein.

Offiziell — so können wir es auch auf den Markisen lesen — hieß die Konditorei Stehely und Co. (Abbildungen 105, 106). Kompagnon war sein Landsmann Frizzoni, der als Besitzer des einen Teils in der Jägerstraße 57 zugleich Mitbesitzer des gesamten Caféhauses war.

Kern der Lesekonditorei war das »Rote Zimmer« (Abbildung 192). Es hieß so nicht wegen einer dort besonders vertretenen politischen Richtung, sondern wegen der Farbe der Tapeten und der Ausstattung. Als Treffpunkt und Ort der Zeitungsauslage diente es zugleich dem oft heftigen Meinungsaustausch. Aus der Feder zweier Stammgäste ist die begeisterte Beurteilung überliefert, daß das der Ort in Berlin war, »wo die Julirevolution und die Hegelsche Philosophie vom jungen Deutschland entbunden wurde und das ganze Koteriewesen seinen Mittelpunkt fand. Hier war es, von wo aus die eine Partei des jungen Deutschland die andere zu bekämpfen suchte, hier war es, von wo aus die ›Hallischen Jahrbücher‹ und die ›Rheinische Zei-

315

tung‹ ihr Geschütz bezogen, und hier eben waltet der Kreis, von dem Deutschlands Zeitungen ihre Berliner Korrespondenz erhalten.«[3]

Bei Stehely äußerten sich für Berlin die neuen Ideen, die freiheitlichen Strömungen des revolutionären Demokratismus zuerst. Emphatisch das Wort des Stammgastes: »Die neue Zeit hat gesiegt bei Stehely.«[4]

Die Einteilung und Einrichtung war einfach. Man betrat, von der Straße kommend, das Vorzimmer, in dem auf dem Ladentisch die Konditorwaren zum Kauf angeboten wurden. Es folgte das längliche Mittelzimmer, das ein reines Lesezimmer war. Ein paar Stufen führten dann in das berühmte »Rote Zimmer«, in dem die bekanntesten Zeitschriften der Jahre auslagen.

Zweier der zahlreichen und berühmten Gäste soll besonders gedacht werden. Am 10. November 1837 schreibt der Student der Berliner Universität Karl Marx an seinen Vater: »Während meines Unwohlseins hatte ich Hegel von Anfang bis Ende, samt den meisten seiner Schüler, kennengelernt. Durch mehrere Zusammenkünfte mit Freunden in Stralow geriet ich in einen Doctorclub, worunter einige Privatdozenten und mein intimster Berliner Freund, Dr. Rutenberg. Hier im Streite offenbarte sich manche widerstrebende Ansicht, und immer fester kettete ich mich selbst an die jetzige Weltphilosophie, der ich zu entrinnen gedacht, aber alles Klangreiche war verstummt, eine wahre Ironiewut befiel mich, wie es wohl leicht nach so viel Negieren geschehen konnte.«[5] Marx, der während seines Berliner Aufenthaltes in unmittelbarer Nähe des Gensd'armen-Marktes in der Markgrafenstraße 50 und dann in der Mohrenstraße 17 gewohnt hatte, stellt einen Bezug zu einem Doktorenklub her.

Aus der Feder von Friedrich Engels stammt vom 22. Oktober 1889 folgende Erinnerung: »In Beantwortung Ihrer Zeilen vom 19. lernte ich Stirner gegen Anfang 1842 in Berlin in Verkehr mit E. Meyen, Buhl, Edgar und später Bruno Bauer etc. kennen. Daß er Schmidt hieß, ist richtig, der Spitzname Stirner kam von seiner merkwürdigen hohen Stirn. Er konnte noch nicht lange in diesem Kreis verkehrt haben, denn er kannte Marx nicht, der Berlin, ich glaube nicht ganz ein Jahr früher, verlassen und bei den Leuten sehr in Respekt stand. Gymnasiallehrer war er, glaube ich, nicht mehr oder doch nicht lange mehr. Außer den Obengenannten verkehrten da noch ein gewisser von Leitner, Österreicher, K. F. Köppen, Gymnasiallehrer und Spezialfreund von Marx, Mussak, dessen Kollege, der Buchhändler Cornelius (der in Fritz Reuters ›Festungstid‹ vorkommt), Mügge, Dr. I. Klein, der Dramati-

Caffee und Lesezimmer

ker und Dramaturg, ein gewisser Wachenhausen, Dr. Zabel, der spätere Na-
tional-Zeitungs-Mann, Rutenberg, der aber bald nach Köln zur ersten ›Rheinischen Zeitung‹ ging, ein gewisser Waldeck (nicht der Jurist und
Obertribunalrat) und andere, die mir nicht einfallen; es waren eigentlich
mehrere Gruppen, die je nach Zeit und Gelegenheit zusammen- und durch-
einanderkamen. Jugnitz, Szeliga, Faucher kamen erst, nachdem ich im
Nov. 42 mein Militärjahr absolviert und Berlin verlassen hatte. Man traf sich
bei Stehely …«[6]

Aus dem Munde der Klassiker des Marxismus-Leninismus erfahren wir
von der Breite und der Wichtigkeit der Zusammenkünfte dieses Doktoren-
klubs und von der Bedeutung, die diese Treffen für Marx und Engels hatten.
Zwar spricht Engels distanziert, aber doch mit der Wärme der Erinnerung

Abb. 192 Das rote Zimmer
bei Stehely, Aquarell
von Leopold Ludwig Müller,
1827

Abb. 193 Weinlokal
Lutter & Wegner, Meßbild,
um 1910

an die in dieser Lesekonditorei geführten Gespräche, die für die Ausformung bestimmter Gedanken und für das Finden der eigenen Position für beide wichtig waren.

Mitte der vierziger Jahre ist die Bedeutung Stehelys schon zurückgegangen — nicht weil die Idee zurückgenommen worden wäre, sondern weil sie sich überlebte. Der Übergang vom revolutionären Demokratismus zur Ausarbeitung der Grundlagen der wissenschaftlichen Weltanschauung der Arbeiterklasse einerseits sowie das verstärkte Bedürfnis nach schnellerer und gründlicher Information andererseits ließen den Stern Stehelys sinken. Seit Gustav Julius ab 1846 die »Zeitungshalle« herausgab, die die wichtigsten

Artikel der verschiedenen Zeitschriften aufarbeitete, kommentierte und mit Nachrichten versah, und zugleich in der Zeitungshalle an der Jäger-/Ecke Oberwallstraße das kostenlose Lesen ermöglichte, war am Vorabend der Revolution von 1848 das Organ gefunden, das wesentlich weiter und breiter in die Massen der Berliner Bevölkerung wirkte.

Die Schauplätze der politischen Auseinandersetzungen verlagerten sich aus den Konditoreien in den Berliner Handwerkerverein, an die Arbeitsplätze und in die Versammlungsräume der sich konstituierenden Arbeiterklasse, die selbst nach und nach das Heft des Handelns in die eigenen Hände nahm. Erinnert sei nur an die Gründung des Berliner Handwerkervereins (1844) und an den ersten Berliner Kommunistenprozeß (1847) — beides Begebenheiten, die den Gensd'armen-Markt nicht mehr als Handlungsrahmen hatten. Die großen Ereignisse der folgenden Jahre fanden an anderen Schauplätzen statt. Bleiben aber wird die wichtige und wachzuhaltende Erinnerung an eine wesentliche Periode in der Geschichte des Platzes, die von dieser Konditorei mitgetragen wurde und die es mit dem Traditionsbewußtsein in unserer Zeit eng zu verbinden gilt.

Ein weiteres wichtiges, den Platz und das Leben an ihm prägendes Element war die Weinhandlung Lutter & Wegner. Mit diesem Lokal sind zwar keine der politischen oder sozialen Höhepunkte verbunden, die für die Annalen der Stadt Berlin und darüber hinaus Bedeutung hatten, vielmehr handelt es sich um einen Ort der Geselligkeit mit hoher kulturgeschichtlicher Wirkung. Die dazu gehörende Gaststube fand Eingang in die Weltmusikliteratur als Spielort der Rahmenhandlung von Jacques Offenbachs bekannter Oper »Hoffmanns Erzählungen«, uraufgeführt im Jahre 1881. Gemeint ist tatsächlich E. T. A. Hoffmann, der am Platz lebte und hier sein Stammlokal hatte.

Dieser Aspekt ist weltweit bekannt und damit auch das Etablissement. Leider gibt es bis heute keine Untersuchungen zu dem unter den Berliner Lokalen dieser Zeit einmaligen Objekt. Im Zusammenhang mit der Randbebauung des Gensd'armen-Marktes hatten wir das Haus bereits erwähnt (Abbildungen 111—113, 193). Die Akten weisen aus, daß Grundstück und Haus »... von dem Jouvelier Jean Guillaume Pringal vermögens des bei dem Französischen Colonie Gerichte am 15. Februar 1806 geschlossenen Kauf Contractes für 25 000 Reichsthaler« an den Weinhändler Christian Sigismund Trenck verkauft wurden.[7] Bis dahin war das Haus als Koloniege-

Lutter & Wegner

bäude (der Französischen Kolonie) genutzt worden und ist 1799 als solches auch ausgewiesen. Zugleich war es privates Wohnhaus. Wie Pringal in seinen Besitz gelangt war, konnte noch nicht festgestellt werden.

Trenck richtete 1806 oder 1807 in diesem Hause eine Weinhandlung ein, die er mit einem Ausschank verband. 1811 pachteten die Kaufleute Lutter & Wegner das Lokal — sie haben es also nicht eingerichtet und waren nicht die ersten an diesem Ort. Am 3. November 1818 schließlich verkaufte Trenck »für 31 300 Thaler an den hiesigen Bürger und Kaufmann Christoph Lutter und an den hiesigen Bürger und Kaufmann August Friedrich Wegner« Grundstück und Gebäude.[8] Demnach übernahmen Lutter & Wegner zunächst ein bereits bestehendes Geschäft in Pacht (so 1812 im Berliner Adreßbuch ausgewiesen), um es dann 1818 zu erwerben.

Am 12. Dezember 1827 zahlte der Kaufmann Lutter seinen Kompagnon Wegner mit 20 000 Talern aus und war von da ab Alleineigentümer des Lokals und der Weinhandlung. Anfangs behielt er den Namen Lutter & Wegner bei, legte ihn später aber ab. Das Unternehmen firmierte bis in die dreißiger Jahre des 20. Jahrhunderts (so ist es auch auf den alten Fotografien belegt) als Weinhandlung Lutter beziehungsweise Lutter & Co. Erst dann — inzwischen in Staatsbesitz übergegangen — nahm es den Namen Lutter & Wegner wieder an.

Soweit zu der Legende um die Namensbildung. In den Keller dieses Hauses hat — wie erwähnt — Jacques Offenbach den Schauplatz der Rahmenhandlung seiner Oper gelegt. Hoffmann starb bekanntlich am 25. Juni 1822. Die Einrichtung des Kellers — so belegen es die Quellen — erfolgte aber erst im Jahre 1835, so daß Hoffmann ihn gar nicht gekannt haben konnte, es sei denn als Abstellraum oder Kohlenkeller. Die Bezeichnung E. T. A. Hoffmann-Keller ist also ebenfalls legendär und irreführend. Hoffmann verkehrte allerdings im Weinlokal, und so ist er auch mit Devrient in einem Gemälde porträtiert (Abbildung 194).

Dieser Ausschank war eine der ältesten und erinnerungsträchtigsten Weinstuben Berlins. Dazu zählten das Restaurant im Hochparterre und der Keller, der 1835 aus einem Gewölbe, später aus drei bestand. Das Lokal war die Stammkneipe E. T. A. Hoffmanns, Heinrich Heines, der Schauspieler Ludwig Devrient, Adalbert Matkowsky, Theodor Döring und vieler anderer, die mit dem Theater am Gensd'armen-Markt und mit dem Kultur- und Geistesleben Berlins im weiteren Sinne verbunden waren.

Abb. 194 E. T. A. Hoffmann
und Ludwig Devrient bei
Lutter & Wegner,
Hermann Kramer, 1843

An diesem Haus befanden sich vor seiner Zerstörung im zweiten Weltkrieg drei Gedenktafeln — eine für E. T. A. Hoffmann, eine zweite für Ludwig Devrient sowie eine dritte für Prof. Dr. habil. Karl Werder, einen Schüler
Hegels und außerordentlichen Professor für Philosophie an der Berliner
Universität. 1806 als Sohn eines Seidenfabrikanten geboren, studierte er in

Berlin und war später als Hochschullehrer sehr bekannt. Seine eigentliche Neigung gehörte dem Theater und allem, was mit ihm zusammenhing. Mit dem Schauspielhaus fühlte er sich eng verbunden, er soll dort sogar Regie geführt beziehungsweise die Regie beraten haben. Sein Bekanntenkreis war recht weitläufig, er fand offensichtlich mit vielen Geistesgrößen seiner Zeit sehr schnell nachhaltigen Kontakt. Zu seinen Freunden zählten unter anderen der Naturforscher Alexander von Humboldt, der Rechtsphilosoph Eduard Gans — ein führender Vertreter der philosophischen Rechtsschule, der als Professor in Berlin für die bürgerliche Rechtsentwicklung wirkte —, der Kunsthistoriker und Direktor der Kupferstichsammlung Heinrich Gustav Hotho sowie der Philosoph und Ästhetiker Moritz Carriere. So, wie Werder in der Heimatstadt seinen Freundeskreis bei diesen demokratisch orientierten Kräften suchte, fand er ihn auch im Ausland. Vor allem wären der Schriftsteller Iwan Sergejewitsch Turgenjew und der Revolutionär und Theoretiker des Anarchismus Michail Alexandrowitsch Bakunin aus Rußland zu nennen. Sie wohnten bei ihren Berliner Aufenthalten in seinem Hause.

Werder verkehrte mit Johann Wolfgang von Goethe, mit dem Leiter der Berliner Singakademie Carl Friedrich Zelter und dem Musiker Felix Mendelssohn Bartholdy, mit Ludwig Tieck — dem Romantiker und Bruder des Bildhauers Christian Friedrich Tieck — und vielen, vielen anderen. Werder wohnte von 1843 bis zu seinem Tode 1893 im zweiten Stock über der Weinhandlung. Mit Beginn des Wintersemesters 1859/60 widmete er sich an der Berliner Universität Vorlesungen über die großen Dramen der Weltliteratur, die zum Teil gedruckt erschienen, so zu »Hamlet« 1875, »Macbeth« 1885 und »Wallenstein« 1889. Seine philosophischen Werke, wie »De Platonis Parmenide« (1834), sind wohl zu Recht der Vergessenheit anheimgefallen; die gedruckten Vorlesungen machten ihn zu seiner Zeit und darüber hinaus sehr bekannt. Mit seinem Drama »Kolumbus« (Friedrich Engels schreibt darüber) hatte er hingegen kein großes Glück, aber die Arbeit an ihm, die Lesungen sowie die immer etwas verunglückten Teilaufführungen beschäftigten über mehrere Jahrzehnte die Berliner Gesellschaft. Werder verkehrte im Salon der Rahel Varnhagen von Ense in der Charlottenstraße 22 zwischen Kronen- und Leipziger Straße und war zeitweise dort Mittelpunkt.

Als Bakunin ihn 1848 besuchte, wohnte er nachweisbar bei ihm. Marx, der zu diesem Zeitpunkt ebenfalls in Berlin war, wollte sich mit Bakunin we-

Ansicht Charlottenstraße

Abb. 195 Fassadenriß, Wohnhaus Langhans in der Charlottenstraße, 1860

gen der gemeinsamen Herausgabe einer Zeitung besprechen. Wir wissen nicht, wo diese ergebnislos gebliebene Unterhaltung stattfand, möglicherweise in der Wohnung Werders.

So bewahrte das Haus Lutter & Wegner noch viele andere wertvolle Erinnerungen an wichtige Persönlichkeiten der Berliner und der deutschen Geschichte. Regionales, Nationales und Internationales flossen am Gensd'armen-Markt durch das Wirken der Menschen zusammen.

Wenn auch nicht jeder Verästelung dieses Lebens und Handelns nachgegangen werden kann, auf eine der vielen Besonderheiten sei doch noch verwiesen: In der Taubenstraße, auf dem Teilstück zwischen dem Markt und der Friedrichstraße, wohnten nacheinander folgende bedeutende Persönlichkeiten: in der Nr. 17 im Jahre 1752 der französische Philosoph und Schriftsteller François Marie Voltaire, der hier am 24. Dezember 1752 aus dem

Fenster seiner Wohnung zusehen mußte, wie der Henker seine Schrift gegen den von Friedrich II. gestützten Präsidenten der Akademie Pierre de Maupertuis (Geschichte des Doctors Akakia) auf dem Gensd'armen-Markt verbrannte; in der Nr. 15 im Jahre 1797 der Philosoph und Kritiker Friedrich Schlegel, als Wegbereiter der vergleichenden Sprachwissenschaft nach wie vor bekannt. Er trat 1799 mit dem heute vergessenen Roman »Lucinde« hervor, der als ein Manifest des romantischen Lebensgefühls galt, aber literarisch bedeutungslos war. In der Nr. 33 wohnte 1811 Theodor Körner, der Verfasser von »Lützows wilder verwegener Jagd«, »Steh auf mein Volk, die Flammenzeichen rauchen« und »Du Schwert an meiner Linken«, die breite Bevölkerungsschichten für den Kampf gegen Napoleon begeisterten. In der Nr. 32 der Taubenstraße hatte 1823 Heinrich Heine sein Domizil, in der Nr. 31 E. T. A. Hoffmann. Als letzter soll Moritz Gottlieb Saphier genannt werden, der Gründer des Berliner Literarischen Vereins »Der Tunnel über der Spree«, dessen Schriftführer von 1850 bis 1853 Theodor Fontane war. Saphier wohnte in der Taubenstraße 36. Eine derartige Konzentration bekannter Schriftsteller in einer Dichterecke mag dem Zufall geschuldet gewesen sein, nicht aber die Tatsache, daß alle diese Persönlichkeiten sich zum Gensd'armen-Markt hingezogen fühlten: Er war schlichtweg *das* Zentrum.

Auf ein letztes Haus, in dem ein für Berlin wichtiges Architektengeschlecht wohnte, sei verwiesen: Neben der Weinhandlung Lutter & Wegner stand auf dem bis an die Behrenstraße reichenden Grundstück Charlottenstraße 48 das Wohnhaus der bekannten Baumeisterfamilie Langhans. Carl Gotthard Langhans, der Schöpfer des Brandenburger Tores und des Nationaltheaters, hatte es am 22. Dezember 1790 gekauft, und er wohnte dort bis zu seinem Tode im Jahre 1808 (verschiedene Abbildungen zeigen das Haus angeschnitten). Carl Ferdinand Langhans, Architekt wie sein Vater (Berlin verdankt ihm unter anderem das Alte Palais Unter den Linden), zahlte seine Schwester nach und nach aus und besaß das Haus von 1836 bis 1854 allein. In diesem Jahr verkaufte er für 83 000 Taler an den Gutsbesitzer Wilhelm Louis Memhardt. Aus einer Umbauphase des Jahres 1883, die die Veränderung der Fassade durch den Architekten Professor Carl Schwatlo betraf, konnte eine Ansichtszeichnung ermittelt werden; die Konturen lassen auf ein respektables Gebäude schließen (Abbildung 195).

Der Gensd'armen-Markt zwischen Revolution und Kaiserzeit

Bis in die vierziger Jahre des 19. Jahrhunderts lebten und wirkten am Gensd'armen-Markt stetig Menschen, die entweder aktive Revolutionäre waren oder durch ihr Tätigsein revolutionäre Anstöße gaben; ihr subjektives Wollen und ihre objektive Wirkung begründeten den bis in die Gegenwart reichenden Ruf dieses Platzes samt seiner spezifischen Atmosphäre.

Seit der Mitte der vierziger Jahre allerdings wird es ruhiger um diesen Ort. Die Verlagerung der sozialen und politischen Auseinandersetzungen

Abb. 196
Der Gensd'armen-Markt
im Winter,
Eduard Gaertner, 1837

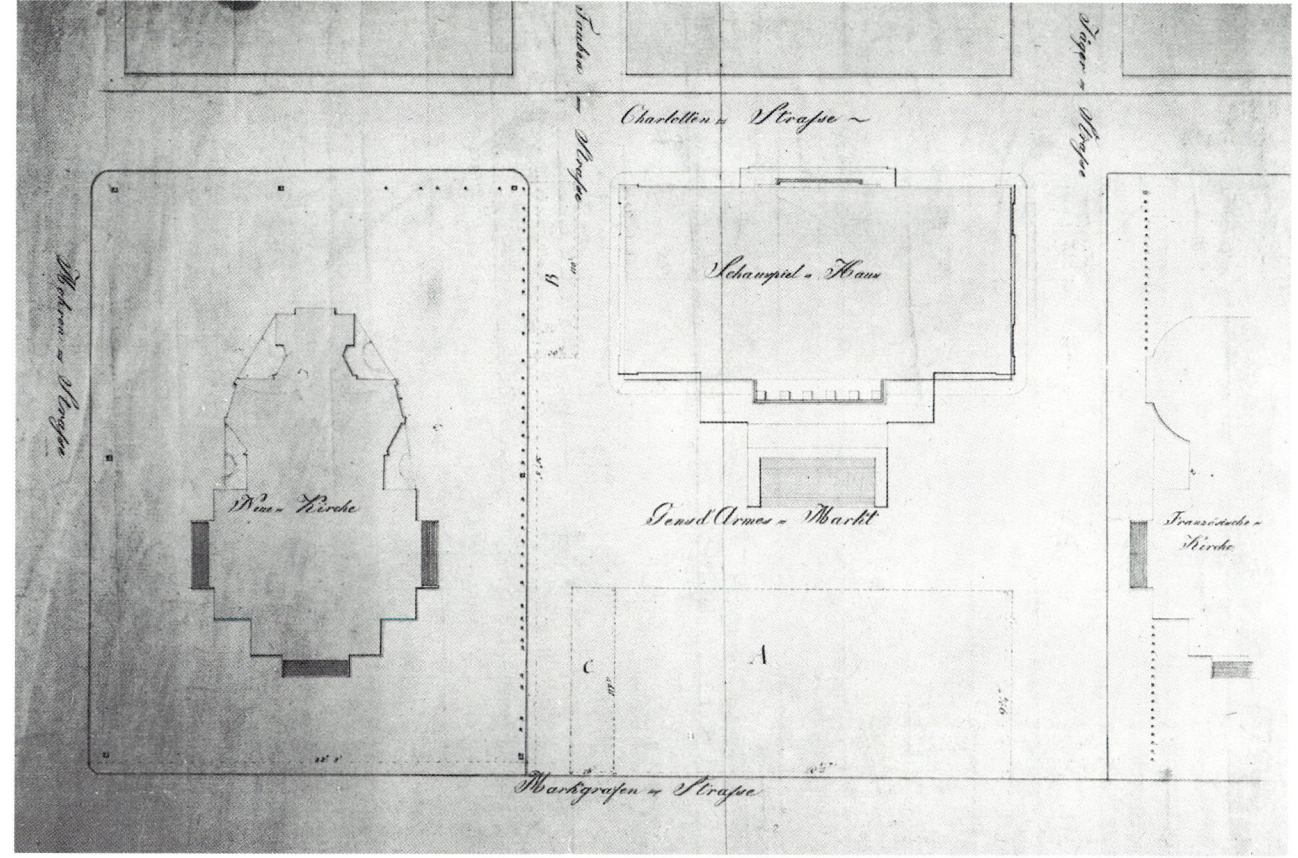

und Kämpfe ließ — zunächst kaum merklich — das öffentliche Interesse an ihm zurückgehen, ohne daß er deshalb gleich bedeutungslos geworden wäre — das verhinderten allein schon das Schauspielhaus und auch das Treiben auf dem Markt (Abbildungen 196, 197). Eine zeichnerische Aufnahme der Grundrißsituation aus den vierziger Jahren (Abbildung 198) zeigt die Ausdehnung und die neue Gliederung des Mittelfeldes.

In Berlin regte sich die Industrie und gestaltete das äußere Erscheinungsbild der Stadt um. Zwar lagen die Standorte der Betriebe zunächst vor allem an der nördlichen Peripherie, aber die sozialen Umwälzungen erschütterten, insbesondere während der 1846/47 ausbrechenden Wirtschaftskrise, das gesamte Territorium der preußischen Metropole. Sie führten auch dazu, daß der Platz bei verschiedenen Höhepunkten immer wieder in das öffentliche Interesse geriet.

Abb. 197 Markt am Deutschen Turm, Edmund Dittmann, um 1860

Abb. 198 Grundrißsituation am Gensd'armen-Markt aus den vierziger Jahren des 19. Jahrhunderts

327

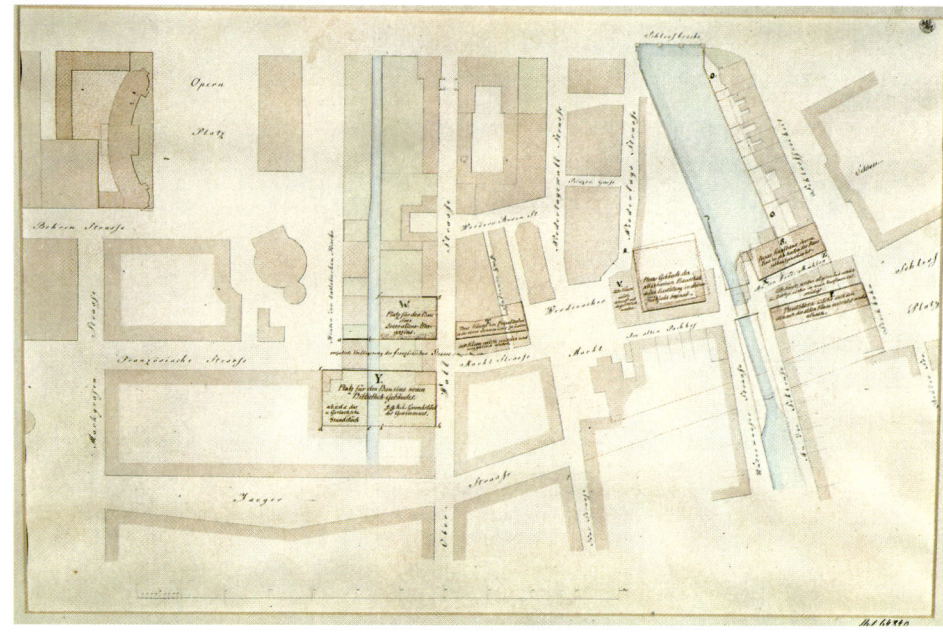

Abb. 199 Durchbruch
der Französischen Straße,
1831 von
Karl Friedrich Schinkel
geplant,
nach 1840 ausgeführt

**Der
Kartoffelaufstand.
Gensd'armen-Markt,
21. April 1847**

Seit Tagen war die Unruhe in Berlin gewachsen, verursacht durch die Arbeitslosigkeit infolge der Wirtschaftskrise und durch die enorme Teuerung auf Grund der Mißernte des Jahres 1846. Die Preise für die Grundnahrungsmittel stiegen, insbesondere für Brot und Kartoffeln. Preußen war — trotz der industriellen Revolution — noch immer ein Agrarstaat, eine Mißernte mußte also zwangsläufig empfindliche Auswirkungen auf Handel und Gewerbe haben. Die Zahl der Unbeschäftigten vergrößerte sich ständig; die allgemeine Verschlechterung der Lebenssituation, in erster Linie der arbeitenden Klasse, ließ Höker und kleine Gewerbetreibende ein Geschäft wittern. Sie trieben die Preise der sowieso schon teuren Lebensmittel in spekulativer Absicht weiter in die Höhe, um raschen Verdienst zu erzielen. Der Hunger lag drohend über der Mehrheit der Einwohnerschaft Berlins, die kein oder nur wenig Geld für den Kauf von Nahrungsmitteln hatte.

Die darbenden Menschen machten die Regierung zu Recht dafür verantwortlich, daß sie keine Maßnahmen zur Abwehr der elenden Zustände einleitete und nicht gegen den Korn- und Kartoffelwucher vorging. Die Preise unterstanden keiner Kontrolle, wurden nicht fixiert. Die Händler verlangten für eine Metze (etwa 3,5 kg) Kartoffeln drei Silbergroschen; sie war aber höchstens einen wert und wurde bisher auch so gehandelt. Die Massen andererseits erwarteten Arbeit und Schutz vor Wucher — beides blieb ihnen der preußische Staat schuldig. Ein Vorstoß, den Preis für die Metze Kartoffeln auf einheitlich zwei Silbergroschen festzulegen, führte zu Gerüchten und zum Fernbleiben der Kleinhändler vom Markt. Zunächst erhob sich nur dumpfer, murrender Protest, dann, als die Not im April 1847 am größten war, fehlte nur ein Funke, um die Explosion auszulösen.

Eine Hökerin auf dem Gensd'armen-Markt erhöhte am 21. April 1847 willkürlich und durch nichts gerechtfertigt den Preis auf vier Silbergroschen. Das war der berühmte Tropfen, der das Faß zum Überlaufen brachte. Weitere Händler folgten dem schlechten Beispiel, und schon brach der Tumult los. Anfangs machte man sich nur in Worten Luft, dann riß der überspannte Faden der Geduld. Eine Arbeiterfrau griff zum Messer, schnitt den Kartoffelsack der unverschämten Hökerin auf, und die Kartoffeln kullerten über den Markt. Andere taten es der Proletarierin gleich, der Hunger und der Gedanke an die Kinder ließen sie die Schranken der Disziplin und die allgemeine Angst vor der Polizei vergessen. Die Nachricht von diesem Tumult

Abb. 200 Sturm auf die
Kartoffelstände in Berlin 1847,
Lithographie
von Vinzenz Katzler

329

durcheilte die Stadt wie ein Lauffeuer. Auch auf den übrigen Märkten kam es zu solchen Zwischenfällen. Spontan und angestachelt vom Hunger erschütterte diese Welle des Aufbegehrens die preußische Metropole (Abbildung 200). Nach dem Protest der eben noch biedermeierlich-idyllisch dahinlebenden, die Ankündigung der Ausarbeitung einer Verfassung beruhigt annehmenden und den Zusammentritt des Vereinigten Landtages am 11. April 1847 begrüßenden Massen brach in Berlin eine Welt zusammen. Erinnerungen an den Schlesischen Weberaufstand von 1844 wurden wach.

Zwei Tage lang beherrschten protestierende Menschen die Stadt. Nur mit Mühe konnten Polizei und eingesetzte Truppen das revoltierende Volk in die Vorstädte zurückdrängen; die Probleme lösten sie nicht. Das Militär schützte die umliegenden Dörfer, um Plünderungen zu verhindern, und in den Straßen Berlins patrouillierten Soldaten. Am 22. April war der glücklose Aufstand beendet. Die Massen hatten sich Gehör verschafft, die Forderung nach der Revolution lag in der Luft. Es hatte sich gezeigt, daß die zyklische Wirtschaftskrise des Kapitalismus auf die sonst ruhige und durch mannigfaltige Unterdrückungsmaßnahmen gesicherte Stadt verheerend wirkte und insbesondere das Proletariat aufrüttelte. Die Volksmassen forderten die Revolution und zeigten sich zum Kampf bereit.

Die Aufbahrung der Märzgefallenen

Alle schnell getroffenen Vorkehrungen konnten das Heranreifen der Revolution nicht verhindern. Die bewaffneten Kämpfe brachen in Berlin am 18. März 1848 los, und die machtvollen Aktionen des Volkes auf den Barrikaden sollten entscheidend das Kräfteverhältnis zugunsten des antifeudalen Lagers verändern. Der Reaktion konnte innerhalb kurzer Zeit ein wirksamer Schlag versetzt und die politische Macht des halbfeudalen Adels eingeschränkt werden.

Der Gensd'armen-Markt spielte in den Märztagen des Jahres 1848 in Berlin eine besondere Rolle. Für kurze Zeit — aber mit nachhaltigen Folgen — rückte er wieder in das öffentliche Bewußtsein; als die bürgerlichen Kräfte durch den heroischen Einsatz der Massen in den Barrikadenkämpfen gesiegt hatten, besannen sie sich auf die Bedeutung des Platzes für ihre eigene Entwicklung und nutzten seine Wirkung.

Am Vorabend der Kämpfe diente der Platz als Aufmarschgelände für die königlichen Truppen, die sich auf dem weitläufigen Areal konzentrierten und sich zur Unterdrückung des Volkes bereithielten. Die preußischen Mili-

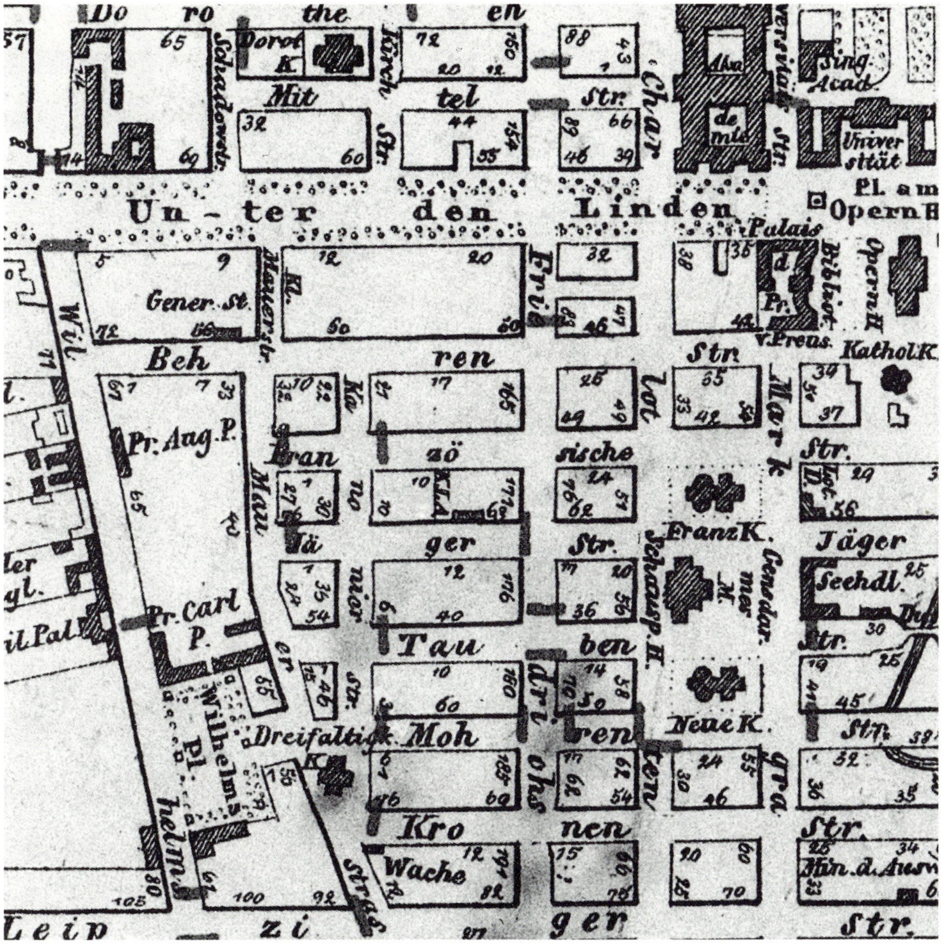

Abb. 201 Ausschnitt aus dem
Plan der Berliner Barrikaden
im März 1848

tärs gedachten die zentrale Lage zu nutzen, um von hier aus bei Ausbruch
von Unruhen rasch die umliegenden Straßen besetzen zu können. Wie immer in der Geschichte Preußens, verrechneten sich die Militärs auch diesmal: Sie konnten den revolutionären Schwung und die Opferbereitschaft des
Volkes nicht real erfassen, nicht einschätzen. Schnell, sehr schnell entstanden rings um den Platz Barrikaden (Abbildung 201), die den Abmarsch der
Soldaten zur Besetzung der anrainenden Stadtviertel verhinderten.

Harte Kämpfe um den Besitz der mit primitiven Mitteln errichteten Barrikaden entbrannten insbesondere in der Friedrichstraße. An der Ecke zur Jägerstraße verteidigten der siebzehnjährige Schlosserlehrling Ernst Zinna und
der neunzehnjährige Schlossergeselle Heinrich Glasewaldt heldenmütig eine

Barrikade gegen ein ganzes Bataillon Soldaten — Ausdruck der Opferbereitschaft des Volkes und der Kampfbegeisterung. Zinna verlor bei diesem un-
gleichen Kampf sein Leben (Abbildung 202).

Unmittelbar am Gensd'armen-Markt gab es keine bewaffneten Auseinandersetzungen. Die Opfer der Barrikadenkämpfe, vor allem aus der Kronenstraße, in der große, heftig umkämpfte Barrikaden standen, fanden im Altarraum der Deutschen Kirche ihre erste Ruhestätte, bevor man sie in Särge
bettete. Das war der Anlaß, hier, im Zentrum des bürgerlichen Lebens Berlins, die feierliche Aufbahrung der Gefallenen vorzunehmen. Die Wahl des
Ortes geschah nicht von ungefähr, sie lag in der Luft und bezeugt durchaus
eine geistige Komponente, die zurückgeht auf die Idee des bürgerlichen
Pantheons — so wurde bekanntlich im alten Rom ein Rundtempel für
Hauptgötter bezeichnet, den Kaiser Publius Hadrian in den Jahren
120—125 u. Z. errichten ließ. In ihm fanden die wichtigsten Götter der un-
terworfenen Völker, um sie auch ideologisch in das Römische Reich einzu-
binden, ihren Platz. Die klassische Form des Baus und der Gedanke der Zu-
sammenziehung verschiedener Ideenträger fand in der bürgerlichen
Aufklärung insbesondere in Frankreich einen Nachfolger. In den Jahren
1755—1790 errichtete Jacques Germain Soufflot in Paris das Panthéon. Es
bestand in Anlehnung an das antike Vorbild aus einer Säulenhalle mit Portikus, über dem sich ein von einem Säulenring umgebener Turm mit Kuppel
erhob. Der heidnische Tempel in Rom wurde von Papst Bonifatius III. 607
in eine Kirche — Maria ad Martyres — umgewandelt. In ihr erhielten berühmte Persönlichkeiten ihre Grabstätte, so unter anderen Raffaello Santi;
ein nationales Mausoleum entstand. Auch das Panthéon in Paris sollte zunächst Kirche werden. Die Figuren des Vorhallen-Giebels waren dem
Thema »Frankreich verteilt an seine Söhne Kränze« gewidmet. Kurz nach
Vollendung gab ihm die revolutionäre Nationalversammlung 1791 die Bezeichnung »Panthéon Français« mit der Bestimmung eines Ehrentempels. In
ihm sollten die Standbilder großer Männer Frankreichs, die sich um die Revolution verdient gemacht hatten, aufgestellt werden. Zwar hoben Napoleon I., Ludwig XVIII. und später Napoleon III. diese Funktion zugunsten
der Nutzung als Kirche auf, aber die republikanischen Regierungen stellten
diesen Zustand wieder her; so 1830 und letztmalig und endgültig 1885.
Im Panthéon erhielten bedeutende Persönlichkeiten der französischen
Geschichte und Kultur in späteren Jahren ihre letzte Ruhestätte, und der

Bau wurde zu einem »weltlichen Tempel nationaler Berühmtheiten«, von Persönlichkeiten, die mit dem bürgerlichen Leben Frankreichs und der Revolution besonders verbunden waren.

Ein derartiger Gedanke zündete bei allen bürgerlichen Kräften, und was lag 1848 näher, als auch in Berlin die Toten der Revolution in dieser Art zu ehren. Hinzu kam eine gewisse architektonische Ähnlichkeit der Säulenhallen. Der antike Tempel besaß eine Vorhalle mit acht Säulen, das Panthéon in Paris eine mit sechs. Die Portiken an den Türmen auf dem Gensd'armen-Markt hatten ebenfalls sechs Säulen, so daß es auch äußerlich Anklänge an die Ruhmeshalle der Französischen Revolution gab.

Der grandiose Trauerakt holte bürgerliches Leben, vor allem politisches Leben, für kurze Zeit an den Gensd'armen-Markt zurück. 1849 veröffentlichte der damalige Oberbibliothekar an der Berliner Universitätsbibliothek Theodor Mundt, einst als Parteigänger der Bewegung Junges Deutschland verfolgt, anonym bei Brockhaus in Leipzig eine Schilderung der revolutionären Ereignisse in Berlin. Seine Autorschaft an diesem wertvollen Bericht konnte erst in unseren Tagen nachgewiesen werden. Hier sei nur ein Abschnitt über die Aufbahrung der Toten der Revolution zitiert: »Am 22. März fand die feierliche Beerdigung der gefallenen Märzkämpfer statt, die in einer wahrhaft großartigen und erhebenden Weise vor sich ging, und gewissermaßen den Höhepunkt der berliner Revolution in ihrer wahren volksthümlichen Reinheit und Würdigkeit bezeichnete. Es gab in Berlin schon Leute, die zu einer raschen Versöhnung und Ausgleichung alles Geschehenen geneigt waren, und die gemeinschaftliche Bestattung aller Gefallenen, sowohl vom Civil wie vom Militär wünschten, wozu sich auch ein besonderes Beerdigungscomité gebildet hatte. Hier sprach sich jedoch die Volksstimme energisch dagegen aus: es zeigte sich, daß dieser Zwiespalt noch unvermittelt und schroffer als je in den Gemüthern lag, und das Volk wollte eine Entweihung des Andenkens seiner Märzhelden darin finden, wenn dieselben mit den Feinden zugleich in die Gruft gesenkt werden sollten. Schon am frühen Morgen begann in der Stadt eine große und rührende Lebendigkeit. In allen Straßen und Häusern rüstete man sich zu der großen Trauerfeierlichkeit; überall flatterten große Trauerflöre, und schwarze Fahnen wehten von den Stadtthoren und Zinnen des Schlosses. Die ganze Bevölkerung erschien mit den Zeichen der Trauer an Arm und Hut, die Frauen größtentheils in schwarzen Kleidern, und wer theilnamslos an der Feier blieb, hielt sich ge-

Das Leichenbegängniſs von 188 Gefallenen des 18ᵗᵉ u. 19ᵗᵉ März.

Steindr. v. L. Veit.

wiß zugleich tief in seiner Behausung verborgen. Der erste Schauplatz der Trauerfeier war der Platz vor der Neuenkirche am Gensdarmenmarkt, wo die Särge der Todten auf einer mit schwarzen Flören und Blumen geschmückten Estrade aufgestellt waren. Die Zahl der Leichen, die an diesem Tage zu ihrer Ruhestatt geleitet werden sollten, betrug 187; eine große Zahl Verwundeter und ihrem Tode entgegensehender lag noch in den Hospitälern und in den Häusern umher. In den Särgen lagen die Barrikadenkämpfer, an deren Tod das Volk das neue Zeitalter seiner Freiheit und Mündigkeit anknüpfte. Doch befanden sich auch Frauen und Kinder und andere Personen, welche durch Zufall und Unglück das Opfer der Kampfesnacht geworden waren, in diesen Särgen. Um Mittag, gegen 2 Uhr, begaben sich die verschiedenen Züge, welche sich auf ihren Sammelplätzen geordnet hatten, nach dem Gensdarmenmarkt, wo sie sich in einer bestimmten Gliederung nach den Gewerken und Corporationen, die sie vertraten, aufstellten. Unter dem Geläute der Glocken begann zuerst die kirchliche Handlung, die über die Särge verrichtet wurde, und zwar von drei Predigern, der evangelischen, der katholischen und der jüdischen Gemeinde. Darauf setzte sich der gewaltige Zug in Bewegung, der durch ein von der Bürgerwehr gebildetes Spalier und durch die ungeheure Volksmenge, die sich dahinter in wunderbarer Stille und Ordnung aufgestellt hatte, hindurchschritt. Es war ein frühlingsheller sonniger Märztag von seltener Schönheit. Ein klarer blauer Himmel stand über dem durch die Straßen dahinwallenden Zuge, der beispiellos in seiner Art war, und dem Ähnliches kaum jemals gesehen worden. Die Bürgergarde eröffnete den Zug; ihr folgte eine Handwerkerinnung mit ihrer Fahne. Dann erschien eine Anzahl von Frauen und Jungfrauen der Stadt, welche die Blumen und Kränze trugen, die man zum Schmuck der Gräber bestimmt hatte. Alsdann aber begann die Reihenfolge der Särge, die mit reichen Kränzen umwunden, und sämmtlich von Bürgern getragen waren. Der Name jedes Todten stand auf einem an dem Sarge befestigten Zettel zu lesen. Es folgte immer eine Gruppe von einigen Särgen zusammen, worauf sich die verschiedenen Bestandtheile des Zuges in ihrer eigenthümlichen Erscheinung dazwischenreihten. Man sah darunter sämmtliche Gewerke mit ihren besonderen Emblemen und Fahnen, die gesammte Geistlichkeit der Stadt, die Professoren der Universität in ihrer Amtstracht (unter ihnen Alexander von Humboldt), dann die große Zahl der Studenten in Waffen, nach den Rotten abgetheilt, wie sie sich als akademische Legion gebildet hatten, und vorauf das Reichsbanner und die deutsche Fahne tragend. In militärischer Haltung und Bewaffnung schritten ebenfalls die Mitglieder des Handwerkervereins einher und die Fabrikarbeiter, von Letzteren Viele in dem Aufzuge, in dem sie auf den Barrikaden gefochten hatten. Manche den Arm in der Binde tragend oder mit verbundenem Kopf. Die tapferen Maschinenbauer, die sich vornehmlich ausgezeichnet, hatten ihren bekannten Fabrikherren Borsig an der Spitze. Besonders bemerkenswerth war auch der Zug der Polen mit der deutschen und mit der rothweißen polnischen Fahne, und der Zug der Italie-

ner, zum Theil aus den Sängern der italienischen Oper bestehend, mit ihrer
grünrothweißen Nationalfahne. Die verschiedenen Vereine der Stadt, der
Verein der Freimüthigen, der Literaten und andere, folgten ebenfalls mit
ihren Fahnen und Bannern. Zwischen jeder Abtheilung des Zugs ging ein
Musikcorps, welches größtentheils den Choral: ›Jesus meine Zuversicht‹
ausführte. Mehrere Nachbarstädte, wie auch die deutschen Städte Hamburg
und Braunschweig, hatten Abgeordnete gesendet, um bei dieser Leichen-
feier vertreten zu sein. Eine besondere Abtheilung des Zugs bestand aus den
Leidtragenden, aus den weinenden Älteren, Geschwistern, Frauen und Kindern der Gefallenen, getröstet von dem Zuspruch der neben hergehenden
Geistlichen. Ihr Schluchzen und ihr schmerzvoller Anblick hatte etwas ungemein Ergreifendes; zugleich sah man an diesen Hinterbliebenen, wie sehr

die gefallenen Kämpfer nur den untersten und ärmsten Schichten der Bevölkerung angehörten.«[1]

Soweit aus dem Bericht Theodor Mundts. Die Beisetzungsfeierlichkeit stellte eine Heerschau der kampfbereiten Berliner Bevölkerung dar. Die Aufbahrung der toten Revolutionäre vor dem Deutschen Turm auf dem Gensd'armen-Markt erhob diesen Ort zu einem herausragenden Platz der deutschen Geschichte. Zahlreich waren die zeitgenössischen Darstellungen (Abbildung 203), die die Kunde in alle Teile Deutschlands trugen, so den Ruhm der Revolution und des Ortes in das Bewußtsein der fortschrittlichen Kräfte prägend. Adolph Menzel malte noch 1848 sein Bild »Aufbahrung der Märzgefallenen« (Abbildung 204), das nicht ohne Grund unvollendet blieb.

»Das Singspiel ist zu Ende, das Drama beginnt«

Am 1. Mai 1848 ging man in Preußen zur Wahlurne. Die Bevölkerung bestimmte die Wahlmänner für die Nationalversammlung in Frankfurt am Main und für die preußische konstituierende Versammlung. Gerade in Berlin gelang es, in beide überwiegend die Kandidaten der kleinbürgerlichen Demokratie zu delegieren. In der Auseinandersetzung um die preußische Nationalversammlung zeigten sich — wie auf vielen anderen Feldern auch — das langsame Abgleiten der Bourgeoisie von ihren eigenen Forderungen und der Übergang dieser Klasse auf ein Bündnis mit dem Adel.

Zunächst tagte die neu gewählte Versammlung in der Singakademie — daher »Singspiel«. Sie trat erstmalig am 22. Mai 1848 zusammen und sollte nach dem Willen der Krone und der liberalen Bourgeoisie ein Gegengewicht zum Frankfurter Parlament darstellen. Die Zusammensetzung der Versammlung, die revolutionären Ursprung hatte, war dergestalt, daß sie nicht aktivrevolutionär wirkte und zugleich auch die demokratische Weiterführung der Revolution verhinderte. Trotzdem war die Möglichkeit dazu gegeben, und alles hing von der Haltung der Abgeordneten wie der Bevölkerung ab.

Letztlich ging die Versammlung von den im März erhobenen Forderungen zurück beziehungsweise schwächte sie nach und nach ab. Die liberale Bourgeoisie sowie Teile des Adels, der auf seinen Gütern kapitalistisch produzierte, gewannen die Oberhand. Sie wollten beide Anerkennung ihrer ökonomischen Forderungen, die auf die konstitutionelle Monarchie zielten, um dann — auch aus Angst vor dem in den Berliner Barrikadenkämpfen machtvoll aufgetretenen Proletariat — ihren Frieden mit dem preußischen Staat und den ihn tragenden Kräften zu machen.

Abb. 205 General Wrangel
vor dem Schauspielhaus
am 10. November 1848,
Holzstich

Wenig bekannt ist unter anderem ein Ereignis aus den Revolutionstagen: Berliner Maschinenbauer überführten während der Märzkämpfe die Königliche Eisengießerei in der Invalidenstraße in »National-Eigentum«. Das war zwar staatliches Eigentum, aber die Enteignung von Produktionsmitteln war damit in einer Revolution in Deutschland erstmals vorgenommen worden — ein Vorgang, der die junge Industriebourgeoisie erschreckte; sie unternahm später alles, um eine Wiederholung auszuschließen und die revolutionäre Handlung vergessen zu machen.

Nach dem Sieg der Habsburger Konterrevolution am 6. November über die Wiener Bevölkerung begannen die reaktionären Kräfte in Berlin ihre Vorbereitungen für einen Staatsstreich zu aktivieren. Insbesondere die Hofkamarilla betrachtete den erreichten Zustand nur als ein Provisorium, sie wollte möglichst schnell und gründlich die alten Verhältnisse wieder herstellen. Zunächst tarnte sie sich aber konstitutionell, um schrittweise Positionen zu gewinnen und zu festigen. Diese wollte sie dazu nutzen, die Nationalversammlung zu sprengen und eine reaktionäre Regierung einzusetzen.

Den Schauplatz auch dieser Ereignisse bildete — zum Abschluß seiner progressiven Traditionen — der Gensd'armen-Markt, inbesondere das Schauspielhaus. Im September zog die Nationalversammlung aus der Singakademie in das Schauspielhaus — deshalb »Drama«. Hier faßte sie am 12. Oktober mehrheitlich den Beschluß, dem preußischen König das Gottesgnadentum zu streichen, das heißt, in der zu erarbeitenden Verfassung sollte ihm das Prädikat »Von Gottes Gnaden« nicht zuerkannt werden.

Der Monarch fühlte sich getroffen, Revolutionäre wollten seiner »Krone den Glanz« nehmen. Die Versammlung ging sogar noch weiter: Am 31. Oktober stimmte eine Mehrheit für die Abschaffung des Adels, seiner Vorrechte und Privilegien sowie der adligen Prädikate und Titel, um bürgerliche Gleichheit durchzusetzen. Anfang November stellte sich dann das Volk hinter seine Nationalversammlung und zeigte Bereitschaft, für sie zu kämpfen, erneut die Waffen zu ergreifen, um die Ergebnisse der Revolution zu schützen. Die Bourgeoisie fürchtete aber das Volk mehr als die Junker. Das Parlament bot der Konterrevolution nicht die Stirn, sondern wich zurück, proklamierte — wie später in der deutschen Geschichte ebenso verhängnisvoll — den »passiven Widerstand« und wollte »nur der Gewalt« weichen. Über diese verfügte der preußische König dank der Hinhaltetaktik der Bourgeoisie nun wieder.

Am 10. November marschierten Truppen unter dem Kommando des Generals Friedrich Ernst Graf von Wrangel, eines typischen Vertreters des preußischen Militarismus, in die Residenz ein. 13 000 Mann zogen in das Zentrum Berlins, weitere 80 000 standen bereit. Ein Teil des Militärs stieß sofort zum Gensd'armen-Markt vor und umstellte das Schauspielhaus, die Tagungsstätte der Nationalversammlung. In der Jäger- und Mohrenstraße fuhren die Soldaten Geschütze auf. Die Bürgerwehr, die die Nationalversammlung bewachte, trat unter Waffen. Alles lief auf eine Provokation hinaus, aber das Bürgertum »bewahrte Ruhe«. Ein Offizier der Bürgerwehr, Major Rimpler, ging zu General Wrangel (Abbildung 205) und fragte: »Welchen Zweck hat die Aufstellung dieser bedeutenden Truppenmacht?« Wrangel: »Ich wünsche sehnlichst, meine Truppen bald in die Quartiere führen zu können.« Rimpler: »Dem steht nichts im Wege.« Wrangel: »Wozu ist die Bürgerwehr hier?« Rimpler: »Zum Schutz der National-Versammlung.« Wrangel: »Die will ich auch schützen.« Rimpler: »Wie lange wird der General Wrangel mit seinen Truppen am Schauspielhaus verweilen?« Wrangel:

»Meine Truppen sind gewohnt zu bivakieren, sie werden hier stehen bleiben, und wenn die Versammlung acht Tage zusammen bliebe.« Major Rimpler: »Dann wird die Bürgerwehr vierzehn Tage hier bleiben, wenn es sein muß!«[2]

Damit endete das Gespräch; trotz kräftiger Worte des Bürgerwehroffiziers war nichts Entscheidendes gesprochen, kein Protest laut geworden. Rimpler verständigte die im Saal tagende Versammlung, die nun auch keinen Entschluß fassen konnte, sondern nur schriftlich erklären ließ, daß man keinen anderen Schutz wolle als den der Bürgerwehr.

Papierner Protest, der die legalistische Linie der Mehrheit der Versammlung kennzeichnet — kein Aufruf an das Volk, zu den Waffen zu greifen, und an die Versammlung, die Errungenschaften der Revolution zu schützen. Man übergab lediglich Wrangel die Erklärung, der antworten ließ, »daß die Truppen unter keinen Umständen zurückgezogen würden; den Herren, die noch im Schauspielhaus versammelt seien, sei gestattet heraus-, aber nicht wieder hineinzugehen; eine Nationalversammlung kenne er nicht, da sie seit gestern durch die Krone aufgehoben sei«[3]. Auch jetzt keine Tat. Man schloß die Sitzung mit der Versicherung, man weiche nur der militärischen Gewalt, und ging auseinander — ein beispielloser Vorgang, denn was das Volk erkämpft hatte, wurde von seinen Vertretern preisgegeben.

Am 27. November trat die Nationalversammlung, nachdem sie an verschiedenen Orten in Berlin getagt hatte, im Dom zu Brandenburg zusammen — aber sie war beschlußunfähig. Am 5. Dezember löste der König sie kraft eines Dekrets kurzerhand auf.

Auch der Nimbus des Schauplatzes konnte die Versammlung nicht retten. Trotz weitreichender Beschlüsse in der Tagungsstätte am Gensd'armen-Markt: Die Zeit von September bis November 1848 wird für immer ein unrühmliches Blatt in der Geschichte des Platzes bleiben, denn die Bourgeoisie verriet aus Angst vor den Arbeitermassen ihre eigenen Ziele.

Damit die neue Position völlig klar wurde, zog obendrein ein Verrat den nächsten nach sich. Die größte Gefahr für das Militär blieben die revolutionär gestimmten, bewaffneten Massen in Berlin: Man stellte später fest, daß sich zu diesem Zeitpunkt noch 23 360 Gewehre in den Händen des Volkes befanden — ein nicht zu unterschätzender Faktor bei einer eventuellen Auseinandersetzung.

Wrangels Politik zielte darauf ab, diese Waffen möglichst schnell und ohne Widerstand einzuziehen. Am 14. November ließ er proklamieren, daß die Frist zur Abgabe der Waffen vorüber sei, ohne daß der Aufforderung genügt worden wäre — ein deutlicher Beweis für die allgemeine Stimmung. Er ließ weiter verkünden, daß Militärwagen durch die Straßen ziehen würden; durch Trommelwirbel werde bekanntgegeben, daß die Waffen auf die Wagen zu laden seien. Bezeichnenderweise begann man mit dieser Maßnahme am 15. November in einem Stadtteil, von dem Wrangel mit Sicherheit annehmen konnte, daß seinen Soldaten kein Widerstand entgegengesetzt würde, daß vielmehr die reaktionären Bewohner mit großer Willfährigkeit ihre Waffen abgeben würden — das waren die Friedrich- und die Dorotheenstadt. In der Behrenstraße erhielten die Soldaten sofort und schnell eine solche Menge von Gewehren, daß die Wagen rasch gefüllt waren.[4]

Mit Windeseile verbreitete sich auch diese Nachricht durch die Stadt. Die Wirkung war verheerend, denn neben der Mißstimmung gegenüber den Bewohnern der Friedrichstadt machte sich — wie geplant — Entmutigung breit. Das Bürgertum räumte den Platz und gab sich mit dem Erreichten zufrieden. Die große Zeit des Gensd'armen-Marktes als Zentrum bürgerlichen Lebens war vorüber. Zurück blieb das Gedenken an die erhebenden Ereignisse, die Schmach des November 1848 hingegen sollte bald der Vergessenheit anheimfallen. Aber Erinnerungen allein konnten den berühmten Platz nicht vor seinem weiteren Schicksal bewahren. Auch wenn von nun an die Ereignisse ihn nicht mehr als Handlungsrahmen hatten und die Bourgeoisie später mit seiner Vernichtung begann, so als ob mit der Zerstörung der Architekturen zugleich die Erinnerung an die großen Zeiten des Platzes und an den eigenen Verrat getilgt werden sollte — in die Bedeutungslosigkeit versank der Platz nicht.

Bauliche Veränderungen

Nach seiner Konstituierung als Klasse entließ das Bürgertum den Gensd'armen-Markt aus seiner besonderen Beobachtung; der Platz blieb aber voller Leben und mit tausend Fäden an die Geschicke der Stadt gebunden. Alle weiteren Prozesse bezogen ihn nur mittelbar ein, ja man kann sogar sagen, daß es eine Zeit gab, zu der man lieber nicht vom Marktplatz sprach. Die baulichen Konturen veränderten sich zunächst kaum, es schien, als mache die Entwicklung einen Bogen um dieses Ensemble.

Zum einen hatte dies seine Ursache in der allgemeinen Misere, die Preußen nach der zyklischen Wirtschaftskrise durchlebte. Nur sehr langsam

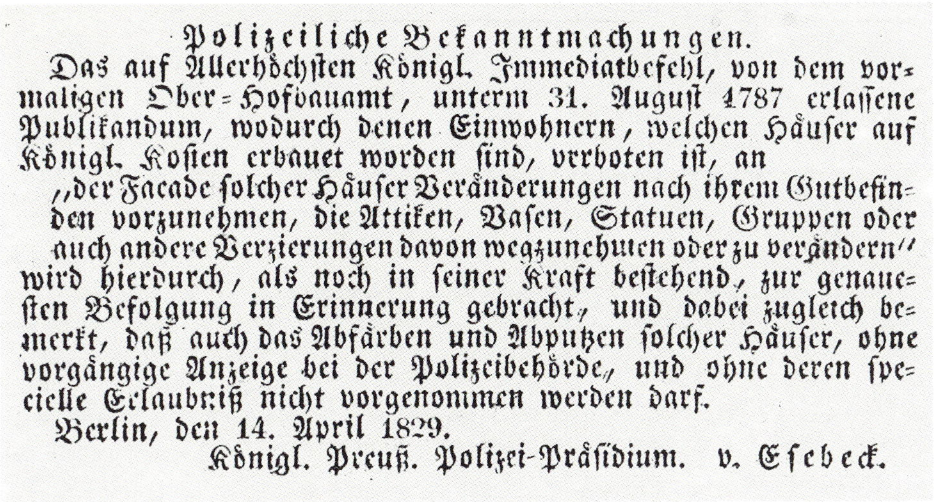
Polizeiliche Bekanntmachungen.

Das auf Allerhöchsten Königl. Immediatbefehl, von dem vormaligen Ober-Hofbauamt, unterm 31. August 1787 erlassene Publikandum, wodurch denen Einwohnern, welchen Häuser auf Königl. Kosten erbauet worden sind, verboten ist, an

„der Facade solcher Häuser Veränderungen nach ihrem Gutbefinden vorzunehmen, die Attiken, Vasen, Statuen, Gruppen oder auch andere Verzierungen davon wegzunehmen oder zu verändern"

wird hierdurch, als noch in seiner Kraft bestehend, zur genauesten Befolgung in Erinnerung gebracht, und dabei zugleich bemerkt, daß auch das Abfärben und Abputzen solcher Häuser, ohne vorgängige Anzeige bei der Polizeibehörde, und ohne deren specielle Erlaubniß nicht vorgenommen werden darf.

Berlin, den 14. April 1829.

Königl. Preuß. Polizei-Präsidium. v. Esebeck.

Abb. 206 Polizeiliche Bekanntmachung vom 14. April 1829, daß ohne Genehmigung keine Veränderungen an Hausfassaden vorgenommen werden dürfen

konnte sich die kapitalistische Ökonomie erholen. Deutlich drückte sich das in den Einnahmen der Stadt als dem Gradmesser der Leistungskraft aus. Sie betrugen:

1848	3 067 675 Taler
1849	3 740 156 Taler
1850	2 194 332 Taler
1851	2 494 382 Taler
1852	2 250 712 Taler

Danach dauerte es noch bis 1860, bis in etwa vergleichbare Einnahmen wie vor der Krise erreicht wurden. Weder die Kommune Berlin noch der Staat hatten Geld für aufwendige Bauten, erst recht nicht der Bürger. Baute dieser doch, so am Rande der Stadt in Richtung Tiergarten.

Zum anderen bestand nach einem »Allerhöchsten Königlichen Immediatbefehl« vom 31. August 1787 das ausdrückliche Verbot, ohne vorherige Genehmigung irgend etwas an den Häusern zu verändern (Abbildung 206).

So blieb das historische Bild weitestgehend erhalten, teilweise sogar bis in die achtziger, neunziger Jahre des vorigen Jahrhunderts: Die Projekte größeren Umfangs — wie zum Beispiel der Rathausbau — verschlangen derartige Summen, daß weitere Unternehmungen nicht verwirklicht werden konnten.

Das betraf auch den Gensd'armen-Markt. Bereits am 25. Oktober 1838 wandte sich die Königliche Oberbaudeputation an den Finanzminister und äußerte sich zurückhaltend in bezug auf den Bau zweier Kirchen hinter den beiden Türmen. Von wem die erneute Initiative ausgegangen war, ist nicht zu ermitteln; möglicherweise vom König. Die 1838 vorgelegten Stellungnahmen beleuchteten zugleich noch einmal das Problem der Platzgestaltung. Die Oberbaudeputation schrieb: »... als beabsichtigt wurde, statt der alten, den Platz und die beiden Dome entstellenden Kirchen, neue in dem Stil der letzteren zu errichten ..., [zeigte sich], daß die von den Grundmauern der Thürme umschlossenen Räume 31 Fuß im Durchmesser oder ungefähr den 4ten Theil der Fläche der Rotunde im Museums-Gebäude enthalten und nicht erweitert, aber auch nicht erhellt werden können, wenn die Thürme nicht abgebrochen werden sollen«. Zugleich wies man auf die kleinen Zimmer hin, die ohne Eingriff in die Substanz nicht vergrößert werden könnten.

»Der Ausbau der Säulenhallen«, heißt es dann weiter, »an der westlichen Seite, wo jetzt die Kirchen stehen, gleich den an der östlichen Seite, würde nach Abbruch der alten Kirchen keinen Schwierigkeiten unterliegen, diese

Abb. 207 Zeichnung zum Einbau eines Schaufensters in das Haus Markgrafenstraße 45

Abb. 208 Fassadenzeichnung
zum Umbau des Hauses
Markgrafenstraße 45

Abb. 209 Detail der Fassade
Markgrafenstraße 45

Kirchen aber würden nur durch die im Jahre 1819 entworfenen Anbauten, deren einer 125 917 Thaler veranlagt war, ... auf eine entsprechende Weise zu erweitern sein.«[5] Die Kostenfrage führte wiederum zur Ablehnung, der Gedanke der Gestaltung der Kirchen als Parallelbauten, der nur vom Staat zu tragen war, aber blieb. Herman Grimm, Sohn des Germanisten Wilhelm Grimm, als Kunst- und Literaturhistoriker zu seiner Zeit eine Autorität, formulierte dementsprechend am 13. März 1874 auf dem Schinkel-Fest des Architektenvereins: »Auf dem Gensdarmenmarkt fänden wir (wären Schinkels Absichten durchgedrungen) das Schauspielhaus in anderer Umgebung. Denn völlig in den Styl sich hineindenkend, in dem die beiden Thurmbauten dort gehalten sind, hatte Schinkel eine Aenderung der angehängten Kirchen projectiert, ein Unternehmen, das die kommende Zeit ohne Zweifel früher oder später ausführen wird.«[6]

Die Platzwände blieben lange Jahre fast unverändert, von kleineren Ladeneinbauten (Abbildung 207) und damit verbundenen Fassadenumgestaltungen abgesehen (Abbildungen 208, 209, 211). Maßnahmen beschränkten sich im wesentlichen auf die Verbauung der Höfe — Hinterhofbauten entstanden, um die Grundstücke besser auszunutzen (Abbildung 210). In der Französischen Straße unterlag das Haus Nr. 43 mehrfachen Umbauten. Es war am 9. Mai 1803 von einem gewissen Friedrich Wilhelm Boelcke für 16 000 Friedrichdor und 8 000 Taler Courant veräußert worden. Sittengeschichtlich interessant ist der Vermerk über die Käuferin. Die Akten hielten fest — ohne daß es die Besitzverhältnisse tangierte —: »Besitzerin ist von ihrem Gatten separiert«, also geschieden. In mehreren Passagen wird wiederholt: »Besitzerin Frau Justine Dorothee Margarethe geb. Leithold vorher separierte Hauptmann von Rangow jetzt vermählt an den Königl. Portugisischen Chargé en affairs Sylvestre de Pinheiro Ferreira«[7].

1818 wechselte das Haus gleich zweimal den Besitzer und wurde jedesmal teurer. 1824 kostete es 33 900 Taler, 1825 bereits 40 000 Taler. 1827 erwarb es der »hiesige Bürger und Kaufmann Ludwig Wilhelm Wittich«, der als Kunsthändler und Antiquar in Berlin einen Namen hatte. Dieser Wittich war mit Schinkel bekannt und konnte ihn 1829 dazu bewegen, ihm für sein Haus eine Fassade zu entwerfen, gleichzeitig sollte das Dach umgebaut werden. So hat sich in den Akten eine Originalzeichnung von einer Arbeit des Baumeisters erhalten, die bisher unbeachtet blieb (Abbildungen 212, 213) — nicht zu Unrecht übrigens, denn sie war keineswegs herausragend,

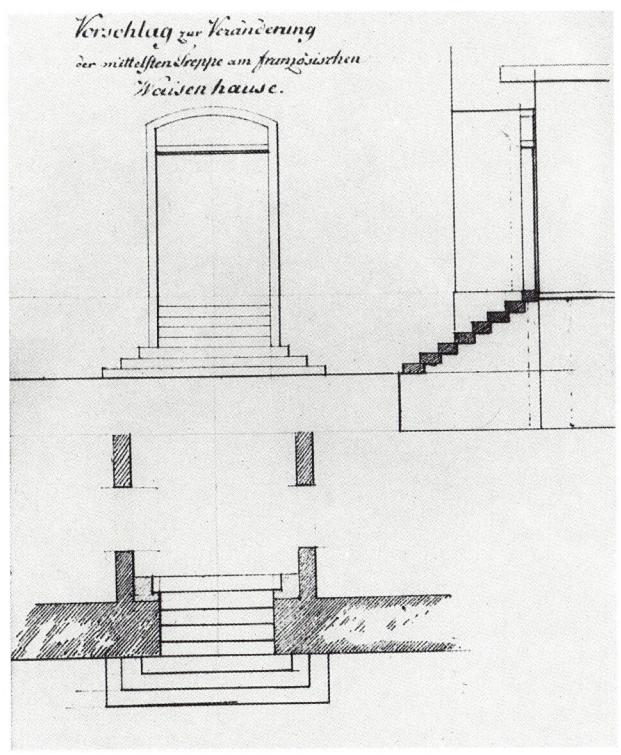

Abb. 210 Bauzeichnung zur
Veränderung der
Hofsituation des
Französischen Waisenhauses

Abb. 211 Bauzeichnung zur
Veränderung der
Eingangssituation am
Französischen Waisenhaus

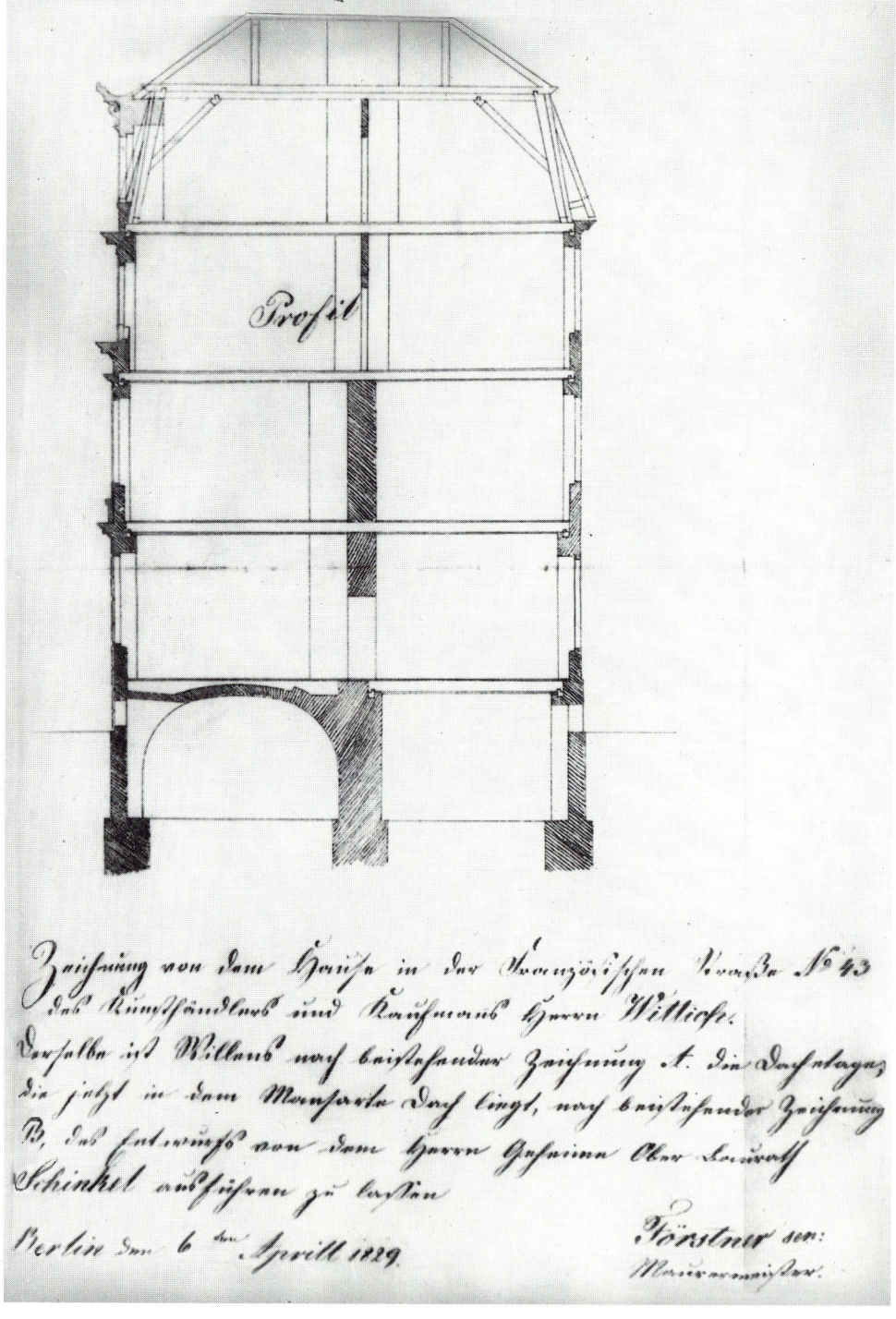

Profil

Zeichnung von dem Hause in der Französischen Straße N° 43 des Kunsthändlers und Raschens Herrn Wittich.

Berlin den 6ten April 1829.

Förstner sen:
Maurermeister:

Abb. 213 Zeichnung
Karl Friedrich Schinkels zum
Umbau des Hauses
Französische Straße 43,
datiert 14. April 1829

Abb. 214 Detail der Fassade
des Hauses
Französische Straße 43,
Zeichnung für
einen weiteren Umbau
in den sechziger Jahren
des 19. Jahrhunderts

läßt vielmehr doch sehr an Berliner Mietshausfassaden denken. Nach dem Umbau wurde der Verkaufspreis des Hauses auf 40 000 Taler festgesetzt. Da das Ergebnis nicht befriedigte, erfolgte bereits 1867 ein weiterer Umbau (Abbildung 214).

Als kulturgeschichtlich interessant muß ein anderes Bauvorhaben südwestlich der Kreuzung Mohren- und Markgrafenstraße angemerkt werden. Diese Ecke war bei dem großen Monumentalisierungsprojekt von Gontard und Unger nicht angetastet worden. Der Wert des zur Zeit der Revolution dort stehenden Gebäudes beruhte weniger auf seiner kunsthistorischen als mehr auf seiner historischen Bedeutung. In allen Wiedergaben der Aufbahrung der Märzgefallenen — von Menzels Gemälde bis hin zu den einfachen Strichzeichnungen — ist das Abbild des Hauses als Teil der Randbebauung überliefert (Abbildung 203, 204). 1818 hatte der »Königliche Professor der Friedrichs-Wilhelm-Universität Doctor Johann Friedrich Heinrich Schlemm« Grundstück und Vorgängerbau für 13 000 Taler gekauft. Er war Mediziner und hat in der Geschichte der Berliner Universität kein Ruhmesblatt geschrieben. Seit 1833 Ordinarius, sprach er sich 1848 in verdeckter Weise gegen die Revolution aus. Er forderte in der 1847 geführten Diskussion um die Gleichberechtigung von Deutschen jüdischer Herkunft im Wissenschaftsbetrieb Preußens und ihre Beschäftigung als Wissenschaftler an der Universität sowohl die Beschränkung ihrer Zahl wie die Einführung einer Probezeit bei der Berufung als Hochschullehrer. Auch sonst machte er bei jeder Gelegenheit gegen fortschrittliche Gedanken Front.

Die Geschäftstüchtigkeit, die Schlemm als Rassist bei anderen verdammte, führte ihn selbst in den Kreis der frühen Bodenspekulanten. 1818 erwarb er das Haus unter Ausnutzung einer Geldverlegenheit des Vorbesitzers und verkaufte es ohne jeden Skrupel noch im selben Monat, aber nun für den doppelten Preis, an den »hiesigen Bürger und Kaufmann Carl Ludwig Petzsch«[8].

1842 erwarb der »Hoflieferant Sr. Majestät des Königs Johann Gottfried Siegmund« das Objekt. Dieser vergrößerte das Grundstück durch Zusammenlegung in die Markgrafenstraße hinein. 1843 kaufte der bekannte Berliner Architekt Georg Heinrich Friedrich Hitzig das Gesamtanwesen für 40 000 Taler. Er ließ alle Baulichkeiten abtragen und errichtete dann den Neubau, wie ihn die Darstellungen der Aufbahrung der Revolutionsopfer überliefern (Abbildungen 109, 204).

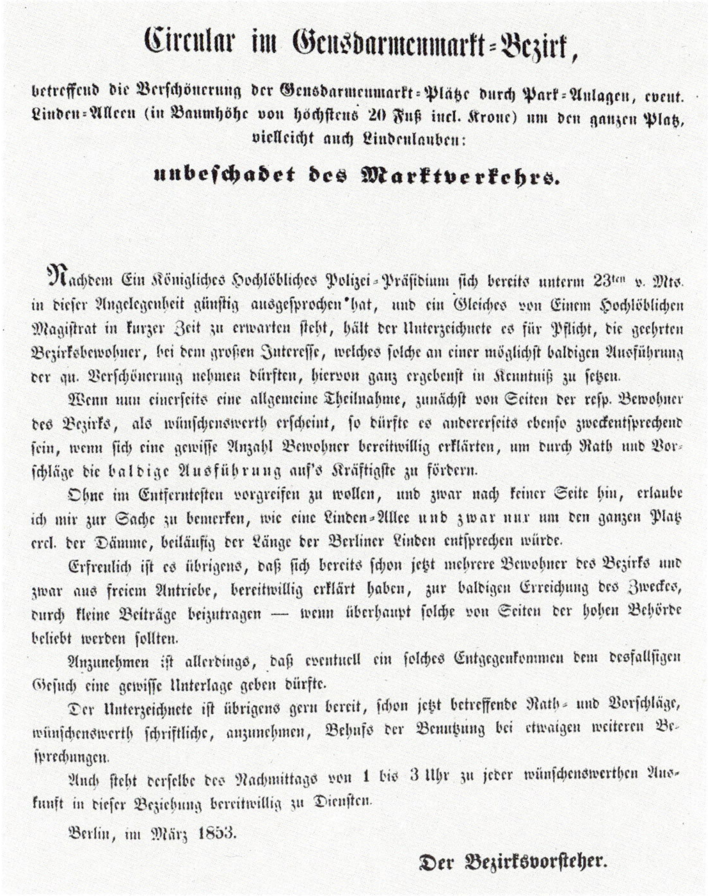

Abb. 215 »Circular im
Gensdarmenmarkt-Bezirk«
vom März 1853

Circular im Gensdarmenmarkt-Bezirk,

betreffend die Verschönerung der Gensdarmenmarkt-Plätze durch Park-Anlagen, event. Linden-Alleen (in Baumhöhe von höchstens 20 Fuß incl. Krone) um den ganzen Platz, vielleicht auch Lindenlauben:

unbeschadet des Marktverkehrs.

Nachdem Ein Königliches Hochlöbliches Polizei-Präsidium sich bereits unterm 23ten v. Mts. in dieser Angelegenheit günstig ausgesprochen hat, und ein Gleiches von Einem Hochlöblichen Magistrat in kurzer Zeit zu erwarten steht, hält der Unterzeichnete es für Pflicht, die geehrten Bezirksbewohner, bei dem großen Interesse, welches solche an einer möglichst baldigen Ausführung der qu. Verschönerung nehmen dürften, hiervon ganz ergebenst in Kenntniß zu setzen.

Wenn nun einerseits eine allgemeine Theilnahme, zunächst von Seiten der resp. Bewohner des Bezirks, als wünschenswerth erscheint, so dürfte es andererseits ebenso zweckentsprechend sein, wenn sich eine gewisse Anzahl Bewohner bereitwillig erklärten, um durch Rath und Vorschläge die baldige Ausführung auf's Kräftigste zu fördern.

Ohne im Entferntesten vorgreifen zu wollen, und zwar nach keiner Seite hin, erlaube ich mir zur Sache zu bemerken, wie eine Linden-Allee und zwar nur um den ganzen Platz excl. der Dämme, beiläufig der Länge der Berliner Linden entsprechen würde.

Erfreulich ist es übrigens, daß sich bereits schon jetzt mehrere Bewohner des Bezirks und zwar aus freiem Antriebe, bereitwillig erklärt haben, zur baldigen Erreichung des Zweckes, durch kleine Beiträge beizutragen — wenn überhaupt solche von Seiten der hohen Behörde beliebt werden sollten.

Anzunehmen ist allerdings, daß eventuell ein solches Entgegenkommen dem desfallsigen Gesuch eine gewisse Unterlage geben dürfte.

Der Unterzeichnete ist übrigens gern bereit, schon jetzt betreffende Rath- und Vorschläge, wünschenswerth schriftliche, anzunehmen, Behufs der Benutzung bei etwaigen weiteren Besprechungen.

Auch steht derselbe des Nachmittags von 1 bis 3 Uhr zu jeder wünschenswerthen Auskunft in dieser Beziehung bereitwillig zu Diensten.

Berlin, im März 1853.

Der Bezirksvorsteher.

Im März 1853 rief ein namentlich nicht genannter Bezirksvorsteher in einem »Circular im Gensdarmenmarkt-Bezirk« dazu auf, »die Verschöne-rung der Gensdarmenmarkt-Plätze durch Park-Anlagen, event. Linden-Al-leen … um den ganzen Platz, vielleicht auch Lindenlauben: unbeschadet des Marktverkehrs« in Angriff zu nehmen. Aus dem Schreiben ging die Ab-sicht hervor, den Marktplatz durch Baumreihen zu fassen, möglicherweise um mit ihrer Hilfe die Einheitlichkeit des Platzes zu erreichen und seine Heraushebung aus den Straßengevierten zu gewährleisten (Abbildung 215). Aber auch diese Idee berücksichtigte nicht, daß der Gensd'armen-Markt im eigentlichen Sinne kein Platz war. Die ihn schneidende Jäger- und Tauben-straße ließen das Zusammenwachsen der drei großen Felder nicht zu, und so mußten alle Überlegungen Torsi bleiben. Weitere Folgen dieses »Circu-

351

Abb. 216 Der von einem
Schutzgitter umgebene
Grundstein
des Schiller-Denkmals,
Fotografie
aus den sechziger Jahren
des 19. Jahrhunderts

lars« ließen sich nicht feststellen, offensichtlich waren es Kostengründe, die zur Ablehnung führten. Das ist zu bedauern, denn immerhin hätte die Möglichkeit bestanden, mittels der Anpflanzung von Bäumen die zwitterhafte Öffnung des Platzes nach Osten und Westen optisch zu überwinden.

Das Schiller-Denkmal und der »Schillerplatz«

Das herausragende Ereignis der Jahre zwischen 1850 und 1871 war für den Platz die Errichtung eines Denkmals für Friedrich Schiller. In einer an politischen und geistigen Auseinandersetzungen armen Zeit bildete die Aufstellung eines Denkmals für den Dichter bürgerlicher Ideologie und den Propagandisten der Überwindung der staatlichen Zersplitterung in Deutschland in den fünfziger Jahren das viele bewegende Thema. Mit Vehemenz und Lei-

Abb. 217
Das Schiller-Denkmal,
Meßbild, vor 1914

denschaft, die dem Vorgang wohl angemessen waren, aber noch besser im
politischen Kampf hätten eingesetzt werden sollen, stritten aufrechte Demokraten, die sich dem Verrat der Bourgeoisie des Jahres 1848 nicht beugten,
Gegner des reaktionären Adels und Vertreter der sich in Berlin herausbil-
denden Arbeiterbewegung um dieses Denkmal. Es war eine gemeinsame
Front gegen die Reaktion, die aber nicht über den einigenden Anlaß hinaus-
ging. Auch dieses Kapitel hatte bereits eine Vorgeschichte. Iffland war 1804
nicht nur bemüht gewesen, Schiller in Berlin noch populärer zu machen,
sondern er hatte sogar versucht, ihn zu bewegen, hier ständig seinen Wohnsitz zu nehmen. Ein Vorhaben, das kurzzeitig sogar vom König unterstützt
wurde, der sich davon eine Hebung des Ansehens der Residenz versprach.

Schiller kam am 1. Mai 1804 an, sein Gesundheitszustand verbot jedoch die Weiterverfolgung dieses Gedankens, obwohl er seine Wünsche und Forderungen für die Übersiedlung vortrug. Er erlebte in Berlin, dessen Bevölkerung ihn begeistert feierte, die Aufführung eines Zyklus seiner Werke: Am 4. Mai war es »Die Braut von Messina«, die wegen der Chöre umstritten war.

Abb. 218
Das Schiller-Denkmal,
Fotografie
aus den zwanziger Jahren
des 20. Jahrhunderts

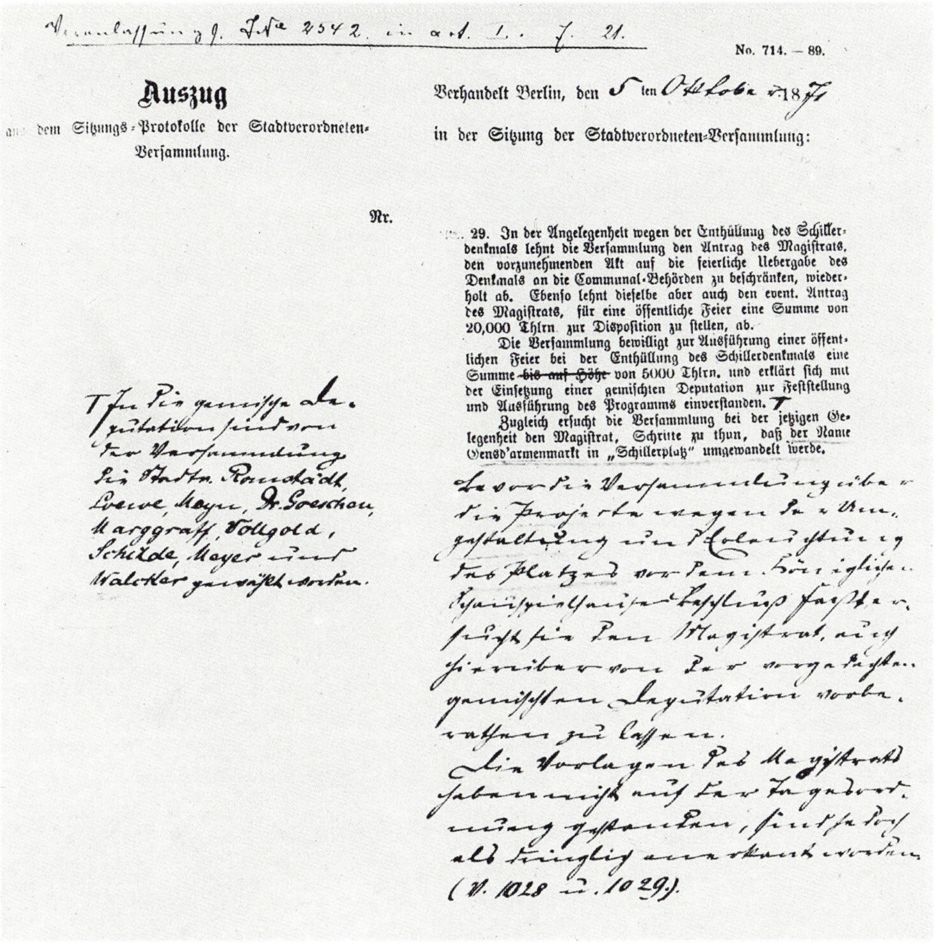

Auszug

aus dem Sitzungs-Protokolle der Stadtverordneten-Versammlung.

No. 714. — 89.

Verhandelt Berlin, den 5ten October 1871

in der Sitzung der Stadtverordneten-Versammlung:

Nr.

29. In der Angelegenheit wegen der Enthüllung des Schiller-denkmals lehnt die Versammlung den Antrag des Magistrats, den vorzunehmenden Act auf die feierliche Uebergabe des Denkmals an die Communal-Behörden zu beschränken, wieder-holt ab. Ebenso lehnt dieselbe aber auch den event. Antrag des Magistrats, für eine öffentliche Feier eine Summe von 20,000 Thlrn. zur Disposition zu stellen, ab.

Die Versammlung bewilligt zur Ausführung einer öffent-lichen Feier bei der Enthüllung des Schillerdenkmals eine Summe bis auf Höhe von 5000 Thlrn. und erklärt sich mit der Einsetzung einer gemischten Deputation zur Feststellung und Ausführung des Programms einverstanden.

Zugleich ersucht die Versammlung bei der jetzigen Ge-legenheit den Magistrat, Schritte zu thun, daß der Name Gensd'armenmarkt in „Schillerplatz" umgewandelt werde.

Abb. 219 Auszug aus dem Protokoll der Stadtverordnetenversammlung betreffend Einweihung des Schiller-Denkmals, 5. Oktober 1871

Im 4. Akt wirkten mehr als achthundert Personen mit — ein Aufwand, der sonst nur bei Opern, und dann im Hoftheater, getrieben werden durfte.

Am 21. Mai war Schiller wieder in Weimar und konnte den triumphalen Erfolg seines »Wilhelm Tell« nicht erleben. Gerade dieses Stück erfreute sich durch Generationen in Berlin eines nicht verblassenden Rufes. »Wilhelm Tell«, »Wallensteins Lager« und später Goethes »Götz von Berlichingen« wirkten mit ihren patriotischen Aussagen in politisch aufgewühlter Zeit und bedeuteten für das Bürgertum Selbstverständigung und ideologisches Rüstzeug. Nach Schillers Tod veranstaltete Iffland eine Benefizvorstellung für die Erben, die den Betrag von 3 003 Talern und 2 Groschen einbrachte. Der Klassiker erfreute sich im Berlin des 19. Jahrhunderts stets besonderer

357

Achtung. 1850 tauchte erstmals der Gedanke eines Denkmals auf. Berlin stand hinter vielen Städten Deutschlands zurück und besaß kein Monument des Dichters; der Reaktion aber, der vor allem »Die Räuber« als suspekt galten, mißfiel dieses Vorhaben: Man wollte keinen Schriftsteller ehren, der es gewagt hatte, Räubern eine Sympathie erweckende Rolle zuzuweisen. Trotzdem wirkte ein Komitee und sammelte Geld. Man stellte die Aufgabe, zur hundertsten Wiederkehr des Geburtstages von Schiller am 10. November 1859 den Grundstein zu legen, um zehn Jahre später das Denkmal zu enthüllen. Als Standort kam nur der Gensd'armen-Markt in Frage. Einerseits, weil Schillers Dramen in dem dort gelegenen Theater große Triumphe erlebten und er selbst das Haus besucht hatte; andererseits gab es im nachwirkenden bürgerlichen Selbstverständnis keinen zweiten Platz mit dieser Bedeutung. Der »Kartätschenprinz« und spätere Kaiser Wilhelm I. bezeichnete die Vorbereitungen für die Ehrung Schillers als »Baalsdienst« — eine zusätzliche Herausforderung für aufrechte Demokraten. Georg Herwegh schrieb seinen wunderbaren Prolog zur Schillerfeier des Jahres 1859, in dem er den reaktionären Kräften, sie gleichsam ausschließend, zurief:

> »Ihr aber bleibt von seinem Feste fern,
> Die ihr ihm den Tribut der Liebe stahlt!
> Der Fackeln, die zu löschen ihr befahlt,
> Bedarf kein Stern …
> Ihr habt an ihm auch euren Witz geübt,
> Auch seines Wortes klarsten Sinn getrübt,
> Des Volkes Augen aber werden hell;
> Es ruft: ›Ich bin Johanna, ich bin Tell‹;
> Und ›wenn kein Meister will die Form zerbrechen,
> Mit weiser Hand zur rechten Zeit‹,
> Tells Dichter wird ein Volk nicht schuldig sprechen,
> Das endlich ›selber sich befreit‹.«

Am 10. November 1859 erfolgte die Grundsteinlegung. Man wählte einen Platz inmitten des Marktes vor dem Schauspielhaus. Das Denkmalkomitee bezeichnete symbolisch mit einem Holzgitter den künftigen Standort (Abbildung 216) und legte fest, daß am 10. November 1869 die Einweihung des Denkmals stattfinden solle. An der Feierlichkeit nahm die Berliner Bevölke-

rung überaus zahlreich teil und machte die Errichtung des Denkmals zu
ihrer eigenen Sache.

Nun entbrannte der Streit, ob man Goethe und Schiller zusammen — vielleicht auch mit Lessing — darstellen sollte. Gutachten und Zeitungsgefechte
wurden geliefert. Erst als das konkurrierende Goethekomitee sich für einen
anderen Standort entschied, zog diese Gefahr für das Schiller-Denkmal vorüber. Eine neue nahte: der Wettbewerb.

Fünfundzwanzig Bildhauer beteiligten sich an ihm, sieben Arbeiten kamen in die engere Wahl. Über diese entbrannte erneut der Streit, wiederum
öffentlich ausgetragen mit großem Widerhall in der Presse. Als Sieger ging
Reinhold Begas hervor. Dieser Schüler des Bildhauers Rauch stand ganz unter dem Einfluß Gottfried Schadows und eiferte Michelangelo nach. Er entwickelte sich im Laufe der Jahre zum Hauptvertreter der neubarocken Pla-
stik in Berlin. Die Stadt verdankt ihm unter anderem den Neptun-Brunnen
(heute vor dem Roten Rathaus) sowie das Denkmal Alexander von Hum-
boldts vor der Universität.

1863 ging Begas an die Arbeit, erst der dritte Entwurf fand seinen und
des Denkmalkomitees Beifall. Nach längerem Zögern entschloß er sich, die
Statue in Marmor auszuführen. Schiller steht aufrecht auf hohem Piédestal,
geschmückt mit dem Dichterkranz. Zu seinen Füßen die »Lyrik«, seelenvoll
blickend, und das entschlossen verharrende »Drama«, den »Dolch im Ge-
wande«. Auf der Rückseite schaut die »Geschichte« vertrauensvoll in die

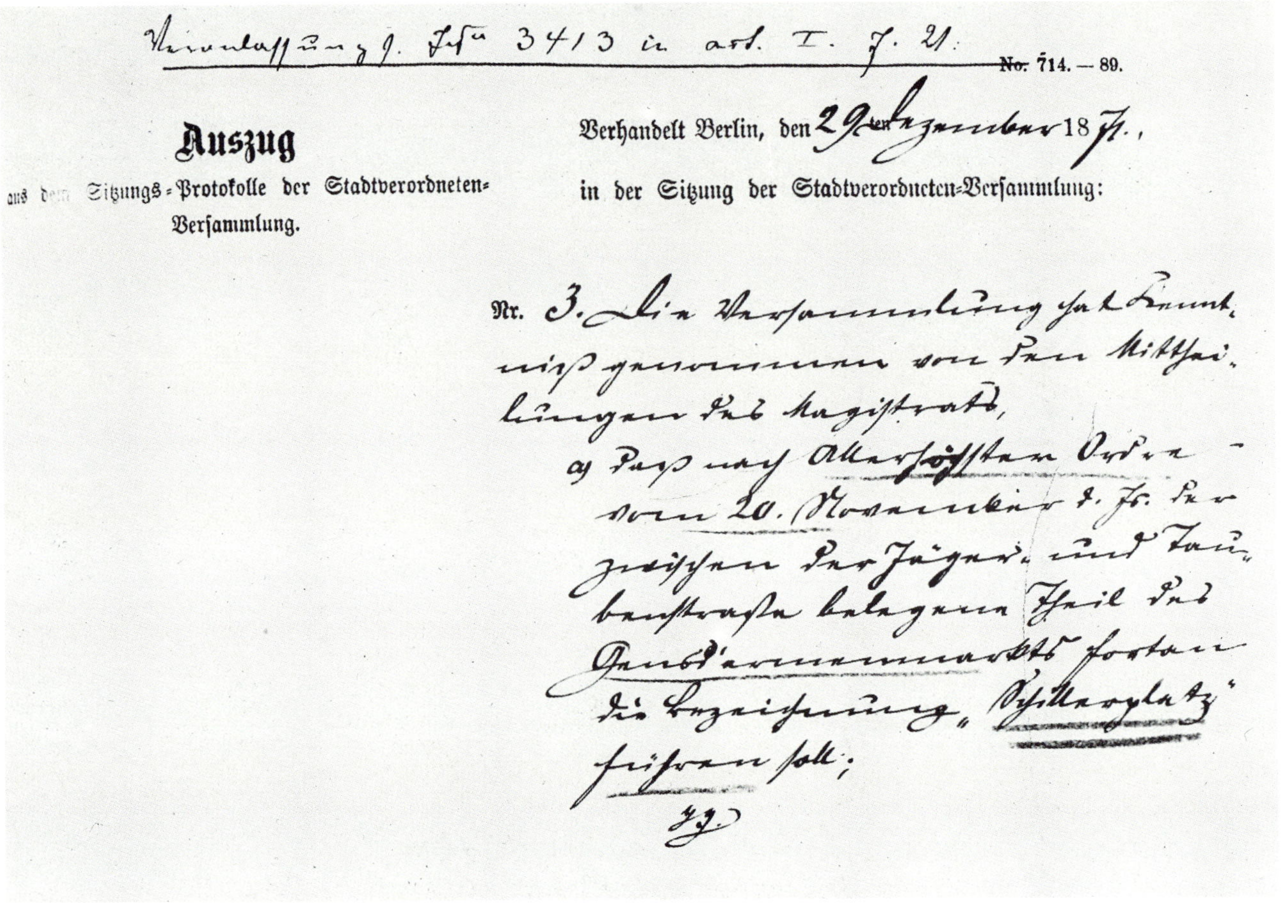

No. 714. — 89.

Auszug

aus dem Sitzungs-Protokolle der Stadtverordneten-Versammlung.

Verhandelt Berlin, den 29ten Dezember 1871.

in der Sitzung der Stadtverordneten-Versammlung:

Nr. 3. Die Versammlung hat Kenntniß genommen von den Mittheilungen des Magistrats,

a) daß nach Allerhöchster Ordre vom 20. November d. Js. der zwischen der Jäger- und Taubenstraße belegene Theil des Gensd'armenmarkts fortan die Bezeichnung „Schillerplatz" führen soll;

Abb. 222 Umbenennung eines Teils des Gensd'armen-Marktes in Schillerplatz, Auszug aus dem Protokoll der Stadtverordnetenversammlung vom 29. Dezember 1871

Zukunft, das Vergangene wägend, und als vierte »Beigabe« die »Philosophie«, die ihr umhülltes Haupt über eine Pergamentrolle beugt, auf der zu lesen ist »Erkenne Dich selbst«. An den Seiten zwei kleine Reliefs: »Musen bringen Schiller die Lyra« und »Schillers Aufnahme unter die großen Geister der Vorzeit« — Homer und William Shakespeare begrüßen ihn (Abbildungen 217, 218).

Pünktlich wurde Begas fertig, das Denkmal stand monatelang verhüllt. Die Zeitläufte waren andere geworden. Man hatte sich »großgehungert« und »gehorcht«. An die Stelle nüchternen Bürgersinns trat der chauvinistische Taumel nach den Siegen über Dänemark (1864) und Österreich (1866). König Wilhelm, der einstige »Kartätschenprinz«, wollte erst das Denkmal seines Vaters Friedrich Wilhelm III. aufgestellt wissen. Im nationalistischen

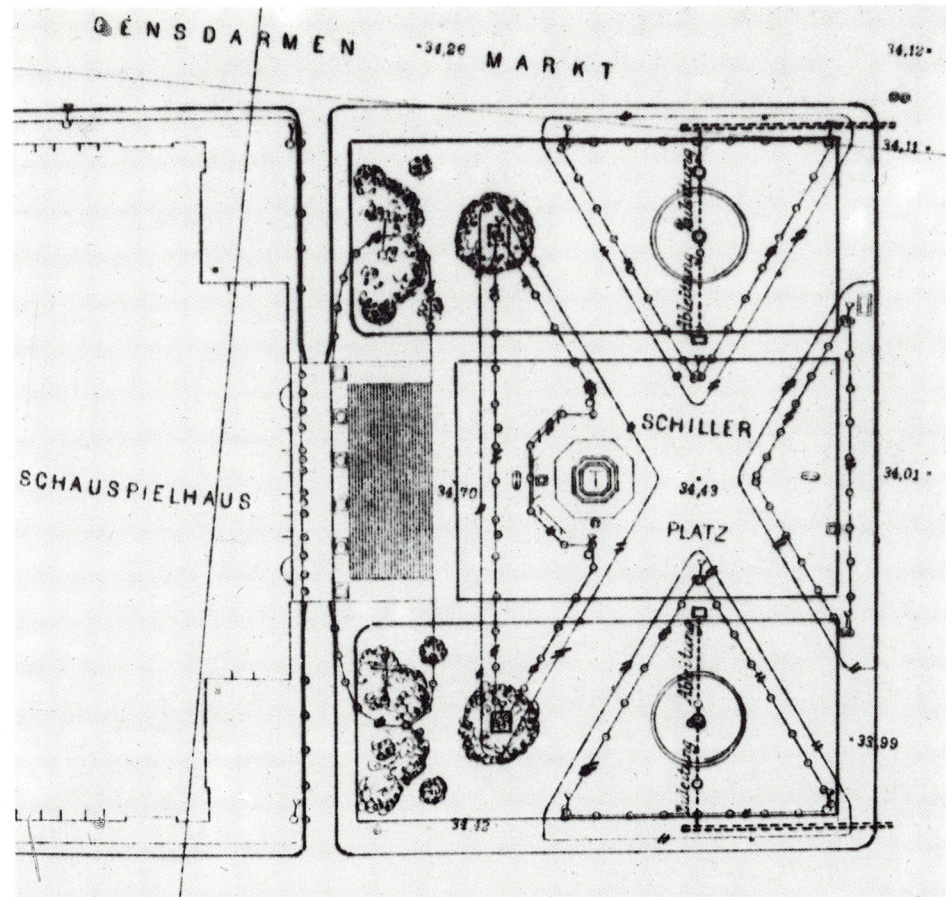

Abb. 223 Katasterblatt
des Gensd'armen-Marktes
mit den Diagonalwegen und
der Planung der Umgestaltung,
um 1895

Rausch des Sieges über Frankreich (1871) ging der Gedanke des Denkmals auf dem Gensd'armen-Markt unter. Als dann am 16. Juni 1871 das Monument für den Monarchen im Lustgarten eingeweiht wurde, stand der Enthüllung des Schiller-Denkmals nichts mehr im Wege.

Kleinere Auseinandersetzungen, die den Charakter der Einweihungsfeier betrafen, zogen sich noch zwischen Magistrat und Stadtverordnetenversammlung hin (Abbildung 219). Aus diesem Dokument erfahren wir aber von einem wichtigen und kaum bekannten Vorgang. Am 5. Oktober 1871 ersuchte die Stadtverordnetenversammlung den Magistrat, »Schritte zu thun, daß der Name Gensd'armenmarkt in ›Schillerplatz‹ umgewandelt werde«.

Nach den Einweihungsfeierlichkeiten am 10. November 1871 (Abbildungen 220, 221), an denen das frischgebackene Kaiserpaar, von den Räumen der Seehandlung zusehend, teilgenommen hatte, nahm die Stadtverordnetenversammlung am 29. Dezember 1871 zur Kenntnis, »daß nach Allerhöchster Ordre vom 20. November d. Js. der zwischen der Jäger- und Taubenstraße belegene Theil des Gensd'armenmarkts fortan die Bezeichnung ›Schillerplatz‹ führen soll« (Abbildung 222). Amtliche Karten und Dokumente tragen denn auch diese Bezeichnung bis weit in die dreißiger Jahre des 20. Jahrhunderts, und selbst Stadtpläne nahmen die Bezeichnung auf, aber durchgesetzt und von der Bevölkerung akzeptiert wurde der Name nie (Abbildung 223).

Hier wird wiederum das Problem der Namensgebung berührt, zugleich aber auch das der geistigen Zustände. Es hat nie ein Straßenschild mit der Aufschrift »Gensd'armen-Markt« und »Schillerplatz« gegeben, keine Wohnadresse, da fiskalisch nach dem Platz keine Grundstücke gezählt wurden. Auch ist die amtliche Bezeichnung oder Zuordnung »Gensd'armen-Markt« nicht nachweisbar — offensichtlich liegt hier eine Namensbildung durch den Volksmund vor. Sie war sehr zählebig, und so konnte sich nach 1871, nach dem Siegestaumel und dem sprunghaften Aufschwung Berlins, der Name »Schillerplatz« im Bewußtsein des Bildungsbürgertums nicht durchsetzen. Ob das Volk jemals — siehe die fehlenden Schilder — von der Namensänderung erfahren hat, ist zweifelhaft.

Der Kaiser kam dem Wunsch der Antragsteller auf die neue Namensgebung nach; Schiller war nun nicht mehr gefährlich, und der Name »Gensd'armen-Markt« hatte sich ohnehin behauptet, blieb übergeordnet. Durch die Ausweitung des Marktbetriebes auf die ehemaligen Friedhöfe der beiden Kirchen konnte auch der Name auf diese Fläche übertragen werden, so daß in den amtlichen Dokumenten dann zwei Quartiere »Gensd'armen-Markt« und das mittlere »Schillerplatz« hießen.

Banken und Versicherungen

Ende der siebziger Jahre setzten Prozesse ein, die das Gesicht des Platzes einschneidend veränderten. Die Übertragung der Hauptstadtfunktion des Deutschen Kaiserreichs führte nach und nach und dann mit einem Schlage zur Umgestaltung der inneren Struktur des Zentrums Berlin. Eigentlich planlos übernahmen die Reichsbehörden die alten und viel zu engen Bauten des preußischen Staates und versuchten, sie den neuen Bedürfnissen und Funktionen anzupassen. Behörden und Einrichtungen entstanden, ohne daß

Abb. 224 Pferdeomnibus vor dem Französischen Turm, Fotografie von F. Albert Schwartz, um 1890

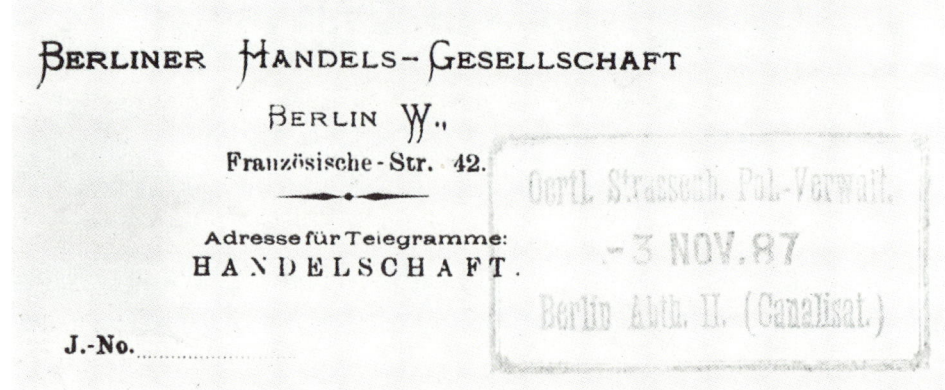

durchdachte Zuordnungen vorgenommen oder generelle Überlegungen über Standorte stadtplanerisch ausgearbeitet wurden. Man preßte insbesondere die großen Banken, Versicherungen und Konzernleitungen in die alten Quartiere hinein und zerstörte damit das historisch gewachsene Stadtbild. Es gab nur eine bestimmende Überlegung: Alle Behörden, Institutionen und zentralen kapitalistischen Lenkungsorgane mußten in der Nähe des Berliner Schlosses stehen, um die notwendige Kommunikation zu gewährleisten. Die etwas abseitige Lage des Gensd'armen-Marktes war schuld daran, daß der Ort erst am Ende der siebziger Jahre voll in dieses Konzept einbezogen wurde (Abbildung 224).

Die Berliner Handelsgesellschaft

In dem alten Ungerschen Wohnhaus in der Französischen Straße 42 entstanden 1837 Büroräume für Unternehmen. Von hier aus betrieb der Geheime Kommerzienrat Consul seine Geschäfte. 1856 mietete die »Commanditgesellschaft auf Actien Berliner Handelsgesellschaft« diese Räume. Zu ihren Gründungsmitgliedern gehörten die Bankiers Robert Warschauer, der Geheime Kommerzienrat Alexander Mendelssohn sowie Vertreter des Bankhauses Magnus und Gerson Bleichröder, ebenso das älteste Berliner Bankhaus der Gebrüder Schickler. Das neugeschaffene Kreditinstitut befaßte sich überwiegend mit der Bearbeitung laufender Banktransaktionen und der Finanzierung von Warengeschäften (Abbildung 225).

Der beginnende Ausbau Berlins als kapitalistisches Bank- und Handelszentrum war die Ursache der Gründung dieser Bank am 2. Juli 1856, die unter der Leitung von Carl Fürstenberg, seit 1883 mit der Handelsgesellschaft

Protokoll

der am 20. Juni in Karlsbad

abgehaltenen

Conferenz.

·

Anwesend:

Se. Excellenz der k. Serbische Finanzminister Herr Steva Popovic, als Vertreter der kön Serbischen Regierung,

die Herren Georg Weifert, Gouverneur und P. Manojlovic, Direktor der Serbischen National-bank, als Mitglieder des finanziellen Beirathes, Bevollmächtigte der kön. Serbischen Regierung,

Herr Baron de Leyssac, als Delegirter der Banque Imperiale Ottomane,

Herr Regierungsrath von Hahn, als Vertreter der k. k priv. Oest. Länderbank, und

Herr Carl Fürstenberg, als Vertreter der Berliner Handels-Gesellschaft.

I.

Se. Excellenz der Herr Finanzminister eröffnete die Sitzung, indem er vor allem der Banque Imp. Ottomane, der Länderbank und der Berliner Handelsgesellschaft den Dank dafür ausspricht, dass sie ihre Vertreter zur heutigen Conferenz entsendet haben. Er habe eine Besprechung mit den genannten Instituten, die jederzeit ein lebhaftes Interesse für den Serbischen Staatskredit bewiesen haben, zu dem Zwecke gewünscht, um denselben zu erklären, dass die kön. Serbische Regierung fest entschlossen ist, die Verpflichtungen des Serbischen Staates gegenüber seinen Gläubigern zu erfüllen, und in Zukunft alle Erträgnisse aus den für die bestehende Staatsanlehen verpfändeten Einnahmsquellen in erster Linie ausschliesslich für den Dienst dieser Anlehen zu verwenden.

Die Regierung beabsichtige auch anderseits, diesen Dienst auf eine reelle Basis zu stellen und die Leistungen des Staates im Einklang zu bringen mit den zur Verfügung stehenden Einnahmen. Die hierdurch den Staats-gläubigern erwachsenden Opfer werden aber weitaus dadurch aufgewogen werden, dass die den Gläubigern gewährten Sicherheiten derart gestaltet werden sollen, dass selbe in Zukunft nicht mehr angezweifelt werden können. Zu diesem Behufe habe sich die Regierung entschlossen, die bestehenden 5%igen serbischen Staats-anlehen in ein einheitliches 4%iges zu convertiren, welches in 72 Jahren zu amortisiren wäre, für dieses neue Convertirungsanlehen die für die bestehenden 5%igen Anlehen gewährten Pfänder zu belassen, da-gegen für die Verwaltung dieser Pfänder eine voll-kommen selbstständige, von allen politischen Faktoren

Finanzministers gesetzlich konstituirten neuen Mono-polverwaltung zu gewähren.

Endlich erklären die Vertreter, dass die Banken-gruppe bereit sein wird, allen ihren Einfluss aufzu-wenden, um die günstige Durchführung der vorge-schlagenen Operation zu sichern.

Hierauf wurde die Sitzung geschlossen und das Protokoll gefertigt mit der Erklärung seitens der Ver-treter der Banken, dass sie ihre Unterschriften mit dem Vorbehalte beisetzen, dass dieselben bis spätestens am 25. Juni von den betreffenden Banken ratificirt werden.

Karlsbad, den 20. Juni 1895.

Der kön. serbische Finanzminister

Stev. D. Popovicz

Die Bevollmächtigen der königl. serb. Regierung

Georg Weifert

P. Manojlovic

für die k. k. priv. oest. Länderbank

Hahn

le délégué de la Banque Ottomane

G. Brandeburger

pour la M. C. Fürstenberg

G. Brandeburger

365

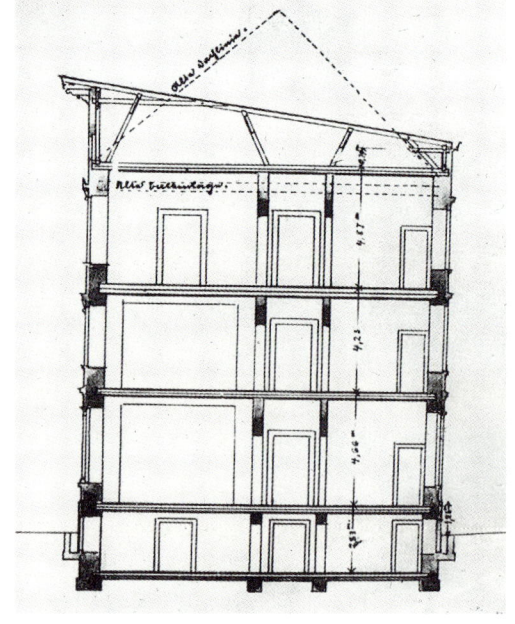

Abb. 227 Fassadenzeichnung
zum Umbau
des Ungerschen Hauses
für die Berliner
Handels-Gesellschaft, 1872

Abb. 228
Querschnitts-Zeichnung
für den Umbau
des Ungerschen Hauses, 1872

verbunden, bald zu einer der bedeutendsten imperialistischen Großbanken Deutschlands emporwuchs. Sie entwickelte sich zu *der* deutschen Kapitalbank ohne Filialen, die sich vor allem mit großindustriellen Emissionsgeschäften und der Vergabe von Krediten beschäftigte. Der Name dieses Geldinstituts ist heute weniger geläufig, da es ausschließlich im Hintergrund des

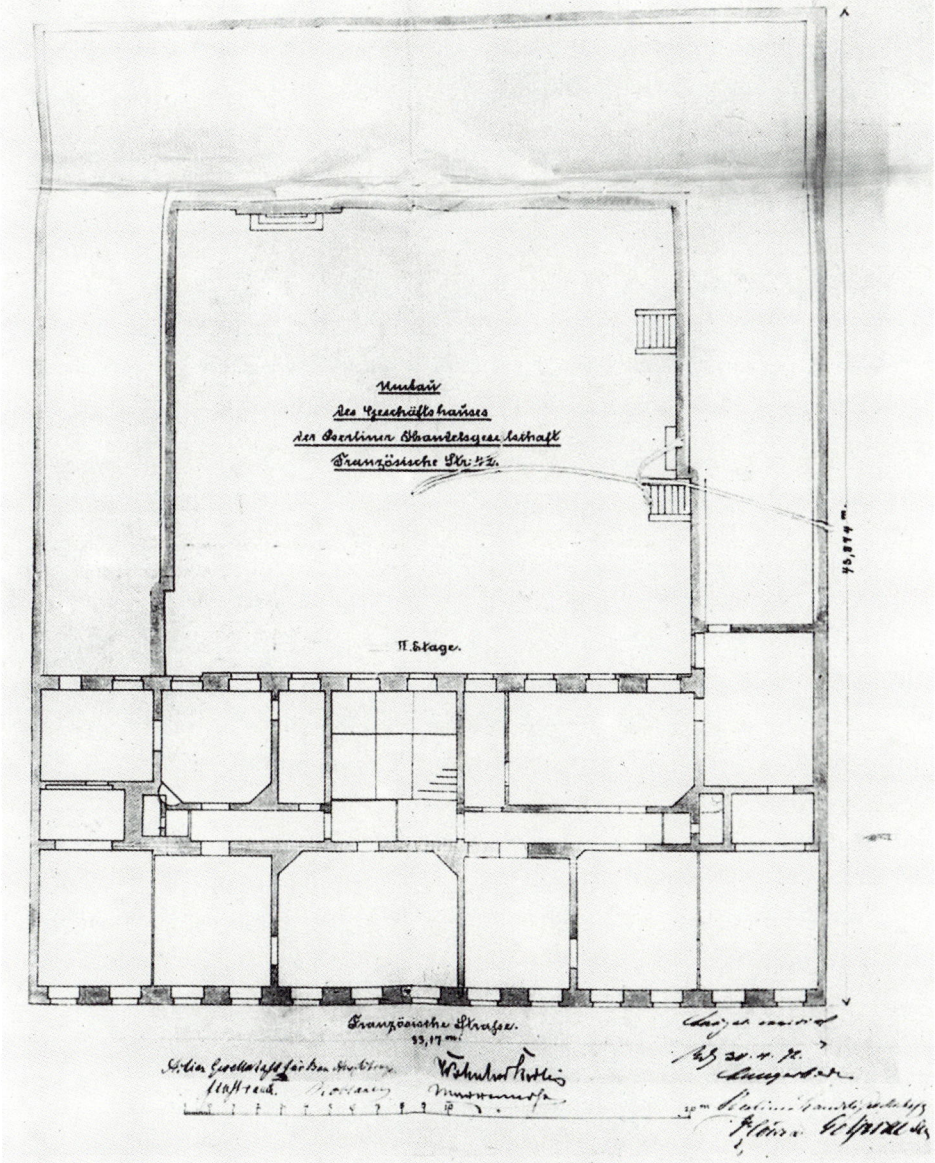

Abb. 229 Grundriß-Zeichnung
für den Umbau
des Ungerschen Hauses, 1872

internationalen Bankgeschäftes wirkte. Es verkörperte vor allem durch seine ausländischen Transaktionen, wie zum Beispiel die Absicherung der serbischen Staatsanleihen im Jahre 1895 (Abbildung 226 a und b), den für das imperialistische deutsche Kapital typischen Drang zur Neuaufteilung der Welt und war in besonderer Weise als Bank der AEG, des Hapag-Lloyd-Schiffahrtsunternehmens und anderer an der Formulierung der Expansionsziele auf dem Balkan und im Nahen Osten vor 1914 beteiligt.

Das Gründungskapital betrug 15 Millionen Taler. Nach verschiedenen Schwankungen wurde es 1896 auf 80 Millionen Reichsmark erhöht. Nach der Niederlage des deutschen Imperialismus im ersten Weltkrieg verlor die Bank ihre überragende Stellung, ohne jedoch in der Bedeutungslosigkeit zu versinken. Ihr Engagement für das Expansionsprogramm des deutschen Finanzkapitals, das sie entscheidend gestaltete, mußte nach 1919 mit hohen finanziellen Einbußen, insbesondere im Auslandsgeschäft, bezahlt werden. Sie konnte sich nun gegen die drei D-Banken (Deutsche Bank, Dresdner Bank und Disconto-Gesellschaft) auf dem Berliner Bankplatz nicht mehr voll behaupten. Aber 1928 betrug ihr Aktienkapital bereits wieder 28 Millionen Reichsmark, und nach der Bilanz von 1943 konnte sie einen Gewinn von 542 598,72 RM bei einem Umsatz von 11 998 403,47 RM erwirtschaften. Zum Verwaltungsrat dieser Bank gehörten damals Dr. Hermann Bücher, Vorsitzender des Aufsichtsrates der AEG, Rüdiger Schmidt, Generaldirektor des Rheinisch-Westfälischen Kohlensyndikats, Dr. ing. Hans Niclassen, Generaldirektor der Siemens-Glas Aktiengesellschaft, und andere. Fest eingebunden in die staatsmonopolistisch organisierte Wirtschaft des faschistischen Deutschland, zu deren Stützen sie gehörte, repräsentierte die Bank bis 1945 die Niedergangsphase des Bürgertums, das Europa und die Welt in zwei verheerende und verbrecherische Kriege gestürzt hatte.

Während der gesamten Zeit ihrer Existenz hatte die Bank ihren Platz am Gensd'armen-Markt und war ein Beispiel für die Umwandlung des Lebens an diesem wichtigen Ort Berliner Geschichte. Sie dehnte ihre Büroräume nach und nach fast auf die ganze Länge der Nordseite des Platzes aus. Am 20. März 1868 hatte die Berliner Handelsgesellschaft das Haus Französische Straße 42 für 150 000 Taler gekauft. Sie nutzte es ohne bauliche Veränderungen, für einen kostspieligen Neubau reichte das Geld noch nicht. Erst in der Gründerphase, im Jahre 1872, ging man daran, das vorhandene Gebäude für die Zwecke der Bank umzugestalten. Dieser Umbau tastete die

Abb. 230 Ansicht
des Ungerschen Hauses nach
dem Umbau für die Berliner
Handels-Gesellschaft,
Fotografie von
F. Albert Schwartz, um 1888

Grundstruktur der dreizehnachsigen Fassade nicht an, veränderte sie aber im Aussehen auffällig, auch durch den Ausbau des Dachgeschosses. Verantwortlich dafür war die Aktiengesellschaft für Bauausführungen, die die Architekten Martin Gropius und Heino Schmieden mit den Entwurfsarbeiten beauftragte. Beide unterhielten seit 1865 gemeinsam ein Architekturbüro, das zu den bekanntesten und bedeutendsten des Berlins dieser Jahre zählte. Zu den größten Arbeiten, die sie ausführten, gehörten das Krankenhaus Friedrichshain und das Kunstgewerbemuseum in der Prinz-Albrecht-Straße.

Der Umbau des alten Ungerschen Hauses zum Hauptgeschäftslokal der Berliner Handelsgesellschaft gehörte nicht zu den besten Arbeiten, markierte aber andererseits in der Entwicklung der Berliner Architektur einen gewissen Scheitelpunkt, denn nach den Milliarden, die das im Kriege 1870/71 besiegte Frankreich zu zahlen hatte, prosperierte das Berliner Kapital und konnte sich die ersten Bankpaläste leisten.

Gropius und Schmieden waren an die vorhandene Fassade gebunden und versuchten sie an die neue Funktion anzupassen. Auf den überlieferten Zeichnungen (Abbildungen 227–229) ist deutlich die alte Struktur des Ungerschen Hauses zu erkennen. Beide Architekten faßten insbesondere durch die Gestaltung der Eingangssituation das Haus neu. Am 18. November 1872 schrieb die Berliner Handelsgesellschaft an die Baupolizei: »Unter dem 14.ten Mai wurde der Berliner Handelsgesellschaft durch den Bauerlaubnisschein No 451 die Genehmigung zum Umbau der Façade und des Daches ihres in der Französischen Straße No 42 gelegenen Geschäftslokals erteilt. Um dem Haupteingang einen monumentalen Charakter zu geben, liegt es nun in dem Wunsche der Gesellschaft die vier Säulen resp. Pfeiler zu beiden Seiten des Eingangs möglichst weit vortreten zu lassen, damit die Säulen mindestens um drei Viertel ihrer Stärke freistehen können. Wir erlauben uns daher dem Königl. Polizeipräsidenten hierdurch die Bitte zu unterbreiten, für diese vier Stützen einen Vorsprung von 15 Zoll vor der Bauflucht … zu gestatten. In den oberen Etagen soll der Mittelbau nach nebenstehender Skizze nur 5 Zoll hervortreten.« Mit der Neueinsetzung der Säulen wiederholten Gropius und Schmieden ein Charakteristikum der Platzarchitektur, das sie an verschiedenen Bauten schon vorfanden, so bei Lutter & Wegner oder beim Salzkontor (Abbildung 230).

Am 22. Mai 1889 teilte ein Berliner Abbruchunternehmer dem Polizeipräsidium »ergebenst mit, daß ich die Baulichkeiten des Grundstücks Berlin Französische Straße No 42 auf Abbruch gekauft habe und mit den Abbrucharbeiten am Mittwoch, den 24. d. M. beginnen will«. Es erfolgte kein Einspruch, und so fiel dieser Bau der Spitzhacke zum Opfer. Am 7. Juni war er bis zur Höhe des ersten Stockwerkes und am 18. Juli bis in die Kellergeschosse abgetragen.[1]

An diesem Ort errichtete der Architekt Alfred Messel einen Ersatzbau. Mit seinem Namen war eine neue Periode der Berliner Architekturentwicklung verbunden. Er überwand den barockisierenden Gründerzeitstil und setzte an seine Stelle maßvolle Bauten in feingliedriger Vertikalbetonung. Eine besondere Vorliebe hegte er für ansehnliche Dachkonstruktionen, wie sie etwa bei dem ebenfalls zur Berliner Handelsgesellschaft gehörenden Bau

in der Behrenstraße noch heute zu bewundern ist. 1909 erwarb die Bank das Nachbargrundstück Französische Straße 43 samt Bebauung für 3 Millionen Reichsmark und ließ von dem Architekten Heinrich Schweitzer im Stile Messels in den Jahren 1910/11 einen Erweiterungsbau vornehmen. Ebenso verhielt es sich mit dem Grundstück Französische Straße 44. Alle drei Häu-

Abb. 231 Gebäude der
Berliner Handels-Gesellschaft
nach dem Umbau durch
Alfred Messel (um 1890) und
Heinrich Schweitzer (1910/11),
Meßbild, vor 1925

ser sind einheitlich auf den alten Grundstücksbreiten errichtet und tragen deutlich die Handschrift Messels. Die Erdgeschoßzone ist rustiziert, die Obergeschosse sind durch Kolossalpilaster zusammengefaßt. Da Schweitzer dem baulichen Grundgedanken Messels folgte, ergibt der heute durch Kriegseinwirkungen reduzierte Komplex insgesamt einen den Platz gestaltenden Anblick von hoher Qualität; leider sind die monumentalen Dächer im zweiten Weltkrieg verlorengegangen (Abbildung 231).

Andere Banken, meist kleinere und kurzlebige, fanden ebenfalls ihren Standort zunächst in alten Häusern am Platz, aber ihre Spuren haben sich heute völlig verloren.

Die »Victoria« An der Ecke Markgrafen- und Mohrenstraße hatte eine andere Institution ihren Sitz, deren Name und Geschichte zu Recht vergessen sind, obwohl ihre Bedeutung für die Entwicklung des Berliner Finanzkapitals nicht geringzuschätzen ist: die »Victoria zu Berlin — Allgemeine Versicherungs-Actien-Gesellschaft«, die am 26. September 1853 als »Allgemeine-Eisenbahn-Versicherungs-Gesellschaft« ihre »Allerhöchste« Bestätigung fand; seit 1875 wird sie kurz als »Victoria« bezeichnet (Abbildung 232). Aus einem kleinen Unternehmen für die Versicherung von Eisenbahntransporten entwickelte sie sich bis 1914 zur größten Versicherungsgesellschaft Deutschlands. Im Jahre

Abb. 232 Briefkopf der »Victoria« aus dem Jahre 1886

1913 verfügte sie über einen Versicherungsbestand von 2 ½ Milliarden Reichsmark und ein Vermögen von 1 Milliarde RM bei einem Grundkapital von 3 Millionen RM.

Der »Victoria« gehörten 1942 acht Tochtergesellschaften. Den größten Teil des Vermögens hatte sie in Grundstücken und Industriebeteiligungen des In- und Auslandes angelegt. So besaß sie zu diesem Zeitpunkt

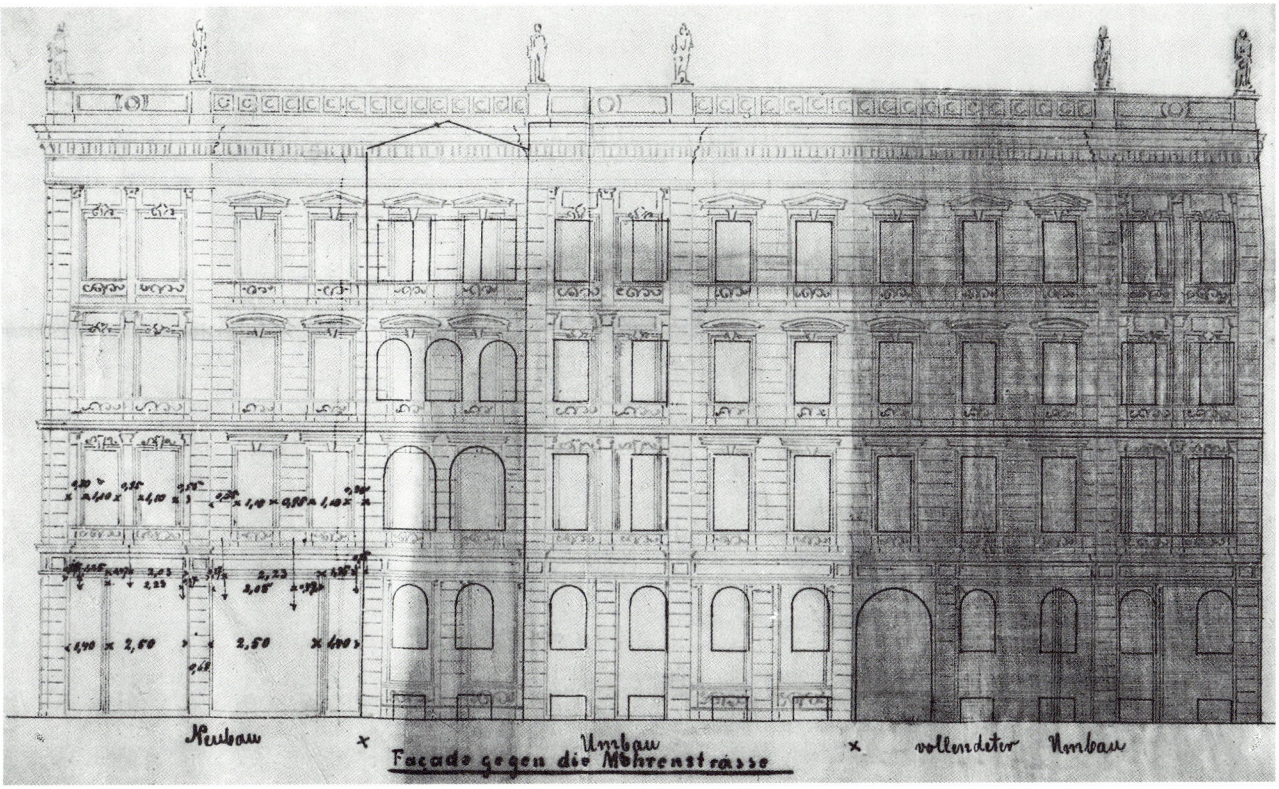

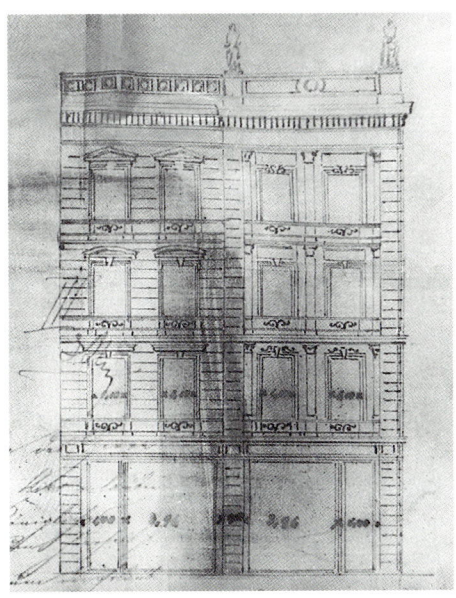

Facade gegen die Mohrenstrasse

Neubau   Umbau   vollendeter Umbau

Abb. 233 Fassadenzeichnung
für den Umbau des Hauses
Mohrenstraße/Ecke
Markgrafenstraße
für die »Victoria«, 1870

Abb. 234 Fassadenzeichnung
für den
in der Markgrafenstraße
liegenden Teil des Umbaus
der »Victoria«, 1870

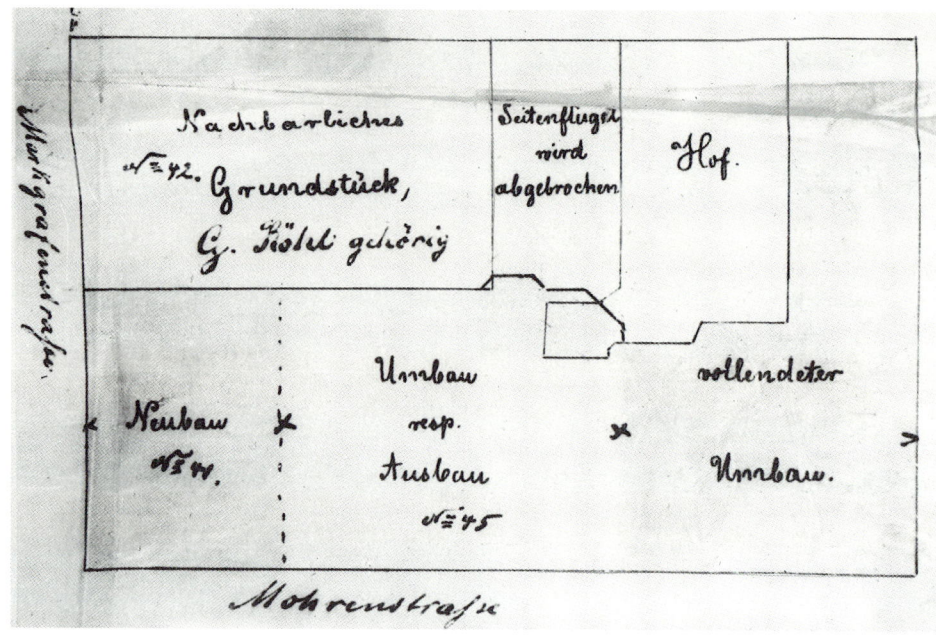

Abb. 235 Situation
des Umbaus der
Grundstücke Mohrenstraße 45
und Markgrafenstraße 41
und 42

125 Grundstücke in Berlin und 50 im Ausland. Die Bilanz für das Rechnungsjahr 1942 wies unter anderem folgenden Besitzstand aus:

Grundstücke im In- und Ausland	91 309 270,--
Hypotheken im In- und Ausland	180 766 315,--
Wertpapiere im In- und Ausland	221 824 376,--
Industriebeteiligungen	12 027 171,95

Ebenfalls beträchtlich war die Beteiligung am Expansionsstreben des deutschen Finanzkapitals, insbesondere im internationalen Versicherungsgeschäft. Nach 1945 im Zuge der Entmachtung des deutschen Monopolkapitals auf der Grundlage des Potsdamer Abkommens enteignet, verlor sie den größten Teil ihres Kapitals und betreibt seitdem in geringem Umfang in Berlin-West das Versicherungsgeschäft am Rande des Marktes der großen Versicherungen.

Durch Spekulationen war die »Victoria« in den Besitz eines Grundstücks am Gensd'armen-Markt gekommen. Ursprünglich handelte es sich um vier verschiedene Grundstücke und Häuser, die der Fabrikant Röhl nach und nach erwarb. Er war der Typ des Spekulanten, der die Möglichkeiten des

Abb. 236 Markgrafenstraße 41
und 42, Fotografie von
F. Albert Schwartz, um 1895

Goldflusses aus Frankreich nutzte und nach 1871 ein ihm gehörendes Haus
in der Mohrenstraße 46 zu einem Geschäftshaus umzubauen begann. Die
Bauzeichnung belegt den Prozeß der Umgestaltung und weist den Anteil
von Neubau und Umbau genau aus. Während der Arbeiten erwirbt Röhl das
Grundstück Mohrenstraße 45 und Markgrafenstraße 41 und setzt den Umbau fort, der aber hier mehr den Charakter des Neubaus annimmt. Die von
diesem Hausteil überlieferte Zeichnung aus dem Jahre 1872 weist dies nach
(Abbildung 233). Am 19. September 1872 erwirbt Röhl schließlich noch das

Grundstück Markgrafenstraße 42 und weitet den begonnenen Bau auch auf dieses Gelände aus (Abbildungen 234, 235).

Noch während des Baus verkaufte er die Grundstücke samt dem halbfertigen Haus an die »Victoria«, die das Gebäude zunächst an die »Aktiengesellschaft Centralbank für Genossenschaften« vermietete. Als diese während des Gründerkrachs 1873 in Konkurs ging, nutzte die »Victoria« das Grundstück selbst als Hauptgeschäftssitz. Der Neu- beziehungsweise Umbau präsentierte sich in beeindruckender Ansicht und entsprang dem Wunsch, die Kleinheit der Grundstücke beim Bau großer und repräsentativer Geschäftshäuser zu überwinden. Die Fassade weist auf eine Phase der Berliner Bauentwicklung hin, die heute durch kein Beispiel mehr dokumentiert wird. Das Gebäude entstand in der Zeit, als der Übergang vom Wohnhaus zum reinen Geschäftshaus vollzogen wurde, das heißt, in der Gestaltung überwiegen noch Elemente des Wohnhausbaus, während die durch die Nutzung als Geschäftshaus erforderlichen Änderungen sich nur langsam durchsetzen konnten (Abbildung 236).

Die »Victoria« hatte hier bis zum 7. November 1895 ihren Sitz, dann zog sie in einen weitläufigen Komplex in der Lindenstraße. Das Haus wurde vermietet und im November 1906 abgetragen. Ursache dafür war die Bodenspekulation, die eine extensive Nutzung der Grundstücke und ein auf die Ausgewogenheit des Platzes nicht mehr Rücksicht nehmendes Bauen in die Höhe zur Folge hatte, das dann den Platz zerstörte.

Der Strom kommt

Noch auf ein drittes, mit seinen Wirkungen bis in die Gegenwart reichendes Unternehmen muß verwiesen werden, und es darf angenommen werden, daß der Vorgang, soweit er sich am Gensd'armen-Markt abspielte, weitestgehend unbekannt geblieben ist: In der Markgrafenstraße 43/44 stand das erste öffentliche Kraftwerk Deutschlands, das im August 1885 seinen Betrieb aufnahm.

Bereits im Altertum waren die Menschen mit der Elektrizität in Berührung gekommen, nur wußten sie noch nichts damit anzufangen. Thales von Milet beobachtete um 600 v. u. Z., daß Bernstein, wenn er an einem Fell gerieben wird, leichte Körper anzieht. Bernstein — griechisch Elektron — gab bekanntlich der Elektrizität ihren Namen. Erst rund zweitausend Jahre später entdeckte der Magdeburger Bürgermeister Otto von Guericke, daß ähnliche Erscheinungen von einer drehbaren Schwefelkugel erzeugt werden kön-

nen. Er konstruierte die erste Reibungselektrizitätsmaschine, die aber nicht mehr als Jahrmarktsattraktion war. Im 18. Jahrhundert nutzten Wissenschaftler dieses Phänomen dann für verschiedene Experimente.

Alessandro Volta entwickelte um 1800 die Batterie als leistungsfähige Stromquelle. Doch erst knapp hundert Jahre später kam das Prinzip der Gleichstrom liefernden Trockenbatterie zur Anwendung. 1821 machten Michael Faraday und Hans Christian Oersted gleichzeitig die sensationelle Entdeckung: Strom kann mechanische Arbeit leisten. Vierzig Jahre danach entstand dann der Urtyp des Elektromotors: Eine enorme Steigerung der Produktion wurde möglich.

Hier begann die große Stunde des Berliners Werner von Siemens, der seit 1847 gemeinsam mit dem Mechaniker Johann Georg Halske eine Werkstatt unterhielt. Zunächst konstruierten beide Zeiger- und Drucktelegrafen. 1848 entdeckte Siemens die kapazitive Aufladung von Kabeln, 1859 folgte die Einführung der Widerstandseinheiten. Siemens wurde der Begründer der

Abb. 238 Ansicht
der Ecke
Markgrafenstraße/
Taubenstraße
mit den Schornsteinen
der Central-Station,
Fotografie von
F. Albert Schwartz, um 1895

Starkstromtechnik durch seine Entdeckung des dynamoelektrischen Prinzips (1866), dessen Anwendung erst die Erzeugung starker elektrischer Ströme durch die Induktion ermöglichte. Als er 1867 über die Umkehrbarkeit elektrischer Maschinen als Generator oder Motor, je nach Richtung der Energieumformung, vor der Berliner Akademie der Wissenschaften sprach, waren die theoretischen Voraussetzungen für die Nutzung der Elektroenergie gelegt. 1875 wird Schloß Linderhof als Demonstrationsobjekt für die Öffentlichkeit beleuchtet, vier Jahre später der Münchner Zentralbahnhof.

Thomas Alva Edison baute 1881 die erste »Elektrische Zentrale« in New York, die ein Stadtgebiet von knapp zwei Quadratkilometern versorgte. Von ihm, der sich ebenfalls auf längere Versuche und Vorarbeiten anderer stützte, kam die zweite Voraussetzung für die Nutzung des Stroms für Beleuchtungszwecke. 1879 verwertete er die Erfindung der Kohlenfadenglühlampe mit Schraubsockel, der Vorläuferin unserer heutigen Glühlampe.

378

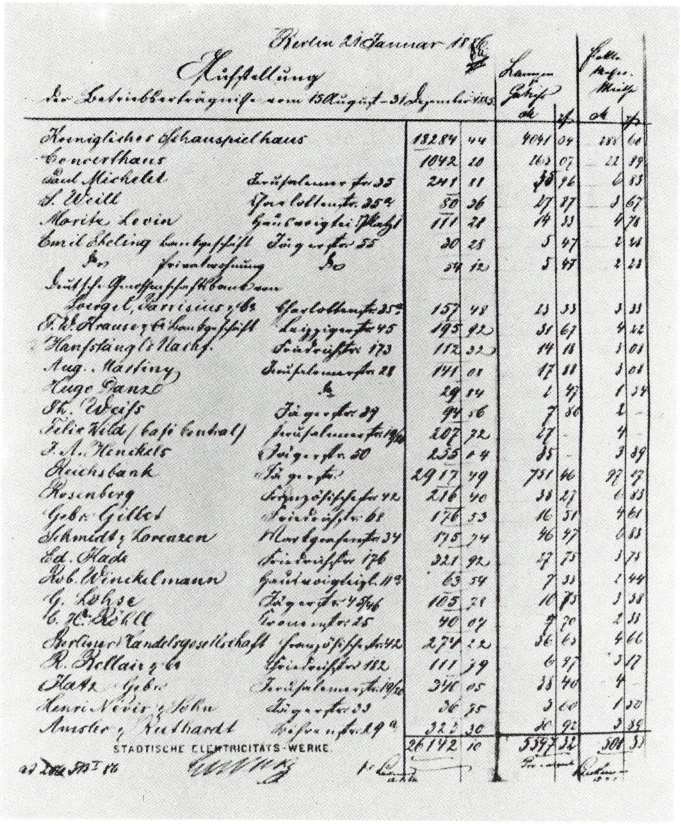

Berlin 21 Januar 1886

Aufstellung der Betriebserträgnisse vom 15 August – 31 Dezember 1885

		M	Pf	Lampen-Geschäft M	Pf	Zähler-Miete M	Pf
Koenigliches Schauspielhaus		18284	44	4041	04	188	61
Concerthaus		1042	20	163	07	22	19
Paul Michelet	Jerusalemerstr. 35	241	11	38	96	6	83
S. Weill	Charlottenstr. 25a	80	26	27	87	3	67
Moritz Levin	Hausvoigtei Platz	111	21	14	33	4	78
Emil Ebeling Bankgeschäft	Jägerstr. 55	20	28	5	47	2	28
do. Privatwohnung	do.	54	12	5	47	2	28
Deutsche Genossenschaftsbank von Soergel, Parrisius & Co.	Charlottenstr. 25a	157	48	23	33	3	33
F. W. Krause & Co. Bankgeschäft	Leipzigerstr. 45	195	92	31	67	4	22
Hanfstaengl's Nachf.	Friedrichstr. 173	112	32	14	18	3	01
Aug. Matting	Jerusalemerstr. 28	141	01	17	88	3	01
Hugo Danz	do.	29	14	1	47	1	34
Th. Weiss	Jägerstr. 27	94	56	7	86	2	-
Felix Wild (Café Central)	Jerusalemerstr. 19/20	207	72	27	-	4	-
J. A. Henckels	Jägerstr. 50	255	14	85	-	3	89
Reichsbank	Jägerstr.	2917	49	751	46	97	17
Rosenberg	Französischestr. 42	216	40	38	27	6	83
Gebr. Gilbert	Friedrichstr. 68	176	53	16	51	4	61
Schmidt & Lorenzen	Markgrafenstr. 34	175	74	46	47	6	83
Ed. Hade	Friedrichstr. 176	321	92	27	75	3	75
Rob. Winckelmann	Hausvoigteipl. 11a	63	54	7	33	1	44
G. Lohse	Jägerstr. 45/46	105	28	10	75	3	38
C. H. Böll	Kronenstr. 25	40	07	7	70	2	33
Berliner Handelsgesellschaft	Französischestr. 42	274	22	56	63	4	66
R. Bellair & Co.	Friedrichstr. 182	111	39	6	97	3	17
Hatz Gebr.	Jerusalemerstr. 19/20	340	05	28	40	4	-
Henri Névir & Sohn	Jägerstr. 33	36	75	3	60	1	20
Ansler & Ruthardt	[illegible] 19a	322	30	30	92	3	89
		26142	10	5597	32	508	33

STÄDTISCHE ELEKTRICITÄTS-WERKE

Abb. 239 Aufstellung der Betriebsergebnisse vom 15. August bis 31. Dezember 1885 der Central-Station Markgrafenstraße

1882 errichtete Werner von Siemens die erste Glühlampenfabrik, die anfangs vierzig, später achtzig Stück pro Tag produzierte. 1881 sicherte sich aber ein anderer Großer der kapitalistischen Wirtschaft, Emil Rathenau, den Löwenanteil der kommenden Entwicklung. Rathenau, der gerade in Berlin mühsam Interessenten für das von seinem Betrieb gebaute Telefonnetz zu gewinnen suchte, erwarb von Edison das Recht, dessen Beleuchtungspatente für Deutschland auszunutzen. Zielstrebig und mit geschäftlichem Instinkt legte er damit den Grund zu weiterer Expansion.

Relativ rasch bemühte Rathenau sich darum, Anlagen zur Stromversorgung in Berlin zu errichten, um die technische Neuheit zu demonstrieren und zu propagieren. Am 12. April 1882 leuchteten in der Druckerei Büxenstein erstmalig sechzig Glühlampen auf, die von einer im Hause installierten Maschinenanlage gespeist wurden. Bald folgten das Böhmische Brauhaus, die »Ressource von 1794« und der Union-Club in Berlin. Gestützt auf diese

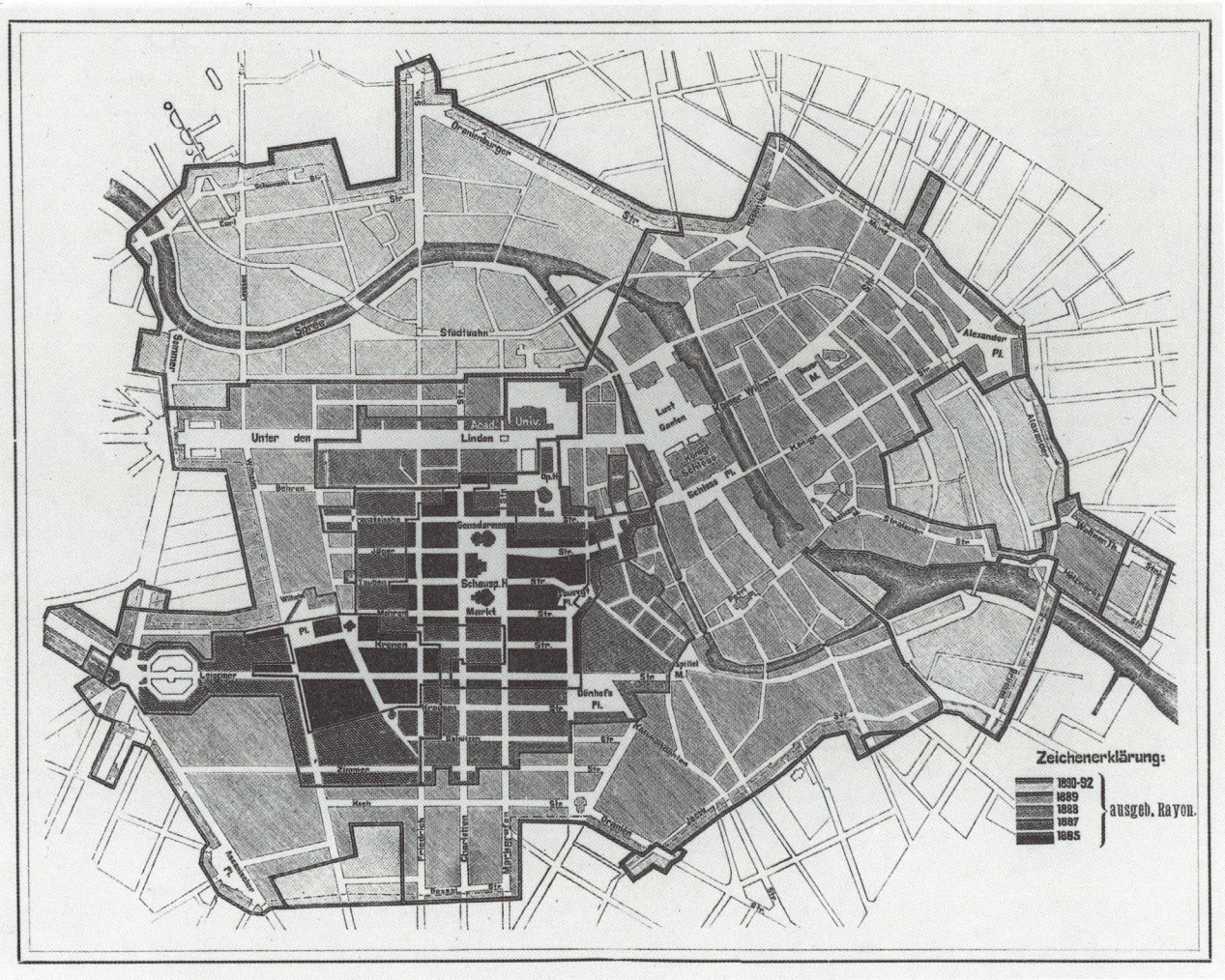

Abb. 240 Einzugsbereich
des ersten Kraftwerks
in Deutschland

öffentlichen Erfolge, suchte und fand er Geldgeber, mit denen er am 15. Juli 1882 die »Gelegenheits-Gesellschaft« gründete. Als dann am 2. Dezember 1882 die Wilhelmstraße mit elektrischem Glühlicht beleuchtet werden konnte, war der Durchbruch vollzogen.

Gestützt auf die Zustimmung in staatlichen und kommunalen Behörden, gründete Rathenau am 19. April 1883 mit fünf Millionen Goldmark die »Deutsche Edison-Gesellschaft für angewandte Elektrizität (DEG)«, später AEG. Rathenau und Siemens einigten sich und teilten den Markt auf: Die DEG produzierte Glühlampen und Zubehör und baute Anlagen für die öf-

Abb. 241 Das erste Kraftwerk
Deutschlands
und seine Dampfdynamos

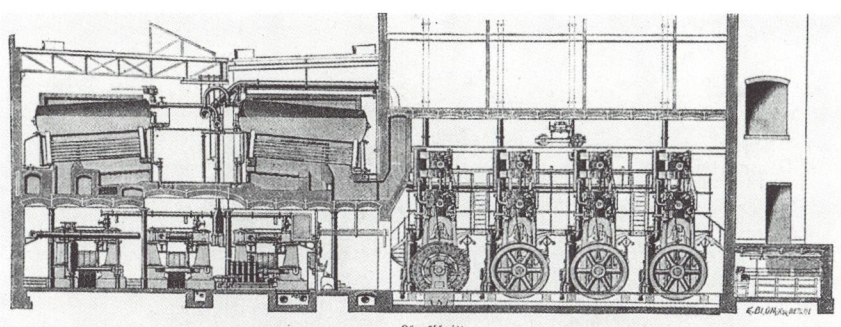

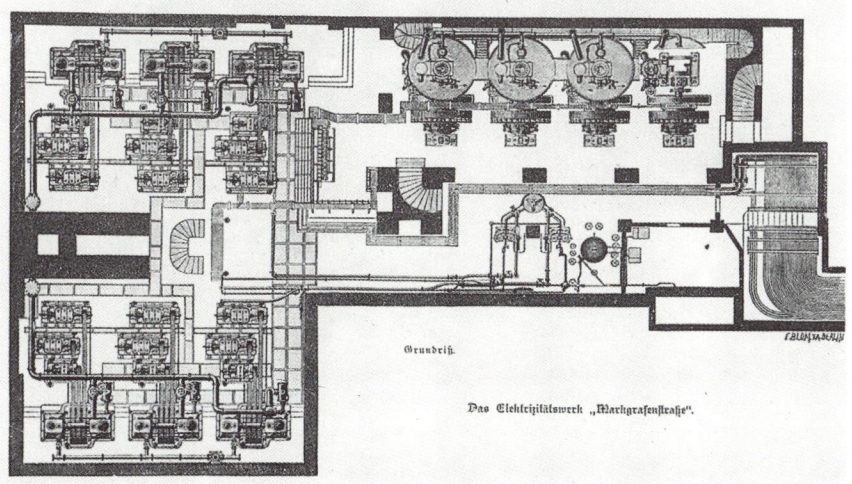

Abb. 242 Längsschnitt und
Grundriß der Anlage
in der Markgrafenstraße,
Holzschnitt von E. Blom,
1887

fentliche Stromversorgung, Siemens fertigte Dynamomaschinen, Leitungs-
und Kabelsysteme.

Nun folgte der nächste Schritt. Die DEG verhandelte mit dem Magistrat
um die Möglichkeit, Kabel auf öffentlichem Straßenland zu verlegen. In Ver-
trägen vom 6. und 19. Februar 1884 wurde ihr das Recht zuerkannt, in
einem Konzessionsgebiet von zwei Quadratkilometern um die Friedrichswerdersche Kirche diese Kabel in Straßenland zu verlegen, und sie mußte
sich verpflichten, jedermann, der sich mindestens drei Jahre zur tarifmäßi-
gen Stromabnahme bereit erklärte, mit Strom zu beliefern. Die Stadt Berlin
sicherte sich zehn Prozent des Bruttogewinns. Im gleichen Jahr erfolgte die

Einrichtung einer ersten Blockstation Ecke Friedrichstraße/Unter den Linden (Abbildung 237).

Am 8. Mai 1884 gründete die DEG die Aktiengesellschaft »Städtische Elektrizitäts-Werke« (A. G. StEW) mit der Aufgabe der »gewerbsmäßigen Ausnützung des elektrischen Stromes zur Beleuchtung und Kraftübertragung im jetzigen und künftigen Weichbild der Stadt Berlin«. Am 12. August trat die neue Firma in den Vertrag zwischen der DEG und dem Magistrat mit dem erklärten Ziel ein: Bau des ersten öffentlichen Kraftwerks Deutschlands in der Markgrafenstraße am Gensd'armen-Markt. Zu diesem Zweck erwarben die Städtischen Elektrizitätswerke AG die Grundstücke Markgrafenstraße 43/44 — heute Wilhelm-Külz-Straße 35 — zwischen Tauben- und Mohrenstraße für 435 000 RM. Die Vorgängerbauten wurden abgetragen, darunter »Der weiße Schwan« und ein Haus vom Ende des 18. Jahrhunderts, und es konnte mit dem Bau der »Centralstation« begonnen werden.

Eine Hypothek von neun Millionen Reichsmark zugunsten der Deutschen Bank ermöglichte die Finanzierung des neuen Unternehmens. Im Vorderhaus entstanden Büros und Geschäfte sowie eine Mantel- und eine Tapetenfabrik. Das Kraftwerk fand seinen Platz im Hinterhof auf dem sehr engen Grundstück. Es war mit sechs 150-PS-Schnelläuferdampfmaschinen bestückt und hatte eine Gesamtleistung von 540 kW. Eigentlich eine kleine Anlage, die sich aber gegen große Widerstände durchzusetzen hatte. Zum einen erhoben sich Einwände gegen die elektrische Straßenbeleuchtung, insbesondere von den nun Konkurrenz erhaltenden Gaswerken gestützt, die behaupteten, daß diese Beleuchtung die »photoelektrische Ophthalmie« hervorrufe — eine Krankheit, bei der die Augenlider anschwöllen und der Blutandrang zur Hornhaut sich verstärke.

Schwerwiegender waren die Eingaben der Anwohner des Kraftwerks. Zum einen gab es auf dem Betriebsgelände keine Lagerfläche für die Kohlen, die deshalb täglich mit Pferdefuhrwerken angefahren werden mußten. Das brachte Schmutz- und Lärmbelästigung mit sich, die durch Abgase und Rauch noch verstärkt wurde. Die Erschütterungen der Dampfmaschinen führten zu Bewegungen der Fußböden, Treppen und Lampen. Man beschwor die Gefahr einer epidemischen Nervenkrankheit und forderte den Magistrat auf, diese Mißstände abzustellen.

Trotzdem, am 15. August 1885 begann das Kraftwerk erfolgreich seinen Dauerbetrieb (Abbildung 238). Es fanden sich sofort Abnehmer, und

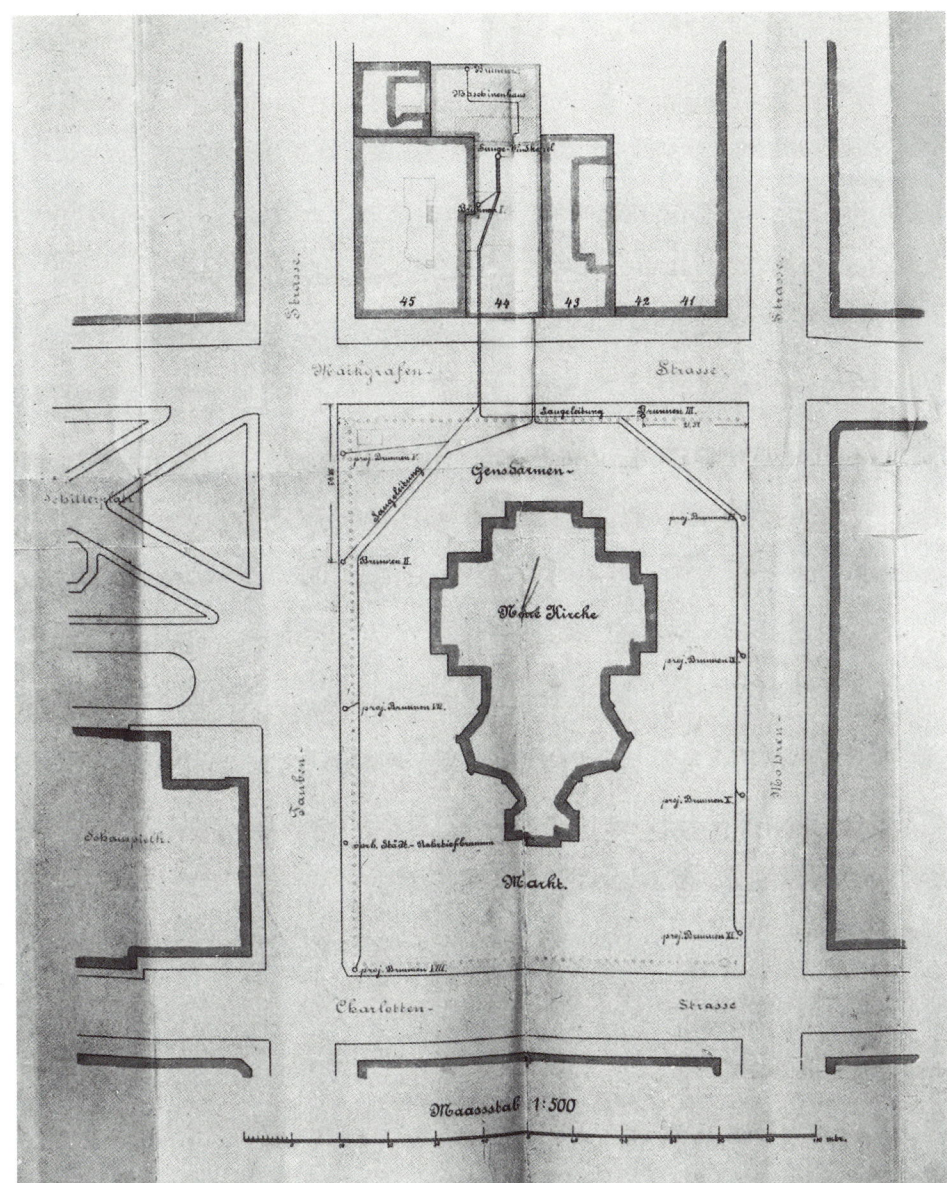

1 800 Lampen leuchteten auf. Eine kleine Zahl, denn zur selben Zeit waren in Berlin 700 000 Gaslampen in Gebrauch. Das neue Licht war nur für die Reichen. Der Preis pro Lampe betrug sieben Mark — mehr als das Doppelte des Tageslohns eines Maurers. Die Installation jeder Lampe kostete 230 Mark, das war schon der Vierteljahresverdienst eines Handwerkers. Die

Kosten pro Brennstunde einer Lampe lagen zwischen 2,4 und 4,2 Pfennig — dem Gegenwert von 100 g Roggenbrot.

Da war es dann eine große Hilfe, wenn Staatsunternehmen sich der neuen Lichtquelle annahmen. Das Schauspielhaus stellte schon bald auf die Verwendung elektrischer Energie um und war bereits 1885 der entscheidende Großabnehmer des ersten deutschen Kraftwerks. Nach einer überlieferten Aufstellung über die Pioniere unter den Stromverbrauchern (Abbildungen 239, 240) im Zeitraum zwischen dem 15. August und 31. Dezember 1886 beliefen sich die Kosten für das Schauspielhaus auf 4 041,04 RM — die größte Position der Liste. Es fällt weiterhin auf, daß nur sehr wenig Privatpersonen, dagegen aber vor allem Banken, Geschäfte und so weiter rund um den Gensd'armen-Markt die ersten Abnehmer der neuen Energie waren.

Kompliziert gestaltete sich die Einrichtung. Der mangelnde Platz führte dazu, daß die stehenden Dampfmaschinen von Borsig mit ihren Kesseln oberhalb der Maschinen lagen (Abbildungen 241–244). Für die Dampferzeugung und die Kühlung der Kondensatoren benötigte man enorme Mengen Wasser, die das Grundstück nicht hergeben konnte. Am 25. Oktober 1884 wandten sich die Städtischen Elektrizitätswerke mit folgendem Antrag an den Magistrat: »Für die im Bau befindliche Central-Station der Städtischen Elektrizitäts-Werke auf dem Grundstück Markgrafenstraße 44 ... ist zur Speisung der Condensation der Dampfmaschinen die Beschaffung einer Wassermenge von rd. 250 cbm. pro Stunde erforderlich. Nach dem Ergebnis einer bis zu großer Tiefe angestellten Bohrung erscheint es fraglich, ob diese Wassermenge sich durch Brunnenanlagen auf dem bezeichneten Grundstücke selbst dauernd voll beschaffen läßt. Den Magistrat hiesiger Königl. Haupt- und Residenzstadt bitten wir daher um geneigte Ertheilung der Genehmigung zur Anlage weiterer Rohrbrunnen auf dem, dem Grundstück gegenüberliegenden Theile des Gensd'armenmarktes ... sowie für die Anlage der erforderlichen Rohrleitungen.«[2] Am 2. Mai 1887 folgte ein weiterer Antrag, da »die nach der Fertigstellung der Brunnen vorgenommene Prüfung ... zwar die volle und erstrebte Leistungsfähigkeit derselben ergab, doch machte sich später, trotz der sorgfältigsten Ausführung der Brunnen, eine sich immer mehr steigernde Abnahme der Ergiebigkeit der Brunnen fühlbar«. Und weiter dann: »Zur vollen Befriedigung des vorhandenen Lichtbedürfnisses sind wir ferner genöthigt eine wesentliche Erweiterung der Station Markgrafenstraße 44 vorzunehmen, es wird deshalb die Maschi-

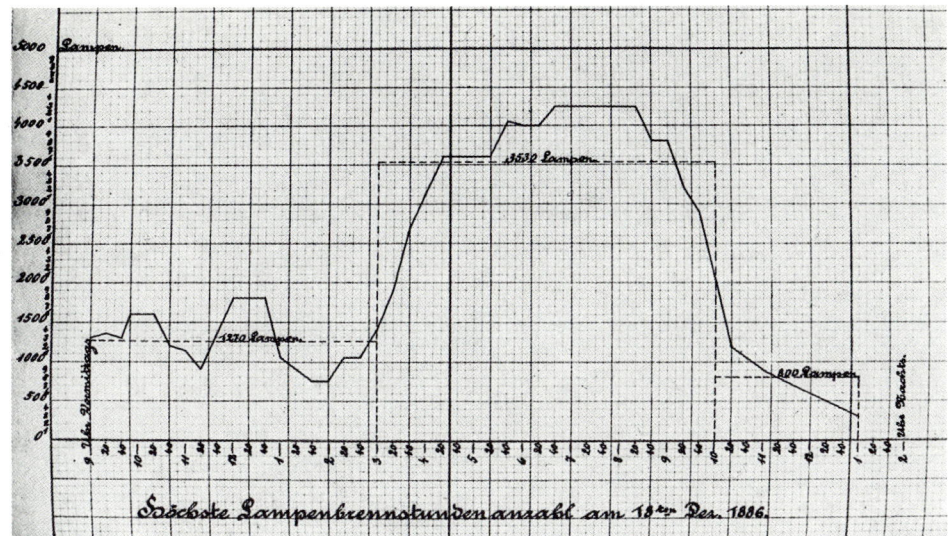

Abb. 246 Kurve
des Stromverbrauchs am
18. Dezember 1886

nenanlage um ca. 600 Pferdestärken vergrößert und die Condensationswassermenge um 150 cbm pro Stunde vermehrt werden müssen. Nach den oben gemachten Erfahrungen sind hierzu fünf weitere Brunnen erforderlich, von denen sodann jeder rund 30 cbm pro Stunde zu liefern hat.« Sie beantragen deshalb die Anlage der Brunnen V bis XI (Abbildung 245).

Am 1. September 1887 fühlten sich die Städtischen Elektrizitätswerke zu folgender Erklärung bemüßigt: »Die jetzige Maschinenanlage, für welche s. Zt. die beiden ersten Brunnen auf dem Gensd'armenmarkt angelegt wurden besteht aus 6 Condensations-Maschinen, von welchen im Maximum 5 in Betrieb kommen können, während eine stets in Reserve bleibt. Nimmt man die Condensationswassermenge gleich dem 25fachen Dampfdruck und diesen, reichlich bemessen, zu 12 kg pro Pferdekraft und Stunde, so erfordert der volle Betrieb von 5 Maschinen: ... 225 000 Liter = 225 cbm.

Beifolgende Skizze gibt eine graphische Darstellung der Leistung unserer Dampfmaschinenanlage am 18. Dezember 1886 als demjenigen Tage, an welchem dieselbe bis jetzt am stärksten belastet wurde.

Es sei noch kurz bemerkt, daß für einen großen Theil des Tages und der frühen Morgenstunden, wenn das Lichtbedürfnis unter ein gewisses Maß herabsinkt, der Betrieb durch 2 kleine Hochblockmaschinen geleistet wird. Demzufolge waren Condensationsmaschinen auch an jenem Tage nur von Vormittag 9 Uhr bis Nachts 1 Uhr im Gange. Es wurden in der Zeit von

9 Uhr vormittags bis 3 Uhr 30 Minuten nachmittags also während 6,5 Stunden durchschnittlich 1 300 Glühlampen à 16 Kerzen, oder wenn man pro Pferdekraft 8 Lampen rechnet ... rund 160 Pferdekräfte geleistet. In der Zeit von 3 Uhr 30 Minuten nachmittags bis 10 Uhr abends, also in einem Zeitabschnitt von gleichfalls 6,5 Stunden brannten durchschnittlich 3 530 Lampen und wurden demnach ... 441 Pferdekräfte geleistet.«[3] Die dem Schreiben beigefügte Übersicht über den Stromverbrauch am 18. Dezember 1886 stellt technisch- wie kulturgeschichtlich ein besonders wertvolles Dokument dar (Abbildung 246). Bisher ist keine so frühe Verbrauchsstatistik von Strom veröffentlicht worden. Sehr geschickt argumentierten die Elektrizitätswerke mit dem Hinweis, das Vorliegende belege, daß das elektrische Licht kein Luxuslicht sei, sondern der Verbrauch in den Hauptgeschäftszeiten steige, während er am Sonntag falle. In einer 1893 erschienenen Arbeit wird sogar formuliert, daß das »elektrische Licht zumeist mit dem Erwerb verbunden ..., daß es ein Nutzlicht« sei.[4] Das war in beiden Fällen noch mehr Idee als Tatsache. Zwar wurde 1886 in Berlin der erste Elektromotor der Welt installiert, tatsächlich gab es 1890 aber nicht mehr als drei Betriebe, die die Elektrizität als Antriebskraft nutzten.

Elektrisches Licht beziehungsweise Verwendung von elektrischem Strom für Beleuchtung stellte noch lange Zeit einen Luxus dar. Bereits die Wahl des Standortes des ersten Elektrizitätswerkes weist darauf hin. Die Glühlampe war zwar Wegbereiter der Elektrifizierung, aber ein Blick auf den Stadtplan dieser Jahre macht klar, daß es in dem Einzugsbereich des ersten Kraftwerks keine Industriebetriebe und nur sehr wenig Handwerksbetriebe gab, für die sich überdies der Einsatz der Elektrizität noch nicht lohnte.

Sehr bald entstand in der Mauerstraße die zweite Centralstation, beide konnten am 19. November 1887 miteinander verbunden werden – ein ingenieurtechnischer Erfolg dieser Jahre, denn dadurch konnten in Spitzenzeiten volle Leistung gefahren und in schwächeren Betriebszeiten Teile abgeschaltet werden. Neue Kraftwerke mit größeren Dynamomaschinen wurden gebaut. Nach 1900 verschoben sich die Standorte, die Elektrifizierung der Industrie begann. Das Kraftwerk in der Markgrafenstraße verlor seine Bedeutung, es war nicht leistungsfähig genug. Am 23. Februar 1907 wurde der »Dampfbetrieb gänzlich eingestellt«, am 23. Mai 1908 der Umbau der Anlage abgeschlossen, so daß die Brunnen als nunmehr überflüssig bis zum 15. September 1908 auftragsgemäß beseitigt werden mußten.[5] Ungeachtet

Abb. 247 Das Schauspielhaus
vor der Verkleidung
mit Sandstein
und vor der Umgestaltung
des Schillerplatzes, 1879

Abb. 248 Der Schillerplatz
nach der Umgestaltung und
nach dem Umbau
der Deutschen Kirche,
Meßbild, um 1914

Abb. 249 Marktszene
auf dem Gensd'armen-Markt,
Fotografie von
F. Albert Schwartz, 1886

Abb. 250 Kommunal-Blatt
von Berlin,
Nr. 18 vom 2. Mai 1886,
mit der Mitteilung der
Aufhebung des Marktes

Nachdem die vier Markthallen:
    I. in der Neuen Friedrichstraße,
    II. in der Linden-Friedrichstraße,
    III. in der Zimmerstraße,
    IV. in der Dorotheenstraße,
für geeignet befunden worden sind, einen dem Verkehrs-Bedürfnisse
entsprechenden Ersatz für die bisher:
    1. auf dem Alexanderplatze,
    2. auf dem Neuen Markte,
    3. auf dem Dönhofsplatze,
    4. auf dem Gensdarmen-Markte,
    5. auf dem Belle-Allianceplatze,
    6. am Potsdamer Thore,
    7. in der Karlstraße an der Ecke der Luisenstraße, und
    8. am Oranienburger Thore
abgehaltenen Wochenmärkte zu bieten, werden die vorgenannten acht
Märkte hiermit auf Grund des §. 69 der Gewerbe-Ordnung im Einverständniß mit der Gemeindebehörde
       zum 3. Mai dieses Jahres, Morgens 1 Uhr,
geschlossen.
    Berlin, den 28. April 1886.
       Königliches Polizei-Präsidium.
         von Richthofen.

dessen — die Tatsache, daß das erste deutsche Kraftwerk an diesem Platz entstand und die ersten Einrichtungen, die mit elektrischem Licht versorgt wurden, in der Umgebung lagen, spricht dafür, daß dieser Standort deshalb gewählt wurde, weil er eng mit der Entstehung bürgerlichen Lebens in Berlin verknüpft war. Die Großbourgeoisie beherrschte nun den Platz und schuf sich hier ihre Institutionen, sowohl Finanzinstitute als auch die ersten Einrichtungen, die eine bedeutende Leistungssteigerung und Rationalisierung der kapitalistischen Industrie Deutschlands ankündigten.

In den Strudel der Ereignisse geriet zunehmend das Schauspielhaus. Weniger durch die Gestaltung des Repertoires, das hier ungewertet bleiben muß, als vielmehr durch die Tatsache, daß in den siebziger Jahren, nach einer Periode sträflichster Vernachlässigung, der Bau plötzlich wieder in den Mittelpunkt rückte. Das Haus zeigte sich ungepflegt und hatte seinen Glanz einge-

**… und wieder
das Schauspielhaus**

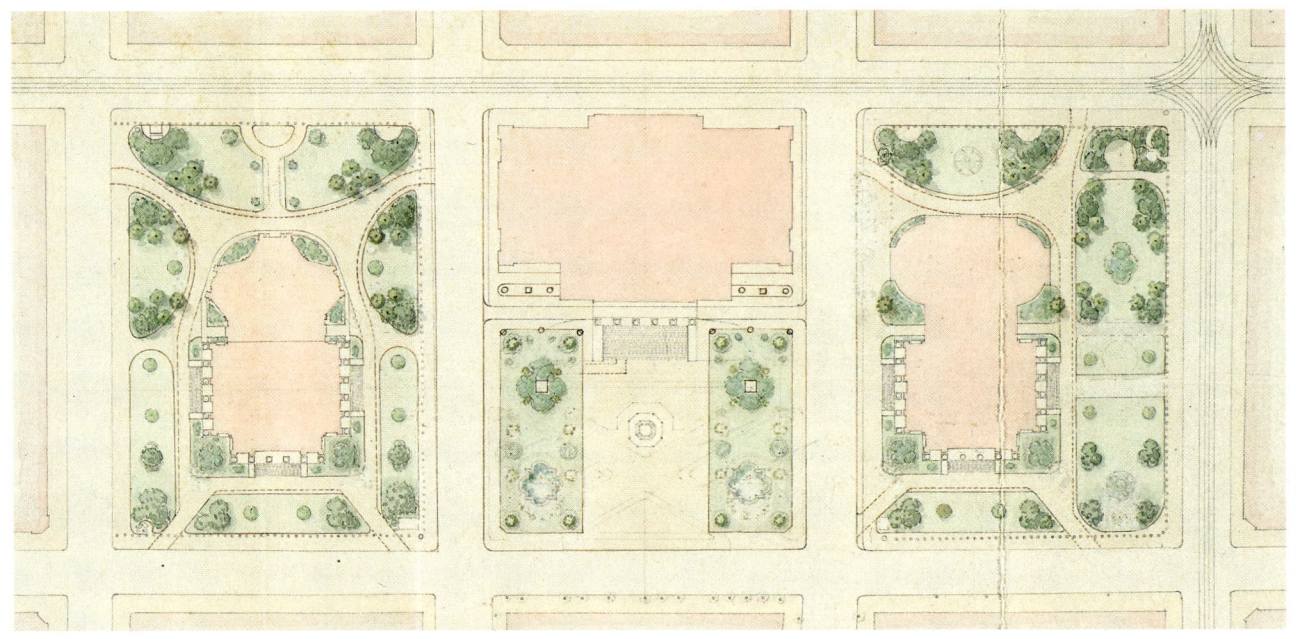

Abb. 252 Entwurf
für die Schmuckanlagen
auf dem Gensd'armen-Markt,
um 1895

büßt. Sowohl der Aufenthalt des Militärs 1848/49 als auch der allgemeine Niedergang ließen im Bürgertum den Wunsch reifen, den Bau den neu gewonnenen Positionen entsprechend würdig zu gestalten.

Dahinter stand zunächst ein ernsthafter Grund. Am 20. Oktober 1879 wandte sich der General-Intendant Botho von Hülsen mit dem Hinweis an das preußische Staatsministerium, daß »der Concertsaal im Königl. Schauspielhaus dringend einer vollständigen Erneuerung« bedürfe. Die »stützenden Balken« zeigten eine »schlechte Beschaffenheit«, und der Saal sei der »Benutzung des Publikums entzogen«, denn zum »wiederholten Male sind Theile der Deckenbekleidung herabgefallen«. Der Bericht verweist darauf, daß »eine nochmalige gründliche Untersuchung durch den diesseitigen Sachverständigen, Hofrath Persius« angeordnet wurde. Sie ergab: »Der Saal ist nicht mehr zu benutzen.«[6]

Das Staatsministerium gab den Bericht am 23. Oktober an das Finanzministerium weiter. Es geschah nichts, obwohl ein Gutachten eingeholt wurde, das am 5. November 1879 vorlag.

Am 27. März 1881 erfolgte ein neuer Vorstoß des General-Intendanten, der eine Denkschrift des Architekten und Schinkel-Schülers Ludwig Persius weiterreichte.[7] In dem Anschreiben hieß es: »Der Concertsaal des hiesigen

392

Königlichen Schauspielhauses und die zu ihm gehörenden Nebenräume haben im Laufe der Zeit ..., solche Schäden erlitten, daß ihre Benutzung als lebensgefährlich, seit Jahr und Tag nicht mehr stattfinden kann.«[8] Die Kosten für die Reparatur wurden mit 191 000 RM beziffert. Man entschied sich für einen weitergehenden Schritt. Am 2. Oktober schrieb das Finanzministerium in Beantwortung eines nicht überlieferten Antrages von Persius an das Staatsministerium und das Ministerium der öffentlichen Arbeiten, daß man der Reparatur zustimme »sowie einer Sandsteinverkleidung für das Schauspielhaus anstatt des bisherigen Mörtelputzes« den Vorzug gebe.[9] Persius war die treibende Kraft in allen folgenden Aktionen.

Vorauszugehen hatte aber ein Gutachten der »Akademie des Bauwesens«, das am 19. Oktober angefordert wurde und am 9. November vorlag. In ihm hieß es: »Nach dem unterm 20ten April d.J. von Ober-Hof-Baurath Persius ausgearbeiteten Plan und den dazu gehörigen Erläuterungen und Berechnungen wird beabsichtigt, die mit Kalkmörtel verputzten Façaden des Königlichen Schauspielhauses ..., durchgehend mit kostbarem Material (Werksteine) zu verkleiden. Dass das edle, monumentale Bauwerk fortab seine schönen Formen in echtem monumentalen Material zeigen soll, kann nur auf das Lebhafteste begrüßt werden.«[10] Am 13. Juni 1882 lag der Voranschlag mit einer Höhe von 272 000 RM vor, der am 2. Oktober auf 288 000 RM erhöht wurde. Die Bauarbeiten begannen im Frühjahr 1883 und konnten im Herbst 1884 abgeschlossen werden (Abbildungen 247, 248). Die »Norddeutsche Allgemeine Zeitung« schrieb am 27. Dezember 1884, daß die Verkleidung als beendet angesehen werden könne, und fuhr dann fort: »Die Schönheit des Schinkelschen Baus, ganz besonders die vornehmen Verhältnisse der einzelnen Theile unter sich und zur Gesamtmasse, sowie die feinen Gliederungen kommen nunmehr in ganz anderer Weise zur Geltung, als wie dies früher bei dem einfachen Verputz der Fall war. Auch der milde graue Farbenton des Sandsteins wirkt zu dieser Verschönerung ganz erheblich besser ... Wenn Meister Schinkel nochmals sein Werk beschauen könnte, — er würde gewiß freudigen Beifall spenden, denn die Ausführung des Schauspielhauses als Putzbau hat ihn zu seiner Zeit ungemein geschmerzt. Das ist eben echte Pietät gegen den Unvergeßlichen ...«[11]

Die »Vossische Zeitung« merkte am 4. April 1884 an: »Baumeister Hense leistete die Verkleidungsarbeiten.« Begonnen hatte sie am südlichen Flügel. Anschließend kommt die Zeitung zu einer ausführlichen Beschreibung des vorherigen Zustandes. Danach hatte der Sockel aus Sandstein einen schwarzgrauen Putz, und die sechs ionischen Säulen wären ebenfalls mit Putz beworfen gewesen. Die Zustände im Innern seien kläglich. Der Konzertsaal sei frostig und nüchtern. Das hätte seine Ursache in einem Irrtum Schinkels, der antiken Bauten keine Farbigkeit zuerkannte. Erst nach 1830 habe man festgestellt, daß auch in der Antike die Bauten farbig gewesen wären. Weiterhin forderte die Vossische Zeitung menschenwürdige Räume für die Schauspieler im Zuge eines totalen Umbaus.[12]

Am 16. Oktober 1887 ging der nächste Antrag auf Umbau des Hauses ein: »Seit der Eröffnung des Schauspielhauses im Jahre 1821, somit seit 66 Jahren, ist die Bühne mit ihren maschinellen Einrichtungen unverändert geblieben. Abgesehen davon, daß die Neuzeit wesentlich gesteigerte Anforderungen an die Gestaltung der szenischen Effekte stellt, und daß die gänzlich veraltete Construction der Bühne und ihrer Maschinen diesen Anforderungen keineswegs zu entsprechen vermag, ist die Verwitterung und

Abb. 253 Der Schillerplatz vor der Umgestaltung, um 1888

Abb. 254 Droschkenhalteplatz am Französischen Turm, Meßbild, um 1880

394

395

Verrottung des gesamten Holzwerkes derart vorangeschritten, daß die Verwaltung die ihr obliegende Verantwortung für die Sicherheit des darstellenden Personals nicht länger übernehmen kann.«[13] Wiederum war Persius der Initiator und maßgebend an dem Vorantreiben der Erneuerung beteiligt. Am 10. Dezember begannen die Vorarbeiten, und es wurden 300 000 Reichsmark dafür beantragt. Das Finanzministerium genehmigte am 4. Juni 1888 340 000 Reichsmark für einen eisernen Dachstuhl, den Umbau der Maschinerie und den Einbau einer Wasserleitung.[14]

Das letztere war ein mehr als notwendiger Vorgang, war damit doch auch der Einbau von Toiletten verbunden. Von keinem Geringeren als August Bebel besitzen wir eine genaue Zustandsbeschreibung der sanitären Verhältnisse. Der Führer der deutschen Arbeiterbewegung bemerkte über seinen Berliner Aufenthalt 1867 anläßlich der ersten Sitzung des Norddeutschen Reichstages: »Bedürfnisanstalten auf den Straßen oder Plätzen gab es nicht. Fremde und namentlich Frauen gerieten in Verzweiflung, bedurften sie einer solchen. In den Häusern selbst waren diese Einrichtungen meist unglaublich primitiv. Eines Abends besuchte ich mit meiner Frau das Königliche Schauspielhaus. Ich war entsetzt, als ich in einem Zwischenakt in den Raum trat, der für die Befriedigung kleiner Bedürfnisse der Männer bestimmt war. Mitten in dem Raum stand ein Riesenbottich, längs den Wänden standen einige Dutzend Pots de Chambre, von denen man den benutzten höchst eigenhändig in den großen Kommunebottich zu entleeren hatte. Es war recht gemütlich und demokratisch. Berlin als Großstadt ist wirklich erst nach 1870 aus dem Zustand der Barbarei in den der Zivilisation getreten.«[15]

Das Ende des Marktes, die »Verschönerung« des Platzes; das weitere Schicksal der Kirchen

Das »Kommunal-Blatt« von Berlin, Nr. 18 vom 2. Mai 1886, teilte lakonisch mit: »Nachdem die vier Markthallen … für geeignet befunden worden sind, einen dem Verkehrs-Bedürfnisse entsprechenden Ersatz für die bisher … abgehaltenen Wochenmärkte zu bieten, werden die vorgenannten acht Märkte hiermit auf Grund des § 69 der Gewerbe-Ordnung im Einverständniß mit der Gemeindebehörde zum 3. Mai dieses Jahres, Morgens 1 Uhr, geschlossen« (Abbildung 250). Damit endete für den Gensd'armen-Markt die öffentliche Nutzung als Teil der Infrastruktur zur Versorgung der Stadt; eine etwa hundertfünfzigjährige Entwicklung fand ihren Abschluß. Das war notwendig geworden, denn auf die Dauer konnte man bei der ungeheuren Zusammenballung von Menschen die Versorgung einer Millionenbevölkerung

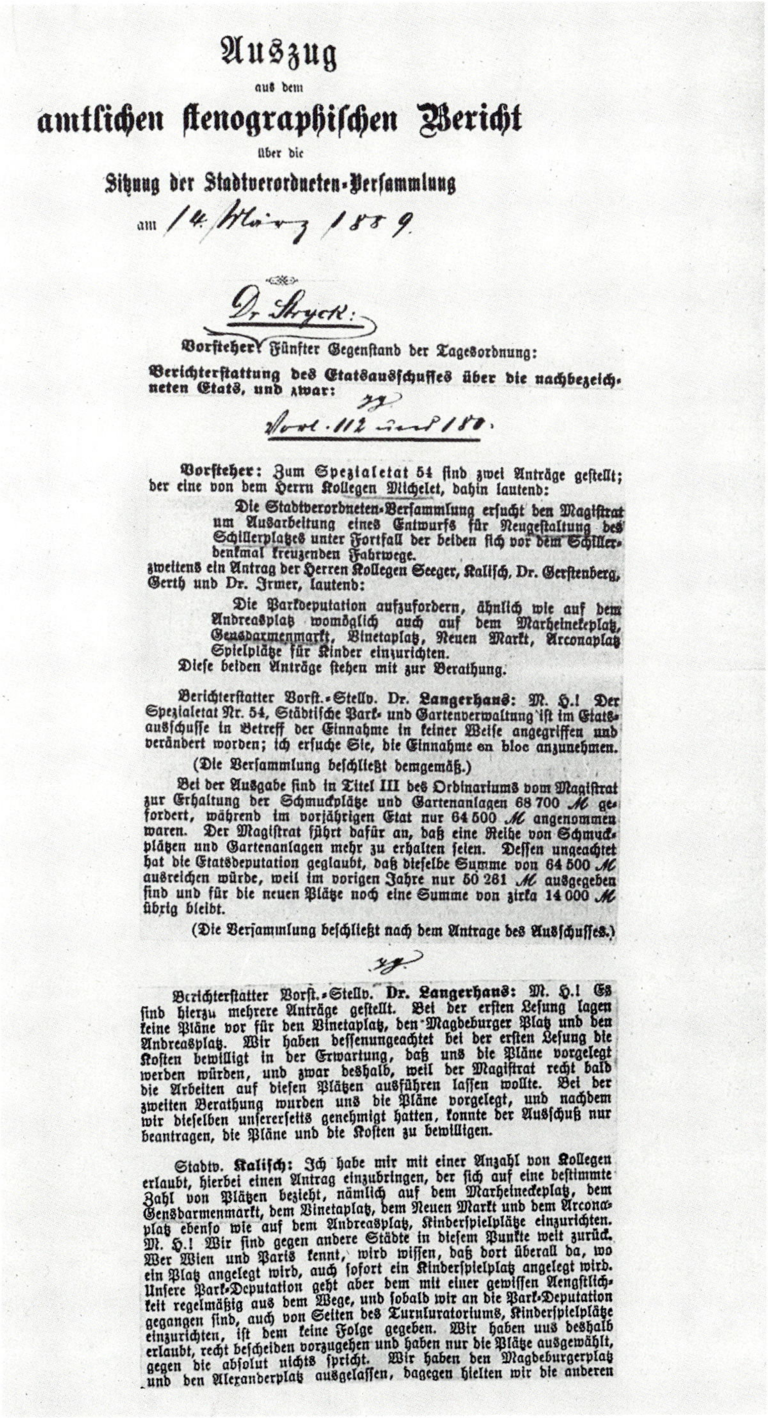

Abb. 255 Auszug
aus dem Protokoll der
Stadtverordnetenversammlung
vom 14. März 1889
betreffend Umgestaltung
des Schillerplatzes

Auszug

aus dem

amtlichen stenographischen Bericht

über die

Sitzung der Stadtverordneten-Versammlung

am 14. März 1889.

Dr. Stryck:

Vorsteher: Fünfter Gegenstand der Tagesordnung:

Berichterstattung des Etatsausschusses über die nachbezeichneten Etats, und zwar:

Novl. 112 und 180.

Vorsteher: Zum Spezialetat 54 sind zwei Anträge gestellt; der eine von dem Herrn Kollegen Michelet, dahin lautend:

Die Stadtverordneten-Versammlung ersucht den Magistrat um Ausarbeitung eines Entwurfs für Neugestaltung des Schillerplatzes unter Fortfall der beiden sich vor dem Schillerdenkmal kreuzenden Fahrwege.

zweitens ein Antrag der Herren Kollegen Seeger, Kalisch, Dr. Gerstenberg, Gerth und Dr. Irmer, lautend:

Die Parkdeputation aufzufordern, ähnlich wie auf dem Andreasplatz womöglich auch auf dem Marheineckeplatz, Gensdarmenmarkt, Binetaplatz, Neuen Markt, Arconaplatz Spielplätze für Kinder einzurichten.

Diese beiden Anträge stehen mit zur Beratung.

Berichterstatter Vorst.-Stellv. Dr. Langerhans: M. H.! Der Spezialetat Nr. 54, Städtische Park- und Gartenverwaltung ist im Etatsausschusse in Betreff der Einnahme in keiner Weise angegriffen und verändert worden; ich ersuche Sie, die Einnahme en bloc anzunehmen.

(Die Versammlung beschließt demgemäß.)

Bei der Ausgabe sind in Titel III des Ordinariums vom Magistrat zur Erhaltung der Schmuckplätze und Gartenanlagen 68 700 M. gefordert, während im vorjährigen Etat nur 64 500 M. angenommen waren. Der Magistrat führt dafür an, daß eine Reihe von Schmuckplätzen und Gartenanlagen mehr zu erhalten seien. Dessen ungeachtet hat die Etatsdeputation geglaubt, daß dieselbe Summe von 64 500 M. ausreichen würde, weil im vorigen Jahre nur 50 261 M. ausgegeben sind und für die neuen Plätze noch eine Summe von zirka 14 000 M. übrig bleibt.

(Die Versammlung beschließt nach dem Antrage des Ausschusses.)

Berichterstatter Vorst.-Stellv. Dr. Langerhans: M. H.! Es sind hierzu mehrere Anträge gestellt. Bei der ersten Lesung lagen keine Pläne vor für den Binetaplatz, den Magdeburger Platz und den Andreasplatz. Wir haben dessenungeachtet bei der ersten Lesung die Kosten bewilligt in der Erwartung, daß uns die Pläne vorgelegt werden würden, und zwar deshalb, weil der Magistrat recht bald die Arbeiten auf diesen Plätzen ausführen lassen wollte. Bei der zweiten Beratung wurden uns die Pläne vorgelegt, und nachdem wir dieselben unsererseits genehmigt hatten, konnte der Ausschuß nur beantragen, die Pläne und die Kosten zu bewilligen.

Stadtv. Kalisch: Ich habe mir mit einer Anzahl von Kollegen erlaubt, hierbei einen Antrag einzubringen, der sich auf eine bestimmte Zahl von Plätzen bezieht, nämlich auf dem Marheineckeplatz, dem Gensdarmenmarkt, dem Binetaplatz, dem Neuen Markt und dem Arconaplatz ebenso wie auf dem Andreasplatz, Kinderspielplätze einzurichten. M. H.! Wir sind gegen andere Städte in diesem Punkte weit zurück. Wer Wien und Paris kennt, wird wissen, daß dort überall da, wo ein Platz angelegt wird, auch sofort ein Kinderspielplatz angelegt wird. Unsere Park-Deputation geht aber dem mit einer gewissen Aengstlichkeit regelmäßig aus dem Wege, und sobald wir an die Park-Deputation gegangen sind, auch von Seiten des Turnkuratoriums, Kinderspielplätze einzurichten, ist dem keine Folge gegeben. Wir haben uns deshalb erlaubt, recht bescheiden vorzugehen und haben nur die Plätze ausgewählt, gegen die absolut nichts spricht. Wir haben den Magdeburgerplatz und den Alexanderplatz ausgelassen, dagegen hielten wir die anderen

Abb. 256 Anfrage der Stadtverordnetenversammlung an den Magistrat vom 3. Juni 1891 betreffend Umgestaltung des Schillerplatzes

Abb. 257a und b Auszug aus dem Protokoll der Stadtverordnetenversammlung vom 30. Dezember 1891 betreffend Sperrung der Diagonalwege

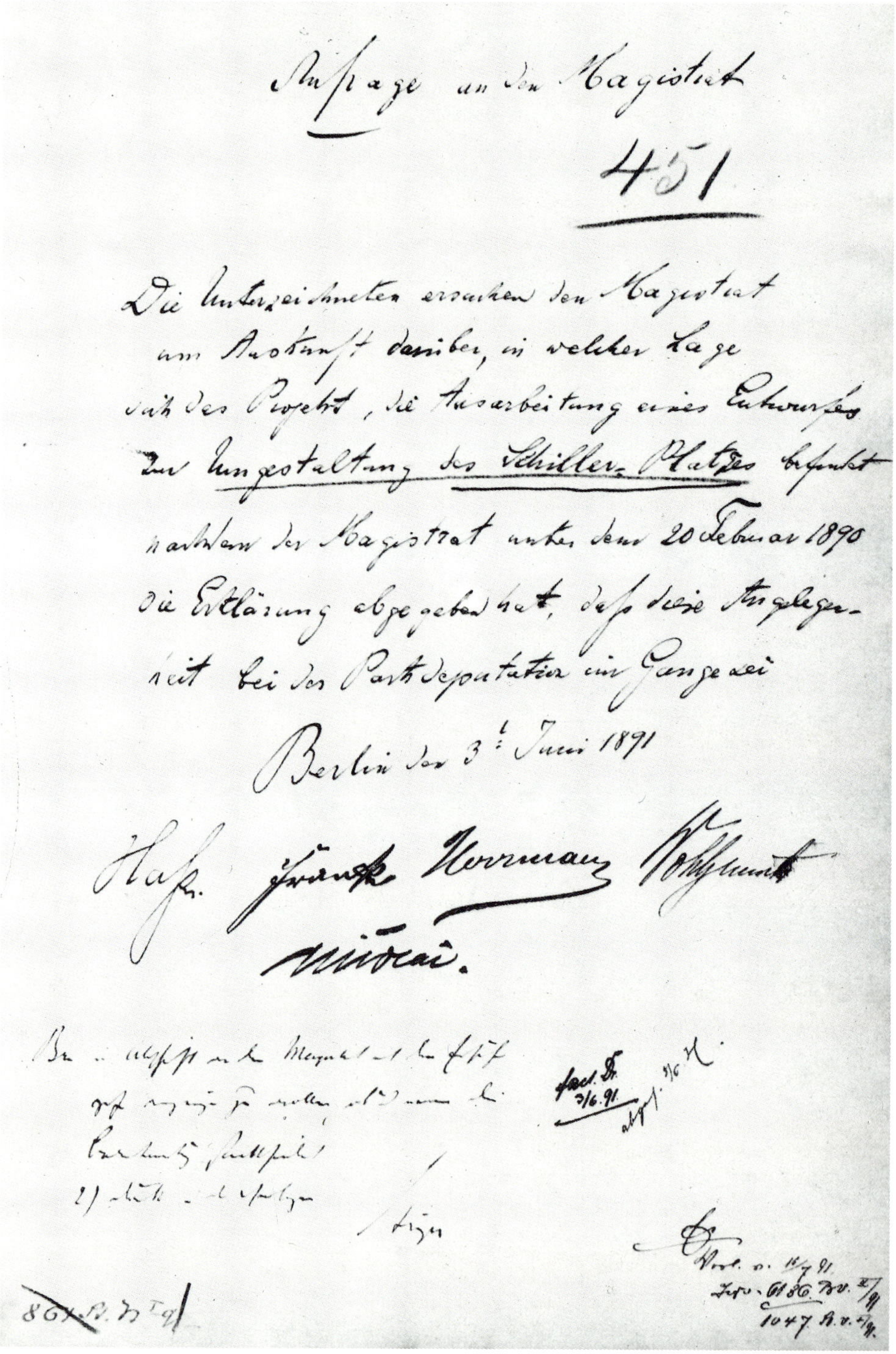
Anfrage an den Magistrat

451

Die Unterzeichneten ersuchen den Magistrat
um Auskunft darüber, in welcher Lage
sich das Projekt, die Ausarbeitung eines Entwurfes
zur Umgestaltung des Schiller-Platzes betreffend
nachdem der Magistrat unter dem 20 Februar 1890
die Erklärung abgegeben hat, daß diese Angelegenheit bei der Parkdeputation im Gange sei

Berlin den 3t Juni 1891

Auszug

aus dem

amtlichen stenographischen Bericht

über die

Sitzung der Stadtverordneten-Versammlung

am 30. Dezember 1891

Vorsteher Dr. Stryck:

Vierter Gegenstand der Tagesordnung:

Antrag des Stadtv. Esmann und Genossen, betreffend die Sperrung der Diagonalfahrwege vor dem Schillerdenkmal für Fuhrwerk. — Vorl. 953.

Hierzu liegt ein Antrag des Herrn Kollegen Löwel vor:

In der sicheren Voraussetzung, daß bei der nahe bevorstehenden einheitlichen Umgestaltung des Gendarmenmarktes und des Schillerplatzes die Diagonalfahrwege ohnehin beseitigt werden, geht die Versammlung über den Antrag Esmann und Genossen zur Tagesordnung über.

Antragsteller Stadtv. **Esmann:** M. H.! Gestatten Sie mir zunächst, daß ich einen Druckfehler berichtige, der sich in die Vorlage eingeschlichen hat. Es ist hier unterzeichnet der Name des Herrn Kollegen Haß und muß heißen: Raß. Ich habe mit dem Herrn Kollegen Haß gesprochen und um Entschuldigung gebeten; er hat mir aber die Erklärung gegeben — er war damals krank —, daß er den Antrag damals auch unterzeichnet haben würde. Als im Juni d. Js. der Antrag des Herrn Kollegen Haß zur Berathung vorlag, betreffend Ausschmückung des Schillerplatzes mit Parkanlagen, theilte uns der Magistrat mit, daß er mit seinem Entwurf von Hinz zu Kunz, von Pontius zu Pilatus geschickt sei und wirklich erreicht habe. Aus dem Schriftwechsel, der uns mitgetheilt wurde, ging hervor, daß mit dem Königlichen Schauspielhause ein Umbau beabsichtigt sei, und daß man noch nicht schlüssig darüber sei, ob und wo neue Ausgänge und Zufahrten herzustellen seien. Wenn man bedenkt, daß erst in allerneuster Zeit ein gründlicher Umbau des Königlichen Schauspielhauses stattgefunden hat — Sie werden sich entsinnen, daß das Königliche Schauspielhaus dieserhalb längere Zeit geschlossen war —, wenn man ferner in Betracht zieht, daß das Königliche Schauspielhaus mit drei Seiten an großen, bequemen Straßen liegt, so muß man erstaunt sein, wie es möglich ist, daß jetzt schon wieder Wünsche dahin laut werden, und man noch nicht mit sich klar ist, ob bei einer etwaigen Veränderung der Schillerplatz mit hineingezogen werden muß. M. H.! Wenn derartige Fragen einem Privatbautechniker vorgelegt werden — und wir lassen sie ja alle Tage zu bearbeiten, — so machen sie in der P̶rivattechnik nicht so große Umstände; sie werden im Handumdrehen erledigt und müssen erledigt werden.

M. H.! Ich will ja nicht untersuchen, woran hier die Schuld liegt, aber angesichts dieser ungewissen Zukunft, meine ich, ist es doch zweckmäßig, wenn die Bürgerschaft Berlins durch diese Versammlung sich offen und klar darüber ausspricht, wie sie die zukünftige Gestaltung des Schillerplatzes wünscht, damit der Magistrat dadurch eine Direktive bekommt für seinen Entwurf.

Wenn ich nun auf die Verkehrsverhältnisse am Schillerplatz eingehen darf — und wir alle haben uns ja mit Durchlegung neuer Straßen, mit Verbreiterungen und Verbesserungen bestehender Straßen, mit Hebung des Verkehrs innerhalb der Stadt Berlin eingehend beschäftigt, ich meine, wir haben ein Urtheil in dieser Beziehung — so darf ich anführen, daß das Königliche Schauspielhaus auf einem Baufeld liegt, das umrahmt wird von der Markgrafen-, der Jäger-, der Charlotten- und der Taubenstraße; es ist dieses Baufeld nicht größer als alle diejenigen, die hergestellt werden durch die zahlreichen Parallelstraßen zwischen der Koch- und der Behrenstraße, und es würde mir niemals einfallen, bei der Bequemlichkeit, die hier für den Verkehr vorhanden ist, Anträge auf die Herstellung neuer Straßen zu stellen. Trotzdem, m. H., sind auf dem Baufeld, auf dem das Königliche Schauspielhaus steht, Kreuz- und Querstraßen angelegt, die ich nach meiner Ansicht nicht für nöthig halte. Ich habe schon vorhin erwähnt, das Schauspielhaus liegt von drei Seiten an breiten, bequemen, schönen Straßen, es führt außerdem an der Hauptfront eine Fahrstraße an der Freitreppe vorüber, und eine fünfte Straße führt unter der Frei-

treppe hindurch. Allen Ansprüchen, die man bei einem solchen Gebäude verlangen kann, ist hier Rechnung getragen, und die außerdem auf dem Vorfelde liegenden Diagonalwege von Südwest nach Nordost und von Südost nach Nordwest halte ich für überflüssig, ja sogar für gefährlich, und zwar gefährlich für das Publikum, das diese Straße mit Vorliebe geht und, ich meine, berechtigt ist, derartige Diagonalstraßen zu haben für Fuhrverkehr. Die Straßen sind außerordentlich schmal, die Fahrwege sowohl als die Bürgersteige — die Bürgersteige haben etwa 1 m Breite —, und es wird Ihnen allen wohl schon passirt sein, daß Sie von den Bürgersteigen heruntertreten mußten auf den Fahrdamm. Wenn dann zufällig zwei Wagen sich begegnen, so ist es schwer, eine Stelle zu finden, wo man nicht überfahren wird. Noch schlimmer ist es aber bei schlüpfrigem Wetter; mir ist es erst vor wenigen Tagen passirt — es war das die Veranlassung zu dem Antrage —, daß ich beinahe hingefallen wäre. Am schlimmsten ist es aber meiner Meinung nach am Kreuzungspunkte vor dem Schillerdenkmal. Wenn Jemand in Schiller'sche Gedanken versunken,

(Heiterkeit.)

den Straßendamm passirt, m. H., — von allen vier Seiten können da möglicherweise Wagen auf ihn einfahren, und, wenn er dadurch zu Fall kommt, — m. H., er wird unrettbar kreuzweis gerädert.

(Große Heiterkeit.)

M. H.! Ich kann die Gefahren nicht besser schildern, als es der Herr Kollege Haß im Juni gethan hat. Wenn bisher noch kein Unglück eingetreten ist an dieser Stelle, so beweist das garnichts; Sie wissen: „Mit des Geschickes Mächten ist kein ew'ger Bund zu flechten."

(Heiterkeit.)

Ich bitte Sie, m. H., nehmen Sie den Antrag an.

Stadtv. **Löwel:** M. H.! Ich kann voraussetzen, daß Ihnen bekannt ist, daß bereits seit Jahren die Parkdeputation sich eingehend damit beschäftigt hat, ebenso die Bau-Deputation. Es sind die Pläne sozusagen fertiggestellt, wenn auch noch nicht definitiv; aber sie haben alle Stadien durchlaufen. Der Aufschub, der jetzt entstanden ist, ist durch die Intendantur der Königlichen Schauspiele veranlaßt, welche wünscht, daß auf die dort anzulegenden neuen Nothausgänge bei der Wegevertheilung Rücksicht genommen werden möge. Wenn wir ferner bedenken, daß im Etat schon die erste Rate eingestellt ist, dann muß man sich doch sagen: ist es da wohl an der Zeit, die Polizei zu ersuchen, die Fahrwege, welche schon seit 20 Jahren bestehen, jetzt mit einem Male polizeilich zu sperren? Wenn eine Idee so weit spruchreif ist, wie hier die Umgestaltung des Gendarmenmarktes oder Schillerplatzes, dann braucht man wirklich nicht die Hilfe der Polizei in Anspruch zu nehmen, sondern man kann um Beschleunigung der Angelegenheit bitten und abwarten, was geschieht. Ich bin ebensowenig wie der Herr Kollege Esmann irgendwie Willens, hier etwa die Diagonalwege bestehen zu lassen, die vorhanden sind; es sind auf den Projekten, die existiren, Diagonalwege nicht vorgesehen. Ich bin der Meinung: deshalb ist der Antrag vorläufig überflüssig. Hat es 20 Jahre dort kein Unglück gegeben, wie der Herr Antragsteller selbst sagt, so wird es in diesem einen Jahre wohl auch noch gehen. Ich möchte daher dem Herrn Kollegen Esmann zustimmen, da ich ausdrücklich betone, daß wir die Mißstände der Diagonalwege vor dem Schiller-Denkmal ganz besonders anerkennen und deren Abhilfe wünschen.

Vorsteher: Herr Kollege Löwel, Sie nennen Ihren Antrag eine Resolution; es ist ein Antrag auf motivirte Tagesordnung, wenn ich Sie recht verstanden habe.

(Zustimmung.)

Eine Resolution würde einen anderen Abstimmungsmodus begründen.

Stadtv. **Dr. Meyer II:** Sachlich steht ja Herr Kollege Löwel auf dem Standpunkte des Antrages. Er hat gegen denselben nichts anzuführen, sondern im Gegentheil anerkannt, daß Mißstände vorhanden sind. Ich glaube also, es liegt im Augenblick kein Bedürfniß vor, die Sache in der Form anzuregen, und die Sachen werden sich von selbst machen. Ich glaube aber — und gerade aus den Thatsachen, die er angeführt hat, ist es sehr wünschenswerth, eine neue Anregung in dieser Richtung zu geben. Kollege Löwel sagt: wir sollen abwarten. Ich fürchte, wir können recht lange abwarten. Ich halte den Diagonal-Uebergang vor dem Schillerdenkmal überhaupt für einen der widerwärtigsten Passagen für den Fußgänger, die wir überhaupt in der Stadt haben. Die Gefahr ist unverkennbar: die Wege sind so eng, daß das Fahren erfolgt nach allen Richtungen hin. Ich möchte dabei einen flüchtigen Hinblick auf den Lützowplatz thun, wo wir auch mit der Gefahr bedroht sind, Diagonalwege zu bekommen, die sich auch nicht erwünscht ist. Wir haben alle Veranlassung, darauf zu halten, daß es in der Stadt einzelne Plätze giebt, wo der Fußgänger mit einem gewissen Behagen und ohne Gefahr mal sich ergehen kann. Ich halte eine Aenderung des bestehenden Zustandes für sehr wünschenswerth, und ich sehe kein anderes Mittel, denselben zu ändern, als daß wir den Antrag des Herrn Kollegen Esmann annehmen.

(Der Antrag des Stadtv. Löwel wird abgelehnt, derjenige des Stadtv. Esmann angenommen und lautet wie folgt:

Die Versammlung wolle beschließen, den Magistrat zu ersuchen, die nöthigen Schritte dahin zu thun, daß die Diagonal-Fahrwege vor dem Schillerdenkmal für Fuhrwerk polizeilich gesperrt werden.)

Abb. 258 Vorlage zur
Beschlußfassung für die
Stadtverordnetenversammlung
vom 23. Januar 1893
wegen der Umgestaltung des
Gensd'armen-Marktes

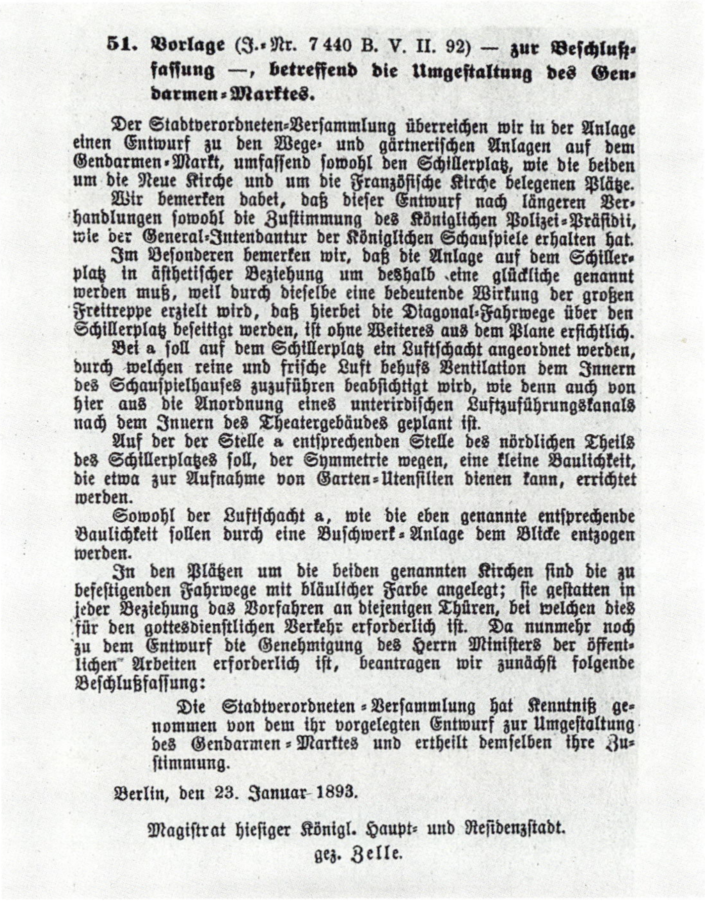

51. Vorlage (J.-Nr. 7 440 B. V. II. 92) — zur Beschlußfassung —, betreffend die Umgestaltung des Gendarmen-Marktes.

Der Stadtverordneten-Versammlung überreichen wir in der Anlage einen Entwurf zu den Wege- und gärtnerischen Anlagen auf dem Gendarmen-Markt, umfassend sowohl den Schillerplatz, wie die beiden um die Neue Kirche und um die Französische Kirche belegenen Plätze.

Wir bemerken dabei, daß dieser Entwurf nach längeren Verhandlungen sowohl die Zustimmung des Königlichen Polizei-Präsidii, wie der General-Intendantur der Königlichen Schauspiele erhalten hat.

Im Besonderen bemerken wir, daß die Anlage auf dem Schillerplatz in ästhetischer Beziehung um deßhalb eine glückliche genannt werden muß, weil durch dieselbe eine bedeutende Wirkung der großen Freitreppe erzielt wird, daß hierbei die Diagonal-Fahrwege über den Schillerplatz beseitigt werden, ist ohne Weiteres aus dem Plane ersichtlich.

Bei a soll auf dem Schillerplatz ein Luftschacht angeordnet werden, durch welchen reine und frische Luft behufs Ventilation des Innern des Schauspielhauses zuzuführen beabsichtigt wird, wie denn auch von hier aus die Anordnung eines unterirdischen Luftzuführungskanals nach dem Innern des Theatergebäudes geplant ist.

Auf der der Stelle a entsprechenden Stelle des nördlichen Theils des Schillerplatzes soll, der Symmetrie wegen, eine kleine Baulichkeit, die etwa zur Aufnahme von Garten-Utensilien dienen kann, errichtet werden.

Sowohl der Luftschacht a, wie die eben genannte entsprechende Baulichkeit sollen durch eine Buschwerk-Anlage dem Blicke entzogen werden.

In den Plätzen um die beiden genannten Kirchen sind die zu befestigenden Fahrwege mit bläulicher Farbe angelegt; sie gestatten in jeder Beziehung das Vorfahren an diejenigen Thüren, bei welchen dies für den gottesdienstlichen Verkehr erforderlich ist. Da nunmehr noch zu dem Entwurf die Genehmigung des Herrn Ministers der öffentlichen Arbeiten erforderlich ist, beantragen wir zunächst folgende Beschlußfassung:

Die Stadtverordneten-Versammlung hat Kenntniß genommen von dem ihr vorgelegten Entwurf zur Umgestaltung des Gendarmen-Marktes und ertheilt demselben ihre Zustimmung.

Berlin, den 23. Januar 1893.

Magistrat hiesiger Königl. Haupt- und Residenzstadt.
gez. Zelle.

nicht mit den Formen und Methoden des 18. Jahrhunderts vornehmen. Die neugebauten Markthallen boten in den überdachten Räumen bei Beachtung aller bereits damals strengen hygienischen Vorschriften die besseren Voraussetzungen. Da die Absicht zur Umstellung bekannt war und Diskussionen hervorgerufen hatte, verdanken wir dem fotografischen Auge von F. A. Schwartz immerhin den elegischen Abschied von diesem lange Zeit das Leben in der Stadt prägenden Marktbetrieb (Abbildungen 249, 251).

Wie sollte man diesen großen Raum mit den das Bild prägenden Architekturen zukünftig nutzen? Zunächst blieb er nur provisorisch gestaltet (Abbildung 253). Am 14. März 1889, in der Etatsberatung der Stadtverordnetenversammlung, lag der Antrag vor, den Magistrat zu ersuchen, einen Plan

707. Vorlage (J.-Nr. 5784 B. II. 94) — zur Beschluß-fassung —, betreffend die Errichtung zweier Spring-brunnen auf dem Schillerplatze.

Durch Beschluß der Stadtverordneten-Versammlung vom 2. Februar 1893 — Protokoll Nr. 18 — ist dem von uns vorgelegten Entwurfe zur Umgestaltung des Gensdarmen-Marktes die Zustimmung ertheilt worden. Bei Ausführung der darin vorgesehenen gärtnerischen Anlagen ist auf die Architektur des Königlichen Schauspielhauses möglichst Rücksicht genommen worden. Nunmehr ist vielfach der Wunsch laut geworden, daß als Abschluß zu der ganzen Anlage zwei Spring-brunnen errichtet würden. Da auch wir dies in Uebereinstimmung mit der Bau-Deputation, Abtheilung II und der Park-Deputation für sehr empfehlenswerth erachten, haben wir ein entsprechendes Projekt ausarbeiten lassen.

Die beiden Springbrunnen sollen auf den nach der Markgrafen-straße zu belegenen Enden der zu beiden Seiten des Schiller-Denkmales befindlichen Rasenflächen errichtet werden. Ihre Gestalt ist der Architektur des Königlichen Schauspielhauses möglichst anzupassen. Es sind deshalb zwei einfache, kreisrunde Becken, ähnlich den Brunnen-anlagen auf dem Alexander-, Hausvoigtei- und Pariser Platz, gewählt worden, mit einem Durchmesser von 10 m und einer Beckentiefe von i. M. 0,85 m; der Wasserverbrauch ist gleich dem auf dem Alexander-platz mit rund 25 cbm pro Stunde angenommen. Die Abdeckung der Beckensohlen ist wie gewöhnlich mit Asphalt vorgesehen.

Die Wasserzuleitung wird durch Verbindung der Brunnen-mündungen mit den dem Becken zunächst belegenen Straßenleitungen der Wasserwerke hergestellt.

Die Kosten für den Bau der Becken, der Zuleitung zu den Mündungsvorrichtungen bis zum Straßenrohr und der Ableitung bis zum Gully betragen nach dem in beglaubigter Abschrift beiliegenden Kostenüberschlage der V. Stadt-Bauinspektion 11 000 ℳ.

In Betreff der Wasserableitung ist zu bemerken, daß, da die in der Nähe befindlichen Kanalisationsleitungen vollauf in Anspruch ge-nommen sind, eine Einführung des Springbrunnenwassers in dieselben nicht thunlich ist, es muß dasselbe vielmehr durch die Markgrafenstraße und Französischestraße nach dem auf dem Werderschen Platz befindlichen großen Nothauslaß-Kanal (alter Münzgraben) geleitet werden.

Bei dem Projekt für diese Ableitung ist jedoch berücksichtigt worden, daß gleichzeitig mit dem Fontänenwasser auch das in der Markgrafen-straße zwischen der Französischen- und Behrenstraße in Folge der dort vorhandenen Terrainmulde bei heftigen Gewitterregen sich ansammelnde Niederschlagswasser mit abgeführt werden könne. Demgemäß ist der Leitung in der Französischenstraße von der Ecke der Markgrafenstraße an, wo eine Stichleitung aus der Markgrafenstraße hinzutritt, ein größerer Durchmesser von 0,38 m gegeben worden.

Die Kosten der Fontänenwasserleitung, welche in der Markgrafen-straße im Bürgersteig, sonst überall in asphaltirtem Straßendamm liegt, belaufen sich auf 17 000 ℳ, wobei berücksichtigt ist, daß die Kosten für die Vergrößerung des Rohrdurchmessers von 0,24 m auf 0,38 m und für die erwähnte Stichleitung mit insgesammt 4 500 ℳ die Kanalisations-Verwaltung trägt.

Die von der Bau-Verwaltung zu tragenden Kosten belaufen sich demnach im Ganzen auf 28 000 ℳ.

Da die projektirte Anlage, von welcher wir einen Situationsplan ergebenst beifügen, wegen der vorgerückten Jahreszeit in diesem Jahre nicht mehr zur Ausführung kommt, beabsichtigen wir, die dazu erforder-lichen Mittel in der genannten Höhe in den nächstjährigen Etat ein-zustellen.

Die Stadtverordneten-Versammlung ersuchen wir daher in Ueber-einstimmung mit der Bau-Deputation, Abtheilung II, und der Park-Deputation beschließen zu wollen:

Die Stadtverordneten-Versammlung erklärt sich mit dem Projekte der Errichtung zweier Springbrunnen auf dem Schillerplatz nach Maßgabe des übersandten Planes ein-verstanden.

Berlin, den 13. September 1894.

Magistrat hiesiger Königl. Haupt- und Residenzstadt.

gez. Zelle.

————

Abb. 259 Vorlage der
Stadtverordnetenversammlung
zur Beschlußfassung
am 13. September 1894,
die Errichtung
zweier Springbrunnen auf dem
Schillerplatz betreffend

Berlin, den 9. Dezember 1896.

Die Prüfung der von der Haupt-
kasse gelegten Rechnung N° 2374, betreffend
die Umgestaltung des Gendarmen-Marktes
(Schillerplatz) fand sich, abgesehen von einigen
durch die Verwaltung erledigten Notaten for-
maler Natur, nichts zu erinnern.

Die Umgestaltung des Gendarmen-Marktes hat einen Kostenaufwand von 147 156,98 M
verursacht, wovon auf die bauliche
Ausführung 107 475,40 M und auf die
Schmuckanlagen 39 681,58 M entfallen.

Bewilligt waren durch den Etat für
1. April 1893/4 . . . . 155 000,00 .
wofür sind nicht zur Verwendung
gelangt . . . . 7 843,02 M
und ist dieser Betrag laut Order vom 25. April
1896 in Abgang gestellt worden.

Der Werth der bei der Bauausführung gewonnenen und an das Baudepot abgelieferten alten Materialien (Beläge 446-448) möge zusammen . . . . 22 246,93 M
aus, welche von der obigen Gesammt-
kosten der . . . . 147 156,98 .
abzurechnen sind, so daß an wirk-
lichen Kosten nur . . . . 124 910,05 M
verbleiben.

Für zeichnerische Arbeiten, Bausachen und
Bauaufsicht pp werden . . . . 2 895,30 M
verausgabt.

Finanz- und Rechnungs-Bureau.
Linden   Polak

J. 1558 96.
zu 725 F. 12 II. 96.

402

Abb. 261
Der Gensd'armen-Markt
nach den Umgestaltungen,
um 1900

Abb. 262
Der Gensd'armen-Markt
nach den Umgestaltungen,
um 1896

Abb. 263 Entwurf
(Fotomontage)
von August Orth für
den Neubau
der Kirchen, 1880

zur Gestaltung des Schillerplatzes vorzulegen. Ergänzt wurde dieser Antrag durch einen zweiten, der unter anderem dafür plädierte, auf dem Gensd'armen-Markt einen Kinderspielplatz anzulegen (diesem Begehren wurde nicht gefolgt) (Abbildung 255).

Am 3. Juni 1891 ersuchten einige Stadtverordnete den Magistrat um Auskunft über den Stand der Entwurfsarbeiten für die Umgestaltung des Schillerplatzes (Abbildung 256). Sie erfolgte im selben Monat, blieb aber unbefriedigend, so daß es im Dezember erneut zu einer Auseinandersetzung kam. Im Ergebnis der Sitzung der Stadtverordnetenversammlung wird beschlossen, nun endlich die den Platz kreuzenden Wege zu sperren (Abbil-

Abb. 264 Aufriß
der Deutschen Kirche nach
dem Umbau von 1881/82

dung 257 a und b). Am 23. Januar 1893 beantragte der Magistrat nach einem vorgelegten Plan die gärtnerische Umgestaltung (Abbildung 258) und erweiterte ihn mit einem zweiten Antrag vom 13. September 1894 (Abbildung 259). Nach diesem sollen zwei Springbrunnen links und rechts auf dem Schillerplatz angeordnet werden. Aus beiden Anträgen erfahren wir zahlreiche interessante Details, aber die erzielten Lösungen bleiben unbefriedigend.

Die Anträge werden zwar angenommen und mit hohem Kostenaufwand (Abbildung 260) ausgeführt, der in drei Felder geteilte Platz wird dadurch aber keineswegs zu einem einheitlichen Ganzen verbunden. Möglicherweise war das unbemerkt geblieben, doch dieses Versäumnis wurde für die folgende Zeit zu einem der Hauptmängel der Platzgestaltung. Die durch die Aufhebung des Marktverkehrs gegebene Chance war nicht genutzt und ein einheitlicher Platz nicht gewonnen worden (Abbildung 252), dafür aber ein angenehmes Äußeres im Mittelfeld erreicht (Abbildungen 261, 262).

Der Umbau der Kirchen schob sich ebenso unmerklich auf die Tagesordnung. Auch hier muß das Jahr 1879 als das entscheidende angesehen werden. Der Gedanke der Renovierung des Schauspielhauses warf seine Schatten zunächst auf die Kirchen. Unterschiedliche Konzepte entstanden und wurden verworfen. Das beziehungsreichste stammte zweifelsohne von dem Berliner Architekten August Orth. Er nahm den alten Gedanken von Schinkel wieder auf und machte aus den Türmen ohne Veränderung ihrer Substanz Eingangshallen für dahinter plazierte Neubauten. Diese konzipierte er für beide Kirchen simultan historisch, das heißt, er nahm Elemente Gontardscher Architektur in Gestalt der Kuppel des Potsdamer Neuen Palais auf und setzte sie auf das zu bauende Langschiff, an dessen drei Seiten er kleinere Säulenhallen nach dem Vorbild der größeren des Turmbaus anordnete (Abbildung 263) — insgesamt sehr historisch und eklektisch; das Projekt verschwand auch bald wieder. Andere Vorschläge müssen ebenfalls vorgelegen haben, sind aber aktenmäßig nicht mehr faßbar.

Die Rekonstruktion der Deutschen Kirche bekam Vorrang; ein Alleingang zeichnete sich ab. Der Magistratsbaurat Hermann Blankenstein (Berlin verdankt ihm zahlreiche Kommunalbauten und die Türme der Nikolaikirche) schlug unter anderem einen Neubau vor, der 600 000 Reichsmark kosten sollte.[16] Die Ministerialbaukommission legte am 9. Oktober 1880 ein Gegenprojekt vor, das sich an den Entwürfen Schinkels und an der Gleichheit beider Kirchenbauten orientierte.[17] Entscheidend blieb letztlich das Wort des Auftraggebers, der am 1. September 1880 formulierte: »Die Neue Kirche bedarf schon seit langem ihrer dringenden Reparatur. Anläßlich der Verhandlungen … sind die Gemeindeorgane dahin schlüssig geworden, diesen Reparaturbau nicht bloß auf das unbedingt notwendige zu beschränken, sondern einen umfassenden Umbau der Kirche vorzunehmen.«[18] Das war löblich, schränkte aber ein, denn es wurde nur von einem Umbau gesprochen. In die engere Wahl kam schließlich das Projekt des Regierungsbaumeisters Hermann von der Hude, der einen Plan zum »Umbau der Kirche unter Benutzung der vorhandenen Fundamente und Umfassungsmauern«[19] vorlegte.

Das forderte Protest heraus, und die schon erwähnte Akademie für das Bauwesen nahm in einem Fragenkatalog zu den Entwürfen Stellung. Die zwei wichtigsten Fragen lauteten: »1. Ist der v. d. Hudesche Plan zu verwerfen, weil ein eventueller Neubau der sogenannten französischen Kirche anders ausfallen würde?« und »2. Soll der v. d. Hudesche Plan verworfen werden, wegen des etwa gestörten Ansichtsblicks?«[20] Die erste Frage verneinten dreizehn und bejahten sechs Stimmen, während die zweite von fünfzehn Stimmen verneint und von drei bejaht wurde. Die Akademie genehmigte die Ausführung des eingereichten Plans mit Modifikationen und begründete ihre Zustimmung mit den Worten, daß »das großartige Anblicksbild des Gensdarmenmarktes ... vorwiegend durch dessen Ostseite« betont wird.[21] Damit war die letzte Chance vertan, den Platz eindeutig nach Osten zu richten und die Aufhebung dieser Betonung durch die Kirchen zu überwinden.

Abb. 265 Innenansicht der Deutschen Kirche nach dem Umbau, Fotografie, um 1911

Abb. 266 Bauzeichnung
von Otto March zum Umbau
der Französischen Kirche,
Entwurf für das Äußere,
1904

Abb. 267 Bauzeichnung
von Otto March zum Umbau
der Französischen Kirche,
Entwurf für das Innere,
1904

Abb. 268 Französische Kirche
mit Turm, um 1910

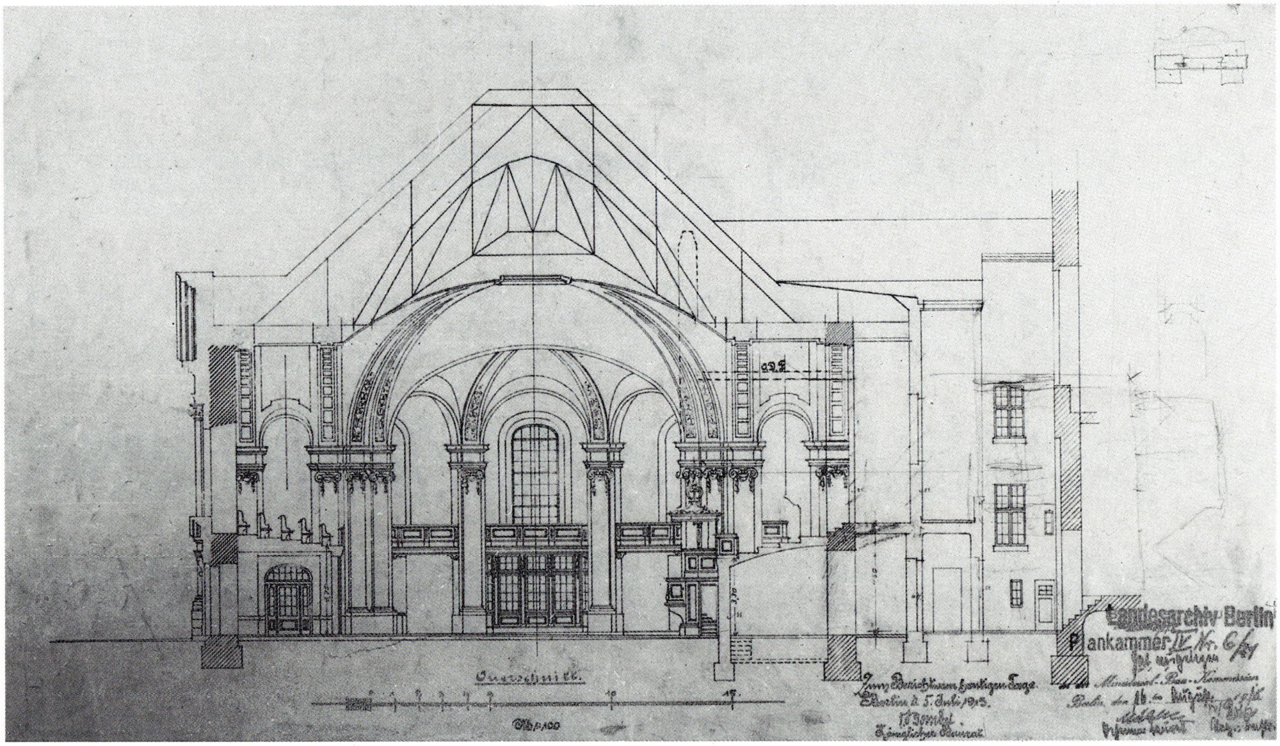

Abb. 269 Französische Kirche
von Westen, um 1930

In der vorgelegten Form kam der Plan dann weitestgehend zur Ausführung. Im Frühjahr 1881 begann man zunächst mit der Ausräumung aller Grabgewölbe und der Beisetzung der Gebeine auf dem der Gemeinde gehörenden Friedhof vor dem Halleschen Tor. Darüber legte man genaue Protokolle an, die Besichtigungen wurden publiziert. Unter den entfernten Gräbern waren auch die von zwei Persönlichkeiten, deren Bedeutung für die Architektur und Kunstgeschichte Berlins unbestritten bleibt: Georg Wenzeslaus von Knobelsdorff und der Maler Antoine Pesne. Ihr Grab auf dem erwähnten Friedhof ist heute schmucklos und nur schwer zu erkennen. Sie liegen zusammen in einem Feld mit den anderen Toten aus der Neuen Kirche. 1934 erhielten beide einen gemeinsamen Gedenkstein, der 1942 durch Kriegseinwirkung verlorenging. Damit dürfte eindeutig geklärt sein, daß sich

410

die sterblichen Reste nicht mehr in der Kirche befinden, wie es kürzlich erst
in einem autoritativen Werk vermerkt wurde.

Die Architekten Hermann von der Hude und der ihm beigegebene Julius
Hennecke verrichteten ganze Arbeit und ließen nur Fundament und Umfas-
sungsmauern stehen. Alles Schlichte verschwand; das Äußere über dem bei-
behaltenen Grundriß erhielt eine neobarocke Form ebenso wie das Innere,
Turmstumpf und kompliziertes Dach büßte die Kirche gleichfalls ein. Das
Innere wurde gewölbt und mit einem neuen Kuppeldach in eigenwilliger
Form überdeckt, das ingenieurtechnisch durchaus bedeutend war (Abbil-
dungen 264, 265).

Nach der Rekonstruktion der Deutschen oder Neuen Kirche nahm der
Druck auf die Französische Gemeinde zu, ihren Bau ebenfalls zu verändern.

Auch hier drückte sich ein ähnliches geistiges Klima aus. Der alte Bau erhielt die Bezeichnung »Scheune«, die zu einer Großstadt, die sich anschickte, Weltstadt zu werden, nicht mehr paßte. Starkes Traditionsbewußtsein sowie mangelnde Finanzmittel verhinderten jedoch seine Verschandelung. Die Inangriffnahme eines Um- oder Neubaus wurde hinausgezögert. Es gab einflußreiche Stimmen, die nun die Parallelität der Anbauten hergestellt wissen wollten. Erst eine Generation später entschloß sich die Französische Gemeinde zu einem Umbau. Sie konnte dazu den bekannten Berliner Architekten Otto March gewinnen, der am 27. April 1904 seine Zeichnungen vorlegte (Abbildungen 266, 267). Er ließ das Äußere im wesentlichen unangeta-

Abb. 271 Abriß des Französischen Waisenhauses, Fotografie von Rudolf A. Schwartz, 1907

412

Abb. 272 Bauzeichnung
von Otto March für
den Neubau anstelle des
Französischen Waisenhauses,
1907

Abb. 273 Portal des Neubaus
anstelle des
Französischen Waisenhauses
mit plastischen Arbeiten
von Georg Wrba, 1908

413

stet, betonte allerdings die drei Fenster der Westfront (Abbildungen 268, 269), hob sie hervor und stellte sie unter einen Giebel.

Die Anlage des äußeren Baukörpers blieb fast gleich; da das Wissen um das ursprüngliche Planungsschema verlorengegangen war, veränderte March das Innere aber weitgehend. Der alte Haupteingang an der Jägerstraße, unter dem einst geplanten Turm, wurde zum Nebeneingang, während man den zentralen Eingang unter den neugestalteten Giebel der Westfront verlegte. Das zog die Verlegung des Kanzelaltars von der Nordseite an die dem Eingang gegenüber liegende Seite nach sich. Sparsam setzte March seine Gestaltungsmittel ein und gab dem Kirchenraum ein inneres Gleichmaß voller spartanischer Ruhe. Die Emporen verdunkelten durch den Anschnitt der Fenster den Raum allerdings in unglücklicher Weise (Abbildung 270).

Der Bauablauf ähnelte sehr stark dem der Deutschen Kirche. Wie dort beseitigte man alle Grabgewölbe und vernichtete bedauerlicherweise zahlreiche Erinnerungsstücke der Geschichte der Französischen Kolonie.

Trotzdem blieb die hugenottische Gemeinde stärker ihrem Erbe treu. Gleichzeitig aber zerstörte sie ein überaus wertvolles Architekturwerk am Platz: Die verbrauchte Substanz eines Baus von 1725 sowie die Hoffnung auf größeren Gewinn führten zur Beseitigung des Französischen Waisenhauses in der Charlottenstraße 55. Am 7. Juni 1907 legte Otto March die Zeichnung für einen klar gegliederten Bürobau vor, der an der Stelle errichtet werden sollte (Abbildung 272).

Die Bevölkerung protestierte, aber der Bau stand nicht unter Denkmalschutz. Alle Eingaben, Vorträge und der Verkauf von Bildserien halfen nicht. Der damalige Landeskonservator hielt in einer flüchtigen Notiz fest: »In architektonischer Hinsicht ist das Gebäude nicht bemerkenswert. Ob es in historischer Hinsicht bemerkenswert ist, kann nicht festgestellt werden.«[22]

Am 3. Oktober begann der Abriß, der am 21. November als abgeschlossen gemeldet werden konnte (Abbildung 271). Ein nüchterner Bau entstand, der den verlorenen nicht ersetzen konnte. 1895/96 hatte die Finanzbehörde den jährlichen Nutzungswert des alten Gebäudes auf 23 000 RM festgesetzt, der Neubau hatte im Jahre 1910 einen von 94 000 RM — das war die wirkliche Ursache der Vernichtung der historischen Substanz. 1935 erwarb der preußische Staat Grundstück und Haus für 1 700 000 RM. Der zweite Weltkrieg reduzierte den Bau; bedauerlich ist vor allem der Verlust der plastischen Werke von Georg Wrba (Abbildung 273).

Die Vernichtung
des Platzes

Allmählich wandelte sich das tradierte Bild des Gensd'armen-Marktes, tilgte die Spitzhacke das Werk von zwei Jahrhunderten. Es war durchaus nicht alles erhaltenswürdig, doch die Klasse, die hier einst ihr Zentrum hatte, vernichtete ohne jedes System blindlings die eigenen Erinnerungswerte. Was sich an diesem Platz vollzog, war symptomatisch. Auch wenn der Chronist vieles beiseite lassen möchte — dieser Niedergang muß beschrieben werden, um die historischen Konturen eines Ortes bis zum bitteren Ende nachzuzeichnen.

Jede Stadt ist ein Organismus, der sich entwickelt, um sich neuen gesellschaftlichen Bedürfnissen, die von den Menschen bestimmt werden, anzupassen. Keine lebendige Stadt kann zur gleichen Zeit Freilichtmuseum sein, so reizvoll historische Kostüme vor altehrwürdigen Bauten für den Touristen auch sein mögen. Eine lebendige Stadt wird ständig Altes aussondern, um Platz für Neues zu schaffen. Die Art und Weise, wie dies geschieht, ist entscheidend. Damit bewahrt eine moderne Stadt zugleich als Ausdruck der Pflege von Tradition und Erbe Werte der Vergangenheit, die aus politischen, künstlerischen oder historischen Gründen Erinnerungen an die Kämpfe, Ideen, Sitten und Gebräuche der früheren Generationen dokumentieren. Das dient dem Ziel, die Verwurzelung der Gegenwart in der Vergangenheit zu versinnbildlichen, Ideen, die wichtig und bewahrenswert für die Gegenwart und Zukunft sind, zu ordnen und ihnen ihre Merkzeichen zu lassen.

Es ist ein immer wieder zu beobachtender Vorgang der Architekturgeschichte, daß die Nachgeborenen zunächst eine gewisse Geringschätzung gegenüber Leistungen der Vorväter an den Tag legen. So auch am Gensd'armen-Markt — man wußte nicht mehr: Starb Gontard 1791 oder 1801? Andererseits hat sich auch die Architektur des 19. Jahrhunderts manch herbe Kritik gefallen lassen müssen, die in ihrem Wesen die Verhältnisse der kapitalistischen Bau- und Bodenspekulation mit der umfangreichen Ver-

**Im Griff der Bau-
und Bodenspekulanten**

nichtung historischer Bausubstanz, die allgemein negativ gewertet wird, summarisch auf die Leistungen der Architekten übertrug. Doch diese hatten daran den geringsten Anteil, allein schuldig waren die sozialen Verhältnisse, die keine durchgreifende Neuordnung entsprechend den veränderten gesellschaftlichen Bedürfnissen zuließen und, vom Streben nach Profit getragen, aus Grundstücken und Baulichkeiten Spekulationsobjekte machten.

Das veränderte binnen kurzem das Antlitz des Platzes. Die Forderung nach effektiver Nutzung der Grundstücke ließ eine Verbauung der Höfe zu und trieb die neu zu errichtenden Objekte in die Höhe. Damit verschwanden die stimmigen Proportionen zwischen Randbebauung und Bauten auf dem Platz; das Wollen mehrerer Architektengenerationen, das auf Feinheit und Vornehmheit gerichtet war, wurde bedenkenlos beiseitegeschoben; ihre Schöpfungen gingen schon damals für immer verloren.

Nicht alles, was danach entstand, darf ausschließlich negativ gewertet werden; auf die beachtlichen Leistungen Messels wurde bereits verwiesen.

Aus der Vielzahl der Projekte können nur einige vorgestellt werden. Die Architektur vom Ende des 19. Jahrhunderts harrt im Detail noch ihrer Aufarbeitung. Einige typische Bauten mögen für viele weitere stehen. Auf dem Grundstück Charlotten-/Ecke Jägerstraße mit der heutigen Nummer 54, also einem Teil der ehemaligen Conditorei Stehely, entstand 1885/86 ein neues Wohn- und Geschäftshaus (Abbildung 274). Bereits das war typisch für diese Jahre — Neubauten am Platz erfüllten immer zugleich beide Funktionen. Im Gegensatz zu den prächtigen Staatsbauten dieser Zeit, die, im Stil des »Wilhelminischen Barock« errichtet, wie ein Schutzschild des Kapitalismus gegen die vordringende Arbeiterbewegung anerkannt wurden, blieben die Bauten am Gensd'armen-Markt bescheidener, vollzogen langsamer den Übergang. Es waren Privatbauten kleinerer Unternehmer, Gewerbetreibender und anderer, deren Kapital begrenzt war. Noch hielten sich die großen Immobiliengesellschaften und die Staatsbaukunst fern.

Seit den vierziger Jahren des 19. Jahrhunderts hatte in dem Haus Charlottenstraße 54 die »Apotheke zum König Salomo« ihr Domizil. Ihr Besitzer M. Hahnemann reichte am 2. April 1885 den Antrag auf Neubau bei der Baupolizei ein; er mußte sich den kleinen, aus dem 18. Jahrhundert stammenden Grundstücksbreiten anpassen. Zugleich — entsprechend der Vorliebe für besondere Eckgestaltung, die »Berliner Ecke« — erforderte die Stellung am Eingang vom Platz in die Jägerstraße eine besondere Dominanz.

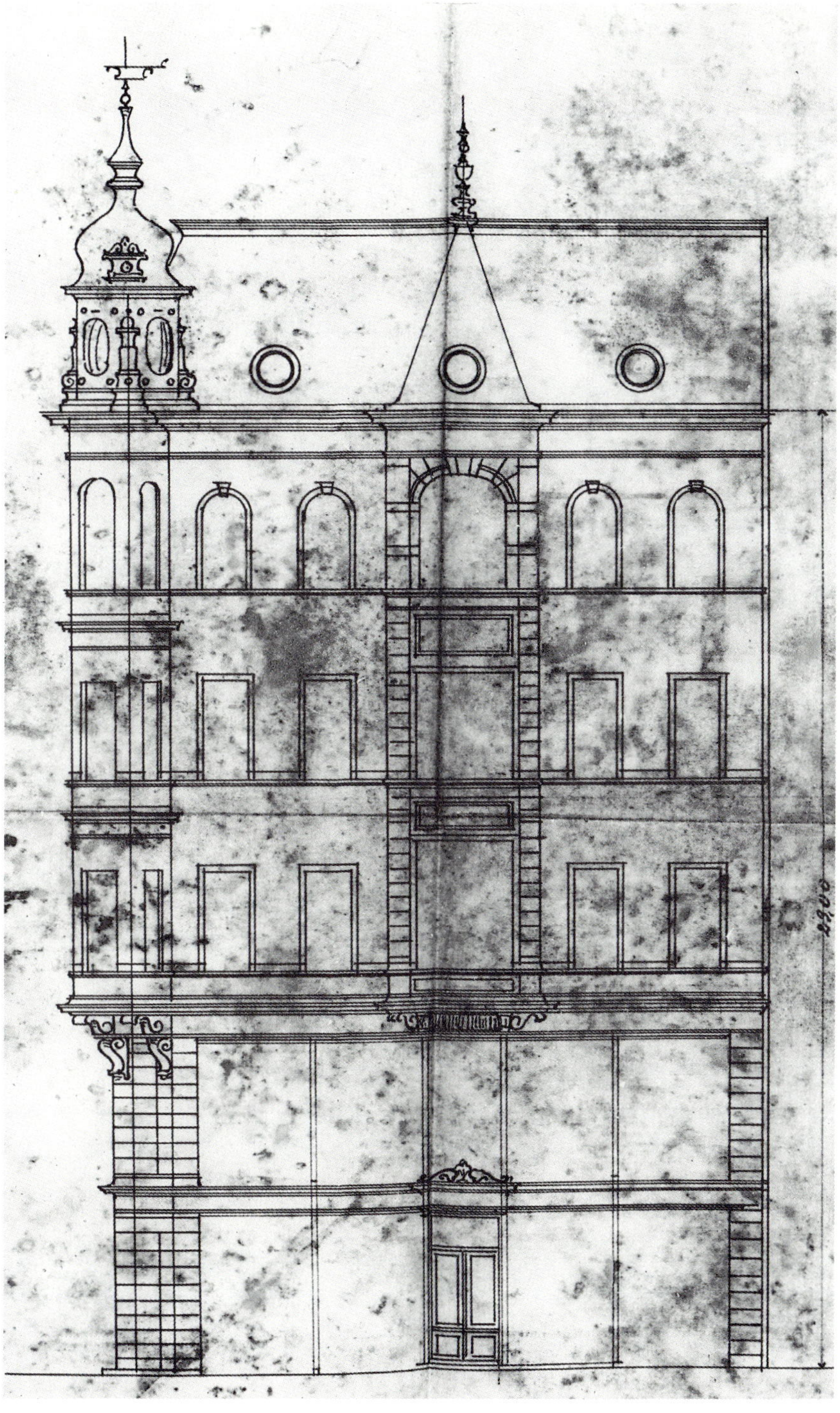

Abb. 274 Bauzeichnung
für einen Neubau
Charlottenstraße 54/Ecke
Jägerstraße, 1885/86

Der Name des Architekten war nicht zu ermitteln, er löste diese Aufgabe etwas trocken und ohne besondere städtebauliche Meisterschaft.

An der Ecke ordnete er einen vom dritten Geschoß bis in die Dachzone reichenden Erker ein, mit einer Haube in »altdeutscher Manier« und Wetterfahne. Die fünfachsige Fassade in der Charlottenstraße erhielt eine besondere Betonung durch einen zweiten, mittig angelegten Erker, der oben mit einem steilen Giebel abschloß. Die untere Zone war zweigeteilt — zu ebener Erde der Laden und darüber die dazugehörigen Geschäftsräume. Alles durchdacht und jeden Zentimeter ausnutzend — so zog der Bau, bei dessen Realisierung die Vorgaben des Entwurfs noch in vergröbernder Weise übertrumpft wurden, im Stil der bereits überholten Neorenaissance das Platzbild an dieser markanten Stelle in die Höhe.

Eine ähnliche Situation schräg vis-à-vis: Auf dem Grundstück Markgrafen-/Ecke Französische Straße, mit der heutigen Adresse Wilhelm-Külz-

Abb. 276 Der Neubau
Markgrafenstraße/Ecke
Französische Straße
mit der umgebenden Situation,
Fotografie von
F. Albert Schwartz, um 1906

Straße 41, stand ein Bau, der nachweisbar von Gontard stammte. Er diente seit den dreißiger Jahren des 19. Jahrhunderts als Hotel. Am 19. August 1883 stellte der Besitzer den Antrag, ein Geschäftswohnhaus zu errichten. Am 29. August erfolgte die Aushändigung des Bauerlaubnisscheins; der dann 1884 entstandene Neubau (Abbildungen 275, 276) zeigte sich an der Seite zum Gensd'armen-Markt mit einer fünffachsigen Fassade, an deren zweitem und drittem Stockwerk mittig ein Erker vorsprang. Die Höhe von fünf Geschossen, davon drei für Wohnzwecke, überragte die der Häuser daneben und sprengte die Konturen auch dieses Platzteils.

1889 kaufte die Möbelhandlung Markiewicz den Bau und richtete hier eine weitere Filiale ein. Diese Firma, mit der Deutschen Bank verbunden, machte sich am Anfang unseres Jahrhunderts durch zahlreiche Spekulationsbauten einen Namen und verschwand nach dem großen Bankkrach von 1911. 1906 richtete der Hotelier Heinrich Quitz in den drei Oberge-

schossen das »Fürsten-Hotel« ein — es ist derselbe, der später am Potsdamer Platz das Hotel Fürstenhof, eines der feudalsten in Berlin, unterhielt.

Ganz anders dagegen die Entwicklung auf dem Grundstück Charlottenstraße 50/Ecke Französische Straße. Bis 1883 stand der alte Bau (Abbildung 107), der allerdings bereits als Geschäftshaus genutzt wurde. Dann kaufte der Maurermeister Gustav Schwartz das Gelände. Es gelang ihm, das benachbarte Grundstück sowie die angrenzenden Grundstücke in der Französischen Straße 25/26 ebenfalls zu erwerben. Nun legte er diese vier zusammen und konnte ein ansehnliches Geschäftshaus errichten. Ein Vorgang, der ähnlich dem bei dem Haus der »Victoria« war. Im Februar 1884 stellte Schwartz den Bauantrag, und im Mai 1884 wurde bereits mit der Ausführung begonnen. Als Geschäftshaus genutzt, erwarb es 1912 die »Tellum Grundstücksgesellschaft mbH«. Erst jetzt trat einer der großen Immobilienhaie in die Geschichte des Platzes.

Abb. 277 Fassadenriß (1913) des Hauses Charlottenstraße 50/Ecke Französische Straße von 1884

Abb. 278 Ansicht der Charlottenstraße zwischen Französischer Straße und Jägerstraße, Fotografie von F. Albert Schwartz, um 1895

421

Aus dem Jahre 1913 hat sich eine Zeichnung erhalten, die eine detaillierte Ansicht der Fassade bietet (Abbildung 277). Auch hier wirkte die Neorenaissance nach, wie am Grundstück Charlottenstraße 54 können die gleichen Elemente in durchaus vergleichbarer Ordnung angetroffen werden.

Wiederum von F. A. Schwartz besitzen wir ein Foto der Charlottenstraße zwischen Französischer und Jägerstraße, das die behandelten Bauten vorstellt (Abbildung 278). Wir erkennen eine völlig veränderte städtebauliche Situation. Die Einheitlichkeit der Platzwände ist zerstört. Links im Bild, angeschnitten, das Französische Waisenhaus, die einstige verbindliche Höhe markierend. In der Mitte des Straßenblocks das Eichendorffhaus, eingeklemmt zwischen den großen Geschäftsbauten — keinerlei Einheitlichkeit

422

Abb. 280 Teilansicht des
1907 errichteten Neubaus des
Architekten und
Bodenspekulanten Sonnenthal
auf dem Grundstück
Charlottenstraße 56

mehr. Der Bau Charlottenstraße 50 zog mit seiner dominierenden Ecke die Platzwand in eine vorher nie erreichte Höhe. Vorne links die Französische Kirche, die im Vergleich dazu sehr bescheiden und klein wirken mußte.

So verschwand ein Teil der historischen Randbebauung nach dem anderen. Von dem Eckhaus Markgrafenstraße 40/südliche Mohrenstraße haben sich zwei Fotos — ebenfalls von F. A. Schwartz — erhalten, die den Kontrast der baulichen Veränderungen zeigen. Einmal die Situation vor 1880 (Abbil-

dung 281) mit dem »Atelier für Photographie« von Reichard & Lindner — hier ist besonders das nach dem Ausbau des Dachgeschosses entstandene Atelier bemerkenswert. Und dann die gleiche Situation kurz vor der Jahrhundertwende mit einem fünfgeschossigen Geschäftshaus (Abbildung 282).

Gegen 1900 mehrten sich die Stimmen, die der gedankenlosen Vernichtung wertvoller Bausubstanz mit hohem Denkmalwert wehren wollten. Damals standen noch fünf Objekte der alten Bebauung: die Weinhandlung, vormals Lutter & Wegner; das Haus Charlottenstraße Nr. 58, bei dem das Wissen um das Alter auf Grund der zahlreichen Fassadenveränderungen verlorengegangen war; die ehemalige Preußische Seehandlung; die Lotteriedirektion; das Boumannsche Haus.

Im Jahre 1900 entschied sich auch das Schicksal der Seehandlung — ebenfalls verbrauchte Architektur und eine Grundfläche, die sich als zu klein für den weiteren Geschäftsbetrieb erwies. Am 2. April 1901 lag der An-

General - Direction
der
Seehandlungs - Societät.

trag zum Neubau mit den erforderlichen Zeichnungen, geliefert von dem Landesbauinspektor Alfred Bürde, vor (Abbildung 284). Der Entwurf zeigte die typischen Formen des wilhelminischen Barock, überladen und aufdringlich die Fähigkeiten der Kunsthandwerker ausweisend. An der Seite zum Gensd'armen-Markt erhielt die Fassade elf Achsen, in der Mitte des Dachs ein Türmchen; besonders betont an der Ecke zur Jägerstraße im Dach mit Wappenkartuschen und Vasen sowie Balkonen in den Stockwerken. Die Fassade überladen mit weiteren Wappenkartuschen, und in der Mitte ein Korbbogen. Ebenso pomphaft das seitlich angeordnete Korbbogenportal. Am 26. Juni erfolgte mit der Aushändigung des Bauscheins die Genehmigung zum Abriß. Öffentlicher Protest erhob sich, und man war gezwungen, wenigstens den künstlerischen Schmuck des Altbaus zu sichern und in der Hoffront anzubringen, wo er sich bis zum Umbau Ende 1939 noch befand.

426

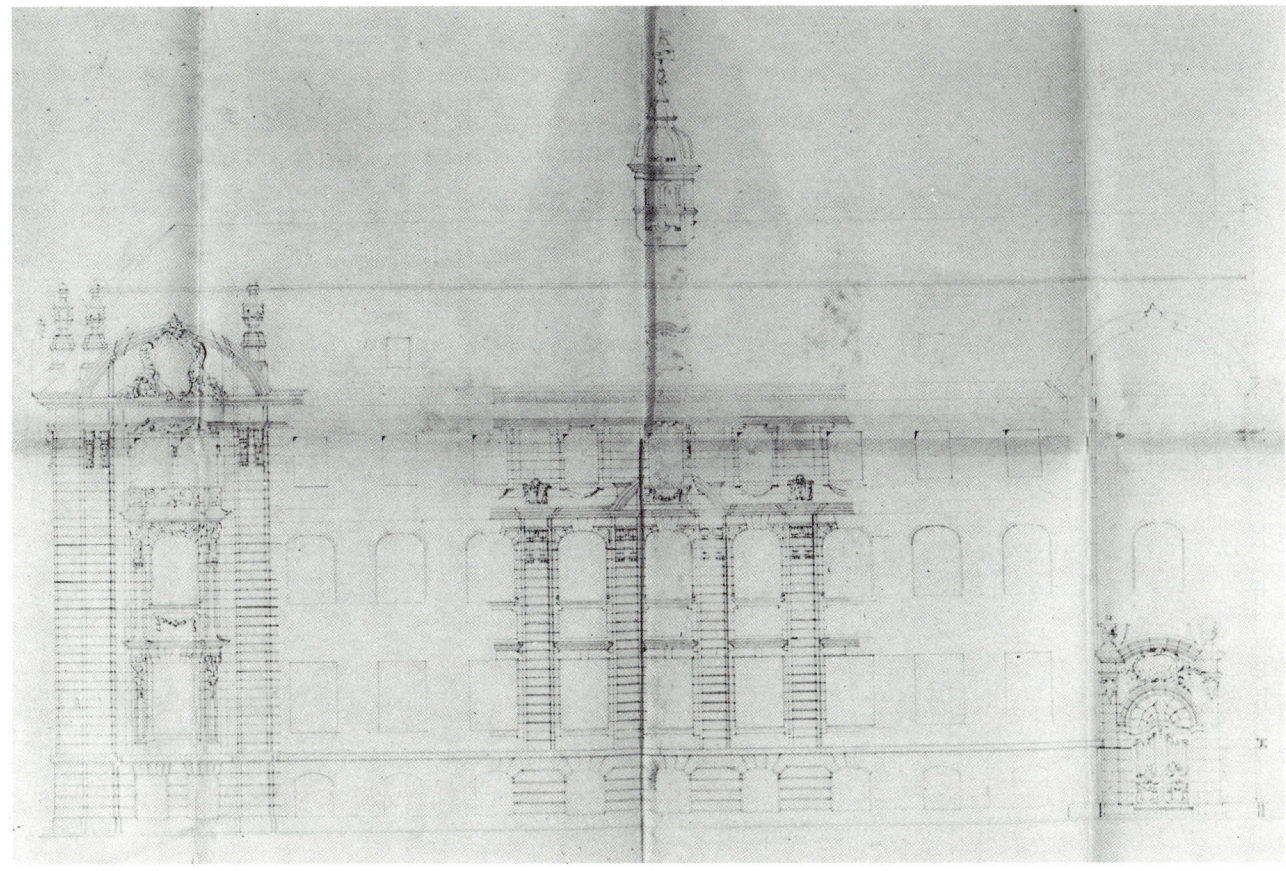

Die Ausführung lag bei dem Architekten Paul Kischke; die Rohbauabnahme erfolgte bereits am 8. Oktober 1902. Der Bau rief Proteste hervor, er war zu überladen und paßte mit seinem, anderen Staatsbauten verpflichteten Dekor nicht in die Front gegenüber dem Schauspielhaus. Schon 1915 nahm man einen Teil der Ausstattung zurück und bereinigte die Fassade 1939 unter einer anderen politischen Zielstellung.

Der Widerstand gegen den Abriß der Seehandlung bewirkte, daß bei dem geplanten Neubau auf dem Grundstück der Lotteriedirektion von vornherein an den Erhalt des Gebäudes gedacht war; eine gründliche Überholung machte sich auch hier nötig. Es war jahrelang, von 1887 bis 1908, Sitz des preußischen Oberverwaltungsgerichts. Als dieses ein neues Domizil erhielt, sollte auch an dieser Stelle ein weiterer Verwaltungsbau entstehen. Mit Rücksicht auf die zu erwartenden öffentlichen Proteste begnügte man sich

Abb. 284 Entwurfszeichnung
für den Neubau
der Seehandlung von
Alfred Bürde, 1901

427

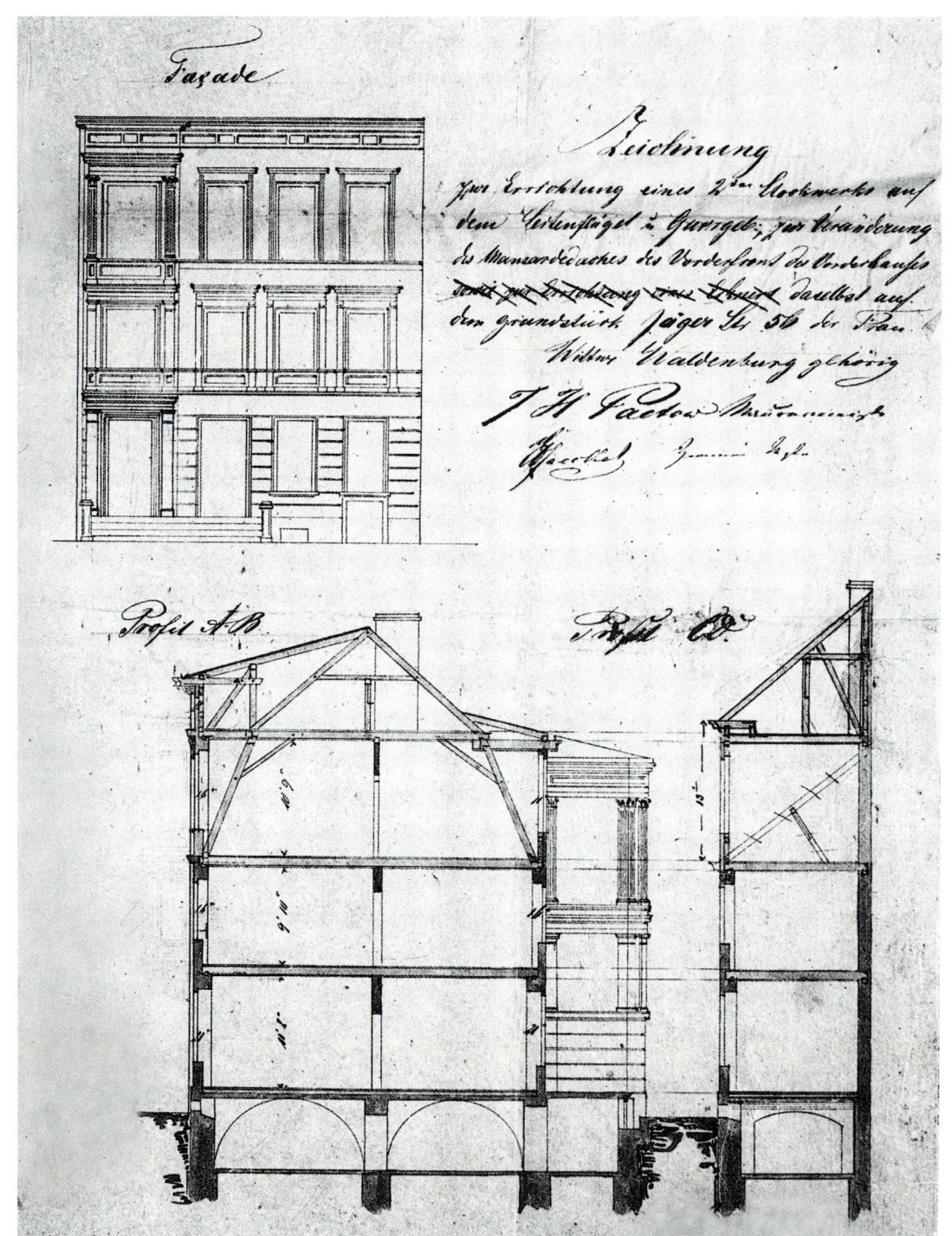

Façade

Profil AB

Profil CD

Zeichnung
zur Errichtung eines 2ten Stockwerks auf
dem Seitenflügel 2 Quergeb., zur Veränderung
des Mansardedaches des Vorderhaus des Vorderhauses
sowie zur Errichtung einer Scheune daselbst auf
dem Grundstück Jäger Str 56 der Frau
Wittwe Waldenburg gehörig
J. H. Paetow Maurermeister

mit einem großzügigen Umbau im Innern, mit Modernisierungen und einer Ausweitung der Anlage auf das Grundstück Jägerstraße Nr. 56. Dort stand ein unbedeutender, 1873 veränderter Bau (Abbildung 285) mit einer typischen Mietshofsituation aus dem Anfang des 19. Jahrhunderts. Im gleichen Stil verlängerte man die Fassade um vier weitere auf neun Achsen. Geriet damit der Gesamtbau auch etwas aus der Proportion, blieb doch die Fassade zum Gensd'armen-Markt erhalten und genoß von nun an den Schutz der Denkmalpflege (Abbildung 286).

Die letzten Jahre vor dem ersten Weltkrieg brachten das notwendige, wenn auch späte Umdenken. Als der »Verein für die Geschichte Berlins« 1910 einen Vortrag halten ließ, auf dem historische Aufnahmen (insbesondere die von F. A. Schwartz) gezeigt wurden, machte ein Augenzeuge des

Abb. 285 Bauzeichnung für die Aufstockung des Hauses Jägerstraße 56, 1873

Abb. 286 Situation an der Markgrafenstraße/Jägerstraße nach den zwischen 1901 und 1908 vollzogenen Um- und Neubauten, Meßbild, um 1920

429

Umwandlungsprozesses im äußeren Erscheinungsbild der Stadt folgendes Eingeständnis: »Wir haben viele Einbußen am Stadtbilde dem Zuge der Zeit zum Opfer gebracht. Was aus Großvaters Zeiten als gut ehrwürdig überliefert wurde, haben wir leider unbedacht vernichtet.« Und weiter: »An die Stelle der schlichten Vornehmheit dieser Fassaden sind die Riesenfronten der Warenhäuser getreten«; statt stimmungsvoller Poesie herrsche nun kalter Geschäftsgeist, der ganze Straßenfronten zu Riesenschaufenstern umfunktioniert hätte.[1]

Abb. 287 Innenansicht des Schauspielhauses nach den Umbauten des Jahres 1905, Meßbild, um 1910

Unter dieser Überschrift veröffentlichte der sozialdemokratische »Vorwärts« am 9. Mai 1906 einen Artikel mit folgender Einleitung: »Vaterländische Ruhmestitel, auf die unsere Patriotischen und Herrschenden nicht wenig stolz sind. Vaterländische Tugenden, die nicht laut genug gerühmt werden können vor dem Volke, damit es erkennen kann, um wieviel glücklicher es daran ist in der vaterländischen Hut der Junker und der Bürokraten denn die Völker der ›wilden Länder‹, wo die Staatskasse allerlei geheime Lecks zu haben pflegt. Ja, die preußische Bürokratie ist sehr gewissenhaft und sehr korrekt. Aber, wer da glaubt, daß deshalb jeder Mißbrauch mit preußischen Steuergeldern ausgeschlossen ist, der ist vertrauensselig!«[2] Grund zu diesen Worten gab ein weiterer Umbau des Schauspielhauses, bei dem es zu einem großen Skandal und am 7. Mai 1906 zu einer Interpellation im preußischen Abgeordnetenhaus gekommen war, die bereits am nächsten Tag behandelt wurde.

Insgesamt stieß dieser neuerliche Umbau in der Berliner Öffentlichkeit auf wenig Gegenliebe. Wiederum waren der schlechte Bauzustand und ein erhöhtes Bedürfnis nach Repräsentation im Stile des von den Staatsbehörden bevorzugten Barock Anlaß für Baumaßnahmen gewesen. Eine »Kommission für den Umbau des Schauspielhauses« war berufen worden, die am 27. November 1903 den Auftrag zur Ausführung folgender Arbeiten erhalten hatte: »Neubau der Garderobenräume für 294 000 RM, Veränderung der Logen und der Zu- und Abgänge für 380 000 RM«, mit dem Ziel, »die unmöglichen Bedingungen für die Künstler zu verändern«.[3]

Am 8. März 1904 legte die Kommission ihr Gutachten vor, in dem sie feststellte, daß »sich ein sehr viel ungünstigerer Bauzustand ergeben habe und eine erhebliche Ausdehnung des Umbauprojektes unumstößlich gegeben sei«. Folgende Bausummen kamen in Ansatz:

Garderobenteil	405 000 RM
Zuschauerhaus	517 000 RM
Bühnenhaus	203 000 RM
Bauleitung, Architekt und Ingenieurarbeit	167 000 RM
12 % Mehrarbeit	132 000 RM
Summe:	1 424 000 RM[4]

Die »Berliner Zeitung« vom 27. April 1904 informierte ihre Leser: »Die Würfel sind gefallen, der Umbau des Schauspielhauses hat begonnen. Samstag abend wurde der alte Schinkel begraben.«[5] Insgesamt plante man einen totalen Umbau und paßte das Innere des Schauspielhauses wilhelminischem Geschmack an — der zeitliche Zusammenhang zum Neubau der Seehandlung wäre anzumerken. In der 143. Sitzung am 20. Februar 1905 bewilligte das preußische Abgeordnetenhaus die Summe von 1 850 000 RM, von der 585 000 RM die Krone tragen sollte. Je tiefer man aber in die historische Substanz des Hauses stieß, um so mehr stiegen die Kosten und um so aufwendiger und prächtiger wollte man den Zuschauerraum gestalten. Die überlieferten Strukturen genügten einem modernen Theaterbetrieb tatsächlich nicht, aber gleichzeitig sollte das Haus dem byzantinischen Repräsentationsbedürfnis Kaiser Wilhelms II. angepaßt werden.

Die »schweren baulichen Mängel in der Struktur der inneren Gebäudeteile« bedingten eine »völlige Umgestaltung des Hauses nebst der Untergeschosse«. Die Baukosten wurden am 19. November 1905 auf 2 900 000 RM hochgerechnet, also um 1 050 000 RM überschritten.[6] Das zog den Unmut des Abgeordnetenhauses nach sich, das Fragen stellte, ob ein so aufwendiges Bauen dem alten Schauspielhaus angepaßt sei. Dieser Unmut steigerte sich, zumal das Umbauprojekt auf immer größere Ablehnung in der Öffentlichkeit stieß. Erst langsam und dann immer heftiger wurden Fragen nach den Ursachen der Kosten gestellt.

Am 21. März 1905 war der erst teilweise fertige Bau dem Kaiser präsentiert worden. Diese Festlegung war nach dem ursprünglichen Bauablauf und nach dem Terminplan des Monarchen erfolgt, der am 22. März eine Mittelmeerreise antreten wollte. Überhastet und eilig richtete man die Baustelle her, stattete sie mit edlem Material aus, drapierte mit kostbaren Stoffen den Weg der Majestät und verkleidete alle unansehnlichen Stellen. Als Wilhelm II. das Haus verlassen hatte, mußte — um weiterbauen zu können — das gesamte Material abgerissen und weggeworfen werden.

Als darüber nun Öffentlichkeit hergestellt war, kam es um den Stil der Innenpolitik zu heftigen Auseinandersetzungen. Der Vorgang spielte sich nach dem Bergarbeiterstreik im Ruhrgebiet ab, in dem 215 000 Kumpel unterschiedlicher Weltanschauung und Organisation um höhere Löhne und den Achtstundentag, Garantien für die Grubensicherheit sowie die Beseitigung aller Schikanen wegen politischer Tätigkeit gekämpft hatten. Nur einen Monat nach Beendigung dieses Aufstandes wurden öffentliche Gelder sinnlos vergeudet. Die Interpellation hatte Erfolg, und der preußische Finanzminister Georg Freiherr von Rheinbaben mußte zugeben, daß dieser Besuch des Kaisers 100 000 RM verschlungen hatte, die zum Fenster herausgeworfen worden waren. Heftige Erregung zog durch das Haus, sie reichte von den Liberalen bis zu den Abgeordneten der Arbeiterpartei, die das Wilhelminische System der Innenpolitik geißelten.

Am 10. Februar 1906 teilte die Bauabteilung des Finanzministeriums mit, daß sie Mehrkosten in Höhe von 1 087 000 RM benötigte, um die Arbeiten zu vollenden. Es sei eine insgesamt schlechte Bausubstanz vorgefunden worden. Die Benutzung der alten Mauern aus dem Langhansschen Bau mußte zur Begründung herhalten. Insbesondere im Bereich der Fundamente und Keller hätten sie ausgeräumt werden müssen, um dem Bau Festigkeit zu geben und eine Heizung einzubauen[7].

Die General-Intendanz übernahm am 6. Januar 1906 von dem Geheimen Hofbaurat Prof. Felix Genzmer das umgebaute Schauspielhaus — es entging weder dem »Verriß« durch die Presse noch wurde es von der Bevölkerung akzeptiert (Abbildung 287).

Trotz seiner zentralen Lage wurde der Gensd'armen-Markt nicht zum Schauplatz von Ereignissen der Novemberrevolution. Allerdings wirkte sich der breite antiimperialistische und demokratische Kampf des Volkes gegen die politische Macht des Monopolkapitals und des Militarismus, der den Wechsel von der Monarchie zur bürgerlich-parlamentarischen Staatsmacht erzwang, auch auf den Platz aus. Die zwanziger Jahre nagten an seiner historischen Substanz, zeitigten aber nur geringe Ergebnisse. Zum einen war die Zeit bis 1925 mit revolutionärer Nachkriegskrise und Inflation wenig dazu angetan, bauliche Veränderungen vorzunehmen. Später gab es für den Gensd'armen-Markt zwar Projekte, aber in der Wirtschaftskrise keine Finanzmittel, um sie zu realisieren.

Das vollzog sich alles im Hintergrund und kann nur in den Akten nachverfolgt werden, da nichts über das Planungsstadium hinausgelangte.

Bereits vor dem ersten Weltkrieg tauchten Bankgeschäfte stärker am Gensd'armen-Markt auf. So auch im Hause Markgrafenstraße Nr. 46 beziehungsweise 48 (heute Wilhelm-Külz-Straße 40), dem alten Boumannschen Haus (Abbildung 288). Seit 1890 gehörte es dem Bankinstitut Albert Schap-

Die zwanziger Jahre

pach & Co., das dort auch seine Geschäftsräume 1877 gegründet und unter-gebracht hatte. Ferner unterhielt das bekannte Berliner Weinhaus Otto Trar-bach (von 1868 bis 1904) hier eine Weinhandlung mit Weinstube.

1890 beantragte Schappach einen Umbau für Bankzwecke. 1914 ging die Bank in Konkurs, ein Verfahren zur Zwangsversteigerung wurde angesetzt. Die Hypothekenbank AG, Taubenstraße 22, übernahm als Hauptgläubiger die Verwaltung. Sie gab am 13. Februar 1914 eine Einschätzung des Wertes: »Es handelt sich um ein mit alten Baulichkeiten besetztes Grundstück, wel-ches im gegenwärtigen Zustand nicht verwertet werden kann. Zur Zeit ist nur die Hälfte des Parterregeschosses und des 2. Stockwerkes vermietet.«[8] Die Bank drängte auf einen Neubau, der durch die Entfesselung des ersten Weltkrieges unterblieb.

1919 wurde das Grundstück Eigentum der Dresdner Bank, am 2. Juli 1921 der Deutschen Bank, die feststellen ließ: »Außerdem soll das Haus sobald es nur möglich ist, abgerissen werden und einem Neubau Platz machen.«[9]

Nach mehrmaligem weiterem Besitzerwechsel kam das Grundstück in die Hand der Firma »Kohlenvertrieb Markgraf«, die am 20. Februar 1928 den Neubau eines Büro- und Geschäftshauses beantragte. Der Architekt Franz Vogt legte dazu eine Zeichnung vor (Abbildung 289). Eine Dutzendarbeit im Stil der neuen Sachlichkeit, funktionalistisch beeinflußt, die in keiner Weise den Verlust der vorangegangenen Architektur hätte ersetzen können. Der ausgestellte Bauerlaubnisschein — das hieß schon, daß die Vernichtung des Boumannschen Hauses beschlossene Sache war — verfiel am 27. Fe-bruar 1930; das Bürogebäude konnte schließlich wegen Geldmangels nicht realisiert werden.

In diesen Jahren begann aber auch schon die Beseitigung der Architektur vom Ende des 19. Jahrhunderts. Das benachbarte Fürsten-Hotel mußte als Spekulationsobjekt ebenfalls mehrere Besitzerwechsel über sich ergehen las-sen, bis es an die »Bank für auswärtigen Handel AG« fiel. Diese ließ das Haus umbauen und im Äußeren verändern, am 1. April 1927 legte sie dazu den Antrag mit einer Bauzeichnung der Architekten Bielenberg und Moser vor. Sie entfernten allen Dekor und gaben der Fassade auch durch Verände-rung der Fensterfronten ein völlig neues Bild (Abbildung 290).

In den zwanziger Jahren wuchs plötzlich wieder die Bedeutung des Schauspielhauses. Nach einer langen Periode, in der überwiegend seichte

Stücke geboten worden waren, die nur selten von Werken Henrik Ibsens oder George Bernard Shaws abgelöst wurden, wirkte die Novemberrevolution befreiend. 1919 übernahm Leopold Jeßner die Intendanz der Staatstheater und setzte auf der Bühne des Schauspielhauses gleich mit seinen ersten Inszenierungen einen expressionistischen Regiestil durch, der beispielgebend auf andere Theater wirkte. Wiederum spielten dabei Schiller und sein »Wilhelm Tell« eine entscheidende Rolle. Im Bühnenbild und in der Art der Spielführung bevorzugte Jeßner enorme Treppenanlagen bei sparsamster Ausstattung. Die Szenographie und Jeßners Auffassung des

Abb. 288 Das ehemalige Boumannsche Haus in der Markgrafenstraße, Meßbild, um 1910

435

Abb. 289 Zeichnung
von Franz Vogt für einen
Neubau anstelle des
Boumannschen Hauses
(nicht ausgeführt), 1927

Stückes stießen beim Bildungsbürgertum auf entschiedene Ablehnung. In
Erinnerung an die Novemberrevolution bezeichnete man die Aufführung ab-
wertend als »Barrikaden-Tell« — nicht nur wegen des Bühnenbildes.

Auch bei anderen Aufführungen konnte sich Jeßners Leistung gegen
schwere Widerstände durchsetzen; kurzfristig stand das Schauspielhaus wieder an der Spitze des Berliner Theaterlebens mit starken Wirkungen nach
außen. Die Errichtung der faschistischen Diktatur unterbrach abrupt diese
Entwicklung, Jeßner mußte 1933 emigrieren.

Die neue, auch internationale Ausstrahlung der Arbeit am Schauspielhaus
gab die Anregung, sich wiederum mit dem Platz zu befassen. 1927/28

Französische Str.

tauchte der Gedanke auf, hier der im Krieg umgekommenen Schauspieler
zu gedenken — für Berlin etwas Veränderndes, das sofort Architekten des
In- und Auslandes anzog. Es war die vielleicht interessanteste stadtgestalterische Aufgabe, die der alte Kern in diesen Jahren bot. Folgerichtig mußte ein
derartiger Denkmalsgedanke zur Neugestaltung des Gensd'armen-Marktes
führen. Wie schon bei Gontard ging es um die erneute Monumentalisierung,
die, richtig verstanden, die Aufgabe hatte, die Baugruppe von Schauspielhaus und Türmen durch andere Architekturen oder Gestaltungsmittel besser
zur Geltung zu bringen.

In den öffentlich vorgelegten Entwürfen zeigte sich die Kalamität des Plat-

Abb. 290 Bauzeichnung
der Architekten Bielenberg
und Moser
zur Fassadenänderung am
Haus Markgrafenstraße/Ecke
Französische Straße, 1927

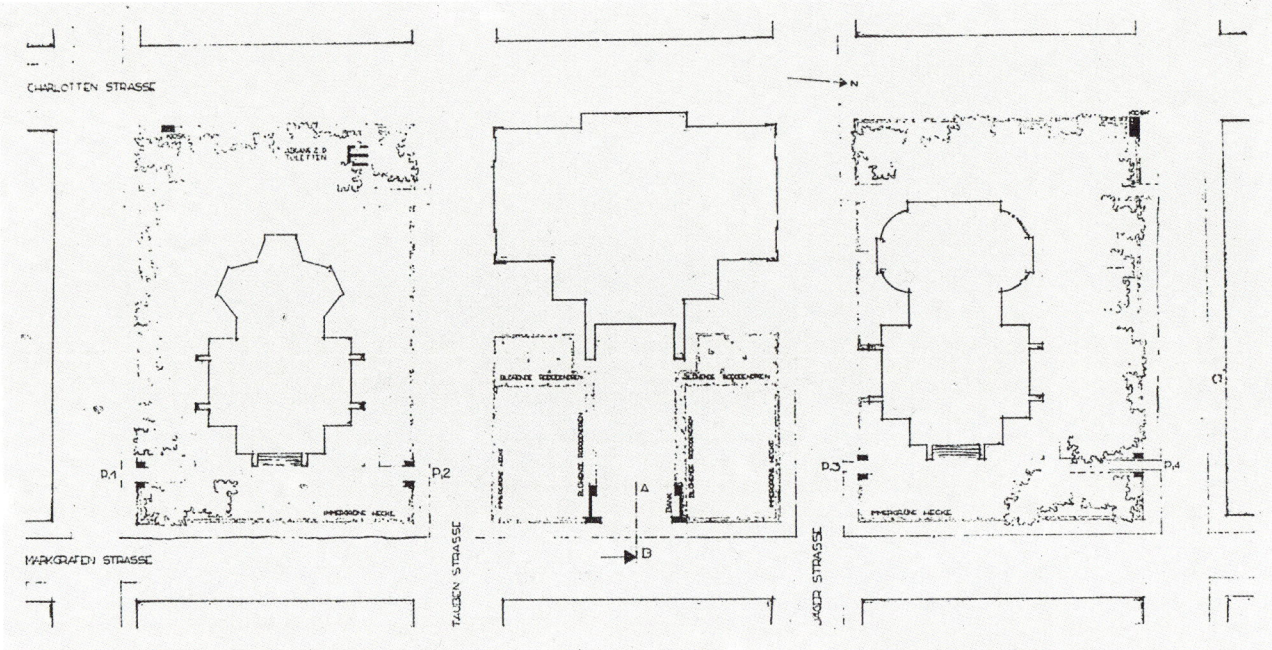

zes. Hauptärgernis für eine Reihe von Architekten bildeten die wie Anhängsel der Türme wirkenden Kirchen, die sie deshalb zu verstecken trachteten.
Sie konnten nicht akzeptieren, daß der historische Zustand keiner radikalen
Veränderung mehr unterzogen werden durfte, und das vor allem deshalb,
weil die Bauten sich fest im Bewußtsein verankert hatten und weil jeder Verlust Protest hervorrufen mußte.

Die fehlende Symmetrie der beiden Türme — schon fast vergessen — sowie ihre unterschiedliche Stellung zum Theater verlangte eine Lösung, die
viele Architekten überforderte. Andererseits erkannten alle, daß es galt, die
Dreiteilung des Platzes zu überwinden, das heißt, aus dem Platz nun endlich
ein einheitliches Ganzes zu schaffen. Das ging im Ergebnis der historischen
Entwicklung nur dann, wenn man den Schillerplatz als den Schwerpunkt besonders betonte, denn die drei Monumente bezogen sich auf den Mittelteil,
und das Denkmal selbst zog den Akzent auf dieses Quartier.

Aus der Fülle der Projekte mögen zwei, die von den bekanntesten Architekten Berlins dieser Jahre stammten, vorgestellt werden. Erich Mendelsohn
akzeptierte den historisch gewachsenen Zustand. Er umgab das nördliche
und südliche Quartier mit Hecken und stellte die Türme in eine Parkland-

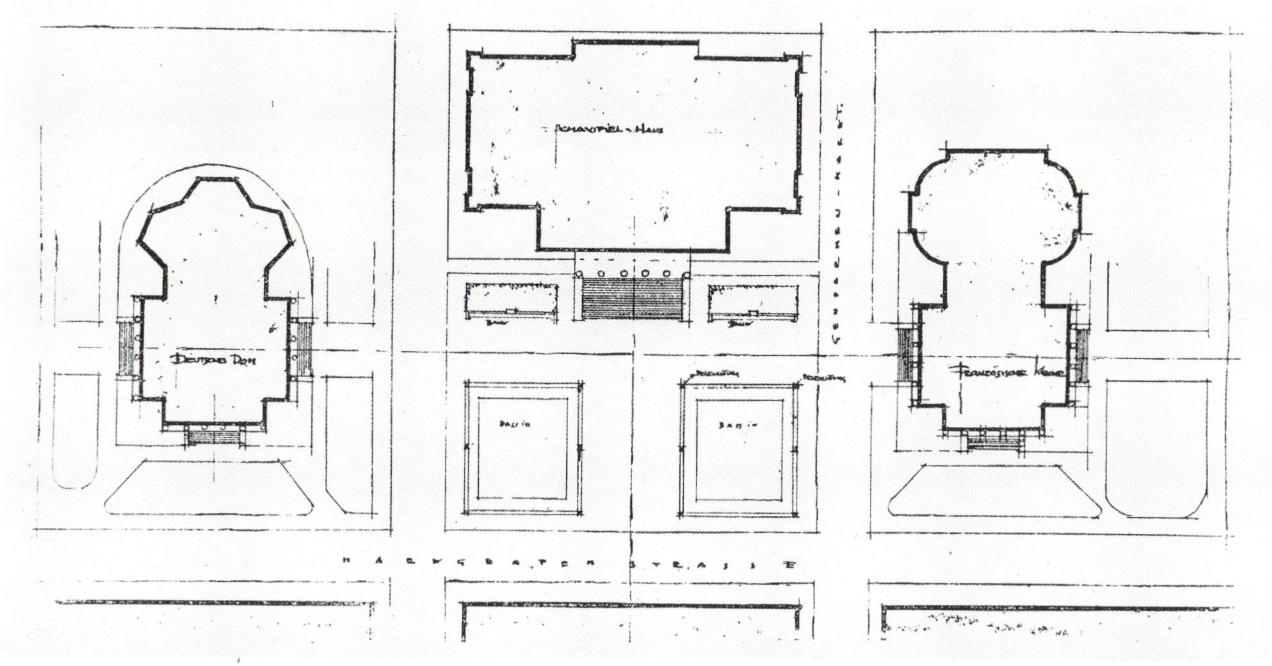
MARKGRAFEN STRASSE

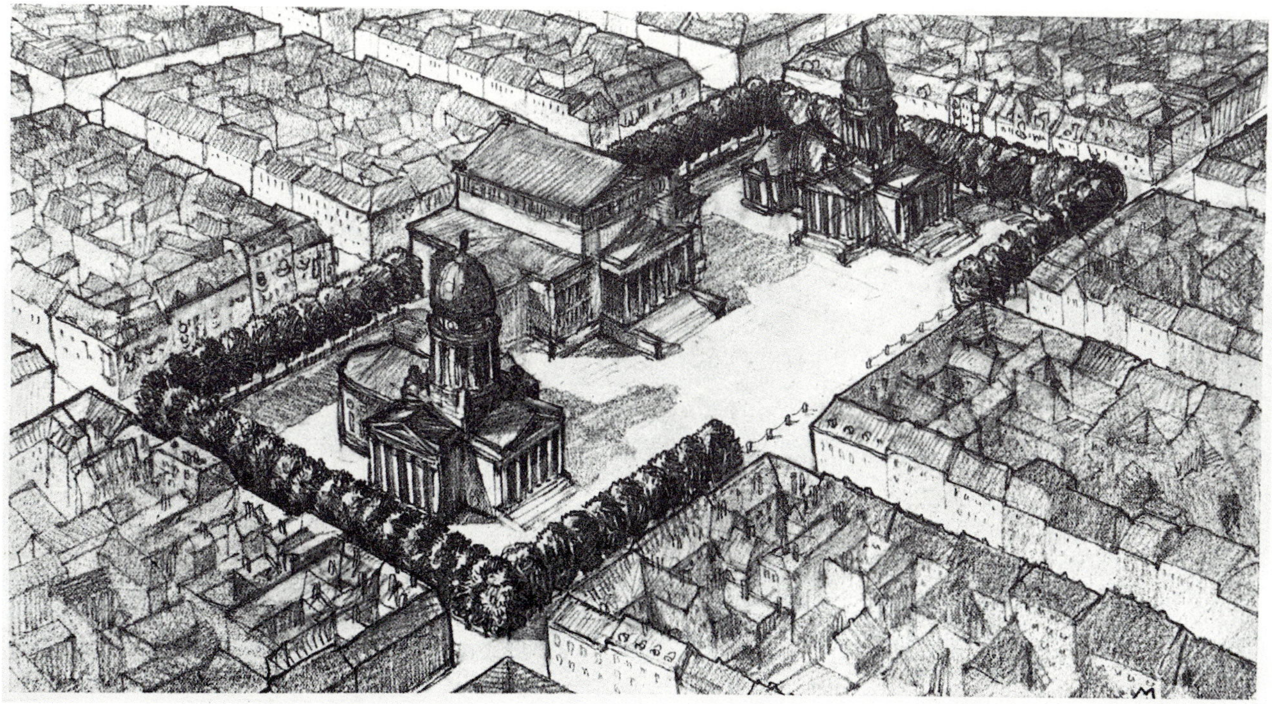

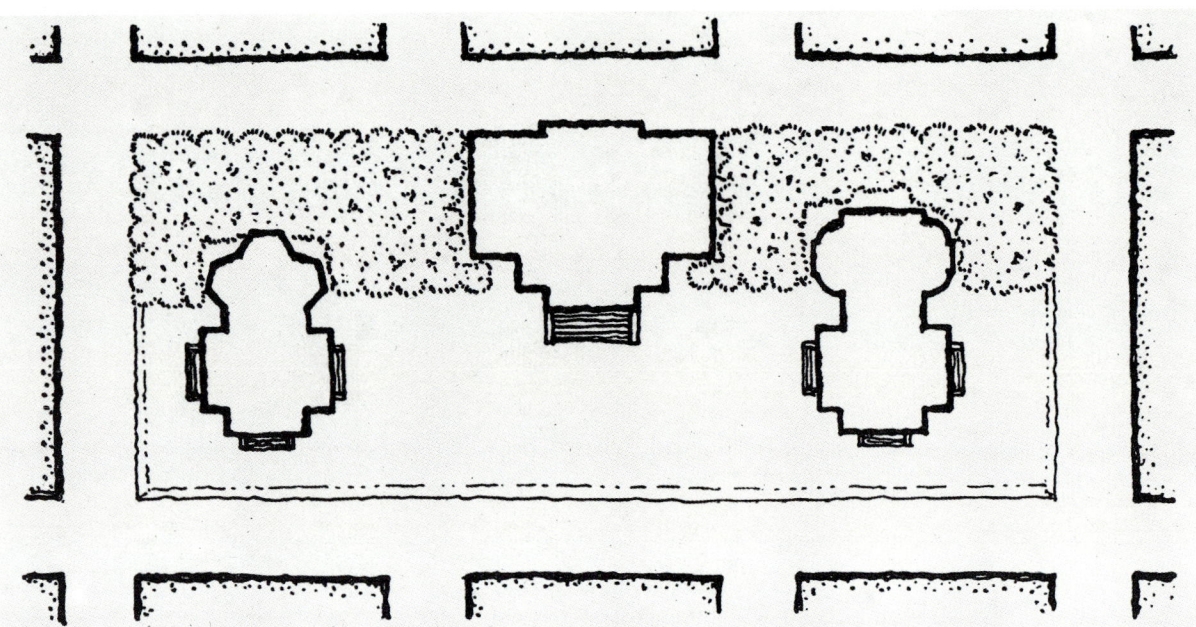

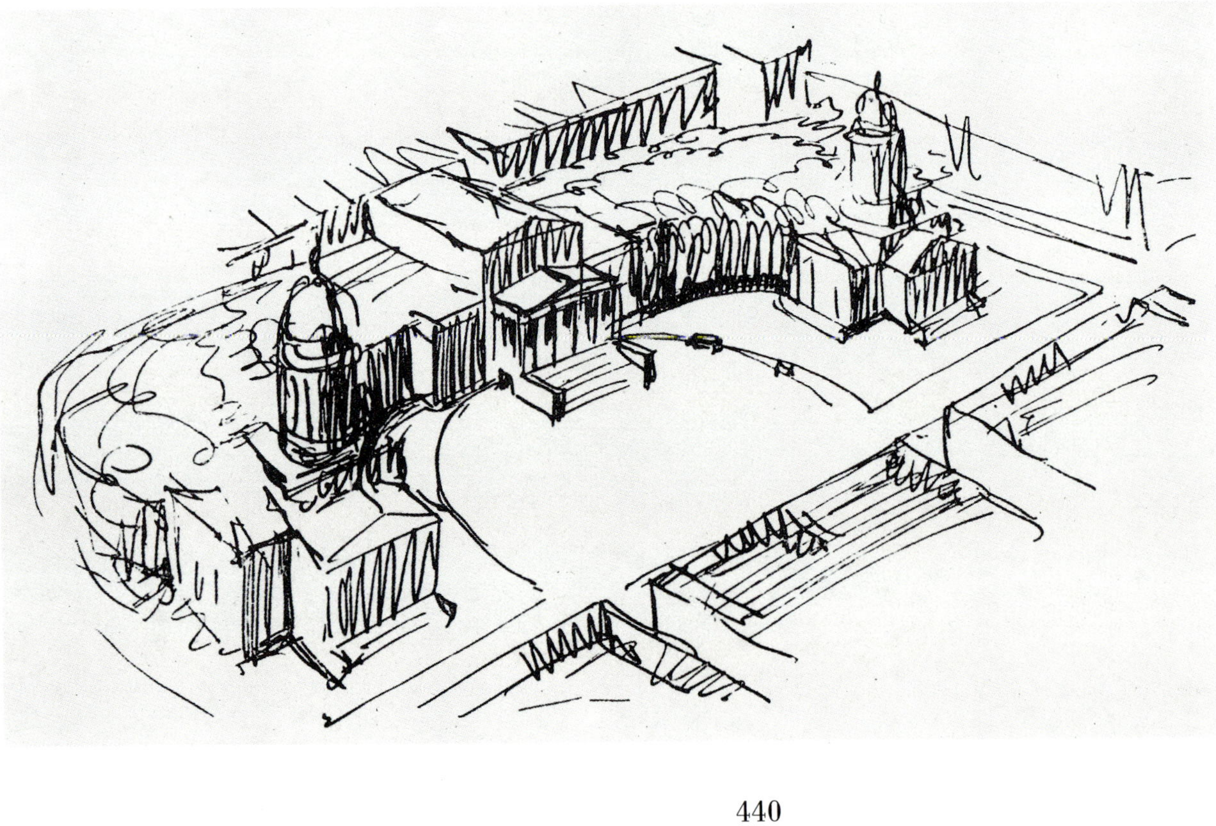

schaft. Die geforderten Denkmäler ordnete er an der Markgrafenstraße an, behielt die Rasenfläche und das Schiller-Denkmal bei (Abbildung 291).

Peter Behrens, dem Berlin unter anderem die Bürohäuser am Alexanderplatz und zahlreiche bedeutende Industriebauten verdankt, schlug dagegen vor, die vorhandenen Rasenflächen links und rechts der großartigen Freitreppe zu verändern und mit Pylonen zu versehen, die die Namen der zu ehrenden Schauspieler tragen sollten. Weitere Pylonen in Bassins ordnete er auf der restlichen Fläche des Schillerplatzes an und ließ die Portiken der Türme frei. Damit schuf Behrens ein Rastersystem, das den Platz zusammenhielt (Abbildung 292).

Andere Architekten kamen weniger glücklich mit dem Platz zu Rande. Einige entfernten das Schiller-Denkmal und überwanden eine gewisse Sterilität nicht. In den fruchtbaren Streit mischte sich Werner Hegemann ein, der zu den ihn unbefriedigt lassenden Plänen 1928 in der Zeitschrift »Städtebau« einen Alternativvorschlag vorlegte (wiederveröffentlicht in seinem Hauptwerk »Das steinerne Berlin«, 1930; Abbildung 293). Seine Idee war radikal,

Abb. 294 Vorschlag von Steen Eiler Rasmussen für die Neugestaltung des Gensd'armen-Marktes, 1928

Abb. 295 Vorschlag von Steen Eiler Rasmussen für die Neugestaltung des Gensd'armen-Marktes, 1929

Abb. 296 Sitzungssaal des Konsistoriums im Französischen Turm, um 1930

Abb. 297 Ansicht
der Weinhandlung
von Lutter & Wegner nach dem
Umbau der dreißiger Jahre,
Meßbild, um 1939

er war der erste, der die Dreiteilung des Gensd'armen-Marktes konsequent überwand und die schneidenden Straßen im Platzbereich aufhob. Hegemann versuchte die gestörte Beziehung zwischen den Bauten auf dem Platz und denen an seinem Rand zu überwinden, indem er um den Platz eine Baumreihe legte, die ihn von der Randbebauung abschirmte.

Noch konsequenter ging der dänische Architekt Steen Eiler Rasmussen vor. Mit einfachen Mitteln, die, richtig gehandhabt, wohl immer die genialsten bleiben, ordnete er den Platz neu. Er sah vor, ihn mit Bäumen in der Art zu bepflanzen, daß die beiden Kirchen von ihnen umgeben waren. Konkav zurückweichend verbanden sie die Flügel des Theaters mit den Tür-

442

men (Abbildungen 294, 295). Natur und Architektur harmonierten in diesem Entwurf miteinander. Doch all diese Projekte zogen durchaus nicht die Umgestaltung nach sich.

Zwei andere Momente hatten dagegen Bedeutung. Zum einen ließen die Baubehörden des preußischen Staates dem Französischen Turm eine gründliche Renovierung nach den Prinzipien der Denkmalpflege angedeihen. Eine eingezogene Decke ermöglichte die Nutzung von Räumen im Tambour, erhöhte die Standsicherheit und den Feuerschutz (Abbildung 296). Insbesondere das letztere sollte später noch von Bedeutung sein. Das ähnliche Projekt für den Deutschen Turm entfiel wegen Geldmangels. Zum anderen verschandelte der Besitzer der Weinstube, vormals Lutter & Wegner, das harmonische Äußere des alten Baus. 1921 erwarben zwei Eigentümer Grundstück und Haus: die J.C. Lutter Weingroßhandlung (vormals J.C. Lutter AG) mit Sitz in der Charlottenstraße 93 mit einer Beteiligung von 800 000 RM und die »Krimhild-Grundstücksgesellschaft G.m.b.H.« mit 2 000 000 RM. Beide brachten zugleich das Nachbargrundstück Französische Straße 46 an sich und ließen später einen Umbau vornehmen, der dieses mit einbezog (zwischen 1936 und 1939). Statt bisher vier Fensterachsen bekam das Gebäude in der Französischen Straße nun acht. In Anlehnung an das Hauptportal in der Charlottenstraße gestaltete der Architekt ein weiteres in der Französischen Straße mit einer einmaligen Besonderheit: Da nicht mehr Raum vorhanden war, legte er in unsinniger Abwandlung des Gontardschen Portals drei Säulen vor die Südfassade, die ein Fenster des Altbaus und einen unbedeutenden Eingang rahmten.

Um die vorhandenen Räumlichkeiten profitabler nutzen zu können, mußte die frühere Attikazone höher ausgebaut werden. Genaugenommen entstand dadurch ein viertes Vollgeschoß, das im Verein mit den Erweiterungen die Proportionen des Gesamtbaus zerstörte, ihn zu einem ungestalten Kubus werden ließ, dessen Dekor nun befremdlich wirkte. Die Harmonie war zunichte, die historische Kontur verloren (Abbildung 297).

Am 30. Januar 1933 schoben die einflußreichsten und kriegslüsternen Zirkel des deutschen Finanzkapitals die Faschisten an die Macht; Adolf Hitler wurde Reichskanzler. Die in den Finanzstuben der Platzumbauung wirkenden Kreise hatten daran ihren Anteil, und sie versprachen sich von der zu erreichenden Vorherrschaft in der Welt und dem Krieg das große Geschäft,

**Mit Fanfaren
unter
dem Hakenkreuz**

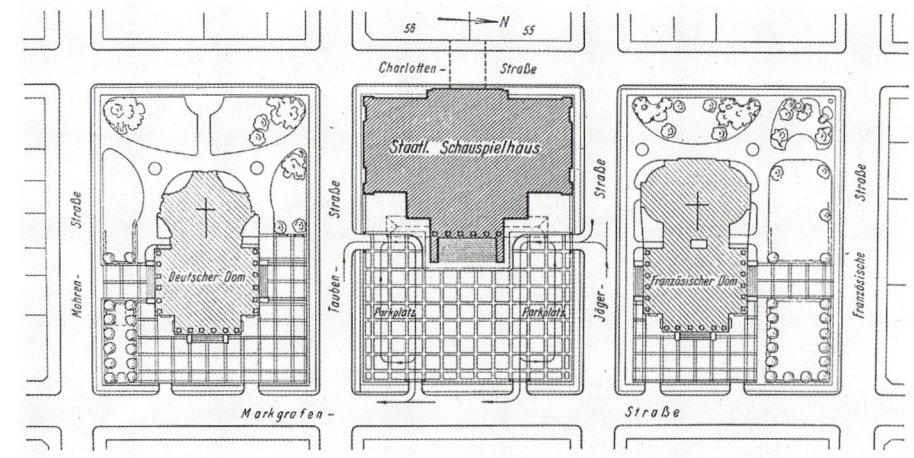

Abb. 298
Der Gensd'armen-Markt,
um 1936

Abb. 299 Planung
für die Neugestaltung des
Gensd'armen-Marktes,
1935

Abb. 300 Luftbild
des Stadtquartiers um den
Gensd'armen-Markt,
um 1938

das sie ohne Rücksicht auf fremde Völker und auf das eigene Volk zu realisieren gedachten. Vorbereitung des Krieges und seine Finanzierung waren
das Thema in den Geschäftshäusern, die Schatten fielen auch auf den Platz,
dem eine Rolle in der ideologischen Kriegsvorbereitung der Berliner Bevölkerung zuerkannt wurde.

Die alle Werte verfälschenden ideologischen Wegelagerer fingen bald an,
den Platz und seine Traditionen zu besudeln und völlig zu verfälschen. Es
waren drei Dinge, die den Faschisten eingaben, so mit ihm umzugehen.

Zum einen ging es um die Vernichtung der progressiven und revolutionären Traditionen. Diese versuchten sie vergessen zu machen und auszulö-
schen. Symbolisch vollzog sich das mit dem Abbau des Schiller-Denkmals
im Februar 1936. Die Begründung war von weit hergeholt: Das Denkmal sei

Abb. 301 Schauspielhaus-
Vorderseite vor der
Umgestaltung von 1935,
Meßbild

Abb. 302 Zustand
des Zuschauerraums im
Schauspielhaus nach der
Umgestaltung von 1935

Abb. 303 Schauspielhaus-
Rückseite
vor dem Umbau von 1935,
Meßbild

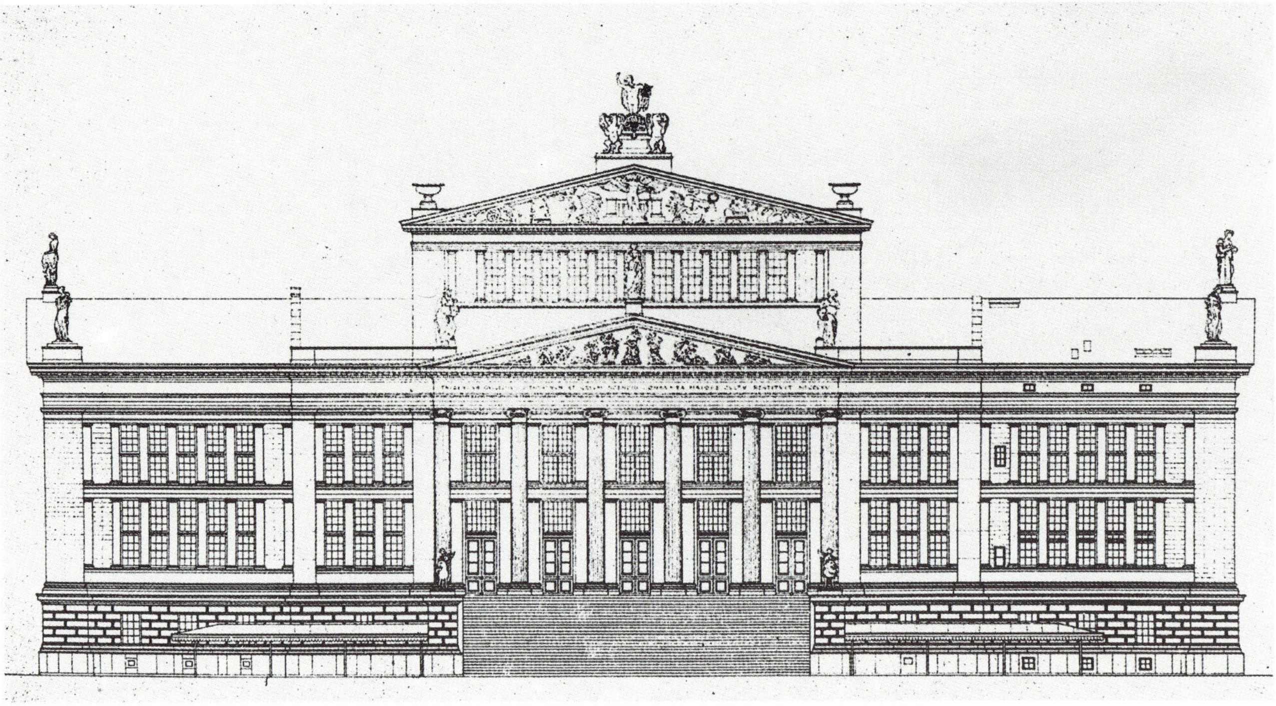

alt und habe keine Standsicherheit mehr, es sei zu klein für den großen Platz und so weiter. Bei Abtransport stürzte die Statue infolge der hastigen Demontage um. Nach Zeitungsberichten brach die Sockelplatte, und der Mantel des Dichters erlitt Beschädigungen. Die Presse behauptete, das Denkmal würde in Bronze gegossen und »woanders aufgestellt« werden — doch es verblieb im Depot der städtischen Denkmalpflege. Das Monument überstand den Krieg und befand sich — bis es 1986 zurückgeführt wurde — in Berlin (West); nach Abschluß der Restaurierungsarbeiten ist es zur Wiederaufstellung vorgesehen.

Zum anderen ging es um die Möglichkeit, »preußischen Geist« zu erwecken, das heißt, den Gensd'armen-Markt insbesondere mit seinen Türmen zu einem Hort preußischer Traditionspflege mit faschistischem Einschlag zu machen.

Und zum dritten bot das Schauspielhaus von Schinkel auf den ersten Blick scheinbar ausreichende Anknüpfungspunkte für eine faschistische Architektur. Hitler als dilettierender Architekt und sein Bauplaner Albert Speer betrachteten sich als größere, bedeutendere Stadtplaner, die vorgeblich Schinkels Ideen — aber in unmenschlichen Dimensionen und ohne ihn auch nur im geringsten verstanden zu haben — im äußeren Erscheinungs-

Abb. 304 Schauspielhaus — Ansicht nach der Markgrafenstraße, Bestandszeichnung vom 10. Januar 1940

Abb. 305 Schauspielhaus — Ansicht nach der Taubenstraße, Bestandszeichnung vom 10. Januar 1940

Abb. 306 Schauspielhaus — Ansicht nach der Charlottenstraße, Bestandszeichnung vom 10. Januar 1940

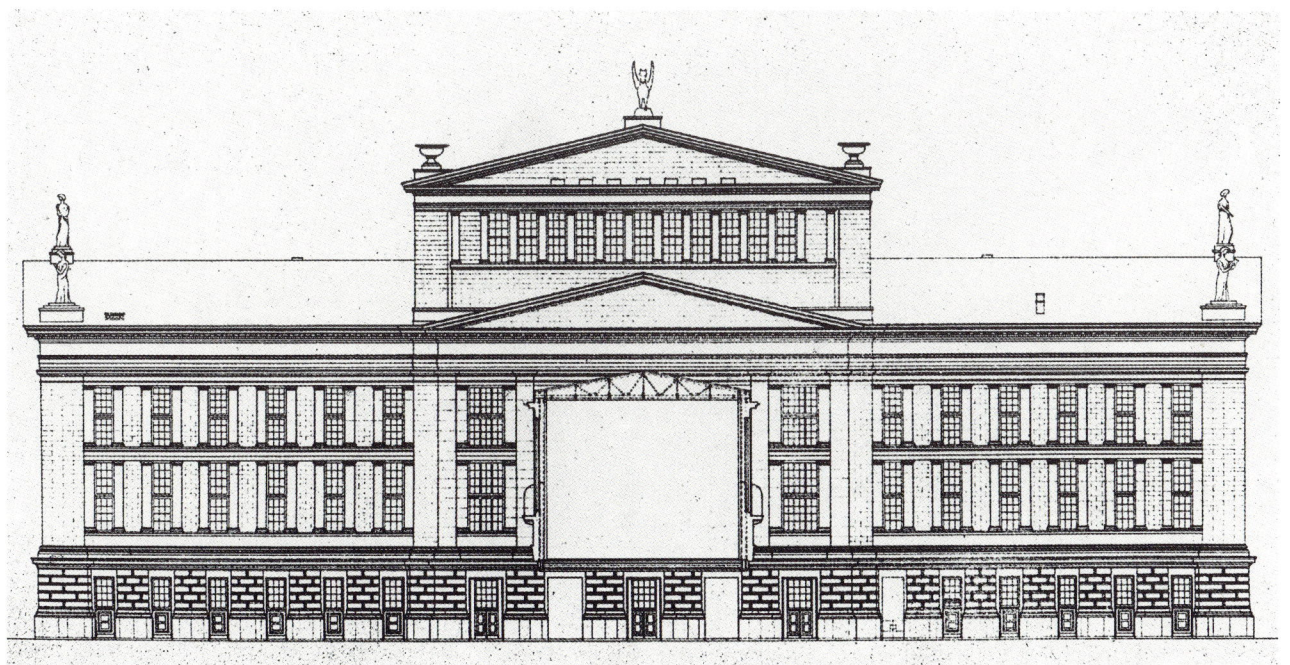

bild vollenden wollten und damit Schinkel fälschten. Das Ergebnis war eine menschenverachtende und dem Gedanken des Weltherrschaftsstrebens des deutschen Finanzkapitals verpflichtete Architektur, der Hitler im internen Kreis am 10. September 1941 die Aufgabe stellte: »Einmal im Jahr wird dann ein Trupp Kirgisen durch die Reichshauptstadt geführt, um ihre Vorstellung mit der Gewalt und Größe ihrer steinernen Denkmale zu erfüllen.«[10]

In ein derartiges Konzept zwängten die Faschisten auch den Gensd'armen-Markt. Die erste Etappe war die Vorbereitung auf die Olympiade von 1936, die der Welt ein friedliches faschistisches Deutschland vorgaukeln sollte. Dazu paßte der Gedanke der Pflege eines vorgeblich »klassischen Berlins«. Der Schillerplatz büßte zunächst alle Anlagen ein und erhielt ein Rastersystem (Abbildung 298). Kein Baum, kein Strauch und kein Denkmal durfte den Blick stören, vielmehr sollte die glatte Fläche das Haus wie einen Altar hervortreten lassen. Das geschah in völliger Verkennung des Schinkelschen Gedankens, der sein Schauspielhaus in einen Marktplatz voller Leben hineinkonzipiert hatte. Geplant war die Fortsetzung des Rastersystems auch um die Flächen an den Türmen (Abbildungen 299, 300).

1935 begann eine einschneidende Veränderung im inneren Zustand des Schauspielhauses. Der Konzertsaal, der am wenigsten unter Veränderungen gelitten hatte, konnte in seiner ursprünglichen Gestalt wiedergewonnen werden. Das stützte sich auf Planungsarbeiten der Denkmalpflege früherer Jahre und muß als verständnisvolles Vorgehen eingeschätzt werden. Die anderen Räume wurden in Anlehnung an Schinkel wiederhergestellt. Der Einbau einer mehrstöckigen Drehbühne bekam dem Bau nicht. Die Dimensionen des alten Schauspielhauses konnten nicht verändert werden und boten keinen Raum für ein derartiges Unterfangen. Man mußte verschiedene Funktionen auslagern. Die Magazine bekamen Platz in einem hinter dem Theaterbau gelegenen Haus der Charlottenstraße, das mit einer eisernen Brücke verbunden wurde, deren Querschnitt dem der Bühnenöffnung entsprach. Aus dem Jahre 1940 besitzen wir genaue Aufmaßzeichnungen, die den neuen Zustand dokumentieren (Abbildungen 301–306).

Ziel der äußeren Gestaltung des Gensd'armen-Marktes, der sich auch jetzt zu keinem einheitlichen Platz erweiterte, war die Bereitstellung eines großen Aufmarschplatzes für faschistische Organisationen. Die beiden Türme und das Schauspielhaus bildeten Kulissen faschistischer Manifestationen — sinnentleerte Theaterdekorationen. Jährlich fanden am 20. April

Abb. 307 Bericht der
»Deutschen
Allgemeinen Zeitung«,
1942

BERLINER NACHRICHTEN

Der Pflug am Gendarmenmarkt

Der Gendarmenmarkt lenkt seit gestern die Aufmerksamkeit der landwirtschaftlich interessierten Berliner auf sich. Wie ein Lauffeuer verbreitete sich unter den Alteingesessenen der Friedrich- und Dorotheenstadt die Nachricht: Gartendirektor Martin pflügt vor dem Staatstheater!

Wenn es auch nicht der Leiter des Gartenamts Mitte persönlich war, der da in der Nachbarschaft des Staatlichen Schauspielhauses, vor dem Deutschen und dem Französischen Dom, den Pflug handhabte, so war doch der Mann, der die Hand an den Pflug legte, ein Beauftragter des Gartenamtes des Verwaltungsbezirks Berlin-Mitte. Auch sein Gehilfe gab sich als ein in städtischen Diensten stehender Gärtner zu erkennen. Auf die Frage nach dem Sinn ihrer Tätigkeit erwiderte der Pflüger: „Wir machen frei!"

Das war in der Tat ein streng wissenschaftlicher Bescheid. Denn für welche zukünftigen Zwecke der Gendarmenmarkt bzw. seine Grünfläche zur Zeit umgebrochen wird, steht noch nicht fest. Sicher ist, daß der Boden für den Anbau von nützlichen Dingen frei gemacht wird, seien es nun Kartoffeln, Runkelrüben, Sonnenblumen oder Mohn. Im Dienste der Pflügenden stehen zwei Pferde, die ein Berliner Fuhrunternehmer zur Verfügung gestellt hat. Die landwirtschaftliche Tätigkeit bedeutet für sie eine Entspannung. Sie ist jedenfalls nicht so anstrengend wie das Befördern von Lasten.

Das gemächliche Tempo, in dem der Boden des Gendarmenmarktes umgebrochen wird, übt auch auf die Berliner Zuschauer eine beruhigende Wirkung aus. Mancher sonst so eilige Fußgänger verharrt in stillem Entzücken bei der Betrachtung des ungewohnten Bildes. Er könnte, wenn ihn nicht die Arbeit riefe, volle Stunden hier verweilen und der Verwandlung des Gendarmenmarktes zuschauen, genau so, wie es im vorigen Jahrhundert E. T. A. Hoffmann an seinem Eckfenster in der Charlottenstraße tat. Der Unterschied besteht nur darin, daß Hoffmann die Verwandlungen der Marktbesucher studierte, während die Gegenwart zuschaut, wie der Gendarmenmarkt oder wenigstens ein Teil davon selber der Erde wiedergegeben wird. Das Bild der Ackerschollen mitten in der Stadt rührt die Seele stärker auf als der Anblick der gewohnten Parkanlagen.

D. Korodi

Abb. 308 Pflügen
vor dem Französischen Turm
im November 1942

die Aufnahmen der Zehnjährigen in die faschistische Jugendorganisation statt. Die Treppe diente den Fahnenträgern und den Fanfarenbläsern als Aufstellort, die Hauptfront des Hauses war die sich ins Unermeßliche steigernde Rückwand eines Rednerpults. Auch andere Plätze Berlins besudelten die Faschisten auf diese Art, so den Lustgarten und den Hof des Pergamonmuseums — sinnfälliges Bild des Mißbrauchs und der Sinnentleerung von Kunst und Kultur für die Zwecke der Barbarei.

Im Zusammenhang mit den Absichten, Berlin zur »Welthauptstadt Germania« umzugestalten, bildete der Platz keinen Schwerpunkt von Neuplanungen, er schien ausgespart. Wenig beachtet blieb die zweite Etappe mit dem großangelegten Umbau, der den Gensd'armen-Markt zu einer noch ge-

452

eigneteren Bühne für die Verbreitung faschistischer Ideologie machte. Der preußische Staat begann in Privatbesitz befindliche Bauten aufzukaufen und in ihnen Behörden und Leitungsorgane unterzubringen, um so den Platz zu einem Zentrum der Macht des deutschen Faschismus hochzustilisieren.

Ausgangspunkt war der Umbau des Seehandlungs-Gebäudes, um den sich alles zu gruppieren hatte. Mit dem Namen des preußischen Finanzministers Johannes Popitz verband sich die auch von ihm öffentlich propagierte Umsetzung derartiger Pläne.

Die preußischen und die Reichsbehörden erwarben die bestehenden Bauten am Platz, zum Beispiel das Haus Charlottenstraße 59/Ecke Mohrenstraße. 1921 hatte es Siegfried Heß für 2 000 000 RM erworben. Der Berliner Kaufmann jüdischer Herkunft erkannte wohl instinktiv die rassistische Vernichtungspolitik des deutschen Faschismus; er verließ Berlin 1933 und ging nach London. Sein Haus kam unter Zwangsverwaltung. Im Dezember 1938 kaufte es der Staat für 1 000 000 RM, und am 18. Januar 1940 erfolgte die Übergabe an das Reichsministerium für Wissenschaft, Erziehung und Volksbildung. 1937 wurde der Preußischen Pfandbriefbank das Grundstück Französische Straße 40/41 zugesprochen. Am 4. Juli 1939 kaufte der preußische Staat für 1 428 000 RM die Weinhandlung Lutter und betrieb sie nach Verpachtung unter dem Namen Lutter & Wegner weiter. Das Haus Charlottenstraße 51 kaufte das Deutsche Reich am 5. April 1939 für 162 000 RM. Am selben Tag erwarb die Reichsfinanzverwaltung für 1 000 000 RM das Nachbargrundstück Charlottenstraße 50. 1935 erwarb der preußische Staat das Gebäude Charlottenstraße 55 für 1 700 000 RM. Am 5. April 1935 kam das benachbarte Gebäude Charlottenstraße 56 für 1 250 000 RM an den preußischen Staat. Die Reichsfinanzverwaltung kaufte im Jahre 1942 das Grundstück und das Haus Charlottenstraße 57, zuvor schon, 1938, das Gebäude Charlottenstraße 58 für das Pfandbriefamt. Die Liste wäre fortzusetzen; dahinter stand die mit System betriebene Politik zum Erwerb aller Grundstücke und Gebäude am Gensd'armen-Markt für staatliche Behörden.

Das war Vernichtung des Traditionsbewußtseins durch Ausschaltung der Traditionsträger. Bis auf die drei als historisch wertvoll anerkannten Bauten (Lotteriedirektion, Wohnhaus Boumann, Weinhandlung Lutter & Wegner) erhielten die in Staatsbesitz übergegangenen Häuser ein verändertes Aussehen. Man schlug rigoros die alten Fassaden ab und verkleidete den Korpus mit grauem »heldischem« Sandstein, um ihn der trostlosen faschistischen Architektur anzupassen und den Platz neu zu fassen.

Man verkündete, daß damit die Randbebauung dem klassischen Ensemble auf dem Platz untergeordnet werde, damit die Monumentalität der Bauten zur Wirkung komme. Das hielt man für preußisch und der Architektur der Zeit Friedrichs II. gerecht. Doch was man wollte, war die Verfälschung, ohne zu begreifen, daß die Wirkung des 18. Jahrhunderts von der Balance beider Elemente ausging. Übrig blieben eine öde Dekoration und eine phantasielose Kulisse, ein vorweggenommener »Heldenfriedhof« für das Einschwören der jungen Generation auf den faschistischen Staat. Das war der Ausdruck der totalen Sinnentleerung, der Vernichtung des bürgerlichen, progressiven Gedankengutes vom Anfang des 19. Jahrhunderts — durch die

Abb. 311 Ruinen an der
Kreuzung Markgrafenstraße/
Taubenstraße,
nach 1945

Abb. 312
Charlottenstraße 58,
um 1946

Abb. 313
Französische Straße 40/41
bei Kriegsende

457

Abb. 314
Seehandlungsgebäude
und Lotteriedirektion,
um 1946

Vertreter derselben Klasse, die den Platz einst groß gemacht hatte. Als der deutsche Imperialismus sich am 1. September 1939 anschickte, seinen weitgespannten Expansionszielen durch Krieg und Völkermord näher zu kommen, waren in den Banken und Staatsbehörden am Gensd'armen-Markt soziale Träger und Interessenvertreter an der Planung und Realisierung des Konzepts zur Erringung der Vorherrschaft in der Welt beteiligt.

Das Grundelement faschistischer Planung, das in der Vernichtung der Völker Europas bestand und dabei auch das eigene Volk einbezog, ging nicht auf. Die Völker und auch die besten Kräfte des eigenen Volkes setzten sich zur Wehr. Für immer bewahrt das Schauspielhaus die Erinnerung an Hans Otto, den begabten Akteur und aktiven Widerstandskämpfer gegen den Faschismus. Seit 1930 in Berlin, am Schauspielhaus, wurde er vom Pu-

458

blikum als Romeo, Prinz von Guastalla, Egmont, Eduard II., Fiesco, Prinz Friedrich von Homburg gefeiert. Er blieb, im Gegensatz zu anderen, seiner Überzeugung treu, ließ sich weder kaufen noch mißbrauchen. Als Kommunist hatte er gegen den aufkommenden Faschismus gekämpft und setzte diesen Kampf nach dem 30. Januar 1933 konsequent fort. Die Faschisten ermordeten ihn grausam, aber er, der Kommunist, bewahrte durch sein Handeln Moral und Idee einer in die Zukunft weisenden Weltanschauung, die bewußt große Leistungen auch der Vergangenheit einbezieht.

Die für die weitergespannten Ziele des »Dritten Reiches« viel zu geringen Mittel ließen trotz aller Organisation eine Quadratur des Kreises nicht erzwingen; der Krieg schlug auf seinen Ausgangspunkt zurück — zunächst nur an Details merklich, die die Presse noch bejubelte. Die Europa heimsu-

Abb. 315 Mittelteil der Ruine der Lotteriedirektion, um 1946

459

chende »braune Pest« warf den Platz in vorkapitalistische Zustände des 16. Jahrhunderts zurück: Die Not war so groß, daß alle Möglichkeiten zur Versorgung der Bevölkerung genutzt werden mußten; so tauchten bereits 1942 inmitten des Zentrums der »Reichshauptstadt Berlin« Pferd und Pflug wieder auf, von einem Bauern geführt (Abbildung 308) — sinnfälliger kann der Zustand nicht demonstriert werden. Als wäre die Merica des 15. Jahrhunderts wieder erstanden, brach ein Angestellter des Stadtgartenamtes die Fläche um die Türme um, um sie für die Saat vorzubereiten. Die Zeitungen feierten das in ihrem Lokalteil (Abbildung 307), ohne zu begreifen, daß es um mehr ging als nur die Aufrechterhaltung der Versorgung mit Mohn (Abbildung 309). Man verstand weder, daß eine Form bürgerlicher Herrschaft abgewirtschaftet hatte, noch daß diese Bilder den Untergang einer ganzen Klasse belegten, die, ihre eigenen fortschrittlichen Traditionen verleugnend, Europa und die Welt mit einem vernichtenden Krieg überzog, ungeachtet dessen, daß damit auch das eigene Volk an den Rand des Untergangs geriet. Das deutsche Volk, Werkzeug und Opfer dieser Politik zugleich, mußte — dem falschen Führer folgend — in der Folge freilich noch ganz andere »Schrecken des Krieges« ertragen. Im November 1943 begannen die alliierten Luftangriffe auf Berlin eine neue Qualität anzunehmen: Flächenbombardements gingen über der Hauptstadt nieder. Sie trafen unterschiedslos Wohnungen und Geschäftshäuser, Industriebetriebe und Banken. Sie trafen auch den seelenlos gewordenen Gensd'armen-Markt.

Am 23. November 1943 brannten der Deutsche Turm und die Neue Kirche teilweise aus, am 29./30. Januar 1945 dann völlig. Am 23. November 1943 trafen Bomben das Schauspielhaus; ihnen fiel der südliche Flügel mit dem Konzertsaal, dem einzigen noch aus dem Ursprungsbau erhaltenen Teil, zum Opfer. Die Bombenreihe setzte vor dem Französischen Turm aus und schlug dann in die Gebäude der Berliner Handelsgesellschaft ein. Am 7. Mai 1944 zerstörten Spreng- und Brandbomben die Französische Kirche. Am 24. Mai 1944 erhielt der Französische Turm Treffer, die Flammen vernichteten seinen oberen Teil völlig, brennend stürzte die Figur der Triumphierenden Religion in die Tiefe (Abbildung 310). Die 1930 eingezogene Betondecke verhinderte weitere Schäden, obwohl eine Säule des Portikus an der Ostseite nach diesem Angriff umsank. Gleichzeitig ging die Randbebauung in Trümmer (Abbildungen 311—316). Bei der Schlacht um Berlin verschanzten sich schließlich versprengte SS-Einheiten in den Ruinen, insbe-

461

Abb. 316 Eckgebäude Markgrafenstraße/Französische Straße, um 1946

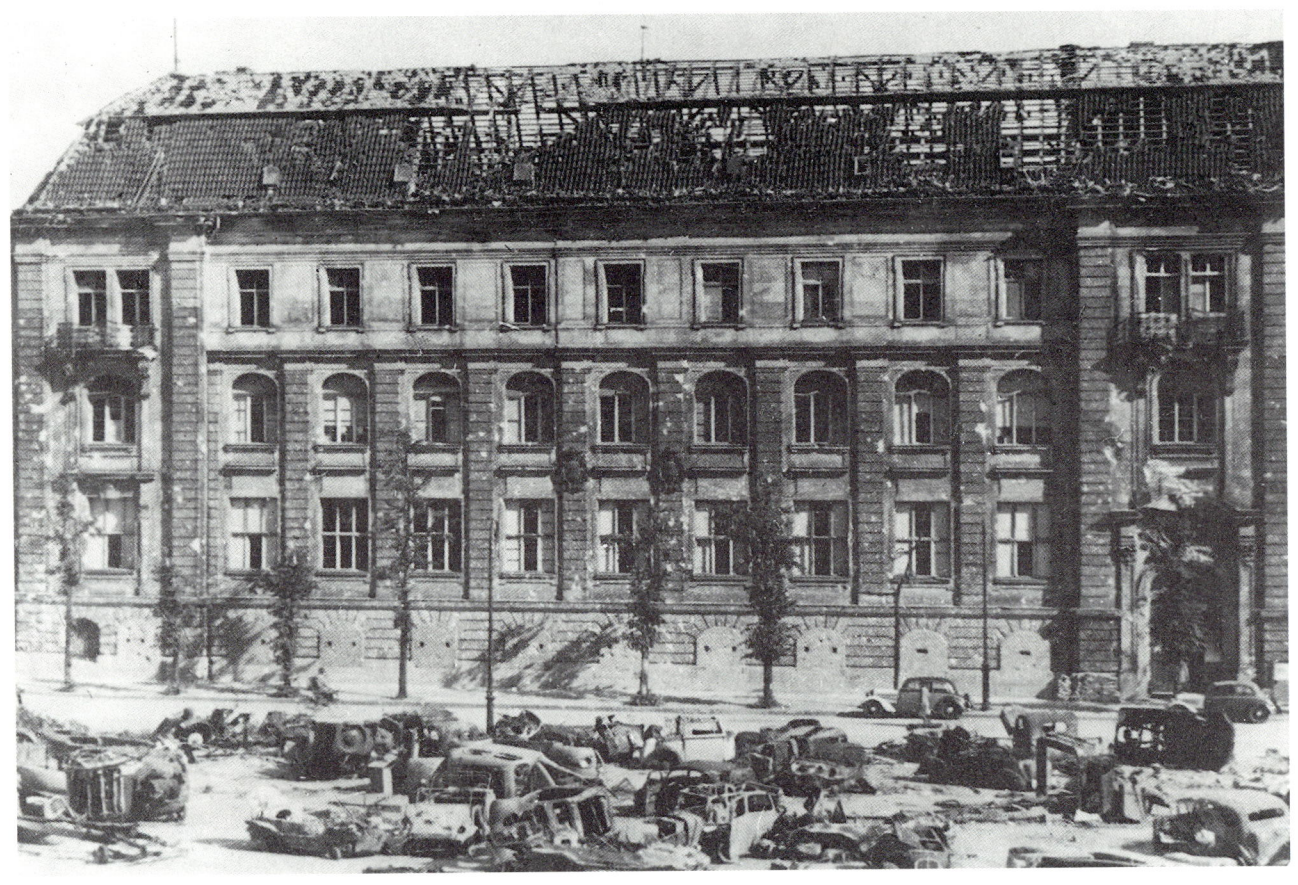

Abb. 317 Autowracks
auf dem Gensd'armen-Markt,
um 1946

sondere im Schauspielhaus (Abbildung 327), und kämpften, auch nach der Kapitulation der faschistischen Garnison am 2. Mai 1945, noch weiter. Ihr militärisch durch nichts zu rechtfertigender Widerstand, bei dem sie die bislang unzerstörten Teile des Schinkel-Baus in Brand setzten, konnte die Befreiung Berlins nicht aufhalten.

Ist es nicht zutiefst symbolisch, daß die Schlacht um Berlin am Gensd'armen-Markt zu Ende ging? Als am 18. Januar 1641 der Repräsentant feudaler Macht, Oberst Dietrich von Kracht, die Vorstädte Berlins abbrannte — was immerhin strategisch begründet und zu dieser Zeit nicht ungewöhnlich war —, nahm er damit einem Teil des Bürgertums die Existenz. Dieselbe Klasse ließ es dreihundert Jahre später zu, daß ihre Repräsentanten am gleichen Ort Zerstörungen in viel größerem Umfang vornahmen, die dem deutschen Volk materiell und ideell die Lebensgrundlage entziehen sollten.

Epilog

Der Krieg war an seinen Ausgangspunkt zurückgekehrt. Die Friedrichstadt lag in Schutt und Asche. Der Gensd'armen-Markt bildete einen mit Schutt bedeckten Platz, voller Autowracks (Abbildung 317). Zunächst gab es niemanden, der nach den geistig-moralischen und materiellen Zerstörungen, nach den Verbrechen der Faschisten an den Völkern, Anwalt des Platzes werden wollte. Alles lag in Trümmern, historische Bauten ebenso wie die Architekturen des 19. Jahrhunderts (Abbildungen 318—328).

Abb. 318
Die Markgrafenstraße
zwischen Taubenstraße und
Mohrenstraße, um 1946

Abb. 319 Ruine des
Erweiterungsteils der Berliner
Handelsgesellschaft,
um 1946

Abb. 319 Ruine des
Erweiterungsteils der Berliner
Handelsgesellschaft,
um 1946

Abb. 320 Ruine des
Hauses Charlottenstraße 55,
um 1946

Abb. 321 Ruine
des Boumannschen Hauses,
um 1946

Abb. 322 Die Charlottenstraße
zwischen Jägerstraße
und Französischer Straße,
um 1946

Objektive Gründe schufen erste Veränderungen. Der antifaschistisch-demokratische Neuaufbau benötigte für die Verwaltungsorgane Büroräume; die Administration des Stadtbezirks Berlin-Mitte zog vorübergehend in das notdürftig reparierte Haus Französische Straße 40/41, die Finanzorgane übernahmen die Baulichkeiten der nach dem Potsdamer Abkommen sequestrierten Berliner Handelsgesellschaft, und in der ehemaligen Seehandlung erhielt das Präsidium der Akademie der Wissenschaften seinen Sitz. Das war sachlich begründet, nach dem durch die Faschisten verschütteten und mißbrauchten Erbe konnte zunächst nicht gefragt werden.

Das Jahr 1948 brachte eine Änderung. Die Besinnung auf die Revolution von 1848 mit der am Gensd'armen-Markt vorgenommenen feierlichen Auf-

Abb. 324 Provisorische
Nutzung des Weinkellers
Lutter & Wegner,
Fotografie von
Friedrich Seidenstücker,
1947

467

GOTT ZUR EHRE
DER GEMEINDE ZUM SEGEN
UNTER DEM SCHUTZE DER HOHENZOLLERN
ERBAUT 1705. ERNEUT 1905.

468

bahrung der Märzgefallenen ließ den Platz langsam in einem anderen Licht erscheinen. Verschüttete Traditionen wurden behutsam wiedererweckt, kehrten in das öffentliche Bewußtsein zurück.

Der entscheidende Impuls, sich erneut mit dem Platz zu befassen, ging von einem anderen Ereignis des Jahres 1948 aus — heute ist nur noch schwer feststellbar, wer der Initiator war: Am 18. August 1948 trat auf einer Bühne vor dem Deutschen Turm das in Moskau beheimatete Alexandrow-Ensemble auf (Abbildung 330). Als Botschafter des Friedens kamen Künstler aus dem Lande, das unter dem deutschen Faschismus am schrecklichsten gelitten und durch opferreichen Kampf den Sieg über ihn davongetragen hatte. Mehrere Komponenten trafen zusammen, die dieses

Abb. 325 Die Französische Kirche nach den Kriegszerstörungen

Abb. 326 Ruine des Deutschen Turms und der Deutschen Kirche

Abb. 327 Ruine
des Schauspielhauses nach
den Aufräumungsarbeiten

Abb. 328 Blick
vom Schauspielhaus auf
den zerstörten
Französischen Turm,
Fotografie von
Friedrich Seidenstücker,
1947

kulturelle Ereignis weit über den Anlaß hinaus wichtig werden ließen: die Fortschritte beim antifaschistisch-demokratischen Neuaufbau dank großzügig gewährter Hilfe und Unterstützung durch die Sowjetunion, die konsequent geführte Auseinandersetzung mit der faschistischen Ideologie sowie die ersten Erfolge beim Ausprägen eines neuen Traditionsbewußtseins und der Pflege des humanistischen Erbes. Bereits die Wahl des Ortes war programmatisch: Er war identisch mit demjenigen, an dem am 21. März 1848 die Toten der Revolution aufgebahrt worden waren. Jeder Augenzeuge wird die Erinnerung an die Größe des Augenblickes bewahren; selbst die Filmaufnahmen vermitteln davon einen Eindruck. Russisches und deutsches Kulturgut stand auf dem Programm — die legendäre »Kalinka« und das »Heideröslein«, bei dessen Vortrag viele Berliner Tränen in den Augen hatten.

Abb. 329 Wilhelm Pieck
in der Zuschauermenge
beim Auftritt
des Alexandrow-Ensembles
am 18. August 1948

Abb. 330 Auftritt
des Alexandrow-Ensembles
am 18. August 1948
vor der Ruine
des Deutschen Turms

Unter großer Anteilnahme der Bevölkerung — Wilhelm Pieck, der spätere erste Präsident der Deutschen Demokratischen Republik, weilte unter den Zuschauern (Abbildung 329) — wurde der begeisternde Auftritt der »Alexandrows« zu einer eindrucksvollen Massenkundgebung der deutsch-sowjetischen Freundschaft: Politisches und kulturelles Leben, die Weltkultur kehrten unter Bewahrung des großen Erbes und der Herausbildung neuer Traditionen auf den Gensd'armen-Markt zurück.

Einen Höhepunkt der weiteren Entwicklung bildete der Einzug des Präsidiums der Akademie der Wissenschaften in die wiederhergestellte ehemalige Preußische Seehandlung. Als diese traditionsreiche wissenschaftliche Institution im Jahre 1950 ihr 250jähriges Bestehen feierte, beschloß der Magistrat von Berlin am 29. Juni, den Gensd'armen-Markt in »Platz der Akademie« umzubenennen (Abbildung 331). Damit sollte einerseits ausgedrückt wer-

473

Verkehr und Städtische Betriebe

Straßenumbenennung

Durch den Magistratsbeschluß Nr. 456 vom 29. Juni 1950 ist der

Gendarmenmarkt in „Platz der Akademie"

umbenannt.

Berlin C 2, den 16. August 1950.

Der Magistrat von Groß-Berlin

Abteilung Verkehr und Städtische Betriebe

W. Hintze

Stadtrat

den, daß die reaktionären und menschenfeindlichen Erinnerungen auch an diesem Platz überwunden waren und daß andererseits zugleich langwährende und tiefgreifende geistige Überlieferungen aufbewahrt werden, die Geschichte aber durch die reale Arbeit der Gegenwart in eine neue Richtung gelenkt wird.

Die Geschichte des »Gensd'armen-Marktes« endet als Vorgeschichte für die Gestaltung einer neuen Gesellschaft, in der bewußt Vergangenes bewahrt wird.

Die Entscheidung, der Akademie der Wissenschaften das wieder hergerichtete Gebäude der Seehandlung als ständigen Sitz zu übereignen und dem Platz danach seinen Namen zu geben, zog Konsequenzen nach sich. Der Ort war hereingeholt in die sich anbahnende neue gesellschaftliche Entwicklung, war ein Teil von ihr geworden. Bereits 1946 hatte eine Gruppe von Architekten, die wegen ihrer antifaschistischen Haltung bekannt war (Wils Ebert, Ludmilla Herzenstein, Reinhold Lingner, Selman Selmanagić, Hans Scharoun und Herbert Weinberger), städtebauliche Überlegungen für die Wiederbelebung des Zentrums von Berlin und damit auch dieses Platzes vorgelegt. Bekannt wurde insbesondere die Studie von Richard Ermisch, der versuchte, neue Beziehungen zwischen Platz- und Randbebauung zu entwickeln.

Noch war ein derartiges Herangehen verfrüht. Eine Diskussion folgte, die

Abb. 332 Westseite
der Französischen
Kirche mit Turm

GOTT ZUR EHRE
DER GEMEINDE ZUM SEGEN
UNTER DEM SCHUTZE DER HOHENZOLLERN
ERBAUT 1705. ERNEUT 1905.

sich auch auf die Bauten dieses Ensembles erstreckte und ihre Fortexistenz betraf. Trotz erfolgter Aufräumungsarbeiten bot der Platz das Bild einer trostlosen Trümmerlandschaft. Angesichts der materiellen Zerstörung und der für ihre Beseitigung geringen finanziellen Möglichkeiten traten weitergehende Fragen auf: Kann man ein derartiges Ensemble mit einem vertretbaren Kostenaufwand überhaupt wieder herstellen? Lohnt es sich — angesichts der zahlreichen Aufgaben im Wohnungsbau, bei der Herrichtung von Industrie- und Gesellschaftsbauten —, die großen Ruinenkomplexe zu bewahren und auf günstigere Zeiten zu hoffen? Wann, wenn überhaupt, wird man Investitionen dafür bereitstellen können? Gewiß, das waren Fragen nüchterner Zweckmäßigkeit. Ihre Beantwortung verlangte Augenmaß, ging es doch um eine schonungslose Auseinandersetzung mit der Vergangenheit, zugleich aber auch um Entscheidungen der Gegenwart für die Zukunft.

In diese Ausklärung hinein wirkte die öffentliche Diskussion der Jahre 1950 und 1951 um die Prinzipien der sich entwickelnden Architektur der neuen Gesellschaft. Sie war zugleich ein wichtiges Stück der beginnenden Auseinandersetzung um das Erbe und die Tradition, um die Herausarbeitung marxistischer Positionen zum Erbe und zu seiner Wirkung. Das war kein theoretischer Disput in einigen Studierstuben, er trug vielmehr von vornherein politischen Charakter. Dieser ergab sich aus der Besudelung großer Werte der Vergangenheit — so zum Beispiel durch die Einbeziehung der Architekturen Karl Friedrich Schinkels (insbesondere der Neuen Wache und des Schauspielhauses) in das Konzept der ideologischen Verdummung und ihren Mißbrauch für eine menschenverachtende, mörderische Ideologie. Die Beantwortung der damit im Zusammenhang stehenden Fragenkomplexe hatte enorme Bedeutung für Politik, Ideologie und die Zukunft der Architektur.

Die dabei zutage tretenden Positionen, hart in der Sache und mit geschliffener Feder formuliert, trugen wesentlich dazu bei, scharfe Abgrenzungen zur Vergangenheit zu finden, zugleich aber Perspektiven aufzuzeigen. Wegen des Mißbrauchs des Klassizismus und seiner Architekturformen durch die deutschen Faschisten war die Auseinandersetzung um ihn wichtig für das weitere Schicksal des Platzes.

Kurt Liebknecht, ab 1951 erster Präsident der Bauakademie, sprach es aus: »Die letzte Architekturepoche in Deutschland, deren Bauwerke eine starke künstlerische Idee trugen und die zur gleichen Zeit ihren Zweck er-

füllten, war der Klassizismus. Er erreichte bei uns wie in allen Ländern Europas eine hohe künstlerische Stufe. Das war kurz nach der Französischen Revolution, als das demokratische Bürgertum Front gegen den Absolutismus machte.« Als Aufgabe des Architekten forderte er unter anderem: »Untersuchungen des großen Architekturerbes und in erster Linie der wertvollen nationalen Traditionen in der deutschen Architektur. Dabei müssen die besten Traditionen der Berliner Architektur besondere Berücksichtigung finden.«[1]

Diese Forderung mußte so kurz nach dem Krieg Protest hervorrufen, denn gemeint war unter anderen Schinkel. Ludwig Renn, der über Erfahrung in der Auseinandersetzung mit dem Faschismus, dem deutschen Bildungsbürgertum ebenso verfügte wie über eigene Anschauung, argumentierte daher so: »Die bekanntesten klassizistischen Bauten von Berlin, die im wesentlichen zwischen Schloß und Brandenburger Tor liegen, sind meiner Kenntnis nach alle von den Hohenzollern und nicht von protestierenden Bürgern gebaut worden. Sie dienten besonders stumpfsinnigen absolutistischen Herrschern, die durch diesen Prunk wenigstens etwas gelten wollten. In München wurden die entsprechenden Bauten auch von den Königen er-

477

richtet und fielen bei ihrer größeren Menschlichkeit besser aus. Aber bewundern kann ich die Propyläen und andere epigonenhafte Bauten nicht. Hitler dagegen bewunderte sie sehr. Sie waren zusammen mit den italienischen Palazzi die Hauptvorbilder für seine Protzbauten ...«[2]

In einem redaktionellen Artikel setzte das »Neue Deutschland« dann seine Meinung dagegen, indem es eine »positive Einstellung zu unserem nationalen Kulturerbe« forderte und den Klassizismus als »Produkt der Großen Französischen Revolution und ihrer ideologisch-politischen Ausstrahlungen« einordnete. Betont wurde »die schöpferische Weiterentwicklung« der Architektur.[3]

Das Ergebnis dieser Diskussion faßte Walter Ulbricht, Stellvertreter des Ministerpräsidenten der DDR, in seiner Rede beim Festakt anläßlich der Gründung der Bauakademie am 8. Dezember 1951 zusammen: »In hoher Achtung vor den großen Leistungen der deutschen Architekten der Vergangenheit werden wir die noch vorhandenen Bauwerke von Kunstwert unter Denkmalschutz stellen, unsere Hochschulen und Fachschulen aber müssen alles tun, damit das nationale Erbe in der Architektur der Werke der Gotik, Renaissance und des Klassizismus sorgfältig studiert und verarbeitet [wird]. Solche herrlichen architektonischen Schöpfungen wie das Staatliche Schauspielhaus, das ehemalige Feilnerhaus und das Alte Museum in Berlin, die von Friedrich Schinkel erbaut wurden, geben unseren Architekten viele Anregungen für die schöpferische Weiterentwicklung der Architektur.«[4]

Theoretisch und praktisch bestand nun Klarheit über das weitere Schicksal des Schauspielhauses. Die Diskussion hatte zur Folge, daß das wertvolle Erbe des Platzes eine feste Position erhielt. Wenn auch noch ohne materielle Konsequenz — mit seinen großen Architekturen war und blieb er von nun an Bestandteil des Wiederaufbaus des Zentrums. Es war eine Frage der Zeit, wann die ökonomische Kraft der Gesellschaft ausreichen würde, diese Aufgabe zu realisieren.

Es folgte eine provisorische Sicherung der Ruine des Schauspielhauses am Anfang der fünfziger Jahre. Einher damit ging die Enttrümmerung der zerstörten Randbauten im Rahmen des Nationalen Aufbauwerkes. Günther Zimmer legte in den Jahren 1956/57 einen detaillierten Plan zum Wiederaufbau vor. 1967 begann eine langsame, aber kontinuierliche Rekonstruktion der äußeren Hülle des Schauspielhauses. Sie erfolgte im Anschluß an die komplexe Neugestaltung des Berliner Zentrums, die die Wiederherstellung so bedeutender Ensembles wie der Straße Unter den Linden (1967), des Alexanderplatzes (1967), den Neubau des Fernsehturms (1969) und so weiter gebracht hatte. Der umfassende historisch getreue Wiederaufbau begann auf Beschluß des IX. Parteitages der SED im Jahre 1976. Ihm gingen umfängliche Beratungen voraus, in deren Ergebnis der Magistrat von Berlin am 28. April 1976 einen Auftrag zum Aufbau dieses Zentrumsbereichs auslöste. In ihm war detailliert der soziale, kulturelle und städtebaulich-architektonische Charakter bestimmt. In der Einheit von Bauten für die Kultur, die Wissenschaft, den Handel und die Gastronomie sowie vor allem durch den Wohnungsbau sollte dieser Ort für Berlin wiedergewonnen werden und einen festen Platz im Kultur- und Wissenschaftsleben der Stadt erhalten.

Da in Berlin ein geeigneter Konzertsaal fehlte und der vorhandene Bau sich nur schwer den Forderungen des modernen Theaters anpassen ließ, wurde das Schauspielhaus als Zentrum der Pflege und Weiterbildung der philharmonischen Musikkultur ausgebaut. Das zog zwar eine Veränderung des Raumprogramms nach sich, doch entstand in Anlehnung an Schinkel und durch Wiederaufnahme der von ihm geplanten Details ein neues Haus in klassischer Schönheit.

In der äußeren Gestalt konnte das historische Bild wiederhergestellt werden. Die Sandsteinfassade und der Skulpturenschmuck mit den neun Musen auf den Giebelspitzen des Portikus und den beiden Seitenflügeln, die Figurenzyklen in den Tympana mit der Geschichte der Niobe, dem Bacchanal und der Befreiung der Eurydike durch Orpheus, dem in Kupfer getriebenen Apollo im von Greifen gezogenen Streitwagen, dem Pegasus und den vier Opferschalen konnten restauriert beziehungsweise nach altem Vorbild neu gefertigt werden.

Am 18. April 1983 wurde als erstes völlig wiederhergestelltes Gebäude die Französische Friedrichstadtkirche (Abbildung 332) in Nutzung genommen (der Französische Turm sollte 1987 folgen). Die Krönung aller Arbeiten aber war 1984 die Neueröffnung des Schauspielhauses am Vorabend des 35. Jahrestages der Gründung der DDR. An diesem Tag konnte in Anwesenheit des Generalsekretärs des ZK der SED und Vorsitzenden des Staatsrates der DDR, Erich Honecker, sowie der Mitglieder der Partei- und Staatsführung das Konzertgebäude in seiner veränderten Bestimmung übergeben werden (Abbildung 333).

In den folgenden Monaten wurden die Arbeiten am Deutschen Turm fortgesetzt, der den Bauleuten viel Kopfzerbrechen bereitete. Aber auch hier ist die äußere Gestalt wiedergewonnen worden. Parallel dazu erfolgte die Errichtung der Platzwände; diese Gebäude enthalten Wohnungen, Gaststätten und wissenschaftliche Einrichtungen, Verkaufssalons und anderes mehr (Abbildung 334).

So entstand als Teil der Erbepflege des sozialistischen Staates unter den geschickten Händen der Arbeiter ein herausragendes Architekturensemble neu, das wie eh und je seinen festen Platz im Herzen der Berliner und aller kunst- und kulturliebenden Menschen haben wird.

Anmerkungen

Ein Kapitel Stadtplanung
des 17. Jahrhunderts

1 Fidicin, Ernst, Urkunden zur Geschichte Berlins im drei-ßigjährigen Kriege, Schriften des Vereins für die Ge-schichte Berlins, Heft VI, Berlin 1872, S. 139.
2 Brandenburgica, Band 14 (1905/06), S. 6.
3 Zit. nach Beschreibung der Königlichen Residenzstädte Berlin und Potsdam, aller daselbst befindlichen Merkwür-digkeiten, und der umliegenden Gegend, 3. Aufl., Berlin 1786 bey Friedrich Nicolai, S. 181.
4 Mylius, Christian Otto, Corpus constitutionum Marchica-rum, Berlin/Halle 1737ff., I/II, No. CXII.
5 Stadtarchiv Berlin (im weiteren StA Berlin), Handschrif-tensammlung, Sign. HS 23 — Manuskript Beckmann, Band 3 — Die Vorstädte, S. 224.
6 Ebenda.
7 Ebenda, S. 255, und Nicolai, Friedrich, Beschreibung der Königlichen Residenzstädte ..., a. a. O., S. LVII f.
8 Ebenda.
9 Ebenda, S. LVII f.

»Preuße wird man nicht,
es sei denn aus Not!«

1 Chronik von Möllern, Prediger in Crossen, StA Berlin, Handschriftensammlung.
2 Vgl. Papke, Eva, Die Fortifikation der Hansestädte, darge-stellt am Beispiel von Stralsund und Wismar, in: Militärge-schichte, 21 (1982), S. 582f.
3 Ebenda, S. 583f.
4 Muret, Ed. (Édouard), Geschichte der Französischen Ko-lonie in Brandenburg-Preußen, unter besonderer Berück-sichtigung der Berliner Gemeinde, Berlin 1885, S. 313.

5 Die Hugenotten und Berlin-Brandenburg, hrsg. zum Huge-nottentreffen in Berlin (23.—26. 4. 1971), 2. Aufl., Berlin (West) 1981, S. 43.
6 Ebenda, S. 44.
7 Muret, Ed., Geschichte ..., a. a. O., S. 30f., siehe auch S. 148.
8 StA Berlin, Handschriftensammlung, Manuskript Beck-mann, S. 261.
9 Mylius, Christian Otto, Corpus constitutionum Marchica-rum, 1736, I/II, No. CCLIX.
10 StA Berlin, Handschriftensammlung, Manuskript Beck-mann, S. 261.
11 Ebenda, S. 229.
12 Muret, Ed., Geschichte ..., a. a. O., S. 128f.
13 Ebenda, S. 129.
14 StA Berlin, Rep. 22 — Kirchendeputation — Acta, betref-fend den Bau der Neuen Kirche auf der Friedrich-Stadt, Nr. 373, o. Bl.
15 Ebenda, o. Bl.
16 Ebenda, o. Bl.
17 Ebenda, o. Bl.
18 Ebenda, o. Bl.
19 Ebenda, o. Bl.
20 Ebenda, o. Bl.
21 Ebenda, o. Bl.
22 Ebenda, o. Bl.

Die Friedrichstadt
oder: Menschen sind der Reichtum
des Staates

1 Zit. nach Vogler, Günter/Vetter, Klaus, Preußen von den Anfängen bis zur Reichsgründung, Berlin 1974, S. 57.
2 Clausewitz, Paul, Zur Geschichte Berlins, Einleitung zu

Richard Borrmann, Die Bau- und Kunstdenkmäler von Berlin, Berlin 1893, S. 67 ff.

3 Vgl. Kurzer Abriß der deutschen Militärgeschichte, 3. erw. Aufl., Berlin 1984, S. 83, sowie Berechnungen dazu für Berlin aus Clauswitz, Paul, Zur Geschichte Berlins, a. a. O., S. 65 ff.

4 Ebenda, S. 79.

5 Küster, Georg Gottfried, Altes und Neues Berlin, III. Teil, Berlin 1769, S. 194.

6 StA Berlin, Handschriftensammlung, Manuskript Beckmann, S. 43.

7 Ebenda, S. 218.

8 Küster, Georg Gottfried, Altes und Neues Berlin, a. a. O., S. 194.

9 Ebenda.

10 Ebenda.

11 Ebenda.

12 Ebenda, S. 195.

13 Ebenda, S. 194.

14 Ebenda.

15 Ebenda, S. 195.

16 Ebenda.

17 Ebenda, S. 194.

18 StA Berlin, Rep. 22, Nr. 168, Acta, betreffend die Friedrich-Werdersche Kirche, o. Bl.

19 StA Berlin, Rep. 00, Stadtverordnetenversammlung, Nr. 2213, Marktwesen, o. Bl.

20 Ulrich Braeker, Lebensgeschichte und Abenteuer des armen Mannes im Tockenburg, Berlin 1959, S. 99.

Der Friedrichstädtische Markt

1 Zit. nach Scherhag, Ludwig, Die Kirchhöfe des 18. Jahrhunderts vor dem Halleschen Tor, in: Berlin Forum, Nr. 7/80, Berlin (West) 1980, S. 5.

2 StA Berlin, Rep. 22, Nr. 168, Acta, betreffend die Friedrich-Werdersche Kirche, o. Bl.

3 Ebenda, o. Bl.

4 Ebenda, o. Bl.

5 Ebenda, o. Bl.

6 Ebenda, o. Bl.

7 Nicolai, Friedrich, Beschreibung der Königlichen Residenzstädte …, a. a. O., S. 183, Anmerkung.

8 StA Berlin, Rep. 00, Nr. 2213, Marktwesen, o. Bl.

9 Zit. nach Scherhag, Ludwig, Die Kirchhöfe …, a. a. O., S. 6 f.

10 Ebenda, S. 7.

11 StA Berlin, Rep. 22, Nr. 378, Acta, betreffend der Uhr an der deutschen Kirche, o. Bl.

12 Ebenda, o. Bl.

13 StA Berlin, Rep. 22, Nr. 1346, Acta, betreffend Mondierungs-Cammern sollen auf den Kirchen-Böden angelegt werden, o. Bl.

14 Ebenda, o. Bl.

15 Ebenda, o. Bl.

16 Ebenda, o. Bl.

17 Ebenda, o. Bl.

18 Ebenda, o. Bl.

19 Ebenda, o. Bl.

20 Ebenda, o. Bl.

21 Ebenda, o. Bl.

22 StA Berlin, Rep. 22, Nr. 325, Acta, die Pflasterung derer Zugänge zu der Neuen Kirche auf der Friedrich-Stadt bey denen Gensd'armen-Ställen betreffend, o. Bl.

23 Ebenda, o. Bl.

24 Ebenda, o. Bl.

25 StA Berlin, Rep. 22, Nr. 373, Acta, betreffend den Bau der Neuen Kirche auf der Friedrich-Stadt, o. Bl.

26 Ebenda, o. Bl.

27 Ebenda, o. Bl.

28 StA Berlin, Tiefbaudeputation, Nr. 1646, Acta, Buden Nr. 3, o. Bl.

29 Ebenda, o. Bl.

Knobelsdorff, Bourdet und vor allem Gontard

1 Nicolai, Friedrich, Beschreibung der Königlichen Residenzstädte …, a. a. O., S. 201.

2 Muret, Ed., Geschichte …, a. a. O., S. 176.

3 StA Berlin, Rep. 22, Nr. 373, Acta, betreffend den Bau der Neuen Kirche …, o. Bl.

4 StA Berlin, Rep. 22, Nr. 319, Acta, betreffend die Begräb-

nisgewölbe bey der Neuen Kirche auf der Friedrichs-Stadt, o. Bl., und Rep. 22, Nr. 373.

5 StA Berlin, Rep. 22, Nr. 373, o. Bl.

6 Ebenda, o. Bl.

7 Ebenda, o. Bl.

8 Ebenda, o. Bl.

9 Ebenda, o. Bl.

10 Ebenda, o. Bl.

11 Ebenda, o. Bl.

Randbebauung

1 Nicolai, Friedrich, Beschreibung der Königlichen Residenzstädte …, a. a. O., S. LXIV, Anmerkung.

2 StA Berlin, Grundbuchakten, Grundbuch Friedrichstadt, Band 14b, Blatt 1015.

3 Mylius, Christian Otto, Corpus constitutionum Marchicarum, Band V, 1. Teil, Berlin 1776, S. 130.

4 Zit. nach Prang, Hans/Kleinschmidt, Günter, Mit Berlin auf Du und Du, Leipzig 1980, Titelvorsatz.

5 Mylius, Christian Otto, Corpus constitutionum Marchicarum, Band VI, Berlin 1782, S. 363.

6 Hoffmann, Dieter, C. von Gontard, sein Leben und sein Werk, Entwurf für eine nicht verteidigte Dissertation, Berlin 1939, S. 59.

7 StA Berlin, Grundbuchakten, Grundbuch Friedrichstadt, Band 2, Blatt 138.

Das Nationaltheater

1 Zit. nach 150 Jahre Schauspielhaus am Gendarmenmarkt, Hrsg. von der Intendanz der Staatlichen Schauspiele Berlin 1936, S. 9.

2 StA Berlin, Rep. 22, Nr. 373, Acta, betreffend den Bau der Neuen Kirche …, o. Bl.

3 Siehe dazu Paul, Arno, Offizierskrawalle im Königlichen Nationaltheater während der Iffland-Ära (1796—1814), in: Berlin zwischen 1789 und 1848, Facetten einer Epoche, Berlin (West) 1981, S. 71 ff.

4 Ebenda.

5 Ebenda.

6 Vgl. Haese, Klaus, Bauten und Bauideen Schinkels und die bürgerliche Umwälzung in Preußen, in: Schinkel-Studien, Leipzig 1984, S. 41 ff.

7 So Ludwig Catel in der »Vossischen Zeitung« vom 8. August 1816, zit. nach Karl Friedrich Schinkel, Architektur, Malerei, Kunstgewerbe, Katalog der Schinkel-Ausstellung Berlin (West) 1981, S. 277.

8 StA Berlin, Rep. 22, Nr. 378, Acta, betreffend der Uhr an der deutschen Kirche, o. Bl.

9 Zentrales Staatsarchiv Merseburg (im weiteren ZStAM), Rep. 93 B, Nr. 2515, Bl. 1 f.

10 StA Berlin, Rep. 22, Nr. 373, Acta, betreffend den Bau der Neuen Kirche …, o. Bl.

11 ZStAM, Rep. 93 B, Nr. 2515, Bl. 2.

12 StA Berlin, Rep. 22, Nr. 378, Acta, betreffend der Uhr an der deutschen Kirche, o. Bl.

13 Ebenda.

14 StA Berlin, Rep. 22, Nr. 374, Acta, Bau der Neuen Kirche, Band 2, o. Bl.

15 Ebenda.

16 Ebenda.

Das Schauspielhaus

1 Zit. nach Karl Friedrich Schinkel, 1781—1841, Katalog der Ausstellung der Staatlichen Museen zu Berlin im Alten Museum 1980/81, S. 115.

2 Haese, Klaus, Bauten und Bauideen …, a. a. O., S. 43.

3 Zit. nach Karl Friedrich Schinkel, 1781—1841, Katalog …, a. a. O., S. 116 f.

4 ZStAM, Rep. 93 B, Nr. 2226, Landbau-Sachen, Provinz Brandenburg, Acta, betreffend den Wiederaufbau des Schauspielhauses zu Berlin, 1818—1823, Bl. 4.

5 Ebenda, Bl. 2.

6 Ebenda, Bl. 3.

7 Ebenda, Bl. 7.

8 Ebenda, Bl. 20 ff.

9 Ebenda, Bl. 22.

10 Ebenda, Bl. 29.

11 Ebenda, Bl. 51.

12 Ebenda, Bl. 58.

13 ZStAM, Rep. 93 B, Stadtbausachen Berlin, Acta, wegen Erbauung und Reparatur des Schauspielhauses in Berlin, G. c. XI, Nr. 23. Vol. I, Bl. 36.

14 Ebenda, Bl. 74.

15 Victor, Walther, Goethe in Berlin, Berlin 1955, S. 65.

16 ZStAM, Rep. 93 B, Nr. 2226, Landbau-Sachen, Provinz Brandenburg, Acta, betreffend den Wiederaufbau des Schauspielhauses zu Berlin, 1818—1823, Bl. 62 ff.

17 Ebenda, Bl. 74 f.

18 Ebenda, Bl. 76.

19 ZStAM, Rep. 93 B, Nr. 2516, Acta, betreffend den Umbau der beiden Kirchen auf dem Gensdarmenmarkt in Berlin, Bl. 1.

20 Ebenda, Bl. 9 f.

21 Ebenda, Bl. 9 ff.

22 Ebenda.

23 Ebenda.

Das Leben
am Gensd'armen-Markt

1 Zit. nach Scheper, Dirk, Schauspielhaus, in: Berlin zwischen 1789 und 1848, Facetten einer Epoche, a. a. O., S. 289.

2 StA Berlin, Grundbuchakten, Grundbuch Friedrichstadt, Band 4, Bl. 227.

3 Geiger, Ludwig, Berlin 1688—1840, Geschichte des geistigen Lebens der Preußischen Hauptstadt, 2. Bd.: 1785—1840, Berlin 1895, S. 135.

4 Saß, Friedrich, Berlin in seiner neusten Zeit und Entwicklung, Leipzig 1846, S. 71.

5 Zit. nach Karl Marx in Berlin, in: Schriftenreihe des Stadtarchivs, 1974, S. 67.

6 Marx-Engels-Werke, Band 37 — Briefe Januar 1888 bis Dezember 1890, Berlin 1967, S. 292 f.

7 StA Berlin, Grundbuchakten, Grundbuch Friedrichstadt, Band 4, Bl. 223.

8 Ebenda, o. Bl.

Der Gensd'armen-Markt
zwischen Revolution und
Kaiserzeit

1 Die Gegenwart, eine encyklopädische Darstellung der neuesten Zeitgeschichte für alle Stände, Zweiter Band, Leipzig 1849, anonymer Bericht »Berlin in der Bewegung von 1848«, Verfasser Theodor Mundt, S. 573 f.

2 Streckfuß, Adolf, 500 Jahre Berliner Geschichte, vom Fischerdorf zur Weltstadt, 4. Auflage, 2. Band, Berlin 1886, S. 1172.

3 Ebenda, S. 1173.

4 Ebenda, S. 1191 f.

5 ZStAM, Rep. 93 B, Nr. 2515, Bl. 1 f.

6 Grimm, Herman, Schinkel als Architekt der Stadt Berlin, zit. nach Karl Friedrich Schinkel, Architektur, Malerei, Kunstgewerbe, Katalog der Schinkel-Ausstellung Berlin (West) 1981, S. 67.

7 StA Berlin, Grundbuchakten, Grundbuch Friedrichstadt, Band 11 a, Bl. 790.

8 Ebenda, Band 2, Bl. 94.

Banken und Versicherungen

1 StA Berlin, Rep. 10, Baupolizei, Akte 6067, o. Bl.

2 StA Berlin, Tiefbauverwaltung, Acta, betreffend Brunnen auf dem Gensdarmenmarkt, Nr. 6430, o. Bl.

3 Ebenda, o. Bl.

4 Wilke, Arthur, Die Elektrizität, ihre Erzeugung und ihre Anwendung in Industrie und Gewerbe, Leipzig 1893, S. 231.

5 StA Berlin, Tiefbauverwaltung, Acta, betreffend Brunnen auf dem Gensdarmenmarkt, Nr. 6430, o. Bl.

6 ZStAM, 93 B, Nr. 2235, Bl. 2.

7 Ebenda, Bl. 12.

8 Ebenda, Bl. 14.

9 Ebenda, Bl. 19.

10 Ebenda, Bl. 21 f.

11 »Norddeutsche Allgemeine Zeitung« vom 27. Dezember 1884.

12 »Vossische Zeitung« vom 4. April 1884.

13 ZStAM, Rep. 93 B, Nr. 2235, Bl. 22 f.

14 Ebenda, Bl. 49.

15 Bebel, August, Aus meinem Leben, Zweiter Teil, Berlin 1946, S. 125.

16 ZStAM, Rep. 93 B, Nr. 2517, Bl. 1 ff.

17 Ebenda, Bl. 9.

18 Ebenda, Bl. 5.

19 Ebenda, Bl. 11.

20 Ebenda, Bl. 12 ff.

21 Ebenda.

22 StA Berlin, Rep. 10, Baupolizei, Akte 2126.

Die Vernichtung des Platzes

1 Mitteilungen des Vereins für die Geschichte Berlins, Berlin 1910, S. 45 f.

2 »Vorwärts«, 9. Mai 1906.

3 ZStAM, Rep. 93 B, Nr. 2236, Bl. 164.

4 Ebenda, Bl. 189.

5 »Berliner Zeitung«, 27. April 1904.

6 ZStAM, Rep. 93 B, Nr. 2236, Bl. 209.

7 ZStAM, Rep. 93 B, Nr. 2237, o. Bl.

8 StA Berlin, Rep. 10, Baupolizei, Akte 7590, o. Bl.

9 Ebenda.

10 Picker, Henry, Hitlers Tischgespräche im Führerhauptquartier, Stuttgart 1981, S. 69.

Epilog

1 Für einen fortschrittlichen Städtebau, für eine neue deutsche Architektur, Grundsätze und Beiträge zu einer Diskussion, hrsg. von der Deutschen Bauakademie, Leipzig 1951, S. 39.

2 Ebenda, S. 42 f.

3 Ebenda, S. 50.

4 Das nationale Aufbauwerk und die Aufgaben der deutschen Architektur, Rede des Stellvertreters des Ministerpräsidenten beim Festakt anläßlich der Gründung der Deutschen Bauakademie am 8. 12. 1951, Berlin 1952, S. 18.

Abbildungsverzeichnis mit Urhebernachweis

Abkürzungen

BM	Berlin Museum, Berlin (West)
BSD	Büro für stadtgeschichtliche Dokumentation und technische Dienste, Berlin
Dok.Dkmpfl.	Dokumentationsstelle Denkmalpflege, Märkisches Museum, Berlin
Hug.mus.	Hugenottenmuseum, Berlin
Jahn	Franz Jahn, Drei Jahrhunderte Baugeschichte Berlin, Berlin 1939, Tafelteil, Staatliche Museen zu Berlin, Kupferstichkabinett
LAB(W)	Landesarchiv, Berlin (West)
MM	Märkisches Museum, Berlin
MBA	Institut für Denkmalpflege der DDR, Meßbildarchiv, Berlin
NG	Staatliche Museen zu Berlin, Nationalgalerie, Sammlung der Zeichnungen
PdS	Staatliche Schlösser und Gärten, Potsdam-Sanssouci
Ratsb.	Ratsbibliothek, Fachabteilung der Berliner Stadtbibliothek
SM	ehemals Schinkel-Museum, angeschlossen an die Sammlung der Zeichnungen, Nationalgalerie, Berlin
StA	Stadtarchiv, Berlin
Stabi	Staatsbibliothek, Kartenabteilung, Berlin
ZStAM	Zentrales Staatsarchiv, Merseburg

Abb. 1 Blick auf Berlin von Westen, unbekannter Künstler, um 1650—1660, PdS (Klaus Bergmann, Potsdam)

Abb. 2a und b Berlin aus der Vogelperspektive, Johann Bernhard Schultz, 1688, Jahn, a. a. O. (Dietmar Riemann, Berlin)

Abb. 3 Ausschnitt aus dem Plan von N. La Vigne, 1685, aus: Hohenzollernjahrbuch 1910, Tafel zwischen S. 248 und S. 249

Abb. 4 Der Platz am Zeughaus, kolorierter Kupferstich von Georg Friedrich Schmidt, vor 1740, MM (Dieter Breitenborn, Berlin)

Abb. 5 Flüchtige Kopie der Entwurfszeichnung (?) für die Friedrichstadt, etwa 1695/96, Hug.mus. (MM)

Abb. 6 Berlin im Jahre 1698 mit Darstellung der geplanten Erweiterung der Festungsanlagen, nach einer Kopie des 19.Jahrhunderts, vormals Magistratsbibliothek, wahrscheinlich Kriegsverlust, aus: Die Hugenotten und Berlin-Brandenburg, 2. Aufl., Berlin (West) 1981

Abb. 7 Silberne Schaumünze (Revers) von Raimund Faltz auf Kurfürst Friedrich III., 1700, mit der Ansicht der Friedrichstadt und der geplanten Festungserweiterung, Staatliche Museen zu Berlin, Münzkabinett

Abb. 8 Silberne Schaumünze von Raimund Faltz auf Kurfürst Friedrich III., 1700, MM (Dietmar Riemann, Berlin)

Abb. 9 Plan von G. Dusableau, 1723, gestochen von Georg Paul Busch, handschriftlich bezeichnet 1734, Stabi

Abb. 10a und b Plan für eine Erweiterung der Festungsanlagen im Süden Berlins, um 1710, BSD (Dietmar Riemann, Berlin)

Abb. 11 Grund-Riss der Königl. Preuß. Residentz Berlin, 1737, gezeichnet von Johann Friedrich Walther, gestochen von Georg Paul Busch, Jahn, a. a. O. (Dietmar Riemann, Berlin)

Abb. 12 Ausschnitt aus der perspektivischen Idealplanung der Friedrichstadt von Jean Baptiste Broebes, um 1698/99 (Stich von 1733), BSD

Abb. 13 Ausschnitt aus einem Idealplan von Jean Baptiste Broebes mit einer Gestaltungsvorstellung für den späteren

Marktplatz, um 1700 (Stich von 1733), Jahn, a. a. O. (Dietmar Riemann, Berlin)

Abb. 14 Titelseite des Edikts von Potsdam, 1685, ZStAM (Dietmar Riemann, Berlin)

Abb. 15 »Von der Friedrichsstat« — Anfangsseite des Kapitels aus dem Manuskript von Bernhard Ludwig Caspar Beckmann, um 1760, StA

Transkription des Textes, die jeweiligen Korrekturen — möglicherweise von einer zweiten Hand — in Klammern:

»Von der Friedrichsstat

I. Lage der Stat: veranlaßung und anfang des anbaus; gedächtnüs münze.

II. viel stellen bleiben unbebauet liegen: sollen gebauet werden, wird aber gehindert, und nach geendigtem Krieg wieder vorgenommen.

III. und zwar sollen alle ledige stellen in allen Stäten u. vorstäten bebauet werden.

IV. S. K. M. nähren erklährung über dero dazu geschenkte gelder. und materilien.

V. Zu den vortheilhaften bedingungen finden sich viel freiwillig, und bauen sehr ansehnliche Häuser.

VI. Einrichtung der straßen.

VII. Mauer, Landwehre und thorr.

IIX. Jerusalemsche Kirche.

IX. Neue oder Marktkirche.

X. Französische Kirche.

XI. dreifaltigkeits Kirche.

XII. Domsche Kirche.

XIII. Große Collegienhaus.

XIV. Königl. Stall u. wache

XV. Schützenplätze

XVI. Noch einige privathäuser.

I. Auf der südlichen seite der Dorotheenstat und westlichen seite des Friedrichswerders, und also an diesen beiden Stäten lag ein weitläuftiges sandiges gefilde (welches den Kölnischen einwohnern ihr akkerfeld war.) Derweil nun unter Churfürst Fried. Wilhelms und Friedrichs I. regierung sich sehr viel fremde, und unter denen auch die aus Frankreich vertriebenen Reformierte glaubensgenoßen einfanden, und der dieser völkerschaft ertheilten vorrechte und wohlthaten theilhaftig zu werden wünschten: so wurde (schon 1688) an einen neuen anwachs der Stat Berlin gedacht, und de-

nen so lust zubauen hatten (durch den Churfl. bau Director Joh. Heinr. Behr nach gemachten plan), in diesem gefilde plätze: (unentgeldlich) zu wohnungen angewiesen, auch (holz, Kalk u. steine, u. vermöge Churfl. verordnung vom 24. Sept. 1691 zu ieden 100 Tlr. 15 Tlr. und wannt sie draufaus 30 Tlr. aus der Accise d. cise Kasse reichen laßen, auch zum Kirchenbau u. anderen nohtwendigkeiten die cise bis 1710 geschen. hat.) Nun hatte zwar von lezteren auch schon eine ziemliche anzahl auf der Dorotheenstat ihre wohnsitze gefunden: es reichten aber damahls die stellen nicht zu; und die anzahl der ankommenden flüchtlinge wurde fast täglich größer. Daher es dann gekommen, daß in kurzer Zeit (u. schon 1693, 1694) ein großer theil dieses gefildes (mit 3 bis 400 Häusern) besetzet wurde und solcher gestalt eine neue Stat entstanden (die man mit einem graben u. wall umzogen u. dieses die landwehr genannt; und …), welcher man den namen Friedrichsstat beilegte von dem durchlauchtigsten Stifter«

Abb. 16 Patent des Kurfürsten Friedrich III. vom 22. Mai 1699 mit der Zuweisung eines Bauplatzes für die Französische Kirche, Hug.mus. (MM)

Transkription des Textes:

»Seine Churfürstliche Durchleuchtigkeit zu Brandenburg u. Unser gnädigster Herr haben der hiesigen Frantzösischen Gemeinde zu Setzung einer Kirchen und anderer benöhtigter Gebäude, auch begrabung Ihrer todten das gantze quartier auff der Friderichs Stadt alhier, welches in dem darüber verfertigten Plan mit lit: A marquiret sich befindet, und worein die Teutschen und Schweitzer bishero Ihren Kirchoff gehabt, in gnaden geschencket, jedoch dergestalt, daß besagte Teutschen und Schweitzer nach wie vor, dennoch aber mit distinction der Persohnen, Ihre todten ferner darein begraben mögen, gestalt dann wegen der geringeren beerdigung ehestens zwischen der Friderichs Stadt und dem Thiergarten andere anstalt gemachet werden soll. Und befehlen solchem nach dero Ingenieur Bähren hiermit in gnaden, sothanes quartier, worüber er mündlichen bericht abgestattet, obermeldten Frantzösischen Gemeinde hierauf richtig anzuweisen.

Signatum Cölln an der Spree, den 22ten May 1699.

Friedrich«

Abb. 17 Plan der Friedrichstadt und der Dorotheenstadt,

488

Zeichnung von Johann Heinrich Behr zu dem kurfürstlichen Patent vom 22. Mai 1699, Hug.mus. (MM)

Abb. 18 Zerstörung der Kirche zu Charenton im Jahre 1685, Kupferstich von Sébastien I. Leclerc, Hug.mus. (Klaus Bergmann, Potsdam)

Abb. 19 Älteste überlieferte Ansicht der Französischen Kirche von der Seitenleiste des Prospekts von Johann David Schleuen, um 1740, PdS

Abb. 20 Ansicht der Französischen Kirche, Ausschnitt aus einer Fotografie von F. Albert Schwartz, Hug.mus.

Abb. 21 Das Innere der Französischen Kirche, Fotografie von F. Albert Schwartz, Hug.mus.

Abb. 22 Seite aus dem Manuskript von Bernhard Ludwig Caspar Beckmann mit Schilderung der Grundsteinlegung der Französischen Kirche und dem Text der Grundsteinurkunde, um 1760, StA

Transkription des Textes:

»rohtsamtnes Küßen, und auf dem Küßen eine kupferne platte lag. Auf dieser war oben das Krohnprinzliche wapen; darunter war zulesen: D.O.M. Sacrum. Ex decreto Friderici Primi Prussiae Regis et Electoris Brandenburgici heres, Templi Parochialis quod Reformati Berolinenses ex Gallia ob religionem exales propriis sumtibus aedificandum Susceperunt, primum lapidem posuit. Unter dieser aufschrift war die Kirche abgezeichnet, zu deren rechten seite eingestochen zulesen: Anno Christi MDCCI: Aprilis Friderici Tertii Electoratus XIV. regni 1. reddant nova saecula pacem ecclesiae. Zur linken aber: Cuius Templi, ut et castissimi divini cultus, atque afflictissimi populi tutelam Pius Rex et Elector Successoribus mandavit.

Von einem gezelt zum andern war ein breiter platz offen und mit der garde besetzt, um das zudringende volk abzuhalten: (weil eben hier die gruft zum grundstein war.) Neben dem Königl. stunden noch 2 gezelte für andere vornehmende anwohnende.

Es war aber der 1. Juni 1701 zu dieser feierlichkeit anberaumet. An diesem tag nachmittags gegen 3 uhr fanden des Krohnprinzen K. Hoheit mit dem Herzog von Kurland ... dem Burggr. von Dohna und anderen hohen Hof- und Kriegsbedienten ein: nachdem die Teutsche u. Franzs. Prediger samt dem Consistorio um 2 uhr sich schon versammelt hatten. S. K. H. wurden an der gränze des platzes auf

der straße empfangen, und nach einem kurzen compliment, so der älteste von den Predigern machte, in gedachtes gezelt geführt ... der 4te Prediger, welchen S. K. M. zu vollziehung dieser feierlichkeit ernennet hatten, Mr. Franc. Repey stellete sich vor den tisch und fing selbige an mit dem gewöhnlichen buß ...«

Abb. 23 Ansicht und Grundriß der Planungsabsicht für die Deutsche Kirche, Stich von Jeremias Wolff, ohne Datum (um 1705 ?), BSD

Abb. 24 Älteste überlieferte Ansicht der Deutschen Kirche von der Seitenleiste des Prospekts von Johann David Schleuen, um 1740, PdS

Abb. 25 Ansicht der Deutschen Kirche vor dem Umbau von 1881/82, Ausschnitt aus einer Fotografie von F. Albert Schwartz, BSD

Abb. 26 Das Innere der Deutschen Kirche, Blick auf den Altar, Fotografie von F. Albert Schwartz, um 1880, BSD

Abb. 27 Erste Seite des Kontrakts mit Michael Kemmeter vom 10. März 1704, StA

Transkription des Textes:

»Nachdem L. L. Rath, der Königlichen Residenz Friderichswerder und Friderichs Stadt endschloßen, das Dach auf der Neuen Friderichs=Städtschen Kirche auffsetzen zu laßen, und führ rathsahm erachtet, die Zimmerarbeit überhaupt zu verdingen, und deshalb mit Meister Michael Kemmeter in Erhandelung zu treten, Daß ist folgender Contractus Locati Conducti zwischen Wolgemelten Magistrat und gedachten Mr. Kemmeter verabredet, behandelt und festiglich beschloßen worden. Es verspricht nemlich Mr. Kemmeter dieses dach, nach anweisung und folge des Rißes, so Ihm zu dem Ende zu überlegung vorhero gezeiget, und vorgeleget worden über all was Zimmerarbeit betrifft, mit fünf Dachfenstern, auch inwendig auf die Pfeiler, mit fünff starcken hölzernen bogen, untadelhaft gut und beständig zu verfertigen, alles ar...«

Abb. 28 Siegel der Deutschen Gemeinde auf der Friedrichstadt, um 1730, StA

Abb. 29 Plan der Festung Berlin von G. Dusableau, gestochen von Georg Paul Busch, 1723, Ausschnitt mit der Friedrichstadt, BSD

Abb. 30 Die Platzanlage, Ausschnitt aus dem Plan von G. Dusableau, 1723, BSD

490

nen auf der Friedrichs Stadt alhier die in Abschrift hierbey
gefügte Memorialia bey Uns immediate einreichen laßen,
und darinn gebehten, daß der zwischen der Teutschen und
Frantzösischen Kirchen daselbst befindliche ledige Platz denen Friedrichs Werdern nicht zum Kirch Hoff angewiesen,
sondern entweder zur Zierde der Stadt bebauet oder ihnen
zum Marckt-Platz so noch fehlet allergnädigst geschencket
werden möchte; Wann Wir nun darauf in Gnaden resolviret, daß besagter Platz nicht zum Kirch Hoff aptiret, sondern zum Marckt gebrauchet werden soll; Als fügen...«
Zusatz »Brief ab Mart. 1726 ad acta«

Abb. 52 Projektzeichnung für die Anlage eines Marktes zwischen der Deutschen und der Französischen Kirche, etwa
1727, BSD

Abb. 53 Ausschnitt aus einem Stadtplan von 1723 (Abb. 9)
mit dem Marktplatz (38 — Gensd'armen-Stall), Stabi

Abb. 54 Situation am Marktplatz nach dem Durchbruch der
Festungswälle, Ausschnitt aus einem Stadtplan (Abb. 11)
von 1737, BSD

Abb. 55 Zeichnung der Fassade des Domestikenhauses in der
Jägerstraße, um 1735, aus: Zentralblatt der Bauverwaltung,
1939, Jg. 59, S. 830

Abb. 56 Erdgeschoß-Grundriß des Domestikenhauses mit
eingetragener Nutzung, um 1735, Zentralblatt der Bauverwaltung, 1939, Jg. 59, S. 830

Abb. 57 Kellergeschoß-Grundriß des nun als Seehandlung
genutzten Domestikenhauses, 1891, StA

Abb. 58 Aufbau der Fassade und des Dachs sowie Teilgrundriß des Erdgeschosses der Seehandlung, 1891, StA

Abb. 59 Flur des Haupteingangs der Seehandlung von der Jägerstraße, Meßbild, um 1900, MBA

Abb. 60 Ansicht der Fassade der Seehandlung in der Jägerstraße, Meßbild, um 1900, MBA

Abb. 61 Gesamtansicht der Seehandlung, Meßbild, um 1900,
MBA

Abb. 62 Ansicht der Fassade der Seehandlung in der Markgrafenstraße, Fotografie von F. Albert Schwartz, um 1900,
MBA

Abb. 63 Die Ställe um die Französische Kirche, Ausschnitt
aus einem Stadtplan (Abb. 11) von 1737, BSD

Abb. 64 Die Ställe um die Deutsche Kirche, um 1740, aus:
Paul Kirmß, Die Geschichte der Neuen Kirche zu Berlin
von 1707 bis 1908, Berlin 1908

Abb. 65 Ausschnitt aus dem Stadtplan von Johann David
Schleuen, um 1740, mit dem Marktplatz, BSD

Abb. 66 Ausschnitt aus dem Stadtplan Samuel von Schmettaus von 1748, BSD

Abb. 67 a und b Grundriß und Außenansicht der massiven
Mauer zwischen dem Kirchhof und den Ställen um die
Deutsche Kirche, 1767, StA

Abb. 68 Ansicht der Mauer (Abb. 67) von innen, 1767, StA

Abb. 69 Öffentliche Aufforderung des Magistrats zur Anmietung von Buden auf der Jägerbrücke, 1750, StA

Abb. 70 a und b Entwurfszeichnung von Robert Bartholomé
Bourdet für die Neugestaltung des Gensd'armen-Marktes,
Längsseiten, 1774, MBA

Abb. 71 Entwurfszeichnung von Robert Bartholomé Bourdet
für die Neugestaltung des Gensd'armen-Marktes, Schmalseiten zwischen Charlottenstraße und Markgrafenstraße,
zentral eingelagert die Kirchen-Neubauten, 1774, MBA

Abb. 72 Entwurf für das Friedrichsforum von Georg Wenzeslaus von Knobelsdorff mit Änderungen Friedrichs II., 1742,
Jahn, a.a.O. (Dietmar Riemann, Berlin)

Abb. 73 Zeitungsnotiz vom 23. Juli 1778 betreffend den Verkauf von Abrißmaterialien der Ställe des Régiment Gens-
d'armes, Berlinische privilegirte Zeitung, 88stes Stück, Donnerstag, den 23. Juli 1778, S. 406, Ratsb.

Abb. 74 Zeichnung Georg Christian Ungers für den Kopfbau
des Französischen Komödienhauses auf dem Gensd'armen-
Markt, vor 1774, Jahn, a.a.O. (Dietmar Riemann, Berlin)

Abb. 75 Entwurf von Jean Baptiste Broebes für einen Dom in
Berlin (Ausschnitt), um 1700 (Stich von 1733), Jahn, a.a.O.
(Dietmar Riemann, Berlin)

Abb. 76 Der Dom im Lustgarten, Stich von Johann Friedrich
Schleuen, um 1750, Jahn, a.a.O. (Dietmar Riemann, Berlin)

Abb. 77 Die Piazza del Popolo, Radierung von Francesco Piranesi, Dresden, Staatliche Kunstsammlungen, Kupferstich-
Kabinett (Deutsche Fotothek, Dresden)

Abb. 78 Erster Entwurf oder Vorentwurf für die Turmbauten
auf dem Gensd'armen-Markt, um 1779, Jahn, a.a.O. (Dietmar Riemann, Berlin)

Abb. 79 Vom König am 23. Januar 1780 approbierter Entwurf für die Turmbauten, Jahn, a. a. O. (Dietmar Riemann, Berlin)

Abb. 80 Schreiben Carl von Gontards vom 27. April 1780 an die Vorsteher der Deutschen Kirche mit der Aufforderung, die Entwürfe zum Turmbau zu besichtigen, StA
Transkription des Textes:
»en Copia
Da nun Sr. Königl. Majestät allerhöchsten Befehl zu folge, der Bau zur Teutschen Kirche, auf dem Gens d'armes Platze, bevorstehende Woche seinen Anfang nehmen soll, und dabey zu vermuthen stehet; daß bey Verfertigung der dazu nöthigen Fundamentes, es sich treffen könnte, daß verschiedene Todten-Grüfften und Gräber, des ehmaligen Kirchhoffes mit umgegraben werden müßen; So ermangelt daß Königl. Bau-Comptoir nicht, den resp: Herrn Geistlichen und Vorstehern zu dieser Kirche hierdurch vorzustellen, ob Sie es nicht für gut erachten zu verfügen, daß die allenfals auszugrabenden Gebeine, durch jemand gesammlet, und an einen andern Ort zur fernern Verwesung gebracht werden.
Zugleich zeige ich an, daß die Zeichnungen und Plans, von diesen Bau fertig, und resp. also wenn allenfals die Herren, einen unter solchen ernennen möchten, der sie einsehen, und daß allenfals dabey zu erinnernde, ietz ehe der Bau angelegt wird, vorstellen könnte, ich diesen Herren, wohl recht gerne in meinen Wohnungen erwarten werde.
Berlin den 27ten April 1780
Königl. Bau-Comptoir Gontard
An die Herren Inspectores, Prediger und Vorsteher zur teutschen Kirche, auf dem Gens d'armes Platze«

Abb. 81 Zeichnung des Turmbaus, offenbar Kopie des Originals Carl von Gontards (Anfang des 19. Jahrhunderts ?), MM

Abb. 82 Zeichnung von F. Josephi (?) für den geplanten Turm, angefertigt nach dem Einsturz des Deutschen Turms, möglicherweise Rekonstruktion (?) der Absicht, Technische Universität, Plan-Sammlung, Berlin (West)

Abb. 83 Grundrißzeichnung für die Anlage neuer Grabgewölbe im alten, nicht zu Ende gebauten Westturm der Deutschen Kirche, 1780, StA

Abb. 84 a und b Vorlage für die Anfertigung einer Grundsteinplatte für den Deutschen Turm, 1780, StA
Transkription des Textes:
»Anno saecule Post Christum XVIII. Octogesim. Imperii sui Felicissimi XLI — Menses Juni die IX.
Fridericus Magnus. Novae Turris. Fundamenta Locat. Templo atque Urbi Decus novum Addens. Novam Suis ex Gallia Profugis civibus Testificam: Gratiam Omnes Aedi ficu Regii Aedes & Cameras Manificentia Sua. Pus Dicane & Donans Usebus.
Im achzigsten Jahre des XVIIIten Jahrhunderts nach Christi Geburt Im 41sten Jahre seiner Glorwürdigsten Regierung Am 9ten Tage des Monaths Juny hat Fridrich der Große den Grundstein, zum Neuen Thurm legen laßen Der Kirche und der Stadt eine Neue Zierde und Seinen aus Franckreich geflüchteten Bürgern eine Neue Gnadenbezeugung erweisend.
Alle Königl. Gebäude und Stuben hat Er durch seiner Gnade zum gebrauch milder Stiftungen gegeben und geschenckt.
In diesem Schilde eine Vignette mit der Leier des Appollo dem Schilde des Mars, ... und ein aufgeschlagenen Buche, worauf Coesies Diverter stehet.«

Abb. 85 Darstellung einer Münze auf die Grundsteinlegung des Französischen Turms, 1780, BSD

Abb. 86 Kupferstich von Johann Georg Rosenberg mit dem eingestürzten Deutschen Turm, um 1781, Staatliche Museen zu Berlin, Kupferstichkabinett

Abb. 87 Zeichnung von Christian Gottfried Matthes mit dem eingestürzten Deutschen Turm, 1781, MBA

Abb. 88 Stich von Christian Gottfried Matthes mit dem eingestürzten Deutschen Turm, 1781, BSD

Abb. 89 Zeichnung von Bernhard Rode für den Giebel an der Nordseite des Deutschen Turms, um 1781, Dok.-Dkmpfl.

Abb. 90 Zeichnung von Bernhard Rode für den heiligen Jeremias auf dem Ostportikus des Französischen Turms, um 1781, Dok.Dkmpfl.

Abb. 91 Der Deutsche Turm, um 1900, Deutsche Fotothek, Dresden

Abb. 92 Französischer Turm und Kirche, Meßbild, 1882, MBA

Abb. 93 Der Französische Turm, Erdgeschoß-Grundriß, Aufnahme von A. Perdisch, 1865, MM

Abb. 94 Der Deutsche Turm, Ansicht, aufgenommen von C. Moritz, 1870, LAB (W)

Abb. 95 Der Französische Turm, Aufmaßzeichnung, LAB (W)

Abb. 96 Der Französische Turm im Schnitt, Aufmaßzeichnung von Franke, 1870, LAB (W)

Abb. 97 Entwurfszeichnung für die Allegorie der Ewigkeit am Deutschen Turm, um 1781, Dok.Dkmpfl.

Abb. 98 Allegorie der Ewigkeit am Deutschen Turm, aufgenommen 1865, LAB(W)

Abb. 99 Schnitt und Grundrisse der inneren Konstruktion der Kuppel des Französischen Turms, LAB(W)

Abb. 100 Ansicht des Deutschen Turms, Kupferstich von Friedrich Gottlieb Berger, 1784, BSD

Abb. 101 Titelblatt der »Umständlichen Beschreibung der beiden neuerbauten Thürme auf dem Friedrichsstädtschen Markte ...«, Berlin 1785, Ratsb.

Abb. 102 a und b Brief der Zimmer- und Maurermeister am Deutschen Turmbau vom 23. August 1785 an den Magistrat, StA

Transkription des Briefes:

»Königliche Preußische, zum Magistrat hiesiger Residenzien Hochverordnete Herren Praesident, Bürgermeister, Syndici und Senatoren

Hochwohl= Wohl= und Hochedelgebohrne, Hochgelahrte und Hochgeehrte Herren.

Ewre: Hochwohl= Wohl= und Hochedelgebohrne, nehmen wir uns die Freyheit anzuzeigen: wie der, am 22ten October 1781 zu erbauen angefangene Thurm, zur teutschen Kirche auf dem Gens d'armes=Marke nunmehr seine völlige Höhe erreicht; so daß derselbe auf seiner Kuppel mit einem Aufsatz gekrönt und die 15 Fuß hohe, von Kupfer getriebene Figur, (die siegende Tugend vorstellend) auf künftigen Donnerstag den 25ten August nach Mittags um 4 Uhr, aufgesetzet werden soll.

Obgleich die jetzige Anzal der Arbeiter an diesem Bau, nur in

  2 Zimmer Pollier
  2 Maurer Pollier
24 Zimmer Gesellen
24 Mauer Gesellen

16 Handlangern und 2 Nachtwächtern bestehet; so haben doch während dem ganzen Bau, im Durchschnitt immer 200 bis 250 Personen gearbeitet und wir danken Gott von ganzer Seele, daß von allen diesen Arbeitern, ohnerachtet der vielen Gefahr, bey Aufbringung so großer Lasten, kein einziger bis zum Tode verunglückt ist; kleine Unglücks-Fälle ausgenommen, die gleichsam fast unvermeidlich sind und welchen wir aus unsern Mitteln, nach allen Kräften abzuhelfen gesucht haben.

Bey dem Aufsetzen der benannten Figur, welches wir nach unserer Terminologie: Rüsten heißen, können wir für unseren Theil keine Zerimonien machen, weil unser Anschlag uns zu sehr auf Sparsamkeit einschränkt. Wir erdreisten uns daher:

Ewre: Hochwohl=, Wohl= und Hochedelgebohrne, förmlich zu dieser, für uns so feyerlichen Handlung einzuladen und gehorsamst zu bitten, uns die Ehre Ihrer Gegenwart, an diesem Tage, nicht zu versagen. Solten wir noch überdem so glücklich seyn: daß den Arbeitern etwas zu ihrer Ergötzlichkeit gereichet würde; so werden wir nie aufhören solches mit dem gerührtesten Dank zu erkennen und verbleiben mit der größten Hochachtung

Ewre: Hochwohl= Wohl= und Hochedelgebohrne gehorsamste:

Die Zimmer und Mauermeister am teutschen Thurmbau.

(unleserlich)

(unleserlich)

George Zelter et Consorten

Berlin den 23ten August 1785«

Auf der ersten Seite wird in kaum leserlicher Schrift vermerkt, daß den Polieren, Gesellen, Tagelöhnern und Nachtwächtern in abgestufter Reihe etwas gereicht wird in der Höhe von insgesamt 21 Talern. Neben zwei unleserlichen Unterschriften sind die von Wackenroder und Büsching erkennbar. Die Zustimmung erfolgte am 25. August.

Abb. 103 Grundrißplan für die neue Sakristei der Deutschen Kirche, 1785, StA

Abb. 104 Blick vom Französischen Turm nach Osten, Fotografie von F. Albert Schwartz, 1865, BSD

Abb. 105 Blick vom Französischen Turm nach Westen I, Fotografie von F. Albert Schwartz, 1865, BSD

495

Personenregister